中國國家圖書館編

國家圖書館藏敦煌遺書

第一百二十七册　北敦一四四二七號——北敦一四四六九號

北京圖書館出版社

圖書在版編目(CIP)數據

國家圖書館藏敦煌遺書·第一百二十七册/中國國家圖書館編;任繼愈主編. —北京:北京圖書館出版社,2010.3

ISBN 978－7－5013－3689－0

Ⅰ.國… Ⅱ.①中…②任… Ⅲ.敦煌學—文獻 Ⅳ.K870.6

中國版本圖書館 CIP 數據核字(2009)第 225918 號

書　名　國家圖書館藏敦煌遺書·第一百二十七册
著　者　中國國家圖書館編　任繼愈主編
責任編輯　徐　蜀　孫　彦
封面設計　李　璀

出　版　北京圖書館出版社　(100034　北京西城區文津街 7 號)
發　行　010－66139745　66151313　66175620　66126153
66174391(傳真)　66126156(門市部)
E-mail　btsfxb@ nlc. gov. cn(郵購)
Website　www. nlcpress. com → 投稿中心
經　銷　新華書店
印　刷　北京文津閣印務有限責任公司

開　本　八開
印　張　53.75
版　次　2010 年 3 月第 1 版第 1 次印刷
印　數　1－250 册(套)

書　號　ISBN 978－7－5013－3689－0/K·1652
定　價　990.00 圓

目錄

佛說天公經一卷

佛勑築塔時人聚如恒沙壁文作寺主普賢作
維那藥王作都講文殊講法華若無三惡道地
獄生蓮花種種布施皆所得人為金剛身讀五遍
意欲遠行讀六遍道路險阻讀七遍扭解摋鏁讀
千遍即得解脫東方善寂如來南方廣諸菩薩西
方利廣紫金北方利廣轉經上方香清菩薩下方
利形像天公何物造融銅作梯柱烏牙作佛屋星宿
作爵臺日月作繚窓堪度万万九千年更有餘里別
有鈾鋋鈾鋋東海喻若大山入海採寶隨其多少皆
得重來入山取財隨其多少忽得重餓此經雖小多有

佛初築塔時人眾如恒沙壁立作寺主普賢作
維那藥王作都講文殊講法華若無三惡道地
獄生蓮花種種布施皆所得人為金剛身讀五遍
意欲遠行讀六遍道路險阻讀七遍扭解枷鏁讀
千遍即得解脫東方善寂如來南方廣諸菩薩西
方利廣紫金北方利廣轉經上方香清菩薩下方
利形像天公何物造騐銅作梁柱烏牙作佛屋星宿
作爵臺日月作缭窓堪度万万九千年更有餘里別
有鈾鋋鈾鋋東海喻若大山入海採寶随其多少皆
得重來入山取財随其多少忽得重䬤此經雖小多有
威神亦勝法華亦勝涅槃亦勝雜經誰能抄此經者
手上羅文成誰能看此經眼中重光生誰能聽此經
歷劫大聰明多造金經大罪得除小罪得滅或隨刀山
刀山自戲或隨劍樹劍樹摧折或隨地獄地獄角滅
清清霊霊手把金經聲氣朗朗直入講堂白銀為壁
水銀為地前坐金床手弄玉杷手把金經共佛說言
憶佛如憶食念佛如念命日讀七遍除罪一千万万劫
得成佛道
佛說天公經一卷

真珠摩尼
寶飾輦輿　歡喜布施　迴向佛
三界第一　諸佛所歎　或有菩薩　駟馬寶車
欄楯華蓋　軒飾布施　復見菩薩　身肉手足
及妻子施　求无上道　又見菩薩　頭目身體
欣樂施與　求佛智慧　文殊師利　我見諸王
往詣佛所　問无上道　便捨樂土　宮殿臣妾
剃除鬚髮　而被法服　或見菩薩　而作比丘
獨處閑靜　樂誦經典　又見菩薩　勇猛精進
入於深山　思惟佛道　又見離欲　常處空閑
深脩禪定　得五神通　又見菩薩　安禪合掌
以千万偈　讚諸法王　復見菩薩　智深志固
能問諸佛　聞悉受持　又見佛子　定慧具足
以无量喻　為衆講法　欣樂說法　化諸菩薩
破魔兵衆　而擊法鼓　又見菩薩　寂然宴默
天龍恭敬　不以為喜　又見菩薩　處林放光
濟地獄苦　令入佛道　又見佛子　未嘗睡眠
經行林中　懃求佛道　又見具戒　威儀无缺
淨如寶珠　以求佛道　又見佛子　住忍辱力
增上慢人　惡罵捶打　皆悉能忍　以求佛道
又見菩薩　離諸戲笑　及癡眷屬　親近智者
一心除亂　攝念山林　億千万歲　以求佛道

BD14428號　妙法蓮華經卷一　（20–1）

濟地獄苦　令入佛道　又見佛子　未嘗睡眠
經行林中　懃求佛道　又見具戒　威儀无缺
淨如寶珠　以求佛道　又見佛子　住忍辱力
增上慢人　惡罵捶打　皆悉能忍　以求佛道
又見菩薩　離諸戲笑　及癡眷屬　親近智者
一心除亂　攝念山林　億千万歲　以求佛道
或見菩薩　餚饍飲食　百種湯藥　施佛及僧
名衣上服　價直千万　或无價衣　施佛及僧
千万億種　栴檀寶舍　衆妙臥具　施佛及僧
清淨園林　華菓茂盛　流泉浴池　施佛及僧
如是等施　種種微妙　歡喜无猒　求无上道
或有菩薩　說寂滅法　種種教詔　无數衆生
或見菩薩　觀諸法性　无有二相　猶如虛空
又見佛子　心无所著　以此妙慧　求无上道
文殊師利　又有菩薩　佛滅度後　供養舍利
又見佛子　造諸塔廟　无數恒沙　嚴飾國界
寶塔高妙　五千由旬　縱廣正等　二千由旬
一一塔廟　各千幢幡　珠交露幔　寶鈴和鳴
諸天龍神　人及非人　香華伎樂　常以供養
文殊師利　諸佛子等　為供舍利　嚴飾塔廟
國界自然　殊特妙好　如天樹王　其華開敷
佛放一光　我及衆會　見此國界　種種殊妙
諸佛神力　智慧希有　放一淨光　照无量國
我等見此　得未曾有　佛子文殊　願決衆疑
四衆欣仰　瞻仁及我　世尊何故　放斯光明
佛子時答　決疑令喜　何所饒益　演斯光明
佛坐道場　所得妙法　為欲說此　為當受記

BD14428號　妙法蓮華經卷一　（20–2）

諸佛神力智慧希有放一淨光照无量國
我等見此得未曾有佛子文殊願決衆疑
四衆欣仰瞻仁及我世尊何故放斯光明
佛子時荅決疑令喜何所饒益演斯光明
佛坐道場所得妙法為欲說此為當授記
示諸佛土衆寶嚴淨及見諸佛此非小緣
文殊當知四衆龍神瞻察仁者為說何等
尒時文殊師利語弥勒菩薩摩訶薩及諸大
士善男子等如我惟忖今佛世尊欲說大法
雨大法雨吹大法螺擊大法鼓演大法義諸
善男子我於過去諸佛曾見此瑞放斯光已
即說大法是故當知今佛現光亦復如是欲
令衆生咸得聞知一切世間難信之法故現
斯瑞諸善男子如過去无量无邊不可思議阿
僧祇劫尒時有佛号日月燈明如來應供正
遍知明行足善逝世間解无上士調御丈夫
天人師佛世尊演說正法初善中善後善其
義深遠其語巧妙純一无雜具足清白梵行
之相為求聲聞者說應四諦法度生老病
死究竟涅槃為求辟支佛者說應十二因緣
法為諸菩薩說應六波羅蜜令得阿耨多羅
三藐三菩提成一切種智次復有佛亦名日
月燈明次復有佛亦名日月燈明如是二万
佛皆同一字号日月燈明又同一姓姓頗羅
墮弥勒當知初佛後佛皆同一字名日月燈
明十号具足所可說法初中後善其最後佛

月燈明次復有佛亦名日月燈明如是二万
佛皆同一字号日月燈明又同一姓姓頗羅
墮弥勒當知初佛後佛皆同一字名日月燈
明十号具足所可說法初中後善其最後佛
未出家時有八王子一名有意二名善意三
名无量意四名寶意五名增意六名除疑意
七名嚮意八名法意是八王子威德自在各
領四天下是諸王子聞父出家得阿耨多羅
三藐三菩提悉捨王位亦隨出家發大乘意
常脩梵行皆為法師已於千万佛所殖諸善
本是時日月燈明佛說大乘經名无量義教
菩薩法佛所護念說是經已即於大衆中結
跏趺坐入於无量義處三昧身心不動是時
天雨曼陁羅華摩訶曼陁羅華曼殊沙華摩
訶曼殊沙華而散佛上及諸大衆普佛世界
六種震動尒時會中比丘比丘尼優婆塞優
婆夷天龍夜叉乾闥婆阿脩羅迦樓羅緊那
羅摩睺羅伽人非人等及諸小王轉輪聖王等
是諸大衆得未曾有歡喜合掌一心觀佛尒
時如來放眉間白豪相光照于東方万八千佛
土靡不周遍如今所見是諸佛土弥勒當知尒
時會中有二十億菩薩樂欲聽法是諸菩薩
見此光明普照佛土得未曾有欲知此光所
為因緣時有菩薩名曰妙光有八百弟子是
時日月燈明佛從三昧起因妙光菩薩說大
乘經名妙法蓮華教菩薩法佛所護念六十

時會中有二十億菩薩樂欲聽法是諸菩薩
見此光明普照佛土得未曾有欲知此光所
為因緣時有菩薩名曰妙光有八百弟子是
時日月燈明佛從三昧起因妙光菩薩說大
乘經名妙法蓮華教菩薩法佛所護念六十
小劫不起于座時會聽者亦坐一處六十小
劫身心不動聽佛所說謂如食頃是時衆中
无有一人若身若心而生懈惓日月燈明
佛於六十小劫說是經已即於梵魔沙門婆
羅門及天人阿脩羅衆中而宣此言如來於
今日中夜當入无餘涅槃時有菩薩名曰德
藏日月燈明佛即授其記告諸比丘是德藏
菩薩次當作佛号曰淨身多陀阿伽度阿羅
訶三藐三佛陀佛授記已便於中夜入无餘
涅槃佛滅度後妙光菩薩持妙法蓮華經滿
八十小劫為人演說日月燈明佛八子皆師
妙光妙光教化令其堅固阿耨多羅三藐三
菩提是諸王子供養无量百千万億佛已皆
成佛道其最後成佛者名曰然燈八百弟子
中有一人号曰求名貪著利養雖復讀誦衆
經而不通利多所忘失故号求名是人亦以
種諸善根因緣故得值无量百千万億諸佛
供養恭敬尊重讚嘆彌勒當知尒時妙光菩
薩豈異人乎我身是也求名菩薩汝身是也
今見此瑞與本无異是故惟忖今日如來當
說大乘經名妙法蓮華教菩薩法佛所護念

BD14428號　妙法蓮華經卷一　（20–5）

供養恭敬尊重讚嘆彌勒當知尒時妙光菩
薩豈異人乎我身是也求名菩薩汝身是也
今見此瑞與本无異是故惟忖今日如來當
說大乘經名妙法蓮華教菩薩法佛所護念
尒時文殊師利於大衆中欲重宣此義而說
偈言
我念過去世　无量无數劫　有佛人中尊　号日月燈明
世尊演說法　度无量衆生　无數億菩薩　令入佛智慧
佛未出家時　所生八王子　見大聖出家　亦隨脩梵行
時佛說大乘　經名无量義　於諸大衆中　而為廣分別
佛說此經已　即於法座上　跏趺坐三昧　名无量義處
天雨曼陀羅　天皷自然鳴　諸天龍鬼神　供養人中尊
一切諸佛土　即時大震動　佛放眉間光　現諸希有事
此光照東方　万八千佛土　示一切衆生　生死業報處
有見諸佛土　以衆寶莊嚴　琉璃頗梨色　斯由佛光照
及見諸天人　龍神夜叉衆　乾闥婆那羅　各供養其佛
又見諸如來　自然成佛道　身色如金山　端嚴甚微妙
如淨琉璃中　内現真金像　世尊在大衆　敷演深法義
一一諸佛土　聲聞衆无數　因佛光所照　悉見彼大衆
或有諸比丘　在於山林中　精進持淨戒　猶如護明珠
又見諸菩薩　行施忍辱等　其數如恒沙　斯由佛光照
又見諸菩薩　深入諸禪定　身心寂不動　以求无上道
又見諸菩薩　知法寂滅相　各於其國土　說法求佛道
尒時四部衆　見日月燈佛　現大神通力　其心皆歡喜
各各自相問　是事何因緣　天人所奉尊　適從三昧起
讚妙光菩薩　汝為世間眼　一切所歸信　能奉持法藏

BD14428號　妙法蓮華經卷一　（20–6）

又見諸菩薩　知法寂滅相　各於其國土　說法求佛道
尒時四部衆　見日月燈佛　現大神通力　其心皆歡喜
各各自相問　是事何因緣　天人所奉尊　適從三昧起
讚妙光菩薩　汝為世間眼　一切所歸信　能奉持法藏
如我所說法　唯汝能證知　世尊既讚歎　令妙光歡喜
說是法華經　滿六十小劫　不起於此座　所說上妙法
是妙光法師　悉皆能受持　佛說是法華　令衆歡喜已
尋即於是日　告於天人衆　諸法實相義　已為汝等說
我今於中夜　當入於涅槃　汝一心精進　當離於放逸
諸佛甚難值　億劫時一遇　世尊諸子等　聞佛入涅槃
各各懷悲惱　佛滅一何速　聖主法之王　安慰无量衆
我若滅度時　汝等勿憂怖　是德藏菩薩　於无漏實相
心已得通達　其次當作佛　号曰為淨身　亦度无量衆
佛此夜滅度　如薪盡火滅　分布諸舍利　而起无量塔
比丘比丘尼　其數如恒沙　倍復加精進　以求无上道
是妙光法師　奉持佛法藏　八十小劫中　廣宣法華經
是諸八王子　妙光所開化　堅固无上道　當見无數佛
供養諸佛已　隨順行大道　相繼得成佛　轉次而授記
最後天中天　号曰然燈佛　諸仙之道師　度脫无量衆
是妙光法師　時有一弟子　心常懷懈怠　貪著於名利
求名利无猒　多遊族姓家　棄捨所習誦　廢忘不通利
以是[illegible]緣故　号之為求名　亦行衆善業　得見无數佛
供養於諸佛　隨順行大道　具六波羅蜜　今見釋師子
其後當作佛　号名曰彌勒　廣度諸衆生　其數无有量
彼佛滅度後　懈怠者汝是　妙光法師者　今則我身是
我見燈明佛　本光瑞如此　以是知今佛　欲說法華經
今相如本瑞　是諸佛方便　今佛放光明　助發實相義

BD14428 號　妙法蓮華經卷一　（20–7）

供養於諸佛　隨順行大道　具六波羅蜜　今見釋師子
其後當作佛　号名曰彌勒　廣度諸衆生　其數无有量
彼佛滅度後　懈怠者汝是　妙光法師者　今則我身是
我見燈明佛　本光瑞如此　以是知今佛　欲說法華經
今相如本瑞　是諸佛方便　今佛放光明　助發實相義
諸人今當知　合掌一心待　佛當雨法雨　充足求道者
諸求三乘人　若有疑悔者　佛當為除斷　令盡无有餘

妙法蓮華經方便品第二

尒時世尊從三昧安詳而起告舍利弗諸佛
智慧甚深无量其智慧門難解難入一切聲
聞辟支佛所不能知所以者何佛曾親近百
千万億无數諸佛盡行諸佛无量道法勇猛
精進名稱普聞成就甚深未曾有法隨宜所
說意趣難解舍利弗吾從成佛已來種種因
緣種種譬喻廣演言教无數方便引導衆生
令離諸著所以者何如來方便知見波羅蜜
皆已具足舍利弗如來知見廣大深遠无量
无礙力无所畏禪定解脫三昧深入无際成
就一切未曾有法舍利弗如來能種種分別
巧說諸法言辭柔軟悅可衆心舍利弗取要
言之无量无邊未曾有法佛悉成就止舍利
弗不須復說所以者何佛所成就第一希有
難解之法唯佛與佛乃能究盡諸法實相所
謂諸法如是相如是性如是體如是力如是
作如是因如是緣如是果如是報如是本末
究竟等尒時世尊欲重宣此義而說偈言

BD14428 號　妙法蓮華經卷一　（20–8）

言之无量无邊未曾有法佛悉成就止舍利
弗不須復說所以者何佛所成就第一希有
難解之法唯佛與佛乃能究盡諸法實相所
謂諸法如是相如是性如是體如是力如是
作如是因如是緣如是果如是報如是本末
究竟等尒時世尊欲重宣此義而說偈言
世雄不可量　諸天及世人　一切衆生類　无能知佛者
佛力无所畏　解脫諸三昧　及佛諸餘法　无能測量者
本從无數佛　具足行諸道　甚深微妙法　難見難可了
於无量億劫　行此諸道已　道場得成果　我已悉知見
如是大果報　種種性相義　我及十方佛　乃能知是事
是法不可示　言辭相寂滅　諸餘衆生類　无有能得解
除諸菩薩衆　信力堅固者　諸佛弟子衆　曾供養諸佛
一切漏已盡　住是最後身　如是諸人等　其力所不堪
假使滿世間　皆如舍利弗　盡思共度量　不能測佛智
正使滿十方　皆如舍利弗　及餘諸弟子　亦滿十方剎
盡思共度量　亦復不能知　辟支佛利智　无漏最後身
亦滿十方界　其數如竹林　斯等共一心　於億无量劫
欲思佛實智　莫能知少分　新發意菩薩　供養无數佛
了達諸義趣　又能善說法　如稻麻竹葦　充滿十方剎
一心以妙智　於恒河沙劫　咸皆共思量　不能知佛智
不退諸菩薩　其數如恒沙　一心共思求　亦復不能知
又告舍利弗　无漏不思議　甚深微妙法　我今已具得
唯我知是相　十方佛亦然　舍利弗當知　諸佛語无異
於佛所說法　當生大信力　世尊法久後　要當說真實
告諸聲聞衆　及求緣覺乘　我今脫苦縛　逮得涅槃者
佛以方便力　示以三乘教　衆生處處著　引之令得出

BD14428號　妙法蓮華經卷一　（20–9）

又告舍利弗　无漏不思議　甚深微妙法　我今已具得
唯我知是相　十方佛亦然　舍利弗當知　諸佛語无異
於佛所說法　當生大信力　世尊法久後　要當說真實
告諸聲聞衆　及求緣覺乘　我今脫苦縛　逮得涅槃者
佛以方便力　示以三乘教　衆生處處著　引之令得出
尒時大衆中有諸聲聞漏盡阿羅漢阿若憍
陳如等千二百人及發聲聞辟支佛心比丘
比丘尼優婆塞優婆夷各作是念今者世尊
何故慇懃稱歎方便而作是言佛所得法甚
深難解有所言說意趣難知一切聲聞辟支
佛所不能及佛說一解脫義我等亦得此法
到於涅槃而今不知是義所趣尒時舍利弗
知四衆心疑自亦未了而白佛言世尊何因
何緣慇勤稱歎諸佛第一方便甚深微妙難
解之法我自昔來未曾從佛聞如是說今者
四衆咸皆有疑唯願世尊敷演斯事世尊何
故慇懃稱歎甚深微妙難解之法尒時舍利
弗欲重宣此義而說偈言
慧日大聖尊　久乃說是法　自說得如是　力无畏三昧
禪定解脫等　不可思議法　道場所得法　无能發問者
我意難可測　亦无能問者　无問而自說　稱歎所行道
智慧甚微妙　諸佛之所得　无漏諸羅漢　及求涅槃者
今皆墮疑網　佛何故說是　其求緣覺者　比丘比丘尼
諸天龍鬼神　及乾闥婆等　相視懷猶豫　瞻仰兩足尊
是事為云何　願佛為解說　於諸聲聞衆　佛說我第一
我今自於智　疑惑不能了　為是究竟法　為是所行道

BD14428號　妙法蓮華經卷一　（20–10）

今皆墮疑網　佛何故說是　其求緣覺者　比丘比丘尼
諸天龍鬼神　及乾闥婆等　相視懷猶豫　瞻仰兩足尊
是事為云何　願佛為解說　於諸聲聞衆　佛說我第一
我今自於智　疑惑不能了　為是究竟法　為是所行道
佛口所生子　合掌瞻仰待　願出微妙音　時為如實說
諸天龍神等　其數如恒沙　求佛諸菩薩　大數有八万
又諸万億國　轉輪聖王至　合掌以敬心　欲聞具足道
尒時佛告舍利弗止止不須復說若說是事
一切世間諸天及人皆當驚疑舍利弗重白
佛言世尊唯願說之唯願說之所以者何是
會无數百千万億阿僧祇衆生曾見諸佛諸
根猛利智慧明了聞佛所說則能敬信尒時
舍利弗欲重宣此義而說偈言
法王无上尊　唯說願勿慮　是會无量衆　有能敬信者
佛復止舍利弗若說是事一切世間天人阿
脩羅皆當驚疑增上慢比丘將墜於大坑尒
時世尊重說偈言
止止不須說　我法妙難思　諸增上慢者　聞必不敬信
尒時舍利弗重白佛言世尊唯願說之唯願
說之今此會中如我等比百千万億世世已
曾從佛受化如此人等必能敬信長夜安隱
多所饒益尒時舍利弗欲重宣此義而說偈
言
无上兩足尊　願說第一法　我為佛長子　唯垂分別說
是會无量衆　能敬信此法　佛已曾世世　教化如是等
皆一心合掌　欲聽受佛語　我等千二百　及餘求佛者

BD14428 號　妙法蓮華經卷一　（20–11）

多所饒益尒時舍利弗欲重宣此義而說偈
言
无上兩足尊　願說第一法　我為佛長子　唯垂分別說
是會无量衆　能敬信此法　佛已曾世世　教化如是等
皆一心合掌　欲聽受佛語　我等千二百　及餘求佛者
願為此衆故　唯垂分別說　是等聞此法　則生大歡喜
尒時世尊告舍利弗汝已慇懃三請豈得不
說汝今諦聽善思念之吾當為汝分別解說
說此語時會中有比丘比丘尼優婆塞優婆
夷五千人等即從座起礼佛而退所以者何
此輩罪根深重及增上慢未得謂得未證謂
證有如此失是以不住世尊默然而不制止
尒時佛告舍利弗我今此衆无復枝葉純有
貞實舍利弗如是增上慢人退亦佳矣汝今
善聽當為汝說舍利弗言唯然世尊願樂欲聞
佛告舍利弗如是妙法諸佛如來時乃說之
如優曇鉢華時一現耳舍利弗汝等當信佛
之所說言不虛妄舍利弗諸佛隨宜說法意
趣難解所以者何我以无數方便種種因
緣譬喻言辭演說諸法是法非思量分別之
所能解唯有諸佛乃能知之所以者何諸佛
世尊唯以一大事因緣故出現於世舍利弗云
何名諸佛世尊唯以一大事因緣故出現
於世諸佛世尊欲令衆生開佛知見使得清
淨故出現於世欲示衆生佛之知見故出現
於世欲令衆生悟佛知見故出現於世欲令
衆生入佛知見道故出現於世舍利弗是為

BD14428 號　妙法蓮華經卷一　（20–12）

於世諸佛世尊欲令衆生開佛知見使得清
淨故出現於世欲示衆生佛之知見故出現
於世欲令衆生悟佛知見故出現於世欲令
衆生入佛知見道故出現於世舍利弗是為
諸佛以一大事因緣故出現於世佛告舍利
弗諸佛如来但教化菩薩諸有所作常為一
事唯以佛之知見示悟衆生舍利弗如来但
以一佛乘故為衆生說法无有餘乘若二若
三舍利弗一切十方諸佛法亦如是舍利弗
過去諸佛以无量无邊方便種種因緣譬喻
言辭而為衆生演說諸法是法皆為一佛乘
故是諸衆生從諸佛聞法究竟皆得一切種
智舍利弗未来諸佛當出於世亦以无量无
數方便種種因緣譬喻言辭而為衆生演說
諸法是法皆為一佛乘故是諸衆生從佛聞
法究竟皆得一切種智舍利弗現在十方无
量百千万億佛土中諸佛世尊多所饒益安
樂衆生是諸佛亦以无量无數方便種種因
緣譬喻言辭而為衆生演說諸法是法皆為
一佛乘故是諸衆生從佛聞法究竟皆得一
切種智舍利弗是諸佛但教化菩薩欲以佛
之智見示衆生故欲以佛之知見悟衆生故
欲令衆生入佛之知見故舍利弗我今亦復
如是知諸衆生有種種欲深心所著隨其本
性以種種因緣譬喻言辭方便力故而為說
法舍利弗如此皆為得一佛乘一切種智故

欲令衆生入佛之知見故舍利弗我今亦復
如是知諸衆生有種種欲深心所著隨其本
性以種種因緣譬喻言辭方便力故而為說
法舍利弗如此皆為得一佛乘一切種智故
舍利弗十方世界中尚无二乘何況有三舍利
弗諸佛出於五濁惡世所謂劫濁煩惱濁衆
生濁見濁命濁如是舍利弗劫濁亂時衆生
垢重慳貪嫉妬成就諸不善根故諸佛以方
便力於一佛乘分別說三舍利弗若我弟子
自謂阿羅漢辟支佛者不聞不知諸佛如来
但教化菩薩事此非佛弟子非阿羅漢非辟
支佛又舍利弗是諸比丘比丘尼自謂已得
阿羅漢是冣後身究竟涅槃便不復志求
阿耨多羅三藐三菩提當知此輩皆是增上慢
人所以者何若有比丘實得阿羅漢若不信
此法无有是處除佛滅度後現前无佛所以
者何佛滅度後如是等經受持讀誦解義者
是人難得若遇餘佛於此法中便得決了舍
利弗汝等當一心信解受持佛語諸佛如来
言无虛妄无有餘乘唯一佛乘尒時世尊欲
重宣此義而說偈言
比丘比丘尼　有懷增上慢　優婆塞我慢　優婆夷不信
如是四衆等　其數有五千　不自見其過　於戒有缺漏
護惜其瑕疵　是小智已出　衆中之糟糠　佛威德故去
斯人尠福德　不堪受是法　此衆无枝葉　唯有諸貞實
舍利弗善聽　諸佛所得法　无量方便力　而為衆生說

如是四衆等 其數有五千 不自見其過 於戒有缺漏
護惜其瑕疵 是小智已出 衆中之糟糠 佛威德故去
斯人尠福德 不堪受是法 此衆无枝葉 唯有諸貞實
舍利弗善聽 諸佛所得法 无量方便力 而為衆生說
衆生心所念 種種所行道 若干諸欲性 先世善惡業
佛悉知是已 以諸緣譬喻 言辭方便力 令一切歡喜
或說脩多羅 伽陁及本事 本生未曾有 亦說於因緣
譬喻并祇夜 優波提舍經 鈍根樂小法 貪著於生死
於諸无量佛 不行深妙道 衆苦所惱亂 為是說涅槃
我設是方便 令得入佛慧 未曾說汝等 當得成佛道
所以未曾說 說時未至故 今正是其時 决定說大乘
我此九部法 隨順衆生說 入大乘為本 以故說是經
有佛子心淨 柔軟亦利根 无量諸佛所 而行深妙道
為此諸佛子 說是大乘經 我記如是人 來世成佛道
以深心念佛 脩持淨戒故 此等聞得佛 大喜充遍身
佛知彼心行 故為說大乘 聲聞若菩薩 聞我所說法
乃至於一偈 皆成佛无疑 十方佛土中 唯有一乘法
无二亦无三 除佛方便說 但以假名字 引導於衆生
說佛智慧故 諸佛出於世 唯此一事實 餘二則非真
終不以小乘 濟度於衆生 佛自住大乘 如其所得法
定慧力莊嚴 以此度衆生 自證无上道 大乘平等法
若以小乘化 乃至於一人 我則墮慳貪 此事為不可
若人信歸佛 如來不欺誑 亦无貪嫉意 斷諸法中惡
故佛於十方 而獨无所畏 我以相嚴身 光明照世間
无量衆所尊 為說實相印 舍利弗當知 我本立誓願
欲令一切衆 如我等无異 如我昔所願 今者已滿足

若人信歸佛 如來不欺誑 亦无貪嫉意 斷諸法中惡
故佛於十方 而獨无所畏 我以相嚴身 光明照世間
无量衆所尊 為說實相印 舍利弗當知 我本立誓願
欲令一切衆 如我等无異 如我昔所願 今者已滿足
化一切衆生 皆令入佛道 若我遇衆生 盡教以佛道
无智者錯亂 迷惑不受教 我知此衆生 未曾脩善本
堅著於五欲 癡愛故生惱 以諸欲因緣 墜墮三惡道
輪迴六趣中 備受諸苦毒 受胎之微形 世世常增長
薄德少福人 衆苦所逼迫 入邪見稠林 若有若无等
依止此諸見 具足六十二 深著虛妄法 堅受不可捨
我慢自矜高 諂曲心不實 於千万億劫 不聞佛名字
亦不聞正法 如是人難度 是故舍利弗 我為設方便
說諸盡苦道 示之以涅槃 我雖說涅槃 是亦非真滅
諸法從本來 常自寂滅相 佛子行道已 來世得作佛
我有方便力 開示三乘法 一切諸世尊 皆說一乘道
今此諸大衆 皆應除疑惑 諸佛語无異 唯一无二乘
過去无數劫 无量滅度佛 百千万億種 其數不可量
如是諸世尊 種種緣譬喻 无數方便力 演說諸法相
是諸世尊等 皆說一乘法 化无量衆生 令入於佛道
又諸大聖主 知一切世間 天人群生類 深心之所欲
更以異方便 助顯第一義 若有衆生類 值諸過去佛
若聞法布施 或持戒忍辱 精進禪智等 種種脩福德
如是諸人等 皆已成佛道 諸佛滅度已 若人善軟心
如是諸衆生 皆已成佛道 諸佛滅度已 供養舍利者
起万億種塔 金銀及頗梨 車𤦲與馬瑙 玫瑰琉璃珠
清淨廣嚴飾 莊校於諸塔 或有起石廟 栴檀及沉水
木櫁并餘材 塼瓦泥土等 若於曠野中 積土成佛廟

如是諸衆生　皆已成佛道　諸佛滅度已　供養舍利者
起万億種塔　金銀及頗梨　車𤦲與馬瑙　玫瑰琉璃珠
清淨廣嚴飾　莊校於諸塔　或有起石廟　栴檀及沉水
木櫁并餘材　塼瓦泥土等　若於曠野中　積土成佛廟
乃至童子戲　聚沙爲佛塔　如是諸人等　皆已成佛道
若人爲佛故　建立諸形像　刻彫成衆相　皆已成佛道
或以七寶成　鍮鉐赤白銅　白鑞及鉛錫　鐵木及與泥
或以膠漆布　嚴飾作佛像　如是諸人等　皆已成佛道
綵畫作佛像　百福莊嚴相　自作若使人　皆已成佛道
乃至童子戲　若草木及筆　或以指爪甲　而畫作佛像
如是諸人等　漸漸積功德　具足大悲心　皆已成佛道
但化諸菩薩　度脫无量衆　若人於塔廟　寶像及畫像
以華香幡蓋　敬心而供養　若使人作樂　擊鼓吹角貝
簫笛琴箜篌　琵琶鐃銅鈸　如是衆妙音　盡持以供養
或以歡喜心　歌唄頌佛德　乃至一小音　皆已成佛道
若人散亂心　乃至以一華　供養於畫像　漸見无數佛
或有人禮拜　或復但合掌　乃至舉一手　或復小低頭
以此供養像　漸見无量佛　自成无上道　廣度无數衆
入无餘涅槃　如薪盡火滅　若人散亂心　入於塔廟中
一稱南无佛　皆已成佛道　於諸過去佛　在世或滅後
若有聞是法　皆已成佛道　未來諸世尊　其數无有量
是諸如來等　亦方便說法　一切諸如來　以无量方便
度脫諸衆生　入佛无漏智　若有聞法者　无一不成佛
諸佛本誓願　我所行佛道　普欲令衆生　亦同得此道
未來世諸佛　雖說百千億　无數諸法門　其實爲一乘
諸佛兩足尊　知法常无性　佛種從緣起　是故說一乘

BD14428號　妙法蓮華經卷一　（20–17）

度脫諸衆生　入佛无漏智　若有聞法者　无一不成佛
諸佛本誓願　我所行佛道　普欲令衆生　亦同得此道
未來世諸佛　雖說百千億　无數諸法門　其實爲一乘
諸佛兩足尊　知法常无性　佛種從緣起　是故說一乘
是法住法位　世間相常住　於道場知已　導師方便說
天人所供養　現在十方佛　其數如恒沙　出現於世間
安隱衆生故　亦說如是法　知第一寂滅　以方便力故
雖示種種道　其實爲佛乘　知衆生諸行　深心之所念
過去所習業　欲性精進力　及諸根利鈍　以種種因緣
譬喻亦言辭　隨應方便說　今我亦如是　安隱衆生故
以種種法門　宣示於佛道　我以智慧力　知衆生性欲
方便說諸法　皆令得歡喜　舍利弗當知　我以佛眼觀
是六道衆生　貧窮无福慧　入生死嶮道　相續苦不斷
深著於五欲　如犛牛愛尾　以貪愛自蔽　盲瞑无所見
不求大勢佛　及與斷苦法　深入諸邪見　以苦欲捨苦
爲是衆生故　而起大悲心　我始坐道場　觀樹亦經行
於三七日中　思惟如是事　我所得智慧　微妙最第一
衆生諸根鈍　著樂癡所盲　如斯之等類　云何而可度
尒時諸梵王　及諸天帝釋　護世四天王　及大自在天
并餘諸天衆　眷屬百千万　恭敬合掌礼　請我轉法輪
我即自思惟　若但讚佛乘　衆生沒在苦　不能信是法
破法不信故　墜於三惡道　我寧不說法　疾入於涅槃
尋念過去佛　所行方便力　我今所得道　亦應說三乘
作是思惟時　十方佛皆現　梵音慰喻我　善哉釋迦文
第一之導師　得是无上法　隨諸一切佛　而用方便力
我等亦皆得　最妙第一法　爲諸衆生類　分別說三乘

BD14428號　妙法蓮華經卷一　（20–18）

破法不信故 墜於三惡道 我寧不說法 疾入於涅槃
尋念過去佛 所行方便力 我今所得道 亦應說三乘
作是思惟時 十方佛皆現 梵音慰喻我 善哉釋迦文
苐一之導師 得是无上法 隨諸一切佛 而用方便力
我等亦皆得 最妙苐一法 為諸衆生類 分別說三乘
少智樂小法 不自信作佛 是故以方便 分別說諸果
雖復說三乘 但為教菩薩 舍利弗當知 我聞聖師子
深淨微妙音 稱南无諸佛 復作如是念 我出濁惡世
如諸佛所說 我亦隨順行 思惟是事已 即趣波羅柰
諸法寂滅相 不可以言宣 以方便力故 為五比丘說
是名轉法輪 便有涅槃音 及以阿羅漢 法僧差別名
從久遠劫來 讚示涅槃法 生死苦永盡 我常如是說
舍利弗當知 我見佛子等 志求佛道者 无量千万億
咸以恭敬心 皆來至佛所 曾從諸佛聞 方便所說法
我即作是念 如來所以出 為說佛慧故 今正是其時
舍利弗當知 鈍根小智人 著相憍慢者 不能信是法
今我喜无畏 於諸菩薩中 正直捨方便 但說无上道
菩薩聞是法 疑網皆已除 千二百羅漢 悉亦當作佛
如三世諸佛 說法之儀式 我今亦如是 說无分別法
諸佛興出世 懸遠值遇難 正使出于世 說是法復難
无量无數劫 聞是法亦難 能聽是法者 斯人亦復難
譬如優曇華 一切皆愛樂 天人所希有 時時乃一出
聞法歡喜讚 乃至發一言 則為已供養 一切三世佛
是人甚希有 過於優曇華 汝等勿有疑 我為諸法王
普告諸大衆 但以一乘道 教化諸菩薩 无聲聞弟子
汝等舍利弗 聲聞及菩薩 當知是妙法 諸佛之秘要
以五濁惡世 但樂著諸欲 如是等衆生 終不求佛道

BD14428 號　妙法蓮華經卷一　　(20–19)

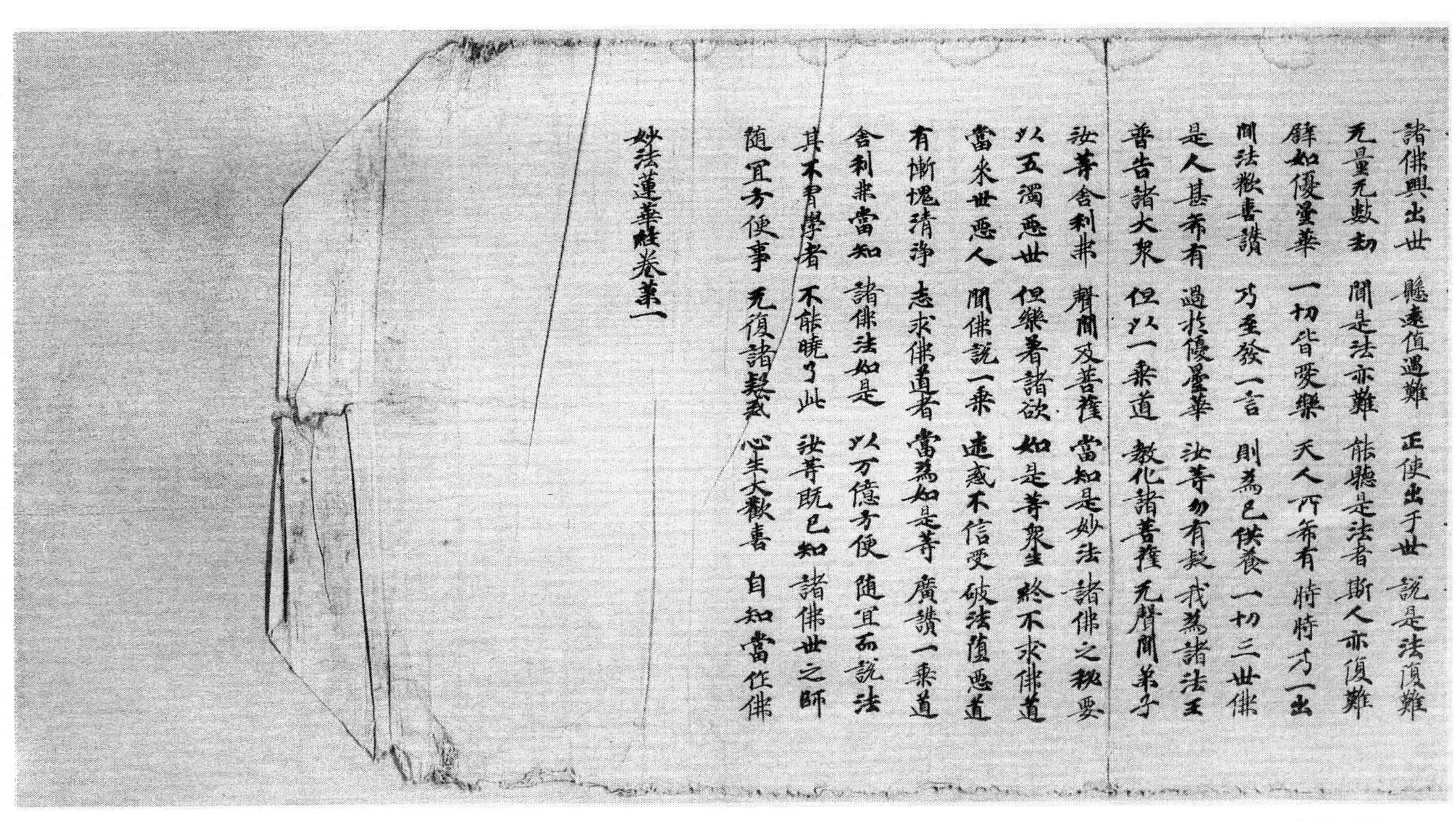
諸佛興出世 懸遠值遇難 正使出于世 說是法復難
无量无數劫 聞是法亦難 能聽是法者 斯人亦復難
譬如優曇華 一切皆愛樂 天人所希有 時時乃一出
聞法歡喜讚 乃至發一言 則為已供養 一切三世佛
是人甚希有 過於優曇華 汝等勿有疑 我為諸法王
普告諸大衆 但以一乘道 教化諸菩薩 无聲聞弟子
汝等舍利弗 聲聞及菩薩 當知是妙法 諸佛之秘要
以五濁惡世 但樂著諸欲 如是等衆生 終不求佛道
當來世惡人 聞佛說一乘 迷惑不信受 破法墮惡道
有慚愧清淨 志求佛道者 當為如是等 廣讚一乘道
舍利弗當知 諸佛法如是 以万億方便 隨宜而說法
其不習學者 不能曉了此 汝等既已知 諸佛世之師
隨宜方便事 无復諸疑惑 心生大歡喜 自知當作佛

妙法蓮華經卷苐一

BD14428 號　妙法蓮華經卷一　　(20–20)

……充滿其國舍利
小劫除為王子未作佛時其國人
劫華光如来過十二小劫授堅滿菩
多羅三藐三菩提記告諸比丘是堅滿菩
次當作佛号曰華足安行多陁阿伽度阿羅
訶三藐三佛陁其佛國……舍利弗
是華光佛滅度之後正
像法住世亦三十二小劫
此義而說偈言
舍利弗來世　成佛普智尊　号名
供養无數佛　具足菩薩行　十力等
過无量劫已　劫名大寶嚴　世界
以瑠璃為地　金繩界其道　七寶雜
彼國諸菩薩　志念常堅固　神通波羅蜜
於无數佛所　善學菩薩道　如是等大士　華光
佛為王子時　棄國捨世榮　於冣末後身　出家
華光佛住世　壽十二小劫　其國人民眾　壽命
佛滅度之後　正法住於世　三十二小劫　廣度諸眾生
正法滅盡已　像法三十二　舍利廣流布　天人普供養
華光佛所為　其事皆如是　其兩足聖尊　冣勝无倫正
彼即是汝身　宜應自欣慶

BD14429 號　妙法蓮華經卷二　（25–1）

佛為王子時　棄國捨世榮　於冣末後身　出家
華光佛住世　壽十二小劫　其國人民眾　壽命
佛滅度之後　正法住於世　三十二小劫　廣度諸眾生
正法滅盡已　像法三十二　舍利廣流布　天人普供養
華光佛所為　其事皆如是　其兩足聖尊　冣勝无倫正
彼即是汝身　宜應自欣慶
尒時四部眾比丘比丘尼優婆塞優
龍夜叉乾闥婆阿脩羅迦樓羅緊
羅伽等大眾見舍利弗於佛前受阿耨多羅
三藐三菩提記心大歡喜踊躍无量各各脫
身所著上衣以供養佛釋提桓因梵天王等
與无數天子亦以天妙衣天曼陁羅華摩訶
曼陁羅華等供養於佛所散天衣住虛空中
而自迴轉諸天伎樂百千万種於虛空中一
時俱作雨眾天華而作是言佛昔於波羅柰
初轉法輪今乃復轉无上冣大法輪尒時諸
天子欲重宣此義而說偈言
昔於波羅柰　轉四諦法輪　分別說諸法　五眾之生滅
今復轉冣妙　无上大法輪　是法甚深奧　少有能信者
我等從昔來　數聞世尊說　未曾聞如是　深妙之上法
世尊說是法　我等皆隨喜　大智舍利弗　今得受尊記
我等亦如是　必當得作佛　於一切世間　冣尊无有上
佛道叵思議　方便隨宜說　我所有福業　今世若過世
及見佛功德　盡迴向佛道
尒時舍利弗白佛言世尊我今无復疑悔親
於佛前得受阿耨多羅三藐三菩提記是諸
千二百心自在者昔住學地佛常教化言我
法能離生老病死究竟涅槃是學无學人亦

BD14429 號　妙法蓮華經卷二　（25–2）

尒時舍利弗白佛言世尊我今无復疑悔親
於佛前得受阿耨多羅三藐三菩提記是諸
千二百心自在者昔住學地佛常教化言我
法能離生老病死究竟涅槃是學无學人亦
各自以離我見及有无見等謂得涅槃而今
於世尊前聞所未聞皆墮疑惑善哉世尊願
為四衆說其因緣令離疑悔尒時佛告舍利
弗我先不言諸佛世尊以種種因緣譬喻言
辭方便說法皆為阿耨多羅三藐三菩提耶
是諸所說皆為化菩薩故然舍利弗今當復
以譬喻更明此義諸有智者以譬喻得解舍
利弗若國邑聚落有大長者其年衰邁財富
无量多有田宅及諸僮僕其家廣大唯有一
門多諸人衆一百二百乃至五百人止住其
中堂閣朽故墻壁頹落柱根腐敗梁棟傾危
周匝俱時欻然火起焚燒舍宅長者諸子若
十二十或至三十在此宅中長者見是大火
從四面起即大驚怖而作是念我雖能於此
所燒之門安隱得出而諸子等於火宅內樂
著嬉戲不覺不知不驚不怖火來逼身苦痛
切已心不猒患无求出意舍利弗是長者作
是思惟我身手有力當以衣裓若以几案從
舍出之復更思惟是舍唯有一門而復狹小
諸子幼稚未有所識戀著戲處或當墮落為
火所燒我當為說怖畏之事此舍已燒宜時
疾出无令為火之所燒害作是念已如所思
惟具告諸子汝等速出父雖憐愍善言誘喻

BD14429 號　妙法蓮華經卷二　（25–3）

舍出之復更思惟是舍唯有一門而復狹小
諸子幼稚未有所識戀著戲處或當墮落為
火所燒我當為說怖畏之事此舍已燒宜時
疾出无令為火之所燒害作是念已如所思
惟具告諸子汝等速出父雖憐愍善言誘喻
而諸子等樂著嬉戲不肯信受不驚不畏了
无出心亦復不知何者是火何者為舍云何
為失但東西走戲視父而已尒時長者即作
是念此舍已為大火所燒我及諸子若不時
出必為所焚我今當設方便令諸子等得免
斯害父知諸子先心各有所好種種珎玩奇
異之物情必樂著而告之言汝等所可玩好
希有難得汝若不取後必憂悔如此種種羊
車鹿車牛車今在門外可以遊戲汝等於此
火宅宜速出來隨汝所欲皆當與汝尒時諸
子聞父所說珎玩之物適其願故心各勇鋭
互相推排競共馳走争出火宅是時長者見
諸子等安隱得出皆於四衢道中露地而坐
无復障礙其心泰然歡喜踊躍時諸子等各
白父言父先所許玩好之具羊車鹿車牛車
願時賜與舍利弗尒時長者各賜諸子等一
大車其車高廣衆寶莊校周帀欄楯四面懸
鈴又於其上張設幰蓋亦以珎奇雜寶而嚴
飾之寶繩交絡垂諸華瓔重敷綩綖安置丹
枕駕以白牛膚色充潔形體姝好有大筋力
行步平正其疾如風又多僕從而侍衛之所
以者何是大長者財富无量種種諸藏悉皆
充溢而作是念我財物无極不應以下劣小

BD14429 號　妙法蓮華經卷二　（25–4）

鈴又於其上張設幰蓋亦以珍奇雜寶而嚴
飾之寶繩交絡垂諸華瓔重敷綩綖安置丹
枕駕以白牛膚色充潔形體姝好有大筋力
行步平正其疾如風又多僕從而侍衛之所
以者何是大長者財富无量種種諸藏悉皆
充溢而作是念我財物无極不應以下劣小
車與諸子等今此幼童皆是吾子愛无偏黨
我有如是七寶大車其數无量應當等心各
各與之不宜差別所以者何以我此物周給
一國猶尚不匱何況諸子是時諸子各乘大
車得未曾有非本所望舍利弗於汝意云何
是長者等與諸子珎寶大車寧有虛妄不舍
利弗言不也世尊是長者但令諸子得免火
難全其軀命非為虛妄何以故若全身命便
為已得玩好之具況復方便於彼火宅而拔
濟之世尊若是長者乃至不與㝡小一車猶
不虛妄何以故是長者先作是意我以方便
令子得出以是因緣无虛妄也何況長者自
知財富无量欲饒益諸子等與大車佛告舍
利弗善哉善哉如汝所言舍利弗如来亦復
如是則為一切世間之父於諸怖畏衰惱憂
患无明暗蔽永盡无餘而悉成就无量知見
力无所畏有大神力及智慧力具足方便智
慧波羅蜜大慈大悲常无懈惓恒求善事利
益一切而生三界朽故火宅為度衆生生老
病死憂悲苦惱愚癡暗蔽三毒之火教化令
得阿耨多羅三藐三菩提見諸衆生為生老
病死憂悲苦惱之所燒煑亦以五欲財利故

[illegible]
慧波羅蜜大慈大悲常无懈惓恒求善事利
益一切而生三界朽故火宅為度衆生生老
病死憂悲苦惱愚癡暗蔽三毒之火教化令
得阿耨多羅三藐三菩提見諸衆生為生老
病死憂悲苦惱之所燒煑亦以五欲財利故
受種種苦又以貪著追求故現受衆苦後受
地獄畜生餓鬼之苦若生天上及在人間貧
窮困苦愛別離苦怨憎會苦如是等種種諸
苦衆生没在其中歡喜遊戲不覺不知不驚
不怖亦不生猒不求解脫於此三界火宅東
西馳走雖遭大苦不以為患舍利弗佛見此
已便作是念我為衆生之父應拔其苦難與
无量无邊佛智慧樂令其遊戲舍利弗如来
復作是念若我但以神力及智慧力捨於方
便為諸衆生讚如来知見力无所畏者衆生
不能以是得度所以者何是諸衆生未免生
老病死憂悲苦惱而為三界火宅所燒何由
能解佛之智慧舍利弗如彼長者雖復身手
有力而不用之但以慇懃方便免濟諸子火
宅之難然後各與珎寶大車如来亦復如是
雖有力无所畏而不用之但以智慧方便於
三界火宅拔濟衆生為說三乘聲聞辟支佛
佛乘而作是言汝等莫得樂住三界火宅勿
貪麁弊色聲香味觸也若貪著生愛則為所
燒汝速出三界當得三乘聲聞辟支佛佛乘
我今為汝保任此事終不虛也汝等但當勤
脩精進如来以是方便誘進衆生復作是言

貪麁弊色聲香味觸也若貪著生愛則為所
燒汝速出三界當得三乘聲聞辟支佛佛乘
我今為汝保任此事終不虛也汝等但當勤
脩精進如來以是方便誘進衆生復作是言
汝等當知此三乘法皆是聖所稱歎自在无
繫无所依求乘是三乘以无漏根力覺道禪
定解脫三昧等而自娛樂便得无量安隱快
樂舍利弗若有衆生內有智性從佛世尊聞
法信受慇懃精進欲速出三界自求涅槃是
名聲聞乘如彼諸子為求羊車出於火宅若
有衆生從佛世尊聞法信受慇懃精進求自
然慧樂獨善寂深知諸法因緣是名辟支佛
乘如彼諸子為求鹿車出於火宅若有衆生
從佛世尊聞法信受勤脩精進求一切智佛
智自然智无師智如來知見力无所畏愍念
安樂无量衆生利益天人度脫一切是名大
乘菩薩求此乘故名為摩訶薩如彼諸子為
求牛車出於火宅舍利弗如彼長者見諸子
等安隱得出火宅到无畏處自惟財富无量
等以大車而賜諸子如來亦復如是為一切
衆生之父若見无量億千衆生以佛教門出
三界苦怖畏險道得涅槃樂如來尒時便作
是念我有无量无邊智慧力无畏等諸佛法
藏是諸衆生皆是我子等與大乘不令有人
獨得滅度皆以如來滅度而滅度之是諸衆
生脫三界者悉與諸佛禪定解脫等娛樂之
具皆是一相一種聖所稱歎能生淨妙第一

BD14429號　妙法蓮華經卷二　（25–7）

藏是諸衆生皆是我子等與大乘不令有人
獨得滅度皆以如來滅度而滅度之是諸衆
生脫三界者悉與諸佛禪定解脫等娛樂之
具皆是一相一種聖所稱歎能生淨妙第一
之樂舍利弗如彼長者初以三車誘引諸子
然後但與大車寶物莊嚴安隱第一然彼長
者无虛妄之咎如來亦復如是无有虛妄初
說三乘引導衆生然後但以大乘而度脫之
何以故如來有无量智慧力无所畏諸法之
藏能與一切衆生大乘之法但不盡能受舍
利弗以是因緣當知諸佛方便力故於一佛
乘分別說三佛欲重宣此義而說偈言
譬如長者　有一大宅　其宅久故　而復頓弊
堂舍高危　柱根摧朽　梁棟傾斜　基陛頹毀
牆壁圮坼　泥塗褫落　覆苫亂墜　椽梠差脫
周障屈曲　雜穢充遍　有五百人　止住其中
鵄梟鵰鷲　烏鵲鳩鴿　蚖蛇蝮蠍　蜈蚣蚰蜒
守宮百足　狖狸鼷鼠　諸惡蟲輩　交橫馳走
屎尿臭處　不淨流溢　蜣蜋諸蟲　而集其上
狐狼野干　咀嚼踐蹋　嚌齧死屍　骨肉狼藉
由是群狗　競來搏撮　飢羸慞惶　處處求食
鬪諍摣掣　啀喍嘷吠　其舍恐怖　變狀如是
處處皆有　魑魅魍魎　夜叉惡鬼　食噉人肉
毒蟲之屬　諸惡禽獸　孚乳產生　各自藏護
夜叉競來　爭取食之　食之既飽　惡心轉熾
鬪諍之聲　甚可怖畏　鳩槃荼鬼　蹲踞土埵

BD14429號　妙法蓮華經卷二　（25–8）

闘諍齇掣　啀喍嘷吠　其舎恐怖　變狀如是
處處皆有　魑魅魍魎　夜叉惡鬼　食噉人肉
毒虫之屬　諸惡禽獸　孚乳產生　各自藏護
夜叉競来　爭取食之　食之既飽　惡心轉熾
闘諍之聲　甚可怖畏　鳩槃荼鬼　蹲踞土埵
或時離地　一尺二尺　往返遊行　縱逸嬉戲
捉狗兩足　撲令失聲　以脚加頸　怖狗自樂
復有諸鬼　其身長大　裸形黒瘦　常住其中
發大惡聲　叫呼求食　復有諸鬼　其咽如針
復有諸鬼　首如牛頭　或食人肉　或復噉狗
頭髮蓬亂　殘害凶險　飢渴所逼　叫喚馳走
夜叉餓鬼　諸惡鳥獸　飢急四向　窺看窻牖
如是諸難　恐畏无量　是朽故宅　屬于一人
其人近出　未久之間　於後舎宅　欻然火起
四面一時　其焰俱熾　棟梁椽柱　爆聲震裂
摧折墮落　墻壁崩倒　諸鬼神等　揚聲大叫
鵰鷲諸鳥　鳩槃荼等　周慞惶怖　不能自出
惡獸毒虫　藏竄孔穴　毗舎闍鬼　亦住其中
薄福德故　為火所逼　共相殘害　飲血噉肉
野干之屬　並已前死　諸大惡獸　競来食噉
臭烟烽㶿　四面充塞　蜈蚣蚰蜒　毒虵之類
為火所燒　爭走出穴　鳩槃荼鬼　隨取而食
又諸餓鬼　頭上火然　飢渴熱惱　周慞悶走
其宅如是　甚可怖畏　毒害火災　衆難非一
是時宅主　在門外立　聞有人言　汝諸子等

BD14429 號　妙法蓮華經卷二　（25-9）

為火所燒　爭走出穴　鳩槃荼鬼　隨取而食
又諸餓鬼　頭上火然　飢渴熱惱　周慞悶走
其宅如是　甚可怖畏　毒害火災　衆難非一
是時宅主　在門外立　聞有人言　汝諸子等
先因遊戲　来入此宅　稚小无知　歡娛樂着
長者聞已　驚入火宅　方宜救濟　令无燒害
告喻諸子　說衆患難　惡鬼毒虫　災火蔓莚
衆苦次第　相續不絶　毒虵蚖蝮　及諸夜叉
鳩槃荼鬼　野干狐狗　鵰鷲鵄梟　百足之屬
飢渴惱急　甚可怖畏　此苦難處　況復大火
諸子无知　雖聞父誨　猶故樂着　嬉戲不已
是時長者　而作是念　諸子如此　益我愁惱
今此舎宅　无一可樂　而諸子等　耽湎嬉戲
不受我教　將為火害　即便思惟　設諸方便
告諸子等　我有種種　珍玩之具　妙寶好車
羊車鹿車　大牛之車　今在門外　汝等出来
吾為汝等　造作此車　隨意所樂　可以遊戲
諸子聞說　如此諸車　即時奔競　馳走而出
到於空地　離諸苦難　長者見子　得出火宅
住於四衢　坐師子座　而自慶言　我今快樂
此諸子等　生育甚難　愚小无知　而入險宅
多諸毒虫　魑魅可畏　大火猛焰　四面俱起
而此諸子　貪樂嬉戲　我已救之　令得脫難
是故諸人　我今快樂　尒時諸子　知父安坐
皆詣父所　而白父言　願賜我等　三種寶車

BD14429 號　妙法蓮華經卷二　（25-10）

多諸毒虫 魑魅可畏 大火猛焰 四面俱起
而此諸子 貪樂嬉戲 我已救之 令得脫難
是故諸人 我今快樂 尒時諸子 知父安坐
皆詣父所 而白父言 願賜我等 三種寶車
如前所許 諸子出來 當以三車 隨汝所欲
今正是時 唯垂給與 長者大富 庫藏眾多
金銀琉璃 車𤦲馬瑙 以眾寶物 造諸大車
莊校嚴飾 周帀欄楯 四面懸鈴 金繩交絡
真珠羅網 張施其上 金華諸纓 處處垂下
眾綵雜飾 周帀圍繞 柔軟繒纊 以為茵蓐
上妙細疊 價直千億 鮮白淨潔 以覆其上
有大白牛 肥壯多力 形體姝好 以駕寶車
多諸儐從 而侍衛之 以是妙車 等賜諸子
諸子是時 歡喜踊躍 乘是寶車 遊於四方
嬉戲快樂 自在无礙 告舍利弗 我亦如是
眾聖中尊 世間之父 一切眾生 皆是吾子
深著世樂 无有慧心 三界无安 猶如火宅
眾苦充滿 甚可怖畏 常有生老 病死憂患
如是等火 熾燃不息 如來已離 三界火宅
寂然閑居 安處林野 今此三界 皆是我有
其中眾生 悉是吾子 而今此處 多諸患難
唯我一人 能為救護 雖復教詔 而不信受
於諸欲染 貪著深故 是以方便 為說三乘
令諸眾生 知三界苦 開示演說 出世間道
是諸子等 若心決定 具足三明 及六神通

BD14429號　妙法蓮華經卷二　（25-11）

唯我一人 能為救護 雖復教詔 而不信受
於諸欲染 貪著深故 是以方便 為說三乘
令諸眾生 知三界苦 開示演說 出世間道
是諸子等 若心決定 具足三明 及六神通
有得緣覺 不退菩薩 汝舍利弗 我為眾生
以此譬喻 說一佛乘 汝等若能 信受是語
一切皆當 得成佛道 是乘微妙 清淨第一
於諸世間 為无有上 佛所悅可 一切眾生
所應稱讚 供養礼拜 无量億千 諸力解脫
禪定智慧 及佛餘法 得如是乘 令諸子等
日夜劫數 常得遊戲 與諸菩薩 及聲聞眾
乘此寶乘 直至道場 以是因緣 十方諦求
更无餘乘 除佛方便 告舍利弗 汝諸人等
皆是吾子 我則是父 汝等累劫 眾苦所燒
我皆濟拔 令出三界 我雖先說 汝等滅度
但盡生死 而實不滅 今所應作 唯佛智慧
若有菩薩 於是眾中 能一心聽 諸佛實法
諸佛世尊 雖以方便 所化眾生 皆是菩薩
若人小智 深著愛欲 為此等故 說於苦諦
眾生心喜 得未曾有 佛說苦諦 真實无異
若有眾生 不知苦本 深著苦因 不能暫捨
為是等故 方便說道 諸苦所因 貪欲為本
若滅貪欲 无所依止 滅盡諸苦 名第三諦
為滅諦故 修行於道 離諸苦縛 名得解脫
是人於可 而得解脫 但離虛妄 名為解脫

BD14429號　妙法蓮華經卷二　（25-12）

若有衆生 不知苦本 深著苦因 不能暫捨
為是等故 方便說道 諸苦所因 貪欲為本
若滅貪欲 无所依止 滅盡諸苦 名第三諦
為滅諦故 脩行於道 離諸苦縛 名得解脫
是人於何 而得解脫 但離虗妄 名為解脫
其實未得 一切解脫 佛說是人 未實滅度
斯人未得 无上道故 我意不欲 令至滅度
我為法王 於法自在 安隱衆生 故現於世
汝舍利弗 我此法印 為欲利益 世間故說
在所遊方 勿妄宣傳 若有聞者 隨喜頂受
當知是人 阿鞞跋致 若有信受 此經法者
是人已曾 見過去佛 恭敬供養 亦聞是法
若人有能 信汝所說 則為見我 亦見於汝
及比丘僧 并諸菩薩 斯法華經 為深智說
淺識聞之 迷惑不解 一切聲聞 及辟支佛
於此經中 力所不及 汝舍利弗 尚於此經
以信得入 況餘聲聞 其餘聲聞 信佛語故
隨順此經 非已智分 又舍利弗 憍慢懈怠
計我見者 莫說此經 凡夫淺識 深著五欲
聞不能解 亦勿為說 若人不信 毀謗此經
則斷一切 世間佛種 或復嚬蹙 而懷疑惑
汝當聽說 此人罪報 若佛在世 若滅度後
其有誹謗 如斯經典 見有讀誦 書持經者
輕賤憎嫉 而懷結恨 此人罪報 汝今復聽
其人命終 入阿鼻獄 具足一劫 劫盡更生
如是展轉 至无數劫 從地獄出 當墮畜生

其有誹謗 如斯經典 見有讀誦 書持經者
輕賤憎嫉 而懷結恨 此人罪報 汝今復聽
其人命終 入阿鼻獄 具足一劫 劫盡更生
如是展轉 至无數劫 從地獄出 當墮畜生
若狗野干 其形頊瘦 黧黮疥癩 人所觸嬈
又復為人 之所惡賤 常困飢渴 骨肉枯竭
生受楚毒 死被瓦石 斷佛種故 受斯罪報
若作駱駝 或生驢中 身常負重 加諸杖捶
但念水草 餘无所知 謗斯經故 獲罪如是
有作野干 來入聚落 身體疥癩 又无一目
為諸童子 之所打擲 受諸苦痛 或時致死
於此死已 更受蟒身 其形長大 五百由旬
聾騃无足 宛轉腹行 為諸小虫 之所唼食
晝夜受苦 无有休息 謗斯經故 獲罪如是
若得為人 諸根闇鈍 矬陋攣躄 盲聾背傴
有所言說 人不信受 口氣常臭 鬼魅所著
貧窮下賤 為人所使 多病痟瘦 无所依怙
雖親附人 人不在意 若有所得 尋復忘失
若脩醫道 順方治病 更增他疾 或復致死
若自有病 无人救療 設服良藥 而復增劇
若他反逆 抄劫竊盜 如是等罪 橫羅其殃
如斯罪人 永不見佛 衆聖之王 說法教化
如斯罪人 常生難處 狂聾心亂 永不聞法
於无數劫 如恒河沙 生輙聾瘂 諸根不具
常處地獄 如遊園觀 在餘惡道 如己舍宅
駝驢猪狗 是其行處 謗斯經故 獲罪如是

如斯罪人 常生難處 狂聾心亂 永不聞法
於无數劫 如恒河沙 生輒聾瘂 諸根不具
常處地獄 如遊園觀 在餘惡道 如己舍宅
駝驢猪狗 是其行處 謗斯經故 獲罪如是
若得為人 聾盲瘖瘂 貧窮諸衰 以自莊嚴
水腫乾痟 疥癩癰疽 如是等病 以為衣服
身常臭處 垢穢不淨 深著我見 增益瞋恚
婬欲熾盛 不擇禽獸 謗斯經故 獲罪如是
告舍利弗 謗斯經者 若說其罪 窮劫不盡
以是因緣 我故語汝 无智人中 莫說此經
若有利根 智慧明了 多聞強識 求佛道者
如是之人 乃可為說 若人曾見 億百千佛
殖諸善本 深心堅固 如是之人 乃可為說
若人精進 常脩慈心 不惜身命 乃可為說
若人恭敬 无有異心 離諸凡愚 獨處山澤
如是之人 乃可為說 又舍利弗 若見有人
捨惡知識 親近善友 如是之人 乃可為說
若見佛子 持戒清潔 如淨明珠 求大乘經
如是之人 乃可為說 若人无瞋 質直柔軟
常愍一切 恭敬諸佛 如是之人 乃可為說
復有佛子 於大眾中 以清淨心 種種因緣
譬喻言辭 說法无礙 如是之人 乃可為說
若有比丘 為一切智 四方求法 合掌頂受
但樂受持 大乘經典 乃至不受 餘經一偈
如是之人 乃可為說 如人至心 求佛舍利
如是求經 得已頂受 其人不復 志求餘經

BD14429號　妙法蓮華經卷二　（25–15）

若有比丘 為一切智 四方求法 合掌頂受
但樂受持 大乘經典 乃至不受 餘經一偈
如是之人 乃可為說 如人至心 求佛舍利
如是求經 得已頂受 其人不復 志求餘經
亦未曾念 外道典籍 如是之人 乃可為說
告舍利弗 我說是相 求佛道者 窮劫不盡
如是等人 則能信解 汝當為說 妙法華經

妙法蓮華經信解品第四

尒時慧命須菩提摩訶迦旃延摩訶迦葉摩
訶目揵連從佛所聞未曾有法世尊授舍利
弗阿耨多羅三藐三菩提記發希有心歡喜
踊躍即從座起整衣服偏袒右肩右膝著地
一心合掌曲躬恭敬瞻仰尊顏而白佛言我
等居僧之首年並朽邁自謂已得涅槃无所
堪任不復進求阿耨多羅三藐三菩提世尊
往昔說法既久我時在座身體疲懈但念空
无相无作於菩薩法遊戲神通淨佛國土成
就眾生心不喜樂所以者何世尊令我等出
於三界得涅槃證又今我等年已朽邁於佛
教化菩薩阿耨多羅三藐三菩提不生一念
好樂之心我等今於佛前聞授聲聞阿耨多
羅三藐三菩提記心甚歡喜得未曾有不謂
於今忽然得聞希有之法深自慶幸獲大善
利无量珎寶不求自得世尊我等今者樂說
譬喻以明斯義譬若有人年既幼稚捨父逃

BD14429號　妙法蓮華經卷二　（25–16）

於今忽然得聞希有之法深自慶幸獲大善
利无量珎寶不求自得世尊我等今者樂說
譬喻以明斯義譬若有人年既幼稚捨父逃
逝久住他國或十二十至五十歲年既長大
加復窮困馳騁四方以求衣食漸漸遊行遇
向本國其父先来求子不得中止一城其家
大富財寶无量金銀瑠璃珊瑚虎珀頗梨珠
等其諸倉庫悉皆盈溢多有僮僕臣佐吏民
象馬車乘牛羊无數出入息利乃遍他國商
估賈客亦甚眾多時貧窮子遊諸聚落經歷
國邑遂到其父所止之城父每念子與子離
別五十餘年而未曾向人說如此事但自思
惟心懷悔恨自念老朽多有財物金銀珎寶
倉庫盈溢无有子息一旦終沒財物散失无
所委付是以慇勤每憶其子復作是念我若
得子委付財物坦然快樂无復憂慮世尊尒
時窮子傭賃展轉遇到父舍住立門側遙見
其父踞師子床寶几承足諸婆羅門剎利居
士皆恭敬圍繞以真珠瓔珞價直千万莊嚴
其身吏民僮僕手執白拂侍立左右覆以寶
帳垂諸華幡香水灑地散眾名華羅列寶物
出內取與有如是等種種嚴飾威德特尊窮
子見父有大力勢即懷恐怖悔来至此竊作
是念此或是王或是王等非我傭力得物之
處不如往至貧里肆力有地衣食易得若久

BD14429號　妙法蓮華經卷二　（25–17）

出內取與有如是等種種嚴飾威德特尊窮
子見父有大力勢即懷恐怖悔来至此竊作
是念此或是王或是王等非我傭力得物之
處不如往至貧里肆力有地衣食易得若久
住此或見逼迫強使我作作是念已疾走而
去時富長者於師子座見子便識心大歡喜
即作是念我財物庫藏今有所付我常思念
此子无由見之而忽自来甚適我願我雖年
朽猶故貪惜即遣傍人急追將還尒時使者
疾走往捉窮子驚愕稱怨大喚我不相犯何
為見捉使者執之逾急強牽將還于時窮子
自念无罪而被囚執此必定死轉更惶怖悶
絕躄地父遙見之而語使言不須此人勿強
將来以冷水灑面令得醒悟莫復與語所以
者何父知其子志意下劣自知豪貴為子所
難審知是子而以方便不語他人云是我子
使者語之我今放汝隨意所趣窮子歡喜得
未曾有從地而起往至貧里以求衣食尒時
長者將欲誘引其子而設方便密遣二人形
色憔悴无威德者汝可詣彼徐語窮子此有
作處倍與汝直窮子若許將来使作若言欲
何所作便可語之雇汝除糞我等二人亦共
汝作時二使人即求窮子既已得之具陳上
事尒時窮子先取其價尋與除糞其父見子
愍而怪之又以他日於窗牖中遙見子身羸
見[illegible]

BD14429號　妙法蓮華經卷二　（25–18）

何所作便可語之雇汝除糞我等二人亦共
汝作時二使人即求窮子既已得之具陳上
事尒時窮子先取其價尋與除糞其父見子
愍而怪之又以他日於窓牖中遥見子身羸
瘦憔悴糞土塵坌汙穢不淨即脫瓔珞細軟
上服嚴飾之具更著麁弊垢膩之衣塵土坌
身右手執持除糞之器狀有所畏語諸作人
汝等勤作勿得懈息以方便故得近其子後
復告言咄男子汝常此作勿復餘去當加汝
價諸有所須瓫器米麵塩酢之屬莫自疑難
亦有老弊使人須者相給好自安意我如汝
父勿復憂慮所以者何我年老大而汝少壯
汝常作時无有欺怠瞋恨怨言都不見汝有
此諸惡如餘作人自今已後如所生子即時
長者更與作字名之為兒尒時窮子雖欣此
遇猶故自謂客作賤人由是之故於二十年
中常令除糞過是已後心相體信入出无難
然其所止猶在本處世尊尒時長者有疾自
知將死不久語窮子言我今多有金銀珍寶
倉庫盈溢其中多少所應取與汝悉知之我
心如是當體此意所以者何今我與汝便為
不異宜加用心无令漏失尒時窮子即受教
勑領知衆物金銀珍寶及諸庫藏而无悕取
一飡之意然其所止故在本處下劣之心亦
未能捨復經少時父知子意漸已通泰成就

不異宜加用心无令漏失尒時窮子即受教
勑領知衆物金銀珍寶及諸庫藏而无悕取
一飡之意然其所止故在本處下劣之心亦
未能捨復經少時父知子意漸已通泰成就
大志自鄙先心臨欲終時而命其子并會親
族國王大臣刹利居士皆悉已集即自宣言
諸君當知此是我子我之所生於其城中捨
吾逃走跉跰辛苦五十餘年其本字某我名
某甲昔在本城懷憂推覓忽於此間遇會得
之此實我子我實其父今我所有一切財物
皆是子有先所出內是子所知世尊是時窮
子聞父此言即大歡喜得未曾有而作是念
我本无心有所悕求今此寶藏自然而至世
尊大富長者則是如來我等皆似佛子如來
常說我等為子世尊我等以三苦故於生死
中受諸熱惱迷惑无知樂著小法今日世尊
令我等思惟蠲除諸法戲論之糞我等於中
勤加精進得至涅槃一日之價既得此已心
大歡喜自以為是便自謂於佛法中勤精進
故所得弘多然世尊先知我等心著弊欲樂
於小法便見縱捨不為分別汝等當有如來
知見寶藏之分世尊以方便力說如來智慧
我等從佛得涅槃一日之價以為大得於此
大乘无有志求我等又因如來智慧為諸菩
薩開示演說而自於此无有志願所以者何
佛知我等心樂小法以方便力隨我等說而

我等從佛得涅槃一日之價以為大得於此
大乘无有志求我等又曰如来智慧為諸菩
薩開示演說而自於此无有志願所以者何
佛知我等心樂小法以方便力隨我等說而
我等不知真是佛子今我等方知世尊於佛
智慧无所悋惜所以者何我等昔来真是佛
子而但樂小法若我等有樂大之心佛則為
我說大乘法此經中唯說一乘而昔於菩薩
前毀呰聲聞樂小法者然佛實以大乘教化
是故我等說本无心有所悕求今法王大寶
自然而至如佛子所應得者皆已得之尒時
摩訶迦葉欲重宣此義而說偈言
我等今日　聞佛音教　歡喜踊躍　得未曾有
佛說聲聞　當得作佛　无上寶聚　不求自得
譬如童子　幼稚无識　捨父逃逝　遠到他土
周流諸國　五十餘年　其父憂念　四方推求
求之既疲　頓止一城　造立舍宅　五欲自娛
其家巨富　多諸金銀　車𤦲馬瑙　真珠瑠璃
象馬牛羊　輦轝車乘　田業僮僕　人民眾多
出入息利　乃遍他國　商估賈人　无處不有
千万億眾　圍繞恭敬　常為王者　之所愛念
群臣豪族　皆共宗重　以諸緣故　往来者眾
豪富如是　有大力勢　而年朽邁　益憂念子
夙夜惟念　死時將至　癡子捨我　五十餘年
庫藏諸物　當如之何　尒時窮子　求索衣食

BD14429號　妙法蓮華經卷二　（25–21）

千万億眾　圍繞恭敬　常為王者　之所愛念
群臣豪族　皆共宗重　以諸緣故　往来者眾
豪富如是　有大力勢　而年朽邁　益憂念子
夙夜惟念　死時將至　癡子捨我　五十餘年
庫藏諸物　當如之何　尒時窮子　求索衣食
從邑至邑　從國至國　或有所得　或无所得
飢餓羸瘦　體生瘡癬　漸次經歷　到父住城
傭賃展轉　遂至父舍　尒時長者　於其門內
施大寶帳　處師子座　眷屬圍繞　諸人侍衛
或有計筭　金銀寶物　出內財產　注記券疏
窮子見父　豪貴尊嚴　謂是國王　若是王等
驚怖自恠　何故至此　竊自念言　我若久住
或見逼迫　強驅使作　思惟是已　馳走而去
借問貧里　欲往傭作　長者是時　在師子座
遙見其子　嘿而識之　即勑使者　追捉將来
窮子驚喚　迷悶躄地　是人執我　必當見煞
何用衣食　使我至此　長者知子　愚癡狹劣
不信我言　不信是父　即以方便　更遣餘人
眇目座陋　无威德者　汝可語之　云當相雇
除諸糞穢　倍與汝價　窮子聞之　歡喜隨来
為除糞穢　淨諸房舍　長者於牖　常見其子
念子愚劣　樂為鄙事　於是長者　著弊垢衣
執除糞器　往到子所　方便附近　語令勤作
既益汝價　并塗足油　飲食充足　薦席厚暖
如是苦言　汝當勤作　又以軟語　若如我子

BD14429號　妙法蓮華經卷二　（25–22）

執除糞器 往到子所 方便附近 語令勤作
既益汝價 并塗足油 飲食充足 薦席厚暖
如是苦言 汝當勤作 又以軟語 若如我子
長者有智 漸令入出 經二十年 執作家事
示其金銀 真珠頗梨 諸物出入 皆使令知
猶處門外 止宿草菴 自念貧事 我无此物
父知子心 漸已曠大 欲與財物 即聚親族
國王大臣 剎利居士 於此大眾 說是我子
捨我他行 經五十歲 自見子來 已二十年
昔於某城 而失是子 周行求索 遂來至此
凡我所有 舍宅人民 悉以付之 恣其所用
子念昔貧 志意下劣 今於父所 大獲珍寶
并及舍宅 一切財物 甚大歡喜 得未曾有
佛亦如是 知我樂小 未曾說言 汝等作佛
而說我等 得諸无漏 成就小乘 聲聞弟子
佛勅我等 說最上道 脩習此者 當得成佛
我承佛教 為大菩薩 以諸因緣 種種譬喻
若干言辭 說无上道 諸佛子等 從我聞法
日夜思惟 精勤脩習 是時諸佛 即授其記
汝於來世 當得作佛 一切諸佛 祕藏之法
但為菩薩 演其實事 而不為我 說斯真要
如彼窮子 得近其父 雖知諸物 心不悕取
我等雖說 佛法寶藏 自无志願 亦復如是
我等內滅 自謂為足 唯了此事 更无餘事
我等若聞 淨佛國土 教化眾生 都无欣樂

如彼窮子 得近其父 雖知諸物 心不悕取
我等雖說 佛法寶藏 自无志願 亦復如是
我等內滅 自謂為足 唯了此事 更无餘事
我等若聞 淨佛國土 教化眾生 都无欣樂
所以者何 一切諸法 皆悉空寂 无生无滅
无大无小 无漏无為 如是思惟 不生喜樂
我等長夜 於佛智慧 无貪无著 无復志願
而自於法 謂是究竟 我等長夜 脩習空法
得脫三界 苦惱之患 住最後身 有餘涅槃
佛所教化 得道不虛 則為已得 報佛之恩
我等雖為 諸佛子等 說菩薩法 以求佛道
而於是法 永无願樂 導師見捨 觀我心故
初不勸進 說有實利 如富長者 知子志劣
以方便力 柔伏其心 然後乃付 一切財物
佛亦如是 現希有事 知樂小者 以方便力
調伏其心 乃教大智 我等今日 得未曾有
非先所望 而今自得 如彼窮子 得无量寶
世尊我今 得道得果 於无漏法 得清淨眼
我等長夜 持佛淨戒 始於今日 得其果報
法王法中 久脩梵行 今得无漏 无上大果
我等今者 真是聲聞 以佛道聲 令一切聞
我等今者 真阿羅漢 於諸世間 天人魔梵
普於其中 應受供養 世尊大恩 以希有事
憐愍教化 利益我等 无量億劫 誰能報者
手足供給 頭頂禮敬 一切供養 皆不能報

我等今者 真是聲聞 以佛道聲 令一切聞
我等今者 真阿羅漢 於諸世間 天人魔梵
普於其中 應受供養 世尊大恩 以希有事
憐愍教化 利益我等 无量億劫 誰能報者
手足供給 頭頂礼敬 一切供養 皆不能報
若以頂戴 兩肩荷負 於恒沙劫 盡心恭敬
又以美饍 无量寶衣 及諸卧具 種種湯藥
牛頭栴檀 及諸珎寶 以起塔廟 寶衣布地
如斯等事 以用供養 於恒沙劫 亦不能報
諸佛希有 无量无邊 不可思議 大神通力
无漏无為 諸法之王 能為下劣 忍于斯事
取相凡夫 随宜為說 諸佛於法 得㝡自在
知諸衆生 種種欲樂 及其志力 随所堪任
以无量喻 而為說法 随諸衆生 宿世善根
又知成熟 未成熟者 種種籌量 分別知已
於一乘道 随宜說三

妙法蓮華經卷第二

BD14429號　妙法蓮華經卷二　　（25–25）

有安樂性　唯願大仙尊　[illegible]說
入依止　雨足尊妙藥　今欲問諸佛　而我无智慧
諸菩薩　所不能知　如是等甚深　諸佛之境界
尒時佛讚迦葉菩薩善哉善哉善男子汝今
未得一切種智我已得之然汝所問甚深祕
藏如一切智之所諮問等无有異善男子我
坐道場菩提樹下初成正覺尒時无量阿僧
祇恒河沙等諸佛世界有諸菩薩亦曾問我
是甚深義然其所問句義功德亦皆如是等
无有異如是問者則能利益无量衆生尒時
迦葉菩薩復白佛言世尊我无智力能問如
來如是深義世尊譬如蚊蝱不能飛過大海
彼岸周遍虛空我亦如是不能諮問如來如
是智慧大海法性虛空甚深之義世尊譬如
國王髻中明珠付典藏臣藏臣得已頂戴恭
敬增加守護我亦如是頂戴恭敬增加守護
如來所說方等深義何以故令我廣得深智
慧故尒時佛告迦葉菩薩善男子諦聽諦聽
當為汝說如來所得長壽之業菩薩以是業

BD14430號　大般涅槃經（北本）卷三　　（10–1）

國王語中明珠付典藏臣藏臣得已頂戴恭
敬增加守護我亦如是頂戴恭敬增加守護
如來所說方等深義何以故令我廣得深智
慧故尒時佛告迦葉菩薩善男子諦聽諦聽
當為汝說如來所得長壽之業菩薩以是業
因緣故得壽命長是故應當至心聽受若業
能為菩提因者應當誠心聽受是義既聽受
已轉為人說善男子我已修集如是業故得
阿耨多羅三藐三菩提今復為人廣說是義
善男子譬如王子犯罪繫獄王甚憐愍愛念
子故躬自迴駕至其繫所菩薩亦尒欲得長
壽應當護念一切衆生同於子想生大慈大
悲大喜大捨授不殺戒教修善法亦當安止
一切衆生於五戒十善復入地獄餓鬼畜生
阿修羅等一切諸趣救濟是中苦惱衆生脫
未脫者度未度者未涅槃者令得涅槃安慰
一切諸恐怖者以如是等業因緣故菩薩則
得壽命長遠於諸智慧而得自在隨所壽終
生於天上尒時迦葉菩薩復白佛言世尊菩
薩摩訶薩等視衆生同於子想是義深隱我
未能解世尊如來不應說言菩薩於諸衆生
修平等心同於子想所以者何於佛法中有
破戒者作逆罪者毀正法者云何當於如是
等人同子想耶佛告迦葉如是如是我於衆
生實作子想如羅睺羅迦葉菩薩復白佛言
世尊昔十五日僧布薩時當於受具清淨衆
中有一童子不善修集身口意業在屏猥處
盜聽說戒密迹力士承佛神力以金剛杵碎

BD14430 號　大般涅槃經（北本）卷三　（10–2）

等人同子想耶佛告迦葉如是如是我於衆
生實作子想如羅睺羅迦葉菩薩復白佛言
世尊昔十五日僧布薩時當於受具清淨衆
中有一童子不善修集身口意業在屏猥處
盜聽說戒密迹力士承佛神力以金剛杵碎
之如塵世尊是金剛神極成暴惡乃能斷是
童子命根云何如來視諸衆生同於子想如
羅睺羅佛告迦葉汝今不應作如是言是童
子者即是化人非真實也為欲驅遣破戒毀
法令出衆故金剛密迹亦是化耳迦葉毀謗
正法及一闡提或有殺生乃至邪見及故犯
禁我於是等悉生悲心同於子想如羅睺羅
善男子譬如國王諸羣臣等有犯王法隨罪
誅戮而不捨置如來世尊不如是也於毀法
者與驅遣羯磨呵責羯磨置羯磨舉罪羯磨
不可見羯磨滅羯磨未捨惡見羯磨善男子
如來所以與謗法者作如是等降伏羯磨為
欲示諸行惡之人有果報故善男子汝今當
知如來即是施惡衆生无畏之者若放一光
若二若五或有遇者悉令遠離一切諸惡如
來今者具有如是无量勢力善男子未可見
法汝欲見者今當為汝說其相貌我涅槃已
隨其方面有持戒比丘威儀具足護持正法
見壞法者即能驅遣呵責徵治當知是人得
福无量不可稱計善男子譬如有王專行暴
惡會遇重病有隣國王聞其名聲興兵而來
規欲殘滅是時病王无力勢故方乃恐怖改

BD14430 號　大般涅槃經（北本）卷三　（10–3）

見壞法者即能駈遣呵責徵治當知是人得
福无量不可稱計善男子譬如有王專行暴
惡會遇重病有隣國王聞其名聲興兵而來
規欲殘滅是時病王无力勢故方乃恐怖改
心脩善而是隣王得无量福持法比丘亦復
如是駈遣呵責壞法之人令行善法得福无
量善男子譬如長者所居之處田澤屋舍生
諸毒樹長者知已即便斫伐永令滅盡又如
壯人首生白髮愧而翦拔不令生長持法比
丘亦復如是見有破戒壞正法者即應駈遣
呵責舉處若善比丘見壞法者置不呵責駈
遣舉處當知是人佛法中怨若能駈遣呵責
舉處是我弟子真聲聞也迦葉菩薩復白佛
言世尊如佛所言則不等視一切衆生同於
子想如羅睺羅世尊若有一人以刀割佛復
有一人旃檀塗佛佛於此二若生等心云何
復言當治毀禁若治毀禁是言則失佛告迦
葉菩薩善男子譬如國王大臣宰相產育諸
子顔狼端正聰明黠慧若二三四將付嚴師
而作是言君可為我教誨諸子威儀礼節伎
藝書疏校計等數悉令成就我今四子就君
受學假使三子病杖而死餘有一子必當苦
治要令成就雖喪三子我終不恨迦葉是父
及師得然罪不不也世尊何以故以愛念故
為欲成就无有惡心如是教誨得福无量善
男子如來亦尒視壞法者等如一子如來今
以无上正法付囑諸王大臣宰相比丘比丘

BD14430號　大般涅槃經（北本）卷三　（10–4）

及師得然罪不不也世尊何以故以愛念故
為欲成就无有惡心如是教誨得福无量善
男子如來亦尒視壞法者等如一子如來今
以无上正法付囑諸王大臣宰相比丘比丘
尼優婆塞優婆夷是諸國王及四部衆應當
勸厲學人等令得增上戒定智慧若有不學
是三品法懈怠破戒毀正法者王者大臣四
部之衆應當苦治善男子是諸國王及四部
衆當有罪不不也世尊善男子是諸國王及
四部衆尚无有罪何况如來善男子如來脩
善如是平等於諸衆生同一子想如是脩者
是名菩薩脩平等心於諸衆生同一子想善
男子菩薩如是脩集此業得壽命長亦能善
知宿世之事迦葉菩薩復白佛言世尊如佛
所說菩薩若有脩平等心視諸衆生同於子
想得壽命長如來不應作如是說何以故如
知法人能說種種孝順之法還至家中以諸
凡石打擲父母而是父母是良福田多所利
益難遭難遇應好供養反生惱害是人不知
法人言行相違如來所言亦復如是菩薩脩
習等心衆生同子想者應得長壽善知宿命
常住於世无有變易今者世尊以何因緣壽
命極短同人間耶如來將无於諸衆生生怨
憎想世尊昔日作何惡業斷幾命根得是短
壽不滿百年佛告迦葉善男子汝今何緣於
如來前發是麁言如來長壽於諸壽中冣上
冣勝所得常法於諸中冣為第一迦葉菩薩

BD14430號　大般涅槃經（北本）卷三　（10–5）

憎想世尊昔日作何悪業斷衆命根得是短
壽不滿百年佛告迦葉善男子汝今何緣於
如來前發是麁言如來長壽於諸壽中最上
最勝所得常法於諸中最為第一迦葉菩薩
復白佛言世尊云何如來得壽命長佛告迦
葉善男子如八大河一名恒伽二名閻摩羅
三名薩羅四名阿利拔提五名摩訶六名辛
頭七名愽叉八名私陁是八大河及諸小河
悉入大海迦葉如是一切人中天上地及虛
空壽命大河悉入如來壽命海中是故如來
壽命无量復次迦葉辟如阿耨達多池出
四大河如來亦尒出一切命迦葉辟如一切
諸常法中虛空第一如來亦尒於諸常中最
為第一迦葉辟如諸藥醍醐第一如來亦尒
於衆生中壽命第一迦葉菩薩復白佛言世
尊如來壽命若如是者應住一劫若減一劫
常宣妙法如注大雨迦葉汝今不應於如來
所生滅盡想迦葉若有比丘比丘尼優婆塞
優婆夷乃至外道五通神仙得自在者若住
一劫若減一劫經行空中坐臥自在左脅出
火右脅出水身出烟炎猶如火聚若欲住壽
能得如意於壽命中俯仰自任如是五通尚
得如是隨意神力豈況如來於一切法得自
在力而當不能住壽半劫若一劫若百劫若
百千劫若无量劫以是義故當知如來是常
住法不變易法如來此身是變化身非雜食
身為度衆生示同毒樹是故現捨入於涅槃
迦葉當知佛是常法不變易法汝等於是第

BD14430號　大般涅槃經（北本）卷三　（10-6）

百千劫若无量劫以是義故當知如來是常
住法不變易法如來此身是變化身非雜食
身為度衆生示同毒樹是故現捨入於涅槃
迦葉當知佛是常法不變易法汝等於是第
一義中應懃精進一心脩集既脩集已廣為人
說尒時迦葉菩薩白佛言世尊出世之法與
世閒法有何差別如佛言曰佛是常法不變
易法世閒亦說梵天是常自在天常无有變
易我常性常微塵亦常若言如來是常法者
如來何故不常現耶若不常現有何差別何
以故梵天乃至微塵世性亦不現故佛告迦
葉辟如長者多有諸牛色雖種種同共一羣
付放牧人令逐水草但為醍醐不求酪乳彼
牧牛者搆已自食長者命終所有諸牛悉為
羣賊之所抄掠賊得牛已无有婦女即自搆
𢯱得已而食尒時羣賊各相謂言彼大長者
畜養此牛不期乳酪但為醍醐我等今者當
設何方而得之耶夫醍醐者名為世閒第一
上味我等无器設使得乳无安置處復共相
謂唯有皮囊可以盛之雖有盛處不知攅搖
漿猶難得況復生蘇尒時諸賊以醍醐故加
之以水以水多故乳酪醍醐一切俱失凡夫
亦尒雖有善法皆是如來正法之餘何以故
如來世尊入涅槃後盜竊如來遺餘善法若
戒定慧如彼諸賊劫掠羣牛諸凡夫人雖復
得是戒定智慧无有方便不能解說以是義
故不能獲得常戒常定常慧解脫如彼羣賊
不知方便喪失醍醐亦如羣賊為醍醐故加

BD14430號　大般涅槃經（北本）卷三　（10-7）

如來世尊入涅槃後盜竊如來遺餘善法若
戒定慧如彼諸賊劫掠群牛諸凡夫人雖復
得是戒定智慧無有方便不能解說以是義
故不能獲得常戒常定常慧解脫如彼群賊
不知方便喪失醍醐亦如群賊為醍醐故加
之以水凡夫亦尒為解脫故說我眾生壽命
士夫梵天自在天微塵世性戒定智慧及與
解脫非想非非想天即是涅槃實亦不得解
脫涅槃如彼群賊不得醍醐是諸凡夫有少
梵行供養父母以是因緣得生天上受少安
樂如彼群賊加水之乳而是凡夫實不知因
脩少梵行供養父母得生天上又不能知戒
定智慧歸依三寶以不知故說常樂我淨雖
復說之而實不知是故如來出世之後乃為
演說常樂我淨如彼轉輪聖王出現於世福
德力故群賊退散牛無損命時轉輪王即以
諸牛付一牧人多巧便者是人方便即得醍
醐以醍醐故一切眾生無有患苦法輪聖王
出現世時諸凡夫人不能演說戒定慧者即
便退散如賊退散尒時如來善說世法及出
世法為眾生故令諸菩薩隨宜演說菩薩摩
訶薩既得醍醐復令無量無邊眾生獲得無
上甘露法味所謂如來常樂我淨以是義故
善男子如來是常不變易法非如世間凡夫
愚人謂梵天等是常法也此常法稱要是如
來非是餘法迦葉應當如是知如來身迦葉
諸善男子善女人常當繫心脩此二字佛是
常住迦葉若有善男子善女人脩此二字當

善男子如來是常不變易法非如世間凡夫
愚人謂梵天等是常法也此常法稱要是如
來非是餘法迦葉應當如是知如來身迦葉
諸善男子善女人常當繫心脩此二字佛是
常住迦葉若有善男子善女人脩此二字當
知是人隨我所行至我至處善男子若有脩
集如此二字為滅相者當知如來則於其人
為般涅槃善男子涅槃義者即是諸佛之法
性也迦葉菩薩白佛言世尊佛法性者其義
云何世尊我今欲知法性之義唯願如來哀
愍廣說夫法性者即是捨身捨身者名無所
有若無所有身云何存身若存者云何而言
身有法性身有法性云何得存我今云何當
知是義佛告迦葉菩薩善男子汝今不應作
如是說滅是法性夫法性者無有滅也善男
子譬如無想天成就色陰而無色想不應問
言是諸天等云何而住歡娛受樂云何行想
云何見聞善男子如來境界非諸聲聞緣覺
所知善男子不應說言如來身者是滅法也
善男子如來滅法是佛境界非諸聲聞緣覺
所及善男子汝今不應思量如來何處住何
處行何處見何處樂善男子如是之義亦非
汝等之所知及諸佛法身種種方便不可思
議復次善男子應當脩集佛法及僧而作常
想是三法者無有異相無無常相無變異相
若於三法脩異想者當知是輩清淨三歸則
無依處所有禁戒皆不具足終不能證聲聞
[illegible]
[illegible]

有若无所有身云何存身若存者云何而言
身有法性身有法性云何得存我今云何當
知是義佛告迦葉菩薩善男子汝今不應作
如是說滅是法性夫法性者无有滅也善男
子譬如无想天成就色陰而无色想不應問
言是諸天等云何而住歡娛受樂云何行想
云何見聞善男子如来境界非諸聲聞緣覺
所知善男子不應說言如来身者是滅法也
善男子如来滅法是佛境界非諸聲聞緣覺
所及善男子汝今不應思量如来何處住何
處行何處見何處樂善男子如是之義亦非
汝等之所知及諸佛法身種種方便不可思
議復次善男子應當脩集佛法及僧而作常
想是三法者无有異相无无常相无變異相
若於三法脩異想者當知是輩清淨三歸則
无依處所有禁戒皆不具足終不能證聲聞
緣覺菩提之果若能於是不可思議脩常想
[illegible]樹則有樹影如

BD14430 號　大般涅槃經（北本）卷三　（10-10）

餘優害三寶者
佛衆行周遍國內迴來本處路見三人身體劇
癡不可附近面目與腫鬚眉墮落言語不轉衣
服染汗身負荷擔細步倚行復似疾人乞匃為命
佛問此三人汝何所來何國之子此三人者皆嘿然佛
便慇懃問之三問不答佛即以善方便化之三人答
言我等是幽厄之子用何君問
佛問此三人汝之所疾從何所起由何所得三人答言我
等所患不知何由不覺痛癢劇甚增廣願世尊
說病本緣使我開解
佛即告阿難并集眷屬乃至七佛名字悉來集
坐吾為此人觀其宿業即調七佛
第一維衛佛　第二式佛　第三隨葉佛
第四拘樓秦佛　第五拘那含牟尼佛　第六迦葉佛
第七釋迦文佛　此七佛悉來集坐
佛復問七佛言三人病是誰與之七佛從四面起
各各答言我无與者佛即入三昧禪定諦觀三疾
知疾本緣
七佛白言世尊此疾不從他即自招患鼓之
與是金剛密迹見惡人以金剛杵打之噬

弟七精進之佛　此七佛[illegible]
佛復問七佛言三人病是誰與之七佛從四面起
各各善言我无與者佛即入三昧禪定諦觀三病
知疾本緣
七佛白言世尊此疾不從他即自招患蔭之
與是金剛密迹見惡人外金剛杵打之唾
面生創癩眉即落由犯三寶使之然也
佛即問金剛密迹復何因緣與此三人病也金剛答
言世尊我頭恒在左右為護三寶故不令惡人
侵害如來善心沉没我見此三人一犯如來毀損尊
像二犯正法陵盜經像斷滅聖教善法流塞
三犯輕僧欺害大眾能使四道眾盜從陵滅金
剛密迹白佛言設犯餘神病不如此癩眉不落
其創癬膿世有可治犯三寶者非世帝之師可能
治也面目生光身中脂出金剛密迹白佛言我
先願世尊得道之時恒在左右為防三寶不使
眾魔惡鬼惡人不來偏惱若有惡人陵辱竊
盜三寶者我金剛杵碎其頭如阿梨樹枝七分
金剛密迹白佛言此三人者一從父母并及七
世罪累相牽受此惡報或從自身傲犯不覺
設有故犯不時懺悔罪罪遂增寡治此惡病唯
有歸心諸佛悔心七佛護密金剛至心願七
佛威力可令消滅重罪
佛告一切眾生凡三寶物有人取者不問隱
顯入手變倍七佛菩言若是佛物入手十倍
十年不還密迹生債能使取者惡病若是經
像之物入手七倍七年還能使取者惡病若
是眾僧常住之物入手五倍五年不還生欺押
能使取者惡病

𨷖入手變倍七佛善言若是佛物入手十倍
十年不還害亟生積能使取者惡病若是經
像之物入手七倍七年還能使取者惡病若
是眾僧常住之物入手五倍五年不還生欺押
能使取者惡病
阿難白佛言世尊閻浮提人多生不信謂无
三寶侵犯者眾招致惡病罪積无數
閻浮提人欺父母害法儀及伯仲是懸有葬
者欺之正身能使惡病
若有人保任是實者六齋之日佛前誓者
使交報或四天王下或太子下或使者下
或三十三天下或大仙人下或剎命下或金剛
力士下當下之日注人善惡宜行善事不宜
作惡或有人偷劫經像之物知如故為使人
惡病
或擊梏金銀銅鐵或有闇取三寶之物及以
錢粟絹帛之物逕年有知不還能使人惡病
或人呪詛燒佛形像權擬佛身或燒諸瞿窖
或點滅經句或將內人僧伽藍內宿或將內
人入佛塔裏共人言語信要或共內人共相貪
模或身生注返知此之事能使人惡病
知此之事又又㷔病不至三年
或有人闇取他人齋米供齋之調知而故取
能使人惡病
若有人取他綵色與他內人耍者知精與者
同罪二俱病
或有人闇取僧尼雜器知而不還能使人病
若有人共經像牛驢行不淨行能使人病難
是畜生擬作經像乃至三年病

若有人取他綵色與他内人耍者知精與者
同罪二俱病
或有人闍取僧尼雜器知而不還能使人病
若有人共經像牛驢行不淨行能使人病難
是畜生癡作經像乃至三年病
或有人將内人入三寶屋行不淨法能使人病若
有人褁褾淨行尼能使人病
若有人由經像屋裏无木踰閾之在下共内人心
昭能使人病不出三年
一切身捨惡病宜以若重慚悔罪從心生罪從心滅
心知天堂心知地獄仰手是天堂覆手是地獄欲
滅身中重罪至心慚悔莫生懈退佛告七佛及金
剛密迹諸大菩薩及諸眷屬此三病人云何可濟
金剛大士以救本錫今者可臨方便方宜救濟渴鬼
此人病若世稱如來大慈大悲
七佛各各白言世尊眾生蠢蠢皆有佛性此人
之病易除消滅令自問之金剛密迹是吾長
兄阿難是吾小弟吾之眷屬數不可計阿私陁
仙能禁毒氣阿羅邏羅仙能呪惡鬼三十三天
能下法水雪山大藥能除妙藥甘露法津能潤枯
涸阿闍世王身犯重罪尚有可消身創除
滅佛以方便身復如故不消不滅是病
佛用以觀心虛實化作大蛇方圓四千步滿
中炎炭問阿闍世王汝能入此大坑除滅汝
罪創瘡卒復阿闍世王言若能滅我罪我當
用入阿闍世王用以佛前啓香薮願踊身入
之一之火青蓮處爲各也眾罪消滅歸如自

滅佛以方便身復如故不消不滅是病
佛即以觀心虛實化作大塊方圓四千步蒲
中炎炭問阿闍世王汝能入此大塊除滅汝
罪劉夷平復阿闍世王言若能滅我罪我當
即入阿闍世王即以佛前啓香發願踊身入
光入已木積樵變為浴池衆罪消滅譬如有
人偃長流水從上知偃在下則以從諸佛歸
悔重罪則滅不信經語轉罪難滅佛告諸疾
人吾教汝但當至心百日之中請大德法師追齋
日日礼七佛名字日日礼金剛審迎日日礼无
量壽佛一日之中造成一卷救疾經百日之中
行道懺悔百卷成就作齋慶經可免此宿殃患
莫生不信創遂增廣佛語不虛經云非謀正法
之言甚深甚善
諸佛語大弟子此經名救護衆生惡疾經令
流布閻浮提人有疾者知聞
佛說救疾病經一卷 世五

數不称勒菩薩等俱白佛言
无量无邊非筭數所知亦非心
聲聞辟支佛以无漏智不能思
我等住阿惟越致地於是事中
尊如是諸世界无量无邊尒時
衆諸善男子今當分明宣語汝
若著微塵及不著者盡以為塵
成佛已來復過於此百千万億那
祇劫自從是來我常在此娑婆
化亦於餘處百千万億那由他阿
利衆生諸善男子於是中間我說
又復言其入於涅縏如是皆以方
善男子若有衆生來至我所我
信等諸根利鈍隨所應度處處
同𠇍紀大小亦復現言當入涅縏
方便說微妙法能令衆生發歡喜
子如來見諸衆生樂於小法德薄
是人說我少出家得阿耨多羅三藐三菩提
然我實成佛已來久遠若斯但以方便教化
衆生令入佛道作如是說諸善男子如來所

BD14432號　妙法蓮華經（八卷本）卷六　（23–1）

同𠇍紀大小亦復現言當入涅縏
方便說微妙法能令衆生發歡喜
子如來見諸衆生樂於小法德薄
是人說我少出家得阿耨多羅三藐三菩提
然我實成佛已來久遠若斯但以方便教化
衆生令入佛道作如是說諸善男子如來所
演經典皆為度脫衆生或說己身或說他身
或示己身或示他身或示己事或示他事諸
所言說皆實不虛所以者何如來如實知見
三界之相无有生死若退若出亦无在世及
滅度者非實非虛非如非異不如三界見於
三界如斯之事如來明見无有錯謬以諸衆
生有種種性種種欲種種行種種憶想分別
故欲令生諸善根以若干因緣譬喻言辞種
種說法所作佛事未曽暫癈如是我成佛已
來甚大久遠壽命无量阿僧祇劫常住不滅
諸善男子我本行菩薩道所成壽命今猶未
盡復倍上數然今非實滅度而便唱言當取
滅度如來以是方便教化衆生所以者何若
佛久住於世薄德之人不種善根貧窮下賤
貪著五欲入於憶想妄見網中若見如來常
在不滅便起憍恣而懷猒怠不能生難遭之
想恭敬之心是故如來以方便說比丘當知
諸佛出世難可值遇所以者何諸薄德人過
无量百千万億劫或有見佛或不見者以此
事故我作是言諸比丘如來難可得見斯衆
生等聞如是語必當生於難遭之想心懷戀
慕渴仰於佛便種善根是故如來雖不實滅

BD14432號　妙法蓮華經（八卷本）卷六　（23–2）

諸佛出世難可值遇所以者何諸薄德人過
无量百千万億劫或有見佛或不見者以此
事故我作是言諸比丘如来難可得見斯衆
生等聞如是語必當生於難遭之想心懷戀
慕渇仰於佛便種善根是故如来雖不實滅
而言滅度又善男子諸佛如来法皆如是為
度衆生皆實不虛譬如良醫智慧聰達明練
方藥善治衆病其人多諸子息若十二十乃
至百數以有事縁遠至餘國諸子於後飲他
毒藥藥發悶亂宛轉于地是時其父還来歸
家諸子飲毒或失本心或不失者遥見其父
皆大歡喜拜跪問訊善安隱歸我等愚癡誤
服毒藥願見救療更賜壽命父見子等苦惱
如是依諸經方求好藥草色香美味皆悉具
足擣簁和合與子令服而作是言此大良藥
色香美味皆悉具足汝等可服速除苦惱无
復衆患其諸子中不失心者見此良藥色香
倶好即便服之病盡除愈餘失心者見其父
来雖亦歡喜問訊求索治病然與其藥而不
肯服所以者何毒氣深入失本心故於此好
色香藥而謂不美父作是念此子可愍為毒所
中心皆顛倒雖見我喜求索救療如是好藥
而不肯服我今當設方便令服此藥即作是
言汝等當知我今衰老死時已至是好良藥
今留在此汝可取服勿憂不差作是教已復
至他國遣使還告汝父已死是時諸子聞父
背喪心大憂惱而作是念若父在者慈愍我
等能見救護今者捨我遠喪他國自惟孤露

BD14432號　妙法蓮華經（八卷本）卷六　（23-3）

今留在此汝可取服勿憂不差作是教已復
至他國遣使還告汝父已死是時諸子聞父
背喪心大憂惱而作是念若父在者慈愍我
等能見救護今者捨我遠喪他國自惟孤露
无復恃怙常懷悲感心遂醒悟乃知此藥色
味香美即取服之毒病皆愈其父聞子悉已
得差尋便来歸咸使見之諸善男子於意云
何頗有人能說此良醫虛妄罪不不也世尊
佛言我亦如是成佛已来无量无邊百千万
億那由他阿僧祇劫為衆生故以方便力言
當滅度亦无有能如法說我虛妄過者尒時
世尊欲重宣此義而說偈言
自我得佛来　所逕諸劫數　无量百千万　億載阿僧祇
常說法教化　无數億衆生　令入於佛道　尒来无量劫
為度衆生故　方便現涅槃　而實不滅度　常住此說法
我常住於此　以諸神通力　令顛倒衆生　雖近而不見
衆見我滅度　廣供養舍利　咸皆懷戀慕　而生渇仰心
衆生既信伏　質直意柔軟　一心欲見佛　不自惜身命
時我及衆僧　倶出靈鷲山　我時語衆生　常在此不滅
以方便力故　現有滅不滅　餘國有衆生　恭敬信樂者
我復於彼中　為說无上法　汝等不聞此　但謂我滅度
我見諸衆生　沒在於苦惱　故不為現身　令其生渇仰
因其心戀慕　乃出為說法　神通力如是　於阿僧祇劫
常在靈鷲山　及餘諸住處　衆生見劫盡　大火所燒時
我此土安隱　天人常充滿　園林諸堂閣　種種寶莊嚴
寶樹多華菓　衆生所遊樂　諸天擊天鼓　常作衆伎樂
雨曼陁羅華　散佛及大衆　我淨土不毀　而衆見燒盡
憂怖諸苦惱　如是悉充滿　是諸罪衆生　以惡業因縁

BD14432號　妙法蓮華經（八卷本）卷六　（23-4）

我此土安隱　天人常充滿　園林諸堂閣　種種寶莊嚴
寶樹多華菓　衆生所遊樂　諸天擊天鼓　常作衆伎樂
雨曼陁羅華　散佛及大衆　我淨土不毀　而衆見燒盡
憂怖諸苦惱　如是悉充滿　是諸罪衆生　以惡業因緣
過阿僧祇劫　不聞三寶名　諸有脩功德　柔和質直者
則皆見我身　在此而說法　或時為此衆　說佛壽无量
久乃見佛者　為說佛難值　我智力如是　慧光照无量
壽命无數劫　久脩業所得　汝等有智者　勿於此生疑
當斷令永盡　佛語實不虛　如醫善方便　為治狂子故
實在而言死　无能說虛妄　我亦為世父　救諸苦患者
為凡夫顛倒　實在而言滅　以常見我故　而生憍恣者
放逸著五欲　墮於惡道中　我常知衆生　行道不行道
隨應所可度　為說種種法　每自作是意　以何令衆生
得入无上慧　速成就佛身
妙法蓮華經分別功德品第十七
尒時大會聞佛說壽命劫數長遠如是无量
无邊阿僧祇衆生得大饒益於時世尊告弥
勒菩薩摩訶薩阿逸多我說是如來壽命長
遠時六百八十万億那由他恒河沙衆生得
无生法忍復千倍菩薩摩訶薩得聞持陁羅
尼門復有一世界微塵數菩薩摩訶薩得樂
說无礙辯才復有一世界微塵數菩薩摩訶
薩得百万億无量旋陁羅尼復有三千大千
世界微塵數菩薩摩訶薩能轉不退法輪復
有二千中國土微塵數菩薩摩訶薩能轉清
淨法輪復有小千國土微塵數菩薩摩訶薩
八生當得阿耨多羅三藐三菩提復有四四

BD14432 號　妙法蓮華經（八卷本）卷六　（23–5）

世界微塵數菩薩摩訶薩能轉不退法輪復
有二千中國土微塵數菩薩摩訶薩能轉清
淨法輪復有小千國土微塵數菩薩摩訶薩
八生當得阿耨多羅三藐三菩提復有四四
天下微塵數菩薩摩訶薩四生當得阿耨多
羅三藐三菩提復有三四天下微塵數菩薩
摩訶薩三生當得阿耨多羅三藐三菩提復
有三四天下微塵數菩薩摩訶薩二生當得
阿耨多羅三藐三菩提復有一四天下微塵
數菩薩摩訶薩一生當得阿耨多羅三藐三
菩提復有八世界微塵數衆生皆發阿耨多
羅三藐三菩提心佛說是諸菩薩摩訶薩得
大法利時於虛空中雨曼陁羅華摩訶曼陁
羅華以散无量百千万億寶樹下師子座上
佛并散七寶塔中師子座上釋迦牟尼佛及
久滅度多寶如來亦散一切諸大菩薩及四
部衆又雨細末栴檀沉水香等於虛空中天
鼓自鳴妙聲深遠又雨千種天衣垂諸瓔珞
真珠瓔珞摩尼珠瓔珞如意珠瓔珞遍於九
方衆寶香爐燒无價香自然周至供養大會
一一佛上有諸菩薩執持幡蓋次第而上至
于梵天是諸菩薩以妙音聲歌无量頌讚嘆
諸佛尒時弥勒菩薩從座而起偏袒右肩合
掌向佛而說偈言
佛說希有法　昔所未曾聞　世尊有大力　壽命不可量
无數諸佛子　聞世尊分別　說得法利者　歡喜充遍身
或住不退地　或得陁羅尼　或无礙樂說　万億旋總持

BD14432 號　妙法蓮華經（八卷本）卷六　（23–6）

諸佛尒時弥勒菩薩從座而起偏袒右肩合
掌向佛而說偈言
佛說希有法 昔所未曾聞 世尊有大力 壽命不可量
无數諸佛子 聞世尊分別 說得法利者 歡喜充遍身
或住不退地 或得陁羅尼 或无礙樂說 万億旋捴持
或有大千界 微塵數菩薩 各各皆能轉 不退之法輪
復有中千界 微塵數菩薩 各各皆能轉 清淨之法輪
復有小千界 微塵數菩薩 餘各八生在 當得成佛道
復有四三二 如此四天下 微塵諸菩薩 隨數生成佛
或一四天下 微塵數菩薩 餘有一生在 當成一切智
如是等衆生 聞佛壽長遠 得无量无漏 清淨之果報
復有八世界 微塵數衆生 聞佛說壽命 皆發无上心
世尊說无量 不可思議法 多有所饒益 如虛空无邊
雨天曼陁羅 摩訶曼陁羅 釋梵如恒沙 无數佛土來
雨栴檀沉水 繽紛而亂墜 如鳥飛空下 供散於諸佛
天鼓虛空中 自然出妙聲 天衣千万種 旋轉而來下
衆寶妙香鑪 燒无價之香 自然悉周遍 供養諸世尊
其大菩薩衆 執七寶幡蓋 高妙万億種 次第至梵天
一一諸佛前 寶幢懸勝幡 亦以千万億 歌詠諸如來
如是種種事 昔所未曾有 聞佛壽无量 一切皆歡喜
佛名聞十方 廣饒益衆生 一切具善根 以助无上心
尒時佛告弥勒菩薩摩訶薩阿逸多其有衆
生聞佛壽命長遠如是乃至能生一念信解
所得功德无有限量若有善男子善女人為
阿耨多羅三藐三菩提於八十万億那由他
劫行五波羅蜜檀波羅蜜尸羅波羅蜜羼提
波羅蜜毗梨耶波羅蜜禪波羅蜜除般若波
羅蜜以是功德比前功德百分千分百千万

BD14432號　妙法蓮華經（八卷本）卷六　（23–7）

生聞佛壽命長遠如是乃至能生一念信解
所得功德无有限量若有善男子善女人為
阿耨多羅三藐三菩提於八十万億那由他
劫行五波羅蜜檀波羅蜜尸羅波羅蜜羼提
波羅蜜毗梨耶波羅蜜禪波羅蜜除般若波
羅蜜以是功德比前功德百分千分百千万
億分不及其一乃至筭數譬喻所不能知若
善男子有如是功德於阿耨多羅三藐三菩
提退者无有是處尒時世尊欲重宣此義而
說偈言
若人求佛慧 於八十万億 那由他劫數 行五波羅蜜
於是諸劫中 布施供養佛 及緣覺弟子 并諸菩薩衆
珍異之飲食 上服與卧具 栴檀立精舍 以園林莊嚴
如是等布施 種種皆微妙 盡此諸劫數 以迴向佛道
若復持禁戒 清淨无缺漏 求於无上道 諸佛之所歎
若復行忍辱 住於調柔地 設衆惡來加 其心不傾動
諸有得法者 懷於增上慢 為此所輕惱 如是亦能忍
若復勤精進 志念常堅固 於无量億劫 一心不懈息
又於无數劫 住於空閑處 若坐若經行 除睡常攝心
以是因緣故 能生諸禪定 八十億万劫 安住心不亂
持此一心福 願求无上道 我得一切智 盡諸禪定際
是人於百千 万億劫數中 行此諸功德 如上之所說
有善男女等 聞我說壽命 乃至一念信 其福過於彼
若人悉无有 一切諸疑悔 深心須臾信 其福為如此
其有諸菩薩 无量劫行道 聞我說壽命 是則能信受
如是諸人等 頂受此經典 願我於未來 長壽度衆生
如今日世尊 諸釋中之王 道場師子吼 說法无所畏
我等未來世 一切所尊敬 坐於道場時 說壽亦如是

BD14432號　妙法蓮華經（八卷本）卷六　（23–8）

其有諸菩薩　无量劫行道　聞我說壽命　是則能信受
如是諸人等　頂受此經典　願我於未來　長壽度衆生
如今日世尊　諸釋中之王　道場師子吼　說法无所畏
我等未來世　一切所尊敬　坐於道場時　說壽亦如是
若有深心者　清淨而質直　多聞能總持　隨義解佛語
如是之人等　於此无有疑
又阿逸多若有聞佛壽命長遠解其言趣是
人所得功德无有限量能起如來无上之慧
何況廣聞是經若教人聞若自持若教人持
若自書若教人書若以華香瓔珞幢幡繒蓋
香油蘇燈供養經卷是人功德无量无邊能
生一切種智阿逸多若善男子善女人聞我
說壽命長遠深心信解則為見佛常在耆闍
崛山共大菩薩諸聲聞衆圍繞說法又見此
娑婆世界其地瑠璃坦然平正閻浮檀金以
界八道寶樹行列諸臺樓觀皆悉寶成其菩
薩衆咸處其中若有能如是觀者當知是為
深信解相又復如來滅後若聞是經而不毀
呰起隨喜心當知已為深信解相何況讀誦
受持之者斯人則為頂戴如來阿逸多是善
男子善女人不須為我復起塔寺及作僧坊
以四事供養衆僧所以者何是善男子善女
人受持讀誦是經典者為已起塔造立僧坊
供養衆僧則為以佛舍利起七寶塔高廣漸
小至于梵天懸諸幡蓋及衆寶鈴華香瓔珞
末香塗香燒香衆鼓伎樂簫笛箜篌種種儛
戲以妙音聲歌唄讚頌則為於无量千万億
劫作是供養已阿逸多若我滅後聞是經典

BD14432號　妙法蓮華經（八卷本）卷六　（23–9）

供養衆僧則為以佛舍利起七寶塔高廣漸
小至于梵天懸諸幡蓋及衆寶鈴華香瓔珞
末香塗香燒香衆鼓伎樂簫笛箜篌種種儛
戲以妙音聲歌唄讚頌則為於无量千万億
劫作是供養已阿逸多若我滅後聞是經典
有能受持若自書若教人書則為起立僧坊
以赤栴檀作諸殿堂三十有二高八多羅樹
高廣嚴好百千比丘於其中止園林浴池經
行禪窟衣服飲食床褥湯藥一切樂具充滿
其中如是僧坊堂閣若干百千万億其數无
量以此現前供養於我及比丘僧是故我說
如來滅後若有受持讀誦為他人說若自書
若教人書供養經卷不須復起塔寺及造僧
坊供養衆僧況復有人能持是經兼行布施
持戒忍辱精進一心智慧其德最勝无量无
邊譬如虛空東西南北四維上下无量无邊
是人功德亦復如是无量无邊疾至一切種
智若人讀誦受持是經為他人說若自書若
教人書復能起塔及造僧坊供養讚嘆聲聞
衆僧亦以百千万億讚嘆之法讚嘆菩薩功
德又為他人種種因緣隨義解說此法華經
復能清淨持戒與柔和者而共同止忍辱无
瞋志念堅固常貴坐禪得諸深定精進勇猛
攝諸善法利根智慧善荅問難阿逸多若我
滅後諸善男子善女人受持讀誦是經典者
復有如是諸善功德當知是人已趣道場近
阿耨多羅三藐三菩提坐道樹下阿逸多是
善男子若坐若立若行處此中便應起塔一

BD14432號　妙法蓮華經（八卷本）卷六　（23–10）

攝諸善法利根智慧善荅問難阿逸多若我
滅後諸善男子善女人受持讀誦是經典者
復有如是諸善功德當知是人已趣道場近
阿耨多羅三藐三菩提坐道樹下阿逸多是
善男子若坐若立若行處此中便應起塔一
切天人皆應供養如佛之塔尒時世尊欲重
宣此義而說偈言
若我滅度後　能奉持此經　斯人福无量　如上之所說
是則為具足　一切諸供養　以舍利起塔　七寶而莊嚴
表剎甚高廣　漸小至梵天　寶鈴千万億　風動出妙音
又於无量劫　而供養此塔　華香諸瓔珞　天衣衆伎樂
然香油蘇燈　周帀常照明　惡世法末時　能持是經者
則為已如上　具足諸供養　若能持此經　則如佛現在
以牛頭栴檀　起僧坊供養　堂有三十二　高八多羅樹
上饌妙衣服　床卧皆具足　百千衆住處　園林諸流池
經行及禪窟　種種皆嚴好　若有信解心　受持讀誦書
若復教人書　及供養經卷　散華香末香　以須曼瞻蔔
阿提目多伽　薰油常然之　如是供養者　得无量功德
如虛空无邊　其福亦如是　況復持此經　兼布施持戒
忍辱樂禪定　不瞋不惡口　恭敬於塔廟　謙下諸比丘
遠離自高心　常思惟智慧　有問難不瞋　隨順為解說
若能行是行　功德不可量　若見此法師　成就如是德
應以天華散　天衣覆其身　頭面接足禮　生心如佛想
又應作是念　不久詣道場　得无漏无為　廣利諸人天
其所住止處　經行若坐卧　乃至說一偈　是中應起塔
莊嚴令妙好　種種以供養　佛子住此地　則是佛受用
常在於其中　經行及坐卧
妙法蓮華經隨喜功德品第十八

BD14432號　妙法蓮華經（八卷本）卷六　（23–11）

又應作是念　不久詣道場　得无漏无為　廣利諸人天
其所住止處　經行若坐卧　乃至說一偈　是中應起塔
莊嚴令妙好　種種以供養　佛子住此地　則是佛受用
常在於其中　經行及坐卧
妙法蓮華經隨喜功德品第十八
尒時弥勒菩薩摩訶薩白佛言世尊若有善
男子善女人聞是法華經隨喜者得幾所福
而說偈言
世尊滅度後　其有聞是經　若能隨喜者　為得幾所福
尒時佛告弥勒菩薩摩訶薩阿逸多如來滅
後若比丘比丘尼優婆塞優婆夷及餘智者
若長若幼聞是經隨喜已從法會出至於餘
處若在僧坊若空閑地若城邑巷陌聚落田
里如其所聞為父母宗親善友知識隨力演
說是諸人等聞已隨喜復行轉教餘人聞已
亦隨喜轉教如是展轉至第五十阿逸多其
第五十善男子善女人隨喜功德我今說之
汝當善聽若四百万億阿僧祇世界六趣四
生衆生卵生胎生濕生化生若有形无形有
想无想非有想非无想无足二足四足多足
如是等在衆生數者有人求福隨其所欲娛
樂之具皆給與之一一衆生與滿閻浮提金
銀琉璃車璩馬瑙珊瑚虎珀諸妙珎寶及象
馬車乘七寶所成宮殿樓閣等是大施主如
是布施滿八十年已而作是念我已施衆生
娛樂之具隨意所欲然此衆生皆已衰老年
過八十髮白面皺將死不久我當以佛法而

BD14432號　妙法蓮華經（八卷本）卷六　（23–12）

硨磲瑪瑙珊瑚琥珀諸妙珍寶及象
馬車乘七寶所成宮殿樓閣等是大施主如
是布施滿八十年已而作是念我已施衆生
娛樂之具隨意所欲然此衆生皆已衰老年
過八十髮白面皺將死不久我當以佛法而
訓導之即集此衆生宣布法化示教利喜一
時皆得須陁洹道斯陁含道阿那含道阿羅
漢道盡諸有漏於深禪定皆得自在具八解
脫於汝意云何是大施主所得功德寧為多
不弥勒白佛言世尊是人功德甚多无量无
邊若是施主但施衆生一切樂具功德无量
何況令得阿羅漢果佛告弥勒我今分明語
汝是人以一切樂具施於四百万億阿僧祇
世界六趣衆生又令得阿羅漢果所得功德
不如是第五十人聞法華經一偈隨喜功德
百分千分百千万億分不及其一乃至筭數
譬喻所不能知阿逸多如是第五十人展轉
聞法華經隨喜功德尚无量无邊阿僧祇何
況最初於會中聞而隨喜者其福復勝无量
无邊阿僧祇不可得比又阿逸多若人為是
經故往詣僧坊若坐若立須臾聽受緣是功
德轉身所生得好上妙象馬車乘珎寶輦輿
及乘天宮若復有人於講法處坐更有人来
勸令坐聽若分座令坐是人功德轉身得帝
釋坐處若梵王坐處若轉輪聖王所生之處
阿逸多若復有人語餘人言有經名法華可
共往聽即受其教乃至須臾聞是人功德
轉身得與陁羅尼菩薩共生一處利根智慧

BD14432號　妙法蓮華經（八卷本）卷六　（23–13）

勸令坐聽若分座令坐是人功德轉身得帝
釋坐處若梵王坐處若轉輪聖王所生之處
阿逸多若復有人語餘人言有經名法華可
共往聽即受其教乃至須臾聞是人功德
轉身得與陁羅尼菩薩共生一處利根智慧
百千万世終不瘖瘂口氣不臭舌常无病口
亦无病齒不垢黑不黃不踈亦不缺落不差
不曲脣不下垂亦不褰縮不麁澁不瘡胗亦
不缺壞亦不喎斜不厚不大亦不黧黑无諸
可惡鼻不匾㔸亦不曲戾面色不黑亦不狹
長亦不窊曲无有一切不可惠相脣舌牙齒
悉皆嚴好鼻脩高直面貌圓滿眉高而長額
廣平正人相具足世世所生見佛聞法信受
教誨阿逸多汝且觀是勸於一人令往聽法
功德如此何況一心聽說讀誦而於大衆為
人分別如說脩行尒時世尊欲重宣此義而
說偈言

若人於法會　得聞是經典　乃至於一偈　隨喜為他說
如是展轉教　至于第五十　最後人獲福　今當分別之
如有大施主　供給无量衆　具滿八十歲　隨意之所欲
見彼衰老相　髮白而面皺　齒踈形枯竭　念其死不久
我今應當教　令得於道果　即為方便說　涅槃真實法
世皆不牢固　如水沫泡焰　汝等咸應當　疾生猒離心
諸人聞是法　皆得阿羅漢　具足六神通　三明八解脫
最後第五十　聞一偈隨喜　是人福勝彼　不可為譬喻
如是展轉聞　其福尚无量　何況於法會　初聞隨喜者
若有勸一人　將引聽法華　言此經深妙　千万劫難遇

BD14432號　妙法蓮華經（八卷本）卷六　（23–14）

世皆不牢固　如水沫泡焰　汝等咸應當　疾生猒離心
諸人聞是法　皆得阿羅漢　具足六神通　三明八解脫
㝡後第五十　聞一偈隨喜　是人福勝彼　不可為譬喻
如是展轉聞　其福尚无量　何況於法會　初聞隨喜者
若有勸一人　將引聽法華　言此經深妙　千万劫難遇
即受教往聽　乃至須臾聞　斯人之福報　今當分別說
世世无口患　齒不踈黃黑　脣不厚褰缺　无有可惡相
舌不乾黑短　鼻高脩且直　額廣而平正　面目悉端嚴
為人所憙見　口氣无臭穢　優鉢華之香　常從其口出
若故詣僧坊　欲聽法華經　須臾聞歡喜　今當說其福
後生天人中　得妙象馬車　珎寶之輦轝　及乘天宮殿
若於講法處　勸人坐聽經　是福因緣得　釋梵轉輪座
何況一心聽　解說其義趣　如說而脩行　其福不可限

妙法蓮華經法師功德品第十九

尒時佛告常精進菩薩摩訶薩若善男子善女人受持是法華經若讀誦若解說若書寫是人當得八百眼功德千二百耳功德八百鼻功德千二百舌功德八百身功德千二百意功德以是功德莊嚴六根皆令清淨是善男子善女人父母所生清淨肉眼見於三千大千世界內外所有山林河海下至阿鼻地獄上至有頂亦見其中一切衆生及業因緣果報生處悉見悉知尒時世尊欲重宣此義而說偈言

若於大衆中　以无所畏心　說是法華經　汝聽其功德
是人得八百　功德殊勝眼　以是莊嚴故　其目甚清淨
父母所生眼　悉見三千界　內外弥樓山　須弥及鐵圍

BD14432號　妙法蓮華經（八卷本）卷六　（23-15）

緣果報生處悉見悉知尒時世尊欲重宣此義而說偈言

若於大衆中　以无所畏心　說是法華經　汝聽其功德
是人得八百　功德殊勝眼　以是莊嚴故　其目甚清淨
父母所生眼　悉見三千界　內外弥樓山　須弥及鐵圍
并諸餘山林　大海江河水　下至阿鼻獄　上至有頂處
其中諸衆生　一切皆悉見　雖未得天眼　肉眼力如是

復次常精進若善男子善女人受持此經若讀若誦若解說若書寫得千二百耳功德以是清淨耳聞三千大千世界下至阿鼻地獄上至有頂其中內外種種語言音聲象聲馬聲牛聲車聲啼哭聲愁歎聲螺聲鼓聲鍾聲鈴聲咲聲語聲男聲女聲童子聲童女聲法聲非法聲苦聲樂聲凡夫聲聖人聲喜聲不喜聲天聲龍聲夜叉聲乹闥婆聲阿脩羅聲迦樓羅聲緊那羅聲摩睺羅伽聲火聲水聲風聲地獄聲畜生聲餓鬼聲比丘聲比丘尼聲聲聞聲辟支佛聲菩薩聲佛聲以要言之三千大千世界中一切內外所有諸聲雖未得天耳以父母所生清淨常耳皆悉聞知如是分別種種音聲而不壞耳根尒時世尊欲重宣此義而說偈言

父母所生耳　清淨无濁穢　以此常耳聞　三千世界聲
象馬車牛聲　鍾鈴螺鼓聲　琴瑟箜篌聲　簫笛之音聲
清淨好歌聲　聽之而不著　无數種人聲　聞悉能解了
又聞諸天聲　微妙之歌音　及聞男女聲　童男童女聲
山川嶮谷中　迦陵頻伽聲　命命等諸鳥　悉聞其音聲

BD14432號　妙法蓮華經（八卷本）卷六　（23-16）

象馬車聲　鍾鈴螺鼓聲　琴瑟箜篌聲　簫笛之音聲
清淨好歌聲　聽之而不著　无數種人聲　聞悉能解了
又聞諸天聲　微妙之歌音　及聞男女聲　童男童女聲
山川險谷中　迦陵頻伽聲　命命等諸鳥　悉聞其音聲
地獄衆苦痛　種種楚毒聲　餓鬼飢渴逼　求索飲食聲
諸阿脩羅等　居在大海邊　自共語言時　出于大音聲
如是說法者　安住於此間　遙聞是衆聲　而不壞耳根
十方世界中　禽獸鳴相呼　其說法之人　於此悉聞之
其諸梵天上　光音及遍淨　乃至有頂天　言語之音聲
法師住於此　悉皆得聞之　一切比丘衆　及諸比丘尼
若讀誦經典　若為他人說　法師住於此　悉皆得聞之
復有諸菩薩　讀誦於經法　廣為他人說　撰集解其義
如是諸音聲　悉皆得聞之　諸佛大聖尊　教化衆生者
於諸大衆中　演說微妙法　持此法華者　悉能得聞之
三千大千界　內外諸音聲　下至阿鼻獄　上至有頂天
皆聞其音聲　而不壞耳根　其耳聰利故　悉能分別知
持是法華者　雖未得天耳　但用所生耳　功德已如是
復次常精進若善男子善女人受持是經若
讀若誦若解說若書寫成就八百鼻功德以
是清淨鼻根聞於三千大千世界上下內外
種種諸香須曼那華香闍提華香末利華香
瞻蔔華香波羅羅華香赤蓮華香青蓮華香
白蓮華香華樹香菓樹香栴檀香沈水香多
摩羅跋香多伽羅香及千万種和香若末若
丸若塗香持是經者於此間住悉能分別又
復別知衆生之香象香馬香牛羊等香男香
女香童子香童女香及草木叢林香若近若

BD14432號　妙法蓮華經（八卷本）卷六　（23–17）

白蓮華香華樹香菓樹香栴檀香沈水香多
摩羅跋香多伽羅香及千万種和香若末若
丸若塗香持是經者於此間住悉能分別又
復別知衆生之香象香馬香牛羊等香男香
女香童子香童女香及草木叢林香若近若
遠所有諸香悉皆得聞分別不錯持是經者
雖住於此亦聞天上諸天之香波利質多羅
拘鞞陀羅樹香及曼陀羅華香摩訶曼陀羅
華香曼殊沙華香摩訶曼殊沙華香栴檀沈
水種種末香諸雜華香如是等天香和合所
出之香无不聞知又聞諸天身香釋提桓因
在勝殿上五欲娛樂嬉戲時香若在妙法堂
上為忉利諸天說法時香若於諸園遊戲時
香及餘天等男女身香皆悉遙聞如是展轉
乃至梵世上至有頂諸天身香亦皆聞之并
聞諸天所燒之香及聲聞香辟支佛香菩薩
香諸佛身香亦皆遙聞知其所在雖聞此香
然於鼻根不壞不錯若欲分別為他人說憶
念不謬尒時世尊欲重宣此義而說偈言
是人鼻清淨　於此世界中　若香若臭物　種種悉聞知
須曼那闍提　多摩羅栴檀　沈水及桂香　種種華菓香
及知衆生香　男子女人香　說法者遠住　聞香知所在
大勢轉輪王　小轉輪及子　群臣諸宮人　聞香知所在
身所著珍寶　及地中寶藏　轉輪王寶女　聞香知所在
諸人嚴身具　衣服及瓔珞　種種所塗香　聞則知其身
諸天若行坐　遊戲及神變　持是法華者　聞香悉能知
諸樹華菓實　及蘇油香氣　持經者住此　悉知其所在

BD14432號　妙法蓮華經（八卷本）卷六　（23–18）

大勢轉輪王 小轉輪及子 群臣諸宮人 聞香知所在
身所著珎寶 及地中寶藏 轉輪王寶女 聞香知所在
諸人嚴身具 衣服及瓔珞 種種所塗香 聞則知其身
諸天若行坐 遊戲及神變 持是法華者 聞香悉能知
諸樹華菓實 及蘇油香氣 持經者住此 悉知其所在
諸山深嶮處 栴檀樹華敷 衆生在中者 聞香皆能知
鐵圍山大海 地中諸衆生 持經者聞香 悉知其所在
阿脩羅男女 及其諸眷屬 鬪諍遊戲時 聞香皆能知
曠野險隘處 師子象虎狼 野牛水牛等 聞香知所在
若有懷妊者 未辯其男女 无根及非人 聞香悉能知
以聞香力故 知其初懷妊 成就不成就 安樂產福子
以聞香力故 知男女所念 染欲癡恚心 亦知脩善者
地中衆伏藏 金銀諸珎寶 銅器之所盛 聞香悉能知
種種諸瓔珞 无能識其價 聞香知貴賤 出處及所在
天上諸華等 曼陀曼殊沙 波利質多樹 聞香悉能知
天上諸宮殿 上中下差別 衆寶華莊嚴 聞香悉能知
天園林勝殿 諸觀妙法堂 在中而娛樂 聞香悉能知
諸天若聽法 或受五欲時 來往行坐臥 聞香悉能知
天女所著衣 好華香莊嚴 周旋遊戲時 聞香悉能知
如是展轉上 乃至於梵世 入禪出禪者 聞香悉能知
光音遍淨天 乃至于有頂 初生及退沒 聞香悉能知
諸比丘衆等 於法常精進 若坐若經行 及讀誦經法
或在林樹下 專精而坐禪 持經者聞香 悉知其所在
菩薩志堅固 坐禪若讀誦 或為人說法 聞香悉能知
在在方世尊 一切所恭敬 愍衆而說法 聞香悉能知
衆生在佛前 聞經皆歡喜 如法而脩行 聞香悉能知
雖未得菩薩 无漏法生鼻 而是持經者 先得此鼻相
復次常精進若善男子善女人受持是經若

菩薩志堅固 坐禪若讀誦 或為人說法 聞香悉能知
在在方世尊 一切所恭敬 愍衆而說法 聞香悉能知
衆生在佛前 聞經皆歡喜 如法而脩行 聞香悉能知
雖未得菩薩 无漏法生鼻 而是持經者 先得此鼻相
復次常精進若善男子善女人受持是經若
讀若誦若解說若書寫得千二百舌功德若
好若醜若美不美及諸苦澁物在其舌根皆
變成上味如天甘露无不美者若以舌根於
大衆中有所演說出深妙聲能入其心皆令
歡喜快樂又諸天子天女釋梵諸天聞是深
妙音聲有所演說言論次第皆悉來聽及諸
龍龍女夜叉夜叉女乾闥婆乾闥婆女阿脩
羅阿脩羅女迦樓羅迦樓羅女緊那羅緊那
羅女摩睺羅伽摩睺羅伽女為聽法故皆來
親近恭敬供養及比丘比丘尼優婆塞優婆
夷國王王子群臣眷屬小轉輪王大轉輪王
七寶千子內外眷屬乘其宮殿俱來聽法以
是菩薩善說法故婆羅門居士國內人民盡
其形壽隨侍供養又諸聲聞辟支佛菩薩諸
佛常樂見之是人所在方面諸佛皆向其處
說法悉能受持一切佛法又能出於深妙法
音尒時世尊欲重宣此義而說偈言
是人舌根淨 終不受惡味 其有所食噉 悉皆成甘露
以深淨妙音 於大衆說法 以諸因緣喻 引導衆生心
聞者皆歡喜 設諸上供養 諸天龍夜叉 及阿脩羅等
皆以恭敬心 而共來聽法 是說法之人 若欲以妙音
遍滿三千界 隨意即能至 大小轉輪王 及千子眷屬
合掌恭敬心 常來聽受法 諸天龍夜叉 羅刹毗舍闍

以深淨妙音　於大衆說法　以諸因緣喻　引導衆生心
聞者皆歡喜　設諸上供養　諸天龍夜叉　及阿脩羅等
皆以恭敬心　而共來聽法　是說法之人　若欲以妙音
遍滿三千界　隨意即能至　大小轉輪王　及千子眷屬
合掌恭敬心　常來聽受法　諸天龍夜叉　羅刹毗舍闍
亦以歡喜心　常樂來供養　梵天王魔王　自在大自在
如是諸天衆　常來至其所　諸佛及弟子　聞其說法音
常念而守護　或時為現身
復次常精進　若善男子善女人受持是經　若
讀若誦若解說若書寫　得八百身功德　得清
淨身如淨瑠璃　衆生惠見　其身淨故　三千大
千世界衆生　生時死時　上下好醜　生善處惡
處　悉於中現　及鐵圍山　大鐵圍山　弥樓山　摩
訶弥樓山等諸山　及其中衆生　悉於中現　下
至阿鼻地獄　上至有頂　所有及衆生　悉於中
現　若聲聞辟支佛菩薩　諸佛說法　皆於身中
現其色像　尒時世尊欲重宣此義　而說偈言
若持法華者　其身甚清淨　如彼淨瑠璃　衆生皆惠見
又如淨明鏡　悉見諸色像　菩薩於淨身　皆見世所有
唯獨自明了　餘人所不見　三千世界中　一切諸羣萌
天人阿脩羅　地獄鬼畜生　如是諸色像　皆於身中現
諸天等宮殿　乃至於有頂　鐵圍及弥樓　摩訶弥樓山
諸大海水等　皆於身中現　諸佛及聲聞　佛子菩薩等
若獨若在衆　說法悉皆現　雖未得无漏　法性之妙身
以清淨常體　一切於中現
復次常精進　若善男子善女人　如來滅後受
持是經　若讀若誦若解說若書寫　得千二百

BD14432號　妙法蓮華經（八卷本）卷六　（23–21）

唯獨自明了　餘人所不見　三千世界中　一切諸羣萌
天人阿脩羅　地獄鬼畜生　如是諸色像　皆於身中現
諸天等宮殿　乃至於有頂　鐵圍及弥樓　摩訶弥樓山
諸大海水等　皆於身中現　諸佛及聲聞　佛子菩薩等
若獨若在衆　說法悉皆現　雖未得无漏　法性之妙身
以清淨常體　一切於中現
復次常精進　若善男子善女人　如來滅後受
持是經　若讀若誦若解說若書寫　得千二百
意功德　以是清淨意根　乃至聞一偈一句　通
達无量无邊之義　解是義已　能演說一句一
偈　至於一月四月乃至一歲　諸所說法　隨其
義趣　皆與實相不相違背　若說俗間經書　治
世語言　資生業等　皆順正法　三千大千世界
六趣衆生　心之所行　心所動作　心所戲論　皆
悉知之　雖未得无漏智慧　而其意根清淨如
此　是人有所思惟籌量言說　皆是佛法　无不
真實　亦是先佛經中所說　尒時世尊欲重宣
此義　而說偈言
是人意清淨　明利无穢濁　以此妙意根　知上中下法
乃至聞一偈　通達无量義　次第如法說　月四月至歲
是世界內外　一切諸衆生　若天龍及人　夜叉鬼神等
其在六趣中　所念若干種　持法華之報　一時皆悉知
十方无數佛　百福莊嚴相　為衆生說法　悉聞能受持
思惟无量義　說法亦无量　終始不忘錯　以持法華故
悉知諸法相　隨義識次第　達名字語言　如所知演說
此人有所說　皆是先佛法　以演此法故　於衆无所畏
持法蓮經者　意根淨若斯　雖未得无漏　先有如是相
是人持此經　安住希有地　為一切衆生　歡喜而愛敬

BD14432號　妙法蓮華經（八卷本）卷六　（23–22）

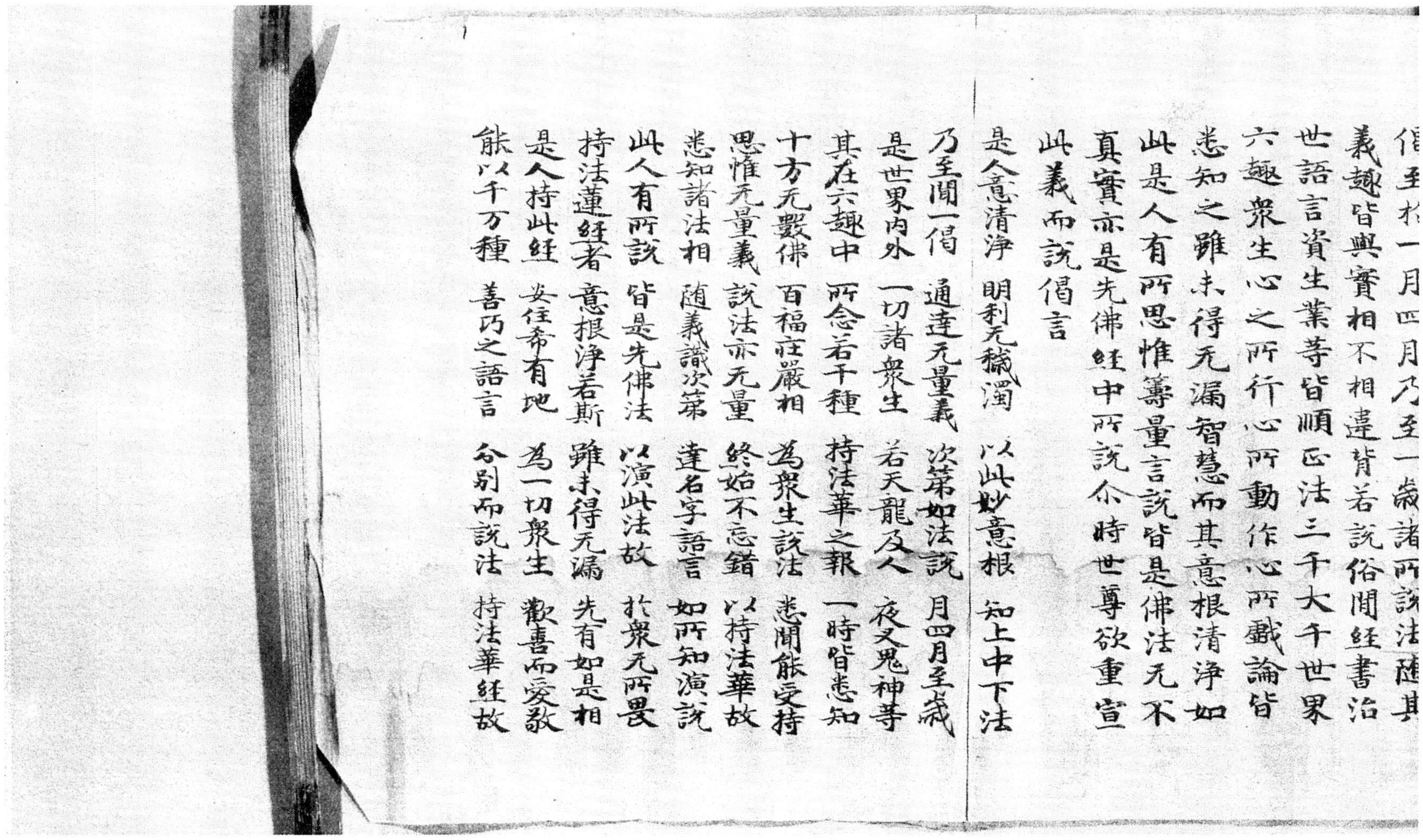

偈至於一月四月乃至一歲諸所說法隨其
義趣皆與實相不相違背若說俗間經書治
世語言資生業等皆順正法三千大千世界
六趣衆生心之所行心所動作心所戲論皆
悉知之雖未得无漏智慧而其意根清淨如
此是人有所思惟籌量言說皆是佛法无不
真實亦是先佛經中所說尒時世尊欲重宣
此義而說偈言
是人意清淨　明利无穢濁　以此妙意根　知上中下法
乃至聞一偈　通達无量義　次第如法說　月四月至歲
是世界內外　一切諸衆生　若天龍及人　夜叉鬼神等
其在六趣中　所念若干種　持法華之報　一時皆悉知
十方无數佛　百福莊嚴相　為衆生說法　悉聞能受持
思惟无量義　說法亦无量　終始不忘錯　以持法華故
悉知諸法相　隨義識次第　達名字語言　如所知演說
此人有所說　皆是先佛法　以演此法故　於衆无所畏
持法華經者　意根淨若斯　雖未得无漏　先有如是相
是人持此經　安住希有地　為一切衆生　歡喜而愛敬
能以千万種　善巧之語言　分別而說法　持法華經故

BD14432 號　妙法蓮華經（八卷本）卷六　（23–23）

慧雲含潤　電光晃[illegible]
日光掩蔽　地上清涼
其雨普等　四方俱下
山川嶮谷　幽邃所生
百穀苗稼　甘蔗蒲桃
乾地普洽　藥木並茂
草木叢林　隨分受潤　一切諸樹
稱其大小　各得生長　根莖枝[illegible]
一雨所及　皆得鮮澤　如其體[illegible]
所潤是一　而各滋茂
佛亦如是　出現於世　譬如[illegible]　[illegible]一切
既出于世　為諸衆生　分別演[illegible]　諸法之實
大聖世尊　於諸天人　一切衆中　而宣此言
我為如來　兩足之尊　出于世間　猶如大雲
充潤一切　枯槁衆生　皆令離苦　得安隱樂
世間之樂　及涅槃樂　諸天人衆　一心善聽
皆應到此　覲无上尊
我為世尊　无能及者　安隱衆生　故現於世
為大衆說　甘露淨法　其法一味　解脫涅槃

BD14433 號　妙法蓮華經卷三　（23–1）

我為如来兩足之尊　出于世間　猶如大雲
充潤一切枯槁衆生　皆令離苦　得安隱樂
世間之樂及涅槃樂　諸天人衆　一心善聽
皆應到此覲无上尊
我為世尊无能及者　安隱衆生故現於世
為大衆說甘露淨法　其法一味　解脫涅槃
以一妙音演暢斯義　常為大乘而作因緣
我觀一切普皆平等　无有彼此　愛憎之心
我无貪著亦无限㝵　恒為一切[illegible]說法
如為一人衆多亦然　常演說法　曾无他事
去来坐立終不疲猒　充足世間　如雨普潤
貴賤上下持戒毀戒　威儀具足及不具足
正見邪見利根[illegible]　等雨法雨　而无懈惓
一切衆生聞我法者　隨力所受　住於諸地
或處人天轉輪聖王　釋梵諸王　是小藥草
知无漏法能得涅槃　起六神通　及得三明
獨處山林常行禪定　得緣覺證　是中藥草
求世尊處我當作佛　行精進定　是上藥草
又諸佛子專心佛道　常行慈悲　自知作佛
決定无疑是名小樹　安住神通　轉不退輪
度无量億百千衆生　如是菩薩　名為大樹
佛平等說如一味雨　隨衆生性　所受不同
如彼草木所稟各異
佛以此喻方便開示　種種言辭　演說一法
於佛智慧如海一渧　我雨法雨　充滿世間
一味之法隨力隨行　如彼叢林　藥草諸樹

BD14433號　妙法蓮華經卷三

（23–2）

佛平等說如一味雨　隨衆生性　所受不同
如彼草木所稟各異
佛以此喻方便開示　種種言辭　演說一法
於佛智慧如海一渧　我雨法雨　充滿世間
一味之法隨力隨行　如彼叢林　藥草諸樹
隨其大小漸增茂好　諸佛之法　常以一味
令諸世間普得具足　漸次脩行　皆得道果
聲聞緣覺處於山林　住最後身　聞法得果
是名藥草各得增長　若諸菩薩　智慧堅固
了達三界求最上乘　是名小樹　而得增長
復有住禪得神通力　聞諸法空　心大歡喜
放无數光度諸衆生　是名大樹　而得增長
如是迦葉佛所說法　譬如大雲　以一味雨
潤於人華各得成實　迦葉當知　以諸因緣
種種譬喻開示佛道　是我方便　諸佛亦然
今為汝等說最實事　諸聲聞衆　皆非滅度
汝等所行是菩薩道　漸漸脩學　悉當成佛

妙法蓮華經授記品第六

尒時世尊說是偈已告諸大衆唱如是言我
此弟子摩訶迦葉於未来世當得奉覲三百
万億諸佛世尊供養恭敬尊重讚歎廣宣諸
佛无量大法於最後身得成為佛名曰光明
如来應供正遍知明行足善逝世間解无上
士調御丈夫天人師佛世尊國名光德劫名
大莊嚴佛壽十二小劫正法住世二十小劫
像法亦住二十小劫國界嚴餝无諸穢惡瓦
礫荊棘便利不淨其土平正无有高下坑坎堆

BD14433號　妙法蓮華經卷三

（23–3）

如來應供正遍知明行足善逝世間解无上
士調御丈夫天人師佛世尊國名光德劫名
大莊嚴佛壽十二小劫正法住世二十小劫
像法亦住二十小劫國界嚴餝无諸穢惡瓦
礫荊棘便利不淨其土平政无有高下坑坎堆
阜瑠璃為地寶樹行列黄金為繩以界其側
散諸寶華周遍清淨其國菩薩无量千億諸
聲聞衆亦復无數无有魔事雖有魔及魔民
皆護佛法尒時世尊欲重宣此義而說偈言
告諸比丘 我以佛眼 見是迦葉 於未來世
過无數劫 當得作佛 而於來世 供養奉覲
三百万億 諸佛世尊 為佛智慧 淨脩梵行
供養最上 二足尊已 脩習一切 无上之慧
於最後身 得成為佛 其土清淨 琉璃為地
多諸寶樹 行列道側 金繩界道 見者歡喜
常出好香 散衆名華 種種奇妙 以為莊嚴
其地平正 无有丘坑 諸菩薩衆 不可稱計
其心調柔 逮大神通 奉持諸佛 大乘經典
諸聲聞衆 无漏後身 法王之子 亦不可計
乃以天眼 不能數知 其佛當受 十二小劫
正法住世 二十小劫 像法亦住 二十小劫
光明世尊 其事如是
尒時大目揵連須菩提摩訶迦旃延等皆悉
悚慄一心合掌瞻仰世尊目不蹔捨即共同
聲而說偈言
大雄猛世尊 諸釋之法王 哀愍我等故 而賜佛音聲

尒時大目揵連須菩提摩訶迦旃延等皆悉
悚慄一心合掌瞻仰世尊目不蹔捨即共同
聲而說偈言
大雄猛世尊 諸釋之法王 哀愍我等故 而賜佛音聲
若知我深心 見為授記者 如以甘露灑 除熱得清涼
如從飢國來 忽遇大王膳 心猶懷疑懼 未敢即便食
若復得王教 然後乃敢食 我等亦如是 每惟小乘過
不知當云何 得佛无上慧 雖聞佛音聲 言我等作佛
心常懷憂懼 如未敢便食 若蒙佛授記 尒乃快安樂
大雄猛世尊 常欲安世間 願賜我等記 如飢須教食
尒時世尊知諸大弟子心之所念告諸比丘
是須菩提於當來世奉覲三百万億那由他
佛供養恭敬尊重讚歎常脩梵行具菩薩道
於最後身得成為佛号曰名相如來應供正
遍知明行足善逝世間解无上士調御丈夫
天人師佛世尊劫名有寶國名寶生其土平
政頗梨為地寶樹莊嚴无諸丘坑沙礫荊棘
便利之穢寶華覆地周遍清淨其土人民皆
處寶臺珎妙樓閣聲聞弟子无量无邊筭數
譬喻所不能知諸菩薩衆无數千万億那由
他佛壽十二小劫正法住世二十小劫像法
亦住二十小劫其佛常處虛空為衆說法度
脫无量菩薩及聲聞衆尒時世尊欲重宣此
義而說偈言
諸比丘衆 今告汝等 皆當一心 聽我所說
我大弟子 須菩提者 當得作佛 号曰名相

亦住二十小劫其佛常處虛空爲衆說法度
脫无量菩薩及聲聞衆尒時世尊欲重宣此
義而說偈言
諸比丘衆 今告汝等 皆當一心 聽我所說
我大弟子 須菩提者 當得作佛 号曰名相
當供无數 万億諸佛 隨佛所行 漸具大道
冣後身得 三十二相 端正殊妙 猶如寶山
其佛國土 嚴淨第一 衆生見者 无不愛樂
佛於其中 度无量衆 其佛法中 多諸菩薩
皆悉利根 轉不退輪 彼國常以 菩薩莊嚴
諸聲聞衆 不可稱數 皆得三明 具六神通
住八解脫 有大威德 其佛說法 現於无量
神通變化 不可思議 諸天人民 數如恒沙
皆共合掌 聽受佛語 其佛當壽 十二小劫
正法住世 二十小劫 像法亦住 二十小劫
尒時世尊復告諸比丘衆我今語汝是大迦
旃延於當來世以諸供具供養奉事八千億
佛恭敬尊重諸佛滅後各起塔廟高千由旬
縱廣正等五百由旬以金銀瑠璃車𤦲馬瑙
真珠玫瑰七寶合成衆華瓔珞塗香末香燒
香繒蓋幢幡供養塔廟過是已後當復供養
二万億佛亦復如是供養是諸佛已具菩薩
道當得作佛号曰閻浮那提金光如來應供
正遍知明行足善逝世間解无上士調御丈
夫天人師佛世尊其土平正頗梨爲地寶樹
莊嚴黃金爲繩以界道側妙華覆地周遍清

BD14433號　妙法蓮華經卷三　（23–6）

道當得作佛号曰閻浮那提金光如來應供
正遍知明行足善逝世間解无上士調御丈
夫天人師佛世尊其土平正頗梨爲地寶樹
莊嚴黃金爲繩以界道側妙華覆地周遍清
淨見者歡喜无四惡道地獄餓鬼畜生阿脩
羅道多有天人諸聲聞衆及諸菩薩无量万
億莊嚴其國佛壽十二小劫正法住世二十
小劫像法亦住二十小劫尒時世尊欲重宣
此義而說偈言
諸比丘衆 皆一心聽 如我所說 真實无異
是迦旃延 當以種種 妙好供具 供養諸佛
諸佛滅後 起七寶塔 亦以華香 供養舍利
其冣後身 得佛智慧 成等正覺 國土清淨
度脫无量 万億衆生 皆爲十方 之所供養
佛之光明 无能勝者 其佛号曰 閻浮金光
菩薩聲聞 斷一切有 无量无數 莊嚴其國
尒時世尊復告大衆我今語汝是大目揵連
當以種種供具供養八千諸佛恭敬尊重諸
佛滅後各起塔廟高千由旬縱廣正等五百
由旬以金銀瑠璃車𤦲馬瑙真珠玫瑰七寶
合成衆華瓔珞塗香末香燒香繒蓋幢幡以
用供養過是已後當復供養二百万億諸佛
亦復如是當得成佛号曰多摩羅跋栴檀香
如來應供正遍知明行足善逝世間解无上
士調御丈夫天人師佛世尊劫名喜滿國名
意樂其土平正頗梨爲地寶樹莊嚴散真珠
華周遍清淨見者歡喜多諸天人菩薩聲聞

BD14433號　妙法蓮華經卷三　（23–7）

亦復如是當得成佛号曰多摩羅跋栴檀香
如來應供正遍知明行足善逝世間解无上
士調御丈夫天人師佛世尊劫名喜滿國名
意樂其土平正頗梨為地寶樹莊嚴散真珠
華周遍清淨見者歡喜多諸天人菩薩聲聞
其數无量佛壽二十四小劫正法住世四十小
劫像法住四十小劫尒時世尊欲重宣此義
而說偈言
我此弟子　大目揵連　捨是身已　得見八千
二百万億　諸佛世尊　為佛道故　供養恭敬
於諸佛所　常脩梵行　於无量劫　奉持佛法
諸佛滅後　起七寶塔　長表金剎　華香伎樂
而以供養　諸佛塔廟　漸漸具足　菩薩道已
於意樂國　而得作佛　号多摩羅　栴檀之香
其佛壽命　二十四劫　常為天人　演說佛道
聲聞无量　如恒河沙　三明六通　有大威德
菩薩无數　志固精進　於佛智慧　皆不退轉
佛滅度後　正法當住　四十小劫　像法亦尒
我諸弟子　威德具足　其數五百　皆當授記
於未來世　咸得成佛
我及汝等　宿世因緣　吾今當說　汝等善聽

妙法蓮華經化城喻品第七

佛告諸比丘乃往過去无量无邊不可思議
阿僧祇劫尒時有佛名大通智勝如來應供
正遍知明行足善逝世間解无上士調御丈
夫天人師佛世尊其國名好成劫名大相諸
比丘彼佛滅度已來甚大久遠譬如三千大
千世界所有地種假使有人磨以為墨過於

阿僧祇劫尒時有佛名大通智勝如來應供
正遍知明行足善逝世間解无上士調御丈
夫天人師佛世尊其國名好成劫名大相諸
比丘彼佛滅度已來甚大久遠譬如三千大
千世界所有地種假使有人磨以為墨過於
東方千國土乃下一點大如微塵又過千國土
復下一點如是展轉盡地種墨於汝等意云
何是諸國土若算師若算師弟子能得邊際
知其數不不也世尊諸比丘是人所經國土
若點不點盡末為塵一塵一劫彼佛滅度已
來復過是數无量无邊百千万億阿僧祇劫
我以如來知見力故觀彼久遠猶若今日尒
時世尊欲重宣此義而說偈言
我念過去世　无量无邊劫　有佛兩足尊　名大通智勝
如人以力磨　三千大千土　盡此諸地種　皆悉以為墨
過於千國土　乃下一塵點　如是展轉點　盡此諸塵墨
如是諸國土　點與不點等　復盡末為塵　一塵為一劫
此諸微塵數　其劫復過是　彼佛滅度來　如是无量劫
如來无㝵智　知彼佛滅度　及聲聞菩薩　如見今滅度
諸比丘當知　佛智淨微妙　无漏无所㝵　通達无數劫
佛告諸比丘大通智勝佛壽五百四十万億
那由他劫其佛本坐道場破魔軍已垂得阿
耨多羅三藐三菩提而諸佛法不現在前如
是一小劫乃至十小劫結跏趺坐身心不動而
諸佛法猶不在前尒時忉利諸天先為彼佛
於菩提樹下敷師子座高一由旬佛於此座
當得阿耨多羅三藐三菩提適坐此座時諸
梵天王雨眾天華面百由旬香風時來吹去

諸佛法猶不在前尒時忉利諸天先為彼佛
於菩提樹下敷師子坐高一由旬佛於此坐
當得阿耨多羅三藐三菩提適坐此坐時諸
梵天王雨衆天華面百由旬香風時来吹去
萎華更雨新者如是不絶滿十小劫供養於
佛乃至滅度常雨此華四王諸天為供養佛
常擊天鼓其餘諸天作伎樂滿十小劫至
于滅度亦復如是諸比丘大通智勝佛過十
小劫諸佛之法乃現在前成阿耨多羅三藐
三菩提其佛未出家時有十六子其第一者
名曰智積諸子各有種種珍異玩好之具聞
父得成阿耨多羅三藐三菩提皆捨所珍往
詣佛所諸母涕泣而隨送之其祖轉輪聖王
與一百大臣及餘百千万億人民皆共圍遶
隨至道場咸欲親近大通智勝如来供養恭
敬尊重讚歎到已頭面礼足遶佛畢已一心
合掌瞻仰世尊以偈頌曰
大威德世尊　為度衆生故　於无量億歳　尒乃得成佛
諸願已具足　善哉吉无上　世尊甚希有　一坐十小劫
身體及手足　静然安不動　其心常惔怕　未曾有散亂
究竟永寂滅　安住无漏法　今者見世尊　安隠成佛道
我等得善利　稱慶大歡喜　衆生常苦惱　盲冥无導師
不識苦盡道　不知求解脫　長夜增悪趣　減損諸天衆
從冥入於冥　永不聞佛名　今佛得最上　安隠无漏道
我等及天人　為得最大利　是故咸稽首　歸命无上尊
尒時十六王子偈讚佛已勸請世尊轉於法
輪咸作是言世尊說法多所安隠憐愍饒益
諸天人民重說偈言

BD14433 號　妙法蓮華經卷三　（23–10）

我等及天人　為得最大利　是故咸稽首　歸命无上尊
尒時十六王子偈讚佛已勸請世尊轉於法
輪咸作是言世尊說法多所安隠憐愍饒益
諸天人民重說偈言
世雄无等倫　百福自莊嚴　得无上智慧　願為世間說
度脫於我等　及諸衆生類　為分別顯示　令得是智慧
若我等得佛　衆生亦復然
世尊知衆生　深心之所念　亦知所行道　又知智慧力
欲樂及脩福　宿命所行業　世尊悉已知　當轉无上輪
佛告諸比丘大通智勝佛得阿耨多羅三藐
三菩提時十方各五百万億諸佛世界六種
震動其國中間幽冥之處日月威光所不能
照而皆大明其中衆生各得相見咸作是言
此中云何忽生衆生又其國界諸天宮殿乃
至梵宮六種震動大光普照遍滿世界勝諸
天光
尒時東方五百万億諸國土中梵天宮殿光
明照耀倍於常明諸梵天王各作是念今者
宮殿光明昔所未有以何因緣而現此相是
時諸梵天王即各相詣共議此事而彼衆中
有一大梵天王名救一切為諸梵衆而說偈
言
我等諸宮殿　光明昔未有　此是何因緣　宜各共求之
為大德天生　為佛出世間　而此大光明　遍照於十方
尒時五百万億國土諸梵天王與宮殿俱各
以衣裓盛諸天華共詣西方推尋是相見大
通智勝如来處于道場菩提樹下坐師子座
諸天龍王乾闥婆緊那羅摩睺羅伽人非人
等恭敬圍遶及見十六王子請佛轉法輪即

BD14433 號　妙法蓮華經卷三　（23–11）

以衣祴盛諸天華共詣西方推尋是相見大
通智勝如來處于道場菩提樹下坐師子座
諸天龍王乾闥婆緊那羅摩睺羅伽人非人
等恭敬圍遶及見十六王子請佛轉法輪即
時諸梵天王頭面禮佛遶百千帀即以天華
而散佛上其所散華如須彌山并以供養佛
菩提樹其菩提樹高十由旬華供養已各以
宮殿奉上彼佛而作是言唯見哀愍饒益我
等所獻宮殿願垂納處時諸梵天王即於佛
前一心同聲以偈頌曰
世尊甚希有　難可得值遇　具無量功德　能救護一切
天人之大師　哀愍於世間　十方諸衆生　普皆蒙饒益
我等所從來　五百万億國　捨深禪定樂　為供養佛故
我等先世福　宮殿甚嚴飾　今以奉世尊　唯願哀納受
尒時諸梵天王偈讚佛已各作是言唯願世
尊轉於法輪度脫衆生開涅槃道時諸梵天
王一心同聲而說偈言
世雄兩足尊　唯願演說法　以大慈悲力　度苦惱衆生
尒時大通智勝如來嘿然許之又諸比丘東
南方五百万億國土諸大梵王各自見宮殿
光明照曜昔所未有歡喜踊躍生希有心即
各相詣共議此事而彼衆中有一大梵天王
名曰大悲為諸梵衆而說偈言
是事何因緣　而現如此相　我等諸宮殿　光明昔未有
為大德天王　為佛出世間　未曾見此相　當共一心求
過千万億土　尋光共推之　多是佛出世　度脫苦衆生
尒時五百万億諸梵天王與宮殿俱各以衣
祴盛諸天華共詣西北方推尋是相見大通

名曰大悲為諸梵衆而說偈言
是事何因緣　而現如此相　我等諸宮殿　光明昔未有
為大德天王　為佛出世間　未曾見此相　當共一心求
過千万億土　尋光共推之　多是佛出世　度脫苦衆生
尒時五百万億諸梵天王與宮殿俱各以衣
祴盛諸天華共詣西北方推尋是相見大通
智勝如來處于道場菩提樹下坐師子座諸
天龍王乾闥婆緊那羅摩睺羅伽人非人等
恭敬圍遶及見十六王子請佛轉法輪時諸
梵天王頭面禮佛遶百千帀即以天華而散
佛上所散之華如須彌山并以供養佛菩提
樹華供養已各以宮殿奉上彼佛而作是言
唯見哀愍饒益我等所獻宮殿願垂納處尒
時諸梵天王即於佛前一心同聲以偈頌曰
聖主天中王　迦陵頻伽聲　哀愍衆生者　我等今敬禮
世尊甚希有　久遠乃一現　一百八十劫　空過無有佛
三惡道充滿　諸天衆減少　今佛出於世　為衆生作眼
世間所歸趣　救護於一切　為衆生之父　哀愍饒益者
我等宿福慶　今得值世尊
尒時諸梵天王偈讚佛已各作是言唯願世
尊哀愍一切轉於法輪度脫衆生時諸梵天
王一心同聲而說偈言
大聖轉法輪　顯示諸法相　度苦惱衆生　令得大歡喜
衆生聞是法　得道若生天　諸惡道減少　忍善者增益
尒時大通智勝如來嘿然許之又諸比丘南
方五百万億國土諸大梵王各自見宮殿光
明照曜昔所未有歡喜踊躍生希有心即各
相詣共議此事以何因緣我等宮殿有此光
曜而彼衆中有一大梵天王名曰妙法為諸

尒時大通智勝如來嘿然許之又諸比丘南
方五百万億國土諸大梵王各自見宮殿光
明照曜昔所未有歡喜踊躍生希有心即各
相詣共議此事以何因緣我等宮殿有此光
曜而彼衆中有一大梵天王名曰妙法為諸
梵衆而說偈言
我等諸宮殿　光明甚威曜　此非无因緣　是相宜求之
過於百千劫　未曾見是相　為大德天生　為佛出世間
尒時五百万億諸梵天王與宮殿俱各以衣
裓盛諸天華共詣北方推尋是相見大通智
勝如來處于道場菩提樹下坐師子座諸天
龍王乾闥婆緊那羅摩睺羅伽人非人等恭
敬圍遶及見十六王子請佛轉法輪時諸梵
天王頭面礼佛遶百千匝即以天華而散佛
上所散之華如須弥山并以供養佛菩提樹
華供養已各以宮殿奉上彼佛而作是言唯
見哀愍饒益我等所獻宮殿願垂納受尒時
諸梵天王即於佛前一心同聲以偈頌曰
世尊甚難見　破諸煩惱者　過百三十劫　今乃得一見
諸飢渴衆生　以法雨充滿　昔所未曾覩　无量智慧者
如優曇波羅　今日乃值遇
我等諸宮殿　蒙光故嚴飾　世尊大慈愍　唯願垂納受
尒時諸梵天王偈讚佛已各作是言唯願世
尊轉於法輪令一切世間諸天魔梵沙門婆
羅門皆獲安隱而得度脫時諸梵天王一心同
聲以偈頌曰
唯願天人尊　轉无上法輪　擊于大法鼓　而吹大法螺
普雨大法雨　度无量衆生　我等咸歸請　當演深遠音
尒時大通智勝如來嘿然許之西南方乃至

BD14433號　妙法蓮華經卷三　（23–14）

羅門皆獲安隱而得度脫時諸梵天王一心同
聲以偈頌曰
唯願天人尊　轉无上法輪　擊于大法鼓　而吹大法螺
普雨大法雨　度无量衆生　我等咸歸請　當演深遠音
尒時大通智勝如來嘿然許之西南方乃至
下方亦復如是
尒時上方五百万億國土諸大梵王皆悉自
覩所止宮殿光明威曜昔所未有歡喜踊躍
生希有心即各相詣共議此事以何因緣我
等宮殿有斯光明而彼衆中有一大梵天王
名曰尸棄為諸梵衆而說偈言
今以何因緣　我等諸宮殿　威德光明曜　嚴飾未曾有
如是之妙相　昔所不聞見　為大德天生　為佛出世間
尒時五百万億諸梵天王與宮殿俱各以衣
裓盛諸天華共詣下方推尋是相見大通智
勝如來處于道場菩提樹下坐師子座諸天
龍王乾闥婆緊那羅摩睺羅伽人非人等恭
敬圍遶及見十六王子請佛轉法輪時諸梵
天王頭面礼佛遶百千匝即以天華而散佛
上所散之華如須弥山并以供養佛菩提樹
華供養已各以宮殿奉上彼佛而作是言唯
見哀愍饒益我等所獻宮殿願垂納處尒時
諸梵天王即於佛前一心同聲以偈頌曰
善哉見諸佛　救世之聖尊　能於三界獄　勉出諸衆生
普智天人尊　哀愍群萌類　能開甘露門　廣度於一切
於昔无量劫　空過无有佛　世尊未出時　十方常闇冥
三惡道增長　阿脩羅亦盛　諸天衆轉減　死多墮惡道
不從佛聞法　常行不善事　色力及智慧　斯等皆減少
罪業因緣故　失樂及樂想

BD14433號　妙法蓮華經卷三　（23–15）

於昔无量劫　空過无有佛　世尊未出時　十方常闇冥
三惡道增長　阿脩羅亦盛　諸天衆轉減　死多墮惡道
不從佛聞法　常行不善事　色力及智慧　斯等皆減少
罪業因緣故　失樂及樂想
住於邪見法　不識善儀則　不蒙佛所化　常墮於惡道
佛為世間眼　久遠時乃出　哀愍諸衆生　故現於世間
超出成正覺　我等甚欣慶　及餘一切衆　喜歎未曾有
我等諸宮殿　蒙光故嚴飾　今以奉世尊　唯垂哀納受
願以此功德　普及於一切　我等與衆生　皆共成佛道
尒時五百万億諸梵天王偈讚佛已各白佛
言唯願世尊轉於法輪多所安隱多所度脫
時諸梵天王而說偈言
世尊轉法輪　擊甘露法鼓　度苦惱衆生　開示涅槃道
唯願受我請　以大微妙音　哀愍而敷演　无量劫習法
尒時大通智勝如來受十方諸梵天王及十
六王子請即時三轉十二行法輪若沙門婆
羅門若天魔梵及餘世間所不能轉謂是苦
是苦集是苦滅是苦滅道及廣說十二因緣
法无明緣行行緣識識緣名色名色緣六入
六入緣觸觸緣受受緣愛愛緣取取緣有有
緣生生緣老死憂悲苦惱无明滅則行滅行
滅則識滅識滅則名色滅名色滅則六入滅
六入滅則觸滅觸滅則受滅受滅則愛滅愛
滅則取滅取滅則有滅有滅則生滅生滅則
老死憂悲苦惱滅佛於天人大衆之中說是
法時六百万億那由他人以不受一切法故
而於諸漏心得解脫皆得深妙禪定三明六
通具八解脫第二第三第四說法時千万億
恒河沙那由他等衆生亦以不受一切法故

BD14433號　妙法蓮華經卷三　(23–16)

法時六百万億那由他人以不受一切法故
而於諸漏心得解脫皆得深妙禪定三明六
通具八解脫第二第三第四說法時千万億
恒河沙那由他等衆生亦以不受一切法故
而於諸漏心得解脫從是已後諸聲聞衆
无量无邊不可稱數尒時十六王子皆以童
子出家而為沙弥諸根通利智慧明了已曾
供養百千万億諸佛淨脩梵行求阿耨多羅
三藐三菩提俱白佛言世尊是諸无量千万
億大德聲聞皆已成就世尊亦當為我等說
阿耨多羅三藐三菩提法我等聞已皆共脩
學世尊我等志願如來知見深心所念佛自
證知尒時轉輪聖王所將衆中八万億人見
十六王子出家亦求出家王即聽許尒時彼
佛受沙弥請過二万劫已乃於四衆之中說
是大乘經名妙法蓮華教菩薩法佛所護念
說是經已十六沙弥為阿耨多羅三藐三菩提
故皆共受持諷誦通利說是經時十六菩薩
沙弥皆悉信受聲聞衆中亦有信解其餘衆
生千万億種皆生疑惑佛說是經於八千劫
未曾休廢說此經已即入靜室住於禪定八
万四千劫是時十六菩薩沙弥知佛入室寂
然禪定各昇法座亦於八万四千劫為四部
衆廣說分別妙法華經一一皆度六百万億
那由他恒河沙等衆生示教利喜令發阿耨
多羅三藐三菩提心
大通智勝佛過八万四千劫已從三昧起往
詣法座安詳而坐普告大衆是十六菩薩沙

BD14433號　妙法蓮華經卷三　(23–17)

那由他恒河沙等衆生示教利喜令發阿耨
多羅三藐三菩提心
大通智勝佛過八万四千劫已從三昧起往
詣法座安詳而坐普告大衆是十六菩薩沙
弥甚為希有諸根通利智慧明了以曽供養
无量千万億數諸佛於諸佛所常脩
梵行受持佛智開示衆生令入其中汝等皆
當數數親近而供養之所以者何若聲聞辟
支佛及諸菩薩能信是十六菩薩所說經法
受持不毀者是人皆當得阿耨多羅三藐三
菩提如来之慧佛告諸比丘是十六菩薩常
樂說是妙法華經一一菩薩所化六百万億
那由他恒河沙等衆生世世所生與菩薩俱從
其聞法悉皆信解以此因緣得值四万億諸
佛世尊于今不盡比丘我今語汝彼佛弟子
十六沙弥今皆得阿耨多羅三藐三菩提於
十方國土現在說法有无量百千万億菩薩聲
聞以為眷屬其二沙弥東方作佛一名阿閦
在歡喜國二名須弥頂東方二佛一名師子
音二名師子相南方二佛一名虚空住二名
名常滅西南方二佛一名帝相二名梵相西
方二佛一名阿弥陁二名度一切世間苦惱
西北方二佛一名多摩羅跋栴檀香神通二
名須弥相北方二佛一名雲自在二名雲自
在王東北方佛名壞一切世間怖畏第十六
我釋迦牟尼佛於娑婆國土成阿耨多羅三
藐三菩提諸比丘我等為沙弥時各各教化
无量百千万億恒河沙等衆生從我聞法為

名須弥相北方二佛一名雲自在二名雲自
在王東北方佛名壞一切世間怖畏第十六
我釋迦牟尼佛於娑婆國土成阿耨多羅三
藐三菩提諸比丘我等為沙弥時各各教化
无量百千万億恒河沙等衆生從我聞法為
阿耨多羅三藐三菩提此諸衆生于今有住
聲聞地者我常教化阿耨多羅三藐三菩提
是諸人等應以是法漸入佛道所以者何如
来智慧難信難解尒時所化无量恒河沙等
衆生者汝等諸比丘及我滅度後未来世中
聲聞弟子是也我滅度後復有弟子不聞是
經不知不覺菩薩所行自於所得功德生滅
度想當入涅槃我於餘國作佛更有異名是
人雖生滅度之想入於涅槃而於彼土求佛
智慧得聞是經唯以佛乘而得滅度更无餘
乘除諸如来方便說法諸比丘若如来自知
涅槃時到衆又清淨信解堅固了達空法深
入禪定便集諸菩薩及聲聞衆為說是經世
間无有二乘而得滅度唯一佛乘得滅度耳
比丘當知如来方便深入衆生之性知其志
樂小法深着五欲為是等故說於涅槃是人
若聞則便信受譬如五百由旬嶮難惡道曠
絶无人怖畏之處若有多衆欲過此道至珎
寶處有一導師聰慧明達善知嶮道通塞
之相將導衆人欲過此難所將人衆中路懈退
白導師言我等疲極而復怖畏不能復進前
路猶遠今欲退還導師多諸方便而作是念
此等可愍云何捨大珎寶而欲退還作是念

絶无人怖畏之處若有多衆欲過此道至珎
寶處有一導師聦慧明達善知嶮道通塞
之相將導衆人欲過此難所將人衆中路懈退
白導師言我等疲極而復怖畏不能復進前
路猶遠今欲退還導師多諸方便而作是念
此等可愍云何捨大珎寶而欲退還作是念
已以方便力於嶮道中過三百由旬化作一
城告衆人言汝等勿怖莫得退還今是大城
可於中止隨意所作若入是城快得安隱若
能前至寶所亦可得去是時疲極之衆心大
歡喜嘆未曾有我等今者免斯惡道快得安隱
於是衆人前入化城生已度想生安隱想
尒時導師知此人衆既得止息无復疲惓即
滅化城語衆人言汝等去來寶處在近向者
大城我所化作為止息耳諸比丘如來亦復
如是今為汝等作大導師知諸生死煩惱惡
道嶮難長遠應去應度若衆生但聞一佛乘
者則不欲見佛不欲親近便作是念佛道長
遠久受勤苦乃可得成佛知是心怯弱下劣
以方便力而於中道為止息故說二涅槃若
衆生住於二地如來尒時即便為說汝等所
作未辦汝所住地近於佛慧當觀察籌量所
得涅槃非真實也但是如來方便之力於一
佛乘分別說三如彼導師為止息故化作大
城既知息已而告之言寶處在近此城非實
我化作耳尒時世尊欲重宣此義而說偈言
大通智勝佛　十劫坐道場　佛法不現前　不得成佛道
諸天神龍王　阿脩羅衆等　常雨於天華　以供養彼佛

BD14433號　妙法蓮華經卷三　（23–20）

佛乘分別說三如彼導師為止息故化作大
城既知息已而告之言寶處在近此城非實
我化作耳尒時世尊欲重宣此義而說偈言
大通智勝佛　十劫坐道場　佛法不現前　不得成佛道
諸天神龍王　阿脩羅衆等　常雨於天華　以供養彼佛
諸天擊天鼓　并作衆伎樂　香風吹萎華　更雨新好者
過十小劫已　乃得成佛道　諸天及世人　心皆懷踊躍
彼佛十六子　皆與其眷屬　千万億圍遶　俱行至佛所
頭面礼佛足　而請轉法輪　聖師子法雨　充我及一切
世尊甚難值　久遠時一現　為覺悟群生　震動於一切
東方諸世界　五百万億國　梵宮殿光曜　昔所未曾有
諸梵見此相　尋來至佛所　散華以供養　并奉上宮殿
請佛轉法輪　以偈而讚歎　佛知時未至　受請嘿然坐
三方及四維　上下亦復尒　散華奉宮殿　請佛轉法輪
世尊甚難值　願以大慈悲　廣開甘露門　轉无上法輪
无量慧世尊　受彼衆人請　為宣種種法　四諦十二緣
无明至老死　皆從生緣有　如是衆過患　汝等應當知
宣暢是法時　六百万億姟　得盡諸苦際　皆成阿羅漢
第二說法時　千万恒沙衆　於諸法不受　亦得阿羅漢
從是後得道　其數无有量　万億劫筭數　不能得其邊
時十六王子　出家作沙弥　皆共請彼佛　演說大乘法
我等及營從　皆當成佛道　願得如世尊　慧眼第一淨
佛知童子心　宿世之所行　以无量因緣　種種諸譬喻
說六波羅蜜　及諸神通事　分別真實法　菩薩所行道
說是法華經　如恒河沙偈　彼佛說經已　靜室入禪定
一心一處坐　八万四千劫
是諸沙弥等　知佛禪未出　為无量億衆　說佛无上慧
各各坐法坐　說是大乘經　於佛宴寂後　宣揚助法化

BD14433號　妙法蓮華經卷三　（23–21）

佛知童子心　宿世之所從　以无量因緣　種種諸譬喻
說六波羅蜜　及諸神通事　分別真實法　菩薩所行道
說是法華經　如恒河沙偈　彼佛說經已　靜室入禪定
一心一處坐　八万四千劫
是諸沙弥等　知佛禪未出　為无量億衆　說佛无上慧
各各坐法座　說是大乘經　於佛宴寂後　宣揚助法化
一一沙弥等　所度諸衆生　有六百万億　恒河沙等衆
彼佛滅度後　是諸聞法者　在在諸佛土　常與師俱生
是十六沙弥　具足行佛道　今現在十方　各得成正覺
尒時聞法者　各在諸佛所　其有住聲聞　漸教以佛道
我在十六數　曾亦為汝說　是故以方便　引汝趣佛慧
以是本因緣　今說法華經　令汝入佛道　慎勿懷驚懼
譬如險惡道　迥絕多毒獸　又復无水草　人所怖畏處
无數千万衆　欲過此險道　其路甚曠遠　經五百由旬
時有一導師　強識有智慧　明了心決定　在險濟衆難
衆人皆疲惓　而白導師言　我等今頓乏　於此欲退還
導師作是念　此輩甚可愍　如何欲退還　而失大珍寶
尋時思方便　當設神通力　化作大城郭　莊嚴諸舍宅
周迊有園林　渠流及浴池　重門高樓閣　男女皆充滿
即作是化已　慰衆言勿懼　汝等入此城　各可隨所樂
諸人既入城　心皆大歡喜　皆生安隱想　自謂已得度
導師知息已　集衆而告言　汝等當前進　此是化城耳
我見汝疲極　中道欲退還　故以方便力　權化作此城
汝今勤精進　當共至寶所　我亦復如是　為一切導師
見諸求道者　中路而懈廢　不能度生死　煩惱諸險道
故以方便力　為息說涅槃　言汝等苦滅　所作皆已辦
既知到涅槃　皆得阿羅漢　尒乃集大衆　為說真實法
諸佛方便力　分別說三乘　唯有一佛乘　息處故說二

BD14433號　妙法蓮華經卷三　（23–22）

无數千万衆　欲過此險道　其路甚曠遠　經五百由旬
時有一導師　強識有智慧　明了心決定　在險濟衆難
衆人皆疲惓　而白導師言　我等今頓乏　於此欲退還
導師作是念　此輩甚可愍　如何欲退還　而失大珍寶
尋時思方便　當設神通力　化作大城郭　莊嚴諸舍宅
周迊有園林　渠流及浴池　重門高樓閣　男女皆充滿
即作是化已　慰衆言勿懼　汝等入此城　各可隨所樂
諸人既入城　心皆大歡喜　皆生安隱想　自謂已得度
導師知息已　集衆而告言　汝等當前進　此是化城耳
我見汝疲極　中道欲退還　故以方便力　權化作此城
汝今勤精進　當共至寶所　我亦復如是　為一切導師
見諸求道者　中路而懈廢　不能度生死　煩惱諸險道
故以方便力　為息說涅槃　言汝等苦滅　所作皆已辦
既知到涅槃　皆得阿羅漢　尒乃集大衆　為說真實法
諸佛方便力　分別說三乘　唯有一佛乘　息處故說二
今為汝說實　汝所得非滅　為佛一切智　當發大精進
汝證一切智　十力等佛法　具三十二相　乃是真實滅
諸佛之導師　為息說涅槃　既知是息已　引入於佛慧

妙法蓮華經卷第三

BD14433號　妙法蓮華經卷三　（23–23）

相離相滅相究竟至於
聞如来法若持讀誦如說
自覺知所以者何唯有如
體性念何事思何事脩何
云何脩以何法念以何法思
法得何法衆生住於種種
實見之明了无㝵如彼卉木叢
而不自知上中下性如来知是
法所謂解脫相離相滅相究竟涅槃
相終歸於空佛知是已觀衆生心欲而
之是故不即為說一切種智汝等迦葉甚為
希有能知如来隨宜說法能信受所以者
何諸佛世尊隨宜說法難解難知尒時世尊
欲重宣此義而說偈言
頗有法王　出現世間　隨衆生欲　種種說法
如来尊重　智慧深遠　久默斯要　不務速說
有智若聞　則能信解　无智疑惑　則為永失
是故迦葉　隨力為說　以種種緣　令得正見
迦葉當知　譬如大雲　起於世間　遍覆一切

BD14434號　妙法蓮華經卷三　(25–1)

何諸佛世尊隨宜說法難解難知尒時世尊
欲重宣此義而說偈言
頗有法王　出現世間　隨衆生欲　種種說法
如来尊重　智慧深遠　久默斯要　不務速說
有智若聞　則能信解　无智疑惑　則為永失
是故迦葉　隨力為說　以種種緣　令得正見
迦葉當知　譬如大雲　起於世間　遍覆一切
慧雲含潤　電光晃曜　雷聲遠震　令衆悅豫
日光掩蔽　地上清涼　靉靆垂布　如可承攬
其雨普等　四方俱下　流澍无量　率土充洽
山川嶮谷　幽邃所生　卉木藥草　大小諸樹
百穀苗稼　甘蔗蒲桃　雨之所潤　无不豐足
乾地普洽　藥木並茂　其雲所出　一味之水
草木叢林　隨分受潤　一切諸樹　上中下等
稱其大小　各得生長　根莖枝葉　華菓光色
一雨所及　皆得鮮澤　如其體相　性分大小
所潤是一　而各滋茂
佛亦如是　出現於世　譬如大雲　普覆一切
既出于世　為諸衆生　分別演說　諸法之實
大聖世尊　於諸天人　一切衆中　而宣此言
我為如来　兩足之尊　出于世間　猶如大雲
充潤一切　枯槁衆生　皆令離苦　得安隱樂
世間之樂　及涅槃樂　諸天人衆　一心善聽
皆應到此　覲无上尊
我為世尊　无能及者　安隱衆生　故現於世
為大衆說　甘露淨法　其法一味　解脫涅槃
以一妙音　演暢斯義　常為大乘　而作因緣

BD14434號　妙法蓮華經卷三　(25–2)

皆應到此　觀无上尊
我為世尊　无能及者　安隱衆生　故現於世
為大衆說　甘露淨法　其法一味　解脫涅槃
以一妙音　演暢斯義　常為大乘　而作因緣
我觀一切　普皆平等　无有彼此　愛憎之心
我无貪著　亦无限㝵　恒為一切　平等說法
如為一人　衆多亦然　常演說法　曾无他事
去來坐立　終不疲猒　充足世間　如雨普潤
貴賤上下　持戒毀戒　威儀具足　及不具足
正見耶見　利根鈍根　等雨法雨　而不懈惓
一切衆生　聞我法者　隨力所受　住於諸地
或處人天　轉輪聖王　釋梵諸王　是小藥草
知无漏法　能得涅槃　起六神通　及得三明
獨處山林　常行禪定　得緣覺證　是中藥草
求世尊處　我當作佛　行精進定　是上藥草
又諸佛子　專心佛道　常行慈悲　自知作佛
決定无疑　是名小樹　安住神通　轉不退輪
度无量億　百千衆生　如是菩薩　名為大樹
佛平等說　如一味雨　隨衆生性　所受不同
如彼草木　所稟各異
佛以此喻　方便開示　種種言辭　演說一法
於佛智慧　如海一渧　我雨法雨　充滿世間
一味之法　隨力脩行　如彼叢林　藥草諸樹
隨其大小　漸增茂好　諸佛之法　常以一味
令諸世間　普得具足　漸次脩行　皆得道果
聲聞緣覺　處於山林　住最後身　聞法得果
是名藥草　各得增長　若諸菩薩　智慧堅固

BD14434號　妙法蓮華經卷三　(25-3)

隨其大小　漸增茂好　諸佛之法　常以一味
令諸世間　普得具足　漸次脩行　皆得道果
聲聞緣覺　處於山林　住最後身　聞法得果
是名藥草　各得增長　若諸菩薩　智慧堅固
了達三界　求最上乘　是名小樹　而得增長
復有住禪　得神通力　聞諸法空　心大歡喜
放无數光　度諸衆生　是名大樹　而得增長
如是迦葉　佛所說法　譬如大雲　以一味雨
潤於人華　各得成實　迦葉當知　以諸因緣
種種譬喻　開示佛道　是我方便　諸佛亦然
今為汝等　說最實事　諸聲聞衆　皆非滅度
汝等所行　是菩薩道　漸漸脩學　悉當成佛

妙法蓮華經授記品第六

尒時世尊說是偈已告諸大衆唱如是言我
此弟子摩訶迦葉於未來世當得奉覲三百
万億諸佛世尊供養恭敬尊重讚歎廣宣諸
佛无量大法於最後身得成為佛名曰光明
如来應供正遍知明行足善逝世間解无上
士調御丈夫天人師佛世尊國名光德劫名
大莊嚴佛壽十二小劫正法住世廿小劫
像法亦住廿小劫國界嚴飾无諸穢惡瓦礫荊
蕀便利不淨其土平政无有高下坑坎堆阜
瑠璃為地寶樹行列黃金為繩以界道側散
諸寶華周遍清淨其國菩薩无量千億諸聲
聞衆亦復无數无有魔事雖有魔及魔民皆
護佛法尒時世尊欲重宣此義而說偈言

BD14434號　妙法蓮華經卷三　(25-4)

瑠璃為地寶樹行列黃金為繩以界道側散
諸寶華周遍清淨其國菩薩无量千億諸聲
聞衆亦復无數无有魔事雖有魔及魔民皆
護佛法尒時世尊欲重宣此義而說偈言
告諸比丘 我以佛眼 見是迦葉 於未來世
過无數劫 當得作佛 而於來世 供養奉覲
三百万億 諸佛世尊 為佛智慧 淨脩梵行
供養冣上 二足尊已 脩習一切 无上之慧
於冣後身 得成為佛 其土清淨 瑠璃為地
多諸寶樹 行列道側 金繩界道 見者歡喜
常出好香 散衆名華 種種奇妙 以為莊嚴
其地平政 无有丘坑 諸菩薩衆 不可稱計
其心調柔 逮大神通 奉持諸佛 大乘經典
諸聲聞衆 无漏後身 法王之子 亦不可計
乃以天眼 不能數知 其佛當壽 十二小劫
正法住世 二十小劫 像法亦住 二十小劫
光明世尊 其事如是
尒時大目揵連須菩提摩訶迦旃延等皆悉
悚慄一心合掌瞻仰世尊目不暫捨即共同
聲而說偈言
大雄猛世尊 諸釋之法王 哀愍我等故 而賜佛音聲
若知我深心 見為授記者 如以甘露灑 除熱得清涼
如從飢國來 忽遇大王膳 心猶懷疑懼 未敢即便食
若復得王教 然後乃敢食 我等亦如是 每惟小乘過
不知當云何 得佛无上慧 雖聞佛音聲 言我等作佛
心常懷憂懼 如未敢便食 若蒙佛授記 尒乃快安樂

BD14434號　妙法蓮華經卷三　（25–5）

如從飢國來 忽遇大王膳 心猶懷疑懼 未敢即便食
若復得王教 然後乃敢食 我等亦如是 每惟小乘過
不知當云何 得佛无上慧 雖聞佛音聲 言我等作佛
心常懷憂懼 如未敢便食 若蒙佛授記 尒乃快安樂
大雄猛世尊 常欲安世間 願賜我等記 如飢須教食
尒時世尊知諸大弟子心之所念告諸比丘
是須菩提於當來世奉覲三百万億那由他
佛供養恭敬尊重讚歎常脩梵行具菩薩道
於冣後身得成為佛号曰名相如來應供正
遍知明行足善逝世間解无上士調御丈夫
天人師佛世尊劫名有寶國名寶生其土平
政頗梨為地寶樹莊嚴无諸丘坑沙礫荊棘
便利之穢寶華覆地周遍清淨其土人民皆
處寶臺珍妙樓閣聲聞弟子无量无邊筭數
譬喻所不能知諸菩薩衆无數千万億那由
他佛壽十二小劫正法住世二十小劫像法
亦住二十小劫其佛常處虛空為衆說法度
脫无量菩薩及聲聞衆尒時世尊欲重宣此
義而說偈言
諸比丘衆 今告汝等 皆當一心 聽我所說
我大弟子 須菩提者 當得作佛 号曰名相
當供无數 万億諸佛 隨佛所行 漸具大道
冣後身得 三十二相 端政姝妙 猶如寶山
其佛國土 嚴淨第一 衆生見者 无不愛樂
佛於其中 度无量衆 其佛法中 多諸菩薩
皆悉利根 轉不退輪 彼國常以 菩薩莊嚴
諸聲聞衆 不可稱數 皆得三明 具六神通

BD14434號　妙法蓮華經卷三　（25–6）

其佛國土 嚴淨第一 衆生見者 无不愛樂
佛於其中 度无量衆 其佛法中 多諸菩薩
皆悉利根 轉不退輪 彼國常以 菩薩莊嚴
諸聲聞衆 不可稱數 皆得三明 具六神通
住八解脫 有大威德 其佛說法 現於无量
神通變化 不可思議 諸天人民 數如恒沙
皆共合掌 聽受佛語 其佛當壽 十二小劫
正法住世 二十小劫 像法亦住 二十小劫
尒時世尊復告諸比丘衆我今語汝是大迦
旃延於當來世以諸供具供養奉事八千億
佛恭敬尊重諸佛滅後各起塔廟高千由旬
縱廣正等五百由旬以金銀瑠璃車𤦲馬瑙
真珠玫瑰七寶合成衆華瓔珞塗香末香燒
香繒蓋幢幡供養塔廟過是已後當復供養
二万億佛亦復如是供養是諸佛已具菩薩
道當得作佛号曰閻浮那提金光如來應供
正遍知明行足善逝世間解无上士調御丈
夫天人師佛世尊其土平政頗梨為地寶樹
莊嚴黃金為繩以界道側妙華覆地周遍清
淨見者歡喜无四惡道地獄餓鬼畜生阿脩
羅道多有天人諸聲聞衆及諸菩薩无量万
億莊嚴其國佛壽十二小劫正法住世二十
小劫像法亦住二十小劫尒時世尊欲重宣
此義而說偈言
諸比丘衆 皆一心聽 如我所說 真實无異
是迦旃延 當以種種 妙好供具 供養諸佛

BD14434號　妙法蓮華經卷三　（25–7）

小劫像法亦住二十小劫尒時世尊欲重宣
此義而說偈言
諸比丘衆 皆一心聽 如我所說 真實无異
是迦旃延 當以種種 妙好供具 供養諸佛
諸佛滅後 起七寶塔 亦以華香 供養舍利
其㝡後身 得佛智慧 成等正覺 國土清淨
度脫无量 万億衆生 皆為十方 之所供養
佛之光明 无能勝者 其佛号曰 閻浮金光
菩薩聲聞 斷一切有 无量无數 莊嚴其國
尒時世尊復告大衆我今語汝是大目揵連
當以種種供具供養八千諸佛恭敬尊重諸
佛滅後各起塔廟高千由旬縱廣正等五百
由旬以金銀瑠璃車𤦲馬瑙真珠玫瑰七寶
合成衆華瓔珞塗香末香燒香繒蓋幢幡以
用供養過是已後當復供養二百万億諸佛
亦復如是當得成佛号曰多摩羅跋旃檀香
如來應供正遍知明行足善逝世間解无上
士調御丈夫天人師佛世尊劫名喜滿國名
意樂其土平政頗梨為地寶樹莊嚴散真珠
華周遍清淨見者歡喜多諸天人菩薩聲聞
其數无量佛壽廿四小劫正法住世卌小劫
像法亦住卌小劫尒時世尊欲重宣此義而
說偈言
我此弟子 大目揵連 捨是身已 得見八千
二百万億 諸佛世尊 為佛道故 供養恭敬
於諸佛所 常脩梵行 於无量劫 奉持佛法

BD14434號　妙法蓮華經卷三　（25–8）

說偈言
我此弟子 大目揵連 捨是身已 得見八千
二百万億 諸佛世尊 為佛道故 供養恭敬
於諸佛所 常脩梵行 於无量劫 奉持佛法
諸佛滅後 起七寶塔 長表金刹 華香伎樂
而以供養 諸佛塔廟 漸漸具足 菩薩道已
於意樂國 而得作佛 號多摩羅 旃檀之香
其佛壽命 二十四劫 常為天人 演說佛道
聲聞无量 如恒河沙 三明六通 有大威德
菩薩无數 志固精進 於佛智慧 皆不退轉
佛滅度後 正法當住 四十小劫 像法亦尒
我諸弟子 威德具足 其數五百 皆當授記
於未來世 咸得成佛
我及汝等 宿世因緣 吾今當說 汝等善聽

妙法蓮華經化城喻品第七

佛告諸比丘乃往過去无量无邊不可思議
阿僧祇劫尒時有佛名大通智勝如來應供
正遍知明行足善逝世間解无上士調御丈
夫天人師佛世尊其國名好成劫名大相諸
比丘彼佛滅度已來甚大久遠譬如三千大
千世界所有地種假使有人磨以為墨過東
方千國土乃下一點大如微塵又過千國土
復下一點如是展轉盡地種墨於汝等意云
何是諸國土若筭師若筭師弟子能得邊際
知其數不不也世尊諸比丘是人所經國土
若點不點盡末為塵一塵一劫彼佛滅度已

復下一點如是展轉盡地種墨於汝等意云
何是諸國土若筭師若筭師弟子能得邊際
知其數不不也世尊諸比丘是人所經國土
若點不點盡末為塵一塵一劫彼佛滅度已
來復過是數无量无邊百千万億阿僧祇劫
我以如來知見力故觀彼久遠猶若今日尒
時世尊欲重宣此義而說偈言
我念過去世 无量无邊劫 有佛兩足尊 名大通智勝
如人以力磨 三千大千土 盡此諸地種 皆悉以為墨
過於千國土 乃下一塵點 如是展轉點 盡此諸塵墨
如是諸國土 點與不點等 復盡末為塵 一塵為一劫
此諸微塵數 其劫復過是 彼佛滅度來 如是无量劫
如來无导智 知彼佛滅度 及聲聞菩薩 如見今滅度
諸比丘當知 佛智淨微妙 无漏无所导 通達无數劫
佛告諸比丘大通智勝佛壽五百卌万億那
由他劫其佛本坐道場破魔軍已垂得阿耨
多羅三藐三菩提而諸佛法不現在前如是
一小劫乃至十小劫結加趺坐身心不動而
諸佛法猶不在前尒時忉利諸天先為彼佛
於菩提樹下敷師子坐高一由旬佛於此坐
當得阿耨多羅三藐三菩提適坐此坐時諸
梵天王雨衆天華面百由旬香風時來吹去
萎華更雨新者如是不絕滿十小劫供養於
佛乃至滅度常雨此華四王諸天為供養佛
常擊天鼓其餘諸天作天伎樂滿十小劫至
于滅度亦復如是諸比丘大通智勝佛過十

萎華更雨新者如是不絶滿十小劫供養於
佛乃至滅度常雨此華四王諸天為供養佛
常擊天鼓其餘諸天作天伎樂滿十小劫至
于滅度亦復如是諸比丘大通智勝佛過十
小劫諸佛之法乃現在前成阿耨多羅三藐
三菩提其佛未出家時有十六子其第一者
名曰智積諸子各有種種珍異玩好之具聞
父得成阿耨多羅三藐三菩提皆捨所珍往
詣佛所諸母涕泣而隨送之其祖轉輪聖王
與一百大臣及餘百千万億人民皆共圍遶
隨至道場咸欲親近大通智勝如來供養恭
敬尊重讚歎到已頭面礼足遶佛畢已一心合
掌瞻仰世尊以偈頌曰
大威德世尊　為度衆生故　於无量億歳　尒乃得成佛
諸願已具足　善哉吉无上　世尊甚希有　一坐十小劫
身體及手足　靜然安不動　其心常憺怕　未曾有散亂
究竟永寂滅　安住无漏法　今者見世尊　安隱成佛道
我等得善利　稱慶大歡喜　衆生常苦惱　盲冥无導師
不識苦盡道　不知求解脫　長夜增惡趣　減損諸天衆
從冥入於冥　永不聞佛名　今佛得最上　安隱无漏道
我等及天人　為得最大利　是故咸稽首　歸命无上尊
尒時十六王子偈讚佛已勸請世尊轉於法
輪咸作是言世尊說法多所安隱憐愍饒益
諸天人民重說偈言
世雄无等倫　百福自莊嚴　得无上智慧　願為世間說
度脫於我等　及諸衆生類　為分別顯示　令得是智慧

BD14434號　妙法蓮華經卷三　（25–11）

輪咸作是言世尊說法多所安隱憐愍饒益
諸天人民重說偈言
世雄无等倫　百福自莊嚴　得无上智慧　願為世間說
度脫於我等　及諸衆生類　為分別顯示　令得是智慧
若我等得佛　衆生亦復然
世尊知衆生　深心之所念　亦知所行道　又知智慧力
欲樂及脩福　宿命所行業　世尊悉已知　當轉无上輪
佛告諸比丘大通智勝佛得阿耨多羅三藐
三菩提時十方各五百万億諸佛世界六種
震動其國中間幽冥之處日月威光所不能
照而皆大明其中衆生各得相見咸作是言
此中云何忽生衆生又其國界諸天宮殿乃
至梵宮六種震動大光普照遍滿世界勝諸
天光
尒時東方五百万億諸國土中梵天宮殿光
明照耀倍於常明諸梵天王各作是念今者
宮殿光明昔所未有以何因緣而現此相是
時諸梵天王即各相詣共議此事而彼衆中
有一大梵天王名救一切為諸梵衆而說偈
言
我等諸宮殿　光明昔未有　此是何因緣　宜各共求之
為大德天生　為佛出世間　而此大光明　遍照於十方
尒時五百万億國土諸梵天王與宮殿俱各
以衣裓盛諸天華共詣西方推尋是相見大
通智勝如來處于道場菩提樹下坐師子坐
諸天龍王乾闥婆緊那羅摩睺羅伽人非人

BD14434號　妙法蓮華經卷三　（25–12）

爲大德天生　爲佛出世間　而此大光明　遍照於十方
尒時五百万億國土諸梵天王與宮殿俱各
以衣裓盛諸天華共詣西方推尋是相見大
通智勝如来處于道場菩提樹下坐師子坐
諸天龍王乾闥婆緊那羅摩睺羅伽人非人
等恭敬圍遶及見十六王子請佛轉法輪即
時諸梵天王頭面礼佛遶百千迊即以天華
而散佛上其所散華如湏弥山并以供養佛
菩提樹其菩提樹高十由旬華供養已各以
宮殿奉上彼佛而作是言唯見哀愍饒益我
等所獻宮殿願垂納處時諸梵天王即於佛
前一心同聲以偈頌曰
世尊甚希有　難可得値遇　具无量功德　能救護一切
天人之大師　哀愍於世間　十方諸衆生　普皆蒙饒益
我等所從来　五百万億國　捨深禪定樂　爲供養佛故
我等先世福　宮殿甚嚴餝　今以奉世尊　唯願哀納受
尒時諸梵天王偈讃佛已各作是言唯願世
尊轉於法輪度脫衆生開涅槃道時諸梵天
王一心同聲而說偈言
世雄兩足尊　唯願演說法　以大慈悲力　度苦惱衆生
尒時大通智勝如来嘿然許之又諸比丘東
南方五百万億國土諸大梵王各自見宮殿
光明照曜昔所未有歡喜踊躍生希有心即
各相詣共議此事而彼衆中有一大梵天王
名曰大悲爲諸梵衆而說偈言
是事何因緣　而現如此相　我等諸宮殿　光明昔未有
爲大德天生　爲佛出世間　未曾見此相　當共一心求

BD14434 號　妙法蓮華經卷三　（25–13）

名相詣共議此事而彼衆中有一大梵天王
名曰大悲爲諸梵衆而說偈言
是事何因緣　而現如此相　我等諸宮殿　光明昔未有
爲大德天生　爲佛出世間　未曾見此相　當共一心求
過千万億土　尋光共推之　多是佛出世　度脫苦衆生
尒時五百万億諸梵天王與宮殿俱各以衣
裓盛諸天華共詣西北方推尋是相見大通
智勝如来處于道場菩提樹下坐師子座諸
天龍王乾闥婆緊那羅摩睺羅伽人非人等
恭敬圍遶及見十六王子請佛轉法輪時諸
梵天王頭面礼佛遶百千迊即以天華而散
佛上所散之華如湏弥山并以供養佛菩提
樹華供養已各以宮殿奉上彼佛而作是言
唯見哀愍饒益我等所獻宮殿願垂納處尒
時諸梵天王即於佛前一心同聲以偈頌曰
聖主天中王　迦陵頻伽聲　哀愍衆生者　我等今敬礼
世尊甚希有　久遠乃一現　一百八十劫　空過无有佛
三惡道充滿　諸天衆減少　今佛出於世　爲衆生作眼
世間所歸趣　救護於一切　爲衆生之父　哀愍饒益者
我等宿福慶　今得値世尊
尒時諸梵天王偈讚佛已各作是言唯願世
尊哀愍一切轉於法輪度脫衆生時諸梵天
王一心同聲而說偈言
大聖轉法輪　顯示諸法相　度苦惱衆生　令得大歡喜
衆生聞是法　得道若生天　諸惡道減少　忍善者增益
尒時大通智勝如来嘿然許之又諸比丘南
方五百万億國土諸大梵王各自見宮殿光

BD14434 號　妙法蓮華經卷三　（25–14）

大聖轉法輪　顯示諸法相　度苦惱衆生　令得大歡喜
衆生聞是法　得道若生天　諸惡道減少　忍善者增益
尒時大通智勝如來嘿然許之又諸比丘南
方五百万億國土諸大梵王各自見宮殿光
明照曜昔所未有歡喜踊躍生希有心即各
相詣共議此事以何因緣我等宮殿有此光
曜而彼衆中有一大梵天王名曰妙法為諸
梵衆而說偈言
我等諸宮殿　光明甚威曜　此非无因緣　是相宜求之
過於百千劫　未曾見是相　為大德天生　為佛出世間
尒時五百万億諸梵天王與宮殿俱各以衣
裓盛諸天華共詣北方推尋是相見大通智
勝如來處于道場菩提樹下坐師子座諸天
龍王乾闥婆緊那羅摩睺羅伽人非人等恭
敬圍遶及見十六王子請佛轉法輪時諸梵
天王頭面礼佛遶百千匝即以天華而散佛
上所散之華如須弥山并以供養佛菩提樹
華供養已各以宮殿奉上彼佛而作是言唯
見哀愍饒益我等所獻宮殿願垂納受尒時
諸梵天王即於佛前一心同聲以偈頌曰
世尊甚難見　破諸煩惱者　過百三十劫　今乃得一見
諸飢渴衆生　以法雨充滿　昔所未曾覩　无量智慧者
如優曇波羅　今日乃值遇
我等諸宮殿　蒙光故嚴飾　世尊大慈愍　唯願垂納受
尒時諸梵天王偈讚佛已各作是言唯願世
尊轉於法輪令一切世間諸天魔梵沙門婆

BD14434 號　妙法蓮華經卷三

(25–15)

如優曇波羅　今日乃值遇
我等諸宮殿　蒙光故嚴飾　世尊大慈愍　唯願垂納受
尒時諸梵天王偈讚佛已各作是言唯願世
尊轉於法輪令一切世間諸天魔梵沙門婆
羅門皆獲安隱而得度脫時諸梵天王一心
同聲以偈頌曰
唯願天人尊　轉无上法輪　擊于大法鼓　而吹大法蠡
普雨大法雨　度无量衆生　我等咸歸請　當演深遠音
尒時大通智勝如來嘿然許之西南方乃至
下方亦復如是
尒時方方五百万億國土諸大梵王皆悉自
覩所止宮殿光明威曜昔所未有歡喜踊躍
生希有心即各相詣共議此事以何因緣我
等宮殿有斯光明而彼衆中有一大梵天王
名曰尸棄為諸梵衆而說偈言
今以何因緣　我等諸宮殿　威德光明曜　嚴飾未曾有
如是之妙相　昔所不聞見　為大德天王　為佛出世間
尒時五百万億諸梵天王與宮殿俱各以衣
裓盛諸天華共詣下方推尋是相見大通智
勝如來處于道場菩提樹下坐師子座諸天
龍王乾闥婆緊那羅摩睺羅伽人非人等恭
敬圍遶及見十六王子請佛轉法輪時諸梵
天王頭面礼佛遶百千匝即以天華而散佛
上所散之華如須弥山并以供養佛菩提樹
華供養已各以宮殿奉上彼佛而作是言唯
見哀愍饒益我等所獻宮殿願垂納處尒時

BD14434 號　妙法蓮華經卷三

(25–16)

敬圍遶及見十六王子請佛轉法輪時諸梵
天王頭面礼佛遶百千迊即以天華而散佛
上所散之華如須弥山并以供養佛菩提樹
華供養已各以宮殿奉上彼佛而作是言唯
見哀愍饒益我等所獻宮殿願垂納處尒時
諸梵天王即於佛前一心同聲以偈頌曰
善哉見諸佛　救世之聖尊　能於三界獄　勉出諸衆生
普智天人尊　哀愍群萌類　能開甘露門　廣度於一切
於昔无量劫　空過无有佛　世尊未出時　十方常闇冥
三惡道增長　阿脩羅亦盛　諸天衆轉減　死多墮惡道
不從佛聞法　常行不善事　色力及智慧　斯等皆減少
罪業因緣故　失樂及樂想
住於邪見法　不識善儀則　不蒙佛所化　常墮於惡道
佛為世間眼　久遠時乃出　哀愍諸衆生　故現於世間
超出成正覺　我等甚欣慶　及餘一切衆　喜歎未曾有
我等諸宮殿　蒙光故嚴飾　今以奉世尊　唯垂哀納受
願以此功德　普及於一切　我等與衆生　皆共成佛道
尒時五百万億諸梵天王偈讃佛已各白佛
言唯願世尊轉於法輪多所安隱多所度脫
時諸梵天王而說偈言
世尊轉法輪　擊甘露法鼓　度苦惱衆生　開示涅槃道
唯願受我請　以大微妙音　哀愍而敷演　无量劫習法
尒時大通智勝如来受十方諸梵天王及十
六王子請即時三轉十二行法輪若沙門婆
羅門若天魔梵及餘世間所不能轉謂是苦
是苦集是苦滅是苦滅道及廣說十二因緣
法无明緣行行緣識識緣名色名色緣六入

BD14434號　妙法蓮華經卷三　（25–17）

尒時大通智勝如来受十方諸梵天王及十
六王子請即時三轉十二行法輪若沙門婆
羅門若天魔梵及餘世間所不能轉謂是苦
是苦集是苦滅是苦滅道及廣說十二因緣
法无明緣行行緣識識緣名色名色緣六入
六入緣觸觸緣受受緣愛愛緣取取緣有有
緣生生緣老死憂悲苦惱无明滅則行滅行
滅則識滅識滅則名色滅名色滅則六入滅
六入滅則觸滅觸滅則受滅受滅則愛滅愛
滅則取滅取滅則有滅有滅則生滅生滅則
老死憂悲苦惱滅佛於天人大衆之中說是
法時六百万億那由他人以不受一切法故
而於諸漏心得解脫皆得深妙禪定三明六
通具八解脫第二第三第四說法時千万億
恒河沙那由他等衆生亦以不受一切法故
而於諸漏心得解脫從是已後諸聲聞衆无
量无邊不可稱數尒時十六王子皆以童子
出家而為沙弥諸根通利智慧明了已曾供
養百千万億諸佛淨脩梵行求阿耨多羅三
藐三菩提俱白佛言世尊是諸无量千万億
大德聲聞皆已成就世尊亦當為我等說阿
耨多羅三藐三菩提法我等聞已皆共脩學
世尊我等志願如来知見深心所念佛自證
知尒時轉輪聖王所將衆中八万億人見十
六王子出家亦求出家王即聽許尒時彼佛
受沙弥請過二万劫已乃於四衆之中說是
大乘經名妙法蓮華教菩薩法佛所護念說

BD14434號　妙法蓮華經卷三　（25–18）

知尒時轉輪聖王所將衆中八万億人見十
六王子出家亦求出家王即聽許尒時彼佛
受沙弥請過二万劫已乃於四衆之中說是
大乘經名妙法蓮華教菩薩法佛所護念說
是經已十六沙弥為阿耨多羅三藐三菩提
故皆共受持諷誦通利說是經時十六菩薩
沙弥皆悉信受聲聞衆中亦有信解其餘衆
生千万億種皆生疑惑佛說是經於八千劫
未曾休廢說此經已即入靜室住於禪定八
万四千劫是時十六菩薩沙弥知佛入室寂
然禪定各昇法座亦於八万四千劫為四部
衆廣說分別妙法華經一一皆度六百万億
那由他恒河沙等衆生示教利喜令發阿耨
多羅三藐三菩提心
大通智勝佛過八万四千劫已從三昧起往
詣法座安詳而坐普告大衆是十六菩薩沙
弥甚為希有諸根通利智慧明了以曾供養
无量千万億數諸佛於諸佛所常脩梵行受
持佛智開示衆生令入其中汝等皆當數數
親近而供養之所以者何若聲聞辟支佛及
諸菩薩能信是十六菩薩所說經法受持不
毀者是人皆當得阿耨多羅三藐三菩提如
來之慧佛告諸比丘是十六菩薩常樂說是
妙法華經一一菩薩所化六百万億那由他
恒河沙等衆生世世所生與菩薩俱從其聞
法悉皆信解以此因緣得值四万億諸佛世

BD14434號　妙法蓮華經卷三　（25–19）

來之慧佛告諸比丘是十六菩薩常樂說是
妙法華經一一菩薩所化六百万億那由他
恒河沙等衆生世世所生與菩薩俱從其聞
法悉皆信解以此因緣得值四万億諸佛世
尊于今不盡諸比丘我今語汝彼佛弟子十
六沙弥今皆得阿耨多羅三藐三菩提於十
方國土現在說法有无量百千万億菩薩聲
聞以為眷屬其二沙弥東方作佛一名阿閦
在歡喜國二名須弥頂東南方二佛一名師
子音二名師子相南方二佛一名虛空住二
名常滅西南方二佛一名帝相二名梵相西
方二佛一名阿弥陀二名度一切世間苦惱
西北方二佛一名多摩羅跋旃檀香神通二
名須弥相北方二佛一名雲自在二名雲自
在王東北方佛名壞一切世間怖畏第十六
我釋迦牟尼佛於娑婆國土成阿耨多羅三
藐三菩提諸比丘我等為沙弥時各各教化
无量百千万億恒河沙等衆生從我聞法為
阿耨多羅三藐三菩提此諸衆生于今有住
聲聞地者我常教化阿耨多羅三藐三菩提
是諸人等應以是法漸入佛道所以者何如
來智慧難信難解尒時所化无量恒河沙等
衆生者汝等諸比丘及我滅度後未來世中
聲聞弟子是也我滅度後復有弟子不聞是
經不知不覺菩薩所行自於所得功德生滅
度想當入涅槃我於餘國作佛更有異名是
人雖生滅度之想入於涅槃而於彼土求佛

BD14434號　妙法蓮華經卷三　（25–20）

衆生者汝等諸比丘及我滅度後未来世中
聲聞弟子是也我滅度後復有弟子不聞是
經不知不覺菩薩所行自於所得功德生滅
度想當入涅槃我於餘國作佛更有異名是
人雖生滅度之想入於涅槃而於彼土求佛
智慧得聞此經唯以佛乘而得滅度更无餘
乘除諸如来方便說法諸比丘若如来自知
涅槃時到衆又清淨信解堅固了達空法深
入禪定便集諸菩薩及聲聞衆為說是經世
間无有二乘而得滅度唯一佛乘得滅度耳
比丘當知如来方便深入衆生之性知其志
樂小法深着五欲為是等故說於涅槃是人
若聞則便信受譬如五百由旬嶮難悪道曠
絶无人怖畏之處若有多衆欲過此道至珎
寶所有一導師聰慧明達善知嶮道通塞之
相將導衆人欲過此難所將人衆中路懈退
白導師言我等疲極而復怖畏不能復進前
路猶遠今欲退還導師多諸方便而作是念
此等可愍云何捨大珎寶而欲退還作是念
已以方便力於嶮道中過三百由旬化作一
城告衆人言汝等勿怖莫得退還今是大城
可於中止隨意所作若入是城快得安隱若
能前至寶所亦可得去是時疲極之衆心大
歡喜歎未曾有我等今者免斯悪道快得安
隱於是衆人前入化城生已度想生安隱想
尒時導師知此人衆既得止息无復疲惓即
滅化城語衆人言汝等去来寶處在近向者

能前至寶所亦可得去是時疲極之衆心大
歡喜歎未曾有我等今者免斯悪道快得安
隱於是衆人前入化城生已度想生安隱想
尒時導師知此人衆既得止息无復疲惓即
滅化城語衆人言汝等去来寶處在近向者
大城我所化作為止息耳諸比丘如来亦復
如是今為汝等作大導師知諸生死煩惱悪
道嶮難長遠應去應度若衆生但聞一佛乘
者則不欲見佛不欲親近便作是念佛道長
遠久受勤苦乃可得成佛知是心怯弱下劣
以方便力而於中道為止息故說二涅槃若
衆生住於二地如来尒時即便為說汝等所
作未辦汝所住地近於佛慧當觀察籌量所
得涅槃非真實也但是如来方便之力於一
佛乘分別說三如彼導師為止息故化作大
城既知息已而告之言寶處在近此城非實
我化作耳尒時世尊欲重宣此義而說偈言
大通智勝佛　十劫坐道場　佛法不現前　不得成佛道
諸天神龍王　阿脩羅衆等　常雨於天華　以供養彼佛
諸天擊天鼓　并作衆伎樂　香風吹萎華　更雨新好者
過十小劫已　乃得成佛道　諸天及世人　心皆懷踊躍
彼佛十六子　皆與其眷屬　千万億圍遶　俱行至佛所
頭面礼佛足　而請轉法輪　聖師子法雨　充我及一切
世尊甚難值　久遠時一現　為覺悟群生　震動於一切
東方諸世界　五百万億國　梵宮殿光曜　昔所未曾有
諸梵見此相　尋来至佛所　散華以供養　并奉上宮殿
請佛轉法輪　以偈而讚歎　佛知時未至　受請嘿然坐

頭面禮佛足　而請轉法輪　聖師子法雨　充我及一切
世尊甚難值　久遠時一現　為覺悟群生　震動扵一切
東方諸世界　五百万億國　梵宮殿光曜　昔所未曾有
諸梵見此相　尋來至佛所　散華以供養　并奉上宮殿
請佛轉法輪　以偈而讚歎　佛知時未至　受請嘿然坐
三方及四維　上下亦復尒　散華奉宮殿　請佛轉法輪
世尊甚難值　願以大慈悲　廣開甘露門　轉无上法輪
无量慧世尊　受彼衆人請　為宣種種法　四諦十二緣
无明至老死　皆從生緣有　如是衆過患　汝等應當知
宣暢是法時　六百万億姟　得盡諸苦際　皆成阿羅漢
第二說法時　千万恒沙衆　扵諸法不受　亦得阿羅漢
從是後得道　其數无有量　万億劫筭數　不能得其邊
時十六王子　出家作沙弥　皆共請彼佛　演說大乘法
我等及營從　皆當成佛道　願得如世尊　慧眼第一淨
佛知童子心　宿世之所行　以无量因緣　種種諸譬喻
說六波羅蜜　及諸神通事　分別真實法　菩薩所行道
說是法華經　如恒河沙偈　彼佛說經已　靜室入禪定
一心一處坐　八万四千劫　是諸沙弥等　知佛禪未出
為无量億衆　說佛无上慧　各各坐法座　說是大乘經
扵佛宴寂後　宣揚助法化　一一沙弥等　所度諸衆生
有六百万億　恒河沙等衆　彼佛滅度後　是諸聞法者
在在諸佛土　常與師俱生　是十六沙弥　具足行佛道
今現在十方　各得成正覺　尒時聞法者　各在諸佛所
其有住聲聞　漸教以佛道　我在十六數　曾亦為汝說
是故以方便　引汝趣佛慧　以是本因緣　今說法華經
令汝入佛道　慎勿懷驚懼　譬如險惡道　迥絕多毒獸
又復无水草　人所怖畏處

BD14434號　妙法蓮華經卷三　（25–23）

彼佛滅度後　是諸聞法者　在在諸佛土　常與師俱生
是十六沙弥　具足行佛道　今現在十方　各得成正覺
尒時聞法者　各在諸佛所　其有住聲聞　漸教以佛道
我在十六數　曾亦為汝說　是故以方便　引汝趣佛慧
以是本因緣　今說法華經　令汝入佛道　慎勿懷驚懼
譬如險惡道　迥絕多毒獸　又復无水草　人所怖畏處
无數千万衆　欲過此險道　其路甚曠遠　經五百由旬
時有一導師　強識有智慧　明了心決定　在險濟衆難
衆人皆疲惓　而白導師言　我等今頓乏　扵此欲退還
導師作是念　此輩甚可愍　如何欲退還　而失大珎寶
尋時思方便　當設神通力　化作大城郭　莊嚴諸舍宅
周帀有園林　渠流及浴池　重門高樓閣　男女皆充滿
即作是化已　慰衆言勿懼　汝等入此城　各可隨所樂
諸人既入城　心皆大歡喜　皆生安隱想　自謂已得度
導師知息已　集衆而告言　汝等當前進　此是化城耳
我見汝疲極　中道欲退還　故以方便力　權化作此城
汝今勤精進　當共至寶所　我亦復如是　為一切導師
見諸求道者　中路而懈廢　不能度生死　煩惱諸險道
故以方便力　為息說涅槃　言汝等苦滅　所作皆已辦
既知到涅槃　皆得阿羅漢　尒乃集大衆　為說真實法
諸佛方便力　分別說三乘　唯有一佛乘　息處故說二
今為汝說實　汝等得非滅　為佛一切智　當發大精進
汝證一切智　十力等佛法　具三十二相　乃是真實滅
諸佛之導師　為息說涅槃　既知是息已　引入扵佛慧

妙法蓮華經卷第三

BD14434號　妙法蓮華經卷三　（25–24）

尋時思方便 當設神通力 化作大城郭 莊嚴諸舍宅
周匝有園林 渠流及浴池 重門高樓閣 男女皆充滿
即作是化已 慰衆言勿懼 汝等入此城 各可隨所樂
諸人既入城 心皆大歡喜 皆生安隱想 自謂已得度
導師知息已 集衆而告言 汝等當前進 此是化城耳
我見汝疲極 中道欲退還 故以方便力 權化作此城
汝今勤精進 當共至寶所 我亦復如是 為一切導師
見諸求道者 中路而懈廢 不能度生死 煩惱諸險道
故以方便力 為息說涅槃 言汝等苦滅 所作皆已辦
既知到涅槃 皆得阿羅漢 尒乃集大衆 為說真實法
諸佛方便力 分別說三乘 唯有一佛乘 息處故說二
今為汝說實 汝等得非滅 為佛一切智 當發大精進
汝證一切智 十力等佛法 具三十二相 乃是真實滅
諸佛之導師 為息說涅槃 既知是息已 引入於佛慧

妙法蓮華經卷第三

BD14434號　妙法蓮華經卷三　（25–25）

稱妙好 十
我獨經行時 見佛在大衆
自惟失此利 我為自欺誑 我常
欲以問世尊 為失為不失 我常
以是於日夜 籌量如此事 今
无漏難思議 令衆至道場 我本著邪見 為諸梵志師
世尊知我心 拔邪說涅槃 我悉除邪見 於空法得證
尒時心自謂 得至於滅度 而今乃自覺 非是實滅度
若得作佛時 具三十二相 天人夜叉衆 龍神等恭敬
是時乃可謂 永盡滅无餘 佛於大衆中 說我當作佛
聞如是法音 疑悔悉已除 初聞佛所說 心中大驚疑
將非魔作佛 惱亂我心耶 佛以種種緣 譬喻巧言說
其心安如海 我聞疑網斷 佛說過去世 无量滅度佛
安住方便中 亦皆說是法 現在未來佛 其數无有量
亦以諸方便 演說如是法 如今者世尊 從生及出家
得道轉法輪 亦以方便說 世尊說實道 波旬无此事
以是我定知 非是魔作佛 我墮疑網故 謂是魔所為

BD14435號　妙法蓮華經卷二　（27–1）

安住方便中　亦皆說是法　現在未來佛　其數无有量
亦以諸方便　演說如是法　如今者世尊　從生及出家
得道轉法輪　亦以方便說　世尊說實道　波旬无此事
以是我定知　非是魔作佛　我墮疑網故　謂是魔所為
聞佛柔軟音　深遠甚微妙　演暢清淨法　我心大歡喜
疑悔永已盡　安住實智中　我定當作佛　為天人所敬
轉无上法輪　教化諸菩薩
尒時佛告舍利弗吾今於天人沙門婆羅門
等大衆中說我昔曾於二万億佛所為无上
道故常教化汝汝亦長夜隨我受學我以方
便引導汝故生我法中舍利弗我昔教汝志
願佛道汝今悉忘而便自謂已得滅度我今
還欲令汝憶念本願所行道故為諸聲聞說
是大乘經名妙法蓮華教菩薩法佛所護念
舍利弗汝於未來世過无量无邊不可思議
劫供養若干千万億佛奉持正法具足菩薩
所行之道當得作佛号曰華光如來應供正
遍知明行足善逝世間解无上士調御丈夫
天人師佛世尊國名離垢其土平正清淨嚴
飾安隱豐樂天人熾盛琉璃為地有八交道
黃金為繩以界其側其傍各有七寶行樹常
有華菓華光如來亦以三乘教化衆生舍利
弗彼佛出時雖非惡世以本願故說三乘法
其劫名大寶莊嚴何故名曰大寶莊嚴其國
中以菩薩為大寶故彼諸菩薩无量无邊不
可思議筭數譬喻所不能及非佛智力无能

BD14435號　妙法蓮華經卷二　（27–2）

黃金為繩以界其側其傍各有七寶行樹常
有華菓華光如來亦以三乘教化衆生舍利
弗彼佛出時雖非惡世以本願故說三乘法
其劫名大寶莊嚴何故名曰大寶莊嚴其國
中以菩薩為大寶故彼諸菩薩无量无邊不
可思議筭數譬喻所不能及非佛智力无能
知者若欲行時寶華承足此諸菩薩非初發
意皆久殖德本於无量百千万億佛所淨脩
梵行恒為諸佛之所稱歎常脩佛慧具大神
通善知一切諸法之門質直无偽志念堅固
如是菩薩充滿其國舍利弗華光佛壽十二
小劫除為王子未作佛時其國人民壽八小
劫華光如來過十二小劫授堅滿菩薩阿耨
多羅三藐三菩提記告諸比丘是堅滿菩薩
次當作佛号曰華足安行多陁阿伽度阿羅
訶三藐三佛陁其佛國土亦復如是舍利弗
是華光佛滅度之後正法住世卅二小劫像
法住世亦卅二小劫尒時世尊欲重宣此義
而說偈言
舍利弗來世　成佛普智尊　号名曰華光　當度无量衆
供養无數佛　具足菩薩行　十力等功德　證於无上道
過无量劫已　劫名大寶嚴　世界名離垢　清淨无瑕穢
以瑠璃為地　金繩界其道　七寶雜色樹　常有華菓實
彼國諸菩薩　志念常堅固　神通波羅蜜　皆已悉具足
於无數佛所　善學菩薩道　如是等大士　華光佛所化
佛為王子時　棄國捨世榮　於最末後身　出家成佛道
華光佛住世　壽十二小劫　其國人民衆　壽命八小劫
佛滅度之後　正法住於世　三十二小劫　廣度諸衆生
正法滅盡已　像法三十二

BD14435號　妙法蓮華經卷二　（27–3）

於无數佛所　善學菩薩道　如是等大士　華光佛所化
佛為王子時　棄國捨世榮　於㝡末後身　出家成佛道
華光佛住世　壽十二小劫　其國人民眾　壽命八小劫
佛滅度之後　正法住於世　三十二小劫　廣度諸眾生
正法滅盡已　像法三十二
舍利廣流布　天人普供養　華光佛所為　其事皆如是
其兩足聖尊　㝡勝无倫匹　彼即是汝身　宜應自欣慶
尒時四部眾比丘比丘尼優婆塞優婆夷天
龍夜叉乾闥婆阿脩羅迦樓羅緊那羅摩睺
羅伽等大眾見舍利弗於佛前受阿耨多羅
三藐三菩提記心大歡喜踊躍无量各各脫
身所著上衣以供養佛釋提桓因梵天王等
與无數天子亦以天妙衣天曼陁羅華摩訶
曼陁羅華等供養於佛所散天衣住虛空中
而自迴轉諸天伎樂百千万種於虛空中一
時俱作雨眾天華而作是言佛昔於波羅㮈
初轉法輪今乃復轉无上㝡大法輪尒時諸
天子欲重宣此義而說偈言
昔於波羅㮈　轉四諦法輪　分別說諸法　五眾之生滅
今復轉㝡妙　无上大法輪　是法甚深奧　少有能信者
我等從昔來　數聞世尊說　未曾聞如是　深妙之上法
世尊說是法　我等皆隨喜　大智舍利弗　今得受尊記
我等亦如是　必當得作佛　於一切世間　㝡尊无有上
佛道叵思議　方便隨宜說
我所有福業　今世若過世　及見佛功德　盡迴向佛道
尒時舍利弗白佛言世尊我今无復疑悔親
於佛前得受阿耨多羅三藐三菩提記是諸
千二百心自在者昔住學地佛常教化言我

佛道叵思議　方便隨宜說
我所有福業　今世若過世　及見佛功德　盡迴向佛道
尒時舍利弗白佛言世尊我今无復疑悔親
於佛前得受阿耨多羅三藐三菩提記是諸
千二百心自在者昔住學地佛常教化言我
法能離生老病死究竟涅槃是學无學人
亦各自以離我見及有无見等謂得涅槃而今
於世尊前聞所未聞皆墮疑惑善哉世尊願
為四眾說其因緣令離疑悔尒時佛告舍利
弗我先不言諸佛世尊以種種因緣辟喻言
辭方便說法皆為阿耨多羅三藐三菩提耶
是諸所說皆為化菩薩故然舍利弗今當復
以辟喻更明此義諸有智者以辟喻得解舍
利弗若國邑聚落有大長者其年衰邁財富
无量多有田宅及諸僮僕其家廣大唯有一
門多諸人眾一百二百乃至五百人止住其
中堂閣朽故墻壁頹落柱根腐敗梁棟傾危
周迊俱時欻然火起焚燒舍宅長者諸子若
十廿或至卅在此宅中長者見是大火從四
面起即大驚怖而作是念我雖能於此所燒
之門安隱得出而諸子等於火宅內樂著嬉
戲不覺不知不驚不怖火來逼身苦痛切己
心不厭患无求出意舍利弗是長者作是思
惟我身手有力當以衣裓若以机案從舍出
之復更思惟是舍唯有一門而復狹小諸子
幼稚未有所識戀著戲處或當墮落為火所
燒我當為說怖畏之事此舍已燒宜時疾出
无令為火之所燒害作是念已如所思惟具

惟我身手有力當以衣裓若以机案從舍出
之復更思惟是舍唯有一門而復狹小諸子
幼稚未有所識戀著戲處或當墮落為火所
燒我當為說怖畏之事此舍已燒宜時疾出
无令為火之所燒害作是念已如所思惟具
告諸子汝等速出父雖憐愍善言誘喻而諸
子等樂著嬉戲不肯信受不驚不畏了无出
心亦復不知何者是火何者為舍云何為失
但東西走戲視父而已尒時長者即作是念
此舍已為大火所燒我及諸子若不時出必
為所焚我今當設方便令諸子等得免斯害
父知諸子先心各有所好種種珎玩奇異之
物情必樂著而告之言汝等所可玩好希有
難得汝若不取後必憂悔如此種種羊車鹿
車牛車今在門外可以遊戲汝等於此火宅宜
速出來隨汝所欲皆當與汝尒時諸子聞父
所說珎玩之物適其願故心各勇銳互相
推排競共馳走爭出火宅是時長者見諸子
等安隱得出皆於四衢道中露地而坐无復
鄣㝵其心泰然歡喜踊躍時諸子等各白父
言父先所許玩好之具羊車鹿車牛車願時
賜與舍利弗尒時長者各賜諸子等一大車
其車高廣衆寶莊校周匝欄楯四面懸鈴又
於其上張設幰蓋亦以珎奇雜寶而嚴飾之
寶繩絞絡垂諸華纓重敷綩綖安置丹枕駕
以白牛膚色充潔形體姝好有大筋力行步
平正其疾如風又多僕從而侍衛之所以者
何是大長者財富无量種種諸藏悉皆充滿

BD14435號　妙法蓮華經卷二　（27–6）

寶繩絞絡垂諸華纓重敷綩綖安置丹枕駕
以白牛膚色充潔形體姝好有大筋力行步
平正其疾如風又多僕從而侍衛之所以者
何是大長者財富无量種種諸藏悉皆充滿
而作是念我財物无極不應以下劣小車與
諸子等今此幼童皆是吾子愛无偏黨我有
如是七寶大車其數无量應當等心各各與
之不宜差別所以者何以我此物周給一國
猶尚不匱何況諸子是時諸子各乘大車得
未曾有非本所望舍利弗於汝意云何是長
者等與諸子珎寶大車寧有虛妄不舍利弗
言不也世尊是長者但令諸子得免火難全
其軀命非為虛妄何以故若全身命便為以
得玩好之具況復方便於彼火宅而拔濟之
世尊若是長者乃至不與最小一車猶不虛
妄何以故是長者先作是意我以方便令子
得出以是因緣无虛妄也何況長者自知財富
无量欲饒益諸子等與大車佛告舍利弗善
哉善哉如汝所言舍利弗如來亦復如是則
為一切世間之父於諸怖畏衰惱憂患无明
闇蔽永盡无餘而悉成就无量知見力无所
畏有大神力及智慧力具足方便智慧波羅
蜜大慈大悲常无懈惓恒求善事利益一切
而生三界朽故火宅為度衆生生老病死憂
悲苦惱愚癡闇蔽三毒之火教化令得阿耨
多羅三藐三菩提見諸衆生為生老病死憂
悲苦惱之所燒煮亦以五欲財利故受種種
苦又以貪著追求故現受衆苦後受地獄畜

BD14435號　妙法蓮華經卷二　（27–7）

蜜大慈大悲常无懈惓恒求善事利益一切
而生三界朽故火宅為度衆生生老病死憂
悲苦惱愚癡闇蔽三毒之火教化令得阿耨
多羅三藐三菩提見諸衆生為生老病死憂
悲苦惱之所燒煑亦以五欲財利故受種種
苦又以貪着追求故現受衆苦後受地獄畜
生餓鬼之苦若生天上及在人間貧窮困苦
愛別離苦怨憎會苦如是等種種諸苦衆生
没在其中歡喜遊戲不覺不知不驚不怖亦
不生猒不求解脫於此三界火宅東西馳走
雖遭大苦不以為患舍利弗佛見此已便作
是念我為衆生之父應拔其苦難與无量无
邊佛智慧樂令其遊戲舍利弗如來復作是
念若我但以神力及智慧力捨於方便為諸
衆生讃如來知見力无所畏者衆生不能以
是得度所以者何是諸衆生未免生老病死
憂悲苦惱而為三界火宅所燒何由能解佛
之智慧舍利弗如彼長者雖復身手有力而
不用之但以殷勤方便免濟諸子火宅之難
然後各與珎寶大車如來亦復如是雖有力
无所畏而不用之但以智慧方便於三界火
宅拔濟衆生為說三乘聲聞辟支佛佛乘
而作是言汝等莫得樂住三界火宅勿貪麁弊
色聲香味觸也若貪着生愛則為所燒汝速
出三界當得三乘聲聞辟支佛佛乘我今為
汝保任此事終不虛也汝等但當勤脩精進
如來以是方便誘進衆生復作是言汝等當
知此三乘法皆是聖所稱歎自在无繫无所

BD14435號　妙法蓮華經卷二　（27–8）

色聲香味觸也若貪着生愛則為所燒汝速
出三界當得三乘聲聞辟支佛佛乘我今為
汝保任此事終不虛也汝等但當勤脩精進
如來以是方便誘進衆生復作是言汝等當
知此三乘法皆是聖所稱歎自在无繫无所
依求乘是三乘以无漏根力覺道禪定解脫
三昧等而自娛樂便得无量安隱快樂舍利
弗若有衆生內有智性從佛世尊聞法信受
殷勤精進欲速出三界自求涅槃是名聲聞
乘如彼諸子為求羊車出於火宅若有衆生
從佛世尊聞法信受殷勤精進求自然慧樂
獨善寂深知諸法因緣是名辟支佛乘如彼
諸子為求鹿車出於火宅若有衆生從佛世
尊聞法信受勤脩精進求一切智佛智自然
智无師智如來知見力无所畏愍念安樂无
量衆生利益天人度脫一切是名大乘菩薩
求此乘故名為摩訶薩如彼諸子為求牛車
出於火宅舍利弗如彼長者見諸子等安隱
得出火宅到无畏處自惟財富无量等以大
車而賜諸子如來亦復如是為一切衆生之
父若見无量億千衆生以佛教門出三界苦
怖畏險道得涅槃樂如來尒時便作是念我
有无量无邊智慧力无畏等諸佛法藏是諸
衆生皆是我子等與大乘不令有人獨得滅
度皆以如來滅度而滅度之是諸衆生脫三
界者悉與諸佛禪定解脫等娛樂之具皆是
一相一種聖所稱歎能生淨妙第一之樂舍
利弗如彼長者初以三車誘引諸子然後但

BD14435號　妙法蓮華經卷二　（27–9）

衆生皆是我子等與大乘不令有人獨得滅
度皆以如来滅度而滅度之是諸衆生脫三
界者悉與諸佛禪定解脫等娛樂之具皆是
一相一種聖所稱歎能生淨妙第一之樂舍
利弗如彼長者初以三車誘引諸子然後但
與大車寶物莊嚴安隱第一然彼長者无虛
妄之咎如来亦復如是无有虛妄初說三乘
引導衆生然後但以大乘而度脫之何以故
如来有无量智慧力无所畏諸法之藏能與
一切衆生大乘之法但不盡能受舍利弗以
是因緣當知諸佛方便力故於一佛乘分別
說三佛欲重宣此義而說偈言
譬如長者　有一大宅　其宅久故　而復頓弊
堂舍高危　柱根摧朽　梁棟傾斜　基陛隤毀
牆壁圮坼　泥塗褫落　覆苫亂墜　椽梠差脫
周障屈曲　雜穢充遍　有五百人　止住其中
鴟梟鵰鷲　烏鵲鳩鴿　蚖蛇蝮蝎　蜈蚣蚰蜒
守宮百足　狖狸鼷鼠　諸惡虫輩　交橫馳走
屎尿臭處　不淨流溢　蜣蜋諸虫　而集其上
狐狼野干　咀嚼踐蹋　嚌齧死屍　骨肉狼藉
由是群狗　競来搏撮　飢羸慞惶　處處求食
鬪諍齟掣　啀喍嗥吠　其舍恐怖　變狀如是
處處皆有　魑魅魍魎　夜叉惡鬼　食噉人肉
毒虫之屬　諸惡禽獸　孚乳產生　各自藏護
夜叉競来　爭取食之　食之既飽　惡心轉熾
鬪諍之聲　甚可怖畏　鳩槃荼鬼　蹲踞土埵
或時離地　一尺二尺　往返遊行　縱逸嬉戲
捉狗兩足　撲令失聲　以脚加頸　怖狗自樂

BD14435號　妙法蓮華經卷二　（27–10）

處處皆有　魑魅魍魎　夜叉惡鬼　食噉人肉
毒虫之屬　諸惡禽獸　孚乳產生　各自藏護
夜叉競来　爭取食之　食之既飽　惡心轉熾
鬪諍之聲　甚可怖畏　鳩槃荼鬼　蹲踞土埵
或時離地　一尺二尺　往返遊行　縱逸嬉戲
捉狗兩足　撲令失聲　以脚加頸　怖狗自樂
復有諸鬼　其身長大　裸形黑瘦　常住其中
發大惡聲　叫呼求食　復有諸鬼　其咽如針
復有諸鬼　首如牛頭　或食人肉　或復噉狗
頭髮蓬亂　殘害兇險　飢渴所逼　叫喚馳走
夜叉餓鬼　諸惡鳥獸　飢急四向　窺看窗牖
如是諸難　恐畏无量　是朽故宅　屬于一人
其人近出　未久之間　於後宅舍　忽然火起
四面一時　其炎俱熾　棟梁椽柱　爆聲震裂
摧折墮落　牆壁崩倒　諸鬼神等　揚聲大叫
鵰鷲諸鳥　鳩槃荼等　周章惶怖　不能自出
惡獸毒虫　藏竄孔穴　毘舍闍鬼　亦住其中
薄福德故　為火所逼　共相殘害　飲血噉肉
野干之屬　並已前死　諸大惡獸　競来食噉
臭烟熢㶿　四面充塞　蜈蚣蚰蜒　毒蛇之類
為火所燒　爭走出穴　鳩槃荼鬼　隨取而食
又諸餓鬼　頭上火然　飢渴熱惱　周章悶走
其宅如是　甚可怖畏　毒害火災　衆難非一
是時宅主　在門外立　聞有人言　汝諸子等
先因遊戲　来入此宅　稚小无知　歡娛樂著
長者聞已　驚入火宅　方宜救濟　令无燒害
告喻諸子　說衆患難　惡鬼毒虫　災火蔓莚
衆苦次第　相續不絕　毒蛇蚖蝮　及諸夜叉

BD14435號　妙法蓮華經卷二　（27–11）

是時宅主 在門外立 聞有人言 汝諸子等
先因遊戲 來入此宅 稚小无知 歡娛樂著
長者聞已 驚入火宅 方宜救濟 令无燒害
告喻諸子 說衆患難 惡鬼毒虫 災火蔓莚
衆苦次第 相續不絕 毒蛇蚖蝮 及諸夜叉
鳩槃荼鬼 野干狐狗 鵰鷲鵄梟 百足之屬
飢渴惱急 甚可怖畏 此苦難處 況復大火
諸子无知 雖聞父誨 猶故貪著 嬉戲不已
是時長者 而作是念 諸子如此 益我愁惱
今此舍宅 无一可樂 而諸子等 耽湎嬉戲
不受我教 將為火害 即便思惟 設諸方便
告諸子等 我有種種 珍玩之具 妙寶好車
羊車鹿車 大牛之車 今在門外 汝等出來
吾為汝等 造作此車 隨意所樂 可以遊戲
諸子聞說 如是諸車 即時奔競 馳走而出
到於空地 離諸苦難 長者見子 得出火宅
住於四衢 坐師子座 而自慶言 我今快樂
此諸子等 生育甚難 愚小无知 而入險宅
多諸毒虫 魑魅可畏 大火猛炎 四面俱起
而此諸子 貪樂嬉戲 我以救之 令得脫難
是故諸人 我今快樂
尒時諸子 知父安坐 皆詣父所 而白父言
願賜我等 三種寶車 如前所許 諸子出來
當以三車 隨汝所欲 今正是時 唯垂給與
長者大富 庫藏衆多 金銀琉璃 車𤦲馬瑙
以衆寶物 造諸大車 莊校嚴飾 周迊蘭楯
四面懸鈴 金繩絞絡 真珠羅網 張施其上
金華諸瓔 處處垂下 衆綵雜飾 周迊圍繞

BD14435號　妙法蓮華經卷二　（27–12）

長者大富 庫藏衆多 金銀琉璃 車𤦲馬瑙
以衆寶物 造諸大車 莊校嚴飾 周迊蘭楯
四面懸鈴 金繩絞絡 真珠羅網 張施其上
金華諸瓔 處處垂下 衆綵雜飾 周迊圍繞
柔耎繒纊 以為茵蓐 上妙細疊 價直千億
鮮白淨潔 以覆其上 有大白牛 肥壯多力
形體姝好 以駕寶車 多諸儐從 而侍衛之
以是妙車 等賜諸子 諸子是時 歡喜踊躍
乘是寶車 遊於四方 嬉戲快樂 自在无㝵
告舍利弗 我亦如是 衆聖中尊 世間之父
一切衆生 皆是吾子 深著世樂 无有慧心
三界无安 猶如火宅 衆苦充滿 甚可怖畏
常有生老 病死憂患 如是等火 熾然不息
如來已離 三界火宅 寂然閑居 安處林野
今此三界 皆是我有 其中衆生 悉是吾子
而今此處 多諸患難 唯我一人 能為救護
雖復教詔 而不信受 於諸欲染 貪著深故
以是方便 為說三乘 令諸衆生 知三界苦
開示演說 出世間道 是諸子等 若心決定
具足三明 及六神通 有得緣覺 不退菩薩
汝舍利弗 我為衆生 以此譬喻 說一佛乘
汝等若能 信受是語 一切皆當 得成佛道
是乘微妙 清淨第一 於諸世間 為无有上
佛所悅可 一切衆生 所應稱讚 供養礼拜
无量億千 諸力解脫 禪定智慧 及佛餘法
得如是乘 令諸子等 日夜劫數 常得遊戲
與諸菩薩 及聲聞衆 乘此寶乘 直至道場
以是因緣 十方諦求 更无餘乘 除佛方便

BD14435號　妙法蓮華經卷二　（27–13）

佛所悅可 一切衆生 所應稱讚 供養礼拜
无量億千 諸力解脫 禪定智慧 及佛餘法
得如是乘 令諸子等 日夜劫數 常得遊戲
與諸菩薩 及聲聞衆 乘此寶乘 直至道場
以是因緣 十方諦求 更无餘乘 除佛方便
告舍利弗 汝諸人等 皆是吾子 我則是父
汝等累劫 衆苦所燒 我皆濟拔 令出三界
我雖先說 汝等滅度 但盡生死 而實不滅
今所應作 唯佛智慧
若有菩薩 於是衆中 能一心聽 諸佛實法
諸佛世尊 雖以方便 所化衆生 皆是菩薩
若人小智 深著愛欲 為此等故 說於苦諦
衆生心喜 得未曾有 佛說苦諦 真實无異
若有衆生 不知苦本 深著苦因 不能暫捨
為是等故 方便說道 諸苦所因 貪欲為本
若滅貪欲 无所依止 滅盡諸苦 名第三諦
為滅諦故 脩行於道 離諸苦縛 名得解脫
是人於何 而得解脫 但離虛妄 名為解脫
其實未得 一切解脫 佛說是人 未實滅度
斯人未得 无上道故 我意不欲 令至滅度
我為法王 於法自在 安隱衆生 故現於世
汝舍利弗 我此法印 為欲利益 世間故說
在所遊方 勿妄宣傳
若有聞者 隨喜頂受 當知是人 阿鞞跋致
若有信受 此經法者 是人已曾 見過去佛
恭敬供養 亦聞是法
若人有能 信汝所說 則為見我 亦見於汝
及比丘僧 并諸菩薩

BD14435號　妙法蓮華經卷二　（27–14）

若有信受 此經法者 是人已曾 見過去佛
恭敬供養 亦聞是法
若人有能 信汝所說 則為見我 亦見於汝
及比丘僧 并諸菩薩
斯法華經 為深智說 淺識聞之 迷惑不解
一切聲聞 及辟支佛 於此經中 力所不及
汝舍利弗 尚於此經 以信得入 況餘聲聞
其餘聲聞 信佛語故 隨順此經 非己智分
又舍利弗 憍慢懈怠 計我見者 莫說此經
凡夫淺識 深著五欲 聞不能解 亦勿為說
若人不信 毀謗此經 則斷一切 世間佛種
或復顰蹙 而懷疑惑 汝當聽說 此人罪報
若佛在世 若滅度後 其有誹謗 如斯經典
見有讀誦 書持經者 輕賤憎嫉 而懷結恨
此人罪報 汝今復聽 其人命終 入阿鼻獄
具足一劫 劫盡更生 如是展轉 至无數劫
從地獄出 當墮畜生 若狗野干 其形頗瘦
黧黮疥癩 人所觸嬈 又復為人 之所惡賤
常困飢渴 骨肉枯竭 生受楚毒 死被瓦石
斷佛種故 受斯罪報 若作駱駝 或生驢中
身常負重 加諸杖捶 但念水草 餘无所知
謗斯經故 獲罪如是 有作野干 來入聚落
身體疥癩 又无一目 為諸童子 之所打擲
受諸苦痛 或時致死 於此死已 更受蟒身
其形長大 五百由旬 聾騃无足 蜿轉腹行
為諸小虫 之所唼食 晝夜受苦 无有休息
謗斯經故 獲罪如是 若得為人 諸根闇鈍
座陋攣躄 盲聾背傴

BD14435號　妙法蓮華經卷二　（27–15）

為諸童子 之所打擲 受諸苦痛 或時致死
於此死已 更受蟒身 其形長大 五百由旬
聾騃无足 蜿轉腹行 為諸小虫 之所唼食
晝夜受苦 无有休息 謗斯經故 獲罪如是
若得為人 諸根闇鈍 座陋攣躄 盲聾背傴
有所言說 人不信受 口氣常臭 鬼魅所著
貧窮下賤 為人所使 多病痟瘦 无所依怙
雖親附人 人不在意 若有所得 尋復忘失
若脩醫道 順方治病 更增他疾 或復致死
若自有病 无人救療 設服良藥 而復增劇
若他反逆 抄劫竊盜 如是等罪 横罹其殃
如斯罪人 永不見佛 衆聖中王 說法教化
如斯罪人 常生難處 狂聾心乱 永不聞法
於无數劫 如恒河沙 生輙聾瘂 諸根不具
常處地獄 如遊園觀 在餘惡道 如己舍宅
駝驢猪狗 是其行處 謗斯經故 獲罪如是
若得為人 聾盲瘖瘂 貧窮諸衰 以自莊嚴
水腫乾消 疥癩癰疽 如是等病 以為衣服
身常臭處 垢穢不淨 深著我見 增益瞋恚
婬欲熾盛 不擇禽獸 謗斯經故 獲罪如是
告舍利弗 謗斯經者 若說其罪 窮劫不盡
以是因緣 我故語汝 无智人中 莫說此經
若有利根 智慧明了 多聞強識 求佛道者
如是之人 乃可為說 若人曾見 億百千佛
殖諸善本 深心堅固 如是之人 乃可為說
若人精進 常脩慈心 不惜身命 乃可為說
若人恭敬 无有異心 離諸凡愚 獨處山澤
如是之人 乃為為說 又舍利弗 若見有人

BD14435號 妙法蓮華經卷二 （27–16）

如是之人 乃可為說 若人曾見 億百千佛
殖諸善本 深心堅固 如是之人 乃可為說
若人精進 常脩慈心 不惜身命 乃可為說
若人恭敬 无有異心 離諸凡愚 獨處山澤
如是之人 乃為為說 又舍利弗 若見有人
捨惡知識 親近善友 如是之人 乃可為說
若見佛子 持戒清潔 如淨明珠 求大乘經
如是之人 乃可為說 若人无瞋 質直柔耎
常愍一切 恭敬諸佛 如是之人 乃可為說
復有佛子 於大衆中 以清淨心 種種因緣
譬喻言辭 說法无导 如是之人 乃可為說
若有比丘 為一切智 四方求法 合掌頂受
但樂受持 大乘經典 乃至不受 餘經一偈
如是之人 乃可為說 如人至心 求佛舍利
如是求經 得已頂受 其人不復 志求餘經
亦未曾念 外道典籍 如是之人 乃可為說
告舍利弗 我說是相 求佛道者 窮劫不盡
如是等人 則能信解 汝當為說 妙法華經

妙法蓮華經信解品第四

尒時慧命須菩提摩訶迦栴延摩訶迦葉
摩訶目揵連從佛所聞未曾有法世尊授舍利
弗阿耨多羅三藐三菩提記發希有心歡喜
踊躍即從坐起整衣服偏袒右肩右膝著地
一心合掌曲躬恭敬瞻仰尊顏而白佛言我
等居僧之首年並朽邁自謂已得涅槃无所
堪任不復進求阿耨多羅三藐三菩提世尊
往昔說法既久我時在坐身體疲懈但念空
无相无作於菩薩法遊戲神通淨佛國土成

BD14435號 妙法蓮華經卷二 （27–17）

一心合掌曲躬恭敬瞻仰尊顏而白佛言我
等居僧之首年並朽邁自謂已得涅槃无所
堪任不復進求阿耨多羅三藐三菩提世尊
往昔說法既久我時在坐身體疲懈但念空
无相无作扵菩薩法遊戲神通淨佛國土成
就衆生心不喜樂所以者何世尊令我等出
扵三界得涅槃證又今我等年已朽邁扵佛
教化菩薩阿耨多羅三藐三菩提不生一念
好樂之心我等今扵佛前聞授聲聞阿耨多
羅三藐三菩提記心甚歡喜得未曾有不謂
扵今忽然得聞希有之法深自慶幸獲大善
利无量珎寶不求自得世尊我等今者樂說
譬喻以明斯義譬如有人年既幼稚捨父逃
逝久住他國或十廿至五十歲年既長大加
復窮困馳騁四方以求衣食漸漸遊行遇向
本國其父先來求子不得中止一城其家大
富財寶无量金銀瑠璃珊瑚虎珀頗梨珠等其
諸倉庫悉皆盈溢多有僮僕臣佐吏民象馬
車乘牛羊无數出入息利乃遍他國商估賈
客亦甚衆多時貧窮子遊諸聚落經歷國邑
遂到其父所止之城父每念子與子離別五
十餘年而未曾向人說如此事但自思惟心
懷悔恨自念老朽多有財物金銀珎寶倉庫
盈溢无有子息一旦終沒財物散失无所委
付是以殷勤每憶其子復作是念我若得子
委付財物坦然快樂无復憂慮世尊尒時窮
子傭賃展轉遇到父舍住立門側遙見其父
踞師子牀寶机承足諸婆羅門剎利居士皆

BD14435號　妙法蓮華經卷二

（27–18）

盈溢无有子息一旦終沒財物散失无所委
付是以殷勤每憶其子復作是念我若得子
委付財物坦然快樂无復憂慮世尊尒時窮
子傭賃展轉遇到父舍住立門側遙見其父
踞師子牀寶机承足諸婆羅門剎利居士皆
恭敬圍繞以真珠瓔珞價直千万莊嚴其身
吏民僮僕手執白拂侍立左右覆以寶帳垂
諸華幡香水灑地散衆名華羅列寶物出內
取與有如是等種種嚴飾威德特尊窮子見
父有大力勢即懷恐怖悔來至此竊作是念
此或是王或是王等非我傭力得物之處不
如往至貧里肆力有地衣食易得若久住此
或見逼迫强使我作作是念已疾走而去時
富長者扵師子坐見子便識心大歡喜即作
是念我財物庫藏今有所付我常思念此子
无由見之而忽自來甚適我願我雖年朽猶
故貪惜即遣傍人急追將還尒時使者疾走
往捉窮子驚愕稱怨大喚我不相犯何為見
捉使者執之愈急强牽將還于時窮子自念
无罪而被囚執此必定死轉更惶怖悶絕躃
地父遙見之而語使言不須此人勿强將來
以冷水灑面令得醒悟莫復與語所以者何
父知其子志意下劣自知豪貴為子所難審
知是子而以方便不語他人云是我子使者
語之我今放汝隨意所趣窮子歡喜得未曾
有從地而起往至貧里以求衣食尒時長者
將欲誘引其子而設方便密遣二人形色憔
悴无威德者汝可詣彼徐語窮子此有作處

BD14435號　妙法蓮華經卷二

（27–19）

父知其子志意下劣自知豪貴為子所難審
知是子而以方便不語他人云是我子使者
語之我今放汝隨意所趣窮子歡喜得未曾
有從地而起往至貧里以求衣食尒時長者
將欲誘引其子而設方便密遣二人形色憔
悴无威德者汝可詣彼徐語窮子此有作處
倍與汝直窮子若許將來使作若言欲何所
作便可語之雇汝除糞我等二人亦共汝作
時二使人即求窮子既已得之具陳上事尒
時窮子先取其價尋與除糞其父見子愍而
怪之又以他日於窓牖中遥見子身羸瘦憔
悴糞土塵坌汙穢不淨即脫瓔珞細耎上服
嚴餝之具更著麁弊垢膩之衣塵土坌身右
手執持除糞之器狀有所畏語諸作人汝等
勤作勿得懈息以方便故得近其子後復告
言咄男子汝常此作勿復餘去當加汝價諸
有所須瓫器米麵塩酢之屬莫自疑難亦有
老弊使人須者相給好自安意我如汝父勿
復憂慮所以者何我年老大而汝少壯汝常
作時无有欺怠瞋恨怨言都不見汝有此諸
惡如餘作人自今以後如所生子即時長者
更與作字名之為兒尒時窮子雖欣此遇猶
故自謂客作賤人由是之故於廿年中常令
除糞過是以後心相體信入出无難然其所
止猶在本處世尊尒時長者有疾自知將死
不久語窮子言我今多有金銀珎寶倉庫盈
溢其中多少所應取與汝悉知之我心如是
當體此意所以者何今我與汝便為不異宜

BD14435號　妙法蓮華經卷二　（27–20）

除糞過是以後心相體信入出无難然其所
止猶在本處世尊尒時長者有疾自知將死
不久語窮子言我今多有金銀珎寶倉庫盈
溢其中多少所應取與汝悉知之我心如是
當體此意所以者何今我與汝便為不異宜
加用心无令漏失尒時窮子即受教勑領知
衆物金銀珎寶及諸庫藏而无悕取一飡之
意然其所止故在本處下劣之心亦未能捨
復經少時父知子意漸已通泰成就大志自
鄙先心臨欲終時而命其子并會親族國王
大臣剎利居士皆悉已集即自宣言諸君當
知此是我子我之所生於某城中捨吾逃走
跉跰辛苦五十餘年其本字某我名某甲昔
在本城懷憂推覓忽於是間遇會得之此實
我子我實其父今吾所有一切財物皆是子
有先所出內是子所知世尊是時窮子聞父
此言即大歡喜得未曾有而作是念我本无
心有所希求今此寶藏自然而至世尊大富
長者則是如來我等皆似佛子如來常說我
等為子世尊我等以三苦故於生死中受諸
熱惱迷惑无知樂著小法今日世尊令我等
思惟蠲除諸法戲論之糞我等於中勤加精
進得至涅槃一日之價既得此已心大歡喜
自以為足便自謂於佛法中勤精進故所得
弘多然世尊先知我等心著弊欲樂於小法
便見縱捨不為分別汝等當有如來知見寶
藏之分世尊以方便力說如來智慧我等從
佛得涅槃一日之價以為大得於此大乘无

BD14435號　妙法蓮華經卷二　（27–21）

自以為足便自謂於佛法中勤精進故所得
弘多然世尊先知我等心著弊欲樂於小法
便見縱捨不為分別汝等當有如來知見寶
藏之分世尊以方便力說如來智慧我等從
佛得涅槃一日之價以為大得於此大乘无
有志求我等又因如來智慧為諸菩薩開示
演說而自於此无有志願所以者何佛知我
等心樂小法以方便力隨我等說而我等不
知真是佛子今我等方知世尊於佛智慧无
所悋惜所以者何我等昔來真是佛子而但
樂小法若我等有樂大之心佛則為我說大
乘法於此經中唯說一乘而昔於菩薩前毀
呰聲聞樂小法者然佛實以大乘教化是故
我等說本无心有所悕求今法王大寶自然
而至如佛子等所應得者皆以得之尒時摩
訶迦葉欲重宣此義而說偈言
我等今日　聞佛音教　歡喜踴躍　得未曾有
佛說聲聞　當得作佛　无上寶聚　不求自得
譬如童子　幼稚无識　捨父逃逝　遠到他土
周流諸國　五十餘年　其父憂念　四方推求
求之既疲　頓止一城　造立舍宅　五欲自娛
其家巨富　多諸金銀　車璖馬瑙　真珠瑠璃
象馬牛羊　輦輿車乘　田業僮僕　人民衆多
出入息利　乃遍他國　商估賈人　无處不有
千万億衆　圍遶恭敬　常為王者　之所愛念
群臣豪族　皆共宗重　以諸緣故　往來者衆
豪富如是　有大力勢　而年朽邁　益憂念子
夙夜惟念　死時將至　癡子捨我　五十餘年

BD14435號　妙法蓮華經卷二　（27–22）

出入息利　乃遍他國　商估賈人　无處不有
千万億衆　圍遶恭敬　常為王者　之所愛念
群臣豪族　皆共宗重　以諸緣故　往來者衆
豪富如是　有大力勢　而年朽邁　益憂念子
夙夜惟念　死時將至　癡子捨我　五十餘年
庫藏諸物　當如之何
尒時窮子　求索衣食　從邑至邑　從國至國
或有所得　或无所得　飢餓羸瘦　體生瘡癬
漸次經歷　到父住城　傭賃展轉　遂至父舍
尒時長者　於其門內　施大寶帳　處師子坐
眷屬圍遶　諸人侍衛
或有計筭　金銀寶物　出內財產　注記券疏
窮子見父　豪貴尊嚴　謂是國王　若是王等
驚怖自怪　何故至此
覆自念言　我若久住　或見逼迫　強驅使作
思惟是已　馳走而去　借問貧里　欲往傭作
長者是時　在師子坐　遙見其子　默而識之
即勅使者　追捉將來　窮子驚喚　迷悶躃地
是人執我　必當見殺　何用衣食　使我至此
長者知子　愚癡狹劣　不信我言　不信是父
即以方便　更遣餘人　眇目矬陋　无威德者
汝可語之　云當相雇　除諸糞穢　倍與汝價
窮子聞之　歡喜隨來　為除糞穢　淨諸房舍
長者於牖　常見其子　念子愚劣　樂為鄙事
於是長者　著弊垢衣　執除糞器　往到子所
方便附近　語令勤作　既益汝價　并塗足油
飲食充足　薦席厚煖
如是苦言　汝當勤作　又以耎語　若如我子
長者有智　漸令入出　經二十年　執作家事

BD14435號　妙法蓮華經卷二　（27–23）

長者於牖　常見其子　念子愚劣　樂爲鄙事
於是長者　著弊垢衣　執除糞器　往到子所
方便附近　語令勤作　既益汝價　并塗足油
飲食充足　薦席厚煖
如是苦言　汝當勤作　又以耎語　若如我子
長者有智　漸令入出　經二十年　執作家事
示其金銀　真珠頗梨　諸物出入　皆使令知
猶處門外　止宿草菴　自念貧事　我无此物
父知子心　漸已廣大　欲與財物　即聚親族
國王大臣　刹利居士　於此大衆　說是我子
捨我他行　經五十歲　自見子來　已二十年
昔於某城　而失是子　周行求索　遂來至此
凡我所有　舍宅人民　悉以付之　恣其所用
子念昔貧　志意下劣　今於父所　大獲珍寶
并及舍宅　一切財物　甚大歡喜　得未曾有
佛亦如是　知我樂小　未曾說言　汝等作佛
而說我等　得諸无漏　成就小乘　聲聞弟子
佛勅我等　說最上道　脩習此者　當得成佛
我承佛教　爲大菩薩　以諸因緣　種種譬喻
若干言辭　說无上道　諸佛子等　從我聞法
日夜思惟　精勤脩習　是時諸佛　即授其記
汝於來世　當得作佛　一切諸佛　祕藏之法
但爲菩薩　演其實事　而不爲我　說斯真要
如彼窮子　得近其父　雖知諸物　心不悕取
我等雖說　佛法寶藏　自无志願　亦復如是
我等內滅　自謂爲足　唯了此事　更无餘事
我等若聞　淨佛國土　教化衆生　都无欣樂
所以者何　一切諸法　皆悉空寂　无生无滅

BD14435號　妙法蓮華經卷二　（27–24）

但爲菩薩　演其實事　而不爲我　說斯真要
如彼窮子　得近其父　雖知諸物　心不悕取
我等雖說　佛法寶藏　自无志願　亦復如是
我等內滅　自謂爲足　唯了此事　更无餘事
我等若聞　淨佛國土　教化衆生　都无欣樂
所以者何　一切諸法　皆悉空寂　无生无滅
无大无小　无漏无爲　如是思惟　不生喜樂
我等長夜　於佛智慧　无貪无著　无復志願
而自於法　謂是究竟　我等長夜　脩習空法
得脫三界　苦惱之患　住最後身　有餘涅槃
佛所教化　得道不虛　則爲已得　報佛之恩
我等雖爲　諸佛子等　說菩薩法　以求佛道
而於是法　永无願樂
導師見捨　觀我心故　初不勸進　說有實利
如富長者　知子志劣　以方便力　柔伏其心
然後乃付　一切財寶　佛亦如是　現希有事
知樂小者　以方便力　調伏其心　乃教大智
我等今日　得未曾有　非先所望　而今自得
如彼窮子　得无量寶
世尊我今　得道得果　於无漏法　得清淨眼
我等長夜　持佛淨戒　始於今日　得其果報
法王法中　久脩梵行　今得无漏　无上大果
我等今者　真是聲聞　以佛道聲　令一切聞
我等今者　真阿羅漢　於諸世間　天人魔梵
普於其中　應受供養
世尊大恩　以希有事　憐愍教化　利益我等
无量億劫　誰能報者
手足供給　頭頂禮敬　一切供養　皆不能報

BD14435號　妙法蓮華經卷二　（27–25）

我等今者　真是聲聞　以佛道聲　令一切聞
我等今者　真阿羅漢　於諸世間　天人魔梵
普於其中　應受供養
世尊大恩　以希有事　憐愍教化　利益我等
无量億劫　誰能報者
手足供給　頭頂礼敬　一切供養　皆不能報
若以頂戴　兩肩荷負　於恒沙劫　盡心恭敬
又以美膳　无量寶衣　及諸卧具　種種湯藥
牛頭栴檀　及諸珎寶　以起塔廟　寶衣布地
如斯等事　以用供養　於恒沙劫　亦不能報
諸佛希有　无量无邊　不可思議　大神通力
无漏无為　諸法之王　能為下劣　忍于斯事
取相凡夫　随宜而說　諸佛於法　得冣自在
知諸衆生　種種欲樂　及其志力　随所堪任
以无量喻　而為說法
随諸衆生　宿世善根　又知成熟　未成熟者
種種籌量　分別知已　於一乘道　随宜說三

妙法蓮華經卷第二

BD14435號　妙法蓮華經卷二　（27–26）

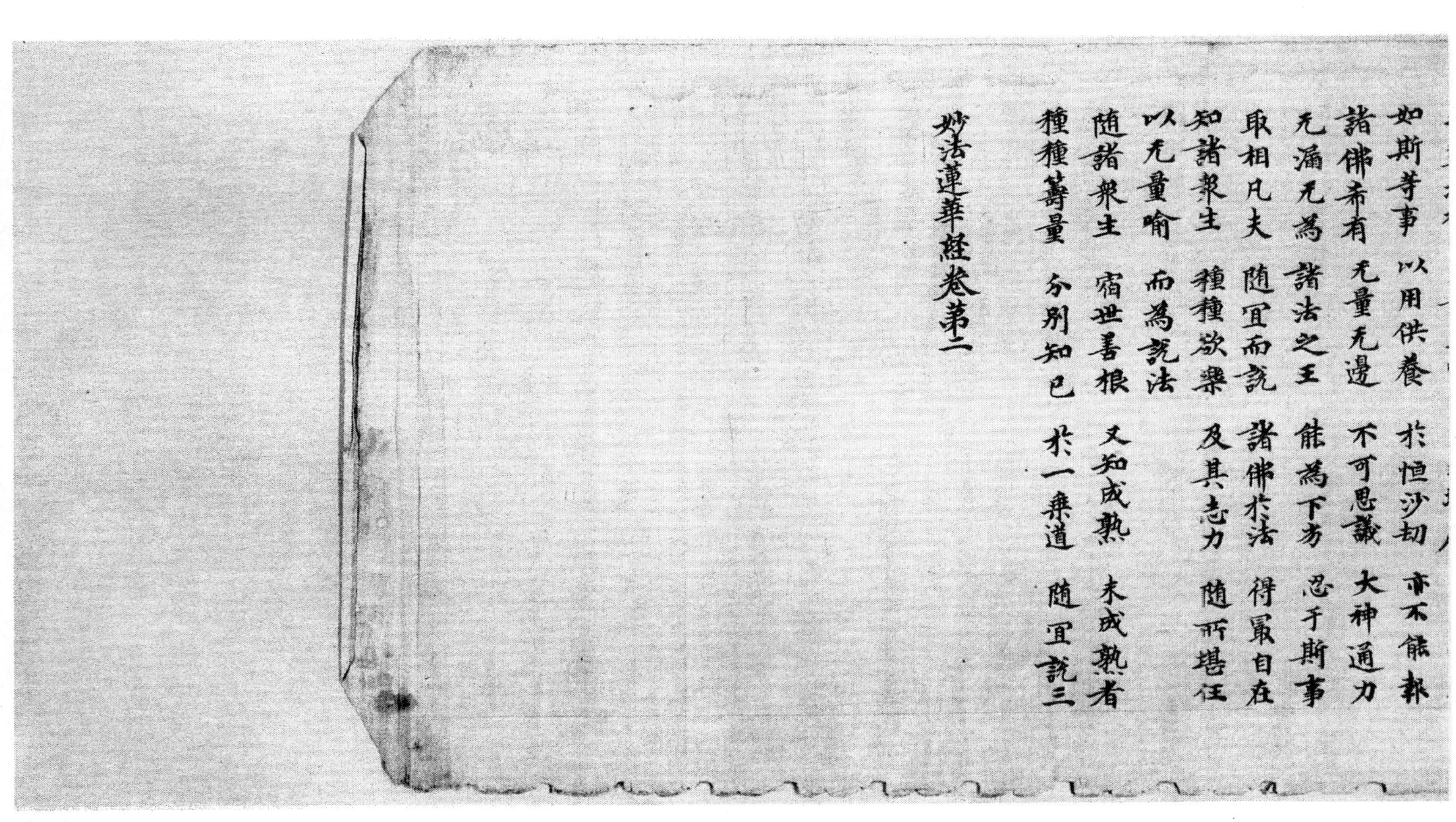
如斯等事　以用供養　於恒沙劫　亦不能報
諸佛希有　无量无邊　不可思議　大神通力
无漏无為　諸法之王　能為下劣　忍于斯事
取相凡夫　随宜而說　諸佛於法　得冣自在
知諸衆生　種種欲樂　及其志力　随所堪任
以无量喻　而為說法
随諸衆生　宿世善根　又知成熟　未成熟者
種種籌量　分別知已　於一乘道　随宜說三

妙法蓮華經卷第二

BD14435號　妙法蓮華經卷二　（27–27）

善男子譬如有
渴乏遇井其井極深雖不見水
當知必有是人方便求覓灌綆汲取則見佛
性亦尒一切衆生雖復有之要須脩集无漏
聖道然後得見善男子如有胡麻則得見油
離諸方便則不得見甘蔗亦尒善男子如三
十三天北欝單曰雖是有法若无善業神通
道力則不能見地中草根及地下水以地覆
故衆生不見佛性亦尒不脩聖道故不得見善
男子如汝所說世有病人若遇瞻病良醫好
藥隨病飲食及以不遇悉得差者善男子我
為六住諸菩薩等說如是義善男子譬如虛
空於諸衆生非内非外非内外故亦无罣㝵衆
生佛性亦復如是善男子譬如有人財在異、
方雖不現前隨意受用有人問之則言我許

空於諸衆生非内非外非内外故亦无罣㝵衆
生佛性亦復如是善男子譬如有人財在異、
方雖不現前隨意受用有人問之則言我許
何以故以定有故衆生佛性亦復如是非此非
彼以定得故言一切有善男子譬如衆
生造作諸業若善若惡非内非外如是業性
非有非无亦復非是本无今有非无因生非
此作此受此作彼受彼作彼受无作无受時、
節和合而得果報衆生佛性亦復如是亦復
非是本无今有非内非外非有非无非此非彼
非餘處來非无因緣亦非一切衆生不見有
諸菩薩時節因緣和合得見時節者所謂
十住菩薩摩訶薩脩八聖道於諸衆生得平
等心尒時得見不名為作善男子汝言如慈
石者是義不然何以故石不吸鐵所以者何
无心業故善男子異法有法異法出生異法无
故異法滅壞无有作者无有壞者善男子
猶如猛火不能焚薪火出薪壞名為焚薪善
男子譬如葵藿隨日而轉而是葵藿亦无敬心
无識无業異法性故而自迴轉善男子如芭蕉
樹因雷增長是樹无耳无心意識異法有故
異法增長異法无故異法滅壞善男子如阿
尌迦樹女人摩鼻華為之出是樹无心亦无

[illegible]
无識无業異法性故而自迴轉善男子如芭蕉
樹因雷增長是樹无耳无心意識異法有故
異法增長異法无故異法滅壞善男子如阿
叔迦樹女人摩觸華為之出是樹无心亦无
覺觸異法有故異法出生異法无故異法滅
壞善男子如橘得屍菓則滋多而橘樹无心
无觸異法有故異法滋多異法无故異法滅
壞善男子如安石留塼骨糞故菓實繁茂
安石留樹亦无心觸異法有故異法出生異、
法无故異法滅壞善男子慈石吸鐵亦復如
是異法有故異法出生異法无故異法滅壞
衆生佛性亦復如是不能吸得阿耨多羅三
藐三菩提善男子无明不能吸取諸行行亦
不能吸取識也亦得名為无明緣行行緣於
識有佛无佛法界常住善男子若言佛性住
衆生中者善男子常法无住若有住處即是
无常善男子如十二因緣无定住處若有住
處十二因緣不得名常如來法身亦无住處
法界法入法陰虛空悉无住處佛性亦尒都
无住處善男子譬如四大力雖均等有堅有熱
有濕有動有輕有重有赤有白有黃有黑而
是四大亦无有業異法界故各不相似佛性
亦尒異法界故時至則見

有濕有動有輕有重有赤有白有黃有黑而
是四大亦无有業異法界故各不相似佛性
亦尒異法界故時至則見
善男子一切衆生不退佛性故名之為有阿
毗䟦致故以當有故決定得故定當見故是故
名為一切衆生悉有佛性善男子譬如有
王告一大臣汝牽一象以示盲者尒時大臣
受王勑已多集衆盲以象示之時彼衆盲各
以手觸大臣即還而白王言臣已示竟尒時
大王即喚衆盲各各問言汝見象耶衆盲各
言我已得見王言象為何類其觸牙者即言
象形如羅菔根其觸耳者言象如箕其觸頭
者言象如石其觸鼻者言象如杵其觸脚者
言象如木臼其觸脊者言象如床其觸腹者
言象如甕其觸尾者言象如繩善男子如彼
衆盲不說象體亦非不說若是衆相悉非象
者離是之外更无別象善男子王喻如來正
遍知也臣喻方等大涅槃經象喻佛性盲喻
一切无明衆生是諸衆生聞佛說已或作是
言色是佛性何以故是色雖滅次第相續是故
者名為如來大喜大捨名為佛性何以故菩
薩摩訶薩若不能捨廿五有則不能得阿、
耨多羅三藐三菩提以諸衆生畢當得故是
[illegible]

一切无明眾生是諸眾生聞佛說已或作是
言色是佛性何以故是色雖滅次第相續是故
者名為如来大喜大捨名為佛性何以故菩
薩摩訶薩若不能捨廿五有則不能得阿
耨多羅三藐三菩提以諸眾生畢當得故是
故說言一切眾生悉有佛性大喜大捨者即
是佛性佛性者即是如来佛性者名大信心
何以故以信心故菩薩摩訶薩則能具足檀波
羅蜜乃至般若波羅蜜一切眾生畢定當
得大信心故是故說言一切眾生悉有佛性
大信心者即是佛性佛性者即是如来佛性
者名一子地何以故一子地因緣故菩薩則
於一切眾生得平等心一切眾生畢定當
得一子地故是故說言一切眾生悉有佛性
一子地者即是佛性佛性者即是如来佛性
者名第四力何以故以第四力因緣故菩薩
則能教化眾生一切眾生畢定當得第四力
故是故說言一切眾生悉有佛性第四力
者即是佛性佛性者即是如来佛性名十二
因緣何以故以因緣故如来常住一切眾生
定有如是十二因緣是故說言一切眾生悉
有佛性十二因緣即是佛性佛性者即是
如来性者名四无礙智以四无礙因緣故說

BD14436號　大般涅槃經（北本　宮本）卷三二　（8-5）

者即是佛性佛性者即是如来佛性名十二
因緣何以故以因緣故如来常住一切眾生
定有如是十二因緣是故說言一切眾生悉
有佛性十二因緣即是佛性佛性者即是
如来性者名四无礙智以四无礙因緣故說
字義无礙字義无礙故能化眾生四无礙者
即是佛性佛性者即是如来佛性者名頂三
昧以脩如是頂三昧故則能摠攝一切佛法
是故說言頂三昧者名為佛性十住菩薩脩
是三昧未得具足雖見佛性而不明了一切
眾生畢定得故是故說言一切眾生悉有佛
性善男子如上所說種種諸法一切眾生定
當得故是故說言一切眾生悉有佛性善男
子我若說色是佛性者眾生聞已則生耶倒
以耶倒故命終則生阿鼻地獄如来說法為
斷地獄是故不說色是佛性乃至說識亦復
如是善男子若諸眾生了佛性者則不脩道
十住菩薩脩八聖道少見佛性況不脩者而
得見耶善男子如文殊師利諸菩薩等以无
量世脩集聖道了知佛性云何聲聞辟支佛
等能知佛性若諸眾生欲得了了知佛性者
應當一心受持讀誦書寫解說供養恭敬尊
重讚歎是涅槃經見有受持乃至讚歎如
是經者應當以好房舍衣服飲食卧具病瘦

BD14436號　大般涅槃經（北本　宮本）卷三二　（8-6）

量世脩集聖道了知佛性云何聲聞辟支佛
等能知佛性若諸衆生欲得了了知佛性者
應當一心受持讀誦書寫解說供養恭敬尊
重讚歎是涅槃經見有受持乃至讚歎如
是經者應當以好房舍衣服飲食卧具病瘦
醫藥而供給之兼復讚歎礼拜問訊善男子
若有已於過去无量无邊世中親覲供養无
量諸佛深種善根然後乃得聞是經名善男
子佛性不可思議佛法僧寶亦不可思議一
切衆生悉有佛性而不能知是亦不可思議
如來常樂我淨之法亦不可思議一切衆生
能信如是大涅槃經亦不可思議師子吼菩
薩言世尊如佛所說一切衆生能信如是大
涅槃經不可思議者世尊是大衆中有八万
五千億人於是經中不生信心是故有能信
是經者名不可思議善男子如是諸人於未
來世亦當定得信是經典見於佛性得阿耨
多羅三藐三菩提

大般涅槃經卷第三十二

BD14436號　大般涅槃經（北本　宮本）卷三二　（8–7）

切衆生悉有佛性而不能知是亦不可思議
如來常樂我淨之法亦不可思議一切衆生
能信如是大涅槃經亦不可思議師子吼菩
薩言世尊如佛所說一切衆生能信如是大
涅槃經不可思議者世尊是大衆中有八万
五千億人於是經中不生信心是故有能信
是經者名不可思議善男子如是諸人於未
來世亦當定得信是經典見於佛性得阿耨
多羅三藐三菩提

大般涅槃經卷第三十二

BD14436號　大般涅槃經（北本　宮本）卷三二　（8–8）

稱之　見十方佛
諸佛身金色　百福相莊嚴　聞法为人説
又夢作國王　捨宮殿眷屬　及上妙五欲　行詣於道場
在菩提樹下　而處師子座　求道過七日　得諸佛之智
……　起而轉法輪　為四衆説法　經千万億劫
……　度无量衆生　後當入涅槃　如烟盡燈滅
……中　説是第一法　是人得大利　如上諸功德

妙法蓮華經從地踊出品第十五

介時他方國土諸來菩薩摩訶薩過八恒河
沙數於大衆中起合掌作礼而白佛言世尊
若聽我等於佛滅後在此娑婆世界勤加精
進護持讀誦書寫供養是經典者當於此土
而廣説之介時佛告諸菩薩摩訶薩衆止善
男子不須汝等護持此經所以者何我娑婆
世界自有六万恒河沙等菩薩摩訶薩一一
菩薩各有六万恒河沙眷屬是諸人等能於
我滅後護持讀誦廣説此經佛説是時娑婆
世界三千大千國土地皆震裂而於其中有
无量千万億菩薩摩訶薩同時踊出是諸菩

男子不須汝等護持此經所以者何我娑婆
世界自有六万恒河沙等菩薩摩訶薩一一
菩薩各有六万恒河沙眷屬是諸人等能於
我滅後護持讀誦廣説此經佛説是時娑婆
世界三千大千國土地皆震裂而於其中有
无量千万億菩薩摩訶薩同時踊出是諸菩
薩身皆金色三十二相无量光明先盡在此
娑婆世界之下此界虛空中住是諸菩薩聞
釋迦牟尼佛所説音聲從下發來一一菩薩
皆是大衆唱導之首各將六万恒河沙眷屬
况將五万四万三万二万一万恒河沙等眷
屬者况復乃至一恒河沙半恒河沙四分之
一乃至千万億那由他分之一况復千万億
那由他眷屬况復億万眷屬况復千万百万
乃至一万况復一千一百乃至一十况復將
五四三二一弟子者况復單己樂遠離行如
是等比无量无邊筭數譬喻所不能知是諸
菩薩從地出已各詣虛空七寶妙塔多寶如
來釋迦牟尼佛所到已向二世尊頭面礼足
及至諸寶樹下師子座上佛所亦皆作礼右
繞三帀合掌恭敬以諸菩薩種種讚法而以
讚歎住在一面欣樂瞻仰於二世尊是諸菩
薩摩訶薩從初踊出以諸菩薩種種讚法而
讚於佛如是時間經五十小劫是時釋迦牟
尼佛嘿然而坐及諸四衆亦皆嘿然五十小
劫佛神力故令諸大衆謂如半日介時四衆
亦以佛神力故見諸菩薩遍滿无量百千万
億國土虛空是菩薩衆中有四導師一名上
行二名无邊行三名淨行四名安立行是四
菩薩於其衆中冣為上首唱導之師在大衆

劫佛神力故令諸大衆謂如半日尒時四衆
亦以佛神力故見諸菩薩遍滿无量百千万
億國土虚空是菩薩衆中有四導師一名上
行二名无邊行三名淨行四名安立行是四
菩薩於其衆中㝡為上首唱導之師在大衆
前各共合掌觀釋迦牟尼佛而問訊言世尊
少病少惱安樂行不所應度者受教易不不
令世尊生疲勞耶尒時四大菩薩而說偈言
世尊安樂 少病少惱 教化衆生 得无疲惓
又諸衆生 受化易不 不令世尊 生疲勞耶
尒時世尊於菩薩大衆中而作是言如是如
是諸善男子如來安樂少病少惱諸衆生等
易可化度无有疲勞所以者何是諸衆生世
世已來常受我化亦於過去諸佛供養尊重
種諸善根此諸衆生始見我身聞我所說即
皆信受入如來慧除先修習學小乘者如是
之人我今亦令得聞是經入於佛慧尒時諸
大菩薩而說偈言
善哉善哉 大雄世尊 諸衆生等 易可化度
能問諸佛 甚深智慧 聞已信行 我等隨喜
於時世尊讃歎上首諸大菩薩善哉善哉善
男子汝等能於如來發隨喜心尒時弥勒菩
薩及八千恒河沙諸菩薩衆皆作是念我等
從昔已來不見不聞如是大菩薩摩訶薩衆
從地踊出住世尊前合掌供養問訊如來時
弥勒菩薩摩訶薩知八千恒河沙諸菩薩等
心之所念并欲自決所疑合掌向佛以偈問
曰
无量千万億 大衆諸菩薩 昔所未曾見 願兩足尊說

弥勒菩薩摩訶薩知八千恒河沙諸菩薩等
心之所念并欲自決所疑合掌向佛以偈問
曰
无量千万億 大衆諸菩薩 昔所未曾見 願兩足尊說
是從何所來 以何因緣集 巨身大神通 智慧叵思議
其志念堅固 有大忍辱力 衆生所樂見 為從何所來
一一諸菩薩 所將諸眷屬 其數无有量 如恒河沙等
或有大菩薩 將六万恒沙 如是諸大衆 一心求佛道
是諸大師等 六万恒河沙 俱來供養佛 及護持此經
將五万恒沙 其數過於是 四万及三万 二万至一万
一千一百等 乃至一恒沙 半及三四分 億万分之一
千万那由他 万億諸弟子 乃至於半億 其數復過上
百万至一万 一千及一百 五十與一十 乃至三二一
單己无眷屬 樂於獨處者 俱來至佛所 其數轉過上
如是諸大衆 若人行籌數 過於恒沙劫 猶不能盡知
是諸大威德 精進菩薩衆 誰為其說法 教化而成就
從誰初發心 稱揚何佛法 受持行誰經 修習何佛道
如是諸菩薩 神通大智力 四方地震裂 皆從中踊出
世尊我昔來 未曾見是事 願說其所從 國土之名号
我常遊諸國 未曾見是衆 我於此衆中 乃不識一人
忽然從地出 願說其因緣 今此之大衆 无量百千億
是諸菩薩等 皆欲知此事 是諸菩薩衆 本末之因緣
无量德世尊 唯願決衆疑
尒時釋迦牟尼佛分身諸佛從无量千万億
他方國土來者在於八方諸寶樹下師子座
上結加趺坐其佛侍者各各見是菩薩大衆
於三千大千世界四方從地踊出住於虛空
各白其佛言世尊此諸无量无邊阿僧祇菩
薩大衆從何所來尒時諸佛各告侍者諸善
男子且待須臾有菩薩摩訶薩名弥勒釋迦

上結跏趺坐其佛侍者各各見是菩薩大衆
於三千大千世界四方從地踊出住於虛空
各白其佛言世尊此諸无量无邊阿僧祇菩
薩大衆從何所来尒時諸佛各告侍者諸善
男子且待須臾有菩薩摩訶薩名弥勒釋迦
牟尼佛之所授記次後作佛已問斯事佛今
荅之汝等自當因是得聞尒時釋迦牟尼佛
告弥勒菩薩善㦲善㦲阿逸多乃能問佛如
是大事汝等當共一心披精進鎧發堅固意
如来今欲顯發宣示諸佛智慧諸佛自在神
通之力諸佛師子奮迅之力諸佛威猛大勢
之力尒時世尊欲重宣此義而說偈言
當精進一心 我欲說此事 勿得有疑悔 佛智叵思議
汝今出信力 住於忍善中 昔所未聞法 今皆當得聞
我今安慰汝 勿得懷疑懼 佛无不實語 智慧不可量
所得第一法 甚深叵分別 如是今當說 汝等一心聽
尒時世尊說此偈已告弥勒菩薩我今於此
大衆宣告汝等阿逸多是諸大菩薩摩訶薩
无量无數阿僧祇從地踊出汝等昔所未見
者我於是娑婆世界得阿耨多羅三藐三菩
提已教化示導是諸菩薩調伏其心令發道
意此諸菩薩皆於是娑婆世界之下此界虛
空中住於諸經典讀誦通利思惟分別正憶
念阿逸多是諸善男子等不樂在衆多有所
說常樂静處勤行精進未曾休息亦不依止
人天而住常樂深智无有障礙亦常樂於諸
佛之法一心精進求无上慧尒時世尊欲重
宣此義而說偈言
阿逸汝當知 是諸大菩薩 從无數劫来 脩習佛智慧
悉是我所化 令發大道心 此等是我子 依止是世界

佛之法一心精進求无上慧尒時世尊欲重
宣此義而說偈言
阿逸汝當知 是諸大菩薩 從无數劫来 脩習佛智慧
悉是我所化 令發大道心 此等是我子 依止是世界
常行頭陁事 志樂於静處 捨大衆憒閙 不樂多所說
如是諸子等 學習我道法 晝夜常精進 為求佛道故
在娑婆世界 下方空中住 志念力堅固 常勤求智慧
說種種妙法 其心无所畏 我於伽耶城 菩提樹下坐
得成最正覺 轉无上法輪 尒乃教化之 令初發道心
今皆住不退 悉當得成佛 我今說實語 汝等一心信
我從久遠来 教化是等衆
尒時弥勒菩薩摩訶薩及无數諸菩薩等心
生疑惑恠未曾有而作是念云何世尊於少
時間教化如是无量无邊阿僧祇諸大菩薩
令住阿耨多羅三藐三菩提即白佛言世尊
如来為太子時出於釋宮去伽耶城不遠坐
於道場得成阿耨多羅三藐三菩提從是已
来始過四十餘年世尊云何於此少時大作
佛事以佛勢力以佛功德教化如是无量大
菩薩衆當成阿耨多羅三藐三菩提世尊此
大菩薩衆假使有人於千万億劫數不能盡
不得其邊斯等久遠已来於无量无邊諸佛
所殖諸善根成就菩薩道常脩梵行世尊如
此之事世所難信譬如有人色美髮黑年二
十五指百歲人言是我子其百歲人亦指年
少言是我父生育我等是事難信佛亦如是
得道已来其實未久而此大衆諸菩薩等已
於无量千万億劫為佛道故勤行精進善入
出住无量百千万億三昧得大神通久脩梵
行善能次第習諸善法巧於問荅人中之寶

十五指百歲人言是我子其百歲人亦指年
少言是我父生育我等是事難信佛亦如是
得道已来其實未久而此大衆諸菩薩等已
於无量千万億劫為佛道故勤行精進善入
出住无量百千万億三昧得大神通久脩梵
行善能次第習諸善法巧於問荅人中之寶
一切世間甚為希有今日世尊方云得佛道
時初令發心教化示道令向阿耨多羅三藐
三菩提世尊得佛未久乃能作此大功德事
我等雖復信佛隨冝所說佛所出言未曾虛
妄佛所知者皆悉通達然諸新發意菩薩於
佛滅後若聞是語或不信受而起破法罪業
因緣唯然世尊願為解說除我等疑及未来
世諸善男子聞此事已亦不生疑尒時弥勒
菩薩欲重宣此義而說偈言

佛昔從釋種　出家近伽耶　坐於菩提樹　尒来尚未久
此諸佛子等　其數不可量　久已行佛道　住神通智力
善學菩薩道　不染世間法　如蓮華在水　從地而踊出
皆起恭敬心　住於世尊前　是事難思議　云何而可信
佛得道甚近　所成就甚多　願為除衆疑　如實分別說
譬如少壯人　年始二十五　示人百歲子　髮白而面皺
是等我所生　子亦說是父　父少而子老　舉世所不信
世尊亦如是　得道来甚近　是諸菩薩等　志固无怯弱
從无量劫来　而行菩薩道　巧於難問荅　其心无所畏
忍辱心決定　端正有威德　十方佛所讚　善能分別說
不樂在人衆　常好在禪定　為求佛道故　於下空中住
我等從佛聞　於此事无疑　願佛為未来　演說令開解
若有於此經　生疑不信者　即當墮惡道　願今為解說
是无量菩薩　云何於少時　教化令發心　而住不退地

妙法蓮華經如来壽量品第十六

尒時佛告諸菩薩及一切大衆諸善男子汝

我等從佛聞　於此事无疑　願佛為未来　演說令開解
若有於此經　生疑不信者　即當墮惡道　願今為解說
是无量菩薩　云何於少時　教化令發心　而住不退地

妙法蓮華經如来壽量品第十六

尒時佛告諸菩薩及一切大衆諸善男子汝
等當信解如来誠諦之語復告大衆汝等當
信解如来誠諦之語又復告諸大衆汝等當
信解如来誠諦之語是時菩薩大衆弥勒為
首合掌白佛言世尊唯願說之我等當信受
佛語如是三白已復言唯願說之我等當信
受佛語尒時世尊知諸菩薩三請不止而告
之言汝等諦聽如来秘密神通之力一切世
間天人及阿脩羅皆謂今釋迦牟尼佛出釋
氏宮去伽耶城不遠坐於道場得阿耨多羅
三藐三菩提然善男子我實成佛已来无量
无邊百千万億那由他劫譬如五百千万億
那由他阿僧祇三千大千世界假使有人末
為微塵過於東方五百千万億那由他阿僧
祇國乃下一塵如是東行盡是微塵諸善男
子於意云何是諸世界可得思惟挍計知其
數不弥勒菩薩等俱白佛言世尊是諸世界
无量无邊非筭數所知亦非心力所及一切
聲聞辟支佛以无漏智不能思惟知其限數
我等住阿惟越致地於是事中亦所不達世
尊如是諸世界无量无邊尒時佛告大菩薩
衆諸善男子今當分明宣語汝等是諸世界
若著微塵及不著者盡以為塵一塵一劫我
成佛已来復過於此百千万億那由他阿僧
祇劫自從是来我常在此娑婆世界說法教
化亦於餘處百千万億那由他阿僧祇國導

衆諸善男子今當分明宣語汝等是諸世界
若著微塵及不著者盡以為塵一塵一劫我
成佛已来復過於此百千万億那由他阿僧
祇劫自從是来我常在此娑婆世界說法教
化亦於餘處百千万億那由他阿僧祇國導
利衆生諸善男子於是中間我說然燈佛等
又復言其入於涅槃如是皆以方便分別諸
善男子若有衆生来至我所我以佛眼觀其
信等諸根利鈍隨所應度處處自說名字不
同年紀大小亦復現言當入涅槃又以種種
方便說微妙法能令衆生發歡喜心諸善男
子如来見諸衆生樂於小法德薄垢重者為
是人說我少出家得阿耨多羅三藐三菩提
然我實成佛已来久遠若斯但以方便教化
衆生令入佛道作如是說諸善男子如来所
演經典皆為度脫衆生或說己身或說他身
或示己身或示他身或示己事或示他事諸
所言說皆實不虛所以者何如来如實知見
三界之相无有生死若退若出亦无在世及
滅度者非實非虛非如非異不如三界見於
三界如斯之事如来明見无有錯謬以諸衆
生有種種性種種欲種種行種種憶想分別
故欲令生諸善根以若干因緣譬喻言辭種
種說法所作佛事未曾暫廢如是我成佛已
来甚大久遠壽命无量阿僧祇劫常住不滅
諸善男子我本行菩薩道所成壽命今猶未
盡復倍上數然今非實滅度而便唱言當取
滅度如来以是方便教化衆生所以者何若
佛久住於世薄德之人不種善根貧窮下賤
貪著五欲入於憶想妄見網中若見如来常

BD14437 號　妙法蓮華經卷五　（19–9）

盡復倍上數然今非實滅度而便唱言當取
滅度如来以是方便教化衆生所以者何若
佛久住於世薄德之人不種善根貧窮下賤
貪著五欲入於憶想妄見網中若見如来常
在不滅便起憍恣而懷猒怠不能生難遭之
想恭敬之心是故如来以方便說比丘當知
諸佛出世難可值遇所以者何諸薄德人過
无量百千万億劫或有見佛或不見者以此
事故我作是言諸比丘如来難可得見斯衆
生等聞如是語必當生於難遭之想心懷戀
慕渴仰於佛便種善根是故如来雖不實滅
而言滅度又善男子諸佛如来法皆如是為
度衆生皆實不虛譬如良醫智慧聽達明練
方藥善治衆病其人多諸子息若十二十乃
至百數以有事緣遠至餘國諸子於後飲他
毒藥藥發悶亂宛轉于地是時其父還来歸
家諸子飲毒或失本心或不失者遥見其父
皆大歡喜拜跪問訊善安隱歸我等愚癡誤
服毒藥願見救療更賜壽命父見子等苦惱
如是依諸經方求好藥草色香美味皆悉具
足擣篩和合與子令服而作是言此大良藥
色香美味皆悉具足汝等可服速除苦惱无
復衆患其諸子中不失心者見此良藥色香
俱好即便服之病盡除愈餘失心者見其父
来雖亦歡喜問訊求索治病然與其藥而不
肯服所以者何毒氣深入失本心故於此好
色香藥而謂不美父作是念此子可愍為毒
所中心皆顛倒雖見我喜求索救療如是好
藥而不肯服我今當設方便令服此藥即作
是言汝等當知我今衰老死時已至是好良

BD14437 號　妙法蓮華經卷五　（19–10）

色香藥而謂不美父作是念此子可愍為毒
所中心皆顛倒雖見我喜求索救療如是好
藥而不肯服我今當設方便令服此藥即作
是言汝等當知我今衰老死時已至是好良
藥今留在此汝可取服勿憂不差作是教已
復至他國遣使還告汝父已死是時諸子聞
父背喪心大憂惱而作是念若父在者慈愍
我等能見救護今者捨我遠喪他國自惟孤
露无復恃怙常懷悲感心遂醒悟乃知此藥
色味香美即取服之毒病皆愈其父聞子悉
已得差尋便來歸咸使見之諸善男子於意
云何頗有人能說此良醫虛妄罪不不也世
尊佛言我亦如是成佛已來无量无邊百千
万億那由他阿僧祇劫為衆生故以方便力
言當滅度亦无有能如法說我虛妄過者尒
時世尊欲重宣此義而說偈言
自我得佛來　所經諸劫數　无量百千万　億載阿僧祇
常說法教化　无數億衆生　令入於佛道　尒來无量劫
為度衆生故　方便現涅槃　而實不滅度　常住此說法
我常住於此　以諸神通力　令顛倒衆生　雖近而不見
衆見我滅度　廣供養舍利　咸皆懷戀慕　而生渴仰心
衆生既信伏　質直意柔軟　一心欲見佛　不自惜身命
時我及衆僧　俱出靈鷲山　我時語衆生　常在此不滅
以方便力故　現有滅不滅　餘國有衆生　恭敬信樂者
我復於彼中　為說无上法　汝等不聞此　但謂我滅度
我見諸衆生　沒在於苦惱　故不為現身　令其生渴仰
因其心戀慕　乃出為說法　神通力如是　於阿僧祇劫
常在靈鷲山　及餘諸住處　衆生見劫盡　大火所燒時
我此土安隱　天人常充滿　園林諸堂閣　種種寶莊嚴
寶樹多華菓　衆生所遊樂　諸天擊天鼓　常作衆伎樂

BD14437 號　妙法蓮華經卷五　（19–11）

因其心戀慕　乃出為說法　神通力如是　於阿僧祇劫
常在靈鷲山　及餘諸住處　衆生見劫盡　大火所燒時
我此土安隱　天人常充滿　園林諸堂閣　種種寶莊嚴
寶樹多華菓　衆生所遊樂　諸天擊天鼓　常作衆伎樂
雨曼陀羅華　散佛及大衆　我淨土不毀　而衆見燒盡
憂怖諸苦惱　如是悉充滿　是諸罪衆生　以惡業因緣
過阿僧祇劫　不聞三寶名　諸有脩功德　柔和質直者
則皆見我身　在此而說法　或時為此衆　說佛壽无量
久乃見佛者　為說佛難值　我智力如是　慧光照无量
壽命无數劫　久脩業所得　汝等有智者　勿於此生疑
當斷令永盡　佛語實不虛　如醫善方便　為治狂子故
實在而言死　无能說虛妄　我亦為世父　救諸苦患者
為凡夫顛倒　實在而言滅　以常見我故　而生憍恣心
放逸著五欲　墮於惡道中　我常知衆生　行道不行道
隨應所可度　為說種種法　每自作是意　以何令衆生
得入无上道　速成就佛身
妙法蓮華經分別功德品第十七
尒時大會聞佛說壽命劫數長遠如是无量
无邊阿僧祇衆生得大饒益於時世尊告弥
勒菩薩摩訶薩阿逸多我說是如來壽命長
遠時六百八十万億那由他恒河沙衆生得
无生法忍復千倍菩薩摩訶薩得聞持陀羅
尼門復有一世界微塵數菩薩摩訶薩得樂
說无礙辯才復有一世界微塵數菩薩摩訶
薩得百万億无量旋陀羅尼復有三千大千
世界微塵數菩薩摩訶薩能轉不退法輪復
有二千中國土微塵數菩薩摩訶薩能轉清
淨法輪復有小千國土微塵數菩薩摩訶薩
八生當得阿耨多羅三藐三菩提復有四
四天下微塵數菩薩摩訶薩四生當得阿耨

BD14437 號　妙法蓮華經卷五　（19–12）

世界微塵數菩薩摩訶薩能轉不退法輪復
有二千中國土微塵數菩薩摩訶薩能轉清
淨法輪復有小千國土微塵數菩薩摩訶薩
八生當得阿耨多羅三藐三菩提復有四
四天下微塵數菩薩摩訶薩四生當得阿耨
多羅三藐三菩提復有三四天下微塵數菩
薩摩訶薩三生當得阿耨多羅三藐三菩提
復有二四天下微塵數菩薩摩訶薩二生當
得阿耨多羅三藐三菩提復有一四天下微
塵數菩薩摩訶薩一生當得阿耨多羅三藐
三菩提復有八世界微塵數衆生皆發阿耨
多羅三藐三菩提心佛說是諸菩薩摩訶薩
得大法利時於虛空中雨曼陁羅華摩訶曼
陁羅華以散无量百千万億寶樹下師子座
上諸佛并散七寶塔中師子座上釋迦牟尼
佛及久滅度多寶如來亦散一切諸大菩薩
及四部衆又雨細末栴檀沈水香等於虛空
中天鼓自鳴妙聲深遠又雨千種天衣垂諸
瓔珞真珠瓔珞摩尼珠瓔珞如意珠瓔珞遍
於九方衆寶香爐燒无價香自然周至供養
大會一一佛上有諸菩薩執持幡蓋次第而
上至于梵天是諸菩薩以妙音聲歌无量頌
讚歎諸佛尒時弥勒菩薩從座而起偏袒右
肩合掌向佛而說偈言
佛說希有法 昔所未曾聞 世尊有大力 壽命不可量
无數諸佛子 聞世尊分別 說得法利者 歡喜充遍身
或住不退地 或得陁羅尼 或无礙樂說 万億旋摠持
或有大千界 微塵數菩薩 各各皆能轉 不退之法輪
或有中千界 微塵數菩薩 各各皆能轉 清淨之法輪
復有小千界 微塵數菩薩 餘各八生在 當得成佛道

BD14437號 妙法蓮華經卷五 (19–13)

或住不退地 或得陁羅尼 或无礙樂說 万億旋摠持
或有大千界 微塵數菩薩 各各皆能轉 不退之法輪
或有中千界 微塵數菩薩 各各皆能轉 清淨之法輪
復有小千界 微塵數菩薩 餘各八生在 當得成佛道
復有四三二 如是四天下 微塵諸菩薩 隨數生成佛
或一四天下 微塵數菩薩 餘有一生在 當成一切智
如是等衆生 聞佛壽長遠 得无量无漏 清淨之果報
復有八世界 微塵數衆生 聞佛說壽命 皆發无上心
世尊說无量 不可思議法 多有所饒益 如虛空无邊
雨天曼陁羅 摩訶曼陁羅 釋梵如恒沙 无數佛土來
雨栴檀沈水 繽紛而乱墜 如鳥飛空下 供散於諸佛
天鼓虛空中 自然出妙聲 天衣千万種 旋轉而來下
衆寶妙香爐 燒无價之香 自然悉周遍 供養諸世尊
其大菩薩衆 執七寶幡蓋 高妙万億種 次第至梵天
一一諸佛前 寶幢懸勝幡 亦以千万偈 歌詠諸如來
如是種種事 昔所未曾有 聞佛壽无量 一切皆歡喜
佛名聞十方 廣饒益衆生 一切具善根 以助无上心
尒時佛告弥勒菩薩摩訶薩阿逸其其有衆
生聞佛壽命長遠如是乃至能生一念信解
所得功德无有限量若有善男子善女人為
阿耨多羅三藐三菩提於八十万億那由他
劫行五波羅蜜檀波羅蜜尸羅波羅蜜羼提
波羅蜜毗梨耶波羅蜜禪波羅蜜除般若波
羅蜜以是功德比前功德百分千分百千万
億分不及其一乃至筭數譬喻所不能知若
善男子有如是功德於阿耨多羅三藐三菩
提退者无有是處尒時世尊欲重宣此義而
說偈言
若人求佛慧 於八十万億 那由他劫數 行五波羅蜜
於是諸劫中 布施供養佛 及緣覺弟子 并諸菩薩衆

BD14437號 妙法蓮華經卷五 (19–14)

善女人有如是功德於阿耨多羅三藐三菩
提退者无有是處尒時世尊欲重宣此義而
說偈言
若人求佛慧　於八十万億　那由他劫數　行五波羅蜜
於是諸劫中　布施供養佛　及緣覺弟子　并諸菩薩衆
珎異之飲食　上服與卧具　栴檀立精舍　以園林荘嚴
如是等布施　種種皆微妙　盡此諸劫數　以迴向佛道
若復持禁戒　清淨无缺漏　求於无上道　諸佛之所歎
若復行忍辱　住於調柔地　設衆惡來加　其心不傾動
諸有得法者　懷於增上慢　為此所輕惱　如是亦能忍
若復勤精進　志念常堅固　於无量億劫　一心不懈息
又於无數劫　住於空閑處　若坐若經行　除睡常攝心
以是因緣故　能生諸禪定　八十億万劫　安住心不亂
持此一心福　願求无上道　我得一切智　盡諸禪定際
是人於百千　万億劫數中　行此諸功德　如上之所說
有善男女等　聞我說壽命　乃至一念信　其福過於彼
若人悉无有　一切諸疑悔　深心須臾信　其福為如此
其有諸菩薩　无量劫行道　聞我說壽命　是則能信受
如是諸人等　頂受此經典　願我於未來　長壽度衆生
如今日世尊　諸釋中之王　道場師子吼　說法无所畏
我等未來世　一切所尊敬　坐於道場時　說壽亦如是
若有深心者　清淨而質直　多聞能揔持　隨義解佛語
如是諸人等　於此无有疑
又阿逸多若有聞佛壽命長遠解其言趣是
人所得功德无有限量能起如來无上之慧
何況廣聞是經若教人聞若自持若教人持
若自書若教人書若以華香瓔珞幢幡繒蓋
香油蘇燈供養經卷是人功德无量无邊能
生一切種智阿逸多若善男子善女人聞我
說壽命長遠深心信解則為見佛常在耆闍
崛山共大菩薩諸聲聞衆圍繞說法又見此

若自書若教人書若以華香瓔珞幢幡繒蓋
香油蘇燈供養經卷是人功德无量无邊能
生一切種智阿逸多若善男子善女人聞我
說壽命長遠深心信解則為見佛常在耆闍
崛山共大菩薩諸聲聞衆圍繞說法又見此
娑婆世界其地瑠璃坦然平正閻浮檀金以
界八道寶樹行列諸臺樓觀皆悉寶成其菩
薩衆咸處其中若有能如是觀者當知是為
深信解相又復如來滅後若聞是經而不毀
呰起隨喜心當知已為深信解相何況讀誦
受持之者斯人則為頂戴如來阿逸多是善
男子善女人不須為我復起塔寺及作僧坊
以四事供養衆僧所以者何是善男子善女
人受持讀誦是經典者為已起塔造立僧坊
供養衆僧則為以佛舍利起七寶塔高廣漸
小至于梵天懸諸幡蓋及衆寶鈴華香瓔珞
末香塗香燒香衆鼓伎樂簫笛箜篌種種儛
戲以妙音聲歌唄讚頌則為於无量千万億
劫作是供養已阿逸多若我滅後聞是經典
有能受持若自書若教人書則為起立僧坊
以赤栴檀作諸殿堂三十有二高八多羅樹
高廣嚴好百千比丘於其中止園林浴池經
行禪窟衣服飲食牀褥湯藥一切樂具充滿
其中如是僧坊堂閣若干百千万億其數无
量以此現前供養於我及比丘僧是故我說
如來滅後若有受持讀誦為他人說若自書
若教人書供養經卷不須復起塔寺及造僧
坊供養衆僧況復有人能持是經兼行布施
持戒忍辱精進一心智慧其德最勝无量无
邊譬如虛空東西南北四維上下无量无邊
是人功德亦復如是无量无邊疾至一切種

如我滅後 若有受持讀誦 為他人說 若自書
若教人書 供養經卷 不須復起塔寺 及造僧
坊供養眾僧 況復有人能持是經 兼行布施
持戒忍辱 精進一心 智慧 其德最勝 无量无
邊 譬如虛空 東西南北 四維上下 无量无邊
是人功德 亦復如是 无量无邊 疾至一切種
智 若人讀誦受持是經 為他人說 若自書 若
教人書 復能起塔 及造僧坊 供養讚歎聲聞
眾僧 亦以百千萬億讚歎之法 讚歎菩薩功
德 又為他人 種種因緣 隨義解說此法華經
復能清淨持戒 與柔和者 而共同止 忍辱无
瞋 志念堅固 常貴坐禪 得諸深定 精進勇猛
攝諸善法 利根智慧 善答問難 阿逸多 若我
滅後 諸善男子 善女人 受持讀誦是經典者
復有如是諸善功德 當知是人已趣道場 近
阿耨多羅三藐三菩提 坐道樹下 阿逸多 是
善男子 若坐若立 若行處 此中便應起塔 一
切天人 皆應供養 如佛之塔 尒時世尊 欲重
宣此義 而說偈言
若我滅度後 能奉持此經 斯人福无量 如上之所說
是則為具足 一切諸供養 以舍利起塔 七寶而莊嚴
表刹甚高廣 漸小至梵天 寶鈴千萬億 風動出妙音
又於无量劫 而供養此塔 華香諸瓔珞 天衣眾伎樂
燃香油蘇燈 周帀常照明 惡世法末時 能持是經者
則為已如上 具足諸供養 若能持此經 則如佛現在
以牛頭栴檀 起僧坊供養 堂有三十二 高八多羅樹
上饌妙衣服 牀卧皆具足 百千眾住處 園林諸流池
經行及禪窟 種種皆嚴好 若有信解心 受持讀誦書
若復教人書 及供養經卷 散華香末香 以須曼瞻蔔
阿提目多伽 薰油常燃之 如是供養者 得无量功德
如虛空无邊 其福亦如是 況復持此經 兼布施持戒

BD14437 號　妙法蓮華經卷五　(19–17)

則為已如上 具足諸供養 若能持此經 則如佛現在
以牛頭栴檀 起僧坊供養 堂有三十二 高八多羅樹
上饌妙衣服 牀卧皆具足 百千眾住處 園林諸流池
經行及禪窟 種種皆嚴好 若有信解心 受持讀誦書
若復教人書 及供養經卷 散華香末香 以須曼瞻蔔
阿提目多伽 薰油常燃之 如是供養者 得无量功德
如虛空无邊 其福亦如是 況復持此經 兼布施持戒
忍辱樂禪定 不瞋不惡口 恭敬於塔廟 謙下諸比丘
遠離自高心 常思惟智慧 有問難不瞋 隨順為解說
若能行是行 功德不可量 若見此法師 成就如是德
應以天華散 天衣覆其身 頭面接足禮 生心如佛想
又應作是念 不久詣道場 得无漏无為 廣利諸人天
其所住止處 經行若坐卧 乃至說一偈 是中應起塔
莊嚴令妙好 種種以供養 佛子住此地 則是佛受用
常在於其中 經行及坐卧

妙法蓮華經卷第五

上元三年十月十日羣書手王舉寫
用紙二十一張
裝潢手解善集
初校羣書手趙彥伯
再校羣書手趙彥伯
三校羣書手趙彥伯
詳閱太原寺大德神符
詳閱太原寺大德嘉尚
詳閱太原寺主慧立
詳閱太原寺上座道成
判官司農寺上林署令李德
使朝散大夫守尚舍奉御閻玄道監

BD14437 號　妙法蓮華經卷五　(19–18)

莊嚴令妙好　種種以供養　佛子住此地　則是佛受用
常在於其中　經行及坐卧

妙法蓮華經卷第五

上元三年十月十三日羣書手王舉寫
用紙二十一張
裝潢手解善集
初校羣書手趙彥伯
再校羣書手趙彥伯
三校羣書手趙彥伯
詳閱太原寺大德神符
詳閱太原寺大德嘉尚
詳閱太原寺主慧立
詳閱太原寺上座道成
判官司農寺上林署令李德
使朝散大夫守尚舍奉御閻玄道監

BD14437 號　妙法蓮華經卷五　（19–19）

住佛地知一切衆生諸根隨應聞法廣爲演
說句法安住无量无邊清淨法界句法佛子
是爲菩薩摩訶薩十種句法若菩薩摩訶薩
安住此法則得一切諸佛无上句法佛子菩
薩摩訶薩有十種魔何等爲十所謂五陰魔
貪著五陰故煩惱魔煩惱染故業魔能鄣閡
故心魔自憍慢故死魔離受生故天魔起憍
慢放逸故失善根魔心不悔故三昧魔味著
故善知識魔於彼生著心故不知菩提正法
魔不能出生諸大願故佛子是爲菩薩摩
訶薩十種魔應作方便速遠離之佛子菩薩
摩訶薩有十種魔業何等爲十所謂忘失菩
提心脩諸善根是爲魔業惡心布施瞋持戒
者是爲魔業棄捨惡性懈怠衆生輕慢厭惡
亂心无智衆生是爲魔業慳惜正法呵責法
器衆生貪求利養爲人說法爲非器人說深
妙法是爲魔業不聞波羅蜜雖聞不肯行[illegible]

BD14438 號　大方廣佛華嚴經（晉譯五十卷本　異本）卷三六　（25–1）

提心脩諸善根是為魔業惡心布施瞋持戒
者是為魔業棄捨惡性懈怠衆生輕慢廠懕
亂心无智衆生是為魔業慳惜正法呵責法
器衆生貪求利養為人說法為非器人說深
妙法是為魔業不聞波羅蜜雖聞不脩行生
懈怠心不求深妙无上菩提是為魔業遠離
善知識親近惡知識樂求二乘於受生處起
離欲寂靜除滅之心是為魔業於菩薩所起
瞋恚心說其過惡斷彼利養常求罪釁惡眼
視之是為魔業誹謗正法不聞喜經聞不讚
嘆若有法師說法不能恭敬下意自言我說
是義彼說非義是為魔業學世間論巧於文
字善於句味手筆文頌樂說二乘隱覆深法
關演雜語於非器所說甚深法遠離菩提安
住耶道是為魔業已度已安者親近恭敬而
供養之未度未安者永无親近恭敬供養之
不教化是為魔業隨增上慢增長諸慢輕蔑
衆生不求正法真實智慧諸根散亂難可化
度是為魔業佛子是為菩薩摩訶薩十種魔
業菩薩摩訶薩應速遠離正求佛業佛子菩
薩摩訶薩有十種捨離魔業何等為十所謂
親近善知識捨離魔業不自尊貴不自讚嘆
捨離魔業信佛深法不生誹謗捨離魔業未
曾忘失一切智心捨離魔業安住不放逸
脩習甚深法捨離魔業安住菩薩藏正求

薩摩訶薩有十種捨離魔業何等為十所謂
親近善知識捨離魔業不自尊貴不自讚嘆
捨離魔業信佛深法不生誹謗捨離魔業未
曾忘失一切智心捨離魔業安住不放逸
脩習甚深法捨離魔業安住菩薩藏正求
一切法捨離魔業常欲聽法樂聞深義心
无疲惓捨離魔業歸依十方一切諸佛捨
離魔業信心正念一切諸佛菩提樹捨離魔
業一切菩薩出生善根皆悉不二捨離魔
業佛子是為菩薩摩訶薩十種捨離魔業
若菩薩摩訶薩安住此業則離一切諸魔
業道佛子菩薩摩訶薩有十種見佛何等為
十所謂无著佛安住世間成正覺故願佛出
生故業報佛信故持佛隨順故涅槃佛永度
故法界佛无處不至故心佛安住故三昧佛
无量无著故性佛決定故如意佛普覆故佛
子是為菩薩摩訶薩十種見佛若菩薩摩訶
薩安住此法則能覩見无上如來佛子菩薩
摩訶薩有十種佛業何等為十所謂勸化衆生
是苐一佛業隨順長養諸佛法故夢中見佛
是苐二佛業發起過去諸善根故多聞是苐
三佛業遠得无疑決定智故為悔纏所纏者
善巧方便說悔過法是苐四佛業除滅一切諸
起悔故若有衆生起慳心无智心聲聞心緣
覺心害心起心憍慢心者現如來身相好莊
嚴化斯等類是苐五佛業出生長養過去諸

三佛業通法无染汚是智起[illegible]性[illegible]不[illegible]者
善巧方便說悔過法是第四佛業除滅一切諸
起悔故若有衆生起慳心无智心聲聞心緣
覺心害心起心憍慢心者現如來身相好莊
嚴化斯等類是第五佛業出生長養過去諸
善根故正法難時廣爲衆生說淨妙法衆生
聞已便得具足陁羅尼智慧神通如應示現
饒益衆生是第六佛業心力清淨故若魔事
起種種方便速遠離之以虛空界等微妙音
聲亡不輕毀他人除滅一切魔業具足忍辱
是第七佛業正直功德故行无量行不諠聲
聞緣覺離生聖行諸根永執者不爲彼人說
解脫果但除要本是第八佛業出生本願故
斷除一切生死漏縛一切諸結出生菩薩行
於一切衆生長養大悲深心信解菩薩所行
究竟涅槃是第九佛業不斷菩薩行故菩薩
摩訶薩爲自他故求解脫道而无猒足離一
切行及一切法於如來色身无所深着精懃
專求无閡智慧不由他悟令一切佛刹嚴餝
清清迚之了知皆悉虛空教化成就一切衆
生而不捨无我性安住法界諸通自在具足
成就一切種智而不捨菩薩行轉淨法輪令
一切衆生皆得歡喜廣爲衆生說甚深法
示現如來无量自在而不捨菩薩身現大涅
槃而不捨離一切處生佛子菩薩摩訶薩出
生如是等乃至幢霣三昧是第十佛業佛子

BD14438號　大方廣佛華嚴經（晉譯五十卷本　異本）卷三六　（25–4）

一切衆生皆得歡喜廣爲衆生說甚深法
示現如來无量自在而不捨菩薩身現大涅
槃而不捨離一切處生佛子菩薩摩訶薩出
生如是等乃至幢霣三昧是第十佛業佛子
是爲菩薩摩訶薩十種佛業若菩薩摩訶薩
安住此業則得一切諸佛无上无師大業不
由他悟佛子菩薩摩訶薩有十種慢業何等
爲十所謂於尊重福田和上阿闍梨父母沙
門婆羅門所而不尊重恭敬供養是爲慢業
有諸法師得勝妙法乘於大乘深知出生死
道得陁羅尼成就多聞具智慧藏善能說法
而不信受恭敬供養是爲慢業聽受法時若
聞深法嶶雖欲心歡喜无量而不讚法師今
令衆歡喜是爲慢業起慢慢心自高降彼不看
己實不調自心是爲慢業起計我心見有功
德智慧者不讚其美見无德者又說其善若
聞讚他於彼人所起嫉妬心是爲慢業若有
法師知是法是律是實是佛語以憎嫉故說
言非法非律非實非佛語欲壞他信心故是
爲慢業自歎高坐我爲法師不應執事不應
宗敬供養餘人諸脩梵行尊長有德悉應恭
敬供養於我是爲慢業遠離頻蹙惡眼視彼
常以和顏等觀衆生言常柔濡无有麁獷離
恚恨心而於彼法師求其過惡是爲慢業以
我慢心於多聞者不任恭敬起聞法留難之
不諮問何等爲善何等不善何等應作何等

BD14438號　大方廣佛華嚴經（晉譯五十卷本　異本）卷三六　（25–5）

敬供養於我是爲慢業遠離頻蹙惡眼視彼
常以和顔等觀衆生言常柔濡无有麁獷離
恚恨心而於彼法師求其過惡是爲慢業以
我慢心於多聞者不任恭敬起聞法留難之
不諮問何等爲善何等不善何等應作何等
不應作作何等業長夜饒益一切衆生作何
等行不益衆生作何等行從明入明作何等
行從冥入冥如是人輩爲我心瀾沒不能得
見出要正道是爲慢業起慢心故不值諸佛
難得之法消盡宿昔所種善根不應説而説
起呵責心更相譏論任如是法應入耶道但
菩提心力故而不永捨菩薩所行雖不捨菩
薩道而於无量百千劫尚不值佛何況聞
法是爲慢業佛子是爲菩薩摩訶薩十種慢
業若菩薩摩訶薩離此慢業則得一切諸佛
十種无上清淨意業
佛子菩薩摩訶薩有十種智業何等爲十所
謂信解因緣不壞因果是爲智業不捨菩提
心常念一切佛是爲智業親近一切諸善知
識恭敬供養心无懈怠是爲智業樂法樂義
多聞无猒專求正法遠離耶念脩習正念是
爲智業於一切衆生不起我心於一切菩薩
起如來想愛樂菩薩猶如己身愛重正法如
惜己命愛敬如來如護己目於持戒者生諸
佛想是爲智業離身口意諸不善業脩行清

爲智業於一切衆生不起我心於一切菩薩
起如來想愛樂菩薩猶如己身愛重正法如
惜己命愛敬如來如護己目於持戒者生諸
佛想是爲智業離身口意諸不善業脩行清
淨身口意業嘆諸賢聖隨順菩提是爲智業
不違緣起離諸耶見除滅癡闇照一切法是
爲智業於十迴向起慈悲想於諸波羅蜜起
慈父想於巧方便起菩提想是爲智業於布
施淨戒多聞專求止觀功德智慧心无疲猒
是爲智業若業諸佛所讚能降衆魔滅除煩
惱諸纏鄣閡教化衆生順智律儀攝取正法
嚴淨佛刹正向通明是爲智業佛子是爲菩
薩摩訶薩十種智業若菩薩摩訶薩安住此
業則得一切諸出生巧妙方便无上智業
佛子菩薩摩訶薩有十種魔所攝持何等爲
十所謂懈怠心魔所攝持捨佛正法魔所攝
持貪求无猒魔所攝持專念自度魔所攝持
不發大願魔所攝持遠離煩惱常樂寂靜魔
所攝持斷生死漏魔所攝持捨菩薩行魔所
攝持捨教化成就一切衆生心魔所攝持於
正法中生疑惑心誹謗佛法魔所攝持佛子
是爲菩薩摩訶薩十種魔所攝持應速遠離
若菩薩摩訶薩棄捨此魔所攝持則得一
切諸佛十種攝持何等爲十所謂佛攝持故
初發菩提心佛攝持故常於生生未曾妄失

正法中生疑惑心誹謗佛法魔所攝持佛子
是為菩薩摩訶薩十種魔所攝持應速遠離
若菩薩摩訶薩悉能捨此魔所攝持則得一
切諸佛十種攝持何等為十所謂佛攝持故
初發菩提心佛攝持故常於生生未曾妄失
菩提之心佛攝持故覺一切魔事能悉遠離
佛攝持故聞六波羅蜜如說脩行佛攝持故
知生死苦而不猒惓佛攝持故觀甚深法得
解脫果佛攝持故為衆生說聲聞緣覺解脫
而不樂彼乘佛攝持故觀无為性心不樂住
於有為法不生二相佛攝持故令不相續得
寂滅相續佛攝持故得一切智自在而不捨
衆生種性所行佛子是為菩薩摩訶薩十種
佛攝持若菩薩摩訶薩安住此持則得一切諸
佛十力所持
佛子菩薩摩訶薩有十種法攝持何等為十
所謂一切行无常法所攝持一切行苦法所
攝持一切法无我法所攝持寂滅涅槃法所
攝持法從緣起无緣則不起法所攝持不正
思惟故起无明行乃至老死不正思惟滅故
則无明滅无明滅故乃至老死滅法所攝持
三解脫門出生聲聞乘決定无諍法出生緣
覺乘法所攝持六波羅蜜四攝法出生大乘
法所攝持知一切剎一切法一切衆生一切
世是佛境界法所攝持斷一切念捨一切取
離過去未來隨順涅槃法所攝持佛子是為

三解脫門出生聲聞乘決定无諍法出生緣
覺乘法所攝持六波羅蜜四攝法出生大乘
法所攝持知一切剎一切法一切衆生一切
世是佛境界法所攝持斷一切念捨一切取
離過去未來隨順涅槃法所攝持佛子是為
菩薩摩訶薩十種法攝持若菩薩摩訶薩安
住此法則得一切諸佛无上法持佛子菩薩
摩訶薩住兜率天有十種業何等為十所謂
菩薩摩訶薩為欲界諸天說離欲法變自
在皆悉无常一切快樂皆悉苦惱勸發開導
彼諸天子發菩提心是為住兜率天第一所
行事業菩薩摩訶薩為色界諸天說諸禪解
脫三昧相續起彼諸禪故有味著者因味起
身見邪見无明煩惱為說實智於一切妙色
起顛倒心妄想取淨為說不淨觀察无常勸
發開導彼諸天子發菩提心是為住兜率天
第二所行事業菩薩摩訶薩住兜率天正受
三昧名光明莊嚴於自身中放大光明普照一
切三千大千世界隨其所應以種種音聲而
為說法彼諸衆生聞說法已皆大歡喜起恭
敬心命終之後生兜率天復為說法皆悉令
發菩提之心是為住兜率天第三所行事業
菩薩摩訶薩以无閡淨眼普觀十方一切兜
率天菩薩摩訶薩彼諸菩薩之見此菩薩摩
訶薩各相見已為彼菩薩廣說正法所謂降神
母胎出生間世捨家求道往詣道場以大莊

發菩提之心是爲住兜率天弟三所行事業
菩薩摩訶薩以无閡淨眼普觀十方一切兜
率天菩薩摩訶薩彼諸菩薩之見此菩薩摩
訶薩各相見已爲彼菩薩廣說正法讚降神
母胎出生間世捨家求道往詣道場以大莊
嚴而自莊嚴發起過去所行憶過去行成就
功德不離此坐現如是等一切諸事是爲住
兜率天弟四所行事業菩薩摩訶薩住兜率
天十方一切兜率天菩薩欲見此菩薩摩訶
薩恭敬供養禮拜故皆來詣此尒時菩薩摩
訶薩欲令彼諸菩薩皆悉歡喜滿其願故說
大法門隨彼菩薩所住之地所行所斷所脩
所證具足廣說彼諸菩薩聞說法已皆大歡
喜各還本剎所住宮殿是爲住兜率天弟五
所行事業菩薩摩訶薩住兜率天講說正法
時欲界主天魔波旬眷屬圍遶詣菩薩所壞
亂說法尒時菩薩住金剛智所攝般若波羅
蜜巧妙方便深入智門說甘露法承佛神力
說如來法皆悉降伏彼諸魔衆時彼魔衆見
菩薩如是自在神力又聞說法皆發阿耨多
羅三藐三菩提心是爲住兜率天弟六所行
事業菩薩摩訶薩住兜率天知欲界天子不
識苦故不樂聞法尒時菩薩摩訶薩放大音
聲告諸天子今日菩薩摩訶薩出内屬眷若
欲見者應速詣此聞是音已无量億那由他
天子悉往詣彼尒時菩薩摩訶薩普現宮内

識苦故不樂聞法尒時菩薩摩訶薩放大音
聲告諸天子今日菩薩摩訶薩出内屬眷若
欲見者應速詣此聞是音已无量億那由他
天子悉往詣彼尒時菩薩摩訶薩普現宮内
一切眷屬彼諸天子未曾聞見見已皆大歡喜
此菩薩眷屬音樂之中出如是聲而告之言
諸天子一切衆行皆无悉常一切衆行皆悉
大苦一切諸法皆悉无我寂滅涅槃又復告
言汝等皆應脩菩薩行究竟菩提具一切智
時諸天聞子是音已心大恐怖一向正求无
上菩提是爲住兜率天弟七所行事業菩薩
摩訶薩住兜率天不捨兜率天所坐之處悉
能往詣一切佛所見諸如來恭敬禮拜供養
聽法尒時諸佛爲菩薩說甘露灌頂受記之
法一切諸明菩薩行地欲令菩薩以一念相
應慧具足一切枝一切種深入一切智是爲
住兜率天弟八所行事業菩薩摩訶薩住兜
率天以法界虛空界等一切恭敬供養一切
世界諸佛見此供養時无量无邊衆生發菩
提心是爲住兜率天弟九所行事業菩薩摩
訶薩住兜率天出生无量无邊法門示現一
切世界中種種色種種形種種威儀種種方
便隨其所應而爲說法欲令一切衆生悉歡
喜故是爲住兜率天弟十所行事業佛子是
爲菩薩摩訶薩住兜率天十種所行事業若

切世界中種種色種種形種種威儀種種方
便隨其所應而為說法欲令一切衆生悉歡
喜故是為住兜率天第十所行事業佛子是
為菩薩摩訶薩住兜率天十種所行事業若
菩薩摩訶薩具足此業則能下生人間
佛子菩薩摩訶薩於兜率天臨命終時有十
種示現事何等為十所謂菩薩於兜率天臨
命終時於足下相輪放大光明名安樂莊嚴
普照三千大千世界一切諸難惡道衆生觸
斯光者滅一切苦皆得安樂尒時衆生咸作
是念今日忽有奇特大人出現于世是為第
一所示現事菩薩摩訶薩於兜率天臨命終
時放眉間白毫相光名曰覺悟普照三千大
千世界觸彼宿世同行菩薩摩訶薩身觸已
咸作是念彼菩薩摩訶薩於兜率天今將命
終時諸菩薩即化作无量无邊供養之具疾
往詣彼菩薩摩訶薩所是為第二所示現事
菩薩摩訶薩臨命終時於右掌中出大光明
名淨境界悉能嚴淨三千大千世界此世界
中若有无漏諸辟支佛覺斯光者即捨壽命若
不覺者光明力故徙置他方餘世界中一切
諸魔及衆外道有見衆生悉皆徙置他方世
界除如來住持所化衆生是為第三所示現
事菩薩摩訶薩從其兩膝放大光明名曰離
垢清淨莊嚴普照䨱下諸天宮殿上至淨居

BD14438號　大方廣佛華嚴經（晉譯五十卷本　異本）卷三六　（25–12）

諸魔及衆外道有見衆生悉皆徙置他方世
界除如來住持所化衆生是為第三所示現
事菩薩摩訶薩從其兩膝放大光明名曰離
垢清淨莊嚴普照䨱下諸天宮殿上至淨居
諸天宮殿无不明了時諸天子咸作是念今
此菩薩摩訶薩於兜率天將捨壽命時諸天
子莊辦供具香華瓔珞塗香末香衣蓋幢幡
及諸音樂詣菩薩所恭敬供養我等咸皆隨
侍守護從此命終乃至示現大般涅槃是為
第四所現示事菩薩摩訶薩於兜率天臨命
終時從其心中放大光明名曰金剛淨妙莊
嚴普照一切世界金剛力士尒時百億金剛
力士咸作是念此是菩薩摩訶薩於兜率天
將欲命終故以此相示現我等我等咸當隨
侍守護乃至示現大般涅槃是為第五所示
現事菩薩摩訶薩於兜率天臨命終時從一
切毛孔放大光明名曰分別一切衆生普照
三千大千世界遍觸一切諸菩薩身觸已復
觸一切諸天世人時諸菩薩咸作是念我等
當往詣彼恭敬供養如來并復教化彼諸衆
生是為第六所示現事菩薩摩訶薩於兜率
天臨命終時於摩尼寶藏正法堂中放大光
明名善調伏隨彼菩薩所降神處普照王宮
彼諸菩薩各作是念隨此菩薩所生之處若
於其家若於聚落若於城邑若閻浮提內奚

BD14438號　大方廣佛華嚴經（晉譯五十卷本　異本）卷三六　（25–13）

生是為第六所示現事菩薩摩訶薩於兜率
天臨命終時於摩尼寶藏正法堂中放大光
明名善調伏隨彼菩薩所降神處普照王宮
彼諸菩薩各作是念隨此菩薩所生之處若
於其家若於聚落若於城邑若閻浮提內受
生之處我當生彼為欲教化諸衆生故是為
第七所示現事菩薩摩訶薩於兜率天臨命
終時天樓閣中放大光明名淨莊嚴一切宮
殿放斯光明照所生母照已彼菩薩母安隱
快樂具足成就一切功德其母身內自然樓
閣七寶莊嚴為欲安處菩薩身故是為第八
所示現事菩薩摩訶薩於兜率天臨命終時
放之下光明名曰安住若諸天子及諸梵天
其命將終蒙斯光故皆得住壽供養菩薩從
此命終乃至示現大般涅槃是為第九所示
現事菩薩摩訶薩於兜率天從其小相放大
光明名嚴淨日眼示現菩薩種種諸業時有
人天或見菩薩在兜率天或見命終或見處
胎或見出生或見捨家或見成佛或見轉法
輪或見如來大般涅槃是為第十所示現事
佛子菩薩摩訶薩或於生處或於樓閣或於
宮殿放如是等百万阿僧祇光放斯光時顯
現无量諸菩薩業佛子菩薩摩訶薩具足如
是等一切淨業故從兜率天下生世間佛子菩
薩摩訶薩有十種事故降神母胎何等為十所謂
所謂為教化成就小心衆生故示現處胎不令小
心衆生作如是念菩薩自然化生善根智慧不從

BD14438號　大方廣佛華嚴經（晉譯五十卷本　異本）卷三六　（25-14）

現无量諸菩薩業佛子菩薩摩訶薩具足如
是等一切淨業故從兜率天下生世間佛子菩
薩摩訶薩有十種事故降神母胎何等為十所謂
所謂為教化成就小心衆生故示現處胎不令小
心衆生作如是念菩薩自然化生善根智慧不從
行得是為一事示現處胎又復欲令父母諸親長
養宿世同行善根故是為第二事示現處胎
菩薩摩訶薩初受胎時遠離愚癡正念思惟
除滅亂想成就念慧心未曾亂是為第三事示
現處胎菩薩摩訶薩處母胎時常講說法十
方世界諸菩薩衆釋梵四天王來詣菩薩菩
薩即時廣為說法示現菩薩自在神力菩薩
摩訶薩具足成就无量无邊諸智慧故現如
是等奇特之事是為第四事示現處胎菩薩
摩訶薩於母胎中為化衆生故令彼衆生本
願滿故是為第五事示現處胎菩薩摩訶薩
於人中成道應具人法受生故是為第六事
示現處胎菩薩摩訶薩於母胎中三千大千世
界衆生普見菩薩處於母胎如明鏡中見其
面像爾時大心諸天龍夜叉乾闥婆阿脩羅
伽樓羅緊那羅摩睺羅伽人非人等悉詣菩
薩恭敬供養是為第七事示現處胎菩薩摩
訶薩處母胎時餘方世界一生補處在母胎
者悉共講說菩薩无盡智慧之藏是為第八
事示現處胎菩薩摩訶薩初受胎時正受離
垢三昧一切兜率天宮一切供養莊嚴之具
悉入母胎三昧力故令其母身无諸苦惱是

BD14438號　大方廣佛華嚴經（晉譯五十卷本　異本）卷三六　（25-15）

者悉共講說菩薩无盡智慧之藏是為第八
事亦現處胎菩薩摩訶薩初受胎時正受離
垢三昧一切兜率天宮一切供養莊嚴之具
悉入母胎三昧力故令其母身无諸苦患是
為第九事亦現處胎佛子菩薩摩訶薩處
母胎時具足成就无量无邊功德藏故十方
世界一切供具悉以供養一切如來彼諸如
來為此菩薩演說无量无邊法界法門若菩
薩摩訶薩住此法門則能亦現菩薩十種微
細趣何等為十所謂菩薩摩訶薩處母胎時
亦現初發菩提之心乃至甘露灌頂受記之
地在母胎中又復現處兜率陀天在母胎中
亦現出生在母胎中亦現童子地在母胎中
現在宮殿色昧之間在母胎中亦現出家在
母胎中現行苦行往詣道場成等正覺在母
胎中現轉法輪在母胎中亦現大般涅槃在
母胎中亦現微細諸法一切菩薩行一切如
來自在神力无量行門佛子是為菩薩摩訶
薩十種微細趣若菩薩摩訶薩安住此趣則
得一切諸佛无上智慧大微細趣佛子菩薩
摩訶薩有十種生何等為十所謂離愚癡生
放大光明網普照三千大千世界生除滅一
切未來世審後身生不生生知三界諸劫悉
如幻生於十方世界普現身生具足一切智
身生放一切如來光明普照覺悟一切眾生
生正受大智自在諸禪三昧身生佛子菩薩
生時一切佛刹六種震動一切眾生皆得解

BD14438號　大方廣佛華嚴經（晉譯五十卷本　異本）卷三六　（25–16）

放大光明網普照三千大千世界生除滅一
切未來世審後身生不生生知三界諸劫悉
如幻生於十方世界普現身生具足一切智
身生放一切如來光明普照覺悟一切眾生
生正受大智自在諸禪三昧身生佛子菩薩
生時一切佛刹六種震動一切眾生皆得解
脫一切惡道皆悉除滅映蔽一切諸魔光明
悉如聚墨无量菩薩普來雲集佛子是為菩
薩摩訶薩十種生為欲化度眾生類故亦現
是生佛子菩薩摩訶薩有十種大莊嚴而自
莊嚴何等為十所謂菩薩摩訶薩作如是念
一切世間沒五欲泥除我一人无能濟彼如
是知故發大莊嚴而自莊嚴煩惱愚癡覆眾
生眼皆悉盲瞽我今智慧自在當普開導眾
生慧眼悉令清淨發大莊嚴而自莊嚴我今
因此假名身故得如來无上清淨法身充滿
三世發大莊嚴而自莊嚴菩薩摩訶薩以无
导淨眼悉遍觀察十方一切諸梵天處乃至
大自在天處是等眾生皆自謂我成就自在
智慧之力菩薩悉能摧滅彼我慢心發大莊
嚴而自莊嚴菩薩摩訶薩見諸眾生於過去
世種諸善根今欲退沒我今還令彼諸眾生
住不退地發大莊嚴而自莊嚴欲令眾生種
少善根得无量果發大莊嚴而自莊嚴見佛
无量自在神力發大莊嚴而自莊嚴觀見過
去同行菩薩深著餘事不成正覺發大莊嚴
而自莊嚴菩薩摩訶薩見諸天人疲頓散惓
退正悕望發大莊嚴而自莊嚴菩薩摩訶薩

BD14438號　大方廣佛華嚴經（晉譯五十卷本　異本）卷三六　（25–17）

少善於深无量界發大莊嚴而自莊嚴見佛
无量自在神力發大莊嚴而自莊嚴觀見過
去同行菩薩深著餘事不成正覺發大莊嚴
而自莊嚴菩薩摩訶薩見諸天人疲頓猒惓
退正悕望發大莊嚴而自莊嚴菩薩摩訶薩
為一切如來光明觸故長養一切大正悕望
發大莊嚴而自莊嚴佛子是為菩薩摩訶薩
十種大莊嚴為教化衆生故發此莊嚴而自
莊嚴佛子菩薩摩訶薩有十種事故遊行七
步何等為十所謂現菩薩力故遊行七步現七
寶故遊行七步滿地神願故遊行七步現超
出三界相故遊行七步現大象王牛王師子
王最勝行故遊行七步現金剛地相故遊行
七步欲与衆生力故遊行七步現七覺寶相
故遊行七步具足成就一切佛法不由他悟
故遊行七步欲自稱我於世最勝无倫匹故
遊行七步佛子是為菩薩摩訶薩十種事故
遊行七步教化衆生故作是示現佛子菩薩
摩訶薩有十種事故現童子地何等為十所
謂書數算計刻印方便現此業故現童子地
現象馬車乘弓射諸武藝故現童子地欲
學一切世間巧妙談論諸嬉戲故現童子地
離身口意一切惡業故現童子地現正向般
湼槃正受三昧充滿一切諸世界故現童子
地現菩薩力過天人龍夜叉乾闥婆阿脩羅
伽樓羅緊那羅摩睺羅伽釋梵四天王故現
童子地現殊妙色出過一切釋梵四天王故現

BD14438號　大方廣佛華嚴經（晉譯五十卷本　異本）卷三六　（25–18）

離身口意一切惡業故現童子地現正向般
湼槃正受三昧充滿一切諸世界故現童子
地現菩薩力過天人龍夜叉乾闥婆阿脩羅
伽樓羅緊那羅摩睺羅伽釋梵四天王故現
童子地現殊妙色出過一切釋梵四天王故現
童子地欲令衆生遠離五欲常樂正法故現
童子地為現尊重正法供養一切世界諸如
來故現童子地常樂正法普照一切受持正
法故現童子地佛子是為菩薩摩訶薩十種
事故現童子地佛子菩薩摩訶薩現童子地
已有十種事故現處中宮何等為十所謂令
脩同行者增長善根故現處中宮欲明菩薩
諸善根故現處中宮為著樂天人故現處中
宮於五濁世隨應化故現處中宮於深宮內
正受三昧欲明菩薩功德力故現處中宮欲
令宿世同行衆生滿本願故現處中宮欲令
父母親屬滿本願故現處中宮欲以伎樂出
妙法音供養一切佛故現處中宮菩薩摩訶
薩於其宮內入甚深三昧成等正覺乃至示
現大般涅槃故現處中宮隨順守護法故現
處中宮佛子是為菩薩摩訶薩十種事故現
處中宮以此事故最後生菩薩亦現出家佛
子菩薩摩訶薩有十事故亦現出家何等為
十所謂欲令衆生猒離家故亦現出家為著
家衆生故亦現出家欲現隨順諸賢聖道故
亦現出家欲宣揚讚嘆出家法故亦現出家
欲令衆生離二見故亦現出家欲令衆生離
欲樂我樂故亦現出家欲現出三界相故

BD14438號　大方廣佛華嚴經（晉譯五十卷本　異本）卷三六　（25–19）

家衆生故亦現出家欲現隨順諸賢聖道故
亦現出家欲宣揚讚嘆出家法故亦現出家
欲令衆生離二見故亦現出家欲令衆生離
欲樂我樂故亦現出家欲現出三界相故
亦現出家欲顯自在不由他悟故亦現出家
欲隨順如來十力四无畏故亦現出家一切
最後生菩薩法應尒故亦現出家佛子是為
菩薩摩訶薩十種事故亦現出家為化衆生
故佛子菩薩摩訶薩為十種事故亦現苦行
何等為十所謂菩薩摩訶薩欲教化成就小
心衆生故亦現苦行為捨著耶見衆生故亦
現苦行為无業報耶見衆生欲令知業報故
亦現苦行為隨順五濁世界衆生故亦現苦
行為懈怠衆生故亦現苦行欲令衆生樂求
法故亦現苦行為著欲樂我樂衆生故亦現
苦行為顯菩薩殊勝行故亦現苦行欲令未
來衆生發精進故亦現苦行諸天世人諸根
未熟待時熟故亦現苦行佛子是為菩薩摩
訶薩為十種事故亦現苦行佛子菩薩摩訶
薩有十種事故往詣道場何等為十所謂欲
普照一切世界故往詣道場為震動一切世界
故往詣道場欲於一切世界普現身故往詣
道場為覺悟一切菩薩一切衆生一切同行
故往詣道場為亦現道場莊嚴事故往詣道
場為隨應受化亦現莊嚴菩提樹故往詣道
場欲對見十方世界一切佛故往詣道場欲
於舉足下足念念悉入无量正受諸三昧門

BD14438號　大方廣佛華嚴經（晉譯五十卷本　異本）卷三六　（25–20）

道場為覺悟一切菩薩一切衆生一切同行
故往詣道場為亦現道場莊嚴事故往詣道
場為隨應受化亦現莊嚴菩提樹故往詣道
場欲對見十方世界一切佛故往詣道場欲
於舉足下足念念悉入无量正受諸三昧門
成等正覺故往詣道場為受一切天龍夜叉
乾闥婆阿脩羅伽樓羅緊那羅摩睺羅伽乃
至釋梵四天王等恭敬供養各不相知故往
詣道場欲以无㝵智眼普觀一切世界正念
一切佛於一切剎現成佛故往詣道場佛子
是為菩薩摩訶薩十種事故往詣道場為教
化衆生故佛子菩薩摩訶薩有十種事故坐
於道場何等為十所謂種種震動一切剎故
坐於道場普照一切諸世界故坐於道場除
滅一切諸惡道故坐於道場變一切剎為金
剛故坐於道場觀一切佛師子吼故坐於道
場離一切虛妄心淨如虛空故坐於道場亦
現隨順淨身威儀故坐於道場隨順圓滿金剛
三昧故坐於道場受一切佛清淨坐處故
坐於道場自善根力悉能受持一切衆生故
坐於道場佛子是為菩薩摩訶薩十種事故
坐於道場佛子菩薩摩訶薩坐道場時有十
種奇特未曾有法何等為十所謂菩薩摩
訶薩坐道場時十方世界一切諸佛觀此菩薩
咸舉右手讚言善哉善哉无上導師是一奇
特未曾有法菩薩摩訶薩坐道場時一切如
來應供等正覺皆悉護持是二奇特未曾有
法菩薩摩訶薩坐道場時皆出同行菩薩悉

BD14438號　大方廣佛華嚴經（晉譯五十卷本　異本）卷三六　（25–21）

訶薩坐道場時十方世界一切諸佛讚此菩薩
咸舉右手讚言善哉善哉无上導師是一奇
特未曾有法菩薩摩訶薩坐道場時一切如
來應供等正覺皆悉護持是二奇特未曾有
法菩薩摩訶薩坐道場時宿世同行菩薩悉
來雲集以種種莊嚴具恭敬供養是三奇特
未曾有法菩薩摩訶薩坐道場時十方一切
世界草木叢林非衆生類皆悉曲躬歸向道
場是四奇特未曾有法菩薩摩訶薩坐道場
時正受三昧名善知法界得此三昧故究竟
菩薩一切諸行是五奇特未曾有法菩薩摩
訶薩坐道場時得陀羅尼名曰離垢勝妙海
藏菩薩摩訶薩住此陀羅尼故一切諸佛降
甘露法雨是六奇特未曾有法菩薩摩訶薩
坐道場時以神通力恭敬供養一切諸佛是
七奇特未曾有法菩薩摩訶薩坐道場時入
於无上智慧法門善巧方便悉知一切衆生
諸根是八奇特未曾有法菩薩摩訶薩坐道
場時正受三昧名曰善覺菩薩摩訶薩入此
定已得淨法身滿虛空界一切三世是九奇
特未曾有法菩薩摩訶薩坐道場時清淨身
業攝取三世无导智慧普照一切是十奇特
未曾有法佛子是為菩薩摩訶薩坐道場時
得十種奇特未曾有法佛子菩薩摩訶薩坐
道場時有十種義故亦現降魔何等為十所
謂五濁惡世衆生樂相征伐欲顯菩薩功德
力故亦現降魔悉滅天人諸疑惑故亦現降

BD14438號　大方廣佛華嚴經（晉譯五十卷本　異本）卷三六　（25–22）

未曾有法佛子是為菩薩摩訶薩坐道場時
得十種奇特未曾有法佛子菩薩摩訶薩坐
道場時有十種義故亦現降魔何等為十所
謂五濁惡世衆生樂相征伐欲顯菩薩功德
力故亦現降魔悉滅天人諸疑惑故亦現降
魔為欲化度魔眷屬故亦現降魔諸天世人
樂征伐者令集受化故亦現降魔集天人已
顯現菩薩功德之力不可破壞調伏衆生故
亦現降魔發起一切衆生力故亦現降魔衰
愍未來一切衆生故亦現降魔乃至道場現
有魔事悉能起出衆魔壞故亦現降魔顯現
煩惱力勢羸劣大悲善根勢強盛故亦現降
魔順五濁世諸衆生故亦現降魔佛子是為
菩薩摩訶薩十種義故坐道場時亦現降魔
佛子菩薩摩訶薩有十種覺如來力何等為
十所謂起出一切衆魔事業降除滅煩惱究
竟一切菩薩所行覺如來力於一切菩薩三昧
而得自在覺如來力具足成就一切菩薩諸禪
三昧覺如來力滿足一切諸白淨法覺如來
力分別善法調伏世間法覺如來力以淨法
身滿一切剎覺如來力所出淨音悉與一切衆
生心等覺如來力悉能受持一切持法覺如
來力得與三世如來身口意等於一念中知
三世法覺如來力得善覺三昧具佛一力所
謂是處非處智乃至漏盡智覺如來力佛子
是為菩薩摩訶薩十種覺如來力菩薩摩訶
薩具此力故得名如來佛子如是得成如來

BD14438號　大方廣佛華嚴經（晉譯五十卷本　異本）卷三六　（25–23）

来力得与三世如来身口意等於一念中知
三世法覺如来力得善覺三昧具佛一力所
謂是處非處智乃至漏盡智覺如来力佛子
是為菩薩摩訶薩十種覺如来力菩薩摩訶
薩具此力故得名如来佛子如是得成如来
應供養正覺已能轉十行清淨法輪何等
為十一者具足清淨四无所畏二者出生四辯
淨妙音聲三者明了四諦四者隨順諸佛无
导法門五者清淨等心慈能普覆一切衆生
六者所說不虛決定濟度衆生苦際七者宿
世大悲所持八者以妙法音充滿世界一切
衆生无不聞知九者阿僧祇劫常說正法未
曾暫息十者轉諸根力覺意觧脱諸禪三昧
相續不絶佛子如来應供等正覺轉如是十行
等行无量行法輪佛子如来應供等正覺清
淨法輪曰十種白淨法故轉入衆生心出生
无相決定不虛何等為十所謂過去願力故
大悲所持故不捨衆生故智慧自在隨其所
應為說法故未曾失時故隨彼法器不增減
故決定了知三世智故身行寧勝故口行无虛
故智行隨衆生音聲悲覺悟故佛子是為曰十
種白淨法故能轉法輪入衆生心出生无相決
定不虛

大方廣佛華嚴經卷第卌六

比丘道祥供養

BD14438號　大方廣佛華嚴經（晉譯五十卷本　異本）卷三六　（25–24）

世大悲所持八者以妙法音充滿世界一切
衆生无不聞知九者阿僧祇劫常說正法未
曾暫息十者轉諸根力覺意觧脱諸禪三昧
相續不絶佛子如来應供等正覺轉如是十行
等行无量行法輪佛子如来應供等正覺清
淨法輪曰十種白淨法故轉入衆生心出生
无相決定不虛何等為十所謂過去願力故
大悲所持故不捨衆生故智慧自在隨其所
應為說法故未曾失時故隨彼法器不增減
故決定了知三世智故身行寧勝故口行无虛
故智行隨衆生音聲悲覺悟故佛子是為曰十
種白淨法故能轉法輪入衆生心出生无相決
定不虛

大方廣佛華嚴經卷第卌六

比丘道祥供養

BD14438號　大方廣佛華嚴經（晉譯五十卷本　異本）卷三六　（25–25）

羅三
受已爾便受
千億无量衆生
二藐三菩提心太
僧竟三月已所奉
頸瓔唯无聖王金輪白
女藏臣主兵摩尼寶珠其餘所有
金輪象馬妙好火珠童男童女七寶衣樹七
寶花聚種〻寶蓋微妙衣服種〻花鬘上妙
瓔珞七寶妙車種〻寶林七寶頭目挍路寶
網閣淨金環寶真珠貫上妙履屣綩綖茵蓐
微妙机橙七寶器物鍾鼓伎樂寶鈴珂貝薗
林幢幡寶灌燈燭七寶鳥獸雜廁妙扇種〻諸
藥如是等物各八万四千以奉獻佛及比丘
僧作是施已白佛言世尊所有不及今日悔
過時弟二王子名曰尼摩終竟三月供養如
來及比丘僧如不眴太子所奉噠嚫如上所
說弟三王子名曰王衆弟四王子名能伽羅

BD14439號　悲華經卷二　（19–1）

藥如是等物各八万四千以奉獻佛及比丘
僧作是施已白佛言世尊所有不及今日悔
過時弟二王子名曰尼摩終竟三月供養如
來及比丘僧如不眴太子所奉噠嚫如上所
說弟三王子名曰王衆弟四王子名能伽羅
弟五王子名无所畏弟六王子名曰虛空弟
七王子名曰善臂弟八王子名曰泯圖弟九
王子名曰蜜蘇弟十王子名曰濡心十一王
子名瞿伽奴十二王子名摩樓濡十三王子
名摩奴摸十四王子名摩嗟鹿濡十五王子
名摩闍奴十六王子名曰无垢十七王子名
向闍濡十八王子名曰无鼓十九王子名曰
義雲二十王子名曰因伽羅廿一王子名尼
婆盧二十二名尼伽殊廿三名曰月念廿四
名曰日念廿五名曰王念廿六名金剛念廿
七名忍辱念廿八名曰住念廿九名曰速念
三十名曰寶念三十一名羅睺卅二名羅睺
力三十三名羅睺質多羅三十四名羅摩睺
質多羅三十五名曰國財三十六名曰敬轉
三十七名蘭陁濡三十八名羅刹盧蘇三十
九名羅陀輸卌名癸摩四十一名夜婆濡四
十二名麵闍盧卌三名夜摩區四十四名夜
循珠卌五名夜頻奴卌六名夜婆奴卌七名
南摩琢卌八名阿藍遮奴如是等聖王千
子名〻三月供養如來及比丘僧一切所須
衣服飲食卧具醫藥亦復皆如弟一太子所
奉噠嚫種〻之物亦復各〻八万四千因其
所施各〻發心或願忉利天王或求梵王或

BD14439號　悲華經卷二　（19–2）

子各々三月供養如來及比丘僧一切所須
衣服飲食卧具醫藥亦復皆如第一太子所
奉嚫種々之物亦復各々八万四千國其
所施各々發心或願忉利天王或梵王或
求魔王或求轉輪聖王或願大富或求聲聞
是諸王子其中乃至尚无一人求於緣覺況
求大乘時轉輪王因布施故而復還求轉輪
王位是時聖王及其千子如是供養滿二百
五十歲各々向佛及比丘僧悔諸不及善男
子時寶海梵志尋往佛所而白佛言唯願如
來及比丘僧滿七歲中受我供養衣服飲食
卧具醫藥尒時如來嘿然許可之受梵志諸
善男子尒時梵志供養如來及比丘衆所僧
所須之物亦如聖王之所供養善男子寶海
梵志復於後時作如是念我今已令百千億
那由他衆生發阿耨多羅三藐三菩提心然
我不知轉輪聖王所願何等為願人王天王
聲聞緣覺為求阿耨多羅三藐三菩提若我
來世必成阿耨多羅三藐三菩提度未度者
解未解者未離生老病死憂悲苦惱者令得
離未滅度者令得滅度定如是者我於夜卧
當有天魔梵諸龍夜叉等諸佛世尊聲聞
沙門婆羅門等為我現夢說此聖王之所志
求為求人王為求天王為求聲聞辟支佛乘
阿耨多羅三藐三菩提善男子時寶海梵
志於睡眠中見有光明因此光故即見十方如
恒河沙等諸世界中在々處々諸佛世尊彼
諸世尊各々遣以妙好蓮花与此梵志其花

BD14439號　悲華經卷二　（19–3）

求為求人王為求天王為求聲聞辟支佛乘
阿耨多羅三藐三菩提善男子時寶海梵
志於睡眠中見有光明因此光故即見十方如
恒河沙等諸世界中在々處々諸佛世尊彼
諸世尊各々遣以妙好蓮花与此梵志其花
微妙銀莖金葉流離為鬚馬瑙為條各於花
臺見日輪像於日輪上各々悉有七寶妙蓋
一々日輪各々皆出六十億光是諸光明皆悉
來入梵志口中自見其身滿千由旬淨无垢
穢譬如明鏡見其腹內有六十億那由他百
千菩薩在蓮花上結跏趺坐三昧正受復見
日輪圍遶其身於諸花中出諸伎樂殊於天
樂善男子尒時梵志又見其身血污其身四
方馳走面首似猪噉種々虫既噉虫已坐伊
蘭樹下有无量衆生來食其身唯有骨瑣指
骨瑣已數々受身亦復如是於是見諸王子
等或作猪面或作象面或水牛面或師子面
或狐狼面狗或獼猴面以血污身亦各皆噉
无量衆生坐伊蘭樹下復有无量衆生來食
其身乃至骨瑣離骨瑣已數々受身亦復如
是或見王子須曼那花以作瓔珞載小弊車
駕以水牛從不正道南向馳走復見四天大
王釋提桓因大梵天王來至其所告梵志言
汝今四邊所有蓮花應先取一花与轉輪王
一々王子各与一花其餘諸花与諸小王次
与汝子并及餘人梵志得聞如是語已即如
其言悉取賦之如是夢已忽然而悟從卧起
坐憶念夢中所見諸事尋時得知轉輪聖王

BD14439號　悲華經卷二　（19–4）

一〻王子名与一花其餘諸花与諸小王次
与汝子并及餘人梵志得聞如是語已尋如
其言悉承賦之如是夢已忽然而悟從卧起
坐憶念夢中所見諸事尋時得知轉輪聖王
所願卑下愛樂生死貪著世樂我今復知諸
王子中或有所願卑小下劣以諸王子有夢
發心求聲聞乘者故我夢見須曼那花以作
瓔珞載水牛車於不正道南向馳走我何緣
故眠夜夢中見大光明及見十方无量世界
在〻處〻諸佛世尊以我先教閻浮提內无量
衆生悉令安住三福處故是故於夢中得見
光明及見十方无量世界在〻處〻諸佛世
尊以我教勸閻浮提內一切衆生發阿耨多
羅三藐三菩提心請寶藏佛及比丘僧是滿
七歲奉諸所安是以夢中見十方諸佛与我
蓮花以我發阿耨多羅三藐三菩提心故是
以夢見十方諸佛与我寶蓋如我所見蓮花
臺中見日輪像有无量光明入我口中及見
大身滿千由旬七寶蓋上以日爲饍及見腹
內有大十億百千菩薩在蓮花上結跏趺坐
三昧正受梵天王所可教勑驗諸蓮花如是
等夢非我所解唯有如來乃能解之我今當
往至世尊所問其所以何因緣故見是諸事
善男子尒時寶海梵志過夜清旦附至佛所
餘食以雜自行澡水手自斟酌上妙餚饍食
已行水收舉鉢訖却於一面坐卑牀〻小欲聽
妙法尒時聖王及其千子无量无邊百千大
衆出安周羅城恭敬圍遶向閻浮園到園所

BD14439 號　悲華經卷二　（19–5）

善男子尒時寶海梵志過夜清旦附至佛所
餘食以雜自行澡水手自斟酌上妙餚饍食
已行水收舉鉢訖却於一面坐卑牀〻小欲聽
妙法尒時聖王及其千子无量无邊百千大
衆出安周羅城恭敬圍遶向閻浮園到園所
已如法下車步至佛所頭面礼佛及比丘僧
在佛前坐爲欲聽法尒時梵志如夢所見具
向佛說佛告梵志汝夢所見有大光明十方
无量如恒河沙等諸世界中在〻處〻諸佛世
尊与汝蓮花於花臺中有日輪像大光入口以
汝先於二百五十年中教閻浮提內无量衆
生令住三福處復令无量衆生發阿耨多羅
三藐三菩提心於今復作如是大施供養如
來及比丘僧以是故十方諸佛授汝阿耨多
羅三藐三菩提記十方如恒河沙等諸佛世
尊現在說法与汝蓮花銀茎金葉流離爲鬚
馬瑙爲葯蓮花臺中有日輪像如是等事皆
是汝之受記相貌梵志汝夢所見十方如恒
河沙等諸佛世界中在〻處〻諸佛世尊現
在說法彼諸世尊所可与汝七寶妙蓋〻上
莊餝至梵天者汝於未來世當於夜分成阿耨
多羅三藐三菩提所於其夜有大名稱遍滿
十方如恒河沙等諸世界中上至梵天書得
无見頂相无能過者所是汝之成道初相汝
夢見大身又見日鬚而自圍遶者汝於來世
成阿耨多羅三藐三菩提已汝先所可於閻
浮提內教无量衆生令發阿耨多羅三藐三
菩提心者亦當同時於十方如微塵等世界

BD14439 號　悲華經卷二　（19–6）

无見頂相无能過者所是汝之成道初相汝
夢見大身又見日蹯而自圍遶者汝於來世
成阿耨多羅三藐三菩提已汝先所可於閻
浮提內教无量眾生令發阿耨多羅三藐三
菩提心者亦當同時於十方如微塵等世界
之中成阿耨多羅三藐三菩提亦皆名字發
此讚言我於往昔為寶海梵志之所勸化發
阿耨多羅三藐三菩提心是故我等今日寔
成阿耨多羅三藐三菩提某甲世尊即是我
之真善知識尒時諸佛名字自遣諸大菩薩
為供養汝故諸菩薩等以先所得已佛世界
種種自在師子遊戲神足變化而已供養尒
時諸菩薩種種供養已於彼聽法得陁羅尼
三昧忍辱是諸菩薩聽受法已各還本土向
佛世尊稱述汝國所有諸事梵志如是夢事
皆是汝之成道相貌梵志汝所夢見於其腹
內有无量億諸大菩薩在蓮花上結跏趺坐
三昧正受者汝於來世成阿耨多羅三藐三
菩提已復當勸化无量億百千眾生令不退
於阿耨多羅三藐三菩提汝入无上涅槃已
其後未來之世當有十方世界无量諸法王
世尊亦當稱汝名字作如是言過去微塵數
等大劫有某甲佛是佛世尊勸化我等安住
阿耨多羅三藐三菩提令不退轉是故我等
今成阿耨多羅三藐三菩提作正法王梵志
如是等夢皆是汝之成道相貌梵志汝夢所
見人形猪面乃至弥猴面以血污身戲種種
虫已坐伊蘭下樹无量衆生噉食其身乃至

BD14439 號　悲華經卷二　　（19–7）

阿耨多羅三藐三菩提令不退轉是故我等
今成阿耨多羅三藐三菩提作正法王梵志
如是等夢皆是汝之成道相貌梵志汝夢所
見人形猪面乃至弥猴面以血污身戲種種
虫已坐伊蘭下樹无量衆生噉食其身乃至
骨瑣離骨瑣已數數受身者有諸癡人住三
福處所謂布施調伏善攝身口如是人當生
魔天有退沒苦若生人中受生老病死憂悲
苦惱愛別離苦怨憎會苦求不得苦生餓鬼
中受飢渴苦生畜生中无明黑闇有斷頭苦
生地獄中受種種苦欲得不離如是諸苦是
故安住循三福處願求天王轉輪聖王或主
領一四天下乃至主領四四天下如是癡人
貪一切衆生是衆生等復當還食如是癡人
如是展轉行於生死不可得量梵志如是夢
者即是久壽生死之相貌也梵志如夢所見
有諸人等須臾能花以作瓔珞載小弊車駕
以水牛於不正道南向馳走梵志即是安住
於福事能自調伏令得寂靜向嚴聞衆者之
相貌也善男子尒時寶海梵志白轉輪王言
大王當知人身難得王今已得成就无難諸
佛世尊出世甚難遇憂曇花發善家心及作
善願乃復甚難大王今者若願天人即是苦
本若欲得主一四天下及二三四亦是苦本
輪轉生死大王若生人天皆是无常无決定
相猶如庲風其人貪樂於五欲心不厭足猶
如小人見水中月若有願求在天人中愛枝
遂樂其人數數墮於地獄受无量苦若生人

BD14439 號　悲華經卷二　　（19–8）

本若欲得主一四天下及二三四亦是苦本
輪轉生死大王若生人天皆是无常无决定
相猶如疾風其人貪樂於五欲心不猒足猶
如小人見水中月若有願求在天人中愛救
逐樂其人數數墮於地獄受无量苦若生人
中愛別離苦怨憎會苦若生天上有退没
苦當復數數有愛胎苦後有種種互相食噉
奪命之苦癡如嬰兒心不知猒何以故離善
知識故不作正善願故不行精進故應得者
不得故應解者不解故應證者不證故癡如
嬰兒无所識別唯菩提心能盡苦惱无有遺
餘而反生猒世間生死數數受苦而更甘樂
遂令諸苦轉復增長大王今當思惟生死有
如是等種種諸苦大王今者已供養佛已種
善根是故於三寶中應生深心信大王當知
先所供養佛世尊者即是来大世富之因愛
護禁戒即是来世人天中因今者聽法即是
未世智慧因也大王今者已得滅能如是等
事便應發阿耨多羅三藐三菩提心時王答
言梵志我今不用如是菩提我心今者愛樂
生死以是緣故布施持戒聽受妙法梵志无
上菩提甚深難得是時梵志復白大王是道清
淨應當一心具足願求是道无濁心清淨故
是道正真无諂曲故是道鮮白離煩惱故是
道廣大无鄣导故是故含受是思惟故是道
无累不行諸惡故是道大富行檀波羅蜜故
是道清淨行尸波羅蜜故是道无我行羼提
提波羅蜜故是道不住行毗梨耶波羅蜜故

道廣大无鄣导故是故含受是思惟故是道
无累不行諸惡故是道大富行檀波羅蜜故
是道清淨行尸波羅蜜故是道无我行羼提
提波羅蜜故是道不住行毗梨耶波羅蜜故
是道不亂行禪波羅蜜故是道善擇行般若
波羅蜜故是道乃是真實智慧之所至處行
大慈故是道不退行大悲故是道能盡行大
喜故是道堅牢行大捨故是道无勅蘇常遠
離欲恚惱覺故是道安隱心无鄣导故是道
无賊分別色聲香味觸故是道壞魔善分別
陰界入故是道離魔斷諸結故是道妙勝離
聲聞緣覺所思惟故是道遍滿一切諸佛所受
持故是道珍寶一切智慧故是道明淨智慧
光明无鄣导故是道善說為善知識之所讃故
是道平等斷愛增故是道无塵離恚獩忿怨故
是道善趣離一切不善故大王是道如是能
到安樂之處乃至涅槃是故應發阿耨多羅
三藐三菩提心
尒時轉輪聖王答大臣言梵志今者如來出
現於世壽八万歲其命有限不能志為一切
衆生斷諸惡業令種善根種善根已安置聖
果或得陁羅尼三昧忍辱或得菩薩勝妙善
根諸佛授記得阿耨多羅三藐三菩提或少
善根天人中受諸快樂是諸衆生各各自受
善不善報梵志於衆生中乃至一人无善根
者如來不能說斷苦法如來世尊雖為福田
无善根者不能令遠諸苦惱法梵志我今發
阿耨多羅三藐三菩提心我行菩薩道時循

善根天人中受諸快樂是諸衆生各各自受
善不善報梵志於衆生中乃至一人无善根
者如來不能訴斷苦法如來世尊雖為福田
无善根者不能令離諸苦惱法梵志我今發
阿耨多羅三藐三善提心我行菩薩道時循
集大乘入於不可思議法門教化衆生亦作
佛事終不願於五濁之世穢惡國土發善提
心我今行菩薩道願成阿耨多羅三藐三善
提時世界衆生无諸苦惱若我得如是佛剎
者爾時寶藏多陀阿伽度阿羅呵三藐三佛
陀即入三昧其三昧名見種種莊嚴入三昧已
作神足變化放大光明以三昧力故現十方
世界一一方面各千佛剎微塵數等諸佛世
界種種莊嚴或有世界佛已涅槃或有世界
佛始涅槃或有世界其中菩薩始坐道場菩
提樹下降伏魔怨或有世界佛始成道便轉
法輪或有世界佛久成道方轉法輪或有世
界純諸菩薩摩訶薩等遍滿其國无有聲聞
緣覺之名或有世界佛說聲聞辟支佛乘或
有世界无佛菩薩聲聞緣覺或有世界五濁
弊惡或有世界清淨微妙无諸濁惡或有世
界卑陋不淨或有世界嚴淨妙好或有世界
壽命无量或有世界壽命短促或有世界有
大火災或有世界有大水災或有世界有大
風災或有世界劫始欲成或有世界成就已
竟有如是等无量世界微妙光明悉皆遍照
令得顯現爾時大衆悉見如是等无量清淨
諸佛世界種種莊嚴時寶海梵志白轉輪

大火災或有世界有大水災或有世界有大
風災或有世界劫始欲成或有世界成就已
竟有如是等无量世界微妙光明悉皆遍照
令得顯現爾時大衆悉見如是等无量清淨
諸佛世界種種莊嚴時寶海梵志白轉輪王
大王今者已得見此諸佛世界種種莊嚴是
故今應發阿耨多羅三藐三善提心隨意欲
求何等佛土善男子時轉輪王向佛叉手而
白佛言世尊諸菩薩等以何業故取清淨世
界以何業故取不淨世界以何業故壽命无
量以何業故壽命短促佛告聖王大王當知
諸菩薩等以願力故取清淨土離五濁惡復
有菩薩以願力故求五濁惡爾時聖王前白
佛言世尊我今還城於閑靜處專心思惟當
作誓願如我所見佛土相貌離上濁惡願求
清淨莊嚴世界佛告聖王宜知是時善男子
時轉輪王頭面禮佛及比丘僧右遶三匝即
退而去便還入城到所住處自宮殿中在一
屏處一心端坐思惟修集種種莊嚴已佛世
界善男子時寶海梵志次白太子不眴善男
子汝今亦當發於阿耨多羅三藐三善提心
如汝所行三福處者所謂布施調伏善攝身
口及所脩清淨善業盡應和合迴向阿耨多
羅三藐三善提爾時太子作如是言我今先
應還至宮樓在一屏處端坐思惟若我必
能發阿耨多羅三藐三善提心者我當還來
至於佛所當於佛前畢定發心願取種種淨
妙佛土爾時太子頭面禮佛及比丘僧右遶
三匝[illegible]一屏處一心端

應還至宮殿在一屏處端坐思惟若我又
能發阿耨多羅三藐三菩提心者我當還來
至於佛所當於佛前畢定發心願取種種淨
妙佛土尒時太子頭面禮佛及比丘僧右遶
三匝即退而去至本宮殿在一屏處一心端
坐思惟循集種種莊嚴已佛世界善男子尒
時梵志復白第二王子作如是言善男子汝
今當發阿耨多羅三藐三菩提心如是聖王
千子皆悉教化令發阿耨多羅三藐三菩提
心尒時梵志復教化八万四千諸小王等及
餘九万二千億衆生令發阿耨多羅三藐三
菩提心一切大衆皆作是言梵志我等今當
各各還至所住之處在一靜處一心端坐思
惟循集種種莊嚴已佛世界如是大衆一心
寂靜於七歲中各各於已本所住處一心端
坐思惟循集種種莊嚴已佛世界善男子寶
海梵志復於後作如是念今我教化无量百
千億那由他衆令發阿耨多羅三藐三菩提心
我今以請佛及大衆於七歲中奉諸所安若
我當來成阿耨多羅三藐三菩提所願成
就者我當勸喻天龍鬼神阿脩羅乾闥婆緊
那羅摩睺羅伽夜叉羅剎拘辦荼等令其供
養如是大衆善男子尒時梵志即念毗沙門
天王善男子尒時天王即知梵志心之所念
与五百千億无量夜叉恭敬圍遶至梵志所
尋於其夜在梵志前作如是言梵志有何教
化梵志問言汝是誰耶毗沙門言梵志汝頗
曾聞毗沙門王不即我身是欲何所勅時梵

養如是大衆善男子尒時梵志即念毗沙門
天王善男子尒時天王即知梵志心之所念
与五百千億无量夜叉恭敬圍遶至梵志所
尋於其夜在梵志前作如是言梵志有何教
化梵志問言汝是誰耶毗沙門言梵志汝頗
曾聞毗沙門王不即我身是欲何所勅時梵
志言善來大王我今供養如是大衆汝可勅
我共供養之毗沙門王言敬汝所勅隨意所
須梵志復言大王若能隨我意者令諸夜叉
發阿耨多羅三藐三菩提心復當宣告諸夜
叉等欲得福者欲得阿耨多羅三藐三菩提
可度大海日日往取牛頭栴檀及以沈水并
諸餘香種種諸花持來至此亦當如我日日
供養佛及衆僧尒時天王聞是語已還至住
處撃鼓集會夜叉羅剎唱如是言卿等知不
此閻浮提有轉輪聖王名无諍念有梵志名
日寶海即是聖王之大臣也終竟七歲請佛及
僧奉諸所安卿等於此福德應生隨喜生隨喜
已以是善根發心迴向阿耨多羅三藐三
菩提善男子尒時有百千无量億那由他夜
叉等叉手合掌作如是言若寶海梵志於七
歲中供養如來及比丘僧奉諸所安所得善
福報我等隨喜以是隨喜善根故令我等成
阿耨多羅三藐三菩提尒時天王復作是言
卿等諦聽欲得福德及善根者便可日日渡
於大海為彼梵志取牛頭栴檀及以沈水熟
食飯佛及比丘僧時有九万二千夜叉同時
發言天王我等今者於七歲中常當取是牛

鄉等諸聽故得福德及善根者便可日日渡
於大海為彼梵志承牛頭栴檀及以洗水熱
食飯佛及比丘僧時有九万二千夜叉同時
發言天王我等今者於七歲中常當承是牛
頭栴檀及以洗水供彼梵志熟食飯佛及比
丘僧復有四万六千夜叉亦同聲言我等當
取微妙諸香供彼梵志供養如來及比丘僧
復有五万二千諸龍夜叉等亦各同聲作如是
言我等當承種種妙花供彼梵志供養如來
及比丘僧復有二万諸夜叉等亦同聲言我
等當承諸味之精供彼梵志調和飲食以供
養佛及比丘僧尒時復有七万夜叉亦同聲
言我等當往供作飲食供養如來及比丘僧
善男子尒時梵志復作是念次當勸喻毗樓
勒天王毗留羅叉天王提頭賴吒天王作是
念已尒時三王即知其念往梵志所乃至還
所住處毗樓勒叉与百千億那由他拘辦荼
等毗留羅叉天王与百千无量億那由他諸
諸提頭賴吒与百千无量億那由他諸揵闥
婆乃至發阿耨多羅三藐三菩提心亦如是
善男子尒時梵志即復念於第二天下四天
大王彼四天王以佛力故至梵志所作如是
言梵志今者欲何所勑梵志荅言我今勸汝
与諸眷屬發阿耨多羅三藐三菩提四天王
言敬如所勑即各還至所住之處与諸眷屬
悉共發阿耨多羅三藐三菩提心如是乃至
三千大千世界百億毗沙門王發阿耨多羅
三藐三菩提心百億毗樓勒叉天王百億毗

BD14439號　悲華經卷二　（19–15）

与諸眷屬發阿耨多羅三藐三菩提四天王
言敬如所勑即各還至所住之處与諸眷屬
悉共發阿耨多羅三藐三菩提心如是乃至
三千大千世界百億毗沙門王發阿耨多羅
三藐三菩提心百億毗樓勒叉天王百億毗
樓羅叉百億提頭賴吒各各自与所有眷屬
亦復如是發阿耨多羅三藐三菩提心善男
子尒時梵志復作是念若我未來大成阿耨
多羅三藐三菩提所願成就得已利者當令
一切諸天皆使得此福德之分亦勸使發阿耨
多羅三藐三菩提心若我未來世以是善根必
成阿耨多羅三藐三菩提者忉利天王當來
至此与我相見夜摩天子兜率天子化樂天
子他化自在天子亦當來此与我相見善男
子尒時梵志作是念已忉利天王夜摩天王
兜率天王化樂天王他化自在天王悉皆來
此与梵志相見作如是言梵志今者欲何所
勑梵志荅曰汝是誰耶時五天王名稱姓名
復言梵志欲何所勑不須在此大會使耶梵
志荅言天王當知汝等天上所有妙寶臺殿
樓閣有諸寶樹及諸衣樹香樹花樹菓蓏之
樹天衣天坐綩綖茵蓐上妙寶器及以瓔珞
天幢天蓋諸繒幡等種種庄嚴諸天所有種
種伎樂汝等可以如此之物種種庄嚴此閻
浮薗供養於佛及比丘僧時五天王作如是
言敬如所勑時諸天王各各還至所住之處
忉利天王告毗樓勒天子夜摩天王告阿荼
滿天子兜率天王告跋醯天子化樂天王告

BD14439號　悲華經卷二　（19–16）

種伎樂[illegible]以如山之物種〻莊嚴如此閻
浮薗供養於佛及比丘僧時五天王作如是
言敬如所勅時諸天王各〻還至所住之處
忉利天王告毗樓勒天子夜摩天王告阿荼
滿天子兜率天王告踏驗天子化樂天王告
拘陀羅天子他化自在天王告難陀天子名
作是言卿今當下閻浮提界以此所有種〻
莊嚴彼閻浮薗懸諸瓔珞敷種〻坐如諸天
王種〻莊嚴為如來故作寶高樓當使如此
忉利天上所有寶樓是諸天子聞是教已
即下來至閻浮提中尋於其夜種〻莊嚴是
閻浮薗以諸寶樹乃至天幡而莊挍之為如
來故作七寶樓如忉利天所有寶樓是五天
子以諸寶物種〻莊嚴閻浮提薗已尋還天
上各白其王大王當知我等已往莊挍彼薗
所有之物如此无異為如來故作七寶樓如
忉利天所有寶樓等无差別善男子時忉利
天王夜魔天王兜率天王化樂天王他化天
自在天王即便來至閻浮提中到梵志所作
如是言梵志我今已為佛及眾僧莊挍此薗
更何所勅願便說之梵志答言汝等各〻自
於境界有自在力可集諸天女等持我言閻
浮提內有大梵志名曰寶海於七歲中請佛
世尊及无量僧奉諸所安衛等今者於此福
德應生〻隨〻喜〻已發心迴向阿耨多羅
三藐三菩提故應往佛所見佛世尊及比丘
僧供養所須聽受妙法時五天王從梵志所
聞是言已各〻自還至所住處介時忉利天

世尊及无量僧奉諸所安衛等今者於此福
德應生〻隨〻喜〻已發心迴向阿耨多羅
三藐三菩提故應往佛所見佛世尊及比丘
僧供養所須聽受妙法時五天王從梵志所
聞是言已各〻自還至所住處介時忉利天
王釋提桓因即集諸天而告之曰卿等當知
閻浮提內有轉輪聖王名无諍念有大梵志
名曰寶海即其聖王之大臣也請佛世尊及
无量僧終竟七歲奉諸所安我已先為佛比丘
僧取諸寶物種〻莊嚴彼閻浮薗卿等以是
善根因緣應生〻隨〻喜〻已發心迴向阿
耨多羅三藐三菩提心亦令梵志得如所願
善男子介時百千无量億那由他忉利天子
恭敬叉手作如是言我等今者於是善根生
隨喜心以是隨喜故令我等一切得成阿耨
多羅三藐三菩提夜魔天王兜率天王化樂
天王他化自在天王如是等各集諸天而告
之曰卿等當知閻浮提內有轉輪聖王名无
諍念有大梵志名曰寶海即其聖王之大臣
也請佛世尊及无量僧終竟七歲奉諸所安
我已先寫佛比丘僧取諸寶物種種莊挍閻
彼浮薗卿等以是善根因緣故應生隨喜生
隨喜已發心迴向阿耨多羅三藐三菩提當
令梵志得如是所願善男子介時四天各有
百千无量億那由他天子恭敬叉手作如是

天王他化自在天王如是等各集諸天而告
之曰卿等當知閻浮提內有轉輪聖王名无
諍念有大梵志名曰寶海即其聖王之大臣
也請佛世尊及无量僧終竟七歲奉諸所安
我已先為佛比丘僧作諸寶物種種莊挍閻
彼浮園卿等以是善根因緣故應生隨喜生
隨喜已發心迴向阿耨多羅三藐三菩提當
令梵志得如是所願善男子尒時四天各有
百千无量億那由他天子恭敬叉手作如是
言我等今者於是善根生隨喜心以是隨喜
故令我等一切皆得成阿耨多羅三藐三菩
提尒時五王各各告言卿等今當至閻浮提
寶藏佛及比丘僧禮拜圍遶恭敬供養
重讚嘆善男子時五王各各於夜一一將諸天
……百千億那由他

BD14439 號　悲華經卷二　（19–19）

……菩提言如我解
……法名阿耨多羅三藐三菩
……法如來可說何以故如來所說
可取不可說非法非非法所以者何
一切賢聖皆以无為法而有差別
須菩提於意云何若人滿三千大千世界七
寶以用布施是人所得福德寧為多不須菩
提言甚多世尊何以故是福德即非福德性
是故如來說福德多若復有人於此經中受
持乃至四句偈等為他人說其福勝彼何以
故須菩提一切諸佛及諸佛阿耨多羅三藐
三菩提法皆從此經出須菩提所謂佛法者
即非佛法
須菩提於意云何須陁洹能作是念我得須
陁洹果不須菩提言不也世尊何以故須陁
洹名為入流而无所入不入色聲香味觸法

BD14440 號　金剛般若波羅蜜經　（12–1）

故須菩提一切諸佛及諸佛阿耨多羅三藐
三菩提法皆從此經出須菩提所謂佛法者
即非佛法
須菩提於意云何須陁洹能作是念我得須
陁洹果不須菩提言不也世尊何以故須陁
洹名為入流而无所入不入色聲香味觸法
是名須陁洹須菩提於意云何斯陁含能作
是念我得斯陁含果不須菩提言不也世尊
何以故斯陁含名一往來而實无往來是名
斯陁含須菩提於意云何阿那含能作是念
我得阿那含果不須菩提言不也世尊何以
故阿那含名為不來而實无來是故名阿那
含須菩提於意云何阿羅漢能作是念我得
阿羅漢道不須菩提言不也世尊何以故實
无有法名阿羅漢世尊若阿羅漢作是念我
得阿羅漢道即為著我人衆生壽者世尊佛
說我得无諍三昧人中最為第一是第一離
欲阿羅漢我不作是念我是離欲阿羅漢世
尊我若作是念我得阿羅漢道世尊則不說
須菩提是樂阿蘭那行者以須菩提實无所
行而名須菩提是樂阿蘭那行
佛告須菩提於意云何如來昔在然燈佛所
於法有所得不世尊如來在然燈佛所於法
實无所得須菩提於意云何菩薩莊嚴佛土
不不也世尊何以故莊嚴佛土者則非莊嚴
是名莊嚴是故須菩提諸菩薩摩訶薩應如
是生清淨心不應住色生心不應住聲香味

BD14440號　金剛般若波羅蜜經　（12–2）

於法有所得不世尊如來在然燈佛所於法
實无所得須菩提於意云何菩薩莊嚴佛土
不不也世尊何以故莊嚴佛土者則非莊嚴
是名莊嚴是故須菩提諸菩薩摩訶薩應如
是生清淨心不應住色生心不應住聲香味
觸法生心應无所住而生其心須菩提譬如
有人身如須弥山王於意云何是身為大不
須菩提言甚大世尊何以故佛說非身是
名大身須菩提如恒河中所有沙數如是沙等
恒河於意云何是諸恒河沙寧為多不須菩
提言甚多世尊但諸恒河尚多无數何況其
沙須菩提我今實言告汝若有善男子善女
人以七寶滿尒所恒河沙數三千大千世界以
用布施得福多不須菩提言甚多世尊佛
告須菩提若善男子善女人於此經中乃至
受持四句偈等為他人說而此福德勝前福
德復次須菩提隨說是經乃至四句偈等當
知此處一切世間天人阿脩羅皆應供養如
佛塔廟何況有人盡能受持讀誦須菩提當
知是人成就最上第一希有之法若是經典
所在之處則為有佛若尊重弟子尒時須
菩提白佛言世尊當何名此經我等云何奉
持佛告須菩提是經名為金剛般若波羅蜜
以是名字汝當奉持所以者何須菩提佛說
般若波羅蜜則非般若波羅蜜須菩提於意
云何如來有所說法不須菩提白佛言世尊
如來无所說須菩提於意云何三千大千世

BD14440號　金剛般若波羅蜜經　（12–3）

以是名字汝當奉持所以者何須菩提佛說
般若波羅蜜則非般若波羅蜜須菩提於意
云何如來有所說法不須菩提白佛言世尊
如來无所說須菩提於意云何三千大千世
界所有微塵是爲多不須菩提言甚多世尊
何以故須菩提是諸微塵如來說非微塵是
名微塵如來說世界非世界是名世界須菩提
於意云何可以三十二相見如來不不也世尊
不可以三十二相得見如來何以故如來說三
十二相即是非相是名三十二相須菩提若有
善男子善女人以恒河沙等身命布施若復
有人於此經中乃至受持四句偈等爲他人
說其福甚多
尒時須菩提聞說是經深解義趣涕淚悲泣
而白佛言希有世尊佛說如是甚深經典我
從昔來所得慧眼未曾得聞如是之經世尊
若復有人得聞是經信心清淨則生實相當
知是人成就第一希有功德世尊是實相者
則是非相是故如來說名實相世尊我今得
聞如是經典信解受持不足爲難若當來世
後五百歲其有衆生得聞是經信解受持是
人則爲第一希有何以故此人无我相人相
衆生相壽者相所以者何我相即是非相人
相衆生相壽者相即是非相何以故離一切
諸相則名諸佛佛告須菩提如是如是若復
有人得聞是經不驚不怖不畏當知是人甚

BD14440號　金剛般若波羅蜜經　（12-4）

人則爲第一希有何以故此人无我相人相
衆生相壽者相所以者何我相即是非相人
相衆生相壽者相即是非相何以故離一切
諸相則名諸佛佛告須菩提如是如是若復
有人得聞是經不驚不怖不畏當知是人甚
爲希有何以故須菩提如來說第一波羅蜜
非第一波羅蜜是名第一波羅蜜
須菩提忍辱波羅蜜如來說非忍辱波羅蜜
何以故須菩提如我昔爲歌利王割截身體
我於尒時无我相无人相无衆生相无壽者
相何以故我於往昔節節支解時若有我相
人相衆生相壽者相應生瞋恨須菩提又念
過去於五百世作忍辱仙人於尒所世无我
相无人相无衆生相无壽者相是故須菩提
菩薩應離一切諸相發阿耨多羅三藐三菩提
心不應住色生心不應住聲香味觸法生心
應生无所住心若心有住則爲非住是故佛
說菩薩心不應住色布施須菩提菩薩爲利
益一切衆生應如是布施如來說一切諸相
即是非相又說一切衆生則非衆生須菩提
如來是真語者實語者如語者不誑語者不
異語者須菩提如來所得法此法无實无虛
須菩提若菩薩心住於法而行布施如人入
闇則无所見若菩薩心不住於法而行布施如
人有目日光明照見種種色須菩提當來之
世若有善男子善女人能於此經受持讀誦
則爲如來以佛智慧悉知是人悉見是人皆

BD14440號　金剛般若波羅蜜經　（12-5）

須菩提若菩薩心住於法而行布施如人入
闇則无所見若菩薩心不住於法而行布施如
人有目日光明照見種種色須菩提當来之
世若有善男子善女人能於此經受持讀誦
則為如来以佛智慧悉知是人悉見是人皆
得成就无量无邊功德
須菩提若有善男子善女人初日分以恒河
沙等身布施中日分復以恒河沙等身布施
後日分亦以恒河沙等身布施如是无量百
千万億劫以身布施若復有人聞此經典信
心不逆其福勝彼何况書寫受持讀誦為人
解說須菩提以要言之是經有不可思議不
可稱量无邊功德如来為發大乘者說為發
㝡上乘者說若有人能受持讀誦廣為人說
如来悉知是人悉見是人皆得成就不可量
不可稱无有邊不可思議功德如是人等則為
荷擔如来阿耨多羅三藐三菩提何以故須
菩提若樂小法者著我見人見衆生見壽者
見則於此經不能聽受讀誦為人解說須菩
提在在處處若有此經一切世間天人阿脩
羅所應供養當知此處則為是塔皆應恭敬
作礼圍遶以諸華香而散其處
復次須菩提若善男子善女人受持讀誦此經
若為人輕賤是人先世罪業應墮悪道以今
世人輕賤故先世罪業則為消滅當得阿耨
多羅三藐三菩提須菩提我念過去无量阿
僧祇劫於然燈佛前得值八百四千万億那

BD14440號　金剛般若波羅蜜經　（12–6）

若為人輕賤是人先世罪業應墮悪道以今
世人輕賤故先世罪業則為消滅當得阿耨
多羅三藐三菩提須菩提我念過去无量阿
僧祇劫於然燈佛前得值八百四千万億那
由他諸佛悉皆供養承事无空過者若復有
人於後末世能受持讀誦此經所得功德於
我所供養諸佛功德百分不及一千万億分
乃至筭數譬喻所不能及須菩提若善男子
善女人於後末世有人受持讀誦此經所得功
德我若具說者或有人聞心則狂亂狐疑不
信須菩提當知是經義不可思議果報亦不
可思議
尒時須菩提白佛言世尊善男子善女人
發阿耨多羅三藐三菩提心云何應住云何
降伏其心佛告須菩提善男子善女人
發阿耨多羅三藐三菩提心者當生如是心
我應滅度一切衆生滅度一切衆生已而无
有一衆生實滅度者何以故若菩薩有
我相人相衆生相壽者相則非菩薩所以者
何須菩提實无有法發阿耨多羅三藐三菩
提心者須菩提於意云何如来於然燈佛所有
法得阿耨多羅三藐三菩提不不也世尊如
我解佛所說義佛於然燈佛所无有法得阿
耨多羅三藐三菩提佛言如是如是須菩提
實无有法如来得阿耨多羅三藐三菩提須
菩提若有法如来得阿耨多羅三藐三菩提
者然燈佛則不與我受記汝於来世當得作佛

BD14440號　金剛般若波羅蜜經　（12–7）

耨多羅三藐三菩提佛言如是如是須菩提
實无有法如来得阿耨多羅三藐三菩提須
菩提若有法如来得阿耨多羅三藐三菩提
者然燈佛則不與我受記汝於来世當得作佛
号釋迦牟尼以實无有法得阿耨多羅三藐
三菩提是故然燈佛與我受記作是言汝於
来世當得作佛号釋迦牟尼何以故如来者
即諸法如義若有人言如来得阿耨多羅三
藐三菩提須菩提實无有法佛得阿耨多羅
三藐三菩提須菩提如来所得阿耨多羅三
藐三菩提於是中无實无虛是故如来説一
切法皆是佛法須菩提所言一切法者即非
一切法是故名一切法須菩提譬如人身長
大須菩提言世尊如来説人身長大則為非
大身是名大身須菩提菩薩亦如是若作是
言我當滅度无量衆生則不名菩薩何以故
須菩提實无有法名為菩薩是故佛説一切法
无我无人无衆生无壽者須菩提若菩薩作是
言我當荘嚴佛土是不名菩薩何以故如来
説荘嚴佛土者即非荘嚴是名荘嚴須菩提
若菩薩通達无我法者如来説名真是菩薩
須菩提於意云何如来有肉眼不如是世尊
如来有肉眼須菩提於意云何如来有天眼
不如是世尊如来有天眼須菩提於意云何
如来有慧眼不如是世尊如来有慧眼須菩
提於意云何如来有法眼不如是世尊如来
有法眼須菩提於意云何如来有佛眼不如

BD14440 號　金剛般若波羅蜜經　（12–8）

不如是世尊如来有天眼須菩提於意云何
如来有慧眼不如是世尊如来有慧眼須菩
提於意云何如来有法眼不如是世尊如来
有法眼須菩提於意云何如来有佛眼不如
是世尊如来有佛眼須菩提於意云何如恒河
中所有沙佛説是沙不如是世尊如来説是
沙須菩提於意云何如一恒河中所有沙有
如是等恒河是諸恒河所有沙數佛世界如
是寧為多不甚多世尊佛告須菩提尒所
國土中所有衆生若干種心如来悉知何以
故如来説諸心皆為非心是名為心所以者
何須菩提過去心不可得現在心不可得未
来心不可得須菩提於意云何若有人滿
三千大千世界七寶以用布施是人以是因
縁得福多不如是世尊此人以是因縁得福
甚多須菩提若福德有實如来不説得福德
多以福德无故如来説得福德多須菩提於
意云何佛可以具足色身見不不也世尊如
来不應以具足色身見何以故如来説具足色身
即非具足色身是名具足色身須菩提於意
云何如来可以具足諸相見不不也世尊如
来不應以具足諸相見何以故如来説諸相
具足即非具足是名諸相具足
須菩提汝等勿謂如来作是念我當有所説法
莫作是念何以故若人言如来有所説法即
為謗佛不能解我所説故須菩提説法者无
法可説是名説法須菩提白佛言世尊佛得

BD14440 號　金剛般若波羅蜜經　（12–9）

具足即非具足是名諸相具足
須菩提汝等勿謂如來作是念我當有所說法
莫作是念何以故若人言如來有所說法即
為謗佛不能解我所說故須菩提說法者无
法可說是名說法須菩提白佛言世尊佛得
阿耨多羅三藐三菩提為无所得耶如是如
是須菩提我於阿耨多羅三藐三菩提乃至
无有少法可得是名阿耨多羅三藐三菩提
復次須菩提是法平等无有高下是名阿
耨多羅三藐三菩提以无我无人无衆生无
壽者修一切善法則得阿耨多羅三藐三菩
提須菩提所言善法者如來說即非善法是名
善法須菩提若三千大千世界中所有諸須弥
山王如是等七寶聚有人持用布施若人以
此般若波羅蜜經乃至四句偈等受持讀誦
為他人說於前福德百分不及一百千万億分
乃至筭數譬喻所不能及
須菩提於意云何汝等勿謂如來作是念我
當度衆生須菩提莫作是念何以故實无有
衆生如來度者若有衆生如來度者如來則
有我人衆生壽者須菩提如來說有我者則
非有我而凡夫之人以為有我須菩提凡夫
者如來說則非凡夫須菩提於意云何可以
三十二相觀如來不須菩提言如是如是以三
十二相觀如來佛言須菩提若以三十二相
觀如來者轉輪聖王則是如來須菩提白
佛言世尊如我解佛所說義不應以三十二

三十二相觀如來不須菩提言如是如是以三
十二相觀如來佛言須菩提若以三十二相
觀如來者轉輪聖王則是如來須菩提白
佛言世尊如我解佛所說義不應以三十二
相觀如來尒時世尊而說偈言
若以色見我　以音聲求我　是人行邪道　不能見如來
須菩提汝若作是念如來不以具足相故得
阿耨多羅三藐三菩提須菩提莫作是念
如來不以具足相故得阿耨多羅三藐三菩提
須菩提汝若作是念發阿耨多羅三藐三菩
提者說諸法斷滅相莫作是念何以故發阿耨
多羅三藐三菩提者於法不說斷滅相須菩
提若菩薩以滿恒河沙等世界七寶持用布
施若復有人知一切法无我得成於忍此菩薩
勝前菩薩所得功德須菩提以諸菩薩不受
福德故須菩提白佛言世尊云何菩薩不受
福德須菩提菩薩所作福德不應貪著是故
說不受福德須菩提若有人言如來若來若去
若坐若臥是人不解我所說義何以故如來
者无所從來亦无所去故名如來
須菩提若善男子善女人以三千大千世界
碎為微塵於意云何是微塵衆寧為多不甚
多世尊何以故若是微塵衆實有者佛則不
說是微塵衆所以者何佛說微塵衆則非微
塵衆世尊如來所說三千大千
界是名世界何以故若世界實有
如來說一合相則非一合相

若坐若臥是人不解我所說義何以故如來
者无所從來亦无所去故名如來
須菩提若善男子善女人以三千大千世界
碎為微塵於意云何是微塵衆寧為多不甚
多世尊何以故若是微塵衆實有者佛則不
以者何佛說微塵衆則非微
塵衆世尊如來所說三千大千
界是名世界何以故若世界實有
如來說一合相則非一合相
善提一合相者則是不可說
其事須菩提若人言佛
衆生見壽者見須菩提於意云
說義不不也世尊是人不解如
世尊說我見人見衆生見
人見衆生見壽者見是名我
者見須菩提發阿耨多羅
一切法應如是知如是
[illegible]菩提所言法相者
相須菩提

BD14440 號　金剛般若波羅蜜經　（12–12）

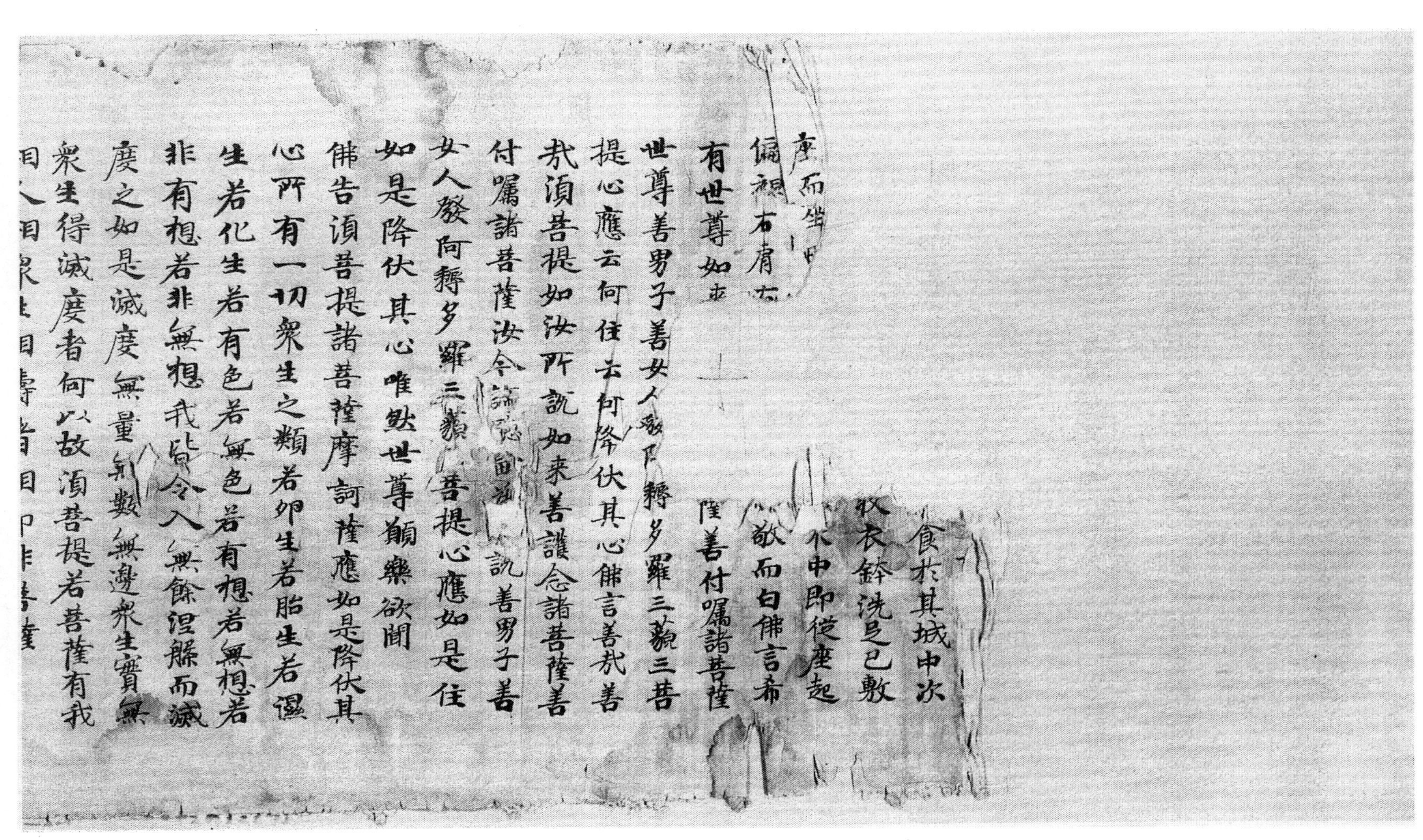
食於其城中次
收衣鉢洗足已敷
座而坐[illegible]中即從座起
偏袒右肩右[illegible]敬而白佛言希
有世尊如來[illegible]薩善付囑諸菩薩
世尊善男子善女人發阿耨多羅三藐三菩
提心應云何住云何降伏其心佛言善哉善
哉須菩提如汝所說如來善護念諸菩薩善
付囑諸菩薩汝今諦聽當為汝說善男子善
女人發阿耨多羅三藐三菩提心應如是住
如是降伏其心唯然世尊願樂欲聞
佛告須菩提諸菩薩摩訶薩應如是降伏其
心所有一切衆生之類若卵生若胎生若濕
生若化生若有色若無色若有想若無想若
非有想若非無想我皆令入無餘涅槃而滅
度之如是滅度無量無數無邊衆生實無
衆生得滅度者何以故須菩提若菩薩有我
相人相衆生相壽者相即非菩薩

BD14441 號　金剛般若波羅蜜經　（15–1）

心所有一切衆生之類若卵生若胎生若濕
生若化生若有色若無色若有想若無想若
非有想若非無想我皆令入無餘涅槃而滅
度之如是滅度無量無數無邊衆生實無
衆生得滅度者何以故須菩提若菩薩有我
相人相衆生相壽者相即非菩薩
復次須菩提菩薩於法應無所住行於布施
所謂不住色布施不住聲香味觸法布施須
菩提菩薩應如是布施不住於相何以故若
菩薩不住相布施其福德不可思量須菩提
於意云何東方虛空可思量不不也世尊須
菩提南西北方四維上下虛空可思量不不
也世尊須菩提菩薩無住相布施福德亦復
如是不可思量須菩提菩薩但應如所教住
須菩提於意云何可以身相見如來不不也
世尊不可以身相得見如來何以故如來所
說身相即非身相佛告須菩提凡所有相皆
是虛妄若見諸相非相則見如來
須菩提白佛言世尊頗有衆生得聞如是言
說章句生實信不佛告須菩提莫作是說如
來滅後後五百歲有持戒脩福者於此章句
能生信心以此為實當知是人不於一佛二
佛三四五佛而種善根已於無量千萬佛所
種諸善根聞是章句乃至一念生淨信者須
菩提如來悉知悉見是諸衆生得如是無量

BD14441號　金剛般若波羅蜜經　(15-2)

能生信心以此為實當知是人不於一佛二
佛三四五佛而種善根已於無量千萬佛所
種諸善根聞是章句乃至一念生淨信者須
菩提如來悉知悉見是諸衆生得如是無量
福德何以故是諸衆生無復我相人相衆生
相壽者相無法相亦無非法相何以故是諸
衆生若心取相則為著我人衆生壽者若取
法相即著我人衆生壽者何以故若取非法
相即著我人衆生壽者是故不應取法不應
取非法以是義故如來常說汝等比丘知我
說法如筏喻者法尚應捨何況非法
須菩提於意云何如來得阿耨多羅三藐三
菩提耶如來有所說法耶須菩提言如我解
佛所說義無有定法名阿耨多羅三藐三菩
提亦無有定法如來可說何以故如來所說
法皆不可取不可說非法非非法所以者何
一切賢聖皆以無為法而有差別
須菩提於意云何若人滿三千大千世界七
寶以用布施是人所得福德寧為多不須菩
提言甚多世尊何以故是福德即非福德性
是故如來說福德多若復有人於此經中受
持乃至四句偈等為他人說其福勝彼何以
故須菩提一切諸佛及諸佛阿耨多羅三藐
三菩提法皆從此經出須菩提所謂佛法者
即非佛法
須菩提於意云何須陁洹能作是念我得須

BD14441號　金剛般若波羅蜜經　(15-3)

持乃至四句偈等為他人說其福勝彼何以
故須菩提一切諸佛及諸佛阿耨多羅三藐
三菩提法皆從此經出須菩提所謂佛法者
即非佛法
須菩提於意云何須陀洹能作是念我得須
陀洹果不須菩提言不也世尊何以故須陀
洹名為入流而無所入不入色聲香味觸法
是名須陀洹須菩提於意云何斯陀含能作
是念我得斯陀含果不須菩提言不也世尊
何以故斯陀含名一往来而實無往来是名
斯陀含須菩提於意云何阿那含能作是念
我得阿那含果不須菩提言不也世尊何以
故阿那含名為不来而實無来是故名阿那
含須菩提於意云何阿羅漢能作是念我
得阿羅漢道不須菩提言不也世尊何以故實
無有法名阿羅漢世尊若阿羅漢作是念我
得阿羅漢道即為著我人衆生壽者世尊佛
說我得無諍三昧人中最為第一是第一離
欲阿羅漢我不作是念我是離欲阿羅漢世
尊我若作是念我得阿羅漢道世尊則不說
須菩提是樂阿蘭那行者以須菩提實無所
行而名須菩提是樂阿蘭那行
佛告須菩提於意云何如来昔在然燈佛所
於法有所得不世尊如来在然燈佛所於法
實無所得須菩提於意云何菩薩莊嚴佛土
不不也世尊何以故莊嚴佛土者則非莊嚴

佛告須菩提於意云何如来昔在然燈佛所
於法有所得不世尊如来在然燈佛所於法
實無所得須菩提於意云何菩薩莊嚴佛土
不不也世尊何以故莊嚴佛土者則非莊嚴
是名莊嚴是故須菩提諸菩薩摩訶薩應如
是生清淨心不應住色生心不應住聲香味
觸法生心應無所住而生其心須菩提譬如
有人身如須弥山王於意云何是身為大不
須菩提言甚大世尊何以故佛說非身是名
大身
須菩提如恒河中所有沙數如是沙等恒　河
於意云何是諸恒河沙寧為多不須菩提言
甚多世尊但諸恒河尚多無數何況其沙須
菩提我今實言告汝若有善男子善女人以
七寶滿尒所恒河沙數三千大千世界以用
布施得福多不須菩提言甚多世尊佛告須
菩提若善男子善女人於此經中乃至受持
四句偈等為他人說而此福德勝前福德復
次須菩提隨說是經乃至四句偈等當知此
處一切世間天人阿脩羅皆應供養如佛塔
廟何況有人盡能受持讀誦須菩提當知是
人成就最上第一希有之法若是經典所在
之處則為有佛若尊重弟子
尒時須菩提白佛言世尊當何名此經我等
云何奉持佛告須菩提是經名為金剛般若
波羅蜜以是名字汝當奉持所以者何須菩
提佛說般若波羅蜜則非般若波羅蜜須菩

人成就最上第一希有之法若是經典所在
之處則為有佛若尊重弟子
尒時須菩提白佛言世尊當何名此經我等
云何奉持佛告須菩提是經名為金剛般若
波羅蜜以是名字汝當奉持所以者何須菩
提佛說般若波羅蜜則非般若波羅蜜須菩
提於意云何如來有所說法不須菩提白佛
言世尊如來無所說須菩提於意云何三千
大千世界所有微塵是為多不須菩提言甚
多世尊須菩提諸微塵如來說非微塵是名
微塵如來說世界非世界是名世界須菩提
於意云何可以三十二相見如來不不也世
尊何以故如來說三十二相即是非相是名
三十二相須菩提若有善男子善女人以恒
河沙等身命布施若復有人於此經中乃至
受持四句偈等為他人說其福甚多
尒時須菩提聞說是經深解義趣涕淚悲泣
而白佛言希有世尊佛說如是甚深經典我
從昔來所得慧眼未曾得聞如是之經世尊
若復有人得聞是經信心清淨則生實相當
知是人成就第一希有功德世尊是實相者
則是非相是故如來說名實相世尊我今得
聞如是經典信解受持不足為難若當來世
後五百歲其有眾生得聞是經信解受持是
人則為第一希有何以故此人無我相人相
眾生相壽者相所以者何我相即是非相人

BD14441號　金剛般若波羅蜜經　（15–6）

則是非相是故如來說名實相世尊我今得
聞如是經典信解受持不足為難若當來世
後五百歲其有眾生得聞是經信解受持是
人則為第一希有何以故此人無我相人相
眾生相壽者相所以者何我相即是非相人
相眾生相壽者相即是非相何以故離一切
諸相則名諸佛
佛告須菩提如是如是若復有人得聞是經
不驚不怖不畏當知是人甚為希有何以故
須菩提如來說第一波羅蜜非第一波羅蜜
是名第一波羅蜜須菩提忍辱波羅蜜如來
說非忍辱波羅蜜何以故須菩提如我昔為
歌利王割截身體我於尒時無我相無人相
無眾生相無壽者相何以故我於往昔節節
支解時若有我相人相眾生相壽者相應生
瞋恨須菩提又念過去於五百世作忍辱仙
人於尒所世無我相無人相無眾生相無壽
者相是故須菩提菩薩應離一切相發阿耨
多羅三藐三藐三菩提心不應住色生心不應住
聲香味觸法生心應生無所住心若心有住
則為非住是故佛說菩薩心不應住色布施
須菩提菩薩為利益一切眾生應如是布施
如來說一切諸相即是非相又說一切眾生
則非眾生須菩提如來是真語者實語者如
語者不誑語者不異語者須菩提如來所得
法此法無實無虛須菩提若菩薩心住於法

BD14441號　金剛般若波羅蜜經　（15–7）

須菩提菩薩為利益一切衆生應如是布施
如来説一切諸相即是非相又説一切衆生
則非衆生須菩提如来是真語者實語者如
語者不誑語者不異語者須菩提如来所得
法此法無實無虚須菩提若菩薩心住於法
而行布施如人入暗則無所見若菩薩心不
住法而行布施如人有目日光明照見種種
色須菩提當来之世若有善男子善女人能
於此經受持讀誦則為如来以佛智慧悉知
是人悉見是人皆得成就無量無邊功德
須菩提若有善男子善女人初日分以恒河
沙等身布施中日分復以恒河沙等身布施
後日分亦以恒河沙等身布施如是無量百
千萬億劫以身布施若復有人聞此經典信
心不逆其福勝彼何况書寫受持讀誦為人
解説須菩提以要言之是經有不可思議不
可稱量無邊功德如来為發大乘者説為發
最上乘者説若有人能受持讀誦廣為人説
如来悉知是人悉見是人皆成就不可量不
可稱無有邊不可思議功德如是人等則為
荷擔如来阿耨多羅三藐三菩提何以故須
菩提若樂小法者著我見人見衆生見壽者
見則於此經不能聽受讀誦為人解説須菩
提在在處處若有此經一切世間天人阿脩
羅所應供養當知此處則為是塔皆應恭敬
作礼圍繞以諸華香而散其處

BD14441 號　金剛般若波羅蜜經　（15–8）

菩提若樂小法者著我見人見衆生見壽者
見則於此經不能聽受讀誦為人解説須菩
提在在處處若有此經一切世間天人阿脩
羅所應供養當知此處則為是塔皆應恭敬
作礼圍繞以諸華香而散其處
復次須菩提善男子善女人受持讀誦此經
若為人輕賤是人先世罪業應墮惡道以今
世人輕賤故先世罪業則為消滅當得阿耨
多羅三藐三菩提須菩提我念過去無量阿
僧祇劫於然燈佛前得值八百四千萬億那
由他諸佛悉皆供養承事無空過者若復有
人於後末世能受持讀誦此經所得功德於
我所供養諸佛功德百分不及一千萬億分
乃至筭數譬喻所不能及須菩提若善男子
善女人於後末世有受持讀誦此經所得功
德我若具説者或有人聞心則狂亂狐疑不
信須菩提當知是經義不可思議果報亦不
可思議
尒時須菩提白佛言世尊善男子善女人發
阿耨多羅三藐三菩提心云何應住云何降
伏其心佛告須菩提善男子善女人發阿耨
多羅三藐三菩提者當生如是心我應滅度
一切衆生滅度一切衆生已而無有一衆生
實滅度者何以故若菩薩有我相人相衆生
相壽者相則非菩薩所以者何須菩提實無
有法發阿耨多羅三藐三菩提者須菩提於

BD14441 號　金剛般若波羅蜜經　（15–9）

多羅三藐三菩提者當生如是心我應滅度
一切衆生滅度一切衆生已而無有一衆生
實滅度者何以故若菩薩有我相人相衆生
相壽者相則非菩薩所以者何須菩提實無
有法發阿耨多羅三藐三菩提者須菩提於
意云何如來於然燈佛所有法得阿耨多羅
三藐三菩提不不也世尊如我解佛所說義
佛於然燈佛所無有法得阿耨多羅三藐三
菩提佛言如是如是須菩提實無有法如來
得阿耨多羅三藐三菩提須菩提若有法如
來得阿耨多羅三藐三菩提然燈佛則不與
我受記汝於來世當得作佛号釋迦牟尼以
實無有法得阿耨多羅三藐三菩提是故然
燈佛與我受記作是言汝於來世當得作佛
号釋迦牟尼何以故如來者即諸法如義若
有人言如來得阿耨多羅三藐三菩提須菩
提實無有法佛得阿耨多羅三藐三菩提須
菩提如來所得阿耨多羅三藐三菩提於是
中無實無虛是故如來說一切法皆是佛法
須菩提所言一切法者即非一切法是故名
一切法須菩提譬如人身長大須菩提言世
尊如來說人身長大則為非大身是名大
身須菩提菩薩亦如是若作是言我當滅度
無量衆生則不名菩薩何以故須菩提實無有
法名為菩薩是故佛說一切法無我無人無
衆生無壽者須菩提若菩薩作是言我當莊

BD14441號　金剛般若波羅蜜經　（15-10）

身須菩提菩薩亦如是若作是言我當滅度
無量衆生則不名菩薩何以故須菩提實無有
法名為菩薩是故佛說一切法無我無人無
衆生無壽者須菩提若菩薩作是言我當莊
嚴佛土是不名菩薩何以故如來說莊嚴佛
土者即非莊嚴是名莊嚴須菩提若菩薩通
達無我法者如來說名真是菩薩
須菩提於意云何如來有肉眼不如是世尊
如來有肉眼須菩提於意云何如來有天眼
不如是世尊如來有天眼須菩提於意云何
如來有慧眼不如是世尊如來有慧眼須菩
提於意云何如來有法眼不如是世尊如來
有法眼須菩提於意云何如來有佛眼不如
是世尊如來有佛眼須菩提於意云何恒河
中所有沙佛說是沙不如是世尊如來說是
沙須菩提於意云何如一恒河中所有沙有
如是等恒河是諸恒河所有沙數佛世界如
是寧為多不甚多世尊佛告須菩提尒所國
土中所有衆生若干種心如來悉知何以故
如來說諸心皆為非心是名為心所以者何
須菩提過去心不可得現在心不可得未來
心不可得須菩提於意云何若有人滿三千
大千世界七寶以用布施是人以是因緣得
福多不如是世尊此人以是因緣得福甚多
須菩提若福德有實如來不說得福德多以
福德無故如來說得福德多

BD14441號　金剛般若波羅蜜經　（15-11）

大千世界七寶以用布施是人以是因緣得
福多不如是世尊此人以是因緣得福甚多
須菩提若福德有實如來不說得福德多以
福德無故如來說得福德多
須菩提於意云何佛可以具足色身見不不
也世尊如來不應以色身見何以故如來說
具足色身即非具足色身是名具足色身須
菩提於意云何如來可以具足諸相見不不
也世尊如來不應以具足諸相見何以故如
來說諸相具足即非具足是名諸相具足須
菩提汝勿謂如來作是念我當有所說法莫
作是念何以故若人言如來有所說法即為
謗佛不能解我所說故須菩提說法者無法
可說是名說法須菩提白佛言世尊佛得阿
耨多羅三藐三菩提為無所得耶如是如是
須菩提我於阿耨多羅三藐三菩提乃至無
有少法可得是名阿耨多羅三藐三菩提復
次須菩提是法平等無有高下是名阿耨多
羅三藐三菩提以無我無人無衆生無壽者
脩一切善法則得阿耨多羅三藐三菩提須
菩提所言善法者如來說非善法是名善法
須菩提若三千大千世界中所有諸須弥山
王如是等七寶聚有人持用布施若人以此
般若波羅蜜經乃至四句偈等受持讀誦為
他人說於前福德百分不及一百千萬億分

BD14441號　金剛般若波羅蜜經　（15-12）

王如是等七寶聚有人持用布施若人以此
般若波羅蜜經乃至四句偈等受持讀誦為
他人說於前福德百分不及一百千萬億分
乃至筭數譬喻所不能及
須菩提於意云何汝等勿謂如來作是念我
當度衆生須菩提莫作是念何以故實無有
衆生如來度者若有衆生如來度者如來則
有我人衆生壽者須菩提如來說有我者則
非有我而凡夫之人以為有我須菩提凡夫
者如來說則非凡夫須菩提於意云何可以
卅二相觀如來不須菩提言如是如是以卅
二相觀如來佛言須菩提若以卅二相觀如
來者轉輪聖王則是如來須菩提白佛言世
尊如我解佛所說義不應以卅二相觀如來
尒時世尊而說偈言
若以色見我　以音聲求我　是人行耶道　不能見如來
須菩提汝若作是念如來不以具足相故得
阿耨多羅三藐三菩提須菩提莫作是念如
來不以具足相故得阿耨多羅三藐三菩提
須菩提汝若作是念發阿耨多羅三藐三菩
提者說諸法斷滅莫作是念何以故發阿耨
多羅三藐三菩提者於法不說斷滅相須菩
提若菩薩以滿恒河沙等世界七寶布施若
復有人知一切法無我得成於忍此菩薩勝
前菩薩所得功德須菩提以諸菩薩不受福

BD14441號　金剛般若波羅蜜經　（15-13）

提者說諸法斷滅莫作是念何以故發阿耨
多羅三藐三菩提者於法不說斷滅相須菩
提若菩薩以滿恒河沙等世界七寶布施若
復有人知一切法無我得成於忍此菩薩勝
前菩薩所得功德須菩提以諸菩薩不受福
德故須菩提白佛言世尊云何菩薩不受福
德須菩提菩薩所作福德不應貪著是故說
不受福德須菩提若有人言如來若來若去
若坐若卧是人不解我所說義何以故如來
者無所從來亦無所去故名如來須菩提若
善男子善女人以三千大千世界碎為微塵
於意云何是微塵衆寧為多不甚多世尊何
以故若是微塵衆實有者佛則不說是微塵
衆所以者何佛說微塵衆則非微塵衆是名
微塵衆世尊如來所說三千大千世界則非
世界是名世界何以故若世界實有者則是
一合相如來說一合相則非一合相是名一
合相須菩提一合相者則是不可說但凡夫
之人貪著其事須菩提若人言佛說我見人
見衆生見壽者見須菩提於意云何是人解
我所說義不世尊是人不解如來所說義何
以故世尊說我見人見衆生見壽者見即非
我見人見衆生見壽者見是名我見人見衆
生見壽者見須菩提發阿耨多羅三藐三菩
提心者於一切法應如是知如是見如是信
解不生法相須菩提所言法相者如來說即非

BD14441號　金剛般若波羅蜜經　（15–14）

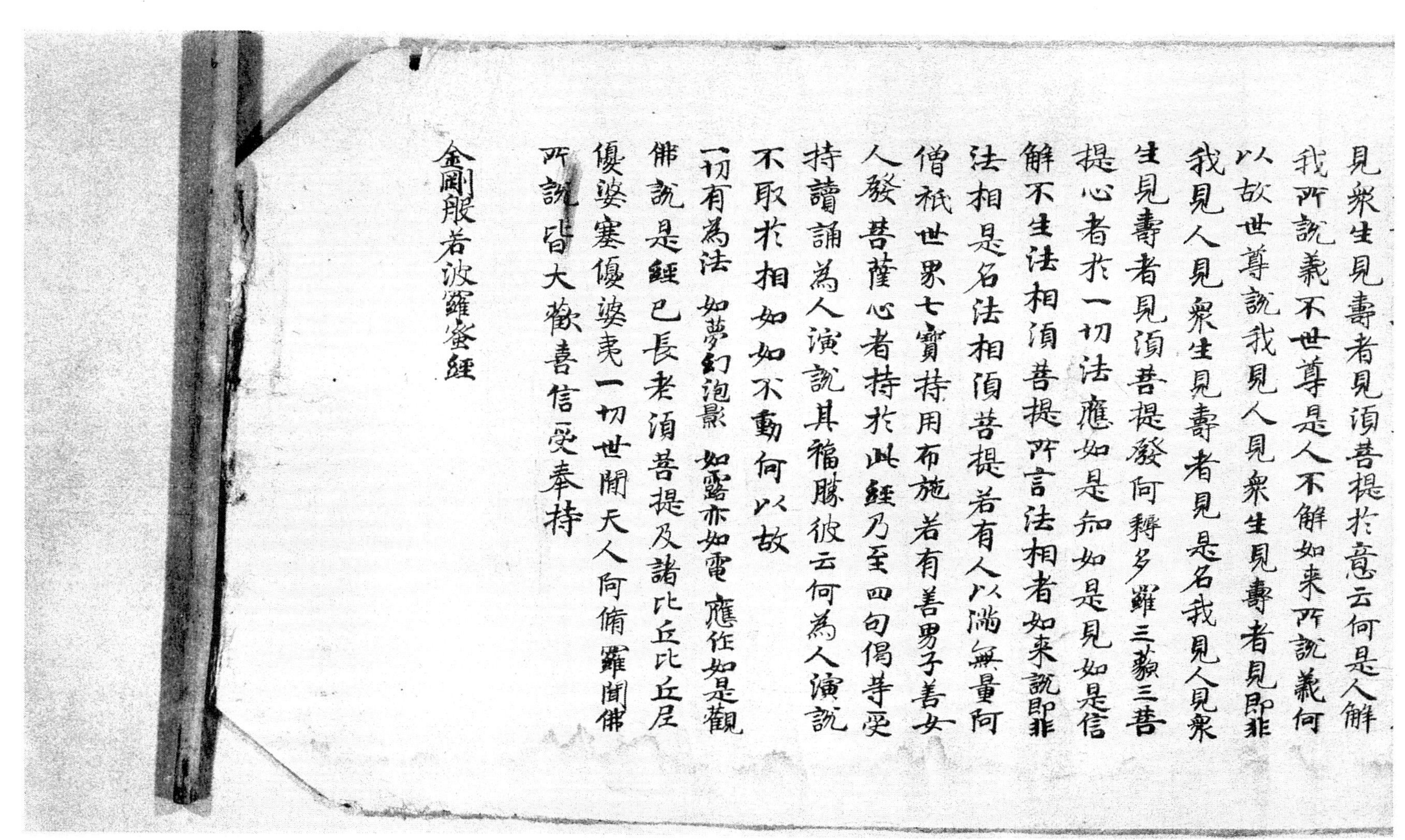
見衆生見壽者見須菩提於意云何是人解
我所說義不世尊是人不解如來所說義何
以故世尊說我見人見衆生見壽者見即非
我見人見衆生見壽者見是名我見人見衆
生見壽者見須菩提發阿耨多羅三藐三菩
提心者於一切法應如是知如是見如是信
解不生法相須菩提所言法相者如來說即非
法相是名法相須菩提若有人以滿無量阿
僧祇世界七寶持用布施若有善男子善女
人發菩薩心者持於此經乃至四句偈等受
持讀誦為人演說其福勝彼云何為人演說
不取於相如如不動何以故
一切有為法　如夢幻泡影　如露亦如電　應作如是觀
佛說是經已長老須菩提及諸比丘比丘尼
優婆塞優婆夷一切世間天人阿修羅聞佛
所說皆大歡喜信受奉持

金剛般若波羅蜜經

BD14441號　金剛般若波羅蜜經　（15–15）

清淨肉眼見於三
千大千世界內外所有山林河海下至阿鼻
地獄上至有頂亦見其中一切衆生及業因
緣果報生處悉見悉知尒時世尊欲重宣此
義而說偈言
□於大衆中　以无所畏心　說是法華經　汝聽□□德
□百　功德殊勝眼　以是莊嚴故　其□□□淨
父母所生眼　悉見三千界　內外弥樓山　□□□鐵圍
并諸餘山林　大海江河水　下至阿鼻獄　上至……
其中諸衆生　一切皆悉見　雖未得天眼　肉眼力如是
復次常精進若善男子善女人受持此經若
讀若誦若解說若書寫得千二百耳功德以
是清淨耳聞三千大千世界下至阿鼻地獄
上至有頂其中內外種種語言音聲象聲馬
聲牛聲車聲啼哭聲愁歎聲螺聲鼓聲鍾聲
鈴聲咲聲語聲男聲女聲童子聲童女聲法
聲非法聲苦聲樂聲凡夫聲聖人聲喜聲不

BD14442號　妙法蓮華經卷六　（26–1）

上至有頂其中內外種種語言音聲象聲馬
聲牛聲車聲啼哭聲愁歎聲螺聲鼓聲鍾聲
鈴聲咲聲語聲男聲女聲童子聲童女聲法
聲非法聲苦聲樂聲凡夫聲聖人聲喜聲不
喜聲天聲龍聲夜叉聲乾闥婆聲阿脩羅聲
迦樓羅聲緊那羅聲摩睺羅伽聲火聲水聲
風聲地獄聲畜生聲餓鬼聲比丘聲比丘尼
聲聲聞聲辟支佛聲菩薩聲佛聲以要言之
三千大千世界中一切內外所有諸聲雖未
得天耳以父母所生清淨常耳皆悉聞知如
是分別種種音聲而不壞耳根尒時世尊欲
重宣此義而說偈言
父母所生耳　清淨无濁穢　以此常耳聞　三千世界聲
象馬車牛聲　鍾鈴螺鼓聲　琴瑟箜篌聲　簫笛之音聲
清淨好歌聲　聽之而不著　无數種人聲　聞悉能解了
又聞諸天聲　微妙之歌音　及聞男女聲　童子童女聲
山川嶮谷中　迦陵頻伽聲　命命等諸鳥　悉聞其音聲
地獄衆苦痛　種種楚毒聲　餓鬼飢渴逼　求索飲食聲
諸阿脩羅等　居在大海邊　自共語言時　出于大音聲
如是說法者　安住於此間　遙聞是衆聲　而不壞耳根
十方世界中　禽獸鳴相呼　其說法之人　於此悉聞之
其諸梵天上　光音及遍淨　乃至有頂天　言語之音聲
法師住於此　悉皆得聞之
一切比丘衆　及諸比丘尼　若讀誦經典　若為他人說
法師住於此　悉皆得聞之
復有諸菩薩　讀誦於經法　若為他人說　撰集解其義
……　悉皆得聞之

BD14442號　妙法蓮華經卷六　（26–2）

一切比丘衆　及諸比丘尼　若讀誦經典　若爲他人說
法師住於此　悉皆得聞之
復有諸菩薩　讀誦於經法　若爲他人說　撰集解其義
如是諸音聲　悉皆得聞之
諸佛大聖尊　教化衆生者　於諸大會中　演說微妙法
持此法華者　悉皆得聞之
三千大千界　內外諸音聲　下至阿鼻獄　上至有頂天
皆聞其音聲　而不壞耳根　其耳聰利故　悉能分別知
持是法華者　雖未得天耳　但用所生耳　功德已如是
復次常精進若善男子善女人受持是經若
讀若誦若解說若書寫成就八百鼻功德以
是清淨鼻根聞於三千大千世界上下內外
種種諸香須曼那華香闍提華香末利華香
瞻蔔華香波羅羅華香赤蓮華香青蓮華香
白蓮華香華樹香菓樹香栴檀香沈水香多
摩羅跋香多伽羅香及千万種和香若末若
丸若塗香持是經者於此間住悉能分別又
復別知衆生之香象香馬香牛羊等香男香
女香童子香童女香及草木叢林香若近若
遠所有諸香悉皆得聞分別不錯持是經者
雖住於此亦聞天上諸天之香波利質多羅
拘鞞陀羅樹香及曼陀羅華香摩訶曼陀羅
華香曼殊沙華香摩訶曼殊沙華香栴檀沈
水種種末香諸雜華香如是等天香和合所
出之香无不聞知又聞諸天身香釋提桓因
在勝殿上五欲娛樂嬉戲時香若在妙法堂

拘鞞陀羅樹香及曼陀羅華香摩訶曼陀羅
華香曼殊沙華香摩訶曼殊沙華香栴檀沈
水種種末香諸雜華香如是等天香和合所
出之香无不聞知又聞諸天身香釋提桓因
在勝殿上五欲娛樂嬉戲時香若在妙法堂
上爲忉利諸天說法時香若於諸園遊戲時
香及餘天等男女身香皆悉遙聞如是展轉
乃至梵世上至有頂諸天身香亦皆聞之并
聞諸天所燒之香及聲聞香辟支佛香菩薩
香諸佛身香亦皆遙聞知其所在雖聞此香
然於鼻根不壞不錯若欲分別爲他人說憶
念不謬尒時世尊欲重宣此義而說偈言
是人鼻清淨　於此世界中　若香若臭物　種種悉聞知
須曼那闍提　多摩羅栴檀　沈水及桂香　種種華菓香
及知衆生香　男子女人香　說法者遠住　聞香知所在
大勢轉輪王　小轉輪及子　羣臣諸宮人　聞香知所在
身所著珎寶　及地中寶藏　轉輪王寶女　聞香知所在
諸人嚴身具　衣服及瓔珞　種種所塗香　聞則知其身
諸天若行坐　遊戲及神變　持是法華者　聞香悉能知
諸樹華菓實　及蘇油香氣　持經者住此　悉知其所在
諸山深險處　栴檀樹華敷　衆生在中者　聞香皆能知
鐵圍山大海　地中諸衆生　持經者聞香　悉知其所在
阿脩羅男女　及其諸眷屬　鬪諍遊戲時　聞香皆能知
曠野險隘處　師子象虎狼　野牛水牛等　聞香知所在
若有懷任者　未辯其男女　无根及非人　聞香悉能知
以聞香力故　知其初懷任　成就不成就　安樂產福子
[illegible]故　知[illegible]所念　[illegible]恚心　亦知脩善者

阿脩羅男女　及其諸眷屬　闘諍遊戲時　聞香皆能知
曠野險隘處　師子象虎狼　野牛水牛等　聞香知所在
若有懷妊者　未辯其男女　无根及非人　聞香悉能知
以聞香力故　知其初懷妊　成就不成就　安樂產福子
以聞香力故　知男女所念　染欲癡恚心　亦知脩善者
地中衆伏藏　金銀諸珎寶　銅器之所盛　聞香悉能知
種種諸瓔珞　无能識其價　聞香知貴賤　出處及所在
天上諸華等　曼陁曼殊沙　波利質多樹　聞香悉能知
天上諸宮殿　上中下差別　衆寶華莊嚴　聞香悉能知
天園林勝殿　諸觀妙法堂　在中而娛樂　聞香悉能知
諸天若聽法　或受五欲時　來往行坐臥　聞香悉能知
天女所著衣　好華香莊嚴　周旋遊戲時　聞香悉能知
如是展轉上　乃至於梵世　入禪出禪者　聞香悉能知
光音遍淨天　乃至于有頂　初生及退沒　聞香悉能知
諸比丘衆等　於法常精進　若坐若經行　及讀誦經者
或在林樹下　專精而坐禪　持經者聞香　悉知其所在
菩薩志堅固　坐禪若讀經　或爲人說法　聞香悉能知
在在方世尊　一切所恭敬　愍衆而說法　聞香悉能知
衆生在佛前　聞經皆歡喜　如法而脩行　聞香悉能知
雖未得菩薩　无漏法生鼻　而是持經者　先得此鼻相
復次常精進若善男子善女人受持是經若
讀若誦若解說若書寫得千二百舌功德若
好若醜若美不美及諸苦澁物在其舌根皆
變成上味如天甘露无不美者若以舌根於
大衆中有所演說出深妙聲能入其心皆令

BD14442號　妙法蓮華經卷六　（26-5）

讀若誦若解說若書寫得千二百舌功德若
好若醜若美不美及諸苦澁物在其舌根皆
變成上味如天甘露无不美者若以舌根於
大衆中有所演說出深妙聲能入其心皆令
歡喜快樂又諸天子天女釋梵諸天聞是深
妙音聲有所演說言論次第皆悉來聽及諸
龍龍女夜叉夜叉女揵闥婆揵闥婆女阿脩
羅阿脩羅女迦樓羅迦樓羅女緊那羅緊那
羅女摩睺羅伽摩睺羅伽女爲聽法故皆來
親近恭敬供養及比丘比丘尼優婆塞優婆
夷國王王子羣臣眷屬小轉輪王大轉輪王
七寶千子內外眷屬乘其宮殿俱來聽法以
是菩薩善說法故婆羅門居士國內人民盡
其形壽隨侍供養又諸聲聞辟支佛菩薩諸
佛常樂見之是人所在方面諸佛皆向其處
說法悉能受持一切佛法又能出於深妙法
音尒時世尊欲重宣此義而說偈言
是人舌根淨　終不受惡味　其有所食噉　悉皆成甘露
以深淨妙聲　於大衆說法　以諸因緣喻　引導衆生心
聞者皆歡喜　設諸上供養
諸天龍夜叉　及阿脩羅等　皆以恭敬心　而共來聽法
是說法之人　若欲以妙音　遍滿三千界　隨意即能至
大小轉輪王　及千子眷屬　合掌恭敬心　常來聽受法
諸天龍夜叉　羅刹毗舍闍　亦以歡喜心　常樂來供養
梵天王魔王　自在大自在　如是諸天衆　常來至其所
諸佛及弟子　聞其說法音　常念而守護　或時爲現身

BD14442號　妙法蓮華經卷六　（26-6）

大小轉輪王 及千子眷屬 合掌恭敬心 常來聽受法
諸天龍夜叉 羅剎毗舍闍 亦以歡喜心 常樂來供養
梵天王魔王 自在大自在 如是諸天眾 常來至其所
諸佛及弟子 聞其說法音 常念而守護 或時為現身
復次常精進若善男子善女人受持是經若
讀若誦若解說若書寫得八百身功德得清
淨身如淨瑠璃眾生憙見其身淨故三千大
千世界眾生生時死時上下好醜生善處惡
處悉於中現及鐵圍大鐵圍弥樓山摩訶弥
樓山等諸山及其中眾生悉於中現下至阿
鼻地獄上至有頂所有及眾生悉於中現若
聲聞辟支佛菩薩諸佛說法皆於身中現其
色像尒時世尊欲重宣此義而說偈言
若持法華者 其身甚清淨 如彼淨瑠璃 眾生皆憙見
又如淨明鏡 悉見諸色像 菩薩於淨身 皆見世所有
唯獨自明了 餘人所不見
三千世界中 一切諸羣萌 天人阿脩羅 地獄鬼畜生
如是諸色像 皆於身中現
諸天等宮殿 乃至於有頂 鐵圍及弥樓 摩訶弥樓山
諸大海水等 皆於身中現
諸佛及聲聞 佛子菩薩等 若獨若在眾 說法悉皆現
雖未得无漏 法性之妙身 以清淨常體 一切於中現
復次常精進若善男子善女人如來滅後受
持是經若讀若誦若解說若書寫得千二百
意功德以是清淨意根乃至聞一偈一句通
達无量无邊之義解是義已能演說一句一

BD14442號　妙法蓮華經卷六　　（26–7）

雖未得无漏 法性之妙身 以清淨常體 一切於中現
復次常精進若善男子善女人如來滅後受
持是經若讀若誦若解說若書寫得千二百
意功德以是清淨意根乃至聞一偈一句通
達无量无邊之義解是義已能演說一句一
偈至於一月四月乃至一歲諸所說法隨其
義趣皆與實相不相違背若說俗間經書治
世語言資生業等皆順正法三千大千世界
六趣眾生心之所行心所動作心所戲論皆
悉知之雖未得无漏智慧而其意根清淨如
此是人有所思惟籌量言說皆是佛法无不
真實亦是先佛經中所說尒時世尊欲重宣
此義而說偈言
是人意清淨 明利无穢濁 以此妙意根 知上中下法
乃至聞一偈 通達无量義 次第如法說 月四月至歲
是世界內外 一切諸眾生 若天龍及人 夜叉鬼神等
其在六趣中 所念若干種 持法華之報 一時皆悉知
十方无數佛 百福莊嚴相 為眾生說法 悉聞能受持
思惟无量義 說法亦无量 終始不忘錯 以持法華故
悉知諸法相 隨義識次第 達名字語言 如所知演說
此人有所說 皆是先佛法 以演此法故 於眾无所畏
持法華經者 意根淨若斯 雖未得无漏 先有如是相
是人持此經 安住希有地 為一切眾生 歡喜而愛敬
能以千万種 善巧之語言 分別而說法 持法華經故
妙法蓮華經常不輕菩薩品第二十
尒時佛告得大勢菩薩摩訶薩汝今當知若

BD14442號　妙法蓮華經卷六　　（26–8）

持法華經者 意根淨若斯 雖未得无漏 先有如是相
是人持此經 安住希有地 為一切衆生 歡喜而愛敬
能以千万種 善巧之語言 分別而說法 持法華經故

妙法蓮華經常不輕菩薩品第二十

尒時佛告得大勢菩薩摩訶薩汝今當知若比丘比丘尼優婆塞優婆夷持法華經者若有惡口罵詈誹謗獲大罪報如前所說其所得功德如向所說眼耳鼻舌身意清淨得大勢乃往古昔過无量无邊不可思議阿僧祇劫有佛名威音王如来應供正遍知明行足善逝世間解无上士調御丈夫天人師佛世尊劫名離衰國名大成其威音王佛於彼世中為天人阿脩羅說法為求聲聞者說應四諦法度生老病死究竟涅槃為求辟支佛者說應十二因緣法為諸菩薩因阿耨多羅三藐三菩提說應六波羅蜜法究竟佛慧得大勢是威音王佛壽四十万億那由他恒河沙劫正法住世劫數如一閻浮提微塵像法住世劫數如四天下微塵其佛饒益衆生已然後滅度正法像法滅盡之後於此國土復有佛出亦号威音王如来應供正遍知明行足善逝世間解无上士調御丈夫天人師佛世尊如是次第有二万億佛皆同一号最初威音王如来既已滅度正法滅後於像法中增上慢比丘有大勢力尒時有一菩薩比丘名常不輕得大勢以何因緣名常不輕是比丘

BD14442 號　妙法蓮華經卷六　（26–9）

尊如是次第有二万億佛皆同一号最初威音王如来既已滅度正法滅後於像法中增上慢比丘有大勢力尒時有一菩薩比丘名常不輕得大勢以何因緣名常不輕是比丘凡有所見若比丘比丘尼優婆塞優婆夷皆悉礼拜讚嘆而作是言我深敬汝等不敢輕慢所以者何汝等皆行菩薩道當得作佛而是比丘不專讀誦經典但行礼拜乃至遠見四衆亦復故往礼拜讚嘆而作是言我不敢輕於汝等汝等皆當作佛四衆之中有生瞋恚心不淨者惡口罵詈言是无智比丘從何所来自言我不輕汝而與我等授記當得作佛我等不用如是虛妄授記如此經歷多年常被罵詈不生瞋恚常作是言汝當作佛說是語時衆人或以杖木瓦石而打擲之避走遠住猶高聲唱言我不敢輕汝汝等皆當作佛以其常作是語故增上慢比丘比丘尼優婆塞優婆夷号之為常不輕是比丘臨欲終時於虛空中具聞威音王佛先所說法華經二十千万億偈悉能受持即得如上眼根清淨耳鼻舌身意根清淨得是六根清淨已更增壽命二百万億那由他歲廣為人說是法華經於時增上慢四衆比丘比丘尼優婆塞優婆夷輕賤是人為作不輕名者見其得大神通力樂說辯力大善寂力聞其所說皆信伏隨從是菩薩復化千万億衆令住阿耨多

BD14442 號　妙法蓮華經卷六　（26–10）

增壽命二百万億那由他歲廣為人說是法
華經於時增上慢四衆比丘比丘尼優婆塞
優婆夷輕賤是人為作不輕名者見其得大
神通力樂說辯力大善寂力聞其所說皆信
伏隨從是菩薩復化千万億衆令住阿耨多
羅三藐三菩提命終之後得值二千億佛皆
号日月燈明於其法中說是法華經以是因
緣復值二千億佛同号雲自在燈王於此諸
佛法中受持讀誦為諸四衆說此經典故得
是常眼清淨耳鼻舌身意諸根清淨於四衆
中說法心无所畏得大勢是常不輕菩薩摩
訶薩供養如是若干諸佛恭敬尊重讚嘆種
諸善根於後復值千万億佛亦於諸佛法中
說是經典功德成就當得作佛得大勢於意
云何尒時常不輕菩薩豈異人乎則我身是
若我於宿世不受持讀誦此經為他人說者
不能疾得阿耨多羅三藐三菩提我於先佛
所受持讀誦此經為人說故疾得阿耨多羅
三藐三菩提得大勢彼時四衆比丘比丘尼
優婆塞優婆夷以瞋恚意輕賤我故二百億
劫常不值佛不聞法不見僧千劫於阿鼻地
獄受大苦惱畢是罪已復遇常不輕菩薩教
化阿耨多羅三藐三菩提得大勢於汝意云
何尒時四衆常輕是菩薩者豈異人乎今此
會中跋陀婆羅等五百菩薩師子月等五百
比丘尼思佛等五百優婆塞皆於阿耨多羅

獄受大苦惱畢是罪已復遇常不輕菩薩教
化阿耨多羅三藐三菩提得大勢於汝意云
何尒時四衆常輕是菩薩者豈異人乎今此
會中跋陀婆羅等五百菩薩師子月等五百
比丘尼思佛等五百優婆塞皆於阿耨多羅
三藐三菩提不退轉者是得大勢當知是法
華經大饒益諸菩薩摩訶薩能令至於阿耨
多羅三藐三菩提是故諸菩薩摩訶薩於如
来滅後常應受持讀誦解說書寫是經尒時
世尊欲重宣此義而說偈言
過去有佛　号威音王　神智无量　將導一切
天人龍神　所共供養
是佛滅後　法欲盡時　有一菩薩　名常不輕
時諸四衆　計着於法　不輕菩薩　往到其所
而語之言　我不輕汝　汝等行道　皆當作佛
諸人聞已　輕毀罵詈　不輕菩薩　能忍受之
其罪畢已　臨命終時　得聞此經　六根清淨
神通力故　增益壽命　復為諸人　廣說是經
諸著法衆　皆蒙菩薩　教化成就　令住佛道
不輕命終　值无數佛　說是經故　得无量福
漸具功德　疾成佛道　彼時不輕　則我身是
時四部衆　着法之者　聞不輕言　汝當作佛
以是因緣　值无數佛　此會菩薩　五百之衆
并及四部　清信士女　今於我前　聽法者是
我於前世　勸是諸人　聽受斯經　第一之法
開示教人　令住涅槃　世世受持　如是經典

時四部衆　著法之者　聞不輕言　汝當作佛
以是因緣　值无數佛　此會菩薩　五百之衆
并及四部　清信士女　今於我前　聽法者是
我於前世　勸是諸人　聽受斯經　第一之法
開示教人　令住涅槃　世世受持　如是經典
億億万劫　至不可議　時乃得聞　是法華經
億億万劫　至不可議　諸佛世尊　時說是經
是故行者　於佛滅後　聞如是經　勿生疑惑
應當一心　廣說此經　世世值佛　疾成佛道
妙法蓮華經如來神力品第二十一
尒時千世界微塵等菩薩摩訶薩從地踊出
者皆於佛前一心合掌瞻仰尊顏而白佛言
世尊我等於佛滅後世尊分身所在國土滅
度之處當廣說此經所以者何我等亦自欲
得是真淨大法受持讀誦解說書寫而供養
之尒時世尊於文殊師利等无量百千万億
舊住娑婆世界菩薩摩訶薩及諸比丘比丘
尼優婆塞優婆夷天龍夜叉乾闥婆阿脩羅
迦樓羅緊那羅摩睺羅伽人非人等一切衆
前現大神力出廣長舌上至梵世一切毛孔
放於无量无數色光皆悉遍照十方世界衆
寶樹下師子座上諸佛亦復如是出廣長舌
放无量光釋迦牟尼佛及寶樹下諸佛現神
力時滿百千歲然後還攝舌相一時謦欬俱
共彈指是二音聲遍至十方諸佛世界地皆
六種震動其中衆生天龍夜叉乾闥婆阿脩

BD14442 號　妙法蓮華經卷六

(26-13)

放无量光釋迦牟尼佛及寶樹下諸佛現神
力時滿百千歲然後還攝舌相一時謦欬俱
共彈指是二音聲遍至十方諸佛世界地皆
六種震動其中衆生天龍夜叉乾闥婆阿脩
羅迦樓羅緊那羅摩睺羅伽人非人等以佛
神力故皆見此娑婆世界无量无邊百千万
億衆寶樹下師子座上諸佛及見釋迦牟尼
佛共多寶如來在寶塔中坐師子座又見无
量无邊百千万億菩薩摩訶薩及諸四衆恭
敬圍繞釋迦牟尼佛既見是已皆大歡喜得
未曾有即時諸天於虛空中高聲唱言過此
无量无邊百千万億阿僧祇世界有國名娑
婆是中有佛名釋迦牟尼今為諸菩薩摩訶
薩說大乘經名妙法蓮華教菩薩法佛所護
念汝等當深心隨喜亦當礼拜供養釋迦牟
尼佛彼諸衆生聞虛空中聲已合掌向娑婆
世界作如是言南无釋迦牟尼佛南无釋迦
牟尼佛以種種華香瓔珞幡蓋及諸嚴身之
具珍寶妙物皆共遙散娑婆世界所散諸物
從十方來譬如雲集變成寶帳遍覆此間諸
佛之上于時十方世界通達无礙如一佛土
尒時佛告上行等菩薩大衆諸佛神力如是
无量无邊不可思議若我以是神力於无量
无邊百千万億阿僧祇劫為囑累故說此經
功德猶不能盡以要言之如來一切所有之
法如來一切自在神力如來一切祕要之藏

BD14442 號　妙法蓮華經卷六

(26-14)

尒時佛告上行等菩薩大衆諸佛神力如是
无量无邊不可思議若我以是神力於无量
无邊百千万億阿僧祇劫爲囑累故説此經
功德猶不能盡以要言之如來一切所有之
法如來一切自在神力如來一切祕密之藏
如來一切甚深之事皆於此經宣示顯説是
故汝等於如來滅後應一心受持讀誦解説
書寫如説脩行所在國土若有受持讀誦解
説書寫如説脩行若經卷所住之處若於園
中若於林中若於樹下若於僧坊若白衣舍
若在殿堂若山谷曠野是中皆應起塔供養
所以者何當知是處即是道場諸佛於此得
阿耨多羅三藐三菩提諸佛於此轉于法輪
諸佛於此而般涅槃尒時世尊欲重宣此義
而説偈言
諸佛救世者 住於大神通 爲悅衆生故 現无量神力
舌相至梵天 身放无數光 爲求佛道者 現此希有事
諸佛謦欬聲 及彈指之聲 周聞十方國 地皆六種動
以佛滅度後 能持是經故 諸佛皆歡喜 現无量神力
囑累是經故 讚美受持者 於无量劫中 猶故不能盡
是人之功德 无邊无有窮 如十方虛空 不可得邊際
能持是經者 則爲已見我 亦見多寶佛 及諸分身者
又見我今日 教化諸菩薩
能持是經者 令我及分身 滅度多寶佛 一切皆歡喜
十方現在佛 并過去未來 亦見亦供養 亦令得歡喜
諸佛坐道場 所得祕要法 能持是經者 不久亦當得

能持是經者 則爲已見我 亦見多寶佛 及諸分身者
又見我今日 教化諸菩薩
能持是經者 令我及分身 滅度多寶佛 一切皆歡喜
十方現在佛 并過去未來 亦見亦供養 亦令得歡喜
諸佛坐道場 所得祕要法 能持是經者 不久亦當得
能持是經者 於諸法之義 名字及言辭 樂説无窮盡
如風於空中 一切无鄣礙 於如來滅後 知佛所説經
因緣及次第 隨義如實説 如日月光明 能除諸幽冥
斯人行世間 能滅衆生闇 教无量菩薩 畢竟住一乘
是故有智者 聞此功德利 於我滅度後 應受持斯經
是人於佛道 決定无有疑

妙法蓮華經囑累品第二十二

尒時釋迦牟尼佛從法座起現大神力以右
手摩无量菩薩摩訶薩頂而作是言我於无
量百千万億阿僧祇劫脩集是難得阿耨多
羅三藐三菩提法今以付囑汝等汝等應當
一心流布此法廣令增益如是三摩諸菩薩
摩訶薩頂而作是言我於无量百千万億阿
僧祇劫脩集是難得阿耨多羅三藐三菩提
法今以付囑汝等汝等當受持讀誦廣宣此
法令一切衆生普得聞知所以者何如來有
大慈悲无諸慳悋亦无所畏能與衆生佛之
智慧如來智慧自然智慧如來是一切衆生
之大施主汝等亦應隨學如來之法勿生慳
悋於未來世若有善男子善女人信如來智
慧者當爲演説此法華經使得聞知爲令其

大慈悲无諸慳恡亦无所畏能與衆生佛之
智慧如来智慧自然智慧如来是一切衆生
之大施主汝等亦應隨學如来之法勿生慳
恡於未来世若有善男子善女人信如来智
慧者當為演說此法華經使得聞知為令其
人得佛慧故若有衆生不信受者當於如来
餘深法中示教利喜汝等若能如是則為已
報諸佛之恩時諸菩薩摩訶薩聞佛作是說
已皆大歡喜遍滿其身益加恭敬曲躬低頭
合掌向佛俱發聲言如世尊勑當具奉行唯
然世尊願不有慮諸菩薩摩訶薩衆如是三
反俱發聲言如世尊勑當具奉行唯然世尊
願不有慮尒時釋迦牟尼佛令十方来諸分
身佛各還本土而作是言諸佛各隨所安多
寶佛塔還可如故說是語時十方无量分身
諸佛坐寶樹下師子座上者及多寶佛并上
行等无邊阿僧祇菩薩大衆舍利弗等聲聞
四衆及一切世間天人阿脩羅等聞佛所說
皆大歡喜
妙法蓮華經藥王菩薩本事品第二十三
尒時宿王華菩薩白佛言世尊藥王菩薩云
何遊於娑婆世界世尊是藥王菩薩有若干
百千万億那由他難行苦行善哉世尊願少
解說諸天龍神夜叉乹闥婆阿脩羅迦樓羅
緊那羅摩睺羅伽人非人等又他國土諸来
菩薩及此聲聞衆聞皆歡喜尒時佛告宿王

BD14442號　妙法蓮華經卷六　（26–17）

百千万億那由他難行苦行善哉世尊願少
解說諸天龍神夜叉乹闥婆阿脩羅迦樓羅
緊那羅摩睺羅伽人非人等又他國土諸来
菩薩及此聲聞衆聞皆歡喜尒時佛告宿王
華菩薩乃往過去无量恒河沙劫有佛号日
月淨明德如来應供正遍知明行足善逝世
間解无上士調御丈夫天人師佛世尊其佛
有八十億大菩薩摩訶薩七十二恒河沙大
聲聞衆佛壽四万二千劫菩薩壽命亦等彼
國无有女人地獄餓鬼畜生阿脩羅等及以
諸難地平如掌瑠璃所成寶樹莊嚴寶帳覆
上垂寶華幡寶瓶香鑪周遍國界七寶為臺
一樹一臺其樹去臺盡一箭道此諸寶樹皆
有菩薩聲聞而坐其下諸寶臺上各有百億
諸天作天伎樂歌嘆於佛以為供養尒時彼
佛為一切衆生憙見菩薩及衆菩薩諸聲聞
衆說法華經是一切衆生憙見菩薩樂集苦
行於日月淨明德佛法中精進經行一心求
佛滿万二千歲已得現一切色身三昧得此
三昧已心大歡喜即作念言我得現一切色
身三昧皆是得聞法華經力我今當供養日
月淨明德佛及法華經即時入是三昧於虛
空中雨曼陀羅華摩訶曼陀羅華細末堅黑
栴檀滿虛空中如雲而下又雨海此岸栴檀
之香此香六銖價直娑婆世界以供養佛作
是供養已從三昧起而自念言我雖以神力

BD14442號　妙法蓮華經卷六　（26–18）

身三昧皆是得聞法華經力我今當供養日
月淨明德佛及法華經即時入是三昧於虛
空中雨曼陁羅華摩訶曼陁羅華細末堅黑
栴檀滿虛空中如雲而下又雨海此岸栴檀
之香此香六銖價直娑婆世界以供養佛作
是供養已從三昧起而自念言我雖以神力
供養於佛不如以身供養即服諸香栴檀薰
陸兜樓婆畢力迦沉水膠香又飲瞻蔔諸華
香油滿千二百歲已香油塗身於日月淨明
德佛前以天寶衣而自纏身灌諸香油以神
通力願而自然身光明遍照八十億恒河沙
世界其中諸佛同時讚言善哉善哉善男子
是真精進是名真法供養如來若以華香瓔
珞燒香末香塗香天繒幡蓋及海此岸栴檀
之香如是等種種諸物供養所不能及假使
國城妻子布施亦所不及善男子是名第一
之施於諸施中最尊最上以法供養諸如來
故作是語已而各嘿然其身火然千二百歲
過是已後其身乃盡一切眾生憙見菩薩作
如是法供養已命終之後復生日月淨明德
佛國中於淨德王家結跏趺坐忽然化生即
為其父而說偈言
大王今當知　我經行彼處　即時得一切　現諸身三昧
勤行大精進　捨所愛之身
說是偈已而白父言日月淨明德佛今故現
在我先供養佛已得解一切眾生語言陁羅

BD14442號　妙法蓮華經卷六　（26–19）

為其父而說偈言
大王今當知　我經行彼處　即時得一切　現諸身三昧
勤行大精進　捨所愛之身
說是偈已而白父言日月淨明德佛今故現
在我先供養佛已得解一切眾生語言陁羅
尼復聞是法華經八百千万億那由他甄迦
羅頻婆羅阿閦婆等偈大王我今當還供養
此佛白已即坐七寶之臺上昇虛空高七多
羅樹往到佛所頭面礼足合十指爪以偈讚
佛
容顏甚奇妙　光明照十方　我適曾供養　今復還親覲
尒時一切眾生憙見菩薩說是偈已而白佛
言世尊世尊猶故在世尒時日月淨明德佛
告一切眾生憙見菩薩善男子我涅槃時到
滅盡時至汝可安施床座我於今夜當般涅
槃又勅一切眾生憙見菩薩善男子我以佛
法囑累於汝及諸菩薩大弟子并阿耨多羅
三藐三菩提法亦以三千大千七寶世界諸
寶樹寶臺及給侍諸天悉付於汝我滅度後
所有舍利亦付囑汝當令流布廣設供養應
起若干千塔如是日月淨明德佛勅一切眾
生憙見菩薩已於夜後分入於涅槃尒時一
切眾生憙見菩薩見佛滅度悲感懊惱戀慕
於佛即以海此岸栴檀為積供養佛身而以
燒之火滅已後收取舍利作八万四千寶瓶
以起八万四千塔高三世界表刹莊嚴垂諸

BD14442號　妙法蓮華經卷六　（26–20）

切衆生憙見菩薩見佛滅度悲感懊惱戀慕
於佛即以海此岸栴檀為𧂐供養佛身而以
燒之火滅已後收取舍利作八万四千寶瓶
以起八万四千塔高三世界表刹莊嚴垂諸
幡蓋懸衆寶鈴尒時一切衆生憙見菩薩復
自念言我雖作是供養心猶未足我今當更
供養舍利便語諸菩薩大弟子及天龍夜叉
等一切大衆汝等當一心念我今供養日月
淨明德佛舍利作是語已即於八万四千塔
前然百福莊嚴臂七万二千歲而以供養令
无數求聲聞衆无量阿僧祇人發阿耨多羅
三藐三菩提心皆使得住現一切色身三昧
尒時諸菩薩大弟子天人阿脩羅等見其无
臂憂惱悲哀而作是言此一切衆生憙見菩
薩是我等師教化我者而今燒臂身不具足
于時一切衆生憙見菩薩於大衆中立此誓
言我捨兩臂必當得佛金色之身若實不虛
令我兩臂還復如故作是誓已自然還復由
斯菩薩福德智慧淳厚所致當尒之時三千
大千世界六種震動天雨寶華一切天人得
未曾有佛告宿王華菩薩於汝意云何一切
衆生憙見菩薩豈異人乎今藥王菩薩是也
其所捨身布施如是无量百千万億那由他
數宿王華若有發心欲得阿耨多羅三藐三
菩提者能然手指乃至足一指供養佛塔勝
以國城妻子及三千大千國土山林河池諸

BD14442號　妙法蓮華經卷六　（26–21）

衆生憙見菩薩豈異人乎今藥王菩薩是也
其所捨身布施如是无量百千万億那由他
數宿王華若有發心欲得阿耨多羅三藐三
菩提者能然手指乃至足一指供養佛塔勝
以國城妻子及三千大千國土山林河池諸
珎寶物而供養者若復有人以七寶滿三千
大千世界供養於佛及大菩薩辟支佛阿羅
漢是人所得功德不如受持此法華經乃至
一四句偈其福㝡多宿王華譬如一切川流
江河諸水之中海為第一此法華經亦復如
是於諸如來所說經中㝡為深大又如土山
黑山小鐵圍山大鐵圍山及十寶山衆山之
中須弥山為第一此法華經亦復如是於諸
經中㝡為其上又如衆星之中月天子㝡為
第一此法華經亦復如是於千万億種諸經
法中㝡為照明又如日天子能除諸闇此經
亦復如是能破一切不善之闇又如諸小王
中轉輪聖王㝡為第一此經亦復如是於衆
經中㝡為其尊又如帝釋於三十三天中王
此經亦復如是諸經中王又如大梵天王一
切衆生之父此經亦復如是一切賢聖學无
學及發菩薩心者之父又如一切凡夫人中
須陁洹斯陁含阿那含阿羅漢辟支佛為第
一此經亦復如是一切如來所說若菩薩所
說若聲聞所說諸經法中㝡為第一有能受
持是經典者亦復如是於一切衆生中亦為

BD14442號　妙法蓮華經卷六　（26–22）

須陁洹斯陁含阿那含阿羅漢辟支佛為第
一此經亦復如是一切如來所說若菩薩所
說若聲聞所說諸經法中最為第一有能受
持是經典者亦復如是於一切衆生中亦為
第一一切聲聞辟支佛中菩薩為第一此經
亦復如是於一切諸經法中最為第一如佛
為諸法王此經亦復如是諸經中王宿王華
此經能救一切衆生者此經能令一切衆生
離諸苦惱此經能大饒益一切衆生充滿其
願如清涼池能滿一切諸渴乏者如寒者得
火如倮者得衣如商人得主如子得母如渡
得船如病得醫如闇得燈如貧得寶如民得
王如賈客得海如炬除闇此法華經亦復如
是能令衆生離一切苦一切病痛能解一切
生死之縛若人得聞此法華經若自書若使
人書所得功德以佛智慧籌量多少不得其
邊若書是經卷華香瓔珞燒香末香塗香幡
蓋衣服種種之燈蘇燈油燈諸香油燈瞻蔔
油燈須曼油燈波羅羅油燈婆利師迦油燈
那婆摩利油燈供養所得功德亦復无量宿
王華若有人聞是藥王菩薩本事品者亦得
无量无邊功德若有女人聞是藥王菩薩本
事品能受持者盡是女身後不復受若如來
滅後後五百歲中若有女人聞是經典如說
脩行於此命終即往安樂世界阿弥陁佛大
菩薩衆圍繞住處生蓮華中寶座之上不復

BD14442號　妙法蓮華經卷六

无量无邊功德若有女人聞是藥王菩薩本
事品能受持者盡是女身後不復受若如來
滅後後五百歲中若有女人聞是經典如說
脩行於此命終即往安樂世界阿弥陁佛大
菩薩衆圍繞住處生蓮華中寶座之上不復
為貪欲所惱亦復不為瞋恚愚癡所惱亦復
不為憍慢嫉妬諸垢所惱得菩薩神通无生
法忍得是忍已眼根清淨以是清淨眼根見
七百万二千億那由他恒河沙等諸佛如來
是時諸佛遥共讚言善哉善哉善男子汝能
於釋迦牟尼佛法中受持讀誦思惟是經為
他人說所得福德无量无邊火不能燒水不
能漂汝之功德千佛共說不能令盡汝今已
能破諸魔賊壞生死軍諸餘怨敵皆悉摧滅
善男子百千諸佛以神通力共守護汝於一
切世間天人之中无如汝者唯除如來其諸
聲聞辟支佛乃至菩薩智慧禪定无有與汝
等者宿王華此菩薩成就如是功德智慧之
力若有人聞是藥王菩薩本事品能隨喜讚
善者是人現世口中常出青蓮華香身毛孔
中常出牛頭栴檀香所得功德如上所說是
故宿王華以此藥王菩薩本事品囑累於汝
我滅度後後五百歲中廣宣流布於閻浮提
无令斷絶惡魔魔民諸天龍夜叉鳩槃荼等
得其便也宿王華汝當以神通之力守護是
經所以者何此經則為閻浮提人病之良藥

BD14442號　妙法蓮華經卷六

中常出牛頭栴檀香所得功德如上所說是
故宿王華以此藥王菩薩本事品囑累於汝
我滅度後後五百歲中廣宣流布於閻浮提
无令斷絶惡魔魔民諸天龍夜叉鳩槃荼等
得其便也宿王華汝當以神通之力守護是
經所以者何此經則為閻浮提人病之良藥
若人有病得聞是經病即消滅不老不死宿
王華汝若見有受持是經者應以青蓮華盛
滿末香供散其上散已作是念言此人不久
必當取草坐於道場破諸魔軍當吹法蠡擊
大法鼓度脫一切衆生老病死海是故求佛
道者見有受持是經典人應當如是生恭敬
心說是藥王菩薩本事品時八万四千菩薩
得解一切衆生語言陁羅尼多寶如来於寶
塔中讃宿王華菩薩言善哉善哉宿王華汝
成就不可思議功德乃能問釋迦牟尼佛如
此之事利益无量一切衆生

妙法蓮華經卷第六

BD14442號　妙法蓮華經卷六　（26–25）

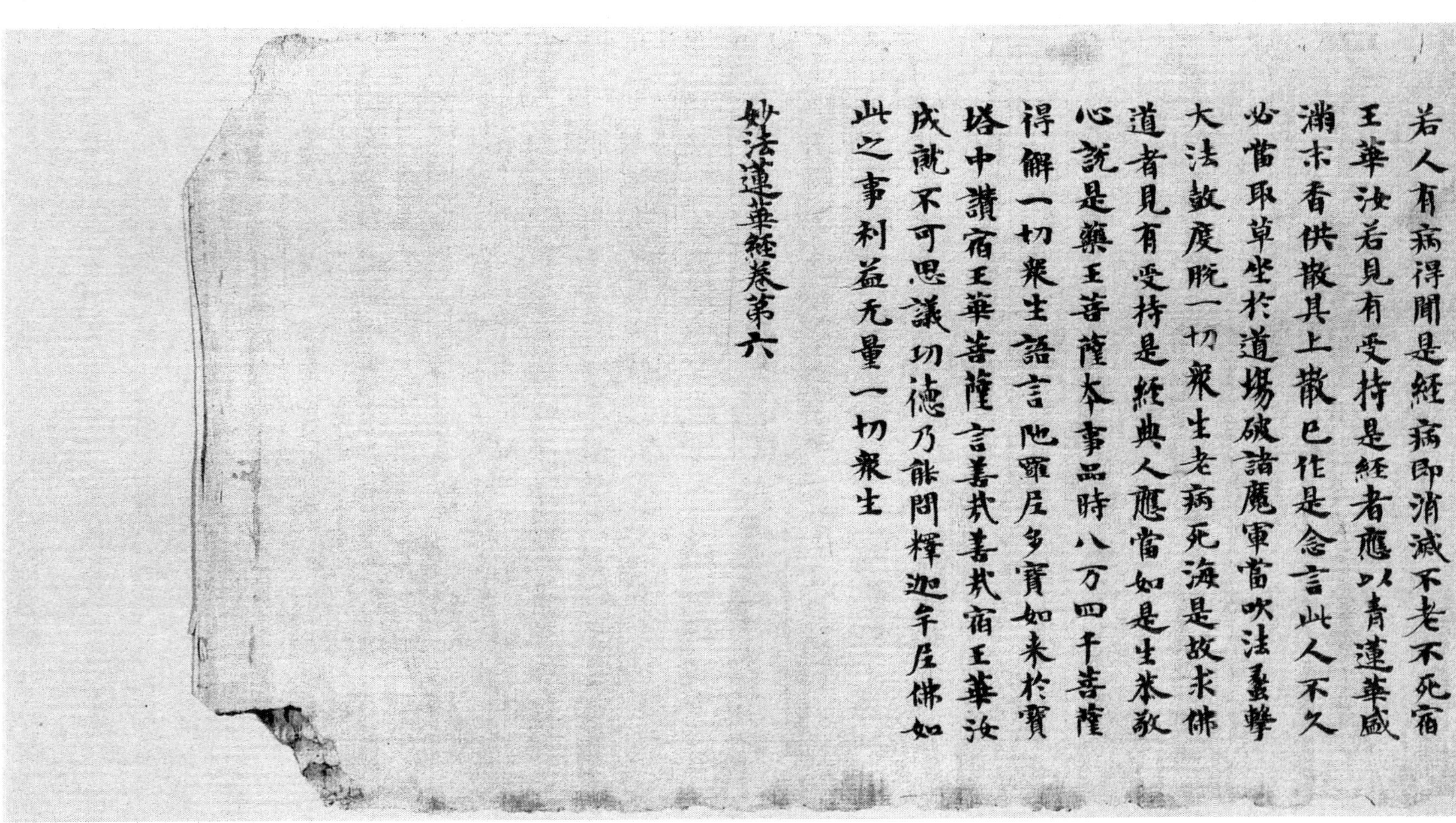

若人有病得聞是經病即消滅不老不死宿
王華汝若見有受持是經者應以青蓮華盛
滿末香供散其上散已作是念言此人不久
必當取草坐於道場破諸魔軍當吹法蠡擊
大法鼓度脫一切衆生老病死海是故求佛
道者見有受持是經典人應當如是生恭敬
心說是藥王菩薩本事品時八万四千菩薩
得解一切衆生語言陁羅尼多寶如来於寶
塔中讃宿王華菩薩言善哉善哉宿王華汝
成就不可思議功德乃能問釋迦牟尼佛如
此之事利益无量一切衆生

妙法蓮華經卷第六

BD14442號　妙法蓮華經卷六　（26–26）

大王譬如
光明漸漸增長月愛三昧
愛所有煩惱能令漸滅是[illegible]
大王譬如盛熱之時一切衆生常思月光月
光既照鬱熱即除月愛三昧亦復如是能
令衆生除貪惱熱大王譬如滿月衆星中王
為甘露味一切衆生之所愛樂月愛三昧亦
復如是諸善中王為甘露味一切衆生之所
愛樂是故復名月愛三昧王言我聞如來不
与惡人同止坐起語言談論猶如大海不宿
死屍如鴛鴦鳥不住清廁釋提桓因不与鬼
住鳩翅羅鳥不棲枯樹如來亦尒我當云何
而得往見設具見者我身將不陷入地耶我
觀如來寧近醉象師子虎狼猛火熾炎終
不近於重惡之人是故我今思忖是已當有
何心往見如來耆婆答言大王譬如渴人速赴
清泉飢夫求食怖者求救病求良醫熱求
蔭涼寒者求火王今求佛亦應如是大王如來

BD14443號　大般涅槃經（北本）卷二〇

（20–1）

何心往見如來耆婆答言大王譬如渴人速赴
清泉飢夫求食怖者求救病求良醫熱求
蔭涼寒者求火王今求佛亦應如是大王如來
尚為一闡提等演說法要何況大王非一闡
提而當不蒙慈悲救濟王言耆婆我昔曾聞
一闡提者不信不聞不能觀察不得義理何
故如來而為說法耆婆答言大王譬如有人
身遇重病是人夜夢昇一柱殿服酥油脂及
以塗身卧灰食灰攀上枯樹或与獼猴遊行
坐卧沉水沒泥墜墮樓殿高山樹木象馬牛
羊身著青黃赤黑色衣喜咲歌儛或見烏
鷲狐猫之屬齒髮墮落裸形枕狗卧糞穢中
復与亡者行住坐起携手食噉毒蛇滿路而
從中過或復夢与被髮女人共相抱持多羅
樹葉以為衣服乘壞驢車正南而遊是人夢已
心生愁惱以愁惱故身病增以病增故諸
家親屬遣使命醫所可遣使形體缺短根
不具足頭蒙塵土著弊壞衣載故壞車語彼
醫言速疾上車尒時良醫即自思惟今見是
使相貌不吉當知病者難可療治復作是念
使雖不吉復當占日為可治不若四日六日八
日十二日十四日如是日者病亦難治復作
是念日雖不吉復當占星為可治不若是
火星金星昴星閻羅王星濕星滿星如是星
時亦難治復作是念星雖不吉復當觀時若

BD14443號　大般涅槃經（北本）卷二〇

（20–2）

曰十二日十四日如是日者病亦難治復作
是念日雖不吉復當占星為可治不若是
大星金星昴星閻羅王星濕星滿星如是星
時亦難治復作是念星雖不吉復當觀時若
是秋時冬時及日入時夜半時月入時當
知是病亦難可治復作是念如是衆相雖復
不吉或定不定當觀病人若有福德皆可療
治若无福德雖吉何益思惟是已尋与使俱
在路復念若彼病者有長壽相則可療治短
壽相者則不可治即於前路見二小兒相
牽鬪諍捉頭拔髮瓦石刀杖共相撩打見人
持火自然殄滅或見有人斫伐樹木或復見
人手曳皮革隨路而行或見道路有遺落物
或見有人執持空器或見沙門獨行无侶復
見虎狼烏鵲野狐見是事已復作是念所遣
使人乃至道路所見諸相悉皆不祥當知病
者定難療治復作是念我若不往則非良師
如其往者不可療救復更念言如是衆相雖
復不祥且當捨置往至病所思惟是已復於
前路聞如是聲所謂亡失死喪崩破壞折剝
脫墮墜燒燎不來不可療治不能拔濟復聞
南方有飛鳥聲所謂烏鷲舍利鳥聲若狗
若鼠野狐兔猪聞是聲已復作是念當知
病者難可療治尒時即入病人舍宅見彼病
者數寒數熱骨節頭痛目赤流淚耳聲聞

BD14443號　大般涅槃經（北本）卷二〇　（20–3）

南方有飛鳥聲所謂烏鷲舍利鳥聲若狗
若鼠野狐兔猪聞是聲已復作是念當知
病者難可療治尒時即入病人舍宅見彼病
者數寒數熱骨節頭痛目赤流淚耳聲聞
外咽喉結痛舌上裂破其色正黑頭不自勝
體枯无汗大小便利擁鬲不通身卒肥大紅
赤異常語聲不均或麁或細舉體斑駮異
色青黃其腹脹滿言語不了醫見是已問
瞻病言病者昨來意志云何荅言大師其
人本來敬信三寶及以諸天今者變異敬信
情息本喜惠施今者慳悋本性少食今則
過多本性弊惡今則和善本性慈恭父母今
於父母无恭敬心醫聞是已即前嗅之優鉢
羅香沉水雜香必迦羅香多伽羅香多摩羅
跋香欝金香栴檀香炙肉臭蒲桃酒臭燒
筋骨臭魚臭糞臭知香臭已即前觸身覺
身細滑猶如綺綿劫貝婆華或鞕如石或冷
如氷或熱如火或澁如沙尒時良醫見如是
等種種相已定知病者必死不疑然不定言
是人當死語瞻病者吾今悤務明當更來
隨其所須恣意勿違即便還家明日使到
復語使言我事未訖兼未合藥智者當知
如是病者必死不疑大王世尊亦尒一闡提
輩善知根性而為說法何以故若不為說一
切凡夫當言如來无大慈悲有慈悲者名一

BD14443號　大般涅槃經（北本）卷二〇　（20–4）

隨其所須恣意分處即便還家而日[illegible]至
復語使言我事未訖無未合藥智者當知
如是病者必死不疑大王世尊亦尒一闡提
輩善知根性而為說法何以故若不為說一
切凡夫當言如來无大慈悲有慈悲者名一
切智若无慈悲云何說言一切智人是故如
來為一闡提而演說法大王如來世尊見諸
病者常施法藥病者不服非如來咎大王一
闡提輩分別有二一者得現在善根二者得
後世善根如來善知一闡提輩能於現在得
善根者則為說法後世得者亦為說法今雖
无益作後世因是故如來為一闡提演說法
要一闡提者復有二種一者利根二者中根
利根之人於現在世能得善根中根之人後
世則得諸佛世尊不空說法大王譬如淨人
墮堕清廁有善知識見而愍之尋前捉髮而
拔出之諸佛如來亦復如是見諸眾生墮三
惡道方便救濟令得出離是故如來為一闡
提而演說法王語耆婆若使如來審如是者
明當選擇良日吉星然後乃往耆婆白王大
王如來法中无有選擇良日吉星大王如重
病人猶不看日時節吉凶唯求良藥王今病
重求佛良醫不應選擇良時好日大王如旃
穳火及伊蘭火二俱相燒无有異也吉日凶日
亦復如是若到佛所俱得滅罪唯願大王
今日速往尒時大王即命一臣名曰吉祥而

BD14443號　大般涅槃經（北本）卷二〇　（20–5）

病人猶不看日時節吉凶唯求良藥王今病
重求佛良醫不應選擇良時好日大王如旃
穳火及伊蘭火二俱相燒无有異也吉日凶日
亦復如是若到佛所俱得滅罪唯願大王
今日速往尒時大王即命一臣名曰吉祥而
告之言大臣當知吾今欲往佛世尊所速辦
供養所須之具臣言大王善哉善哉所須供
具一切悉有阿闍世王与其夫人嚴駕車
乘一万二千妹莊大象其數五万一一象上
各載三人賫持幡蓋華香伎樂種種供具
无不備足導從馬騎有十八万摩伽陁國所
有人民尋從王者其數足滿五十八万尒時拘
尸那城所有大眾滿十二由旬悉皆遙見阿
闍世王与其眷屬尋路而來尒時佛告諸大
眾言一切眾生為阿耨多羅三藐三菩提近
因緣者莫先善友何以故阿闍世王若不隨
順耆婆語者來月七日必定命終墮阿鼻獄
是故近因莫若善友阿闍世王復於前路聞
舍婆提毗琉離王乘舩入海遇火而死瞿迦
離比丘生身入地至阿鼻獄須那剎多作種
種惡到於佛所眾罪得滅聞是語已語耆婆
言吾今雖聞如是二言猶未審定汝來耆婆
吾欲与汝同載一象設我當入阿鼻地獄冀
汝持捉不令我墮何以故吾昔曾聞得道
之人不入地獄尒時佛告諸大眾言阿闍世

BD14443號　大般涅槃經（北本）卷二〇　（20–6）

言吾今雖聞如是二言猶未審定汝來耆婆
吾欲与汝同載一象設我當入阿鼻地獄冀
汝特捉不令我墮何以故吾昔曾聞得道
之人不入地獄尒時佛告諸大衆言阿闍世
王猶有疑心我今當為作決定心尒時會中
有一菩薩名持一切白佛言世尊如佛先說一
切諸法皆无定相所謂色无定相乃至涅槃
亦无定相如來今者云何而言為阿闍世作
決定心佛言善哉善哉善男子我今定為阿
闍世王作決定心何以故若王疑心可破壞者
當知諸法无有定相是故我為阿闍世王
作決定心當知是心為无定定善男子若彼
王心是決定者王之逆罪云何可壞以无定
故其罪可壞是故我為阿闍世王作決定心
尒時大王即到娑羅雙樹間至於佛所仰瞻
如來三十二相八十種好猶如微妙真金之
山尒時世尊出八種聲告言大王時阿闍世
王左右顧視此大衆中誰是大王我既罪戾
又无福德如來不應稱為大王尒時如來即
復喚言阿闍世大王時王聞已心大歡喜即
作是言如來今日顧命語言真知如來於諸
衆生大悲憐愍等无差別白佛言世尊我今
疑心永无遺餘定知如來真是衆生无上大
師尒時迦葉菩薩語持一切菩薩言如來已
為阿闍世王作決定心尒時阿闍世王即白

BD14443號　大般涅槃經（北本）卷二〇　（20–7）

作是言如來今日顧命語言真知如來於諸
衆生大悲憐愍等无差別白佛言世尊我今
疑心永无遺餘定知如來真是衆生无上大
師尒時迦葉菩薩語持一切菩薩言如來已
為阿闍世王作決定心尒時阿闍世王即白
佛言世尊假使我今得与梵王釋提桓因坐
起飲食猶不歡愧得遇如來一言顧命深以
欣慶尒時阿闍世王即以所持幡蓋華香伎
樂供養前礼佛足右遶三迊礼敬畢已却坐
一面尒時佛告阿闍世王言大王今當為汝
說法要汝當一心諦聽諦聽凡夫常當繫
心觀身有二十事所謂我此身中空无无漏
諸善根本我此生死未得調順墮墜深坑无
處不畏以何方便得見佛性云何脩定得見
佛性生死常苦无常樂我淨八難之難難得
遠離恒為怨家之所追逐无有一法能遮諸
有於三惡趣未得解脫具之種種諸惡耶
見亦未造立度五逆津生死无際未得其邊
不作諸業不得果報无有我作他人受果不
作樂因終无樂果若有造業果終不失因无
明生亦因而死去來現在常行放逸大王凡
夫之人常於此身當作如是廿種觀作是觀
已不樂生死不樂生死則得止觀尒時次第
觀心生相住相滅相次第止觀生住滅相定
慧進戒亦復如是觀生住滅已能知心相乃

BD14443號　大般涅槃經（北本）卷二〇　（20–8）

夫之人常於此身當作如是廿種觀作是觀
已不樂生死不樂生死則得止觀尒時次第
觀心生相住相滅相次第止觀生住滅相定
慧進捨亦復如是觀生住滅已能知心相乃
至捨相終不作惡无有死畏三惡道畏若
不繫心觀察如是二十事者心則放逸无惡
不造阿闍世言如我解佛所說義者我從昔
來初未曾觀是二十事故造衆惡造衆惡
故則有死畏三惡道畏世尊我自招殃造
是重惡父王无辜橫加逆害是二十事設觀
不觀必定當墮阿鼻地獄佛告大王一切諸
法性相无常无有決定王云何言必定當墮
阿鼻地獄阿闍世王白佛言世尊若一切法无
定相者我之殺罪亦應不定若不定者一切
諸法則非不定佛言大王善哉善哉諸佛世
尊說一切法悉无定相王復能知殺亦不定
是故當知殺无定相大王如汝所言父王无
辜橫加逆害者何者是父但於假名衆生
五陰妄生父想於十二入十八界中何者是
父若色是父四陰應非若四是父色亦應非
若色非色合為父者无有是處何以故色与
非色性无合故大王凡夫衆生於是色陰妄
生父想如是色陰亦不可害何以故色有十
種是十種中唯色一種可見可持可稱可
量可牽可縛雖可見縛其性不住以不住

BD14443號　大般涅槃經（北本）卷二〇　（20–9）

若色非色合為父者无有是處何以故色与
非色性无合故大王凡夫衆生於是色陰妄
生父想如是色陰亦不可害何以故色有十
種是十種中唯色一種可見可持可稱可
量可牽可縛雖可見縛其性不住以不住
故不可得見不可捉持不可稱量不可牽
縛色相如是云何可殺若色是父可殺可害
獲罪報者餘九應非若九非者則應无罪
大王色有三種過去未來現在過去現在則
不可害何以故過去過去故現在念念滅故
遮未來故名之為殺如是一色或有可殺或
不可殺有殺不殺色則不定色若不定殺亦
不定殺不定故報亦不定云何說言定入地
獄大王一切衆生所作罪業凡有二種一者
輕二者重若心口作則名為輕身口心作則名
為重大王心念口說身不作者所得報輕大
王昔日口不勅殺但言削足大王若勅侍臣
立斬王首坐時乃斬猶不得罪况王不勅
云何得罪王若得罪諸佛世尊亦應得罪何
以故汝父先王頻婆娑羅常於諸佛種諸
善根是故今日得居王位諸佛若不受其
供養則不為王若不為王汝則不得為國
生害若汝殺父當有罪者我等諸佛亦應
有罪若佛世尊无得罪者汝獨云何而得
罪耶大王頻婆娑羅往有惡心於毗富羅山
遊行獵鹿周遍曠野悉无所得唯見一仙五

BD14443號　大般涅槃經（北本）卷二〇　（20–10）

供養則不為王若不為王汝則不得為國
生害若汝殺父當有罪者我等諸佛亦應
有罪若佛世尊无得罪者汝獨云何而得
罪耶大王頻婆娑羅往有惡心於毗富羅山
遊行獵鹿周遍曠野悉无所得唯見一仙五
通具足見已即生瞋恚惡心我今遊獵所
以不得正坐此人驅逐令去即勑左右而令
殺之其人臨終生瞋惡心退失神通而作
誓言我實无辜汝以心口横加戮害我於來
世亦當如是還以心口而害於汝時王聞已即
生悔心供養死屍是王如是尚得輕受不墮
地獄况王不尒而當地獄受果報耶先王
自作還自受之云何令王而得殺罪如王所
言父王无辜者大王云何言无夫有罪者則
有罪報无惡業者則无罪報汝父先王若无
辜罪云何有報頻婆娑羅於現世中亦得善
果及以惡果是故先王亦復不定以不定故
殺亦不定殺不定故云何而言定入地獄衆生
狂惑凡有四種一者貪狂二者藥狂三者呪狂
四者本業緣狂大王我弟子中有是四狂雖多
作惡我終不說是人犯戒是人所作不至三
惡若還得心亦不言犯王本貪國逆害父王
貪狂心作云何得罪大王如人况醉逆害其
母既悟已心生悔恨當知是業亦不得報
王今貪醉非本心作若非本心云何得罪大

BD14443號　大般涅槃經（北本）卷二〇　（20–11）

作惡我終不說是人犯戒是人所作不至三
惡若還得心亦不言犯王本貪國逆害父王
貪狂心作云何得罪大王如人况醉逆害其
母既悟已心生悔恨當知是業亦不得報
王今貪醉非本心作若非本心云何得罪大
王譬如幻師四衢道頭幻作種種男女象馬
瓔珞衣服愚癡之人謂為真實有智之人知
非真有殺亦如是凡夫謂實諸佛世尊知其
非真大王譬如山間嚮聲愚癡之人謂之實
聲有智之人知其非真殺亦如是凡夫謂實
諸佛世尊知其非真大王如人有怨詐來親
附愚癡之人謂為實親智者了達乃知虛詐
殺亦如是凡夫謂實諸佛世尊知其非真大
王如人執鏡自見面像愚癡之人謂為真面
智者了達知其非真殺亦如是凡夫謂實諸
佛世尊知其非真大王如熱時炎愚癡之人
謂之是水智者了達知其非水殺亦如是凡
夫謂實諸佛世尊知其非真大王如乾闥婆
城愚癡之人謂為真實智者了達知其非真
殺亦如是凡夫謂實諸佛世尊知其非真大
王如人夢中受五欲樂愚癡之人謂之為實
智了達知其非真殺亦如是凡夫謂實諸佛
世尊知其非真大王殺法殺業殺者殺果及
以解脫我皆了之則无有罪王唯知殺云何
有罪大王譬如有人主知典酒如其不飲則
亦不醉雖復知火亦不燒燃王亦如是雖復知

BD14443號　大般涅槃經（北本）卷二〇　（20–12）

智了達知其非真殺亦如是凡夫謂實諸佛
世尊知其非真大王殺法殺業殺者殺果及
以解脫我皆了之則无有罪王雖知殺云何
有罪大王譬如有人主知典酒如其不飲則
亦不醉雖復知火亦不燒然王亦如是雖復知
殺云何有罪大王有諸衆生於日出時作種
種罪於月出時復行劫盜日月不出則不作
罪雖因日月令其作罪然此日月實不得罪
殺亦如是雖復因王王實无罪大王如王宮中
常勅屠羊心初无懼云何於父獨生懼心雖
復人畜尊卑差別寶命重死二俱无異何
故於羊心輕无懼於父先王生重憂苦大王
世間之人是愛僮僕不得自在爲愛所使
而行殺害設有果報乃是愛罪王不自在當
有何咎大王譬如涅槃非有非无而亦是有
殺亦如是雖非有非无而亦是有慚愧之人則
是非有无慚愧者則爲非无受果報者名
之爲有空見之人則爲非有有見之人則爲
非无有有見者亦名爲有何以故有有見者
得果報故无有見者則无果報常見之人則
爲非有无常見者則爲非无常常見者不
得爲无何以故常常見者有惡業果故是
故常常見者不得爲无以是義故雖非有
无而亦是有大王夫衆生者名出入息斷出
入息故名爲殺諸佛隨俗亦說爲殺大王色

BD14443號　大般涅槃經（北本）卷二〇　（20–13）

得爲无何以故常常見者有惡業果故是
故常常見者不得爲无以是義故雖非有
无而亦是有大王夫衆生者名出入息斷出
入息故名爲殺諸佛隨俗亦說爲殺大王色
是无常色之因緣亦是无常從无常因生
色云何常乃至識无常識之因緣亦是无
常從无常因生識云何常以无常故苦以
苦故空以空故无我若是无常苦空无我爲
何所殺殺无常者得常涅槃殺苦得樂殺空
得實殺於无我而得真我大王若殺无常
苦空无我者則与我同我亦殺於无常苦空
无我不入地獄汝云何入尒時阿闍世王如
佛所說觀色乃至觀識作是觀已即白佛言
世尊我今始知色是无常乃至識是无常我
本若能如是知者則不作罪世尊我昔曾
聞諸佛世尊常爲衆生而作父母雖聞是
語猶未定審今則定知世尊我亦曾聞須彌
山王四寶所成所謂金銀琉璃頗梨若有衆
鳥隨所集處則同其色雖聞是言亦不審
定我今來至佛須彌山則与同色同色者
則知諸法无常苦空无我世尊我見世間從
伊蘭子生伊蘭樹不見伊蘭生栴檀樹我
今始見從伊蘭子生栴檀樹伊蘭子者我
身是也栴檀樹者即是我心无根信也无
根信者我初不知恭敬如來不信法僧是

BD14443號　大般涅槃經（北本）卷二〇　（20–14）

伊蘭子生伊蘭樹不見伊蘭生栴檀樹我
今始見從伊蘭子生栴檀樹伊蘭子者我
身是也栴檀樹者即是我心无根信也无
根信者我初不知恭敬如来不信法僧是
名无根世尊我若不遇如来世尊當於无
量阿僧祇劫在大地獄受无量苦我今見
佛以是見佛所得功德破壞衆生所有一切煩
惱惡心佛言大王善哉善哉我今知汝必能
破壞衆生惡心世尊若我審能破壞衆生
諸惡心者使我常在阿鼻地獄无量劫中
為諸衆生受大苦惱不以為苦尒時摩伽陁
國无量人民悉發阿耨多羅三藐三菩提
心以如是等无量人民發大心故阿闍世王
所有重罪即得微薄及夫人後宮婇女悉皆
同發阿耨多羅三藐三菩提心尒時阿闍世
王語耆婆言耆婆我今未死已得天身捨
於短命而得長命捨无常身而得常身
令諸衆生發阿耨多羅三藐三菩提心即
是天身長命常身即是一切諸佛弟子說
是語已即以種種寶幢幡蓋香華瓔珞微
妙伎樂而供養佛復以偈頌而讚嘆言
實語甚微妙　善巧於句義　甚深秘密藏　為衆故顯示
所有廣博言　為衆故略說　具足如是語　善能療衆病
若有諸衆生　得聞是語者　若信及不信　定知是佛說
諸佛常濡語　為衆故說麁　麁語及濡語　皆歸第一義

實語甚微妙　善巧於句義　甚深秘密藏　為衆故顯示
所有廣博言　為衆故略說　具足如是語　善能療衆病
若有諸衆生　得聞是語者　若信及不信　定知是佛說
諸佛常濡語　為衆故說麁　麁語及濡語　皆歸第一義
是故我今者　歸依於世尊　如来語一味　猶如大海水
是名第一諦　故无无義語　如来今所說　種種无量法
男女大小聞　同獲第一義　无因亦无果　无生及无滅
是名大涅槃　聞者破諸結　如来為一切　常作慈父母
當知諸衆生　皆是如来子　世尊大慈悲　為衆故苦行
如人著鬼魅　狂亂多所作　我今得見佛　所得三業善
願以此功德　迴向无上道　我今所供養　佛法及衆僧
願以此功德　三寶常存世　我今所當得　種種諸功德
願以此破壞　衆生四種魔　我遇惡知識　造作三世罪
今於佛前悔　願後更莫造　願諸衆生等　悉發菩提心
繫心常思念　十方一切佛　復願諸衆生　永破諸煩惱
了了見佛性　猶如妙德等
尒時世尊讚阿闍世王善哉善哉若有人能
發菩提心當知是人則為莊嚴諸佛大衆大
王汝昔已於毗婆尸佛初發阿耨多羅三藐
三菩提心從是已来至我出世於其中間未
曾墮於地獄受苦大王當知菩提之心乃有
如是无量果報大王從今已往常當懃修菩
提之心何以故從是因緣當得消滅无量惡
故尒時阿闍世王及摩伽陁舉國人民從坐
而起遶佛三匝辭退還宮天行品者如雜

曾墮於地獄受苦大王當知菩提之心乃有
如是无量果報大王從今已往常當懃脩菩
提之心何以故從是因緣當得消滅无量惡
故尒時阿闍世王及摩伽陁舉國人民從坐
而起遶佛三匝辭退還宮天行品者如雜
華中說
大般涅槃經嬰兒行品第九
善男子云何名為嬰兒行善男子不能起住
来去語言是名嬰兒如来亦尒不能起者如
来終不起諸法相不能住者如来不著一切
諸法不能来者如来身行无有動搖不能
去者如来已到大般涅槃不能語者如来雖
為一切衆生演說諸法實无所說何以故有
所說者名有為法如来世尊非是有為是故
无說又无語者猶如嬰兒言語未了雖復有
語實亦无語如来亦尒語未了者即是諸佛
秘密之言雖有所說衆生不解故名无語又
嬰兒者名物不一未知正語雖名物不一未知
正語非不因此而得識物如来亦尒一切衆生
方類各異所言不同如来方便隨而說之
亦令一切因而得解又嬰兒者能說大字如
来亦尒說於大字所謂婆啝啝者有為婆者
无為是名嬰兒啝者名為无常婆者名為
有常如来說常衆生聞已為常法故斷於无
常是名嬰兒行又嬰兒者不知苦樂晝夜

BD14443號　大般涅槃經（北本）卷二〇　（20–17）

来亦尒說於大字所謂婆啝啝者有為婆者
无為是名嬰兒啝者名為无常婆者名為
有常如来說常衆生聞已為常法故斷於无
常是名嬰兒行又嬰兒者不知苦樂晝夜
父母菩薩摩訶薩亦復如是為衆生故不見
苦樂无晝夜相於諸衆生其心平等故无父
母親踈等相又嬰兒者不能造作大小諸事
菩薩摩訶薩亦復如是菩薩不造生死作業
是名不作大事者即五逆也菩薩摩訶薩
終不造作五逆重罪小事者即二乘心菩薩
終不退菩提心而作聲聞辟支佛乘又嬰兒
行者如彼嬰兒啼哭之時父母即以楊樹黃
葉而語之言莫啼莫啼我与汝金嬰兒見
已生真金想便止不啼然此楊葉實非金
也木牛木馬木男木女嬰兒見已亦復生於
男女等想即止不啼實非男女以作如是男
女想故名曰嬰兒如来亦尒若有衆生欲造
衆惡如来為說三十三天常樂我淨端政自
恣於妙宮殿受五欲樂六根所對无非是樂
衆生聞有如是樂故心生貪樂止不為惡懃
作三十三天善業實是生死无常无樂无
我无淨為度衆生方便說言常樂我淨又
嬰兒者若有衆生厭生死時如来則為說
於二乘然實无有二乘之實以二乘故知生
死過見涅槃樂以是見故則能自知有斷
不斷有真不真有脩不脩有得不得善

BD14443號　大般涅槃經（北本）卷二〇　（20–18）

我无淨爲度衆生方便說言常樂我淨又
嬰兒者若有衆生厭生死時如來則爲說
於二乘然實无有二乘之實以二乘故知生
死過見涅槃樂以是見故則能自知有斷
不斷有真不真有脩不脩有得不得善
男子如彼嬰兒於非金中而生金想如來
亦尒於不淨中而說爲淨如來以得第一義
故則无虛妄如彼嬰兒於非牛馬作牛馬
想若有衆生於非道中作真道想如來亦
說非道爲道非道之中實无有道以能生道
微因緣故說非道爲道如彼嬰兒於木男
女生男女想如來亦尒知非衆生說衆生相
而實无有衆生相也若佛如來說无衆生
一切衆生則墮耶見是故如來說有衆生於
衆生中作衆生想者則不能破衆生相也
若於衆生破衆生相者是則能得大般涅
槃以得如是大涅槃故止不啼哭是名嬰兒
行善男子若有男女受持讀誦書寫解說
是五行者當知是人必定當得如是五行迦
葉菩薩白佛言世尊如我解佛所說義者
我亦定當得是五行佛言善男子不獨汝
得如是五行今此會中九十三万人亦同
於汝得是五行

大般涅槃經卷第廿

BD14443號　大般涅槃經（北本）卷二〇　（20-19）

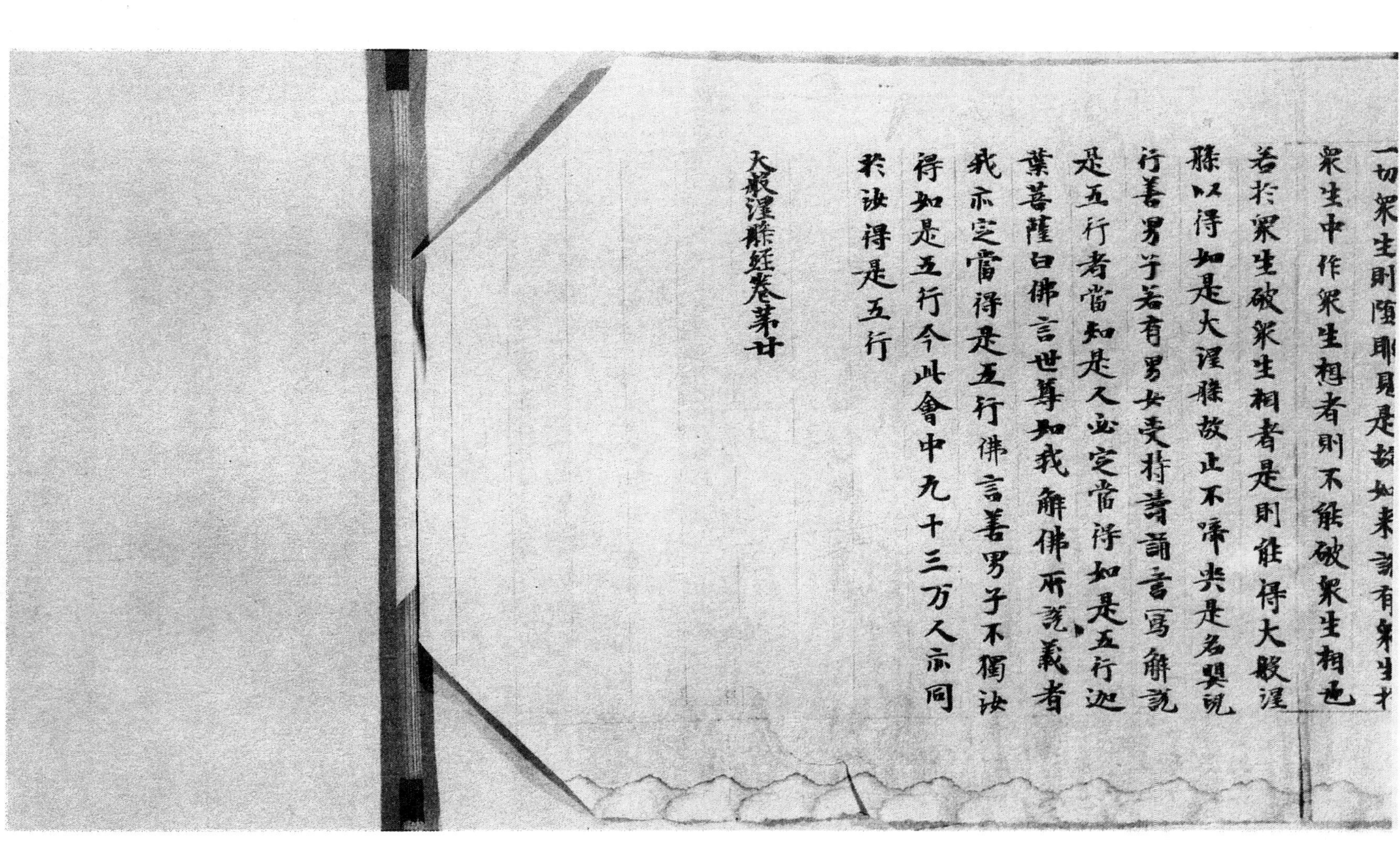
一切衆生則墮耶見是故如來說有衆生於
衆生中作衆生想者則不能破衆生相也
若於衆生破衆生相者是則能得大般涅
槃以得如是大涅槃故止不啼哭是名嬰兒
行善男子若有男女受持讀誦書寫解說
是五行者當知是人必定當得如是五行迦
葉菩薩白佛言世尊如我解佛所說義者
我亦定當得是五行佛言善男子不獨汝
得如是五行今此會中九十三万人亦同
於汝得是五行

大般涅槃經卷第廿

BD14443號　大般涅槃經（北本）卷二〇　（20-20）

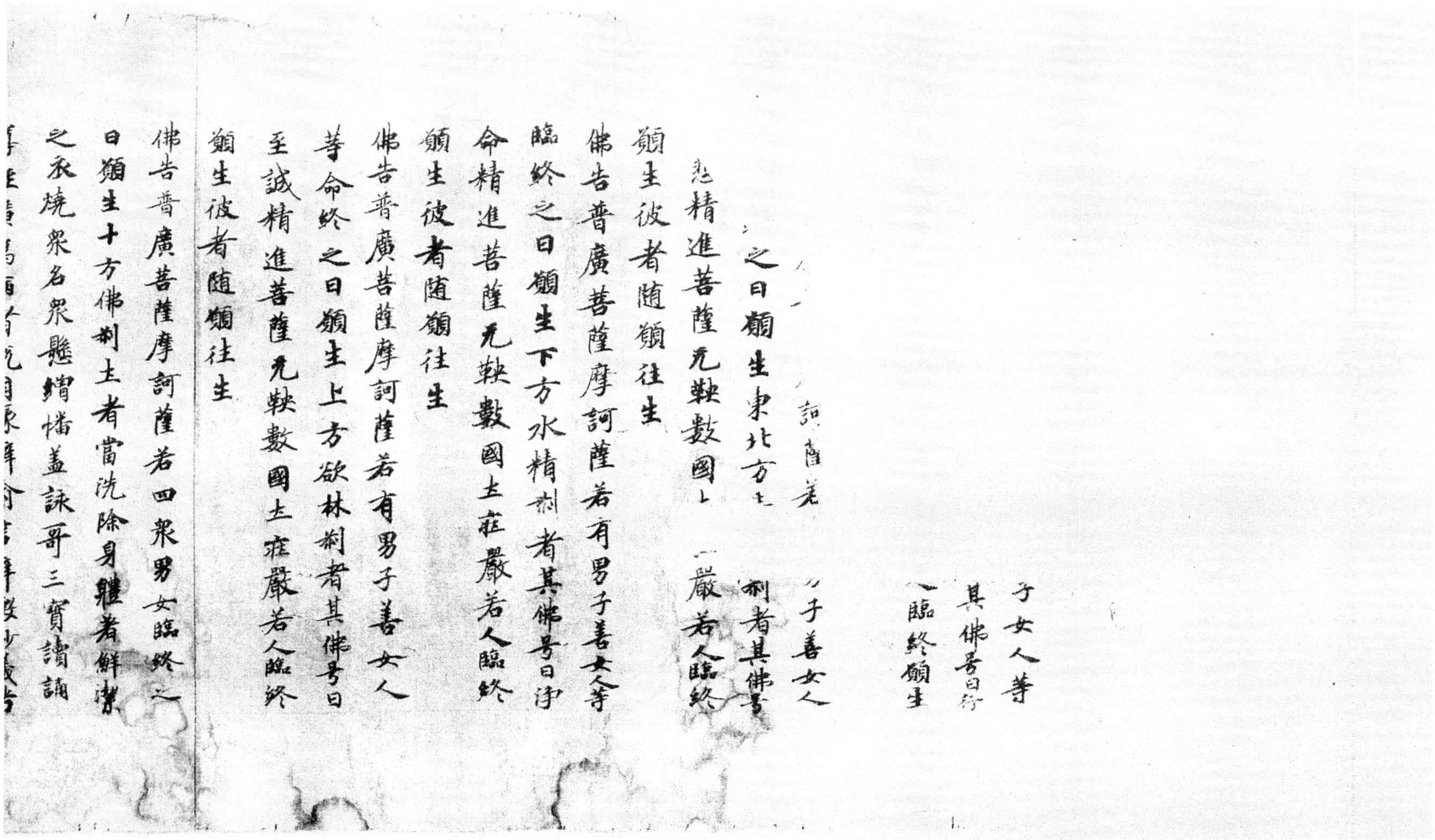

子女人等
其佛号曰行
臨終願生
訶薩若　　子善女人
之日願生東北方土　　刹者其佛号
悲精進菩薩无鞅數國土　　嚴若人臨終
願生彼者隨願往生
佛告普廣菩薩摩訶薩若有男子善女人等
臨終之日願生下方水精刹者其佛号曰淨
命精進菩薩无鞅數國土莊嚴若人臨終
願生彼者隨願往生
佛告普廣菩薩摩訶薩若有男子善女人
等命終之日願生上方欲林刹者其佛号曰
至誠精進菩薩无鞅數國土莊嚴若人臨終
願生彼者隨願往生
佛告普廣菩薩摩訶薩若四衆男女臨終之
日願生十方佛刹土者當洗除身體著鮮潔
之衣燒衆名衆懸繒幡蓋詠哥三寶讀誦
[illegible]

BD14444 號　灌頂隨願往生十方淨土經　（12–1）

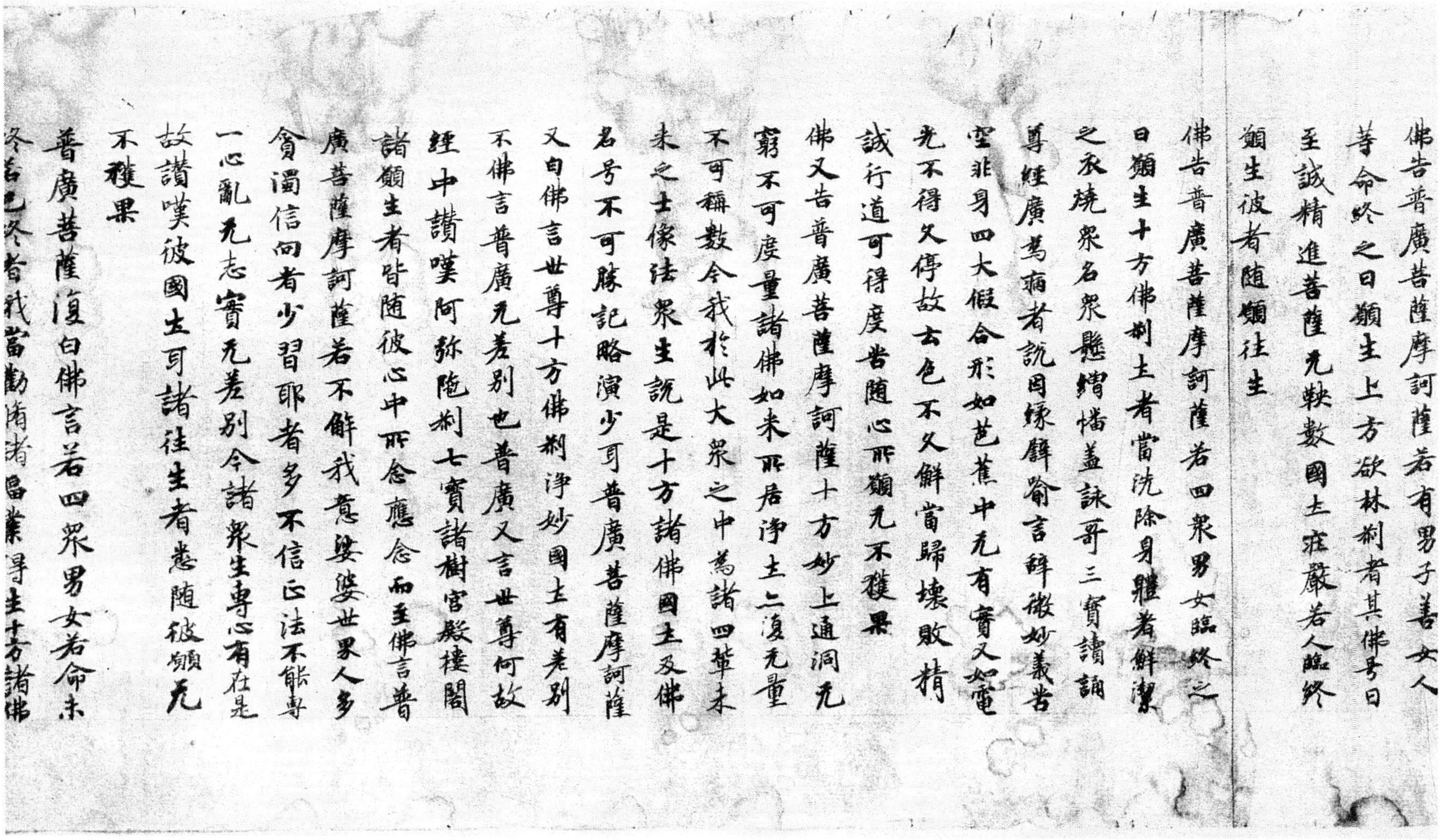

佛告普廣菩薩摩訶薩若有男子善女人
等命終之日願生上方欲林刹者其佛号曰
至誠精進菩薩无鞅數國土莊嚴若人臨終
願生彼者隨願往生
佛告普廣菩薩摩訶薩若四衆男女臨終之
日願生十方佛刹土者當洗除身體著鮮潔
之衣燒衆名衆懸繒幡蓋詠哥三寶讀誦
尊經廣為病者說因緣譬喻言辞微妙義皆
空非身四大假合形如芭蕉中无有實又如電
光不得久停故去色不久解當歸壞敗精
誠行道可得度皆隨心所願无不獲果
佛又告普廣菩薩摩訶薩十方妙土通洞无
窮不可度量諸佛如来所居淨土亦復无量
不可稱數今我於此大衆之中為諸四輩未
来之士像法衆生說是十方諸佛國土及佛
名号不可縢記略演少耳普廣菩薩摩訶薩
又白佛言世尊十方佛刹淨妙國土有差別
不佛言普廣无差別也普廣又言世尊何故
經中讚嘆阿弥陁刹七寶諸樹宫殿樓閣
諸願生者皆隨彼心中所念應念而至佛言普
廣菩薩摩訶薩若不解我意娑婆世界人多
貪濁信向者少習耶者多不信正法不能專
一心亂无志實无差別令諸衆生專心有在是
故讚嘆彼國土耳諸往生者悉隨彼願无
不獲果
普廣菩薩復白佛言若四衆男女若命未
[illegible]

BD14444 號　灌頂隨願往生十方淨土經　（12–2）

一心亂无志實无差別今許[illegible]
故讚嘆彼國土可諸往生者悉隨彼願无
不獲果
普廣菩薩復白佛言若四衆男女若命未
終若已終者我當勸脩諸福業得生十方諸佛
剎也佛言善哉普廣菩薩摩訶薩隨意教
導十方人也普廣菩薩語四輩言若人臨終未
終之日當為燒香然燈續明於塔寺中表剎之
上懸命過幡轉讀尊經竟三七日所以然者
命終之人在中陰中身如小兒罪福未定
應為脩福願亡者神使生十方无量剎土承
此功德必得往生亡者在世若有罪業應墮
八難幡燈功德必得解脫若善願應生父母
在異方不得疾生以幡燈功德皆得疾生无
復留難若得生已當為人作福德之子不為
邪鬼所得便種族豪強是故應脩幡燈功德
諸命過者脩行福業至心懇惻應代亡者悔
過衆罪罪垢即滅為亡人者脩福如餉遠人
无不獲果譬如世間犯罪之人心中思惟望
諸親屬求諸大力救其危厄令燒香望得
解脫為亡者稱其名号脩諸功德以福德之
力緣是解脫亦復如是逕生十方无願不得
普廣菩薩又白佛言若人在世不歸三寶不
行法式若其命終應墮三塗受諸苦痛其人
臨終方欲精誠歸三寶受行法式悔過罪疊
發路懺謝改更脩善臨受終時聞說經法善
師化導得聞法音欲終之日生是善心得解

普廣菩薩又白佛言若人在世不歸三寶不
行法式若其命終應墮三塗受諸苦痛其人
臨終方欲精誠歸三寶受行法式悔過罪疊
發路懺謝改更脩善臨受終時聞說經法善
師化導得聞法音欲終之日生是善心得解
脫不佛言普廣菩薩摩訶薩若有男子善
女人等臨終之時得生此心无不解脫衆苦者
也所以者何如人負債依附王者責主更畏
不從求財此譬亦然天帝放赦閻羅除遣及
語五官伺候之神反更恭敬不生惡心緣此
福故不墮惡道解危厄難隨心所願皆得往
普廣菩薩復白佛言又有衆生不信三寶不
行法式或時生信或時誹謗或時父母兄弟
親族見卒得病苦緣此命終或墮在三塗八
難之中受諸苦惱无有休息父母兄弟及諸
親族為其脩福為得福不佛言普廣為此
人脩福七分之中為獲一也何故尒乎緣其前
世不信道德故使福德七分獲一若以亡者嚴
身之具堂宇室宅園林浴池以施三寶此福
冣多功德力強可得拔彼地獄之殃以是因
緣便得解脫憂苦之患長得度脫往生十方
諸佛國土
普廣菩薩復白佛言若四輩弟子善解法
式知身如幻精懃脩習行菩提道未終之時
逆脩三七然燈續明懸雜幡蓋請召衆僧轉
讀尊經脩諸福業得福多不佛言普廣其
福无量不可度量隨心所願獲其果實普廣

普廣菩薩復白佛言若四輩弟子善解法
戒知身如幻精懃脩習行菩提道未終之時
逆脩三七然燈續明懸雜幡蓋請召衆僧轉
讀尊經脩諸福業得福多不佛言普廣其
福无量不可度量隨心所願獲其果實普廣
菩薩白佛言世尊若四輩男女若臨命終若
已過命是其亡日我今亦勸造作黃幡懸著
剎上使獲福德離八難苦得生十方諸佛淨土
幡蓋供養隨心所願至成菩提幡隨風轉破碎
都盡至成微塵風吹幡塵其福无量幡一轉
時轉輪王位乃至吹塵小王之位其報无量
燈四十九照諸幽冥苦痛衆生蒙此光明皆得
相見緣此福故拔衆生悉得休息
佛告普廣若四輩男女若行齋戒心當存
想請十方僧不擇善惡持戒毀戒高下之行
到諸塔寺請僧之時次第供養无別異想其
福最多无量无邊若値羅漢四道果人及大
小者緣此功德受福无窮一聞說法可得志
道无上涅槃佛告普廣菩薩汝人天龍八部
諸鬼神等各各諦聽思惟吾言我今欲於此
大衆之中說那舍長者本昔因緣罪福之事
此大長者居羅閱祇國恒脩人義飢窮之者
沙門婆羅門諸求索者悉欲供養无所遺惜
父母大慳无供養心長者有緣行至他方
晨朝澡洗著衣結梳已畢跪拜父母叉手白言
今有緣事往至他方有少財物分為三分一分
供養供給父母一分珎寶施諸沙門及貧之

父母大慳无供養心長者有緣行至他方
晨朝澡洗著衣結梳已畢跪拜父母叉手白言
今有緣事往至他方有少財物分為三分一分
供養供給父母一分珎寶施諸沙門及貧之
者餘有一分自欲持行父母言受於兒行後
脩諸福德若有人來從我求索者悉當施與
於是長者便辭父母遠至他方如是去後父
母耶見无念子心婆羅門沙門及貧之者往
從乞匃慳貪耶見无施與心子行去後若干
日數應還到舍父母計其應還歸家往到市
所取豬羊骨頭蹄骨四藁莀雜穀持散家中
那舍長者從遠方還見其父母歡喜无量稽
足礼拜問訊起居父母亦復歡喜踊躍語那
舍言我於汝行後為汝設福沙門婆羅門國
中孤老貧窮乞者以汝財物悉施与之兒聞
設福布施貧之心大歡喜又語兒言我亦復請
諸沙門設福始竟今家中草穢狼藉由未
掃除兒見狼藉相貌如是信其父母為設福
德倍復歡喜踊躍无量久後之間父母衰老
得諸病苦便就後世那舍即便殯斂尸骸安
廟粗畢從父母命終轉讀尊經燒香礼拜歌
詠讚嘆无一時廢竟于三七經聲不絕作是
念唯我父母在世極憂念我多脩福德令我
又復請諸聖衆想我父母緣此功德故應往
生生十方剎土供養恭敬面見諸佛
於是那舍忽得重病奄便欲死惟心下暖家

念唯我父母在世無憂念我多脩福德令我
又復請諸聖衆想我父母緣此功德故應往
生十方刹土供養恭敬面見諸佛
於是耶舍忽得重病奄便欲死惟心下暖家
中大小未便殯斂至七日後乃得蘇解家中
問言耶舍長者病苦如是卒死今蘇從何而
來長者耶舍語其家言我數日中善神將我
亦以福堂無極之樂又到地獄靡不經歷眼中
所覩唯苦痛可令我又見餓鬼住處所生父
母在中受苦見我來者悲號懊惱欲求免
脫不能得出我思父母在世之時大脩福德
意謂生天而更墮在餓鬼地獄中受諸苦惱
耶舍長者說此語已向其家中懊惱流淚我
今家中當設何方功德之力救我父母使得
解脫耶舍長者又自思惟我父母昔病苦之
時大脩福德欲終未終及命終已燃燈續明
轉經行道齋戒一心及至三七未曾懈癈而
今父母而更生此罪苦地獄必當有意便問
親族及諸耆宿耆宿答言我不了此深妙之
事可往諮問世尊於是長者便往到佛所頭
面作礼蹦跪合掌而白佛言欲有諮請唯願
世尊慈愍不恡佛言便說長者耶舍說向因緣
父母在世常脩福德及命終後為做三七至安
廟畢謂言生天而更墮在地獄中已問耆宿
耆宿不了令故問佛為我決疑緣我重病
闇便欲死七日乃蘇善神將我經歷地獄靡

父母在世常脩福德及命終後為做三七至安
廟畢謂言生天而更墮在地獄中已問耆宿
耆宿不了令故問佛為我決疑緣我重病
闇便欲死七日乃蘇善神將我經歷地獄靡
不周遍以是因緣得見父母在苦劇地脩福
如此而更墮罪不解所以令故問佛唯願世
尊解釋我疑脩何福業令我父母解脫厄
難不遭苦患悲得生天封受自然快樂無極
得湼槃道
佛語長者汝一心諦聽我之所說汝前欲行
往至他方留財寶物與汝父母令汝父母脩諸
福德父母耶見欺誑於汝實不脩福妄言
為作脩諸福緣以慳貪故墮彼地獄長者聞
佛神口所說疑或永除作如是言是我之過
非父母咎即於佛前代其父母悔過此罪慳
貪之殃長者父母於彼地獄小得休息佛語長
者令我借汝眼使汝得見父母休息長者
於是承佛威神見其父母皆得休息耶舍
長者又白佛言令者又當作何福業使我父
母解脫彼苦佛語長者令請聖衆安居三月
行道欲竟可還家中作百味飲食之具種種
甘美以好淨器盛持供養及好衣服種種華
香金銀珍寶雜碎供具以施於僧令汝得福
使汝父母解脫此難不復受苦餓鬼形也長
者耶舍即如佛言還家供拜不違尊教作供
養已緣此生天封受自然無為快樂汝令欲見

香金銀珎寶雜碎供具以施於僧令汝得福
使汝父母解脫此難不復受苦餓鬼形也長
者那舍即如佛言還家供拜不違尊教作供
養已緣此生天封受自然无為快樂汝今欲見
汝父母所生宮殿處不令更以威神令汝得
見不復生苦長者承佛威神之力見其父母
生在天上諸天娛樂自然隨意无復罣㝵佛
告那舍罪福如是不可不慎如長者眼所見
心所聞故言自作自得非天與人如長者父母
雖在餓鬼其罪小輕一切餓鬼受罪甚重不
可具說長者父母其罪輕者有小福德扶接
所尒長者脩福竟于三世於諸餓鬼受罪輕也
所以然者前章中言若人在世不識三寶
不脩齋戒不善師教命終已後兄弟父母
親屬知識其為脩福七分之中為獲一也是
故長者父母有罪雖在地獄餓鬼之中受罪
輕者緣脩福故七分獲一今脩福德供養衆
僧以是因緣解脫衆難故得生天
佛告普廣菩薩摩訶薩若人未終臨終之日
若已終竟又是終日父母親族知識朋友為命
終者脩諸福業齋戒一心洗浴身體著鮮
潔之衣一心礼敬十方諸佛又當稱楊十方佛
号別以華香供養諸佛可得解脫憂苦之
患得昇天上入涅洹道
佛告普廣菩薩摩訶薩若未終時礼拜十方
諸佛命終之日所生之處常得值佛千劫万

号別以華香供養諸佛可得解脫憂苦之
患得昇天上入涅洹道
佛告普廣菩薩摩訶薩若未終時礼拜十方
諸佛命終之日所生之處常得值佛千劫万
劫億万劫數重罪之殃无不得脫二復當
為說是灌頂无上章句三世諸佛天中之天各
皆順本三世如来說是无上摠持章句普廣菩
薩摩訶薩汝當諦聽我今為汝及一切衆生
諸病苦者若其臨終若已終竟復是終日
聞此章句所生之處當得見佛不墮八難遠
於惡道於是世尊在大衆中宣說諸佛无上
章句即作偈頌而說之曰
波利富樓那　遮利三曼陁　達舍居羅佉　摩訶毗羅訶
伽帝三曼陁　毗陁摩伽帝　摩訶伽利波　波帝婆弥陁
娑婆婁伽提　脩鉢利富那　阿利那達摩　摩訶毗波提
帝槃毗波伽　脩勒波僧祇　醯帝三博叉　摩訶三曼陁
阿陁摩羅佉　阿槃摩羅多　毗皷三曼陁　達摩佉羅陁
佛告普廣菩薩摩訶薩是為灌頂无上章句
必定不二解除已者无量罪厄過命者得
生天上隨心所願往生十方此大章句真實之
言在所生處常見十方微妙淨土若在世時應
當受持如是章句齋戒一心為過命者七日
七夜受行八禁長齋菜食礼敬十方諸佛
世尊當發大願憶我獲得僧那僧涅諸衆生
華使向无上正直大道
尒時世尊說是語已告諸大衆善男子善女

當受持如是章句齋戒一心爲過命者七日
七夜受行八禁長齋菜食礼敬十方諸佛
世尊當發大願誓我獲得僧那僧涅諸衆生
輩使向无上正直大道
尒時世尊說是語已告諸大衆善男子善女
人等及天龍八部一切鬼神放等衆輩聞說
十方淨佛國土復聞說是耶舍長者因緣罪福
生信心不普廣菩薩復從座起白世尊言
說是十方諸佛淨土无量功德莊嚴快樂復
得聞是耶舍因緣世尊又說衆事因緣甚善
大善踊躍无量世尊說是多所利益後世
衆生緣此解脫以爲軌則不復貪悋資生之物
聞此經言但生施心无所愛惜隨意施與剪
之使足國土豐饒施心平等如是漸漸積切
累得悉成佛道
普廣菩薩摩訶薩又白佛言若四輩男女
欲脩學是願生淨土灌頂經典有幾事行得
此經法佛言普廣有十二事可得脩學是經
典也一者不信九十五種耶見之道二者堅持
禁戒至終不犯三者懃學禪定教未學者四者
忍辱不瞋見惡不惱五者常樂布施慈念
孤老六者常懃精進晝夜不懈七者若行來
出入朝拜塔像及諸尊長然後捨去八者合
集衆人爲作唱道普得信心九者不貪世永
服伎樂資生之物常好苦行依四依法十者
行此法時无所悕望但欲利益諸衆生輩不

BD14444號　灌頂隨願往生十方淨土經　（12–11）

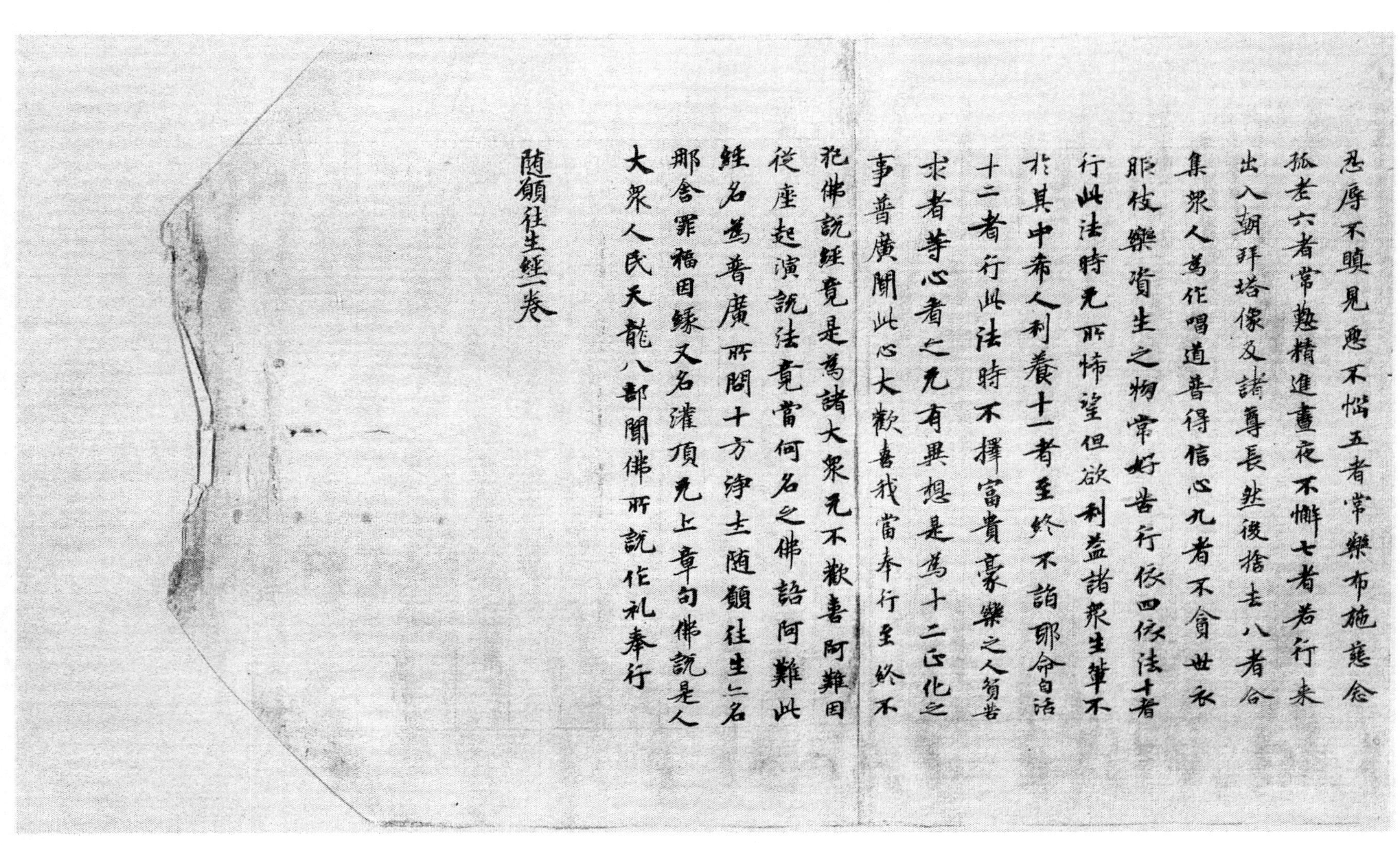
忍辱不瞋見惡不惱五者常樂布施慈念
孤老六者常懃精進晝夜不懈七者若行來
出入朝拜塔像及諸尊長然後捨去八者合
集衆人爲作唱道普得信心九者不貪世永
服伎樂資生之物常好苦行依四依法十者
行此法時无所悕望但欲利益諸衆生輩不
於其中希人利養十一者至終不諂耶命自活
十二者行此法時不擇富貴豪樂之人貧苦
求者等心者之无有異想是爲十二正化之
事普廣聞此心大歡喜我當奉行至終不
犯佛說經竟是爲諸大衆无不歡喜阿難因
從座起演說法竟當何名之佛語阿難此
經名爲普廣所問十方淨土隨願往生亦名
耶舍罪福因緣又名灌頂无上章句佛說是人
大衆人民天龍八部聞佛所說作礼奉行

隨願往生經一卷

BD14444號　灌頂隨願往生十方淨土經　（12–12）

是自作自淂

因緣生吮兇

佰命故世象禍

探懆砕自美　故淂短命遥生而去一切罪

福命之長短皆槃憂畜皆由種生復其類歎

種福淂福種罪淂罪種長命淂長命種短命淂

短命種好淂好種醜淂醜如人種麦淂麦種粟

淂粟種麻淂麻隨其本種生其類歎人之種行

無異如是王不足疑也持一戒完者一天令五神護

之持戒具者令廿五神營救門戶上至六天凡有

百五十神惜代擁護不令衆耗諸天歡喜皆言善

哉當共護之如是持一戒完具者十方現在諸

佛皆稱歎是善男子善女人臨壽終時佛皆分

身往迎之不使墮惡道若犯戒者當益作福德布

施持戒忍辱精進一心智慧燃燈燒香散華禮

拜持發戒無淂度戒不完者善神稍離之犯一戒

者廿五神去之犯五戒者百五十神盡去離之惡鬼

稍繞近因衆病之耗亂其家遂致衰耗不利財物

身往從之不使墮惡道若犯戒者當益作福德布
施持戒忍辱精進一心智慧燃燈燒香散華礼
拜益持齋戒不得度戒不完者善神稍離之犯一戒
者廿五神去之犯五戒者百五十神盡去離之惡鬼
稍繞近因衰病之耗亂其家遂致衰乏不利財物
不聚所向不偶死入地獄唯戒具不持九齋如六畜
不生乳樹无果實婦人不生子種穀不滋治生
无利逃耗失本作吏无衣憤使者无傳寧可信用
者不不持齋者如人身无有四時衣也一
人倮形无衣寧可入衆貴人中不也王曰
子不持齋二不如法无情淨福識倮
助如人孤獨无臣子倮形无衣饑居
畏不持齋有五事懃苦何謂五事苦也一者
穢濁處二者所生之處唯得人身難與三寶會
三者更生信道家難四者更生求師難得五者
世世求道難得定是為五事苦復有五事苦一者
恒生多事處二者多驚怖三者生五逆殘處四者
恒生劇苦地五者生邊地无福之處是為五事苦合
為十苦處也復有五事自侵欺一者不用佛教二者
不用師教三者言我持戒不從明師道士受戒四者
不受法化五者持齋不究為自侵欺亡失大福復
有五事亡失大福何謂為五一者恒生愚家二者難
得出家三者所生貧匱四者不得界入道場五者頑愚
難化是為五事復有五事難何謂為五一者生中國難
二者生貴人家難三者求作沙門難四者求智慧難五
者求解脫難復有五事難何謂為五一者生佛前難二
者求安難三者求三昧定難四者逝絕生死難五者求
清淨難復有五事難何謂為五一者若後罪畢得為人
主安國難二者若後為天度人難三者除罪難四者求度

BD14445號　淨度三昧經卷二　（11–2）

者求解脫難漢有五事難何謂為五一者生佛前難二
者求安難三者求三昧定難四者逝絕生死難五者求
清淨難漢有五事難何謂為五一者若後罪畢淨為人
主安國難二者若後為天度人難三者除罪難四者求度
難五者解十結難着難是為五難難淨度脫佛言末世
時人作佛弟子為世事所迫漫苟民窮衣食不充熱惱
自隨不得從心所願不成皆由宿命持戒不精進懈慢
不從師教令或持齋或不持齋或有布施或不布施
佛國不行清淨滿行所致福不遠生天罪不舊墮地獄
有无多少名隨所作德本受其殃福或在他方清淨
謫來生閻浮提續人種令不逝絕或從天上來生閻浮
提或從人道來生或從三惡道中罪畢得生為人五道中
生死交府更相換代晝夜往來日日不絕譬如天雨以續
人種故不逝絕皆從宿命衰或不如法謫來生是家裏末
五燒毒然濁世受是十苦之惱十自侵欺之患墮十五級
界之難迴流三界十二輪轉生死不絕受苦无竟但
坐宿命不奉大人之重訓棄正行邪故受是卅
五苦惱不得度脫无盡意菩薩白佛言世尊每樓
人或并持九齋皆言盡形壽今復教弟子齋日
更受齋何因乃尒經法至重如是為愕法弟子耶
佛告无盡意菩薩佛授人戒欲度脫居家消道
當持五戒行歲三齋除三毒月六齋剬六賊九齋
除九惱滅九惡愈九病閉絕十二惡道開十二門令
至泥洹士女持齋戒當令究竟盡畢形壽然弟
子受戒以後故有欲着經營家居畜養妻子縣官
之繇奴婢責主役使衣食之求販買治生墾地種殖
閻熱萠類貪求无厭放心恣意三毒熾盛六神右逐
所欲心垢轉厚垢穢之罪引人入冥室受苦无竟
已聞道門當令閉塞三塗八難之處令得至泥洹清

之緣奴婢責主役使衣食之求販賈治生墾地種殖
閨爇前顏貪朱无癡放心恣意三毒猛盛六神右逐
所欲心垢轉厚垢穢之罪引人入冥室受苦无竟
已聞道門當今閉塞三塗八難之處令得至泥洹清
淨无為猶如長者有大寬堂舍以囯牛馬羊猪狗滿
中作薹齎日以逼貴客當来无餘坐薹不及除薹㯹
以沙土而覆薹上坐客作主人設好美食種種香
美食客至暮客還去主人續囯牛馬羊猪狗滿囯
清溺沙土上至七日雜畜衆多糞溺已厚復有遠
方貴人来不及除薹如前以沙土覆上復用遇客還
年之中凡百二日遇客百二遇塩囯糞土有二重弟
子衆日不從師明經道士受衆便言我已見經
曉解衆法了了自於舍持衆專精進念道不懈清
淨无欲已滅穢念持心如真人而无瑕垢譬如長
者好沙土覆矢溺上善男子善女人受佛五戒十
戒為尊者子當令如法人身譬如大堂舍牛馬
羊猪狗譬如外五欲之利薹譬如惡念也至自持
衆清淨者如土覆薹上用從師自淨衆日自言我
曉衆法囯自持衆如法行清淨衆者猶如沙土覆矢
溺不淨罪福相累重數分明後當畏罪福之數
一一不失一念受一身善念受天上人中身惡念受三
惡道身百念受百身千念受千身一日一夜種生死
根後當受八億五十万難顏之身百年之中種後世
或其為難數也魂神逐種受身遍三千大千剎土
中肤骨宍毛遍大千剎土地閒无空地於是佛愍念
十方良傷弟子迴流沒溺深沒穢海生死苦惱故說
法擣化度无福令得解脫弟子心迷習信勞垢日生
佛以三淵法水洗治弟子六衰之垢令得解脫前衰
日以過七日之中罪垢復生重覆齊福罪垢未厚復
到後衰大慈愍傷開法慧水洗去欲垢令得清

十方良儔弟子迴流沒溺深淺沒穢海生死昔惚故設
法攝化度无福令得解脫弟子心迷習信勞垢日生
佛以三洄法水洗治弟子六衰之垢令得解脫前衆
日以過七日之中罪垢復生重覆脊福罪垢未摩復
到後衆大慈慜傷開法慧水洗去欲垢令得清
淨猶如除埽到本淨地香潔可居弟子衆日恭
埽清淨警循監伺畏懼神明衆日當齋居家緣
務鍼詣塔寺礼拜三尊從師受三自歸八關衆於
廟堂如法持之猶如除埽到淨地衆過後男女更
相洗汙到後衆悔過三自歸思惟前衆七日貳五日
其聞所施行身口意所犯幾過至心假首過於三
尊慎无覆藏着恥須臾之間過而不首過復長受痛
无竟已悔過首罪受三自歸受清淨衆衆福相
接聞无罪垢清淨得度无盡意菩薩白佛言世
尊慈恩慜念弟子剋如慈母念其赤子子不念
母養育之恩弟子亦復如是佛言如是如是但用愚
癡无點故佛說是時八百比丘漏盡意解三百善
薩入淨光三昧三万天人發无上正真道意三万
二千清信士万二千八百清信女皆見道迹十億天
人皆遠塵離垢廿億凡士廿億凡女悉得法眼
淨前受五戒莫不歡喜作礼者皆言幸賴得聞
清淨妙法以救生死斷遠三流四瀆洗滅三毒
之熾火蕩滌六欲之垢漸近清淨侍衆无為漸至
泥洹无盡意菩薩白佛言善男子善女人受佛
五戒十戒者為尊者子應在尊者坐次不耶佛言
若善男子善女人受佛五戒十戒得為尊者子居
家臭穢不得共尊者比丘同牀席坐當別坐尊者
比丘坐復尊過於國王天子長者之坐皆有大
尊天神衛持左右白衣不應共坐正使出家持

若善男子善女人受佛五戒十戒得為尊者子居
家臭穢不得共尊者比丘同牀席坐當别坐尊者
比丘坐復尊過於國王天子長者之坐皆有大
尊天神衛持左右白衣不應共坐正使出家持
十戒作沙弥亦不應共坐起食飲正使具戒大
沙門犯戒心不清淨尚不應共坐何況白衣白
持五戒十戒亦不應與白衣凡人共坐起污尊者
子𩔰生婬盜兩舌醉亂无禮无義屠兒偷儈不
當往來交易借貸興之崖瀆劉旗道行共相染
污引入獄門自作留難頻墮惡道為人證任繫縛
三界不得持度愁憂苦惱痛不可言如人共盜賊
為友賊有罪王收捕著獄五毒治之獄吏問賊卿
与誰為友具說意狀曰言我与某長者為友即
聞王王即下水部錄名長者長者到王問曰卿好人貴
人之種何不自愛擇善為友反与不肖惡人為友今坐
死罪曰所引卿復作曰云何長者白王言此曰亦好人君
子与我中外兄弟或言婚親士大夫邂逅遇事耳王言
此死罪人与同罪者亦當死卿欲云何長者對曰實自
不知唯与囚為友實不見不知願王垂心弥察明其口
口守善未曾犯惡其又為佛弟子王言卿為智人何不
教令禁捨離而置之也卿為已共同心唯不共作賊坐与
為友戒教之或為作方便卿唯不能禁心者何不遠
離之且往詣獄罪人若不怨恨辭不及卿者放卿使去
弟子与凡人兇愚无戒行者犯戒者共相交往後為佑
人所引入地獄地獄王問弟子卿為佛弟子何不持佛
經戒教卿智識蒲里多友親族卿為智人離而置之
无有慈心不念衆生今此罪人引卿云何不教我我愚
癡不曉佛道謂死生不屬佛謂天公為大死生屬
天不知有地獄不教我深度我如是罪人怨辭云卿

BD14445號　淨度三昧經卷二　（11–6）

人所引入地獄獄王問弟子佩為佛弟子何不持佛
經戒教卿知識隣里多交親族卿為智人雖而置之
无有慈心不念衆生令此罪人引卿云何不教我我愚
癡不曉佛道謂死生不屬佛謂天公為大死生屬
天不知有地獄不教我深度我如是罪人怨辭云卿
无慈心不念相度卿雖人為罪卿不能教度者何不
遠離之也弟子對曰我謂但自持戒守善為德行
不高實不能度人人又不用我言願王原除我過我
是佛弟子尊者子也佛言清信士女當自護令清淨
慎无与凡夫為交為侶引人入地獄中
无蓋慈菩薩白佛言凡夫士女前世持佛五戒令得人身
依道而生貧富貴賤好醜長短苦樂不同安危事異
或有家還信佛者有不信者其意云何願釋所疑令大
衆而得開解佛言善哉善哉憂念人民乃尒佛告无盡
慈菩薩人有六事得生富貴家何等為六一者用善師
教二者畜布施三者持九叙五戒不犯四者行忍辱五者一
切行恭敬六者孝事二親礼拜三尊是為六事生豪貴家
復有十事生則知道信佛三寶一者五願二者精進持九
叙不廢三者不行八邪業四者不使至師卜問解除
五者不伺天求福六者不事水道不稱歎水道七者
不為邪術八者不為蠱道九者不行幻術十者不亡義
人從事是為十善行恒生中國便能信佛三尊世世
求天福堂累劫无患人不能奉行此十事者生邊方
八難處貧賤家人不信道戒不值佛世常在窴室
陷溺六川累劫不出
无蓋菩薩白佛言持五戒行布施得生富貴當老壽
復有少死者何佛言殺生作施淮富不壽无蓋慈
菩薩白佛言貧富黠癡不別富而癡者貧而黠者長
短不同好醜尒尒其意云何佛言皆由宿命作人時消
行所致憧惡不同故布施不行忍辱不畜罰淫後世

漫有少死者何佛言熱生作施淮冨不壽无蓋慈
善薩白佛言貧冨黠癡不別冨而癡者貧而黠者長
短不同好醜亦尒其意云何佛言皆由宿命作人時脩
行所致種德不同故布施不行忍辱不書聞經後世
冨且愚持議讀經行忍辱不布施後世聰明黠慧
辯才多智端政且貧長短不同者好醜廣學智慧廣
教人起五逆人後世得長使好身形智慧中王不能廣
智慧有慧乞欲語人乞不欲語人不起逆人短且愚
人之種行隨本種自得其教說是語時二千万比丘
万漏盡意解十万善薩皆得信忍四十万天人皆
入六度三昧定四方善薩弟子行者諸天人民不可
計數從四方稍来滿八十里廣縱聞无變地聞佛
說經莫不歡喜廿万清信士万清信女皆得六慧
智度无極八千比丘尼皆得柔順忍廿億天人數无
上正真道意百万鬼神龍阿須輪乾闥婆和
閱叉等皆發无上正真道意地獄王宮屬十億
衆重發无上正真道意願畢壽得作沙門奉佛
清化福度衆生
法意善薩下坐長跪叉手白佛言多陁阿竭為如来
本无法隨法度諸天人民佛告法意善薩多陁阿
竭不見本无法亦不見隨法度者亦不見有三界亦
不見有諸天人民亦不見有人亦不見无人亦不見生亦
不見滅亦不見度者亦不見不度者亦不見吾我
亦不見五陰六衰亦不見身心意識亦不見地水火
風空亦不見四大合時亦不見不合時亦不見色痛痒
思想生死識亦不見諸法来時亦不見諸法去時亦
不見色痛痒思想生死識本亦不見地水火風本亦
不見生死本本无有本說是三昧時八百善薩皆得阿
惟顔如本无无所有七万善薩得不退轉廿万比丘還

風空亦不見四大合時亦不見不合時亦不見色痛痒
思想生死識亦不見諸法來時亦不見諸法去時亦
不見色痛痒思想生死識本亦不見地水火風本亦
不見生死本本无有本説是三昧時八百菩薩皆得阿
惟顏如本无无形有七万菩薩得不退轉廿万比丘逮
得无所從法忍百万天人得不起法忍五百清信士得
淨意解脫三昧七十万清信士下鬚作沙門皆得信忍
十億仗士卅億仗女皆發无上正真道意前受五戒
八千龍王皆發无上正真道意
大忍菩薩白佛言多陁阿竭以大慈良愍念十方諸天
人民法雨三昧沠潤澤羣黎莫不得過度者多陁阿竭
用意淨故所説清淨言辭清淨忍著无倚空无處所
心无端痘忍大懃勞忍伏諸情還大生死以无盖慈救
衆人病令一切諸天帝釋梵忍天勝莫天子國王臣民
龍鬼神莫不忍棄諸欲態惡忍本淨根〻生〻董〻
節〻轉生華實滋還本无本无无所有忍守根門
以法化萬令入泥洹
佛告大忍菩薩一切大聖皆行大忍自致成本无如來
化萬衆生忍不視色眼則清淨忍不受聲則耳清
淨忍不受香則鼻清淨忍不求味則口清淨忍不
求細滑則身清淨忍不多念則心清淨忍不思想
則意清淨忍不分別上中下好惡識別万物為作名
字心无所著意无所想識无所別則為識清淨外六
事本清淨内六入本清淨外六事為泥汙内六事為身
本外六事内内六畜樂〻而愛之〻者為不淨故
使陷三塗墮譬如婬泆女人雖不行求男子視外如貞
内常思念有男子從遠方來寄宿外堂宛人彭定時
被夫聓不在遠方男子因往親近主人婦〻人得男子
心中獨喜因留三日外六内六更相婬汙諸情名受所
習如婦人習愛男子留三日者謂心意識注著諸情外

使墮三塗譬如婬泆女人唯不行求男子視外如貞
內常思念有男子從遠方來寄宿外堂夜人靜定時
被夫婿不在遠方男子因往親近主人婦婦人得男子
心中獨畫因留三日外六內六更相婬汙諸情名受所
習如婦人習愛男子留三日者謂心意識注著諸情外
六為男子內六為婦人留者謂外六事與心意識共相
可入因種生死婬於六欲種罪根本菩薩常行大忍不
婬六欲外內清淨如本無清淨心意識清淨無瑕自致得
佛道解脫菩薩白佛言諸法無著無縛無色無著無縛
無脫色之自然故痛痒思想生死識本無無著無縛無脫
何以故本淨故地水火風本無著無縛無脫本淨故本
無無著無縛無縛無脫身心意識四事本無空無著
無脫何因沒溺四瀆川流流入三昔不得解脫佛言善
哉善哉解脫菩薩如汝所說無有異皆佛威神之
所致佛言諸法如本無著無縛無脫色痛痒思想生
死識如本無無著無縛無脫地水火風如本無無著無
縛無脫薩云若如本無無著無縛無脫多陀阿竭如本
無說經無著無縛無脫佛心與眾生心等無有異多陀
阿竭本在凡夫時心如凡夫心無有異亦為六欲所溺迴
流三界墮四顛倒受形無數更生死或男或女或尊或
卑或貴或賤受身周遍三千大千國土持針剡地皆中
我故身後見寶蓮華如來至真等正覺明行成為善
逝世間解無上士道法御天人師號佛世尊往世廿中劫時
佛為諸天人民說六度大法時我佛僮往亦觀之聞佛所
說心開意解前受五戒三自歸九衆衆不失教法行之藏
功積致佛佛言至欲求道遠離罪門者當奉佛經戒近
明師給事所當隨師教令數數講論三潤之水洗心穢
垢心淨得度一切眾生擾擾但諍咽喉不急之事萬罪還
自纏繞或相鬪傷忿怒成仇皆由貪生競諍刹戀羣

佛為諸天人民說六度大法時我佛僮往而觀之聞佛所
說心開意解前受五戒三自歸九衆〻不失教法行之靈巖
功積致佛佛言至欲求道遠離羅門者當奉佛經或近
明師給事所當隨師教令數〻講論三淵之水洗心穢
垢心淨得度一切衆生擾擾但諍咽喉不急之事万罪還
自纏繞或相鬪傷忿怒戍伐皆由貪生競諍剎攣羣
迷雷同不識道義老死日加常与罪對溺於五陰六
衰沒泥三塗受罪无竟身如聚骨連環交錯筋束而
五内藏臭處水强文餝身如畫瓶外以五綵餝之内藏
膿血屎溺不淨愚者寶之長處生死不得解脫處終
身四繫在牢獄无有出期衆生樂於生死自沈五江
沒於三淵无有出期但生隨六情逐世榮名壽无旌
步尊身重名壽為无信衆懸在内如鐵生垢自消
其形都不覺知人為六情所消消滅人形死不復生
諦觀如是當行布施以識神水洗五陰之垢達恚來生
除死滅憂閉閉獄戶遮絕苦本得至泥洹故心之自
〻除五陰六衰解脫无憂苦
〻曰佛言名池阿竭阿羅訶三耶三善阿惟三
〻〻〻扁蘧惶累劫无終
羣莫不解
不起蕩除三

聞經三七日王食麨
時阿闍世問守門者父王
守門人白言大王國大夫人
咸擭持用上王沙門目
而來為王說法不可禁制
時阿闍世聞此語已怒其母曰我母是賊與
賊為伴沙門惡人幻惑呪術令此惡王多日
不死即執利劍欲害其母時有一臣名曰月
光聰明多智及與耆婆為王作礼白言大王
臣聞毗陀論經說劫初已來有諸惡王貪國
位故煞害其父一万八千未曾聞有无道害
母王今為此煞逆之事汙剎利種臣不忍聞
是旃陀羅不宜住此時二大臣說此語已以
手按劍却行而退時阿闍世驚怖惶懼告耆
婆言汝不為我耶耆婆白言大王慎莫害母
王聞此語懺悔求救即便捨劍止不害母勅
語內官閉置深宮不令復出
時韋提希被幽閉已愁憂憔悴遙向耆闍崛
山為佛作礼而作是言如來世尊在昔之時
恒遣阿難來慰問我今愁憂世尊威重无
由得見願遣目連尊者阿難與我相見作是

BD14446號　觀無量壽佛經卷一　（20–1）

王聞此語懺悔求救即便捨劍止不害母勅
語內官閉置深宮不令復出
時韋提希被幽閉已愁憂憔悴遙向耆闍崛
山為佛作礼而作是言如來世尊在昔之時
恒遣阿難來慰問我今愁憂世尊威重无
由得見願遣目連尊者阿難與我相見作是
語已悲泣雨淚遙向佛礼未舉頭頃尒時世
尊在耆闍崛山知韋提希心之所念勅大目
揵連及以阿難從空而來佛從耆闍崛山沒
於王宮出時韋提希礼已舉頭見世尊釋迦
牟尼佛身紫金色坐百寶蓮華目連侍左阿
難侍右釋梵護世諸天在虛空中普雨天華
持用供養
時韋提希見佛世尊自絕瓔珞舉身投
地號泣向佛白言世尊我宿何罪生此惡
子世尊復有何等因緣與提婆達多
共為眷屬唯願世尊為我廣說无憂
惱處我當往生不樂閻浮提濁惡世也
濁惡處地獄餓鬼畜生盈滿多不善聚願
我未來不聞惡聲不見惡人今向世尊五
體投地求哀懺悔唯願佛日教我觀於清淨業處
尒時世尊放眉間光其光金色遍照十方无
量世界還住佛頂化為金臺如須弥山十方
諸佛淨妙國土皆於中現或有國土七寶合
成復有國土純是蓮華復有國土如自在天
宮復有國土如頗梨鏡十方國土皆於中現
有如是等无量諸佛國土嚴顯可觀令韋提
希見時韋提希白佛言世尊是諸佛土雖復

BD14446號　觀無量壽佛經卷一　（20–2）

諸佛淨妙國土皆於中現或有國土七寶合
成復有國土純是蓮華復有國土如自在天
宮復有國土如頗梨鏡十方國土皆於中現
有如是等无量諸佛國土嚴顯可觀令韋提
希見時韋提希白佛言世尊是諸佛土雖復
清淨皆有光明我今樂生極樂世界阿弥陁
佛所唯願世尊教我思惟教我正受
尒時世尊即便微咲有五色光從佛口出一
一光照頻婆娑羅頂尒時大王雖在幽閉心
眼无鄣遥見世尊頭面作礼自然增進成阿
那含
尒時世尊告韋提希汝今知不阿弥陁佛去
此不遠汝當繫念諦觀彼國淨業成者我今
為汝廣說眾譬亦令未來世一切凡夫欲脩
淨業者得生西方極樂國土欲生彼國者當
脩三福一者孝養父母奉事師長慈心不煞
脩十善業二者受持三歸具足眾戒不犯威
儀三者發菩提心深信因果讀誦大乘勸進
行者如此三事名為淨業佛告韋提希汝今
知不此三種業過去未來現在三世諸佛淨
業正因
佛告阿難及韋提希諦聽諦聽善思念之如
來今者為未來世一切眾生為煩惱賊之所
害者說清淨業善哉韋提希快問此事阿難
汝當受持廣為多眾宣說佛語如來今者教
韋提希及未來世一切眾生觀於西方極樂

BD14446號　觀無量壽佛經卷一　　(20–3)

來今者為未來世一切眾生為煩惱賊之所
害者說清淨業善哉韋提希快問此事阿難
汝當受持廣為多眾宣說佛語如來今者教
韋提希及未來世一切眾生觀於西方極樂
世界以佛力故當得見彼清淨國土如執明
鏡自見面像見彼國土極妙樂事心歡喜故
應時即得无生法忍
佛告韋提希汝是凡夫心想羸劣未得天眼
不能遠觀諸佛如來有異方便令汝得見時
韋提希白佛言世尊如我今者以佛力故見
彼國土若佛滅後諸眾生等濁惡不善五苦
所逼云何當見阿弥陁佛極樂世界佛告韋
提希汝及眾生應當專心繫念一處想於西
方云何作想凡作想者一切眾生自非生盲
有目之徒皆見日沒當起想念正坐西向諦
觀於日令心堅住專想不移見日欲沒狀如
懸鼓既見日已閉目開目皆令明了是為日
想名曰初觀
次作水想見水澄清亦令明了无分散意既
見水已當起冰想見冰暎徹作瑠璃想此想
成已見瑠璃地內外暎徹下有金剛七寶金
幢擎瑠璃地其幢八方八楞具足一一方面百
寶所成一一寶珠有千光明一一光明八万
四千色暎瑠璃地如億千日不可具見瑠璃
地上以黃金繩雜廁間錯以七寶界分齊分
明一一寶中有五百色光其光如華又似星

BD14446號　觀無量壽佛經卷一　　(20–4)

寶所成一一寶珠有千光明一一光明八万
四千色暎瑠璃地如億千日不可具見瑠璃
地上以黄金縄雜廁間錯以七寶界分齊分
明一一寶中有五百色光其光如華又似星
月懸處虚空成光明臺樓閣千万百寶合成
於臺兩邊各有百億華幢无量樂器以為莊
嚴八種清風從光明出皷此樂器演說苦空
无常无我之音是為水想名第二觀此想成
時一一觀之極令了了閉目開目不令散失
唯除食時恒憶此事如此想者名為粗見極
樂國土若得三昧見彼國地了了分明不可
具說是為地想名第三觀
佛告阿難汝持佛語為未來世一切大衆欲
脫苦者說是觀地法若觀是地者除八十億
劫生死之罪捨身他世必生淨國心得无疑
作是觀者名為正觀若他觀者名為耶觀佛
告阿難及韋提希地想成已次觀寶樹觀寶
樹者一一觀之作七重行樹想一一樹高八
千由旬其諸寶樹七寶華葉无不具足一一
華葉作異寶色瑠璃色中出金色光頗梨色
中出五色光馬瑙色中出車璩光車璩色中
出緑真珠光珊瑚虎魄一切衆寶以為暎餝
妙真珠網弥覆樹上一一樹上有七重網一
一網間有五百億妙華宮殿如梵王宮諸天
童子自然在中一一童子五百億釋迦毗楞
伽摩尼以為瓔珞其摩尼光照百由旬如和
合百億日月不可具名衆寶間錯色中上者

BD14446號　觀無量壽佛經卷一　（20–5）

出緑真珠光珊瑚虎魄一切衆寶以為暎飾
妙真珠網弥覆樹上一一樹上有七重網一
一網間有五百億妙華宮殿如梵王宮諸天
童子自然在中一一童子五百億釋迦毗楞
伽摩尼以為瓔珞其摩尼光照百由旬如和
合百億日月不可具名衆寶間錯色中上者
此諸寶林行行相當葉葉相次於衆葉間生
諸妙華華上自然有七寶菓一一樹葉縱廣
正等廿五由旬其葉千色有百種畫如天瓔
珞有衆妙華作閻浮檀金色如旋火輪婉轉
葉間踊生諸菓如帝釋瓶有大光明化成幢
幡无量寶蓋是寶蓋中暎現三千大千世界
一切佛事十方佛國亦於中現見此樹已亦
當次第一一觀之觀見樹茎枝葉華菓皆令
分明是為樹想名第四觀
次當想水想水者極樂國土有八池水一一
池水七寶所成其寶柔濡從如意珠王生分
為十四枝一一枝作七寶色黄金為渠渠下
皆以雜色金剛以為底沙一一水中有六十
億七寶蓮華一一蓮華團圓正等十二由旬
其摩尼水流注華間尋樹上下其聲微妙演
說苦空无常无我諸波羅蜜復有讚歎諸佛
相好者如意珠王踊出金色光微妙光明其光
化為百寶色鳥和鳴哀雅常讚念佛念法念
僧是為八功德水想名第五觀
衆寶國土一一界上有五百億寶樓其樓閣中
有无量諸天作天伎樂又有樂器懸處虚空

BD14446號　觀無量壽佛經卷一　（20–6）

相好者如意珠王踊出金色光微妙光明其光
化為百寶色鳥和鳴哀雅常讚念佛念法念
僧是為八功德水想名第五觀
衆寶國土一一界上五百億寶樓其樓閣中
有无量諸天作天伎樂又有樂器懸處虛空
如天寶幢不鼓自鳴此衆音中皆說念佛念
法念比丘僧此想成已名為粗見極樂世界
寶樹寶地寶池是為總觀想名第六觀若見
此者除无量億劫極重惡業命終之後必生
彼國作是觀者名為正觀若他觀者名為耶
觀
佛告阿難及韋提希諦聽諦聽善思念之佛
當為汝分別解說除苦惱法汝等憶持廣為
大衆分別解說說是語時无量壽佛住立空
中觀世音大勢至是二大士侍立左右光明
熾盛不可具見百千閻浮檀金色不得為比
時韋提希見无量壽佛已接足作礼白佛言
世尊我今因佛力故得見无量壽佛及二菩
薩未來衆生當云何觀无量壽佛及二菩薩
佛告韋提希欲觀彼佛者當起想念於七寶
地上作蓮華想令其蓮華一一葉作百寶色
有八万四千脉猶如天畫脉有八万四千光
了了分明皆令得見華葉小者縱廣二百五
十由旬如是華有八万四千葉一一葉間有
百億摩尼珠王以為暎餝一一摩尼放千光
明其光如蓋七寶合成遍覆地上釋迦毗楞
伽寶以為其臺此蓮華臺八万金剛甄叔迦

BD14446 號　觀無量壽佛經卷一　（20–7）

十由旬如是華有八万四千葉一一葉間有
百億摩尼珠王以為暎餝一一摩尼放千光
明其光如蓋七寶合成遍覆地上釋迦毗楞
伽寶以為其臺此蓮華臺八万金剛甄叔迦
寶梵摩尼寶妙真珠網以為交餝於其臺上
自然而有四柱寶幢一一寶幢如百千万億
須弥山幢上寶縵如夜摩天宮有五百億微
妙寶珠以為暎餝一一寶珠有八万四千光
一一光作八万四千異種金色一一金光遍
其寶土處處變化各作異相或為金剛臺或
作真珠網或作雜華雲於十方面隨意變現
施作佛事是為華想名第七觀佛告阿難如
此妙華是本法藏比丘願力所成若欲念彼
佛者當先作此華坐想作此想時不得雜觀
皆應一一觀之一一葉一一珠一一光一一
臺一一幢皆令分明如於鏡中自見面像此
想成者滅除五万劫生死之罪必定當生極
樂世界作是觀者名為正觀若他觀者名為
耶觀
佛告阿難及韋提希見此事已次當想佛所
以者何諸佛如來是法界身入一切衆生心
想中是故汝等心想佛時是心即是卅二相
八十隨形好是心作佛是心是佛諸佛正遍
智海從心想生是故應當一心繫念諦觀彼
佛多陁阿伽度阿羅呵三狼三佛陁想彼佛
者先當想像閉目開目見一寶像如閻浮檀

BD14446 號　觀無量壽佛經卷一　（20–8）

八十隨形好是心作佛是心是佛諸佛正遍
智海從心想生是故應當一心繫念諦觀彼
佛多陁阿伽度阿羅呵三藐三佛陁想彼佛
者先當想像閉目開目見一寶像如閻浮檀
金色坐彼華上既見坐已心眼得開了了分
明見極樂國七寶莊嚴寶地寶池寶樹行列
諸天寶縵弥覆其上衆寶羅網滿虛空中見
如此事極令明了如觀掌中見此事已復當
更作一大蓮華在佛左邊如前蓮華等无有
異復作一大蓮華在佛右邊想一觀世音菩
薩像坐左華坐亦放金光如前无異想一大
勢至菩薩像坐右華坐此想成時佛菩薩像
皆放金色光其光金色照諸寶樹一一樹下
亦有三蓮華諸蓮華上各有一佛二菩薩像
遍滿彼國此想成時行者當聞水流光明及
諸寶樹鳧鴈鴛鴦皆說妙法出定入定恒聞
妙法行者所聞出定之時憶持不捨令與脩
多羅合若不合者名為妄想若合者名為麁
想見極樂世界是為像想名第八觀作是觀
者除无量億劫生死之罪於現身中得念佛
三昧
佛告阿難此想成已次當更觀无量壽佛身
相光明阿難當知无量壽佛身如百千万億
夜摩天閻浮檀金色佛身高六十万億那由
他恒河沙由旬眉間白豪右旋婉轉如五須
弥山佛眼如四大海水清白分明身諸毛孔

BD14446號　觀無量壽佛經卷一　（20–9）

佛告阿難此想成已次當更觀无量壽佛身
相光明阿難當知无量壽佛身如百千万億
夜摩天閻浮檀金色佛身高六十万億那由
他恒河沙由旬眉間白豪右旋婉轉如五須
弥山佛眼如四大海水清白分明身諸毛孔
演出光明如須弥山彼佛圓光如百億三千
大千世界於圓光中有百万億那由他恒河
沙化佛一一化佛亦有衆多无數化菩薩以
為侍者无量壽佛有八万四千相一一相各
有八万四千隨形好一一好復有八万四千
光明一一光明遍照十方世界念佛衆生攝
取不捨其光相好及與化佛不可具說但當
憶想令心眼見見此事者即見十方一切諸
佛以見諸佛故名念佛三昧作是觀者名觀
一切佛身以觀佛身故亦見佛心佛心者大
慈悲是以无緣慈攝諸衆生作此觀者捨身
他世生諸佛前得无生法忍是故智者應當
繫心諦觀无量壽佛觀无量壽佛者從一相
好入但觀眉間白豪極令明了見眉間白豪
者八万四千相好自然當見見无量壽佛者
即見十方无量諸佛得見无量諸佛故諸佛
現前授記是為遍觀一切色想名第九觀作
此觀者名為正觀若他觀者名為邪觀
佛告阿難及韋提希見无量壽佛了了分明
已次應觀觀世音菩薩此菩薩身長八十億
那由他由旬身紫金色頂有肉髻項有圓光
面各有百千由旬其圓光中有五百化佛如

BD14446號　觀無量壽佛經卷一　（20–10）

佛告阿難及韋提希見无量壽佛了了分明
已次應觀觀世音菩薩此菩薩身長八十億
那由他由旬身紫金色頂有宍髻項有圓光
面各有百千由旬其圓光中有五百化佛如
釋迦牟尼佛一一化佛有五百菩薩无量諸
天以為侍者舉身光中五道衆生一切色相
皆於中現頂上毗楞伽摩尼寶以為天冠其
天冠中有一立化佛高廿五由旬觀世音菩
薩面如閻浮檀金色眉間豪相備七寶色流
出八万四千種光明一一光明有无量无數
百千化佛一一化佛无數菩薩以為侍者變
現自在滿十方世界譬如紅蓮華色有八十
億光明以為瓔珞其瓔珞中普現一切諸莊
嚴事手掌作五百億雜蓮華色手十指端一
一指端有八万四千畫猶如印文一一畫有
八万四千色一一色有八万四千光其光柔
濡普照一切以此寶手接引衆生舉足時足
下有千輻輪相自然化成五百億光明臺下
足時有金剛摩尼華布散一切莫不彌滿其
餘身相衆好具足如佛无異唯頂上宍髻及
无見頂相不及世尊是為觀觀世音菩薩真
實色身想名第十觀佛告阿難若欲觀觀世
音菩薩當作是觀作是觀者不遇諸禍淨除
業鄣除无數劫生死之罪如此菩薩但聞其
名獲无量福何況諦觀若有欲觀觀世音菩
薩者先觀頂上宍髻次觀天冠其餘衆相亦

音菩薩當作是觀作是觀者不遇諸禍淨除
業鄣除无數劫生死之罪如此菩薩但聞其
名獲无量福何況諦觀若有欲觀觀世音菩
薩者先觀頂上宍髻次觀天冠其餘衆相亦
次第觀之亦令明了如觀掌中作是觀者名
為正觀若他觀者名為耶觀
次觀大勢至菩薩此菩薩身量大小亦如觀
世音圓光面各百廿五由旬照二百五十由
旬舉身光明照十方國作紫金色有緣衆生
皆悉得見但見此菩薩一毛孔光即見十方
无量諸佛淨妙光明是故号此菩薩名无邊
光以智慧光普照一切令離三塗得无上力
是故号此菩薩名大勢至此菩薩天冠有五
百寶華一一寶華有五百寶臺一一臺中十
方諸佛淨妙國土廣長之相皆於中現頂上
宍髻如鉢頭摩華於宍髻上有一寶瓶盛諸
光明普現佛事餘諸身相如觀世音等无有
異此菩薩行時十方世界一切震動當地動
處有五百億寶華一一寶華莊嚴高顯如極
樂世界此菩薩坐時七寶國土一時動搖從
下方金光佛刹乃至上方光明王佛刹於其
中間无量塵數分身无量壽佛分身觀世音
大勢至皆悉雲集極樂國土側塞空中坐蓮
華坐演說妙法度苦衆生作此觀者名為正
觀大勢至菩薩是為觀大勢至色身相觀此
菩薩者名第十一觀除无量阿僧祇生死之
罪作是觀者不處胞胎常遊諸佛淨妙國土

大勢至皆悉雲集極樂國土側塞空中坐蓮
華坐演說妙法度苦衆生作此觀者名為正
觀大勢至菩薩是為觀大勢至色身相觀此
菩薩者名第十一觀除无量阿僧祇生死之
罪作是觀者不處胞胎常遊諸佛淨妙國土
此觀成已名為具足觀觀世音大勢至
見此事時當起自心生於西方極樂世界於
蓮華中結跏趺坐作蓮華合想作蓮華開想
蓮華開時有五百色光來照身想眼目開想
見佛菩薩滿虛空中水鳥樹林及與諸佛所
出音聲皆演妙法與十二部經合出定之時
憶持不失見此事已名見无量壽佛極樂世
界是為普觀想名第十二觀无量壽佛化身
无數與觀世音大勢至常來至此行人之所
佛告阿難及韋提希若欲至心生西方者先
當觀於一丈六像在池水上如先所說无量
壽佛身量无邊非是凡夫心力所及然彼如
來宿願力故有憶想者必得成就但想佛像
得无量福況復觀佛具足身相阿弥陁佛神
通如意於十方國變現自在或現大身滿虛
空中或現小身丈六八尺所現之形皆真金
色圓光化佛及寶蓮華如上所說觀世音菩
薩及大勢至於一切處身同衆生但觀首相
知是觀世音菩薩知是大勢至此二菩薩助
阿弥陁普化一切是為雜觀想名第十三觀
佛告阿難及韋提希上品上生者若有衆生
願生彼國者發三種心即便往生何等為三

BD14446號　觀無量壽佛經卷一　（20–13）

薩及大勢至於一切處身同衆生但觀首相
知是觀世音菩薩知是大勢至此二菩薩助
阿弥陁普化一切是為雜觀想名第十三觀
佛告阿難及韋提希上品上生者若有衆生
願生彼國者發三種心即便往生何等為三
一者至誠心二者深心三者迴向發願心具
三心者必生彼國復有三種衆生當得往生
何等為三一者慈心不煞具諸戒行二者讀
誦大乘方等經典三者脩行六念迴向發願
願生彼國具此功德一日乃至七日即得往
生生彼國時此人精進勇猛故阿弥陁如來
與觀世音大勢至无數化佛百千比丘聲聞
大衆无量諸天七寶宮殿觀世音菩薩執金
剛臺與大勢至菩薩至行者前阿弥陁佛放
大光明照行者身與諸菩薩授手迎接觀世
音大勢至與无數菩薩讚嘆行者勸進其心
行者見已歡喜踊躍自見其身乘金剛臺隨
從佛後如彈指頃往生彼國生彼國已見佛
色身衆相具足見諸菩薩色相具足光明寶
林演說妙法聞已即悟无生法忍經須臾間
歷事諸佛遍十方界於諸佛前次第授記還
至本國得无量百千陁羅尼門是名上品上
生者
上品中生者不必受持讀誦方等經典善解
義趣於第一義心不驚動深信因果不謗大
乘以此功德迴向願求生極樂國行此行者
命欲終時阿弥陁佛與觀世音大勢至无量

BD14446號　觀無量壽佛經卷一　（20–14）

生者
上品中生者不必受持讀誦方等經典善解
義趣於第一義心不驚動深信因果不謗大
乘以此功德迴向願求生極樂國行此行者
命欲終時阿弥陁佛與觀世音大勢至无量
大衆眷屬圍遶持紫金臺至行者前讚言法
子汝行大乘解第一義是故我今來迎接汝
與千化佛一時授手行者自見坐紫金臺合
掌叉手讚嘆諸佛如一念頃即生彼國七寶
池中此紫金臺如大寶華經宿即開行者身
作紫磨金色足下亦有七寶蓮華佛及菩薩
俱時放光照行者身目即開明因前宿習普
聞衆聲純說甚深第一義諦即下金臺礼佛
合掌讚嘆世尊經於七日應時即於阿耨多
羅三藐三菩提得不退轉應時即能飛至十
方歷事諸佛於諸佛所脩諸三昧經一小劫
得无生忍現前授記是名上品中生者
上品下生者亦信因果不謗大乘但發无上
道心以此功德迴向願求生極樂國行者命
欲終時阿弥陁佛及觀世音大勢至與諸眷
屬持金蓮華化作五百化佛來迎此人五百化
佛一時授手讚言法子汝今清淨發无上道
心我來迎汝見此事時即自見身坐金蓮華
坐已華合隨世尊後即得往生七寶池中一
日一夜蓮華乃開七日之中乃得見佛雖見
佛身於衆相好心不明了於三七日後乃了

心我來迎汝見此事時即自見身坐金蓮華
坐已華合隨世尊後即得往生七寶池中一
日一夜蓮華乃開七日之中乃得見佛雖見
佛身於衆相好心不明了於三七日後乃了
了見聞衆音聲皆演妙法遊歷十方供養諸
佛於諸佛前聞甚深法經三小劫得百法明
門住歡喜地是名上品下生者是名上華生
想名第十四觀
復次阿難及韋提希中品上生者若有衆生
受持五戒持八戒齋脩行諸戒不造五逆无
衆過惡以此善根迴向願求生於西方極樂
世界臨命終時阿弥陁佛與諸比丘眷屬圍
遶放金色光至其人所演說苦空无常无我
讚嘆出家得離衆苦行者見已心大歡喜自
見已身坐蓮華臺長跪合掌為佛作礼未舉
頭頃即得往生極樂世界蓮華尋開當華敷
時聞衆音聲讚嘆四諦應時即得阿羅漢道
三明六通具八解脫是名中品上生者
中品中生者若有衆生若一日一夜受持八
戒齋若一日一夜持沙弥戒若一日一夜持具
足戒威儀无缺以此功德迴向願求生極樂
國戒香勳脩如此行者命欲終時見阿弥陁
佛與諸眷屬放金色光持七寶蓮華至行者
前行者自見空中有聲讚言善男子如汝善
人隨順三世諸佛教故我來迎汝行者自見
坐蓮華上蓮華即合生於西方極樂世界在
寶池中經於七日蓮華開敷華既敷已開目

前行者自見空中有聲讚言善男子如汝善
人隨順三世諸佛教故我來迎汝行者自見
坐蓮華上蓮華即合生於西方極樂世界在
寶池中經於七日蓮華開敷華既敷已開目
合掌讚歎世尊聞法歡喜得須陁洹經半劫
已成阿羅漢是名中品中生者
中品下生者若有善男子善女人孝養父母
行世仁慈此人命欲終時過善知識為其廣
說阿弥陁佛國土樂事亦說法藏比丘卌八
大願聞此事已尋即命終譬如壯士屈申臂
頃即生西方極樂世界生經七日過觀世音
及大勢至聞法歡喜過一小劫成阿羅漢是
名中品下生者是名中輩生想名第十五觀
復次阿難及韋提希下品上生者或有衆生
作衆惡業雖不誹謗方等經典如此愚人多
造衆惡无有慚愧命欲終時過善知識為讚
大乘十二部經首題名字以聞如是諸經名
故除却千劫極重惡業智者復教合掌叉手
稱南无阿弥陁佛稱佛名故除五十億劫生
死之罪尒時彼佛即遣化佛化觀世音化大
勢至至行者前讚言善男子汝稱佛名故諸
罪消滅我來迎汝作是語已行者即見化佛
光明遍滿其室見已歡喜即便命終乘寶蓮
華隨化佛後生寶池中經七七日蓮華乃敷
當華敷時大悲觀世音菩薩放大光明住其
人前為說甚深十二部經聞已信解發无上

BD14446 號　觀無量壽佛經卷一　　（20–17）

光明遍滿其室見已歡喜即便命終乘寶蓮
華隨化佛後生寶池中經七七日蓮華乃敷
當華敷時大悲觀世音菩薩放大光明住其
人前為說甚深十二部經聞已信解發无上
道心經十小劫具百法明門得入初地是名
下品上生者得聞佛名法名及聞僧名聞三
寶名即得往生
復次阿難及韋提希下品中生者或有衆生
毀犯五戒八戒及具足戒如此愚人偷僧祇
物盜現前僧物不淨說法无有慚愧以諸惡
業而自莊嚴如此罪人以惡業故應墮地獄
命欲終時地獄衆火一時俱至過善知識以
大慈悲為說阿弥陁佛十力威德廣說彼佛
光明神力亦讚戒定慧解脫解脫知見此人
聞已除八十億劫生死之罪地獄猛火化為
清涼風吹諸天華華上皆有化佛菩薩迎接
此人如一念頃即得往生七寶池中蓮華之
內經於六劫蓮華乃敷觀世音大勢至以梵
音聲安慰彼人為說大乘甚深經典聞此法
已應時即發无上道心是名下品中生者
佛告阿難及韋提希下品下生者或有衆生
作不善業五逆十惡具諸不善如此愚人以
惡業故應墮惡道經歷多劫受苦无窮如此
愚人臨命終時過善知識種種安慰為說妙
法教令念佛彼人苦逼不遑念佛善友告言
汝若不能念者應稱无量壽佛如是至心令

BD14446 號　觀無量壽佛經卷一　　（20–18）

惡業故應墮惡道經歷多劫受苦无窮如此
愚人臨命終時遇善知識種種安慰為說妙
法教令念佛彼人苦逼不遑念佛善友告言
汝若不能念者應稱无量壽佛如是至心令
聲不絕具足十念稱南无佛稱佛名故於念
念中除八十億劫生死之罪命終之後見金
蓮華猶如日輪住其人前如一念頃即得往
生極樂世界於蓮華中滿十二大劫蓮華方
開觀世音大勢至以大悲音聲為其廣說諸
法實相除滅罪法聞已歡喜應時即發菩提
之心是名下品下生者是名下華生想名第
十六觀
說是語時韋提希與五百侍女聞佛所說應
時即見極樂世界廣長之想得見佛身及二
菩薩心生歡喜歎未曾有廓然大悟逮无生
忍五百侍女發阿耨多羅三藐三菩提心願
生彼國世尊悉記皆當往生生彼國已得諸
佛現前三昧无量諸天發无上道心
尒時阿難即從坐起前白佛言世尊當何名
此經此法之要當云何受持佛告阿難此經
名觀極樂國土无量壽佛觀世音菩薩大勢
至菩薩亦名淨除業鄣生諸佛前汝當受持
无令妄失行此三昧者現身得見无量壽佛
及二大士若善男子善女人但聞佛名二菩
薩名除无量劫生死之罪何況憶念若念佛
者當知此人是人中分陁利華觀世音菩薩

BD14446號　觀無量壽佛經卷一　（20–19）

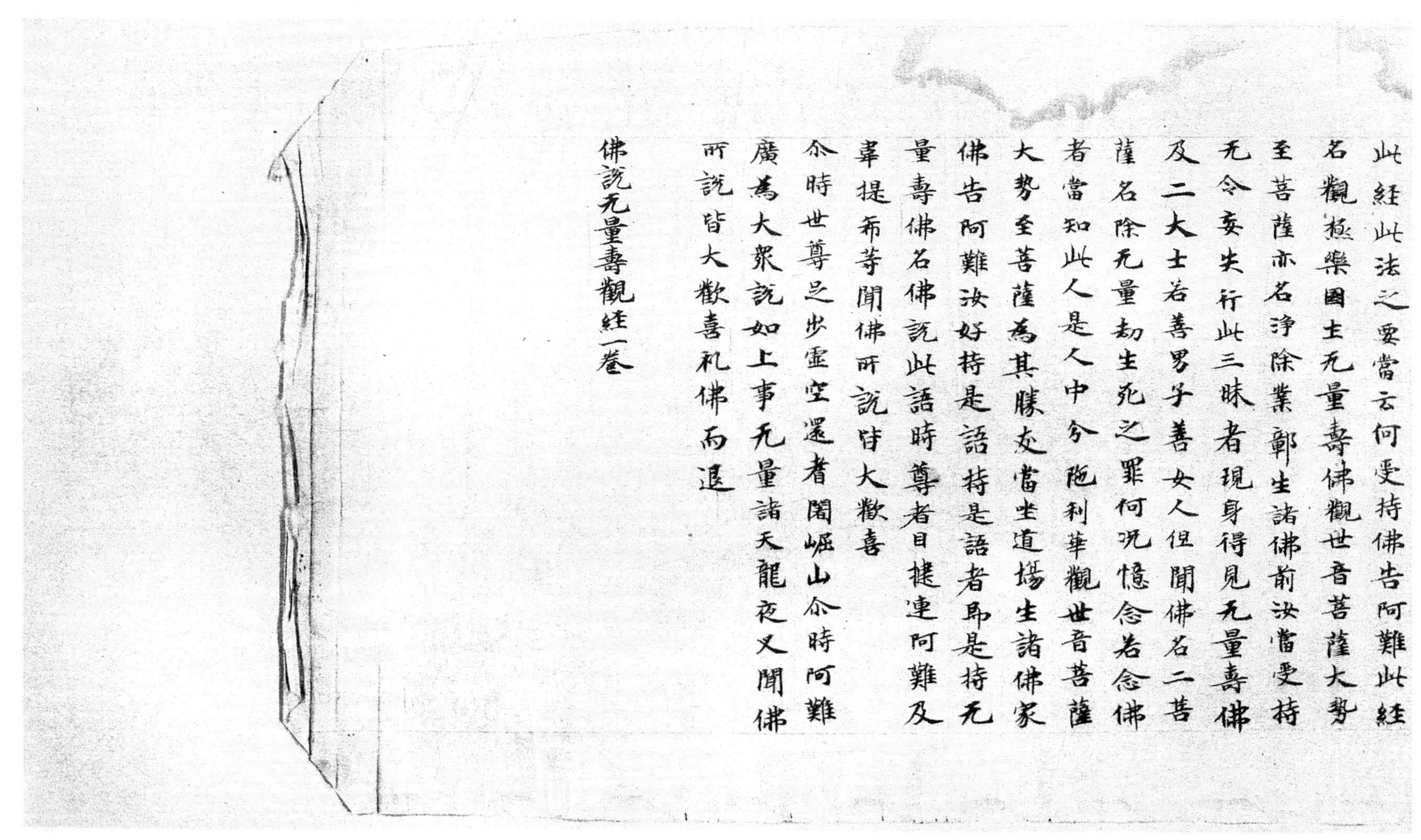

此經此法之要當云何受持佛告阿難此經
名觀極樂國土无量壽佛觀世音菩薩大勢
至菩薩亦名淨除業鄣生諸佛前汝當受持
无令妄失行此三昧者現身得見无量壽佛
及二大士若善男子善女人但聞佛名二菩
薩名除无量劫生死之罪何況憶念若念佛
者當知此人是人中分陁利華觀世音菩薩
大勢至菩薩為其勝友當坐道場生諸佛家
佛告阿難汝好持是語持是語者即是持无
量壽佛名佛說此語時尊者目揵連阿難及
韋提希等聞佛所說皆大歡喜
尒時世尊足步虛空還耆闍崛山尒時阿難
廣為大眾說如上事无量諸天龍夜叉聞佛
所說皆大歡喜礼佛而退

佛說无量壽觀經一卷

BD14446號　觀無量壽佛經卷一　（20–20）

妙法蓮[illegible]品第一
如是我聞一時佛住王舍城耆闍崛山中與
大比丘衆万二千人俱皆是阿羅漢諸漏已
盡无復煩惱逮得己利盡諸有結心得自在
其名曰阿若憍陳如摩訶迦葉優樓頻螺迦
葉伽耶迦葉那提迦葉舍利弗大目揵連摩
訶迦旃延阿㝹樓馱劫賓那憍梵波提離波
多[illegible]婆蹉薄拘羅摩訶拘絺[illegible]難陀孫
陀羅難陀富樓那弥多羅尼子須菩提阿難
羅睺羅如是衆所知識大阿羅漢等復有學
无學二千人摩訶波闍波提比丘尼與眷屬
六千人俱羅睺羅母耶輸陀羅比丘尼亦與
眷屬俱菩薩摩訶薩八万人皆於阿耨多羅
三藐三菩提不退轉皆得陀羅尼樂說辯才
[illegible]法輪供養无量百千諸佛於諸佛
所殖[illegible]本常為諸佛之所稱歎以慈脩身
善入佛慧通達大智到於彼岸名稱普聞无
量世界能度无數百千衆生

BD14447號　妙法蓮華經卷一　（25–1）

眷屬俱菩薩摩訶薩八万人皆於阿耨多羅
三藐三菩提不退轉皆得陀羅尼樂說辯才
[illegible]法輪供養无量百千諸佛於諸佛
所殖[illegible]本常為諸佛之所稱歎以慈脩身
善入佛慧通達大智到於彼岸名稱普聞无
量世界能度无數百千衆生
其名曰文殊師利菩薩觀世音菩薩得大勢
菩薩常精進菩薩不休息菩薩寶掌菩薩藥
王菩薩勇施菩薩寶月菩薩月光菩薩滿月
菩薩大力菩薩无量力菩薩越三界菩薩䟦
陀[illegible]薩弥勒菩薩寶積菩薩導師菩薩
如是等菩薩摩訶薩八万人俱
尒時釋提桓因與其眷屬二万天子俱復有
名月天子普香天子寶光天子四大天王與
其眷屬万天子俱自在天子大自在天子與
其眷屬三万天子俱娑婆世界主梵天王尸
棄大梵光明大梵等與其眷屬万二千天子
俱[illegible]王難陀龍王䟦難陀龍王娑伽羅
龍王和脩吉龍王德叉迦龍王阿那婆達多
龍王摩那斯龍王漚鉢羅龍王等各與若干
百千眷屬俱有四緊那羅王法緊那羅王妙
法緊那羅王大法緊那羅王持法緊那羅王
各與若干百千眷屬俱有四乾闥婆王樂乾
闥婆王樂音乾闥婆王美乾闥婆王美音乾
闥[illegible]與若干百千眷屬俱有四阿脩羅
王婆稚阿脩羅王佉羅騫䭾阿脩羅王毗摩

BD14447號　妙法蓮華經卷一　（25–2）

法緊那羅王大法緊那羅王持法緊那羅王
各與若干百千眷屬俱有四乾闥婆王樂乾
闥婆王樂音乾闥婆王美乾闥婆王美音乾
闥[illegible]與若干百千眷屬俱有四阿脩羅
王婆[illegible]脩羅王佉羅騫大阿脩羅王毗摩
質多羅阿脩羅王羅睺羅阿脩羅王各與若
干百千眷屬俱有四迦樓羅王大威德迦樓
羅王大身迦樓羅王大滿迦樓羅王如意迦
樓羅王各與若干百千眷屬俱韋提希子阿
闍世王與若干百千眷屬俱各礼佛足退坐
一面
尒時[illegible]四衆圍繞供養恭敬尊重讚嘆為
諸菩薩說大乘經名无量義教菩薩法佛所
護念佛說此經已結跏趺坐入於无量義處
三昧身心不動是時天雨曼陀羅華摩訶曼
陀羅華曼殊沙華摩訶曼殊沙華而散佛上
及諸大衆普佛世界六種震動尒時會中比
丘比丘尼優婆塞優婆夷天龍夜叉乾闥婆
阿脩[illegible]樓羅緊那羅摩睺羅伽人非人等
及諸小王轉輪聖王是諸大衆得未曾有歡
喜合掌一心觀佛尒時佛放眉間白毫相光
照東方万八千世界靡不周遍下至阿鼻地
獄上至阿迦貳吒天於此世界盡見彼土六
趣衆生又見彼土現在諸佛及聞諸佛所說
經法并見彼諸比丘比丘尼優婆塞優婆夷
諸脩[illegible]得道者復見諸菩薩摩訶薩種種因
緣種種信解種種相貌行菩薩道復見諸佛

BD14447號　妙法蓮華經卷一　（25-3）

照東方万八千世界靡不周遍下至阿鼻地
獄上至阿迦貳吒天於此世界盡見彼土六
趣衆生又見彼土現在諸佛及聞諸佛所說
經法并見彼諸比丘比丘尼優婆塞優婆夷
諸脩[illegible]得道者復見諸菩薩摩訶薩種種因
緣種種信解種種相貌行菩薩道復見諸佛
般涅槃者復見諸佛般涅槃後以佛舍利起
七寶塔尒時弥勒菩薩作是念今者世尊現
神變相以何因緣而有此瑞今佛世尊入于
三昧是不可思議現希有事當以問誰誰能
荅者復作此念是文殊師利法王之子已曽
親近[illegible]養過去无量諸佛必應見此希有之
相我今當問尒時比丘比丘尼優婆塞優婆
夷及諸天龍鬼神等咸作此念是佛光明神
通之相今當問誰尒時弥勒菩薩欲自決疑
又觀四衆比丘比丘尼優婆塞優婆夷及諸
天龍鬼神等衆會之心而問文殊師利言以
何因緣而有此瑞神通之相放大光明照于
東方万八千土悉見彼佛國界莊嚴於是弥
勒菩薩欲重宣此義以偈問曰
文殊師利　導師何故　眉間白毫　大光普照
雨曼陀羅　曼殊沙華　栴檀香風　悅可衆心
以是因緣　地皆嚴淨　而此世界　六種震動
時四部衆　咸皆歡喜　身意快然　得未曾有
眉間光明　照于東方　万八千土　皆如金色
從阿鼻獄　上至有頂　諸世界中　六道衆生
生死所趣　善惡業緣　受報好醜　於此悉見

BD14447號　妙法蓮華經卷一　（25-4）

以是因緣 地皆嚴淨 而此世界 六種震動
時四部衆 咸皆歡喜 身意快然 得未曾有
眉間光明 照于東方 万八千土 皆如金色
從阿鼻獄 上至有頂 諸世界中 六道衆生
生死所趣 善惡業緣 受報好醜 於此悉見
又覩諸佛 聖主師子 演說經典 微妙第一
其聲清淨 出柔軟音 教諸菩薩 无數億万
梵音深妙 令人樂聞 各於世界 講說正法
種種因緣 以无量喻 照明佛法 開悟衆生
若人遭苦 猒老病死 為說涅槃 盡諸苦際
若人有福 曾供養佛 志求勝法 為說緣覺
若有佛子 脩種種行 求无上慧 為說淨道
文殊師利 我住於此 見聞若斯 及千億事
如是衆多 今當略說
我見彼土 恒沙菩薩 種種因緣 而求佛道
或有行施 金銀珊瑚 真珠摩尼 車璖馬瑙
金剛諸珎 奴婢車乘 寳飾輦輿 歡喜布施
迴向佛道 願得是乘 三界第一 諸佛所歎
或有菩薩 駟馬寳車 蘭楯華蓋 軒飾布施
復見菩薩 身肉手足 及妻子施 求无上道
又見菩薩 頭目身體 欣樂施與 求佛智慧
文殊師利 我見諸王 往詣佛所 問无上道
便捨樂土 宮殿臣妾 剃除鬚髮 而披法服
或見菩薩 而作比丘 獨處閑靜 樂誦經典
又見菩薩 勇猛精進 入於深山 思惟佛道
又見菩薩 常處空閑 深脩禪定 得五神通
又見菩薩 安禪合掌 以千万偈 讚諸法王

BD14447號　妙法蓮華經卷一　（25–5）

便捨樂土 宮殿臣妾 剃除鬚髮 而披法服
或見菩薩 而作比丘 獨處閑靜 樂誦經典
又見菩薩 勇猛精進 入於深山 思惟佛道
又見菩薩 常處空閑 深脩禪定 得五神通
又見菩薩 安禪合掌 以千万偈 讚諸法王
復見菩薩 智深志固 能問諸佛 聞悉受持
又見佛子 定慧具足 以无量喻 為衆講法
欣樂說法 化諸菩薩 破魔兵衆 而擊法鼓
又見菩薩 寂然宴默 天龍恭敬 不以為喜
又見菩薩 處林放光 濟地獄苦 令入佛道
又見佛子 未嘗睡眠 經行林中 懃求佛道
又見具戒 威儀无缺 淨如寳珠 以求佛道
又見佛子 住忍辱力 增上慢人 惡罵捶打
皆悉能忍 以求佛道
又見菩薩 離諸戲咲 及癡眷屬 親近智者
一心除亂 攝念山林 億千万歲 以求佛道
或見菩薩 餚饍飲食 百種湯藥 施佛及僧
名衣上服 價直千万 或无價衣 施佛及僧
千万億種 栴檀寳舍 衆妙臥具 施佛及僧
清淨園林 華菓茂盛 流泉浴池 施佛及僧
如是等施 種種微妙 歡喜无猒 求无上道
或有菩薩 說寂滅法 種種教詔 无數衆生
或見菩薩 觀諸法性 无有二相 猶如虛空
又見佛子 心无所著 以此妙慧 求无上道
文殊師利 又有菩薩 佛滅度後 供養舍利
又見佛子 造諸塔廟 无數恒沙 嚴飾國界
寳塔高妙 五千由旬 縱廣正等 二千由旬

BD14447號　妙法蓮華經卷一　（25–6）

或有菩薩　說寂滅法　種種教詔　无數衆生
又見菩薩　觀諸法性　无有二相　猶如虛空
又見佛子　心无所著　以此妙慧　求无上道
文殊師利　又有菩薩　佛滅度後　供養舍利
又見佛子　造諸塔廟　无數恒沙　嚴飾國界
寶塔高妙　五千由旬　縱廣正等　二千由旬
一一塔廟　各千幢幡　珠交露幔　寶鈴和鳴
諸天龍神　人及非人　香華妓樂　常以供養
文殊師利　諸佛子等　為供舍利　嚴飾塔廟
國界自然　殊特妙好　如天樹王　其華開敷
佛放一光　我及衆會　見此國界　種種殊妙
諸佛神力　智慧希有　放一淨光　照无量國
我等見此　得未曾有　佛子文殊　願決衆疑
四衆欣仰　瞻仁及我　世尊何故　放斯光明
佛子時荅　決疑令喜　何所饒益　演斯光明
佛坐道場　所得妙法　為欲說此　為當授記
示諸佛土　衆寶嚴淨　及見諸佛　此非小緣
文殊當知　四衆龍神　瞻察仁者　為說何等
是時文殊師利語弥勒菩薩摩訶薩及諸大
士善男子等如我惟忖今佛世尊欲說大法
雨大法雨吹大法蠡擊大法鼓演大法義諸
善男子我於過去諸佛曾見此瑞放斯光已
即說大法是故當知今佛現光亦復如是欲
令衆生咸得聞知一切世間難信之法故現
斯瑞諸善男子如過去无量无邊不可思議
阿僧祇劫尒時有佛号日月燈明如來應供
正遍知明行足善逝世間解无上士調御大

BD14447號　妙法蓮華經卷一　（25–7）

即說大法是故當知今佛現光亦復如是欲
令衆生咸得聞知一切世間難信之法故現
斯瑞諸善男子如過去无量无邊不可思議
阿僧祇劫尒時有佛号日月燈明如來應供
正遍知明行足善逝世間解无上士調御大
夫天人師佛世尊演說正法初善中善後善
其義深遠其語巧妙純一无雜具足清白梵
行之相為求聲聞者說應四諦法度生老病
死究竟涅槃為求辟支佛者說應十二因緣
法為諸菩薩說應六波羅蜜令得阿耨多羅
三藐三菩提成一切種智次復有佛亦名日
月燈明次復有佛亦名日月燈明如是二万
佛皆同一字号日月燈明又同一姓姓頗羅
墮弥勒當知初佛後佛皆同一字名日月燈
明十号具足所可說法初中後善其最後佛
未出家時有八子一名有意二名善意三名
无量意四名寶意五名增意六名除疑意七
名響意八名法意是八王子威德自在各領
四天下是諸王子聞父出家得阿耨多羅三
藐三菩提悉捨王位亦隨出家發大乘意常
脩梵行皆為法師已於千万佛所殖諸善本
是時日月燈明佛說大乘經名无量義教菩
薩法佛所護念說是經已即於大衆中結跏
趺坐入於无量義處三昧身心不動是時天
雨曼陁羅華摩訶曼陁羅華曼殊沙華摩訶
曼殊沙華而散佛上及諸大衆普佛世界六
種震動尒時會中比丘比丘尼優婆塞優婆

BD14447號　妙法蓮華經卷一　（25–8）

是時日月燈明佛說大乘經名无量義教菩
薩法佛所護念說是經已即於大衆中結跏
趺坐入於无量義處三昧身心不動是時天
雨曼陁羅華摩訶曼陁羅華曼殊沙華摩訶
曼殊沙華而散佛上及諸大衆普佛世界六
種震動尒時會中比丘比丘尼優婆塞優婆
夷天龍夜叉乹闥婆阿脩羅迦樓羅緊那羅
摩睺羅伽人非人及諸小王轉輪聖王等是
諸大衆得未曾有歡喜合掌一心觀佛尒時
如來放眉間白毫相光照東方万八千佛土
靡不周遍如今所見是諸佛土弥勒當知尒
時會中有二十億菩薩樂欲聽法是諸菩薩
見此光明普照佛土得未曾有欲知此光所
為因緣時有菩薩名曰妙光有八百弟子是
時日月燈明佛從三昧起因妙光菩薩說大
乘經名妙法蓮華教菩薩法佛所護念六十
小劫不起于座時會聽者亦坐一處六十小
劫身心不動聽佛所說謂如食頃是時衆中
无有一人若身若心而生懈惓日月燈明佛
於六十小劫說是經已即於梵魔沙門婆羅
門及天人阿脩羅衆中而宣此言如來於今
日中夜當入无餘涅槃時有菩薩名曰德藏
日月燈明佛即授其記告諸比丘是德藏菩
薩次當作佛号曰淨身多陁阿伽度阿羅訶
三藐三佛陁佛授記已便於中夜入无餘涅
槃佛滅度後妙光菩薩持妙法蓮華經滿八
十小劫為人演說日月燈明佛八子皆師妙

BD14447號　妙法蓮華經卷一　（25-9）

日月燈明佛即授其記告諸比丘是德藏菩
薩次當作佛号曰淨身多陁阿伽度阿羅訶
三藐三佛陁佛授記已便於中夜入无餘涅
槃佛滅度後妙光菩薩持妙法蓮華經滿八
十小劫為人演說日月燈明佛八子皆師妙
光妙光教化令其堅固阿耨多羅三藐三菩
提是諸王子供養无量百千万億佛已皆成
佛道其最後成佛者名曰然燈八百弟子中
有一人号曰求名貪著利養雖復讀誦衆經
而不通利多所忘失故号求名是人亦以種
諸善根因緣故得值无量百千万億諸佛供
養恭敬尊重讚歎弥勒當知尒時妙光菩薩
豈異人乎我身是也求名菩薩汝身是也今
見此瑞與本无異是故惟忖今日如來當說
大乘經名妙法蓮華教菩薩法佛所護念尒
時文殊師利於大衆中欲重宣此義而說偈
言

我念過去世　无量无數劫　有佛人中尊　号日月燈明
世尊演說法　度无量衆生　无數億菩薩　令入佛智慧
佛未出家時　所生八王子　見大聖出家　亦隨脩梵行
時佛說大乘　經名无量義　於諸大衆中　而為廣分別
佛說此經已　即於法座上　跏趺坐三昧　名无量義處
天雨曼陁華　天鼓自然鳴　諸天龍鬼神　供養人中尊
一切諸佛土　即時大震動　佛放眉間光　現諸希有事
此光照東方　万八千佛土　示一切衆生　生死業報處
有見諸佛土　以衆寶莊嚴　瑠璃頗梨色　斯由佛光照

BD14447號　妙法蓮華經卷一　（25-10）

佛說此經已　即於法座上　跏趺坐三昧　名无量義處
天雨曼陁華　天鼓自然鳴　諸天龍鬼神　供養人中尊
一切諸佛土　即時大震動　佛放眉間光　現諸希有事
此光照東方　万八千佛土　示一切衆生　生死業報處
有見諸佛土　以衆寶莊嚴　瑠璃頗梨色　斯由佛光照
及見諸天人　龍神夜叉衆　乹闥緊那羅　各供養其佛
又見諸如来　自然成佛道　身色如金山　端嚴甚微妙
如淨瑠璃中　内現真金像　世尊在大衆　敷演深法義
一一諸佛土　聲聞衆无數　因佛光所照　悉見彼大衆
或有諸比丘　在於山林中　精進持淨戒　猶如護明珠
又見諸菩薩　行施忍辱等　其數如恒沙　斯由佛光照
又見諸菩薩　深入諸禪定　身心寂不動　以求无上道
又見諸菩薩　知法寂滅相　各於其國土　說法求佛道
尒時四部衆　見日月燈佛　現大神通力　其心皆歡喜
各各自相問　是事何因緣　天人所奉尊　適從三昧起
讚妙光菩薩　汝為世間眼　一切所歸信　能奉持法藏
如我所說法　唯汝能證知　世尊既讚歎　令妙光歡喜
說是法華經　滿六十小劫　不起於此座　所說上妙法
是妙光法師　悉皆能受持　佛說是法華　令衆歡喜已
尋即於是日　告於天人衆　諸法實相義　已為汝等說
我今於中夜　當入於涅槃　汝一心精進　當離放逸
諸佛甚難值　億劫時一遇　世尊諸子等　聞佛入涅槃
各各懷悲惱　佛滅一何速　聖主法之王　安慰无量衆
我若滅度時　汝等勿憂怖　是德藏菩薩　於无漏實相
心已得通達　其次當作佛　号曰為淨身　亦度无量衆
佛此夜滅度　如薪盡火滅　分布諸舍利　而起无量塔
比丘比丘尼　其數如恒沙　倍復加精進　以求无上道

我若滅度時　汝等勿憂怖　是德藏菩薩　於无漏實相
心已得通達　其次當作佛　号曰為淨身　亦度无量衆
佛此夜滅度　如薪盡火滅　分布諸舍利　而起无量塔
比丘比丘尼　其數如恒沙　倍復加精進　以求无上道
是妙光法師　奉持佛法藏　八十小劫中　廣宣法華經
是諸八王子　妙光所開化　堅固无上道　當見无數佛
供養諸佛已　隨順行大道　相繼得成佛　轉次而授記
最後天中天　号曰然燈佛　諸仙之道師　度脫无量衆
是妙光法師　時有一弟子　心常懷懈怠　貪著於名利
求名利无猒　多遊族姓家　棄捨所習誦　廢忘不通利
以是因緣故　号之為求名　亦行衆善業　得見无數佛
供養於諸佛　隨順行大道　具六波羅蜜　今見釋師子
其後當作佛　号名曰弥勒　廣度諸衆生　其數无有量
彼佛滅度後　懈怠者汝是　妙光法師者　今則我身是
我見燈明佛　本光瑞如此　以是知今佛　欲說法華經
今相如本瑞　是諸佛方便　今佛放光明　助發實相義
諸人今當知　合掌一心待　佛當雨法雨　充足求道者
諸求三乘人　若有疑悔者　佛當為除斷　令盡无有餘
妙法蓮華經方便品第二
尒時世尊從三昧安詳而起告舍利弗諸佛
智慧甚深无量其智慧門難解難入一切聲
聞辟支佛所不能知所以者何佛曾親近百
千万億无數諸佛盡行諸佛无量道法勇猛
精進名稱普聞成就甚深未曾有法隨宜所
說意趣難解舍利弗吾從成佛已来種種因
緣種種譬喻廣演言教无數方便引道衆生

千万億无數諸佛盡行諸佛无量道法勇猛
精進名稱普聞成就甚深未曾有法隨冝所
說意趣難解舍利弗吾從成佛已來種種因
緣種種譬喻廣演言教无數方便引道衆生
令離諸著所以者何如來方便知見波羅蜜
皆以具足舍利弗如來知見廣大深遠无量
无礙力无所畏禪定解脫三昧深入无際成
就一切未曾有法舍利弗如來能種種分別
巧說諸法言辭柔耎悅可衆心舍利弗取要
言之无量无邊未曾有法佛悉成就止舍利
弗不湏復說所以者何佛所成就第一希有
難解之法唯佛與佛乃能究盡諸法實相所
謂諸法如是相如是性如是體如是力如是
作如是因如是緣如是果如是報如是本末
究竟等尒時世尊欲重宣此義而說偈言
世雄不可量　諸天及世人　一切衆生類　无能知佛者
佛力无所畏　解脫諸三昧　及佛諸餘法　无能測量者
本從无數佛　具足行諸道　甚深微妙法　難見難可了
於无量億劫　行此諸道已　道塲得成果　我已悉知見
如是大果報　種種性相義　我及十方佛　乃能知是事
是法不可示　言辭相寂滅　諸餘衆生類　无有能得解
除諸菩薩衆　信力堅固者　諸佛弟子衆　曾供養諸佛
一切漏已盡　住是冣後身　如是諸人等　其力所不堪
假使滿世間　皆如舍利弗　盡思共度量　不能測佛智
正使滿十方　皆如舍利弗　及餘諸弟子　亦滿十方剎
盡思共度量　亦復不能知　辟支佛利智　无漏冣後身

一切漏已盡　住是冣後身　如是諸人等　其力所不堪
假使滿世間　皆如舍利弗　盡思共度量　不能測佛智
正使滿十方　皆如舍利弗　及餘諸弟子　亦滿十方剎
盡思共度量　亦復不能知　辟支佛利智　无漏冣後身
亦滿十方界　其數如竹林　斯等共一心　於億无量劫
欲思佛實智　莫能知少分　新發意菩薩　供養无數佛
了達諸義趣　又能善說法　如稻麻竹葦　充滿十方剎
一心以妙智　於恒河沙劫　咸皆共思量　不能知佛智
不退諸菩薩　其數如恒沙　一心共思求　亦復不能知
又告舍利弗　无漏不思議　甚深微妙法　我今已具得
唯我知是相　十方佛亦然　舍利弗當知　諸佛語无異
於佛所說法　當生大信力　世尊法久後　要當說真實
告諸聲聞衆　及求緣覺乘　我令脫苦縛　逮得涅槃者
佛以方便力　示以三乘教　衆生處處著　引之令得出
尒時大衆中有諸聲聞漏盡阿羅漢阿若憍
陳如等千二百人及發聲聞辟支佛心比丘
比丘尼優婆塞優婆夷各作是念今者世尊
何故慇懃稱嘆方便而作是言佛所得法甚
深難解有所言說意趣難知一切聲聞辟支
佛所不能及佛說一解脫義我等亦得此法
到於涅槃而今不知是義所趣尒時舍利弗
知四衆心疑自亦未了而白佛言世尊何因
何緣慇懃稱嘆諸佛第一方便甚深微妙難
解之法我自昔來未曾從佛聞如是說今者
四衆咸皆有疑唯願世尊敷演斯事世尊何
故慇懃稱嘆甚深微妙難解之法尒時舍利

知四衆心疑自亦未了而白佛言世尊何因
何緣慇懃稱嘆諸佛第一方便甚深微妙難
解之法我自昔來未曾從佛聞如是說今者
四衆咸皆有疑唯願世尊敷演斯事世尊何
故慇懃稱嘆甚深微妙難解之法尒時舍利
弗欲重宣此義而說偈言
慧日大聖尊　久乃說是法　自說得如是　力无畏三昧
禪定解脫等　不可思議法　道場所得法　无能發問者
我意難可測　亦无能問者　无問而自說　稱嘆所行道
智慧甚深妙　諸佛之所得　无漏諸羅漢　及求涅槃者
今皆墮疑網　佛何故說是　其求緣覺者　比丘比丘尼
諸天龍鬼神　及乹闥婆等　相視懷猶豫　瞻仰兩足尊
是事為云何　願佛為解說　於諸聲聞衆　佛說我第一
我今自於智　疑惑不能了　為是究竟法　為是所行道
佛口所生子　合掌瞻仰待　願出微妙音　時為如實說
諸天龍神等　其數如恒沙　求佛諸菩薩　大數有八万
又諸万億國　轉輪聖王至　合掌以敬心　欲聞具足道
尒時佛告舍利弗止止不須復說若說是事
一切世間諸天及人皆當驚疑舍利弗重白
佛言世尊唯願說之唯願說之所以者何是
會无數百千万億阿僧祇衆生曾見諸佛諸
根猛利智慧明了聞佛所說則能敬信尒時
舍利弗欲重宣此義而說偈言
法王无上尊　唯說願勿慮　是會无量衆　有能敬信者
佛復止舍利弗若說是事一切世間天人阿
脩羅皆當驚疑增上慢比丘將墜於大坑尒
時世尊重說偈言

舍利弗欲重宣此義而說偈言
法王无上尊　唯說願勿慮　是會无量衆　有能敬信者
佛復止舍利弗若說是事一切世間天人阿
脩羅皆當驚疑增上慢比丘將墜於大坑尒
時世尊重說偈言
止止不須說　我法妙難思　諸增上慢者　聞必不敬信
尒時舍利弗重白佛言世尊唯願說之唯願
說之今此會中如我等比百千万億世世已
曾從佛受化如此人等必能敬信長夜安隱
多所饒益尒時舍利弗欲重宣此義而說偈
言
无上兩足尊　願說第一法　我為佛長子　唯垂分別說
是會无量衆　能敬信此法　佛已曾世世　教化如是等
皆一心合掌　欲聽受佛語　我等千二百　及餘求佛者
願為此衆故　唯垂分別說　是等聞此法　則生大歡喜
尒時世尊告舍利弗汝已慇懃三請豈得不
說汝今諦聽善思念之吾當為汝分別解說
說此語時會中有比丘比丘尼優婆塞優婆
夷五千人等即從坐起礼佛而退所以者何
此輩罪根深重及增上慢未得謂得未證謂
證有如此失是以不住世尊默然而不制止
尒時佛告舍利弗我今此衆无復枝葉純有
貞實舍利弗如是增上慢人退亦佳矣汝今
善聽當為汝說舍利弗言唯然世尊願樂欲
聞佛告舍利弗如是妙法諸佛如來時乃說
之如優曇鉢華時一現耳舍利弗汝等當信

尒時佛告舍利弗我今此衆无復枝葉純有
貞實舍利弗如是增上慢人退亦佳矣汝今
善聽當為汝説舍利弗言唯然世尊願樂欲
聞佛告舍利弗如是妙法諸佛如來時乃説
之如優曇鉢華時一現耳舍利弗汝等當信
佛之所説言不虛妄舍利弗諸佛隨宜説法
意趣難解所以者何我以无數方便種種因
緣譬喻言辭演説諸法是法非思量分別之
所能解唯有諸佛乃能知之所以者何諸佛
世尊唯以一大事因緣故出現於世舍利弗
云何名諸佛世尊唯以一大事因緣故出現
於世諸佛世尊欲令衆生開佛知見使得清
淨故出現於世欲示衆生佛之知見故出現
於世欲令衆生悟佛知見故出現於世欲令
衆生入佛知見道故出現於世舍利弗是為
諸佛以一大事因緣故出現於世佛告舍利
弗諸佛如來但教化菩薩諸有所作常為一
事唯以佛之知見示悟衆生舍利弗如來但
以一佛乘故為衆生説法无有餘乘若二若
三舍利弗一切十方諸佛法亦如是舍利弗
過去諸佛以无量无數方便種種因緣譬喻
言辭而為衆生演説諸法是法皆為一佛乘
故是諸衆生從諸佛聞法究竟皆得一切種
智舍利弗未來諸佛當出於世亦以无量无
數方便種種因緣譬喻言辭而為衆生演説
諸法是法皆為一佛乘故是諸衆生從佛聞
法究竟皆得一切種智舍利弗現在十方无

BD14447號　妙法蓮華經卷一　（25–17）

智舍利弗未來諸佛當出於世亦以无量无
數方便種種因緣譬喻言辭而為衆生演説
諸法是法皆為一佛乘故是諸衆生從佛聞
法究竟皆得一切種智舍利弗現在十方无
量百千万億佛土中諸佛世尊多所饒益安
樂衆生是諸佛亦以无量无數方便種種因
緣譬喻言辭而為衆生演説諸法是法皆為
一佛乘故是諸衆生從佛聞法究竟皆得一
切種智舍利弗是諸佛但教化菩薩欲以佛
之知見示衆生故欲以佛之知見悟衆生故
欲令衆生入佛知見故舍利弗我今亦復如
是知諸衆生有種種欲深心所着隨其本性
以種種因緣譬喻言辭以方便力而為説法
舍利弗如此皆為得一佛乘一切種智故舍
利弗十方世界中尚无二乘何況有三舍利
弗諸佛出於五濁惡世所謂劫濁煩惱濁衆
生濁見濁命濁如是舍利弗劫濁亂時衆生
垢重慳貪嫉妬成就諸不善根故諸佛以方
便力於一佛乘分別説三舍利弗若我弟子
自謂阿羅漢辟支佛者不聞不知諸佛如來
但教化菩薩事此非佛弟子非阿羅漢非辟
支佛又舍利弗是諸比丘比丘尼自謂已得
阿羅漢是冣後身究竟涅槃便不復志求阿
耨多羅三藐三菩提當知此輩皆是增上慢
人所以者何若有比丘實得阿羅漢若不信
此法无有是處除佛滅度後現前无佛所以

BD14447號　妙法蓮華經卷一　（25–18）

丈佛又舍利弗是諸比丘比丘尼自謂已得
阿羅漢是最後身究竟涅槃便不復志求阿
耨多羅三藐三菩提當知此輩皆是增上慢
人所以者何若有比丘實得阿羅漢若不信
此法无有是處除佛滅度後現前无佛所以
者何佛滅度後如是等經受持讀誦解義者
是人難得若遇餘佛於此法中便得決了舍
利弗汝等當一心信解受持佛語諸佛如來
言无虛妄无有餘乘唯一佛乘尒時世尊欲
重宣此義而說偈言

比丘比丘尼　有懷增上慢　優婆塞我慢　優婆夷不信
如是四衆等　其數有五千　不自見其過　於戒有缺漏
護惜其瑕疵　是小智已出　衆中之糟糠　佛威德故去
斯人尠福德　不堪受是法　此衆无枝葉　唯有諸貞實
舍利弗善聽　諸佛所得法　无量方便力　而為衆生說
衆生心所念　種種所行道　若干諸欲性　先世善惡業
佛悉知是已　以諸緣譬喻　言辭方便力　令一切歡喜
或說脩多羅　伽陁及本事　本生未曾有　亦說於因緣
譬喻并祇夜　優波提舍經　鈍根樂小法　貪著於生死
於諸无量佛　不行深妙道　衆苦所惱亂　為是說涅槃
我設是方便　令得入佛慧　未曾說汝等　當得成佛道
所以未曾說　說時未至故　今正是其時　決定說大乘
我此九部法　隨順衆生說　入大乘為本　以故說是經
有佛子心淨　柔軟亦利根　无量諸佛所　而行深妙道
為此諸佛子　說是大乘經　我記如是人　來世成佛道
以深心念佛　脩持淨戒故　此等聞得佛　大喜充遍身
佛知彼心行　故為說大乘　聲聞若菩薩　聞我所說法

BD14447號　妙法蓮華經卷一　（25–19）

我此九部法　隨順衆生說　入大乘為本　以故說是經
有佛子心淨　柔軟亦利根　无量諸佛所　而行深妙道
為此諸佛子　說是大乘經　我記如是人　來世成佛道
以深心念佛　脩持淨戒故　此等聞得佛　大喜充遍身
佛知彼心行　故為說大乘　聲聞若菩薩　聞我所說法
乃至於一偈　皆成佛无疑　十方佛土中　唯有一乘法
无二亦无三　除佛方便說　但以假名字　引導於衆生
說佛智慧故　諸佛出於世　唯此一事實　餘二則非真
終不以小乘　濟度於衆生　佛自住大乘　如其所得法
定慧力莊嚴　以此度衆生　自證无上道　大乘平等法
若以小乘化　乃至於一人　我則墮慳貪　此事為不可
若人信歸佛　如來不欺誑　亦无貪嫉意　斷諸法中惡
故佛於十方　而獨无所畏　我以相嚴身　光明照世間
无量衆所尊　為說實相印　舍利弗當知　我本立誓願
欲令一切衆　如我等无異　如我昔所願　今者已滿足
化一切衆生　皆令入佛道　若我遇衆生　盡教以佛道
无智者錯亂　迷惑不受教　我知此衆生　未曾脩善本
堅著於五欲　癡愛故生惱　以諸欲因緣　墜墮三惡道
輪迴六趣中　備受諸苦毒　受胎之微形　世世常增長
薄德少福人　衆苦所逼迫　入邪見稠林　若有若无等
依止此諸見　具足六十二　深著虛妄法　堅受不可捨
我慢自矜高　諂曲心不實　於千万億劫　不聞佛名字
亦不聞正法　如是人難度　是故舍利弗　我為設方便
說諸盡苦道　示之以涅槃　我雖說涅槃　是亦非真滅
諸法從本來　常自寂滅相　佛子行道已　來世得作佛
我有方便力　開示三乘法　一切諸世尊　皆說一乘道

BD14447號　妙法蓮華經卷一　（25–20）

我慢自矜高 諂曲心不實 於千万億劫 不聞佛名字
亦不聞正法 如是人難度 是故舍利弗 我為設方便
說諸盡苦道 示之以涅槃 我雖說涅槃 是亦非真滅
諸法從本來 常自寂滅相 佛子行道已 來世得作佛
我有方便力 開示三乘法 一切諸世尊 皆說一乘道
今此諸大眾 皆應除疑惑 諸佛語无異 唯一无二乘
過去无數劫 无量滅度佛 百千万億種 其數不可量
如是諸世尊 種種緣譬喻 无數方便力 演說諸法相
是諸世尊等 皆說一乘法 化无量眾生 令入於佛道
又諸大聖主 知一切世間 天人群生類 深心之所欲
更以異方便 助顯第一義 若有眾生類 值諸過去佛
若聞法布施 或持戒忍辱 精進禪智等 種種脩福德
如是諸人等 皆已成佛道 諸佛滅度已 若人善軟心
如是諸眾生 皆已成佛道 諸佛滅度已 供養舍利者
起万億種塔 金銀及頗梨 車𤦲與馬瑙 玫瑰瑠璃珠
清淨廣嚴飾 莊挍於諸塔 或有起石廟 栴檀及沉水
木蜜并餘材 塼瓦泥土等 若於曠野中 積土成佛廟
乃至童子戲 聚沙為佛塔 如是諸人等 皆已成佛道
若人為佛故 建立諸形像 刻雕成眾相 皆已成佛道
或以七寶成 鍮石赤白銅 白鑞及鉛錫 鐵木及與泥
或以膠漆布 嚴飾作佛像 如是諸人等 皆已成佛道
綵畫作佛像 百福莊嚴相 自作若使人 皆已成佛道
乃至童子戲 若草木及筆 或以指爪甲 而畫作佛像
如是諸人等 漸漸積功德 具足大悲心 皆已成佛道
但化諸菩薩 度脫无量眾 若人於塔廟 寶像及畫像
以華香幡蓋 敬心而供養 若使人作樂 擊鼓吹角貝
簫笛琴箜篌 琵琶鐃銅鈸 如是眾妙音 盡持以供養

BD14447號　妙法蓮華經卷一　（25–21）

乃至童子戲 若草木及筆 或以指爪甲 而畫作佛像
如是諸人等 漸漸積功德 具足大悲心 皆已成佛道
但化諸菩薩 度脫无量眾 若人於塔廟 寶像及畫像
以華香幡蓋 敬心而供養 若使人作樂 擊鼓吹角貝
簫笛琴箜篌 琵琶鐃銅鈸 如是眾妙音 盡持以供養
或以歡喜心 歌唄頌佛德 乃至一小音 皆已成佛道
若人散亂心 乃至以一華 供養於畫像 漸見无數佛
或有人礼拜 或復但合掌 乃至舉一手 或復小低頭
以此供養像 漸見无量佛 自成无上道 廣度无數眾
入无餘涅槃 如薪盡火滅 若人散亂心 入於塔廟中
一稱南无佛 皆已成佛道 於諸過去佛 在世或滅後
若有聞是法 皆已成佛道 未來諸世尊 其數无有量
是諸如來等 亦方便說法 一切諸如來 以无量方便
度脫諸眾生 入佛无漏智 若有聞法者 无一不成佛
諸佛本誓願 我所行佛道 普欲令眾生 亦同得此道
未來世諸佛 雖說百千億 无數諸法門 其實為一乘
諸佛兩足尊 知法常无性 佛種從緣起 是故說一乘
是法住法位 世間相常住 於道場知已 導師方便說
天人所供養 現在十方佛 其數如恒沙 出現於世間
安隱眾生故 亦說如是法 知第一寂滅 以方便力故
雖示種種道 其實為佛乘 知眾生諸行 深心之所念
過去所習業 欲性精進力 及諸根利鈍 以種種因緣
譬喻亦言辭 隨應方便說 今我亦如是 安隱眾生故
以種種法門 宣示於佛道 我以智慧力 知眾生性欲
方便說諸法 皆令得歡喜 舍利弗當知 我以佛眼觀
見六道眾生 貧窮无福慧 入生死險道 相續苦不斷
深著於五欲 如犛牛愛尾 以貪愛自蔽 盲瞑无所見

BD14447號　妙法蓮華經卷一　（25–22）

過去所習業　欲性精進力　及諸根利鈍　以種種因緣
譬喻亦言辭　隨應方便說　今我亦如是　安隱衆生故
以種種法門　宣示於佛道　我以智慧力　知衆生性欲
方便說諸法　皆令得歡喜　舍利弗當知　我以佛眼觀
見六道衆生　貧窮无福慧　入生死險道　相續苦不斷
深著於五欲　如犛牛愛尾　以貪愛自蔽　盲瞑无所見
不求大勢佛　及與斷苦法　深入諸邪見　以苦欲捨苦
爲是衆生故　而起大悲心　我始坐道場　觀樹亦經行
於三七日中　思惟如是事　我所得智慧　微妙最第一
衆生諸根鈍　著樂癡所盲　如斯之等類　云何而可度
尒時諸梵王　及諸天帝釋　護世四天王　及大自在天
并餘諸天衆　眷屬百千万　恭敬合掌礼　請我轉法輪
我即自思惟　若但讚佛乘　衆生沒在苦　不能信是法
破法不信故　墜於三惡道　我寧不說法　疾入於涅槃
尋念過去佛　所行方便力　我今所得道　亦應說三乘
作是思惟時　十方佛皆現　梵音慰喻我　善哉釋迦文
第一之導師　得是无上法　隨諸一切佛　而用方便力
我等亦皆得　最妙第一法　爲諸衆生類　分別說三乘
少智樂小法　不自信作佛　是故以方便　分別說諸果
雖復說三乘　但爲教菩薩　舍利弗當知　我聞聖師子
深淨微妙音　喜稱南无佛　復作如是念　我出濁惡世
如諸佛所說　我亦隨順行　思惟是事已　即趣波羅柰
諸法寂滅相　不可以言宣　以方便力故　爲五比丘說
是名轉法輪　便有涅槃音　及以阿羅漢　法僧差別名
從久遠劫來　讚示涅槃法　生死苦永盡　我常如是說
舍利弗當知　我見佛子等　志求佛道者　无量千万億
咸以恭敬心　皆來至佛所　曾從諸佛聞　方便所說法

BD14447 號　妙法蓮華經卷一　（25–23）

諸法寂滅相　不可以言宣　以方便力故　爲五比丘說
是名轉法輪　便有涅槃音　及以阿羅漢　法僧差別名
從久遠劫來　讚示涅槃法　生死苦永盡　我常如是說
舍利弗當知　我見佛子等　志求佛道者　无量千万億
咸以恭敬心　皆來至佛所　曾從諸佛聞　方便所說法
我即作是念　所以出於世　爲說佛慧故　今正是其時
舍利弗當知　鈍根小智人　著相憍慢者　不能信是法
今我喜无畏　於諸菩薩中　正直捨方便　但說无上道
菩薩聞是法　疑網皆已除　千二百羅漢　悉亦當作佛
如三世諸佛　說法之儀式　我今亦如是　說无分別法
諸佛興出世　懸遠值遇難　正使出于世　說是法復難
无量无數劫　聞是法亦難　能聽是法者　斯人亦復難
譬如優曇華　一切皆愛樂　天人所希有　時時乃一出
聞法歡喜讚　乃至發一言　則爲已供養　一切三世佛
是人甚希有　過於優曇華　汝等勿有疑　我爲諸法王
普告諸大衆　但以一乘道　教化諸菩薩　无聲聞弟子
汝等舍利弗　聲聞及菩薩　當知是妙法　諸佛之祕要
以五濁惡世　但樂著諸欲　如是等衆生　終不求佛道
當來世惡人　聞佛說一乘　迷惑不信受　破法墮惡道
有慙愧清淨　志求佛道者　當爲如是等　廣讚一乘道
舍利弗當知　諸佛法如是　以万億方便　隨宜而說法
其不習學者　不能曉了此　汝等既已知　諸佛世之師
隨宜方便事　无復諸疑惑　心生大歡喜　自知當作佛

妙法蓮華經卷第一

BD14447 號　妙法蓮華經卷一　（25–24）

舍利弗當知 鈍根小智人 著相憍慢者 不能信是法
今我喜无畏 於諸菩薩中 正直捨方便 但說无上道
菩薩聞是法 疑網皆已除 千二百羅漢 悉亦當作佛
如三世諸佛 說法之儀式 我今亦如是 說无分別法
諸佛興出世 懸遠值遇難 正使出于世 說是法復難
无量无數劫 聞是法亦難 能聽是法者 斯人亦復難
譬如優曇華 一切皆愛樂 天人所希有 時時乃一出
聞法歡喜讚 乃至發一言 則為已供養 一切三世佛
是人甚希有 過於優曇華 汝等勿有疑 我為諸法王
普告諸大衆 但以一乘道 教化諸菩薩 无聲聞弟子
汝等舍利弗 聲聞及菩薩 當知是妙法 諸佛之祕要
以五濁惡世 但樂著諸欲 如是等衆生 終不求佛道
當來世惡人 聞佛說一乘 迷惑不信受 破法墮惡道
有慙愧清淨 志求佛道者 當為如是等 廣讚一乘道
舍利弗當知 諸佛法如是 以万億方便 隨宜而說法
其不習學者 不能曉了此 汝等既已知 諸佛世之師
隨宜方便事 无復諸疑惑 心生大歡喜 自知當作佛

妙法蓮華經卷第一

BD14447 號　妙法蓮華經卷一　（25–25）

王作礼白言大
經說劫初　來有諸惡王貪
害其父一万八千未曾聞有无道
母王今為此殺逆之事汙剎利種臣不忍
是栴陁羅不宜住此時二大臣說此語已
手按劍却行而退時阿闍世驚怖惶懼告耆
婆言汝不為我耶耆婆白言大王慎莫害母
王聞此語懺悔求救即便捨劍止不害母勅
語內官閉置深宮不
時韋提希被幽閉已愁憂憔悴遙向耆闍崛
山為佛作礼而作是言如來世尊在昔之時
恒遣阿難來慰問我我今愁憂世尊威重无
由得見願遣目連尊者阿難與我相見作是
語已悲泣雨淚遙向佛礼未舉頭頃尒時世
尊在耆闍崛山知韋提希心之所念勅大目
揵連及以阿難從空而來佛從耆闍崛山沒
於王宮出時韋提希礼已舉頭見世尊釋迦
牟尼佛身紫金色坐百寶蓮華目連侍左阿
難侍右釋梵護世諸天在虛空中普雨天華

BD14448 號　觀無量壽佛經　（20–1）

尊在耆闍崛山知韋提希心之所念勅大目
揵連及以阿難從空而來佛從耆闍崛山沒
於王宮出時韋提希礼已舉頭見世尊釋迦
牟尼佛身紫金色坐百寶蓮華目連侍左阿
難侍右釋梵護世諸天在虛空中普雨天華
持用供養
時韋提希見佛世尊自絕瓔珞舉身投地號
泣向佛白言世尊我宿何罪生此惡子世尊
復有何等因緣與提婆達多共為眷屬唯願
世尊為我廣說无憂惱處我當往生不樂閻
浮提濁惡世也此濁惡處地獄餓鬼畜生盈
滿多不善聚願我未來不聞惡聲不見惡人
今向世尊五體投地求哀懺悔唯願佛日
教我觀於清淨業處
尒時世尊放眉間光其光金色遍照十方无
量世界還住佛頂化為金臺如須弥山十方
諸佛淨妙國土皆於中現或有國土七寶合
成復有國土純是蓮華復有國土如自在天
宮復有國土如頗梨鏡十方國土皆於中現
有如是等无量諸佛國土嚴顯可觀令韋提
希見時韋提希白佛言世尊是諸佛土雖復
清淨皆有光明我今樂生極樂世界阿弥陁
佛所唯願世尊教我思惟教我正受
尒時世尊即便微咲有五色光從佛口出一
一光照頻婆娑羅頂尒時大王雖在幽閉心
眼无鄣遙見世尊頭面作礼自然增進成阿

BD14448 號　觀無量壽佛經　（20–2）

清淨皆有光明我今樂生極樂世界阿弥陁
佛所唯願世尊教我思惟教我正受
尒時世尊即便微咲有五色光從佛口出一
一光照頻婆娑羅頂尒時大王雖在幽閉心
眼无鄣遙見世尊頭面作礼自然增進成阿
那含
尒時世尊告韋提希汝今知不阿弥陁佛去
此不遠汝當繫念諦觀彼國淨業成者我今
為汝廣說眾譬亦令未來世一切凡夫欲脩
淨業者得生西方極樂國土欲生彼國者當
脩三福一者孝養父母奉事師長慈心不煞
脩十善業二者受持三歸具足眾戒不犯威
儀三者發菩提心深信因果讀誦大乘勸進
行者如此三事名為淨業佛告韋提希汝今
知不此三種業過去未來現在三世諸佛淨
業正因
佛告阿難及韋提希諦聽諦聽善思念之如
來今者為未來世一切眾生為煩惱賊之所
害者說清淨業善哉韋提希快問此事阿難
汝當受持廣為多眾宣說佛語如來今者教
韋提希及未來世一切眾生觀於西方極樂
世界以佛力故當得見彼清淨國土如執明
鏡自見面像見彼國土極妙樂事心歡喜故
應時即得无生法忍
佛告韋提希汝是凡夫心想羸劣未得天眼
不能遠觀諸佛如來有異方便令汝得見時
韋提希白佛言世尊如我今者以佛力故見

BD14448 號　觀無量壽佛經　（20–3）

鏡自見面像見彼國土極妙樂事心歡喜故
應時即得无生法忍
佛告韋提希汝是凡夫心想羸劣未得天眼
不能遠觀諸佛如來有異方便令汝得見時
韋提希白佛言世尊如我今者以佛力故見
彼國土若佛滅後諸衆生等濁惡不善五苦
所逼云何當見阿弥陁佛極樂世界佛告韋
提希汝及衆生應當專心繫念一處想於西
方云何作想凡作想者一切衆生自非生盲
有目之徒皆見日沒當起想念正坐西向諦
觀於日令心堅住專想不移見日欲沒狀如
懸鼓既見日已閉目開目皆令明了是為日
想名曰初觀
次作水想見水澄清亦令明了无分散意既
見水已當起氷想見氷暎徹作瑠璃想此想
成已見瑠璃地內外暎徹下有金剛七寶金
幢擎瑠璃地其幢八方八楞具足一一方面
百寶所成一一寶珠有千光明一一光明八
万四千色暎瑠璃地如億千日不可具見瑠
璃地上以黃金繩雜廁間錯以七寶界分齊
分明一一寶中有五百色光其光如華又似
星月縣處虛空成光明臺樓閣千万百寶合
成於臺兩邊各有百億華幢无量樂器以為
莊嚴八種清風從光明出鼓此樂器演說苦
空无常无我之音是為水想名第二觀
此想成時一一觀之極令了了閉目開目不
令散失唯除食時恒憶此事如此想者名為

BD14448號　觀無量壽佛經　（20–4）

成於臺兩邊各有百億華幢无量樂器以為
莊嚴八種清風從光明出鼓此樂器演說苦
空无常无我之音是為水想名第二觀
此想成時一一觀之極令了了閉目開目不
令散失唯除食時恒憶此事如此想者名為
粗見極樂國土若得三昧見彼國地了了分
明不可具說是為地想名第三觀
佛告阿難汝持佛語為未來世一切大衆欲
脫苦者說是觀地法若觀是地者除八十億
劫生死之罪捨身他世必生淨國心得无疑
作是觀者名為正觀若他觀者名為邪觀佛
告阿難及韋提希地想成已次觀寶樹觀寶
樹者一一觀之作七重行樹想一一樹高八
千由旬其諸寶樹七寶華葉无不具足一一
華葉作異寶色瑠璃色中出金色光頗梨色
中出五色光馬瑙色中出車渠光車渠色中
出綠真珠光珊瑚虎珀一切衆寶以為暎餝
妙真珠網弥覆樹上一一樹上有七重網一
一網間有五百億妙華宮殿如梵王宮諸天
童子自然在中一一童子五百億釋迦毗楞
伽摩尼以為瓔珞其摩尼光照百由旬如和
合百億日月不可具名衆寶間錯色中上者
此諸寶樹行行相當葉葉相次於衆葉間生
諸妙華華上自然有七寶菓一一樹葉縱廣
正等廿五由旬其葉千色有百種畫如天瓔
珞有衆妙華作閻浮檀金色如旋火輪婉轉

BD14448號　觀無量壽佛經　（20–5）

此諸寶樹行行相當葉葉相次於衆葉間生
諸妙華華上自然有七寶菓一一樹葉縱廣
正等廿五由旬其葉千色有百種畫如天瓔
珞有衆妙華作閻浮檀金色如旋火輪婉轉
葉間踊生諸菓如帝釋瓶有大光明化成幢
幡无量寶蓋是寶蓋中暎現三千大千世界
一切佛事十方佛國亦於中現見此樹已亦
當次第一一觀之觀見樹莖枝葉華菓皆令
分明是為　名第四觀
次當想水想水者極樂國土有八池水一一
池水七寶所成其寶柔濡從如意珠王生分
為十四枝一一枝作七寶色黃金為渠渠下
皆以雜色金剛以為底沙一一水中有六十
億七寶蓮華一一蓮華團圓正等十二由旬
其摩尼水流注華間尋樹上下其聲微妙演
說苦空无常无我諸波羅蜜復有讚歎諸佛
相好者如意珠王踊出金色微妙光明其光
化為百寶色鳥和鳴哀雅常讚念佛念法念
僧是為八功德水想名第五觀
衆寶國土一一界上五百億寶樓其樓閣中
有无量諸天作天伎樂又有樂器懸處虛空
如天寶幢不皷自鳴此衆音中皆說念佛念
法念比丘僧此想成已名為粗見極樂世界
寶樹寶地寶池是為捴觀想名第六觀若見
此者除无量億劫極重惡業命終之後必生
彼國作是觀者名為正觀若他觀者名為耶

BD14448號　觀無量壽佛經　（20–6）

如天寶幢不皷自鳴此衆音中皆說念佛念
法念比丘僧此想成已名為粗見極樂世界
寶樹寶地寶池是為捴觀想名第六觀若見
此者除无量億劫極重惡業命終之後必生
彼國作是觀者名為正觀若他觀者名為耶
觀
佛告阿難及韋提希諦聽諦聽　思念之佛
當為汝分別解說除苦惱法汝等憶持廣為
大衆分別解說說是語時无量壽佛住立空
中觀世音大勢至是二大士侍立左右光明
熾盛不可具見百千閻浮檀金色不得為比
時韋提希見无量壽佛已接足作礼白佛言
世尊我今因佛力故得見无量壽佛及二菩
薩未來衆生當云何觀无量壽佛及二菩薩
佛告韋提希欲觀彼佛者當起想念於七寶
地上作蓮華想令其蓮華一一葉作百寶色
有八万四千脉猶如天畫脉有八万四千光
了了分明皆令得見華葉小者縱廣二百五
十由旬如是華有八万四千葉一一葉間有
百億摩尼珠王以為暎餝一一摩尼放千光
明其光如蓋七寶合成遍覆地上釋迦毗楞
伽寶以為其臺此蓮華臺八万金剛甄叔迦
寶梵摩尼寶妙真珠網以為交餝於其臺上
自然而有四柱寶幢一一寶幢如百千万億
須弥山幢上寶縵如夜摩天宮有五百億微
妙寶珠以為暎餝一一寶珠有八万四千光
一一光作八万四千異種金色一一金光遍

BD14448號　觀無量壽佛經　（20–7）

自然而有四柱寳幢一一寳幢如百千万億
須弥山幢上寳縵如夜摩天宫有五百億微
妙寳珠以為暎飾一一寳珠有八万四千光
一一光作八万四千異種金色一一金光遍
其寳土處處變化各作異相或為金剛臺或
作真珠網或作雜華雲於十方面随意變現
施作佛事是為華想名苐七觀
佛告阿難如此妙華是本法藏比丘願力所
成若欲念彼佛者當先作此華坐想作此想
時不得雜觀皆應一一觀之一一葉一一珠
一一光一一臺一一幢皆令分明如於鏡中
自見面像此想成者滅除五万劫生死之罪
必定當生極樂世界作是觀者名為正觀若
他觀者名為耶觀
佛告阿難及韋提希見此事已次當想佛所
以者何諸佛如来是法界身入一切衆生心
想中是故汝等心想佛時是心即是丗二相
八十随形好是心作佛是心是佛諸佛正遍
知海從心想生是故應當一心繫念諦觀彼
佛多陁阿伽度阿羅呵三藐三佛陁想彼佛
者先當想像閉目開目見一寳像如閻浮檀
金色坐彼華上既見坐已心眼得開了了分
明見極樂國七寳莊嚴寳地寳池寳樹行列
諸天寳縵弥覆其上衆寳羅網滿虚空中見
如此事極令明了如觀掌中見此事已復當
更作一大蓮華在佛左邊如前蓮華等无有

者先當想像閉目開目見一寳像如閻浮檀
金色坐彼華上既見坐已心眼得開了了分
明見極樂國七寳莊嚴寳地寳池寳樹行列
諸天寳縵弥覆其上衆寳羅網滿虚空中見
如此事極令明了如觀掌中見此事已復當
更作一大蓮華在佛左邊如前蓮華等无有
異復作一大蓮華在佛右邊想一觀世音菩
薩像坐左華坐亦放金　前无異想一大
勢至菩薩像坐右華坐此想成時佛菩薩像
皆放金色光其光金色照諸寳樹一一樹下
亦有三蓮華諸華華上各有一佛二菩薩像
遍滿彼國此想成時行者當聞水流光明及
諸寳樹鳧鴈鴛鴦皆説妙法出定入定恒聞
妙法行者所聞出定之時憶持不捨令與脩
多羅合若不合者名為妄想若合者名為麁
想見極樂世界是為像想名苐八觀作是觀
者除无量億劫生死之罪於現身中得念佛
三昧
佛告阿難此想成已次當更觀无量壽佛身
想光明阿難當知无量壽佛身如百千万億
夜摩天閻浮檀金色佛身高六十万億那由
他恒河沙由旬眉間白豪右旋婉轉如五須
弥山佛眼如四大海水清白分明身諸毛孔
演出光明如須弥山彼佛圓光如百億三千
大千世界於圓光中有百万億那由他恒河
沙化佛一一化佛亦有衆多无數化菩薩以
為侍者无量壽佛有八万四千相一一相各

演出光明如須弥山彼佛圓光如百億三千
大千世界於圓光中有百万億那由他恒河
沙化佛一一化佛亦有衆多无數化菩薩以
為侍者无量壽佛有八万四千相一一相各
有八万四千隨形好一一好復有八万四千
光明一一光明遍照十方世界念佛衆生攝
取不捨其光相好及與化佛不可具説但當
憶想令心眼見見此事者即見十方一切諸
佛以見諸佛故名念佛三昧作是觀者名觀
一切佛身以觀佛身故亦見佛心佛心者大
慈悲是以无緣慈攝諸衆生作此觀者捨身
他世生諸佛前得无生法忍是故智者應當
繫心諦觀无量壽佛觀无量壽佛者從一相
好入但觀眉間白豪極令明了見眉間白豪
者八万四千相好自然當見　　者
即見十方无量諸佛得見无量諸佛故諸佛
現前授記是為遍觀一切色想名第九觀作
此觀者名為正觀若他觀者名為耶觀
佛告阿難及韋提希見无量壽佛了了分明
已次應觀觀世音　薩此菩薩身長八十億
那由他由旬身紫金色頂有肉髻項有圓光
面各有百千由旬其圓光中有五百化佛如
釋迦牟尼佛一一化佛有五百菩薩无量諸
天以為侍者舉身光中五道衆生一切色相
皆於中現頂上毗楞伽摩尼寶以為天冠其
天冠中有一立化佛高廿五由旬觀世音菩

BD14448號　觀無量壽佛經　（20–10）

釋迦牟尼佛一一化佛有五百菩薩无量諸
天以為侍者舉身光中五道衆生一切色相
皆於中現頂上毗楞伽摩尼寶以為天冠其
天冠中有一立化佛高廿五由旬觀世音菩
薩出八万四千種光明一一光明有无量无
數百千化佛一一化佛无數菩薩以為侍者
變現自在滿十方世界臂如紅蓮華色有八
十億光明以為瓔珞其瓔珞中普現一切諸
莊嚴事手掌作五百億雜蓮華色手十指端
一一指端有八万四千畫猶如印文一一畫
有八万四千色一一色有八万四千光其光
柔濡普照一切以此寶手接引衆生舉足時
足下有千輻輪相自然化成五百億光明臺
下足之時有金剛摩尼華布散一切莫不弥滿
其餘身相衆好具足如佛无異唯頂上肉髻
及无見頂相不及世尊是為觀觀世音菩薩
真實色身想名第十觀
佛告阿難若觀觀世音菩薩當作是觀作是
觀者不遇諸禍淨除業鄣除无數劫生死之
罪如此菩薩但聞其名獲无量福何况諦觀
若有欲觀觀世音菩薩者先觀頂上肉髻次
觀天冠其餘衆相亦次第觀之亦令明了如
觀掌中作是觀者名為正觀若他觀者名為
耶觀
次觀大勢至菩薩此菩薩身量大小亦如觀
世音圓光面各百廿五由旬照二百五十由

BD14448號　觀無量壽佛經　（20–11）

觀掌中作是觀者名為正觀若他觀者名為
耶觀
次觀大勢至菩薩此菩薩身量大小亦如觀
世音圓光面各百廿五由旬照二百五十由
旬舉身光明照十方國作紫金色有緣眾生
皆悉得見但見此菩薩一毛孔光即見十方
无量諸佛淨妙光明是故号此菩薩名无邊
光以智慧光普照一切令離三塗得无上力
是故号此菩薩名大勢至此菩薩天冠有五
百寶華一一寶華有五百寶臺一一臺中十
方諸佛淨妙國土廣長之相皆於中現頂上
肉髻如鉢頭摩華於肉髻上有一寶瓶盛諸
光明普現佛事餘諸身相如觀世音等无有
異此菩薩行時十方世界一切震動當地動
處有五百億寶華一一寶華莊嚴高顯如
極樂世界此菩薩坐時七寶國土一時動搖
從下方金光佛剎乃至上方光明王佛剎於
其中間无量塵數分身无量壽佛分身觀世
音大勢至皆悉雲集極樂國土側塞空中坐
蓮華坐演說妙法度苦眾生作此觀者名為
正觀大勢至菩薩是為觀大勢至色身相觀
此菩薩者名第十一觀除无量阿僧祇生死
之罪作是觀者不處胞胎常遊諸佛淨妙國
土此觀成已名為具足觀觀世音大勢至
見此事時當起自心生於西方極樂世界於
蓮華中結跏趺坐作蓮華合想作蓮華開想

BD14448號　觀無量壽佛經　（20–12）

此菩薩者名第十一觀除无量阿僧祇生死
之罪作是觀者不處胞胎常遊諸佛淨妙國
土此觀成已名為具足觀觀世音大勢至
見此事時當起自心生於西方極樂世界於
蓮華中結跏趺坐作蓮華合想作蓮華開想
見佛菩薩滿虛空中水鳥樹林及與諸佛所
出音聲皆演妙法與十二部經合出定之時
憶持不失見此事已名見无量壽佛極樂世
界是為普觀想名第十二觀无量壽佛化身
无數與觀世音大勢至常來至此行人之所
佛告阿難及韋提希若欲至心生西方者先
當觀於一丈六像在池水上如先所說无量
壽佛身量无邊非是凡夫心力所及然彼如
來宿願力故有憶想者必得成就但想佛像
得无量福況復觀佛具足身相阿彌陀佛神
通如意於十方國變現自在或現大身滿虛
空中或現小身丈六八尺所現之形皆真金
色圓光化佛及寶蓮華如上所說觀世音菩
薩及大勢至於一切處身同眾生但觀首相
知是觀世音菩薩知是大勢至此二菩薩助
阿彌陀佛普化一切是為雜觀相名第十三觀
佛告阿難及韋提希上品上生者若有眾生
願生彼國者發三種心即便往生何等為三
一者至誠心二者深心三者迴向發願心具
三心者必生彼國復有三種眾生當得往生
何等為三一者慈心不煞具諸戒行二者讀
誦大乘方等經典三者脩行六念迴向發願

BD14448號　觀無量壽佛經　（20–13）

一者至誠心二者深心三者迴向發願心具
三心者必生彼國復有三種衆生當得往生
何等為三一者慈心不煞具諸戒行二者讀
誦大乘方等經典三者脩行六念迴向發願
願生彼國具此功德一日乃至七日即得往
生生彼國時此人精進勇猛故阿弥陁如来
與觀世音大勢至无數化佛百千比丘聲聞
大衆无量諸天七寶宮殿觀世音菩薩執金
剛臺與大勢至菩薩至行者前阿弥陁佛放
大光明照行者身與諸菩薩授手迎接觀世
音大勢至與无數菩薩讚歎行者勸進其心
從佛彼如彈指頃往生彼國生彼國已見佛
色身衆相具足見諸菩薩色相具足光明寶
林演說妙法聞已即悟无生法忍逕須臾間
歷事諸佛遍十方界於諸佛前次第授記
還至本國得无量百千陁羅尼門是名上品
上生者
上品中生者不必受持讀誦方等經典善解
義趣於第一義心不驚動深信因果不謗大
乘以此功德迴向願求生極樂國行此行者
命欲終時阿弥陁佛與觀世音大勢至无量
大衆眷屬圍遶持紫金臺至行者前讚言法
子汝行大乘解第一義是故我今来迎接
汝與千化佛一時授手行者自見坐紫金臺
合掌叉手讚歎諸佛如一念頃即生彼國七
寶池中此紫金臺如大寶華逕宿即開行者

大衆眷屬圍遶持紫金臺至行者前讚言法
子汝行大乘解第一義是故我今来迎接
汝與千化佛一時授手行者自見坐紫金臺
合掌叉手讚歎諸佛如一念頃即生彼國七
寶池中此紫金臺如大寶華逕宿即開行者
身作紫磨金色足下亦有七寶蓮華佛及菩
薩俱時放光照行者身目即開明因前宿習
普聞衆聲純說甚深第一義諦即下金臺礼
佛合掌讚歎世尊逕於七日應時即於阿耨
多羅三藐三菩提得不退轉應時即能飛至
十方應事諸佛所脩諸三昧諸三昧逕一小
劫得无生忍現前授記是名上品中生者
上品下生者亦信因果不謗大乘但發无上
道心以此功德迴向願求生極樂國行者命
欲終時阿弥陁佛及觀世音大勢至與諸眷
屬持金蓮華化作五百化佛来迎此人五百
化佛一時授手讚言法子汝今清淨發无上
道心我来迎汝見此事時自見身坐金蓮華
坐已華合隨世尊後即得往生七寶池中一
日一夜蓮華乃開七日之中乃得見佛雖見
佛身於衆相好心不明了於三七日後乃了
了見聞衆音聲皆演妙法遊歷十方供養諸
佛於諸佛前聞甚深法逕三小劫得百法明
門住歡喜地是名上品下生者是名上輩生
想名第十四觀
復次阿難及韋提希中品上生者若有衆生
受持五戒持八戒齋脩行諸戒不造五逆无

佛於諸佛前聞甚深法逕三小劫得百法明
門住歡喜地是名上品下生者是名上輩生
想名第十四觀
復次阿難及韋提希中品上生者若有衆生
受持五戒持八戒齋脩行諸戒不造五逆无
衆過惡以此善根迴向願求生於西方極樂
世界臨命終時阿弥陁佛與諸比丘眷屬圍
遶放金色光至其人所演說苦空无常无我
讚歎出家得離衆苦行者見已心大歡喜自
見己身坐蓮華臺長跪合掌為佛作礼未舉
頭頃即得往生極樂世界蓮華尋開當華敷
時聞衆音聲讚歎四諦應時即得阿羅漢道
三明六通具八解脫是名中品上生者
中品中生者若有衆生若一日一夜受持八
戒齋若一日一夜持沙弥戒若一日一夜持具
足戒威儀无缺以此功德迴向願求生極樂
國戒香勳脩如此行者命欲終時見阿弥陁
佛與諸眷屬放金色光持七寶蓮華至行者
前行者自見空中有聲讚言善男子如汝善
人隨順三世諸佛教故我来迎汝行者自見
坐蓮華上蓮華即合生於西方極樂世界在
寶池中逕於七日蓮華開敷華既敷已開目
合掌讚歎世尊聞法歡喜得須陁洹逕半劫
已成阿羅漢是名中品中生者
中品下生者若有善男子善女人孝養父母
行世仁慈此人命欲終時過善知識為其廣
說阿弥陁佛國土樂事亦說法藏比丘卌八

BD14448號　觀無量壽佛經　（20–16）

合掌讚歎世尊聞法歡喜得須陁洹逕半劫
已成阿羅漢是名中品中生者
中品下生者若有善男子善女人孝養父母
行世仁慈此人命欲終時過善知識為其廣
說阿弥陁佛國土樂事亦說法藏比丘卌八
大願聞此事已尋即命終譬如壯士屈申臂
頃即生西方極樂世界生逕七日過觀世音
及大勢至聞法歡喜過一小劫成阿羅漢是
名中品下生者是名中輩生想名第十五觀
復次阿難及韋提希下品上生者或有衆生
作衆惡業雖不誹謗方等經典如此愚人多
造惡无有慙愧命欲終時過善知識為讚大
乘十二部經首題名字以聞如是諸經名故
除却千劫極重惡業智者復教合掌叉手稱
南无阿弥陁佛稱佛名故除五十億劫生死
之罪尒時彼佛即遣化佛化觀世音化大勢
至至行者前讚言善男子汝稱佛名故諸罪
消滅我來迎汝作是語已行者即見化佛光
明遍滿其室見已歡喜即便命終乘寶蓮華
隨化佛後生寶池中逕七七日蓮華乃敷當
華敷時大悲觀世音菩薩放大光明住其
人前為說甚深十二部經聞已信解發无上
道心逕十小劫具百法明門得入初地是名
下品上生者得聞佛名法名及聞僧名聞三
寶名即得往生
復次阿難及韋提希下品中生者或有衆生
毀犯五戒八戒及具足戒如此愚人偷僧祇

BD14448號　觀無量壽佛經　（20–17）

下品上生者得聞佛名法名及聞僧名聞三
寶名即得往生
復次阿難及韋提希下品中生者或有衆生
毁犯五戒八戒及具足戒如此愚人偷僧祇
物盜現前僧物不淨說法无有慚愧以諸惡
業而自莊嚴如此罪人以惡業故應墮地獄
命欲終時地獄衆火一時俱至遇善知識以
大慈悲為說阿弥陁佛十力威德廣說彼佛
光明神力亦讚戒定慧解脫解脫知見此人
聞已除八十億劫生死之罪地獄猛火化為
清涼風吹諸天華華上皆有化佛菩薩迎接
此人如一念頃即得往生七寶池中蓮華之
內逕於六劫蓮華乃敷觀世音大勢至以梵
音聲安慰彼人為說大乘甚深經典聞此
法已應時即發无上道心是名下品中生者
佛告阿難及韋提希下品下生者或有衆生
作不善業五逆十惡具諸不善如此愚人以
惡業故應墮惡道逕歷多劫受苦无窮如此
愚人臨命終時遇善知識種種安慰為說妙
法教令念佛彼人苦逼不遑念佛善友告言
汝若不能念者應稱无量壽佛如是至心令
聲不絕具足十念稱南无佛稱佛名故於念
念中除八十億劫生死之罪命終之後見金
蓮華猶如日輪住其人前如一念頃即得往
生極樂世界於蓮華中滿十二大劫蓮華方
開觀世音大勢至以大悲音聲為其廣說諸
法實相除滅罪法聞已歡喜應時即發菩提

聲不絕具足十念稱南无佛稱佛名故於念
念中除八十億劫生死之罪命終之後見金
蓮華猶如日輪住其人前如一念頃即得往
生極樂世界於蓮華中滿十二大劫蓮華方
開觀世音大勢至以大悲音聲為其廣說諸
法實相除滅罪法聞已歡喜應時即發菩提
之心是名下品下生者是名下輩生想名第
十六觀
說是語時韋提希與五百侍女聞佛所說應
時即見極樂世界廣長之相得見佛身及二
菩薩心生歡喜歎未曾有廓然大悟逮无生
忍五百侍女發阿耨多羅三藐三菩提心願
生彼國世尊悉記皆當往生生彼國已得諸
佛現前三昧无量諸天發无上道心
尒時阿難即從坐起前白佛言世尊當何名
此經此法之要當云何受持佛告阿難此經
名觀極樂國土无量壽佛觀世音菩薩大勢
至菩薩亦名淨除業鄣生諸佛前汝當受持
无令妄失行此三昧者現身得見无量壽佛
及二大士若善男子善女人但聞佛名二菩
薩名除无量劫生死之罪何況憶念若念佛
者當知此人是人中分陁利華觀世音菩薩
大勢至菩薩為其勝友當坐道場生諸佛家
佛告阿難汝好持是語持是語者即是持无
量壽佛名佛說此語時尊者目揵連阿難及
韋提希等聞佛所說皆大歡喜
尒時世尊足步虛空還耆闍崛山尒時阿難

及二大士若善男子善女人但聞佛名二菩
薩名除无量劫生死之罪何況憶念若念佛
者當知此人是人中分陁利華觀世音菩薩
大勢至菩薩為其勝友當坐道場生諸佛家
佛告阿難汝好持是語持是語者即是持无
量壽佛名佛說此語時尊者目揵連阿難及
韋提希等聞佛所說皆大歡喜
尒時世尊足步虛空還耆闍崛山尒時阿難
廣為大衆說如上事无量諸天龍夜叉聞佛
所說皆大歡喜礼佛而退

佛說无量壽觀經一卷

BD14448號　觀無量壽佛經　（20–20）

是比丘不專讀誦經
四衆亦復故往礼拜
輕於汝等汝等皆當
瞋恚心不淨者惡口
何所来自言我不輕汝
作佛我等不用如是虛妄受記如　記當得
年常被罵詈不生瞋恚常作是言　此經歷多
說是語時衆人或以杖木瓦石而打擲之避
走遠住猶高聲唱言我不敢輕於汝等汝等
皆當作佛以其常作是語故增上慢比丘比
丘尼優婆塞優婆夷号之為常不輕是比丘
臨欲終時於虛空中具聞威音王佛先所
說法華經二十千万億偈悉能受持即得如上
眼根清淨耳鼻舌身意根清淨得是六根清
淨已更增壽命二百万億那由他歲廣為人
說是法華經於時增上慢四衆比丘比丘尼
優婆塞優婆夷輕賤是人為作不輕名者見
其得大神通力樂說辯力大善寂力聞其所
說皆信伏隨從是菩薩復化千万億衆令住
阿耨多羅三藐三菩提命終之後得值二千

BD14449號　妙法蓮華經（八卷本）卷七　（22–1）

說是法華経於時增上慢四衆比丘比丘尼
優婆塞優婆夷輕賤是人為作不輕名者見
其得大神通力樂說辯力大善寂力聞其所
說皆信伏隨從是菩薩復化千万億衆令住
阿耨多羅三藐三菩提命終之後得值二千
億佛皆号日月燈明於其法中說是法華経
以是因緣復值二千億佛同号雲自在燈王
於此諸佛法中受持讀誦為諸四衆說此経
典故得是常眼清淨耳鼻舌身意諸根清淨
於四衆中說法心无所畏得大勢是常不輕
菩薩摩訶薩供養如是若干諸佛恭敬尊重
讚嘆種諸善根於後復值千万億佛亦於諸
佛法中說是経典功德成就當得作佛得大
勢於意云何尒時常不輕菩薩豈異人乎則
我身是若我於宿世不受持讀誦此経為他
人說者不能疾得阿耨多羅三藐三菩提我
於先佛所受持讀誦此経為人說故疾得阿
耨多羅三藐三菩提得大勢彼時四衆比丘
比丘尼優婆塞優婆夷以瞋恚意輕賤我故
二百億劫常不值佛不聞法不見僧千劫於
阿鼻地獄受大苦惱畢是罪已復遇常不輕
菩薩教化阿耨多羅三藐三菩提得大勢於
汝意云何尒時四衆常不輕是菩薩者豈異
人乎今此會中跋陀婆羅等五百菩薩師子月
等五百比丘尼思佛等五百優婆塞皆於阿
耨多羅三藐三菩提不退轉者是得大勢當
知是法華経大饒益諸菩薩摩訶薩能令至

汝意云何尒時四衆常不輕是菩薩者豈異
人乎今此會中跋陀婆羅等五百菩薩師子月
等五百比丘尼思佛等五百優婆塞皆於阿
耨多羅三藐三菩提不退轉者是得大勢當
知是法華経大饒益諸菩薩摩訶薩能令至
於阿耨多羅三藐三菩提是故諸菩薩摩訶
薩於如来滅後常應受持讀誦解說書寫是
経尒時世尊欲重宣此義而說偈言
過去有佛　号威音王　神智无量　將導一切
天人龍神　所共供養　是佛滅後　法欲盡時
有一菩薩　名常不輕　時諸四衆　計著於法
不輕菩薩　往到其所　而語之言　我不輕汝
汝等行道　皆當作佛　諸人聞已　輕毀罵詈
不輕菩薩　能忍受之　其罪畢已　臨命終時
得聞此経　六根清淨　神通力故　增益壽命
復為諸人　廣說是経　諸著法衆　皆蒙菩薩
教化成就　令住佛道　不輕命終　值无數佛
說是経故　得无量福　漸具功德　疾成佛道
彼時不輕　則我身是　時四部衆　著法之者
聞不輕言　汝當作佛　以是因緣　值无數佛
此會菩薩　五百之衆　并及四部　清信士女
今於我前　聽法者是　我於前世　勸是諸人
聽受斯経　第一之法　開示教人　令住涅槃
世世受持　如是経典　億億万劫　至不可議
時乃得聞　是法華経　億億万劫　至不可議
諸佛世尊　時說是経　是故行者　於佛滅後
聞如是経　[illegible]

聽受斯經 第一之法 開示教人 令住涅槃
世世受持 如是經典 億億万劫 至不可議
時乃得聞 是法華經 億億万劫 至不可議
諸佛世尊 時說是經 是故行者 於佛滅後
聞如是經 勿生疑惑 應當一心 廣說此經
世世值佛 疾成佛道
妙法蓮華經如来神力品第二十一
尒時千世界微塵等菩薩摩訶薩從地踊出
者皆於佛前一心合掌瞻仰尊顏而白佛言
世尊我等於佛滅後世尊分身所在國土滅
度之處當廣說此經所以者何我等亦自欲
得是真淨大法受持讀誦解說書寫而供養
之尒時世尊於文殊師利等无量百千万億
舊住娑婆世界菩薩摩訶薩及諸比丘比丘
尼優婆塞優婆夷天龍夜叉乾闥婆阿脩羅
迦樓羅緊那羅摩睺羅伽人非人等一切衆
前現大神力出廣長舌上至梵世一切毛孔
放於无量无數色光皆悉遍照十方世界衆
寶樹下師子座上諸佛亦復如是出廣長舌
放无量光釋迦牟尼佛及寶樹下諸佛現神
力時滿百千歲然後還攝舌相一時謦欬俱
共彈指是二音聲遍至十方諸佛世界地皆
六種震動其中衆生天龍夜叉乾闥婆阿脩
羅迦樓羅緊那羅摩睺羅伽人非人等以佛
神力故皆見此娑婆世界无量无邊百千万
億衆寶樹下師子座上諸佛及見釋迦牟尼
佛共多寶如来在寶塔中坐師子座又見无

BD14449號　妙法蓮華經（八卷本）卷七　（22–4）

六種震動其中衆生天龍夜叉乾闥婆阿脩
羅迦樓羅緊那羅摩睺羅伽人非人等以佛
神力故皆見此娑婆世界无量无邊百千万
億衆寶樹下師子座上諸佛及見釋迦牟尼
佛共多寶如来在寶塔中坐師子座又見无
量无邊百千万億菩薩摩訶薩及諸四衆恭
敬圍遶釋迦牟尼佛既見是已皆大歡喜得未
曾有即時諸天於虛空中高聲唱言過此
无量无邊百千万億阿僧祇世界有國名娑
婆是中有佛名釋迦牟尼今為諸菩薩摩訶
薩說大乘經名妙法蓮華教菩薩法佛所護
念汝等當深心隨喜亦當礼拜供養釋迦牟
尼佛彼諸衆生聞虛空中聲已合掌向娑婆
世界作如是言南无釋迦牟尼佛南无釋迦
牟尼佛以種種華香瓔珞幡蓋及諸嚴身之
具珎寶妙物皆共遥散娑婆世界所散諸物
從十方来譬如雲集變成寶帳遍覆此間諸
佛之上于時十方世界通達无礙如一佛土
尒時佛告上行等菩薩大衆諸佛神力如是
无量无邊不可思議若我以是神力於无量
无邊百千万億阿僧祇劫為囑累故說此經
功德猶不能盡以要言之如来一切所有之
法如来一切自在神力如来一切秘要之藏
如来一切甚深之事皆於此經宣示顯說是
故汝等於如来滅後應一心受持讀誦解說
書寫如說脩行所在國土若有受持讀誦解

BD14449號　妙法蓮華經（八卷本）卷七　（22–5）

法如来一切自在神力如来一切秘要之藏
如来一切甚深之事皆於此經宣示顯說是
故汝等於如来滅後應一心受持讀誦解說
書冩如說脩行所在國土若有受持讀誦解
說書冩如說脩行若經卷所住之處若於園
中若於林中若於樹下若於増坊若白衣舍
若在殿堂若山谷曠野是中皆應起㙮供養
所以者何當知是處即是道場諸佛於此得
阿耨多羅三藐三菩提諸佛於此轉于法輪
諸佛於此而般涅縏尒時世尊欲重宣此義
而說偈言
諸佛救世者　住於大神通　為說衆生故　現无量神力
舌相至梵天　身放无數光　為求佛道者　現此希有事
諸佛謦欬聲　及彈指之聲　周聞十方國　地皆六種動
以佛滅度後　能持是經故　諸佛皆歡喜　現无量神力
囑累是經故　讃美受持者　於无量劫中　猶故不能盡
是人之功德　无邊无有窮　如十方虛空　不可得邊際
能持是經者　則為已見我　亦見多寶佛　及諸分身者
又見我今日　教化諸菩薩　能持是經者　令我及分身
滅度多寶佛　一切皆歡喜　十方現在佛　并過去未来
亦見亦供養　亦令得歡喜　諸佛坐道場　所得秘要法
能持是經者　不久亦當得　能持是經者　於諸法之義
名字及言辤　樂說无窮盡　如風於空中　一切无障礙
於如来滅後　知佛所說經　因緣及次苐　隨義如實說
如日月光明　能除諸幽冥　斯人行世間　能滅衆生闇
教无量菩薩　畢竟住一乘　是故有智者　聞此功德利

BD14449號　妙法蓮華經（八卷本）卷七　（22–6）

能持是經者　不久亦當得　能持是經者　於諸法之義
名字及言辤　樂說无窮盡　如風於空中　一切无障礙
於如来滅後　知佛所說經　因緣及次苐　隨義如實說
如日月光明　能除諸幽冥　斯人行世間　能滅衆生闇
教无量菩薩　畢竟住一乘　是故有智者　聞此功德利
於我滅度後　應受持斯經　是人於佛道　決定无有疑
妙法蓮華經囑累品第二十二
尒時釋迦牟尼佛從法座起現大神力以右
手摩无量菩薩摩訶薩頂而作是言我於无
量百千万億阿僧祇劫脩習是難得阿耨多
羅三藐三菩提法今以付囑汝等汝等應當
一心流布此法廣令増益如是三摩諸菩薩
摩訶薩頂而作是言我於无量百千万億阿
僧祇劫脩習是難阿耨多羅三藐三菩提
法今以付囑汝等汝等當受持讀誦廣宣此
法令一切衆生普得聞知所以者何如来有
大慈悲无諸慳悋亦无所畏能與衆生佛之
智慧如来智慧自然智慧如来是一切衆生
之大施主汝等亦應隨學如来之法勿生慳
悋於未来世若有善男子善女人信如来智
慧者當為演說此法華經使得聞知為令其
人得佛慧故若有衆生不信受者當於如来
餘深法中示教利喜汝等若能如是則為已報
諸佛之恩時諸菩薩摩訶薩聞佛作是說
已皆大歡喜遍滿其身益加恭敬曲躬低頭
合掌向佛俱發聲言如世尊勑當具奉行唯
然世尊願不有慮諸菩薩摩訶薩衆如是三

BD14449號　妙法蓮華經（八卷本）卷七　（22–7）

諸佛之恩時諸菩薩摩訶薩聞作是說
已皆大歡喜遍滿其身益加恭敬曲躬低頭
合掌向佛俱發聲言如世尊勅當具奉行唯
然世尊願不有慮諸菩薩摩訶薩衆如是三
反俱發聲言如世尊勅當具奉行唯然世尊
願不有慮尒時釋迦牟尼佛令十方来諸分
身佛各還本土而作是言諸佛各隨所安多
寶佛塔還可如故說是語時十方无量分身
諸佛坐寶樹下師子座上者及多寶佛并上
行等无邊阿僧祇菩薩大衆舍利弗等聲聞
四衆及一切世間天人阿脩羅等聞佛所說
皆大歡喜

妙法蓮華經藥王菩薩本事品第二十三

尒時宿王華菩薩白佛言世尊藥王菩薩云
何遊於娑婆世界世尊是藥王菩薩有若干
百千万億那由他難行苦行善哉世尊願少
解說諸天龍神夜叉乾闥婆阿脩羅迦樓羅
緊那羅摩睺羅伽人非人等又他國土諸来
菩薩及此聲聞衆聞皆歡喜尒時佛告宿王
華菩薩乃往過去无量恒河沙劫有佛号日
月淨明德如来應供正遍知明行足善逝世
間解无上士調御丈夫天人師佛世尊其佛
有八十億大菩薩摩訶薩七十二恒河沙大
聲聞衆佛壽四万二千劫菩薩壽命亦等彼
國无有女人地獄餓鬼畜生阿脩羅等及以

BD14449號　妙法蓮華經（八卷本）卷七　（22–8）

聞解无上士調御丈夫天人師佛世尊其佛
有八十億大菩薩摩訶薩七十二恒河沙大
聲聞衆佛壽四万二千劫菩薩壽命亦等彼
國无有女人地獄餓鬼畜生阿脩羅等及以
諸難地平如掌瑠璃所成寶樹莊嚴寶帳覆
上垂寶華幡寶瓶香爐周遍國界七寶為臺
一樹一臺其樹去臺盡一箭道此諸寶樹皆
有菩薩聲聞而坐其下諸寶臺上各有百億
諸天作天伎樂歌嘆於佛以為供養尒時彼
佛為一切衆生憙見菩薩及衆菩薩諸聲聞
衆說法華經是一切衆生憙見菩薩樂習苦
行於日月淨明德佛法中精進經行一心求
佛滿万二千歲已得現一切色身三昧得此
三昧已心大歡喜即作念言我得現一切色
身三昧皆是得聞法華經力我今當供養日
月淨明德佛及法華經即時入是三昧於虛
空中雨曼陀羅華摩訶曼陀羅華細末堅黑
栴檀滿虛空中如雲而下又雨海此岸栴檀
之香此香六銖價直娑婆世界以供養佛作
是供養已從三昧起而自念言我雖以神力
供養於佛不如以身供養即服諸香栴檀薰
陸兜樓婆畢力迦沈水膠香又飲瞻蔔諸華
香油滿千二百歲已香油塗身於日月淨明
德佛前以天寶衣而自纏身灌諸香油以神
通力願而自燃身光明遍照八十億恒河沙
世界其中諸佛同時讚言善哉善哉善男子

BD14449號　妙法蓮華經（八卷本）卷七　（22–9）

德佛前以天寶衣而自纏身灌諸香油以神
通力願而自燃身光明遍照八十億恒河沙
世界其中諸佛同時讚言善哉善哉善男子
是真精進是名真法供養如來若以華香瓔
珞燒香末香塗香天繒幡蓋及海此岸栴檀
之香如是等種種諸物供養所不能及假使
國城妻子布施亦所不及善男子是名第一
之施於諸施中最尊最上以法供養諸如來
故作是語已而各嘿然其身火燃千二百歲
過是已後其身乃盡一切衆生憙見菩薩作
如是法供養已命終之後復生日月淨明德
佛國中於淨德王家結跏趺坐忽然化生即
為其父而說偈言

大王今當知　我經行彼處　即時得一切　現諸身三昧
勤行大精進　捨所愛之身

說是偈已而白父言日月淨明德佛今故現
在我先供養佛已得解一切衆生語言陁羅
尼復聞是法華經八百千万億那由他甄迦
羅頻婆羅阿閦婆等偈大王我今當還供養
此佛白已即坐七寶之臺上升虛空高七多
羅樹往到佛所頭面礼足合十指爪以偈讚
佛

容顏甚奇妙　光明照十方　我適曾供養　今復還親近

尒時一切衆生憙見菩薩說是偈已而白佛
言世尊世尊猶故在世尒時日月淨明德佛
告一切衆生憙見菩薩善男子我涅槃時到

BD14449號　妙法蓮華經（八卷本）卷七　（22–10）

容顏甚奇妙　光明照十方　我適曾供養　今復還親近

尒時一切衆生憙見菩薩說是偈已而白佛
言世尊世尊猶故在世尒時日月淨明德佛
告一切衆生憙見菩薩善男子我涅槃時到
滅盡時至汝可安施床座我於今夜當般涅
槃又勅一切衆生憙見菩薩善男子我以佛
法囑累於汝及諸菩薩大弟子并阿耨多羅
三藐三菩提法亦以三千大千七寶世界諸
寶樹寶臺及給侍諸天悉付於汝我滅度後
所有舍利亦付囑汝當令流布廣設供養應
起若干千塔如是日月淨明德佛勅一切衆
生憙見菩薩已於夜後分入於涅槃尒時一
切衆生憙見菩薩見佛滅度悲感懊惱戀慕
於佛即以海此岸栴檀為𧂐供養佛身而以
燒之火滅已後收取舍利作八万四千寶瓶
以起八万四千塔高三世界表刹莊嚴垂諸
幡蓋懸衆寶鈴尒時一切衆生憙見菩薩復
自念言我雖作是供養心猶未足我今當更
供養舍利便語諸菩薩大弟子及天龍夜叉
等一切大衆汝等當一心念我今供養日月
淨明德佛舍利作是語已即於八万四千塔
前燃百福莊嚴臂七万二千歲而以供養令
无數求聲聞衆无量阿僧祇人發阿耨多羅
三藐三菩提心皆使得住現一切色身三昧
尒時諸菩薩天人阿脩羅等見其无臂憂惱
悲哀而作是言此一切衆生憙見菩薩是我

BD14449號　妙法蓮華經（八卷本）卷七　（22–11）

前燃百福莊嚴臂七万二千歲而以供養令
无數求聲聞衆无量阿僧祇人發阿耨多羅
三藐三菩提心皆使得住現一切色身三昧
介時諸菩薩天人阿脩羅等見其无臂憂惱
悲哀而作是言此一切衆生憙見菩薩是我
等師教化我者而今燒臂身不具足于時一
切衆生憙見菩薩於大衆中立此誓言我捨
兩臂必當得佛金色之身若實不虛令我兩
臂還復如故作是誓已自然還復由斯菩薩
福德智慧淳厚所致當介之時三千大千世
界六種震動天雨寶華一切人天得未曾有
佛告宿王華菩薩於汝意云何一切衆生憙
見菩薩豈異人乎今藥王菩薩是也其所捨身
布施如是无量百千万億那由他數宿王
華若有發心欲得阿耨多羅三藐三菩提者
能燃手指乃至足一指供養佛塔勝以國城
妻子及三千大千國土山林河池諸珎寶物
而供養者若復有人以七寶滿三千大千世
界供養於佛及大菩薩辟支佛阿羅漢是人
所得功德不如受持此法華經乃至一四句
偈其福最多宿王華譬如一切川流江河諸
水之中海為第一此法華經亦復如是於諸
如來所說經中最為深大又如土山黑山小
鐵圍山大鐵圍山及十寶山衆山之中須弥
山為第一此法華經亦復如是於諸經中最
為其上又如衆星之中月天子最為第一此

水之中海為第一此法華經亦復如是於諸
如來所說經中最為深大又如土山黑山小
鐵圍山大鐵圍山及十寶山衆山之中須弥
山為第一此法華經亦復如是於諸經中最
為其上又如衆星之中月天子最為第一此
法華經亦復如是於千万億種諸經法中最
為照明又如日天子能除諸暗此經亦復如
是能破一切不善之暗又如諸小王中轉輪
聖王最為第一此經亦復如是於衆經中最
為其尊又如帝釋於三十三天中王此經亦
復如是諸經中王又如大梵天王一切衆生
之父此經亦復如是一切賢聖學无學及發
菩薩心者之父又如一切凡夫人中須陁洹
斯陁含阿那含阿羅漢辟支佛為第一此經
亦復如是一切如來所說若菩薩所說若聲
聞所說諸經法中最為第一有能受持是經
典者亦復如是於一切衆生中亦為第二
切聲聞辟支佛中菩薩為第一此經亦復如
是於一切諸經法中最為第一如佛為諸法
王此經亦復如是諸經中王宿王華此經能
救一切衆生者此經能令一切衆生離諸苦
惱此經能大饒益一切衆生充滿其願如清
涼池能滿一切諸渴乏者如寒者得火如裸
者得衣如商人得主如子得母如渡得船如
病得醫如暗得燈如貧得寶如民得王如賈
客得海如炬除暗此法華經亦復如是能令
衆生離一切苦一切病痛能解一切生死之

者得衣如商人得主如子得母如渡得船如
病得醫如暗得燈如貧得寶如民得王如賈
客得海如炬除暗此法華經亦復如是能令
衆生離一切苦一切病痛能解一切生死之
縛若人得聞此法華經若自書若使人書所
得功德以佛智慧籌量多少不得其邊若書
是經卷華香瓔珞燒香末香塗香幡蓋衣服
種種之燈穌燈油燈諸香油燈瞻蔔油燈須
曼油燈波羅羅油燈婆利師迦油燈那婆摩
利油燈供養所得功德亦復无量宿王華若
有人聞是藥王菩薩夲事品者亦得无量无
邊功德若有女人聞是藥王菩薩夲事品能
受持者盡是女身後不復受若如来滅後後
五百歲中若有女人聞是經典如說脩行於
此命終即往安樂世界阿弥陁佛大菩薩衆
圍遶住處生蓮華中寶座之上不復為貪欲
所惱亦復不為瞋恚愚癡所惱亦復不為憍
慢嫉妬諸垢所惱得菩薩神通无生法忍得
是忍已眼根清淨以是清淨眼根見七百万
二千億那由他恒河沙等諸佛如来是時諸
佛遥共讚言善哉善哉善男子汝能於釋迦
牟尼佛法中受持讀誦思惟是經為他人說
所得福德无量无邊火不能燒水不能漂汝
之功德千佛共說不能令盡汝今已能破諸
魔賊壞生死軍諸餘怨敵皆悉摧滅善男子
百千諸佛以神通力共守護汝於一切世間

所得福德无量无邊火不能燒水不能漂汝
之功德千佛共說不能令盡汝今已能破諸
魔賊壞生死軍諸餘怨敵皆悉摧滅善男子
百千諸佛以神通力共守護汝於一切世間
天人之中无如汝者唯除如来其諸聲聞辟
支佛乃至菩薩智慧禪定无有與汝等者宿
王華此菩薩成就如是功德智慧之力若有
人聞是藥王菩薩夲事品能隨喜讚善者是
人現世口中常出青蓮華香身毛孔中常出
牛頭栴檀香所得功德如上所說是故宿王
華以此藥王菩薩夲事品囑累於汝我滅度
後後五百歲中廣宣流布於閻浮提无令斷
絶惡魔魔民諸天龍夜叉鳩槃荼等得其便
也宿王華汝當以神通之力守護是經所以
者何此經則為閻浮提人病之良藥若人有
病得聞是經病即消滅不老不死宿王華汝
若見有受持是經者應以青蓮華盛滿末香
供散其上散已作是念言此人不久必當取
草坐於道場破諸魔軍當吹法螺擊大法鼓
度脱一切衆生老病死海是故求佛道者見
有受持是經典人應當如是生恭敬心說是
藥王菩薩夲事品時八万四千菩薩得解一
切衆生語言陁羅尼多寶如来於寶塔中讚
宿王華菩薩言善哉善哉宿王華汝成就不
可思議功德乃能問釋迦牟尼佛如此之事
利益无量一切衆生

藥王菩薩本事品時八万四千菩薩得解一
切衆生語言陁羅尼多寶如来於寶塔中讚
宿王華菩薩言善哉善哉宿王華汝成就不
可思議功德乃能問釋迦牟尼佛如此之事
利益无量一切衆生
妙法蓮華經妙音菩薩品第二十四
尒時釋迦牟尼佛放大人相肉髻光明及放
眉間白毫相光遍照東方百八万億那由他
恒河沙等諸佛世界過是數已有世界名淨
光莊嚴其國有佛号淨華宿王智如来應供
正遍知明行足善逝世間解无上士調御丈
夫天人師佛世尊爲无量无邊菩薩大衆恭
敬圍遶而爲說法釋迦牟尼佛白毫光明遍
照其國尒時一切淨光莊嚴國中有一菩薩
名曰妙音久已殖衆德本供養親近无量百
千万億諸佛而悉成就甚深智慧得妙幢相
三昧法華三昧淨德三昧宿王戲三昧无緣
三昧智印三昧解一切衆生語言三昧集一
切功德三昧清淨三昧神通遊戲三昧慧炬
三昧莊嚴王三昧淨光明三昧淨藏三昧不
共三昧日旋三昧得如是百千万億恒河沙
等諸大三昧釋迦牟尼佛光照其身即白淨
華宿王智佛言世尊我當往詣娑婆世界礼
拜親近供養釋迦牟尼佛及見文殊師利法
王子菩薩藥王菩薩勇施菩薩宿王華菩薩
上行意菩薩莊嚴王菩薩藥上菩薩尒時淨
華宿王智佛告妙音菩薩汝莫輕彼國生下

BD14449號　妙法蓮華經（八卷本）卷七　（22–16）

華宿王智佛言世尊我當往詣娑婆世界礼
拜親近供養釋迦牟尼佛及見文殊師利法
王子菩薩藥王菩薩勇施菩薩宿王華菩薩
上行意菩薩莊嚴王菩薩藥上菩薩尒時淨
華宿王智佛告妙音菩薩汝莫輕彼國生下
劣想善男子彼娑婆世界高下不平土石諸
山穢惡充滿佛身卑小諸菩薩衆其形亦小
而汝身四万二千由旬我身六百八十万由
旬汝身第一端正百千万福光明殊妙是故
汝往莫輕彼國若佛菩薩及國土生下劣想
妙音菩薩白其佛言世尊我今詣娑婆世界
皆是如来之力如来神通遊戲如来功德智
慧莊嚴於是妙音菩薩不起于座身不動搖
而入三昧以三昧力於耆闍崛山去法座不
遠化作八万四千衆寶蓮華閻浮檀金爲莖
白銀爲葉金剛爲鬚甄叔迦寶以爲其臺尒
時文殊師利法王子見是蓮華而白佛言世
尊是何因緣先現此瑞有若干千万蓮華閻
浮檀金爲莖白銀爲葉金剛爲鬚甄叔迦寶
以爲其臺尒時釋迦牟尼佛告文殊師利是
妙音菩薩摩訶薩欲從淨華宿王智佛國與
八万四千菩薩圍遶而来至此娑婆世界供
養親近礼拜於我亦欲供養聽法華經文殊
師利白佛言世尊是菩薩種何善本脩何功
德而能有是大神通力行何三昧願爲我等
說是三昧名字我等亦欲勤脩行之行此三
昧乃能見是菩薩色相大小威儀進止唯願

BD14449號　妙法蓮華經（八卷本）卷七　（22–17）

養親近礼拜於我亦欲供養聽法華經文殊
師利白佛言世尊是菩薩種何善本脩何功
德而能有是大神通力行何三昧願為我等
說是三昧名字我等亦欲勤脩行之行此三
昧乃能見是菩薩色相大小威儀進止唯願
世尊以神通力彼菩薩来令我得見尒時釋
迦牟尼佛告文殊師利此久滅度多寶如来
當為汝等而現其相時多寶佛告彼菩薩善
男子来文殊師利法王子欲見汝身于時妙
音菩薩於彼國没與八万四千菩薩俱共發
来所經諸國六種震動皆悉雨於七寶蓮華
百千天樂不皷自鳴是菩薩目如廣大青蓮
華葉正使和合百千万月其面貌端正復過
於此身真金色无量百千功德莊嚴威德熾
盛光明照曜諸相具足如那羅延堅固之身
入七寶臺上昇虚空去地七多羅樹諸菩薩
衆恭敬圍遶而来詣此娑婆世界耆闍崛山
到已下七寶臺以價直百千瓔珞持至釋迦
牟尼佛所頭面礼足奉上瓔珞而白佛言世
尊淨華宿王智佛問訊世尊少病少惱起居
輕利安樂行不四大調和不世事可忍不衆
生易度不无多貪欲瞋恚愚癡嫉妬慳慢不
无不孝父母不敬沙門耶見不善心不攝五
情不世尊衆生能降伏諸魔怨不久滅度多
寶如来在七寶塔中来聽法不又問訊多寶
如来安隱少惱堪忍久住不世尊我今欲見

生易度不无多貪欲瞋恚愚癡嫉妬慳慢不
无不孝父母不敬沙門耶見不善心不攝五
情不世尊衆生能降伏諸魔怨不久滅度多
寶如来在七寶塔中来聽法不又問訊多寶
如来安隱少惱堪忍久住不世尊我今欲見
多寶佛身唯願世尊示我令見尒時釋迦牟
尼佛語多寶佛是妙音菩薩欲得相見時多
寶佛告妙音言善哉善哉汝能為供養釋迦
牟尼佛及聽法華經并見文殊師利等故来
至此尒時華德菩薩白佛言世尊是妙音菩
薩種何善根脩何功德有是神力佛告華德
菩薩過去有佛名雲雷音王多陁阿伽度阿
羅呵三藐三佛陁國名現一切世間劫名憙
見妙音菩薩於万二千歲以十万種伎樂供
養雲雷音王佛并奉上八万四千七寶鉢以
是因緣果報今生淨華宿王智佛國有是神
力華德於汝意云何尒時雲雷音王佛所妙
音菩薩伎樂供養奉上寶器者豈異人乎今
此妙音菩薩摩訶薩是華德是妙音菩薩已
曾供養親近无量諸佛久殖德本又值恒河
沙等百千万億那由他佛華德汝但見妙音
菩薩其身在此而是菩薩現種種身處處為
諸衆生說是經典或現梵王身或現帝釋身
或現自在天身或現大自在天身或現天大将軍
身或現毗沙門天王身或現轉輪聖王身或
現諸小王身或現長者身或現居士身或現
宰官身或現婆羅門身或現比丘比丘尼優

或現自在天身或現大自在天身或現天大將軍
身或現毗沙門天王身或現轉輪聖王身或
現諸小王身或現長者身或現居士身或現
宰官身或現婆羅門身或現比丘比丘尼優
婆塞優婆夷身或現長者居士婦女身或現
宰官婦女身或現婆羅門婦女身或現童男
童女身或現天龍夜叉乾闥婆阿脩羅迦樓
羅緊那羅摩睺羅伽人非人等身而說是經
諸有地獄餓鬼畜生及衆難處皆能救濟乃
至於王後宮變為女身而說是經華德是妙
音菩薩能救護娑婆世界諸衆生者是妙音
菩薩如是種種變化現身在此娑婆國土為
諸衆生說是經典於神通變化智慧无所損
減是菩薩以若干智慧明照娑婆世界令一
切衆生各得所知於十方恒河沙世界中亦
復如是若應以聲聞形得度者現聲聞形而
為說法應以辟支佛形得度者現辟支佛形
而為說法應以菩薩形得度者現菩薩形而
為說法應以佛形得度者即現佛形而為說
法如是種種隨所應度而為現形乃至應以
滅度而得度者示現滅度華德妙音菩薩摩
訶薩成就大神通智慧之力其事如是尒時
華德菩薩白佛言世尊是妙音菩薩深種善
根世尊是菩薩住何三昧而能如是在所變
現度脫衆生佛告華德菩薩善男子其三昧
名現一切色身妙音菩薩住是三昧中能如
是饒益无量衆生說是妙音菩薩品時與妙

BD14449號　妙法蓮華經（八卷本）卷七　（22–20）

為說法應以辟支佛形得度者現辟支佛形
而為說法應以菩薩形得度者現菩薩形而
為說法應以佛形得度者即現佛形而為說
法如是種種隨所應度而為現形乃至應以
滅度而得度者示現滅度華德妙音菩薩摩
訶薩成就大神通智慧之力其事如是尒時
華德菩薩白佛言世尊是妙音菩薩深種善
根世尊是菩薩住何三昧而能如是在所變
現度脫衆生佛告華德菩薩善男子其三昧
名現一切色身妙音菩薩住是三昧中能如
是饒益无量衆生說是妙音菩薩品時與妙
音菩薩俱來者八万四千人皆得現一切色
身三昧此娑婆世界无量菩薩亦得是三昧
及陀羅尼尒時妙音菩薩摩訶薩供養釋迦
牟尼佛及多寶佛塔已還歸本土所經諸國
六種震動雨寶蓮華作百千万億種種伎樂
既到本國與八万四千菩薩圍遶至淨華宿
王智佛所白佛言世尊我到娑婆世界饒益
衆生見釋迦牟尼佛及見多寶佛塔禮拜供
養又見文殊師利法王子菩薩及見藥王菩
薩得勤精進力菩薩勇施菩薩等亦令八万
四千菩薩得現一切色身三昧說是妙音菩
薩來往品時四万二千天子得无生法忍華
德菩薩得法華三昧

妙法蓮華經卷第七

BD14449號　妙法蓮華經（八卷本）卷七　（22–21）

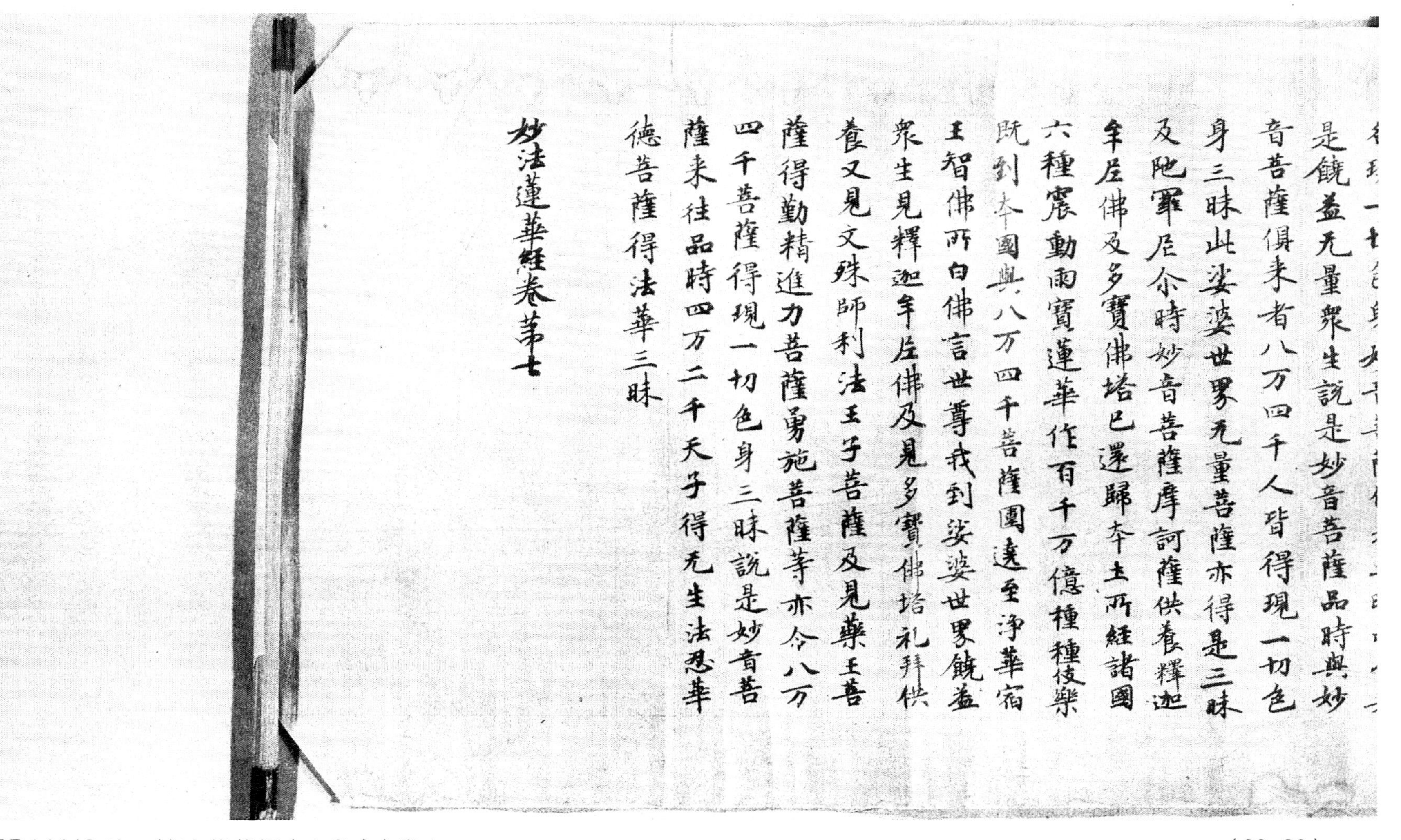

[illegible]是饒益无量衆生說是妙音菩薩品時與妙音菩薩俱来者八万四千人皆得現一切色身三昧此娑婆世界无量菩薩亦得是三昧及陁羅尼尒時妙音菩薩摩訶薩供養釋迦牟尼佛及多寶佛塔已還歸本土所經諸國六種震動雨寶蓮華作百千万億種種伎樂既到本國與八万四千菩薩圍遶至淨華宿王智佛所白佛言世尊我到娑婆世界饒益衆生見釋迦牟尼佛及見多寶佛塔礼拜供養又見文殊師利法王子菩薩及見藥王菩薩得勤精進力菩薩勇施菩薩等亦令八万四千菩薩得現一切色身三昧說是妙音菩薩来往品時四万二千天子得无生法忍華德菩薩得法華三昧

妙法蓮華經卷第七

BD14449號　妙法蓮華經（八卷本）卷七　（22–22）

之言古佛於義不相違背世尊須菩提者住虛空地凡欲入城乞求飲食先觀人若有於己生嫌疑心即止不行乃至極飢猶不行乞何以故是須菩提常作是念我憶往昔於福田所生一念惡由是因緣墮大地獄受種種苦我今寧飢終日不食終不令彼於我起嫌墮於地獄受苦惱也復作是念若有衆生嫌我立者我當終日端坐不起若有衆生嫌我坐者我當終日立不移處行臥亦尒是須菩提護衆生故尚起是心何况菩薩菩薩若得一子地者何緣如来出是麁言使諸衆生起重惡心善男子汝今不應作如是難諸佛如来爲諸衆生作煩惱因緣善男子假使蚉䖟能盡海底如来終不爲諸衆生作煩惱因緣善男子假令大地悉爲非色水爲堅相火爲冷相風爲住相三寶佛性及以虛空作无常相如来終不爲諸衆生作煩惱因緣善男子假使毁犯四重禁罪及一闡提謗正法者現身得成十力无畏卅二相八十種好如来終

BD14450號A　大般涅槃經（北本　思溪本）卷一六　（15–1）

善男子假令大地悉為非色水為堅相火為
冷相風為住相三寶佛性及以虛空作无常
相如来終不為諸衆生作煩惱因緣善男子
假使毀犯四重禁罪及一闡提謗正法者現
身得成十力无畏卅二相八十種好如来終
不為諸衆生作煩惱因緣善男子假使聲聞
辟支佛等常住不變如来終不為諸衆生作
煩惱因緣善男子假使十住諸菩薩等犯四
重禁作一闡提誹謗正法如来終不為諸衆
生作煩惱因緣善男子假使一切无量衆生
實失佛性如来究竟入般涅槃如来終不為
諸衆生作煩惱因緣善男子假使擲羂能繫
縛風齒能破鐵抓壞須弥如来終不為諸衆
生作煩惱因緣寧与毒蛇同共一處内其兩
手餓鬼口中佉陁羅炭用洗浴身不應發言
如来世尊為諸衆生作煩惱因緣善男子如
来真實能為衆生斷除煩惱終不為作煩惱
因也善男子如汝所言如来往昔煞婆羅門
者善男子菩薩摩訶薩乃至蟻子尚不故煞
况婆羅門菩薩摩訶薩常作種種方便慧施
衆生无量壽命善男子夫施食者則為施命
菩薩摩訶薩行檀波羅蜜時常施衆生无量
壽命善男子脩不煞戒得壽命長菩薩摩訶
薩行尸波羅蜜時則為施与一切衆生无量
壽命善男子慎口无過得壽命長菩薩摩訶
薩行羼提波羅蜜時常勸衆生莫生怨相推

BD14450號A　大般涅槃經（北本　思溪本）卷一六　　（15-2）

壽命善男子脩不煞戒得壽命長菩薩摩訶
薩行尸波羅蜜時則為施与一切衆生无量
壽命善男子慎口无過得壽命長菩薩摩訶
薩行羼提波羅蜜時常勸衆生莫生怨相推
直与人引曲向己无所諍訟得壽命長是故
菩薩行羼提波羅蜜時已施衆生无量壽命
善男子精懃脩善得受命長菩薩摩訶薩行
毗梨耶波羅蜜時常勸衆生懃脩善法衆生
行已得无量壽是故菩薩行毗耶梨波羅蜜
時已施衆生无量壽命善男子脩攝心者得
壽命長菩薩摩訶薩行禪波羅蜜時勸諸衆
生脩平等心衆生行已得壽命長是故菩薩
行禪波羅蜜時已施衆生无量壽命善男子
於諸善法不放逸者得壽命長菩薩摩訶薩
行波若波羅蜜時勸諸衆生於諸善法不生
放逸衆生行已以是因緣得壽命長是故菩
薩行般若波羅蜜時已施衆生无量壽命善
男子以是義故菩薩摩訶薩於諸衆生終无
奪命善男子汝向所問煞婆羅門時得是地
不善男子我時已得以愛念故斷其命根非
惡心也善男子辟如父母唯有一子愛之甚
重犯官憲制是時父母以怖畏故若儐若煞
雖復儐煞无有惡心菩薩摩訶薩為護正法
亦復如是若有衆生謗大乘者即以鞭靼若
加治之或奪其命欲令改往遵脩善法菩薩
常當作是思惟以何因緣能令衆生發起信

BD14450號A　大般涅槃經（北本　思溪本）卷一六　　（15-3）

重犯官憲制是時父母以怖畏故若殯若煞
雖復殯煞无有惡心菩薩摩訶薩為護正法
亦復如是若有衆生謗大乘者即以鞭粗苦
加治之或奪其命欲令改往遵脩善法菩薩
常當作是思惟以何因緣能令衆生發起信
心隨其方便要當為之諸婆羅門命終之後
生阿鼻地獄即有三念一者自念我從何處
而來生此即便自知從人道中來二者自念
我今所生為是何處即便自知是阿鼻地獄
三者自念乘何業緣而來生此即便自知乘
謗方等大乘經典不信因緣為國主所煞而
來生此念是事已即於大乘方等經典生信
敬心尋時命終生甘露鼓如來世界於彼壽
命具足十劫善男子以是義故我於往昔乃
与是人十劫壽命云何名煞善男子有人掘
地刈草斫樹斬截死屍罵詈鞭粗以是業緣
墮地獄不迦葉菩薩白佛言世尊如我解佛
所說義者應墮地獄何以故如佛昔為聲聞
說法汝諸比丘於餘草木莫生惡心何以故
一切衆生因惡心故墮於地獄尒時佛讚迦
葉菩薩善哉善哉如汝所說應善受持善男
子若因惡心墮地獄者菩薩尒時實无惡心
何以故菩薩摩訶薩於一切衆生乃至蟻虫
悉生憐愍利益心故所以者何善知因緣諸
方便故以方便力欲令衆生種諸善根善男
子以是義故我於尒時以善方便雖奪其命
而非惡心善男子婆羅門法若煞蟻子滿足

何以故菩薩摩訶薩於一切衆生乃至蟻虫
悉生憐愍利益心故所以者何善知因緣諸
方便故以方便力欲令衆生種諸善根善男
子以是義故我於尒時以善方便雖奪其命
而非惡心善男子婆羅門法若煞蟻子滿足
十車无有罪報蚤虱蚊蝱猫子師子虎狼熊
羆諸虫惡獸及餘能為衆生害者煞滿十車
鬼神羅刹拘槃荼迦羅富單那顛狂乾枯諸
鬼神等能為衆生作嬈害者有奪其命悉无
罪報若煞惡人則有罪報煞已不悔則墮餓
鬼若能懺悔三日斷食罪其消滅无有遺餘
若煞和上害其父母女人及牛无數千年在
地獄中善男子佛及菩薩知煞有三謂下中
上下者蟻子乃至一切畜生唯除菩薩示現
生者善男子菩薩摩訶薩以願因緣示受畜
生是名下煞以下煞因緣墮於地獄畜生餓
鬼具受下苦何以故是諸畜生有微善根是
故煞者具受罪報是名下煞中煞者從凡夫
人至阿那含是名為中以是業因墮於地獄
畜生餓鬼具受中苦是名中煞上煞者父母
乃至阿羅漢辟支佛畢定菩薩是名為上以
是業因緣故墮於阿鼻大地獄中具受上苦
是名上煞善男子若有能煞一闡提者則不
墮此三種煞中善男子彼諸婆羅門等一切
皆是一闡提也譬如掘地刈草斫樹斬截死
屍罵詈鞭粗无有罪報煞一闡提亦復如是
无有罪報何以故諸婆羅門[illegible]

隨此三種殺中善男子彼諸婆羅門等一切
皆是一闡提也辟如掘地刈草斫樹斬截死
屍罵詈鞭粗无有罪報殺一闡提亦復如是
无有罪報何以故諸婆羅門乃至无有信等
五法是故雖殺不墮地獄善男子汝先所言
如来何故罵提婆達癡人食唾汝亦不應作如
是問何以故諸佛世尊凡所發言不可思議
善男子或有實語為世所愛非時非法不為
利益如是之言我終不說善男子或復有言
麁穬虛妄非時非法聞者不愛不能利益我
亦不說善男子若有語言雖復麁穬真實不
虛是時是法能為一切衆生利益聞雖不悅
我要說之何以故諸佛世尊應正遍知知方
便故善男子如我一時遊彼曠野聚落叢樹
在其林下有一鬼神即名曠野純食肉血多
煞衆生復於其聚日食一人善男子我於尒
時為彼鬼神廣說法要然彼暴惡愚癡无智
不受教法我即化身為大力鬼動其宮殿令
不安所彼鬼于時將其眷屬出其宮殿欲来
巨逆鬼見我時即失心念惶怖躃地迷悶斷
絶猶如死人我以慈愍手摩其身即還起坐
作如是言快哉今日還得身命是大神王具
大威德有慈悲心赦我愆咎即於我所生善
信之心我即還服如来之身復更為說種種
法要令彼鬼神受不殺戒即於是日曠野村
中有一長者次應當死村人已送付彼鬼神

BD14450 號 A　大般涅槃經（北本　思溪本）卷一六　（15–6）

作如是言快哉今日還得身命是大神王具
大威德有慈悲心赦我愆咎即於我所生善
信之心我即還服如来之身復更為說種種
法要令彼鬼神受不殺戒即於是日曠野村
中有一長者次應當死村人已送付彼鬼神
鬼神得已即以施我我既受已便為長者更
立名字名手長者尒時彼鬼即白我言世尊
我及眷屬唯仰血肉以自存活今以戒故當
云何活我即荅言從今當勑聲聞弟子隨有
循行佛法之處悉當令其施汝飲食善男子
以是因緣為諸比丘制如是戒汝等從今常
當施彼曠野鬼食若有住處不能施者當知
是輩非我弟子即是天魔徒黨眷屬善男子
如来為欲調伏衆生故示如是種種方便非
故令彼生怖畏也善男子我亦以木打護法
鬼神又於一時在一山上推羊頭鬼令墮山
下復於樹頭撲護獼猴鬼令護財象見五師
子使金剛神怖薩遮尼乾亦以針刺箭毛鬼
神身雖作如是亦不令彼諸鬼神等有滅沒
者直欲令彼安住正法故示如是種種方便
善男子我於尒時實不罵辱提婆達多提婆
達多亦不愚癡食人唾唾亦不生於惡趣之
中阿鼻地獄受罪一劫亦不壞僧出佛身血
亦不違犯四重之罪誹謗方等大乘經典非
一闡提亦非聲聞辟支佛也善男子提婆達
者實非聲聞緣覺境界唯是諸佛之所知見
善男子是故汝今不應難言如来何故呵責

BD14450 號 A　大般涅槃經（北本　思溪本）卷一六　（15–7）

達多亦不愚癡食人啼唾亦不生於惡趣之
中阿鼻地獄受罪一劫亦不壞僧出佛身血
亦不違犯四重之罪誹謗方等大乘經典非
一闡提亦非聲聞辟支佛也善男子提婆達
者實非聲聞緣覺境界唯是諸佛之所知見
善男子是故汝今不應難言如來何緣呵責
罵辱提婆達多汝於諸佛所有境界不應如
是生於疑网迦葉菩薩白佛言世尊譬如甘
蔗數數久煑得種種味我亦如是從佛數聞
多得法味所謂出味欲味寂滅味道味世尊
譬如真金數數燒打融消鍊治轉更明淨調
和柔濡光色微妙其價難量然後乃為人天
重寶世尊如來亦尒鄭重諮問則得聞見甚
深之義令深行者受持奉脩无量眾生發阿
耨多羅三藐三菩提心然後乃為諸天人所
宗恭敬供養尒時佛讚迦葉菩薩善哉善哉
菩薩摩訶薩為欲利益諸眾生故諮啓如來
如是深義善男子以是故我隨汝意說於大
乘方等甚深祕密之法所謂極愛如一子地
迦葉菩薩白佛言世尊若諸菩薩脩慈悲喜
得一子地者脩捨心時復得何地佛言善哉
善哉善男子汝善知時知我欲說汝則諮問
菩薩摩訶薩脩捨心時則得住於空平等地
汝須菩提善男子菩薩摩訶薩住平等地則
不見有父母兄弟姊妹兒息親族知識怨憎中
人乃至不見陰界諸入眾生壽命善男子譬

BD14450 號 A　大般涅槃經（北本　思溪本）卷一六　（15–8）

善哉善男子汝善知時知我欲說汝則諮問
菩薩摩訶薩脩捨心時則得住於空平等地
汝須菩提善男子菩薩摩訶薩住平等地則
不見有父母兄弟姊妹兒息親族知識怨憎中
人乃至不見陰界諸入眾生壽命善男子譬
如虛空无有父母兄弟妻子乃至无有眾生
壽命一切諸法亦復如是无有父母乃至壽
命菩薩摩訶薩見一切法亦復如是其心平
等如彼虛空何以故善能脩集諸空法故迦
葉菩薩白佛言世尊云何名空善男子空者
所謂內空外空內外空有為空无為空无始
空性空无所有空第一義空空空大空菩薩
摩訶薩云何觀於內空是菩薩摩訶薩觀內
法空是內法空謂无父母怨親中人眾生壽
命常樂我淨如來法僧所有財物是內法中
雖有佛性而是佛性非內非外所以者何佛
性常住无變易故是名菩薩摩訶薩觀於內
空外空者亦復如是无有內法內外空者亦
復如是善男子唯有如來法僧佛性不在二
空何以故如是四法常樂我淨是故四法不
名為空是名內外俱空善男子有為空者有
為之法皆悉是空所謂內空外空內外空常
樂我淨空眾生壽命如來法僧第一義空是
中佛性非有為法是故佛性有為法空也是
名有為空善男子云何菩薩摩訶薩觀无為
空是无為法悉皆是空所謂无常苦不淨无

BD14450 號 A　大般涅槃經（北本　思溪本）卷一六　（15–9）

樂我淨空衆生壽命如來法僧第一義空是
中佛性非有為法是故佛性有為法空也是
名有為空善男子云何菩薩摩訶薩觀无為
空是无為法悉皆是空所謂无常苦不淨无
我陰界入衆生壽命相有為有漏内法外法
无為法中佛等四法非有為非无為性是善
故非无為性常住故非有為是名菩薩觀无
為空云何菩薩摩訶薩觀无始空是菩薩摩
訶薩見生死无始悉皆空寂所謂空者常樂
我淨皆悉空寂无有變易衆生壽命三寶佛
性及无為法是名菩薩觀无始空云何菩薩
觀於性空是菩薩摩訶薩觀一切法本性皆
空謂陰界入常无常苦樂淨不淨我无我觀
如是等一切諸法不見本性是名菩薩摩訶
薩觀於性空云何菩薩摩訶薩觀无所有空
如人无子言舍宅空畢竟觀空无有親愛愚
癡之人言諸方空貧窮之人言一切空如是
所計或空或非空菩薩觀時如貧窮人一切
皆空是名菩薩摩訶薩觀无所有空云何菩
薩摩訶薩觀第一義空善男子菩薩摩訶薩
觀第一義時是眼生時无所從來及其滅時
去无所至本无今有已有還无推其實性无
眼无生如眼一切諸法亦復如是何等名為
第一義空有業有報不見作者如是空法名
第一義空是名菩薩摩訶薩觀第一義空云
何菩薩摩訶薩觀於空空是空空中乃是聲

BD14450 號 A　大般涅槃經（北本　思溪本）卷一六　（15–10）

眼无生如眼一切諸法亦復如是何等名為
第一義空有業有報不見作者如是空法名
第一義空是名菩薩摩訶薩觀第一義空云
何菩薩摩訶薩觀於空空是空空中乃是聲
聞辟支佛等所迷沒處善男子是有是无是
名空空是空非是是名空空善男子十住菩
薩尚於是中通達少分猶如微塵况復餘人
善男子如是空空亦不同於聲聞所得空空
三昧是名菩薩觀於空空善男子云何菩薩
摩訶薩觀於大空善男子言大空者謂般若
波羅蜜是名大空善男子菩薩摩訶薩得如
是空門則得住於虛空等地善男子我今於
是大衆之中說如是等諸空義時有十恒河
沙等菩薩摩訶薩即得住於虛空等地善男
子菩薩摩訶薩住是地已於一切法无有滯
㝵繫縛拘執心无迷悶以是義故名虛空等
地善男子譬如虛空於可愛色不生貪著不
愛色中不生瞋恚菩薩摩訶薩住是地中亦
復如是於好惡色心无貪恚善男子譬如虛
空廣大无對悉能容受一切諸法菩薩摩訶
薩住是地中亦復如是廣大无對能悉容受
一切諸法以是義故復得名為虛空等地善
男子菩薩摩訶薩住是地中於一切法亦見
亦知若行若緣若性若相若因若緣若衆生
心若根若禪定若乘若善知識若持禁戒若
所施如是等法一切知見復次善男子菩薩

BD14450 號 A　大般涅槃經（北本　思溪本）卷一六　（15–11）

二知若行若緣若性若相若因若緣若衆生
心若根若禪定若乘若善知識若持禁戒若
所施如是等法一切知見復次善男子菩薩
摩訶薩住是地中知人不見云何爲知知自
我法投淵赴火自墜高巖常翹一脚五熱炙
身常臥灰土棘莿編椽樹葉惡草牛糞之上
衣麁麻衣冢間所棄糞掃氀褐欽婆羅衣獐
麁皮草蒭草衣裳茹菓噉草耦根油滓牛糞
根菓若行乞食限從一家主若言无即便捨
去設復還喚終不迴顧不食鹽肉五種牛味
常所飲服糠汁沸湯受持牛戒狗雞雉戒以
灰塗身長髮爲相以羊祀時先呪後煞四月
事火七日服風百千億花供養諸天諸所欲
願因此成就如是等法能爲无上解脫因者
无有是處是名爲知云何不見菩薩摩訶薩
不見一人行如是法得正解脫是名不見復
次善男子菩薩摩訶薩二見二知何等爲見
見諸衆生行是耶法必墮地獄是名爲見云
何爲知知諸衆生從地獄出生於人中若能
脩行檀波羅蜜乃至具足諸波羅蜜是人必
得入正解脫是名爲知復次善男子菩薩摩
薩訶復有二見二知云何爲見見常无常苦
樂淨不淨我无我是名爲見云何爲知知諸
如来定不畢竟入於涅槃知如来身金剛不
壞非是煩惱所成就身又非臭穢腐敗之身
二復能知一切衆生悉有佛性是名爲知復

BD14450號A　大般涅槃經（北本　思溪本）卷一六　（15–12）

薩訶復有二見二知云何爲見見常无常苦
樂淨不淨我无我是名爲見云何爲知知諸
如来定不畢竟入於涅槃知如来身金剛不
壞非是煩惱所成就身又非臭穢腐敗之身
二復能知一切衆生悉有佛性是名爲知復
次善男子菩薩摩訶薩復有知而不見云何
爲知知是衆生信心成就知是衆生求於大
乘是人順流是人逆流是人正住知是衆生
已到彼岸順流者謂凡夫人逆流者從須陁
洹乃至緣覺正住者諸菩薩等到彼岸者所
謂如来應正遍知是名爲知云何爲見菩薩
摩訶薩住於大乘大涅槃典脩梵行心以淨
天眼見諸衆生造身口意三業不善墮於地
獄畜生餓鬼見諸衆生脩善業者命終當生
天上人中是諸衆生從闇入闇有諸衆生從
闇入明有諸衆生從明入闇有諸衆生從明
入明是名爲見復次善男子菩薩摩訶薩復
有二知二見菩薩摩訶薩見諸衆生脩身持
戒脩心脩慧是人今世惡業成就或因貪欲
瞋恚愚癡是業必應地獄受報是人直以脩
身脩戒脩心脩慧現世輕受不墮地獄云何
是業能得現報懺悔發露所有諸惡既懺之
後更不敢作慙愧成就故供養三寶故常自
呵責故是人以是善業因緣不墮地獄現世
受報所謂頭痛目痛腹痛背痛橫羅死殃呵
嘖罵辱鞭杖閉繫飢餓困苦受如是等現世

BD14450號A　大般涅槃經（北本　思溪本）卷一六　（15–13）

後更不敢作慚愧戒訖故供養三寶故常自
呵責故是人以是善業因緣不墮地獄現世
受報所謂頭痛目痛腹痛背痛橫羅死殃呵
嘖罵辱鞭杖閉繫飢餓困苦受如是等現世
輕報是名為知云何為見菩薩摩訶薩見於
是人不能脩集身戒心慧造少惡業此業因
緣應現受報是人少惡不能懺悔不自呵嘖
不生慚愧无有怖懼是業增長地獄受報是
名為見復有知人不見云何為知知諸衆生
皆有佛性為諸煩惱之所覆蔽不能得見是
名知而不見復有知而少見十住菩薩摩訶
薩等知諸衆生皆有佛性見不明了猶如闇
夜所見不了復有亦見亦知所謂諸佛如来
亦見亦知復有亦見亦知不見不知見知者
所謂世間文字言語男女車乘瓶瓮舍宅城
邑衣裳飲食山河園林衆生壽命是名亦見
亦知云何名不見不知聖人所有微密之語
无有男女乃至園林是名不見不知復有知
而不見知所慧施知所供養知於受者知因
果報是名為知云何不見不見慧施供養受
者及以果報是名不見菩薩摩訶薩知有八
種即是如来五眼所知迦葉菩薩白佛言世
尊菩薩摩訶薩能如是知得何等利佛言善
男子菩薩摩訶薩能如是知得四无㝵法无
㝵義无㝵辭无㝵樂說无㝵法无㝵者知一
切法及法名字義无㝵者知一切法所有諸

BD14450號 A　大般涅槃經（北本　思溪本）卷一六　（15-14）

種即是如来五眼所知迦葉菩薩白佛言世
尊菩薩摩訶薩能如是知得何等利佛言善
男子菩薩摩訶薩能如是知得四无㝵法无
㝵義无㝵辭无㝵樂說无㝵法无㝵者知一
切法及法名字義无㝵者知一切法所有諸
義能隨諸法所立名字而為作義辭无㝵者
隨字論正音論闡陁論世辯論樂說无㝵者
所謂菩薩摩訶薩凡所演說无有鄣㝵不可
動轉无所畏懼難可[illegible]伏善男子是名菩薩
能知是見知即得如是四无㝵智復次善男
子法无㝵者菩薩摩訶薩遍知聲聞緣覺菩
薩諸佛之法義无㝵者乘雖有三知其歸一
終不謂有差別之相辭无㝵者菩薩摩訶薩
於一法中作種種名逕无量劫說不能盡聲
聞緣覺能作是說无有是處樂說无㝵者菩
薩摩訶薩於无量劫為諸衆生演說諸法若
名若義種種異說不可窮盡復次善男子法
无㝵者菩薩摩訶薩雖知諸法而不取著義
无㝵者菩薩摩訶薩雖知諸義而亦不著辭
无㝵者菩薩摩訶薩雖知名字亦不取著樂
說无㝵者菩薩摩訶薩雖知樂說知是最上
而亦[illegible]有何以故[illegible]取著者不名菩

BD14450號 A　大般涅槃經（北本　思溪本）卷一六　（15-15）

出家剃除鬚髮服三法衣既出家
戒威儀不缺進止安詳无所傷犯乃至
小罪心生怖畏護戒之心猶如金剛善男子
譬如有人帶持浮囊欲度大海尒時海中有
一羅刹即從其人乞索浮囊其人聞已即作
是念我今若與必定沒死荅言羅刹汝寧煞
我浮囊叵得羅刹復言汝若不能全與我者
見惠其半是人猶故不肯與之羅刹復言汝
若不能惠我半者幸願與我三分之一是人
不肯羅刹復言若不能者當施手許是人不
肯羅刹復言汝今若復不能與我如手許者
我今飢窮衆苦所逼願當濟我如微塵許是
人復言汝今所索誠復不多然我今日方當
度海不知前塗近遠如何若與汝者氣當漸
出大海之難何由得過脫能中路沒水而死
善男子菩薩摩訶薩護持禁戒亦復如是如
彼度人護惜浮囊菩薩如是護戒之時常有
煩惱諸惡羅刹語菩薩言汝當信我終不相
欺但破四禁護持餘戒以是因緣令汝安隱
得入涅槃菩薩尒時應作是言我今寧持如

BD14450號B　大般涅槃經（北本）卷一一　（7-1）

出大海之難何由得過脫能中路沒水而死
善男子菩薩摩訶薩護持禁戒亦復如是如
彼度人護惜浮囊菩薩如是護戒之時常有
煩惱諸惡羅刹語菩薩言汝當信我終不相
欺但破四禁護持餘戒以是因緣令汝安隱
得入涅槃菩薩尒時應作是言我今寧持如
是禁戒墮阿鼻獄終不毀犯而生天上煩惱
羅刹復作是言卿若不能破四禁者可破僧
殘以是因緣令汝安隱得入涅槃菩薩亦應
不隨其語羅刹復言卿若不能犯僧殘者亦
可故犯偷蘭遮罪以是因緣令汝安隱得入
涅槃菩薩尒時亦復不隨羅刹復言卿若不
能犯偷蘭遮可犯捨墮以是因緣可得安隱
入於涅槃菩薩尒時亦不隨之羅刹復言卿
若不能犯捨墮者破波夜提以是因緣令汝
安隱得入涅槃菩薩尒時亦不隨之羅刹復
言若不能犯波夜提者幸可毀破突吉羅戒
以是因緣可得安隱入於涅槃菩薩尒時心
自念言我今若犯突吉羅罪不發露者則不
能度生死彼岸而得涅槃菩薩摩訶薩於是
微小諸戒律中護持堅固心如金剛菩薩摩
訶薩持四重禁及突吉羅敬重堅固等无差
別菩薩若能如是堅持則為具足五枝諸戒
所謂具足菩薩根本業清淨戒前後眷屬餘
清淨戒非諸惡覺覺清淨戒護持正念念清
淨戒迴向阿耨多羅三藐三菩提戒迦葉是
菩薩摩訶薩復有二種戒一者受世教戒二

BD14450號B　大般涅槃經（北本）卷一一　（7-2）

菩薩若能如是堅持則為具足五枝諸戒
所謂具足菩薩根本業清淨戒前後眷屬餘
清淨戒非諸惡覺覺清淨戒護持正念念清
淨戒迴向阿耨多羅三藐三菩提戒迦葉是
菩薩摩訶薩復有二種戒一者受世教戒二
者得正法戒菩薩若受正法戒者終不為惡
受世教戒者白四羯磨然後而得復次善男
子有二種戒一者性重戒二者息世譏嫌戒
性重戒者謂四禁也息世譏嫌者不作販賣
輕秤小斗欺誑於人因他形勢取人財物害
心繫縛破壞成功然明而臥田澤種殖家業
坐肆不畜象馬車乘牛羊駝驢雞犬獼猴孔
雀鸚鵡共命及拘枳羅豺狼虎豹猫狸猪豚
及餘惡獸童男童女大男大女奴婢僮僕金
銀流離頗梨真珠車璖馬瑙珊瑚璧玉珂貝
諸寶赤銅白鑞鍮石盂器氍毹毾㲪拘執茸
衣一切穀米大小麥豆黍粟稻麻生熟食具
常受一食不曾再食若行乞食及僧中食常
知止足不受別請不食肉不飲酒五辛能熏
悉不食之是故其身無有臭穢常為諸天一
切世人恭敬供養尊重讚歎趣足而食終不
長受所受衣服裁足覆身進止常與三衣鉢
俱終不捨離如鳥二翼不畜根子莖子節子
接子子子不畜寶藏若金若銀飲食廚庫衣
裳服飾高廣大牀象牙金牀雜色編織悉不
用坐不畜一切細滑諸席不坐象馬廌不以
細滑上妙衣裳用敷牀臥其牀兩頭不置二
枕亦不受畜妙好丹枕安黃木枕終不觀看

BD14450號B　大般涅槃經（北本）卷一一

（7–3）

接子子子不畜寶藏若金若銀飲食廚庫衣
裳服飾高廣大牀象牙金牀雜色編織悉不
用坐不畜一切細滑諸席不坐象馬廌不以
細滑上妙衣裳用敷牀臥其牀兩頭不置二
枕亦不受畜妙好丹枕安黃木枕終不觀看
象鬪馬鬪車鬪兵鬪男鬪女鬪牛鬪羊鬪水
牛雞雉鸚鵡等鬪亦不故往觀看軍陣不應
故聽吹貝鼓角琴瑟箏笛箜篌歌叫伎樂之
聲除供養佛摴蒱圍碁波羅塞戲師子象鬪
彈碁六博拍毱擲石投壺牽道八道行成一
切戲笑悉不觀作終不占相手腳面目不以
爪鏡芝草楊枝鉢盂髑髏而作卜筮亦不仰
觀虛空星宿除欲解睡不作王家往返使命
以此語彼以彼語此終不諂曲邪命自活亦
不宣說王臣盜賊鬪諍飲食國土饑饉恐怖
豐樂安隱之事善男子是名菩薩摩訶薩息
世譏嫌戒善男子菩薩摩訶薩堅持如是遮
制之戒與性重戒等無差別善男子菩薩摩
訶薩受持如是諸禁戒已作是願言寧以此
身投於熾然猛火深坑終不毀犯過去未來
現在諸佛所制禁戒與剎利女婆羅門女居
士女而行不淨復次善男子菩薩摩訶薩復
作是願寧以熱鐵周匝纏身終不敢以破戒
之身受於信心檀越衣服復次善男子菩薩
摩訶薩復作是願寧以此口吞熱鐵丸終不
敢以毀戒之口食於信心檀越飲食復次善
男子菩薩摩訶薩復作是願寧臥此身大熱
鐵上終不敢以破戒之身受於信心檀越牀

BD14450號B　大般涅槃經（北本）卷一一

（7–4）

之身受於信心檀越衣服復次善男子菩薩
摩訶薩復作是願寧以此口吞熱鐵丸終不
敢以毀戒之口食於信心檀越飲食復次善
男子菩薩摩訶薩復作是願寧卧此身大熱
鐵上終不敢以破戒之身受於信心檀越牀
卧敷具復次善男子菩薩摩訶薩復作是願
我寧以身受三百鉾終不敢以毀戒之身受
於信心檀越醫藥復次善男子菩薩摩訶薩
復作是願寧以此身投熱鑊不以破戒受
信心檀越房舍宅屋復次善男子菩薩摩訶
薩復作是願寧以鐵椎打碎此身從頭至足
令如微塵不以破戒受諸剎利婆羅門居士
恭敬礼拜復次善男子菩薩摩訶薩復作是
願寧以熱鐵挑其兩目不以染心視他好色
復次善男子菩薩摩訶薩復作是願寧以鐵
錐遍身揻刺不以染心聽好音聲復次善男
子菩薩摩訶薩復作是願寧以利刀割去其
鼻不以染心貪嗅諸香復次善男子菩薩摩
訶薩復作是願寧以利刀割裂其舌不以染
心貪着美味復次善男子菩薩摩訶薩復作
是願寧以利斧斬斫其身不以染心貪着諸
觸何以故以是因緣能令行者墮於地獄畜
生餓鬼迦葉是名菩薩摩訶薩護持禁戒菩
薩摩訶薩護持如是諸禁戒已悉以施於一切
衆生以是因緣願令衆生護持禁戒得清淨
戒善戒不缺戒不折戒大乘戒不退戒隨順
戒畢竟戒具足成就波羅蜜戒善男子菩薩
摩訶薩脩治如是清淨戒時即得住於初不

BD14450號B　大般涅槃經（北本）卷一一　　（7–5）

生餓鬼迦葉是名菩薩摩訶薩護持禁戒菩
薩摩訶薩護持如是諸禁戒已悉以施於一切
衆生以是因緣願令衆生護持禁戒得清淨
戒善戒不缺戒不折戒大乘戒不退戒隨順
戒畢竟戒具足成就波羅蜜戒善男子菩薩
摩訶薩脩治如是清淨戒時即得住於初不
動地云何名為不動地也菩薩住是不動地
中不動不墮不退不散善男子譬如須弥隨
藍猛風不能令動墮落退散菩薩摩訶薩住
是地中亦復如是不為色聲香味所動不墮
地獄畜生餓鬼不退聲聞辟支佛地不為異
見耶風所散而作耶命復次善男子又復動
者不為貪欲恚癡所動又復墮者不墮四重
又復退者不退戒還家又復散者不為違逆
大乘經者之所散壞復次善男子菩薩摩訶
薩亦復不為諸煩惱魔之所傾動不為陰魔
所墮乃至坐於道場菩提樹下雖有天魔不
能令其退於阿耨多羅三藐三菩提亦復不
為死魔所散善男子是名菩薩摩訶薩脩集
聖行善男子云何聖行聖者能及菩薩之所
行故故名聖行以何等故名佛菩薩為聖人
也如是等人有聖法故常觀諸法性空寂故
以是義故故名聖人有聖戒故復名聖人有
聖定慧故名聖人有七聖財所謂信戒慚愧
多聞智慧捨離故名聖人有七聖覺故名聖
人以是義故復名聖行

大般涅槃經第十一

BD14450號B　大般涅槃經（北本）卷一一　　（7–6）

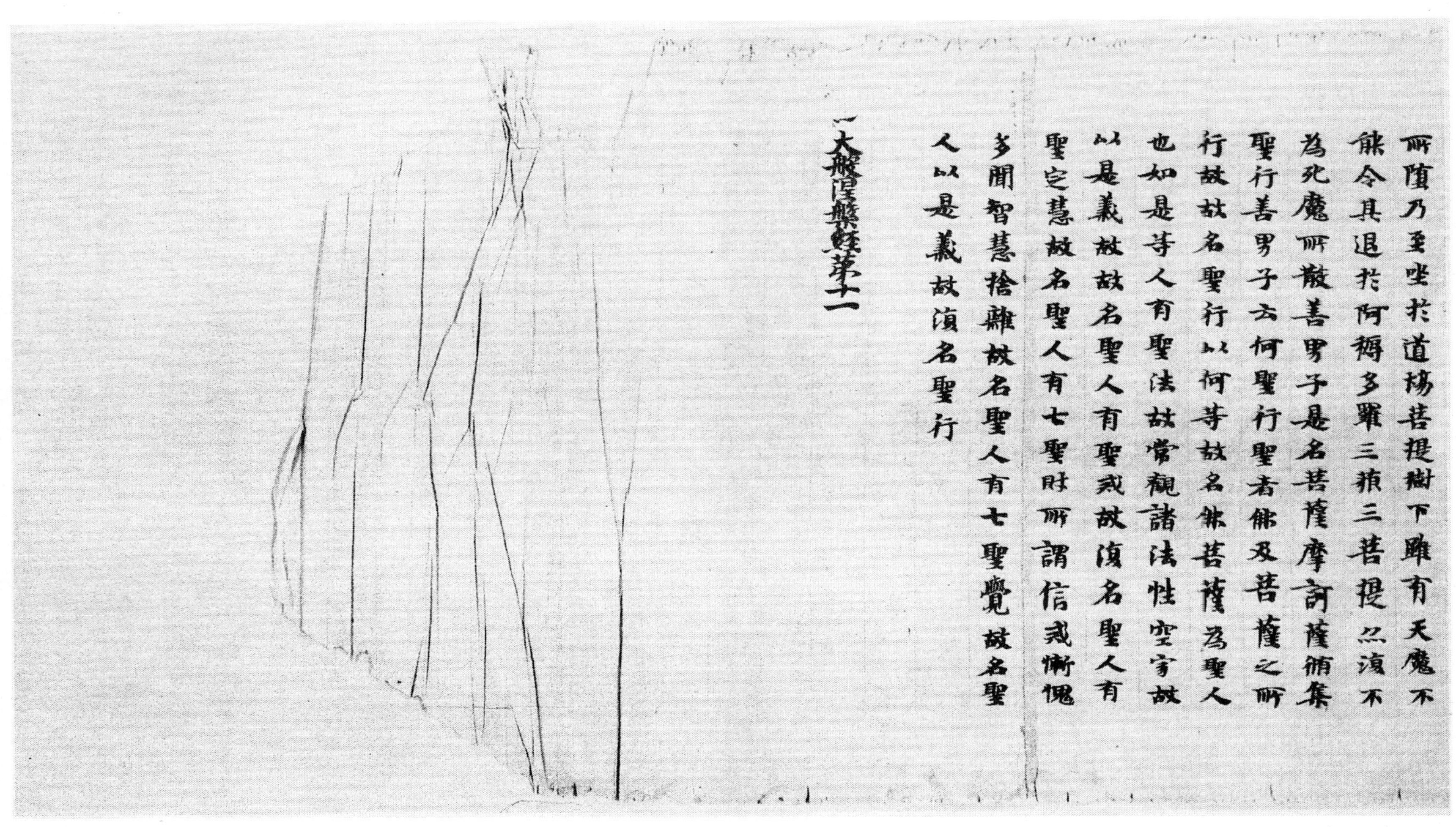

所墮乃至坐於道場菩提樹下雖有天魔不
能令其退於阿耨多羅三藐三菩提亦復不
為死魔所散善男子是名菩薩摩訶薩脩集
聖行善男子云何聖行聖者佛及菩薩之所
行故故名聖行以何等故名佛菩薩為聖人
也如是等人有聖法故常觀諸法性空寂故
以是義故故名聖人有聖戒故復名聖人有
聖定慧故名聖人有七聖財所謂信戒慚愧
多聞智慧捨離故名聖人有七聖覺故名聖
人以是義故復名聖行

大般涅槃經第十一

BD14450號B　大般涅槃經（北本）卷一一　　（7–7）

妙法蓮華經譬喻品第三
尒時舍利弗踊躍歡喜即起合掌瞻
而白佛言今從世尊聞此法音心懷
未曾有所以者何我昔從佛聞如是
菩薩受記作佛而我等不預斯事甚
失於如來无量知見世尊我常獨处
下若坐若行每作是念我等同入法
如来以小乘法而見濟度是我等
也所以者何若我等待說所因成就阿
羅三藐三菩提者必以大乘而得度脫
等不解方便隨宜所說初聞佛法遇便
思惟取證世尊我從昔來終日竟夜每
責而今從佛聞所未聞未曾有法斷諸疑悔
身意泰然快得安隱今日乃知真是佛子從
佛口生從法化生得佛法分尒時舍利弗欲
重宣此義而說偈言
我聞是法音　得所未曾有　心懷大歡喜　疑網皆已除
昔來蒙佛教　不失於大乘

BD14451號　妙法蓮華經卷二　　（11–1）

思惟取證世尊我從昔來終日竟夜每
責而今從佛聞所未聞未曾有法斷諸疑悔
身意泰然快得安隱今日乃知真是佛子從
佛口生從法化生得佛法分尒時舍利弗欲
重宣此義而說偈言
我聞是法音　得所未曾有　心懷大歡喜　疑網皆已除
昔來蒙佛教　不失於大乘
佛音甚希有　能除衆生惱　我已得漏盡　聞亦除憂惱
我處於山谷　或在林樹下　若坐若經行　常思惟是事
嗚呼深自責　云何而自欺　我等亦佛子　同入无漏法
不能於未來　演說无上道
金色三十二　十力諸解脫　同共一法中　而不得此事
八十種妙好　十八不共法　如是等功德　而我皆已失
我獨經行時　見佛在大衆　名聞滿十方　廣饒益衆生
自惟失此利　我為自欺誑
我常於日夜　每思惟是事　欲以問世尊　為失為不失
我常見世尊　稱讚諸菩薩　以是於日夜　籌量如此事
今聞佛音聲　隨宜而說法　无漏難思議　令衆至道場
我本著邪見　為諸梵志師　世尊知我心　拔邪說涅槃
我悉除邪見　於空法得證　尒時心自謂　得至於滅度
而今乃自覺　非是實滅度
若得作佛時　具三十二相　天人夜叉衆　龍神等恭敬
是時乃可謂　永盡滅无餘
佛於大衆中　說我當作佛　聞如是法音　疑悔悉已除
初聞佛所說　心中大驚疑　將非魔作佛　惱亂我心耶
佛以種種緣　譬喻巧言說　其心安如海　我聞疑網斷
佛說過去世　无量滅度佛　安住方便中　亦皆說是法
現在未來佛　其數无有量　亦以諸方便　演說如是法

BD14451號　妙法蓮華經卷二　　(11–2)

佛於大衆中　說我當作佛　聞如是法音　疑悔悉已除
初聞佛所說　心中大驚疑　將非魔作佛　惱亂我心耶
佛以種種緣　譬喻巧言說　其心安如海　我聞疑網斷
佛說過去世　无量滅度佛　安住方便中　亦皆說是法
現在未來佛　其數无有量　亦以諸方便　演說如是法
如今者世尊　從生及出家　得道轉法輪　亦以方便說
世尊說實道　波旬无此事　以是我定知　非是魔作佛
我墮疑網故　謂是魔所為
聞佛柔軟音　深遠甚微妙　演暢清淨法　我心大歡喜
疑悔永已盡　安住實智中
我定當作佛　為天人所敬　轉无上法輪　教化諸菩薩
尒時佛告舍利弗吾今於天人沙門婆羅門
等大衆中說我昔曾於二万億佛所為无上
道故常教化汝汝亦長夜隨我受學我以方
便引導汝故生我法中舍利弗我昔教汝志
願佛道汝今悉忘而便自謂已得滅度我今
還欲令汝憶念本願所行道故為諸聲聞說
是大乘經名妙法蓮華教菩薩法佛所護念
舍利弗汝於未來世過无量无邊不可思議
劫供養若干千万億佛奉持正法具足菩薩
所行之道當得作佛号曰華光如來應供正
遍知明行足善逝世間解无上士調御丈夫
天人師佛世尊國名離垢其土平正清淨嚴
飾安隱豐樂天人熾盛瑠璃為地有八交道
黃金為繩以界其側其傍各有七寶行樹常
有華菓華光如來亦以三乘教化衆生舍利
弗彼佛出時雖非惡世以本願故說三乘法

BD14451號　妙法蓮華經卷二　　(11–3)

天人師佛世尊國名離垢其土平正清淨嚴
飾安隱豐樂天人熾盛瑠璃為地有八交道
黃金為繩以界其側其傍各有七寶行樹常
有華菓華光如來亦以三乘教化衆生舍利
弗彼佛出時雖非惡世以本願故說三乘法
其劫名大寶莊嚴何故名曰大寶莊嚴其國
中以菩薩為大寶故彼諸菩薩无量无邊不
可思議筭數譬喻所不能及非佛智力无能
知者若欲行時寶華承足此諸菩薩非初發
意皆久殖德本於无量百千万億佛所淨脩
梵行恒為諸佛之所稱歎常脩佛慧具大神
通善知一切諸法之門質直无偽志念堅固
如是菩薩充滿其國舍利弗華光佛壽十二
小劫除為王子未作佛時其國人民壽八小
劫華光如來過十二小劫授堅滿菩薩阿耨
多羅三藐三菩提記告諸比丘是堅滿菩薩
次當作佛号曰華足安行多陁阿伽度阿羅
訶三藐三佛陁其佛國土亦復如是舍利弗
是華光佛滅度之後正法住世三十二小劫
像法住世亦三十二小劫尒時世尊欲重宣
此義而說偈言

舍利弗來世　成佛普智尊　号名曰華光　當度无量衆
供養无數佛　具足菩薩行　十力等功德　證於无上道
過无量劫已　劫名大寶嚴　世界名離垢　清淨无瑕穢
以瑠璃為地　金繩界其道　七寶雜色樹　常有華菓實
彼國諸菩薩　志念常堅固　神通波羅蜜　皆已悉具足
於无數佛所　善學菩薩道　如是等大士　華光佛所化

BD14451號　妙法蓮華經卷二　（11-4）

供養无數佛　具足菩薩行　十力等功德　證於无上道
過无量劫已　劫名大寶嚴　世界名離垢　清淨无瑕穢
以瑠璃為地　金繩界其道　七寶雜色樹　常有華菓實
彼國諸菩薩　志念常堅固　神通波羅蜜　皆已悉具足
於无數佛所　善學菩薩道　如是等大士　華光佛所化
佛為王子時　棄國捨世榮　於冣末後身　出家成佛道
華光佛住世　壽十二小劫　其國人民衆　壽命八小劫
佛滅度之後　正法住於世　三十二小劫　廣度諸衆生
正法滅盡已　像法三十二
舍利廣流布　天人普供養　華光佛所為　其事皆如是
其兩足聖尊　冣勝无倫匹　彼即是汝身　宜應自欣慶

尒時四部衆比丘比丘尼優婆塞優婆夷天
龍夜叉乾闥婆阿脩羅迦樓羅緊那羅摩睺
羅伽等大衆見舍利弗於佛前受阿耨多羅
三藐三菩提記心大歡喜踊躍无量各各脫
身所著上衣以供養佛釋提桓因梵天王等
與无數天子亦以天妙衣天曼陁羅華摩訶
曼陁羅華等供養於佛所散天衣住虛空中
而自迴轉諸天伎樂百千万種於虛空中一
時俱作兩衆天華而作是言佛昔於波羅奈
初轉法輪今乃復轉无上冣大法輪尒時諸
天子欲重宣此義而說偈言

昔於波羅奈　轉四諦法輪　分別說諸法　五衆之生滅
今復轉冣妙　无上大法輪　是法甚深奧　少有能信者
我等從昔來　數聞世尊說　未曾聞如是　深妙之上法
世尊說是法　我等皆隨喜　大智舍利弗　今得受尊記
我等亦如是　必當得作佛　於一切世間　冣尊无有上

BD14451號　妙法蓮華經卷二　（11-5）

昔於波羅㮈　轉四諦法輪　分別說諸法　五衆之生滅
今復轉最妙　无上大法輪　是法甚深奧　少有能信者
我等從昔來　數聞世尊說　未曾聞如是　深妙之上法
世尊說是法　我等皆隨喜　大智舍利弗　今得受尊記
我等亦如是　必當得作佛　於一切世間　最尊无有上
佛道叵思議　方便隨宜說
我所有福業　今世若過世　及見佛功德　盡迴向佛道
尒時舍利弗白佛言世尊我今无復疑悔親
於佛前得受阿耨多羅三藐三菩提記是諸
千二百心自在者昔住學地佛常教化言我
法能離生老病死究竟涅槃是學无學人亦
各自以離我見及有无見等謂得涅槃而今
於世尊前聞所未聞皆墮疑惑善哉世尊願
為四衆說其因緣令離疑悔尒時佛告舍利
弗我先不言諸佛世尊以種種因緣譬喻言
辭方便說法皆為阿耨多羅三藐三菩提耶
是諸所說皆為化菩薩故然舍利弗今當復
以譬喻更明此義諸有智者以譬喻得解舍
利弗若國邑聚落有大長者其年衰邁財富
无量多有田宅及諸僮僕其家廣大唯有一
門多諸人衆一百二百乃至五百人止住其
中堂閣朽故牆壁頹落柱根腐敗梁棟傾危
周帀俱時欻然火起焚燒舍宅長者諸子若
十二十或至三十在此宅中長者見是大火
從四面起即大驚怖而作是念我雖能於此
所燒之門安隱得出而諸子等於火宅內樂
著嬉戲不覺不知不驚不怖火來逼身苦痛

BD14451號　妙法蓮華經卷二　（11–6）

周帀俱時欻然火起焚燒舍宅長者諸子若
十二十或至三十在此宅中長者見是大火
從四面起即大驚怖而作是念我雖能於此
所燒之門安隱得出而諸子等於火宅內樂
著嬉戲不覺不知不驚不怖火來逼身苦痛
切己心不猒患无求出意舍利弗是長者作
是思惟我身手有力當以衣裓若以机案從
舍出之復更思惟是舍唯有一門而復狹小
諸子幼稚未有所識戀著戲處或當墮落為
火所燒我當為說怖畏之事此舍已燒宜時
疾出无令為火之所燒害作是念已如所思
惟具告諸子汝等速出父雖憐愍善言誘喻
而諸子等樂著嬉戲不肯信受不驚不畏了
无出心亦復不知何者是火何者為舍云何
為失但東西走戲視父而已尒時長者即便
是念此舍已為大火所燒我及諸子若不時
出必為所焚我今當設方便令諸子等得免
斯害父知諸子先心各有所好種種珍玩奇
異之物情必樂著而告之言汝等所可玩好
希有難得汝若不取後必憂悔如此種種羊
車鹿車牛車今在門外可以遊戲汝等於此
火宅宜速出來隨汝所欲皆當與汝尒時諸
子聞父所說珍玩之物適其願故心各勇鋭
互相推排競共馳走爭出火宅是時長者見
諸子等安隱得出皆於四衢道中露地而坐
无復鄣礙其心泰然歡喜踊躍時諸子等各
白父言父先所許玩好之具羊車鹿車牛車

BD14451號　妙法蓮華經卷二　（11–7）

手相推排競共馳走爭出火宅是時長者見
諸子等安隱得出皆於四衢道中露地而坐
无復鄣礙其心泰然歡喜踊躍時諸子等各
白父言父先所許玩好之具羊車鹿車牛車
願時賜與舍利弗尒時長者各賜諸子等一
大車其車高廣衆寶莊挍周帀欄楯四面懸
鈴又於其上張設幰蓋亦以珎奇雜寶而嚴
飾之寶繩絞絡垂諸華瓔重敷綩綖安置丹
枕駕以白牛膚色充潔形體姝好有大筋力
行步平正其疾如風又多僕從而侍衛之所
以者何是大長者財富无量種種諸藏悉皆
充溢而作是念我財物无極不應以下劣小
車與諸子等今此幼童皆是吾子愛无偏黨
我有如是七寶大車其數无量應當等心各
各與之不宜差別所以者何以我此物周給
一國猶尚不匱何況諸子是時諸子各乘大
車得未曾有非本所望舍利弗於汝意云何
是長者等與諸子珎寶大車寧有虛妄不舍
利弗言不也世尊是長者但令諸子得免火
難全其軀命非為虛妄何以故若全身命便
為已得玩好之具況復方便於彼火宅而拔
濟之世尊若是長者乃至不與冣小一車猶
不虛妄何以故是長者先作是意我以方便
令子得出以是因緣无虛妄也何況長者自
知財富无量欲饒益諸子等與大車佛告舍
利弗善哉善哉如汝所言舍利弗如來亦復
如是則為一切世間之父於諸怖畏衰惱憂

BD14451號　妙法蓮華經卷二

(11–8)

令子得出以是因緣无虛妄也何況長者自
知財富无量欲饒益諸子等與大車佛告舍
利弗善哉善哉如汝所言舍利弗如來亦復
如是則為一切世間之父於諸怖畏衰惱憂
患无明闇蔽永盡无餘而悉成就无量知見
力无所畏有大神力及智慧力具足方便智
慧波羅蜜大慈大悲常无懈惓恒求善事利
益一切而生三界朽故火宅為度衆生生老
病死憂悲苦惱愚癡闇蔽三毒之火教化令
得阿耨多羅三藐三菩提見諸衆生為生老
病死憂悲苦惱之所燒煑亦以五欲財利故
受種種苦又以貪著追求故現受衆苦後受
地獄畜生餓鬼之苦若生天上及在人間貧
窮困苦愛別離苦怨憎會苦如是等種種諸
苦衆生沒在其中歡喜遊戲不覺不知不驚
不怖亦不生猒不求解脫於此三界火宅東
西馳走雖遭大苦不以為患舍利弗佛見此
已便作是念我為衆生之父應拔其苦難與
无量无邊佛智慧樂令其遊戲舍利弗如來
復作是念若我但以神力及智慧力捨於方
便為諸衆生讚如來知見力无所畏者衆生
不能以是得度所以者何是諸衆生未免生
老病死憂悲苦惱而為三界火宅所燒何由
能解佛之智慧舍利弗如彼長者雖復身手
有力而不用之但以殷勤方便免濟諸子火
宅之難然後各與珎寶大車如來亦復如是
雖有力无所畏而不用之但以智慧方便於

BD14451號　妙法蓮華經卷二

(11–9)

老病死憂悲苦惱而為三界火宅所燒何由
能解佛之智慧舍利弗如彼長者雖復身手
有力而不用之但以殷勤方便免濟諸子火
宅之難然後各與珍寶大車如來亦復如是
雖有力无所畏而不用之但以智慧方便於
三界火宅拔濟衆生為說三乘聲聞辟支佛
佛乘而作是言汝等莫得樂住三界火宅勿
貪麁弊色聲香味觸也若貪著生愛則為所
燒汝等速出三界當得三乘聲聞辟支佛佛
乘我今為汝保任此事終不虛也汝等但當
勤脩精進如來以是方便誘進衆生復作是
言汝等當知此三乘法皆是聖所稱歎自在
无繫无所依求乘是三乘以无漏根力覺道
禪定解脫三昧等而自娛樂便得无量安隱
快樂舍利弗若有衆生內有智性從佛世尊
聞法信受殷勤精進欲速出三界自求涅槃
是名聲聞乘如彼諸子為求羊車出於火宅
若有衆生從佛世尊聞法信受殷勤精進求
自然慧樂獨善寂深知諸法因緣是名辟支
佛乘如彼諸子為求鹿車出於火宅若有衆
生從佛世尊聞法信受勤脩精進求一切智
佛智自然智无師智如來知見力无所畏愍
念安樂无量衆生利益天人度脫一切是名
大乘菩薩求此乘故名為摩訶薩如彼諸子
為求牛車出於火宅舍利弗如彼長者見諸
子等安隱得出火宅到无[illegible]處自惟財富无
量等以大車而賜諸子如來亦復如是為一
[illegible]

BD14451 號　妙法蓮華經卷二　　（11–10）

勤脩精進如來以是方便誘進衆生復作是
言汝等當知此三乘法皆是聖所稱歎自在
无繫无所依求乘是三乘以无漏根力覺道
禪定解脫三昧等而自娛樂便得无量安隱
快樂舍利弗若有衆生內有智性從佛世尊
聞法信受殷勤精進欲速出三界自求涅槃
是名聲聞乘如彼諸子為求羊車出於火宅
若有衆生從佛世尊聞法信受殷勤精進求
自然慧樂獨善寂深知諸法因緣是名辟支
佛乘如彼諸子為求鹿車出於火宅若有衆
生從佛世尊聞法信受勤脩精進求一切智
佛智自然智无師智如來知見力无所畏愍
念安樂无量衆生利益天人度脫一切是名
大乘菩薩求此乘故名為摩訶薩如彼諸子
為求牛車出於火宅舍利弗如彼長者見諸
子等安隱得出火宅到无[illegible]處自惟財富无
量等以大車而賜諸子如來亦復如是為一
切衆生之父若見无量億千衆生以佛教門
出三界苦怖畏險道得涅槃樂如來尒時便
作是念我有无量无邊智慧力无畏等諸佛
法藏是諸衆生皆是我子等與大乘不令有
人獨得滅度皆以如來滅度而滅度之是諸

BD14451 號　妙法蓮華經卷二　　（11–11）

天人師佛世尊國名離　地平
飾安隱豊樂天人熾
金為繩以界其側其　七寶行樹常
有華菓華光如來　以三乘教化衆生舍利
弗彼佛出時雖非惡世以本願故說三乘法
其劫名大寶莊嚴何故名曰大寶莊嚴其國
中以菩薩為大寶故彼諸菩薩无量无邊不
可思議筭數譬喻所不能及非佛智力无能
知者若欲行時寶華承足此諸菩薩非初發
意皆久殖德本於无量百千万億佛所淨脩
梵行恒為諸佛之所稱歎常脩佛慧具大神
通善知一切諸法之門質直无偽志念堅固
如是菩薩充滿其國舍利弗華光佛壽十二
小劫除為王子未作佛時其國人民壽八小
劫華光如來過十二小劫授堅滿菩薩阿耨
多羅三藐三菩提記告諸比丘是堅滿菩薩
次當作佛号曰華足安行多陁阿伽度阿羅
河三藐三佛陁其佛國土亦復如是舍利弗

BD14452號　妙法蓮華經卷二　（26–1）

通善知一切諸法之門質直无偽志念堅固
如是菩薩充滿其國舍利弗華光佛壽十二
小劫除為王子未作佛時其國人民壽八小
劫華光如來過十二小劫授堅滿菩薩阿耨
多羅三藐三菩提記告諸比丘是堅滿菩薩
次當作佛号曰華足安行多陁阿伽度阿羅
訶三藐三佛陁其佛國土亦復如是舍利弗
是華光佛滅度之後正法住世三十二小劫
像法住世亦三十二小劫尒時世尊欲重宣
此義而說偈言
舍利弗來世　成佛普智尊　号名曰華光　當度无量衆
供養无數佛　具足菩薩行　十力等功德　證於无上道
過无量劫已　劫名大寶嚴　世界名離垢　清淨无瑕穢
以琉璃為地　金繩界其道　七寶雜色樹　常有華菓實
彼國諸菩薩　志念常堅固　神通波羅蜜　皆已悉具足
於无數佛所　善學菩薩道　如是等大士　華光佛所化
佛為王子時　棄國捨世榮　於最末後身　出家成佛道
華光佛住世　壽十二小劫　其國人民衆　壽命八小劫
佛滅度之後　正法住於世　三十二小劫　廣度諸衆生
正法滅盡已　像法三十二　舍利廣流布　天人普供養
華光佛所為　其事皆如是　其兩足聖尊　最勝无倫匹
彼即是汝身　宜應自欣慶
尒時四部衆比丘比丘尼優婆塞優婆夷天
龍夜叉乾闥婆阿脩羅迦樓羅緊那羅摩睺
羅伽等大衆見舍利弗於佛前受阿耨多羅
三藐三菩提記心大歡喜踊躍无量各各脫

BD14452號　妙法蓮華經卷二　（26–2）

尒時四部衆比丘比丘尼優婆塞優婆夷天
龍夜叉乹闥婆阿脩羅迦樓羅緊那羅摩睺
羅伽等大衆見舍利弗於佛前受阿耨多羅
三藐三菩提記心大歡喜踊躍无量各各脫
身所著上衣以供養佛釋提桓因梵天王等
與无數天子亦以天妙衣天曼陁羅華摩訶
曼陁羅華等供養於佛所散天衣住虛空中
而自迴轉諸天伎樂百千万種於虛空中一
時俱作雨衆天華而作是言佛昔於波羅柰
初轉法輪今乃復轉无上最大法輪尒時諸
天子欲重宣此義而說偈言
昔於波羅柰　轉四諦法輪　分別說諸法　五衆之生滅
今復轉最妙　无上大法輪　是法甚深奧　少有能信者
我等從昔來　數聞世尊說　未曾聞如是　深妙之上法
世尊說是法　我等皆隨喜　大智舍利弗　今得受尊記
我等亦如是　必當得作佛　於一切世間　最尊无有上
佛道叵思議　方便隨宜說　我所有福業　今世若過世
及見佛功德　盡迴向佛道
尒時舍利弗白佛言世尊我今无復疑悔親
於佛前得受阿耨多羅三藐三菩提記是諸
千二百心自在者昔住學地佛常教化言我
法能離生老病死究竟涅槃是學无學人亦
各自以離我見及有无見等謂得涅槃而今
於世尊前聞所未聞皆墮疑惑善哉世尊願
為四衆說其因緣令離疑悔尒時佛告舍利
弗我先不言諸佛世尊以種種因緣譬喻言

BD14452號　妙法蓮華經卷二　（26–3）

法能離生老病死究竟涅槃是學无學人亦
各自以離我見及有无見等謂得涅槃而今
於世尊前聞所未聞皆墮疑惑善哉世尊願
為四衆說其因緣令離疑悔尒時佛告舍利
弗我先不言諸佛世尊以種種因緣譬喻言
辞方便說法皆為阿耨多羅三藐三菩提耶
是諸所說皆為化菩薩故然舍利弗今當復
以譬喻更明此義諸有智者以譬喻得解舍
利弗若國邑聚落有大長者其年衰邁財富
无量多有田宅及諸僮僕其家廣大唯有一
門多諸人衆一百二百乃至五百人止住其
中堂閣朽故墻壁頹落柱根腐敗梁棟傾危
周帀俱時欻然火起焚燒舍宅長者諸子若
十二十或至三十在此宅中長者見是大火
從四面起即大驚怖而作是念我雖能於此
所燒之門安隱得出而諸子等於火宅內樂
著嬉戲不覺不知不驚不怖火來逼身苦痛
切己心不猒患无求出意舍利弗是長者作
是思惟我身手有力當以衣裓若以几案從
舍出之復更思惟是舍唯有一門而復狹小
諸子幼稚未有所識戀著戲處或當墮落為
火所燒我當為說怖畏之事此舍已燒宜時
疾出无令為火之所燒害作是念已如所思
惟具告諸子汝等速出父雖憐愍善言誘喻
而諸子等樂著嬉戲不肯信受不驚不畏了
无出心亦復不知何者是火何者為舍云何

BD14452號　妙法蓮華經卷二　（26–4）

諸子幼稚未有所識戀著戲處或當墮落為
火所燒我當為說怖畏之事此舍已燒宜時
疾出无令為火之所燒害作是念已如所思
惟具告諸子汝等速出父雖憐愍善言誘喻
而諸子等樂著嬉戲不肯信受不驚不畏了
无出心亦復不知何者是火何者為舍云何
為失但東西走戲視父而已尒時長者即作
是念此舍已為大火所燒我及諸子若不時
出必為所焚我今當設方便令諸子等得免
斯害父知諸子先心各有所好種種珍玩奇
異之物情必樂著而告之言汝等所可玩好
希有難得汝若不取後必憂悔如此種種羊
車鹿車牛車今在門外可以遊戲汝等於此
火宅宜速出來隨汝所欲皆當與汝尒時諸
子聞父所說珍玩之物適其願故心各勇銳
互相推排競共馳走爭出火宅是時長者見
諸子等安隱得出皆於四衢道中露地而坐
无復障礙其心泰然歡喜踊躍時諸子等各
白父言父先所許玩好之具羊車鹿車牛車
願時賜與舍利弗尒時長者各賜諸子等一
大車其車高廣眾寶莊校周帀欄楯四面懸
鈴又於其上張設幰蓋亦以珍奇雜寶而嚴
飾之寶繩交絡垂諸華瓔重敷綩綖安置丹
枕駕以白牛膚色充潔形體姝好有大筋力
行步平正其疾如風又多僕從而侍衛之所
以者何是大長者財富无量種種諸藏悉皆
充溢而作是念我財物无極不應以

BD14452號　妙法蓮華經卷二　（26–5）

枕駕以白牛膚色充潔形體姝好有大筋力
行步平正其疾如風又多僕從而侍衛之所
以者何是大長者財富无量種種諸藏悉皆
充溢而作是念我財物无極不應以下劣小
車與諸子等今此幼童皆是吾子愛无偏黨
我有如是七寶大車其數无量應當等心各
各與之不宜差別所以者何以我此物周給
一國猶尚不匱何況諸子是時諸子各乘大
車得未曾有非本所望舍利弗於汝意云何
是長者等與諸子珍寶大車寧有虛妄不舍
利弗言不也世尊是長者但令諸子得免火
難全其軀命非為虛妄何以故若全身命便
為已得玩好之具況復方便於彼火宅而拔
濟之世尊若是長者乃至不與最小一車猶
不虛妄何以故是長者先作是意我以方便
令子得出以是因緣无虛妄也何況長者自
知財富无量欲饒益諸子等與大車佛告舍
利弗善哉善哉如汝所言舍利弗如來亦復
如是則為一切世間之父於諸怖畏衰惱憂
患无明暗蔽永盡无餘而悉成就无量知見
力无所畏有大神力及智慧力具足方便智
慧波羅蜜大慈大悲常无懈惓恒求善事利
益一切而生三界朽故火宅為度眾生生老
病死憂悲苦惱愚癡暗蔽三毒之火教化令
得阿耨多羅三藐三菩提見諸眾生為生老
病死憂悲苦惱之所燒煮亦以五欲財利故
受種種苦又以貪著追求故現受眾苦後

BD14452號　妙法蓮華經卷二　（26–6）

益一切而生三界朽故火宅為度衆生生老
病死憂悲苦惱愚癡暗蔽三毒之火教化令
得阿耨多羅三狼三菩提見諸衆生為生老
病死憂悲苦惱之所燒煮亦以五欲財利故
受種種苦又以貪着追求故現受衆苦後受
地獄畜生餓鬼之苦若生天上及在人間貧
窮困苦愛別離苦怨憎會苦如是等種種諸
苦衆生沒在其中歡喜遊戲不覺不知不驚
不怖亦不生猒不求解脫於此三界火宅東
西馳走雖遭大苦不以為患舍利弗佛見此
已便作是念我為衆生之父應拔其苦難與
无量无邊佛智慧樂令其遊戲舍利弗如来
復作是念若我但以神力及智慧力捨於方
便為諸衆生讃如来知見力无所畏者衆生
不能以是得度所以者何是諸衆生未免生
老病死憂悲苦惱而為三界火宅所燒何由
能解佛之智慧舍利弗如彼長者雖復身手
有力而不用之但以慇勤方便免濟諸子火
宅之難然後各與珎寶大車如来亦復如是
雖有力无所畏而不用之但以智慧方便於
三界火宅拔濟衆生為說三乘聲聞辟支佛
佛乘而作是言汝等莫得樂住三界火宅勿
貪麁弊色聲香味觸也若貪着生愛則為所
燒汝速出三界當得三乘聲聞辟支佛佛乘
我今為汝保任此事終不虛也汝等但當勤
脩精進如来以是方便誘進衆生復作是言

貪麁弊色聲香味觸也若貪着生愛則為所
燒汝速出三界當得三乘聲聞辟支佛佛乘
我今為汝保任此事終不虛也汝等但當勤
脩精進如来以是方便誘進衆生復作是言
汝等當知此三乘法皆是聖所稱歎自在无
繫无所依求乘是三乘以无漏根力覺道禪
定解脫三昧等而自娛樂便得无量安隱快
樂舍利弗若有衆生內有智性從佛世尊聞
法信受慇勤精進欲速出三界自求涅槃是
名聲聞乘如彼諸子為求羊車出於火宅若
有衆生從佛世尊聞法信受慇勤精進求自
然慧樂獨善寂深知諸法因緣是名辟支佛
乘如彼諸子為求鹿車出於火宅若有衆生
從佛世尊聞法信受勤脩精進求一切智佛
智自然智无師智如来知見力无所畏愍念
安樂无量衆生利益天人度脫一切是名大
乘菩薩求此乘故名為摩訶薩如彼諸子為
求牛車出於火宅舍利弗如彼長者見諸子
等安隱得出火宅到无畏處自惟財富无量
等以大車而賜諸子如来亦復如是為一切
衆生之父若見无量億千衆生以佛教門出
三界苦怖畏險道得涅槃樂如来尒時便作
是念我有无量无邊智慧力无畏等諸佛法
藏是諸衆生皆是我子等與大乘不令有人
獨得滅度皆以如来滅度而滅度之是諸衆
生脫三界者悉與諸佛禪定解脫等娛樂之

是念我有无量无邊智慧力无畏等諸佛法
藏是諸衆生皆是我子等與大乘不令有人
獨得滅度皆以如來滅度而滅度之是諸衆
生脱三界者悉與諸佛禅定解脱等娛樂之
具皆是一相一種聖所稱歎能生淨妙第一
之樂舍利弗如彼長者初以三車誘引諸子
然後但與大車寶物莊嚴安隱第一然彼長
者无虚妄之咎如來亦復如是无有虚妄初
說三乘引導衆生然後但以大乘而度脱之
何以故如來有无量智慧力无所畏諸法之
藏能與一切衆生大乘之法但不盡能受舍
利弗以是因緣當知諸佛方便力故於一佛
乘分別說三佛欲重宣此義而說偈言
譬如長者　有一大宅　其宅久故　而復頓弊
堂舍高危　柱根摧朽　梁棟傾斜　基陛頹毀
墻壁圮坼　泥塗褫落　覆苫亂墜　椽梠差脱
周障屈曲　雜穢充遍　有五百人　止住其中
鵄梟鵰鷲　烏鵲鳩鴿　蚖蛇蝮蠍　蜈蚣蚰蜒
守宮百足　狖狸鼷鼠　諸惡虫輩　交横馳走
屎尿臭處　不淨流溢　蜣蜋諸虫　而集其上
狐狼野干　咀嚼踐蹋　嚌齧死屍　骨肉狼藉
由是群狗　競來搏撮　飢羸慞惶　處處求食
鬪諍齟掣　啀喍嗥吠　其舍恐怖　變狀如是
處處皆有　魑魅魍魎　夜叉惡鬼　食噉人肉
毒虫之屬　諸惡禽獸　孚乳產生　各自藏護

BD14452號　妙法蓮華經卷二　（26–9）

由是群狗　競來搏撮　飢羸慞惶　處處求食
鬪諍齟掣　啀喍嗥吠　其舍恐怖　變狀如是
處處皆有　魑魅魍魎　夜叉惡鬼　食噉人肉
毒虫之屬　諸惡禽獸　孚乳產生　各自藏護
夜叉競來　爭取食之　食之既飽　惡心轉熾
鬪諍之聲　甚可怖畏　鳩槃荼鬼　蹲踞土埵
或時離地　一尺二尺　往返遊行　縱逸嬉戲
捉狗兩足　撲令失聲　以脚加頸　怖狗自樂
復有諸鬼　其身長大　裸形黑瘦　常住其中
發大惡聲　叫呼求食　復有諸鬼　其咽如針
復有諸鬼　首如牛頭　或食人肉　或復噉狗
頭髮蓬亂　殘害凶險　飢渴所逼　叫喚馳走
夜叉餓鬼　諸惡鳥獸　飢急四向　窺看窓牖
如是諸難　恐畏无量　是朽故宅　屬于一人
其人近出　未久之間　於後舍宅　欻然火起
四面一時　其焰俱熾　棟梁椽柱　爆聲震裂
摧折墮落　墻壁崩倒　諸鬼神等　揚聲大叫
鵰鷲諸鳥　鳩槃荼等　周慞惶怖　不能自出
惡獸毒虫　藏竄孔穴　毗舍闍鬼　亦住其中
薄福德故　為火所逼　共相殘害　飲血噉肉
野干之屬　並已前死　諸大惡獸　競來食噉
臭烟熢㶿　四面充塞　蜈蚣蚰蜒　毒蛇之類
為火所燒　爭走出穴　鳩槃荼鬼　隨取而食
又諸餓鬼　頭上火然　飢渴熱惱　周慞悶走
其宅如是　甚可怖畏　毒害火災　衆難非一
是時宅主　在門外立　聞有人言　汝諸子等

BD14452號　妙法蓮華經卷二　（26–10）

臭烟熢㶿　四面充塞　蜈蚣蚰蜒　毒虵之類
為火所燒　爭走出穴　鳩槃荼鬼　隨取而食
又諸餓鬼　頭上火然　飢渴熱惱　周慞悶走
其宅如是　甚可怖畏　毒害火災　衆難非一
是時宅主　在門外立　聞有人言　汝諸子等
先因遊戲　來入此宅　稚小无知　歡娛樂著
長者聞已　驚入火宅　方宜救濟　令无燒害
告喻諸子　說衆患難　惡鬼毒虫　災火蔓莚
衆苦次第　相續不絕　毒虵蚖蝮　及諸夜叉
鳩槃荼鬼　野干狐狗　鵰鷲鵄梟　百足之屬
飢渴惱急　甚可怖畏　此苦難處　況復大火
諸子无知　雖聞父誨　猶故樂著　嬉戲不已
是時長者　而作是念　諸子如此　益我愁惱
今此舍宅　无一可樂　而諸子等　躭湎嬉戲
不受我教　將為火害　即便思惟　設諸方便
告諸子等　我有種種　珍玩之具　妙寶好車
羊車鹿車　大牛之車　今在門外　汝等出來
吾為汝等　造作此車　隨意所樂　可以遊戲
諸子聞說　如此諸車　即時奔競　馳走而出
到於空地　離諸苦難　長者見子　得出火宅
住於四衢　坐師子座　而自慶言　我今快樂
此諸子等　生育甚難　愚小无知　而入險宅
多諸毒虫　魑魅可畏　大火猛焰　四面俱起
而此諸子　貪樂嬉戲　我已救之　令得脫難
是故諸人　我今快樂　尒時諸子　知父安坐
皆詣父所　而白父言　願賜我等　三種寶車

BD14452號　妙法蓮華經卷二　（26–11）

多諸毒虫　魑魅可畏　大火猛焰　四面俱起
而此諸子　貪樂嬉戲　我已救之　令得脫難
是故諸人　我今快樂　尒時諸子　知父安坐
皆詣父所　而白父言　願賜我等　三種寶車
如前所許　諸子出來　當以三車　隨汝所欲
今正是時　唯垂給與　長者大富　庫藏衆多
金銀琉璃　車𤦲馬瑙　以衆寶物　造諸大車
莊挍嚴飾　周帀欄楯　四面懸鈴　金繩交絡
真珠羅網　張施其上　金華諸瓔　處處垂下
衆彩雜飾　周帀圍繞　柔軟繒纊　以為裀褥
上妙細疊　價直千億　鮮白淨潔　以覆其上
有大白牛　肥壯多力　形體姝好　以駕寶車
多諸儐從　而侍衛之　以是妙車　等賜諸子
諸子是時　歡喜踊躍　乘是寶車　遊於四方
嬉戲快樂　自在无礙　告舍利弗　我亦如是
衆聖中尊　世間之父　一切衆生　皆是吾子
深著世樂　无有慧心　三界无安　猶如火宅
衆苦充滿　甚可怖畏　常有生老　病死憂患
如是等火　熾然不息　如來已離　三界火宅
寂然閑居　安處林野　今此三界　皆是我有
其中衆生　悉是吾子　而今此處　多諸患難
唯我一人　能為救護　雖復教詔　而不信受
於諸欲染　貪著深故　是以方便　為說三乘
令諸衆生　知三界苦　開示演說　出世間道
是諸子等　若心決定　具足三明　及六神通

BD14452號　妙法蓮華經卷二　（26–12）

唯我一人 能為救護 雖復教詔 而不信受
於諸欲染 貪著深故 是以方便 為說三乘
令諸眾生 知三界苦 開示演說 出世間道
是諸子等 若心決定 具足三明 及六神通
有得緣覺 不退菩薩 汝舍利弗 我為眾生
以此譬喻 說一佛乘 汝等若能 信受是語
一切皆當 得成佛道 是乘微妙 清淨第一
於諸世間 為无有上 佛所悅可 一切眾生
所應稱讚 供養禮拜 无量億千 諸力解脫
禪定智慧 及佛餘法 得如是乘 令諸子等
日夜劫數 常得遊戲 與諸菩薩 及聲聞眾
乘此寶乘 直至道場 以是因緣 十方諦求
更无餘乘 除佛方便 告舍利弗 汝諸人等
皆是吾子 我則是父 汝等累劫 眾苦所燒
我皆濟拔 令出三界 我雖先說 汝等滅度
但盡生死 而實不滅 今所應作 唯佛智慧
若有菩薩 於是眾中 能一心聽 諸佛實法
諸佛世尊 雖以方便 所化眾生 皆是菩薩
若人小智 深著愛欲 為此等故 說於苦諦
眾生心喜 得未曾有 佛說苦諦 真實无異
若有眾生 不知苦本 深著苦因 不能暫捨
為是等故 方便說道 諸苦所因 貪欲為本
若滅貪欲 无所依止 滅盡諸苦 名第三諦
為滅諦故 脩行於道 離諸苦縛 名得解脫
是人於何 而得解脫 但離虛妄 名為解脫
其實未得 一切解脫 佛說是人 未實滅度

BD14452號 妙法蓮華經卷二 (26–13)

若滅貪欲 无所依止 滅盡諸苦 名第三諦
為滅諦故 脩行於道 離諸苦縛 名得解脫
是人於何 而得解脫 但離虛妄 名為解脫
其實未得 一切解脫 佛說是人 未實滅度
斯人未得 无上道故 我意不欲 令至滅度
我為法王 於法自在 安隱眾生 故現於世
汝舍利弗 我此法印 為欲利益 世間故說
在所遊方 勿妄宣傳 若有聞者 隨喜頂受
當知是人 阿鞞跋致 若有信受 此經法者
是人已曾 見過去佛 恭敬供養 亦聞是法
若人有能 信汝所說 則為見我 亦見於汝
及比丘僧 并諸菩薩 斯法華經 為深智說
淺識聞之 迷惑不解 一切聲聞 及辟支佛
於此經中 力所不及 汝舍利弗 尚於此經
以信得入 況餘聲聞 其餘聲聞 信佛語故
隨順此經 非己智分 又舍利弗 憍慢懈怠
計我見者 莫說此經 凡夫淺識 深著五欲
聞不能解 亦勿為說 若人不信 毀謗此經
則斷一切 世間佛種 或復顰蹙 而懷疑惑
汝當聽說 此人罪報 若佛在世 若滅度後
其有誹謗 如斯經典 見有讀誦 書持經者
輕賤憎嫉 而懷結恨 此人罪報 汝今復聽
其人命終 入阿鼻獄 具足一劫 劫盡更生
如是展轉 至无數劫 從地獄出 當墮畜生
若狗野干 其形頓瘦 黧黮疥癩 人所觸嬈

BD14452號 妙法蓮華經卷二 (26–14)

其有誹謗　如斯經典　見有讀誦　書持經者
輕賤憎嫉　而懷結恨　此人罪報　汝今復聽
其人命終　入阿鼻獄　具足一劫　劫盡更生
如是展轉　至无數劫　從地獄出　當墮畜生
若狗野干　其形頊瘦　黧黮疥癩　人所觸嬈
又復爲人　之所惡賤　常困飢渴　骨肉枯竭
生受楚毒　死被凡石　斷佛種故　受斯罪報
若作駱駝　或生驢中　身常負重　加諸杖捶
但念水草　餘无所知　謗斯經故　獲罪如是
有作野干　來入聚落　身體疥癩　又无一目
爲諸童子　之所打擲　受諸苦痛　或時致死
於此死已　更受蟒身　其形長大　五百由旬
聾騃无足　蜿轉腹行　爲諸小虫　之所唼食
晝夜受苦　无有休息　謗斯經故　獲罪如是
若得爲人　諸根暗鈍　矬陋攣躄　盲聾背傴
有所言說　人不信受　口氣常臭　鬼魅所著
貧窮下賤　爲人所使　多病痟瘦　无所依怙
雖親附人　人不在意　若有所得　尋復忘失
若脩醫道　順方治病　更增他疾　或復致死
若自有病　无人救療　設服良藥　而復增劇
若他反逆　抄劫竊盜　如是等罪　橫羅其殃
如斯罪人　永不見佛　衆聖之王　說法教化
如斯罪人　常生難處　狂聾心亂　永不聞法
於无數劫　如恒河沙　生輙聾瘂　諸根不具
常處地獄　如遊園觀　在餘惡道　如己舍宅
駝驢猪狗　是其行處　謗斯經故　獲罪如是

BD14452號　妙法蓮華經卷二　（26–15）

如斯罪人　常生難處　狂聾心亂　永不聞法
於无數劫　如恒河沙　生輙聾瘂　諸根不具
常處地獄　如遊園觀　在餘惡道　如己舍宅
駝驢猪狗　是其行處　謗斯經故　獲罪如是
若得爲人　聾盲瘖瘂　貧窮諸衰　以自莊嚴
水腫乾痟　疥癩癰疽　如是等病　以爲衣服
身常臭處　垢穢不淨　深著我見　增益瞋恚
婬欲熾盛　不擇禽獸　謗斯經故　獲罪如是
告舍利弗　謗斯經者　若說其罪　窮劫不盡
以是因緣　我故語汝　无智人中　莫說此經
若有利根　智慧明了　多聞強識　求佛道者
如是之人　乃可爲說　若人曾見　億百千佛
殖諸善本　深心堅固　如是之人　乃可爲說
若人精進　常脩慈心　不惜身命　乃可爲說
若人恭敬　无有異心　離諸凡愚　獨處山澤
如是之人　乃可爲說　又舍利弗　若見有人
捨惡知識　親近善友　如是之人　乃可爲說
若見佛子　持戒清潔　如淨明珠　求大乘經
如是之人　乃可爲說　若人无瞋　質直柔軟
常愍一切　恭敬諸佛　如是之人　乃可爲說
復有佛子　於大衆中　以清淨心　種種因緣
譬喻言辭　說法无礙　如是之人　乃可爲說
若有比丘　爲一切智　四方求法　合掌頂受
但樂受持　大乘經典　乃至不受　餘經一偈
如是之人　乃可爲說　如人至心　求佛舍利
如是求經　得已頂受　其人不復　志求餘經

BD14452號　妙法蓮華經卷二　（26–16）

若有比丘　為一切智　四方求法　合掌頂受
但樂受持　大乘經典　乃至不受　餘經一偈
如是之人　乃可為說　如人至心　求佛舍利
如是求經　得已頂受　其人不復　志求餘經
亦未曾念　外道典籍　如是之人　乃可為說
告舍利弗　我說是相　求佛道者　窮劫不盡
如是等人　則能信解　汝當為說　妙法華經

妙法蓮華經信解品第四

尒時慧命須菩提摩訶迦旃延摩訶迦葉摩
訶目揵連從佛所聞未曾有法世尊授舍利
弗阿耨多羅三藐三菩提記發希有心歡喜
踊躍即從座起整衣服偏袒右肩右膝着地
一心合掌曲躬恭敬瞻仰尊顏而白佛言我
等居僧之首年並朽邁自謂已得涅槃无所
堪任不復進求阿耨多羅三藐三菩提世尊
往昔說法既久我時在座身體疲懈但念空
无相无作於菩薩法遊戲神通淨佛國土成
就衆生心不憙樂所以者何世尊令我等出
於三界得涅槃證又今我等年已朽邁於佛
教化菩薩阿耨多羅三藐三菩提不生一念
好樂之心我等今於佛前聞授聲聞阿耨多
羅三藐三菩提記心甚歡喜得未曾有不謂
於今忽然得聞希有之法深自慶幸獲大善
利无量珍寶不求自得世尊我等今者樂說
譬喻以明斯義譬若有人年既幼稚捨父逃
逝久住他國或十二十至五十歲年既長大

BD14452號　妙法蓮華經卷二　（26–17）

羅三藐三菩提記心甚歡喜得未曾有不謂
於今忽然得聞希有之法深自慶幸獲大善
利无量珍寶不求自得世尊我等今者樂說
譬喻以明斯義譬若有人年既幼稚捨父逃
逝久住他國或十二十至五十歲年既長大
加復窮困馳騁四方以求衣食漸漸遊行遇
向本國其父先來求子不得中止一城其家
大富財寶无量金銀琉璃珊瑚虎珀頗梨珠
等其諸倉庫悉皆盈溢多有僮僕臣佐吏民
象馬車乘牛羊无數出入息利乃遍他國商
估賈客亦甚衆多時貧窮子遊諸聚落經歷
國邑遂到其父所止之城父每念子與子離
別五十餘年而未曾向人說如此事但自思
惟心懷悔恨自念老朽多有財物金銀珍寶
倉庫盈溢无有子息一旦終沒財物散失无
所委付是以慇懃每憶其子復作是念我若
得子委付財物坦然快樂无復憂慮世尊尒
時窮子傭賃展轉遇到父舍住立門側遙見
其父踞師子床寶几承足諸婆羅門剎利居
士皆恭敬圍繞以真珠瓔珞價直千万莊嚴
其身吏民僮僕手執白拂侍立左右覆以寶
帳垂諸華旛香水灑地散衆名華羅列寶物
出內取與有如是等種種嚴飾威德特尊窮
子見父有大力勢即懷恐怖悔來至此竊作
是念此或是王或是王等非我傭力得物之
處不如往至貧里肆力有地衣食易得若久

BD14452號　妙法蓮華經卷二　（26–18）

帳垂諸華幡香水灑地散衆名華羅列寶物
出内取與有如是等種種嚴飾威德特尊窮
子見父有大力勢即懷恐怖悔来至此竊作
是念此或是王或是王等非我傭力得物之
處不如往至貧里肆力有地衣食易得若久
住此或見逼迫強使我作作是念已疾走而
去時富長者於師子座見子便識心大歡喜
即作是念我財物庫藏今有所付我常思念
此子无由見之而忽自来甚適我願我雖年
朽猶故貪惜即遣傍人急追將還尒時使者
疾走往捉窮子驚愕稱怨大喚我不相犯何
為見捉使者執之愈急強牽將還于時窮子
自念无罪而被囚執此必定死轉更惶怖悶
絶躃地父遥見之而語使言不須此人勿強
將来以冷水灑面令得醒悟莫復與語所以
者何父知其子志意下劣自知豪貴為子所
難審知是子而以方便不語他人云是我子
使者語之我今放汝随意所趣窮子歡喜得
未曾有從地而起往至貧里以求衣食尒時
長者將欲誘引其子而設方便密遣二人形
色憔悴无威德者汝可詣彼徐語窮子此有
作處倍與汝直窮子若許將来使作若言欲
何所作便可語之雇汝除糞我等二人亦共
汝作時二使人即求窮子既已得之具陳上
事尒時窮子先取其價尋與除糞其父見子
愍而怪之又以他日於窓牖中遥見子身羸

作處倍與汝直窮子若許將来使作若言欲
何所作便可語之雇汝除糞我等二人亦共
汝作時二使人即求窮子既已得之具陳上
事尒時窮子先取其價尋與除糞其父見子
愍而怪之又以他日於窓牖中遥見子身羸
瘦憔悴糞土塵坌汙穢不淨即脱瓔珞細軟
上服嚴飾之具更著麁弊垢膩之衣塵土坌
身右手執持除糞之器狀有所畏語諸作人
汝等勤作勿得懈息以方便故得近其子後
復告言咄男子汝常此作勿復餘去當加汝
價諸有所須瓮器米麪塩酢之屬莫自疑難
亦有老弊使人須者相給好自安意我如汝
父勿復憂慮所以者何我年老大而汝少壯
汝常作時无有欺怠瞋恨怨言都不見汝有
此諸惡如餘作人自今已後如所生子即時
長者更與作字名之為兒尒時窮子雖欣此
遇猶故自謂客作賤人由是之故於二十年
中常令除糞過是已後心相體信入出无難
然其所止猶在本處世尊尒時長者有疾自
知將死不久語窮子言我今多有金銀珎寶
倉庫盈溢其中多少所應取與汝悉知之我
心如是當體此意所以者何今我與汝便為
不異宜加用心无令漏失尒時窮子即受教
勅領知衆物金銀珎寶及諸庫藏而无悕取
一食之意然其所止故在本處下劣之心亦
未能捨復經少時父知子意漸已通泰成就

不異宜加用心无令漏失尒時窮子即受教
勅領知衆物金銀珎寶及諸庫藏而无悕取
一食之意然其所止故在本處下劣之心亦
未能捨復經少時父知子意漸已通泰成就
大志自鄙先心臨欲終時而命其子并會親
族國王大臣刹利居士皆悉已集即自宣言
諸君當知此是我子我之所生於某城中捨
吾逃走跉跰辛苦五十餘年其本字某我名
某甲昔在本城懷憂推覓忽於此間遇會得
之此實我子我實其父今我所有一切財物
皆是子有先所出内是子所知世尊是時窮
子聞父此言即大歡喜得未曾有而作是念
我本无心有所悕求今此寶藏自然而至世
尊大富長者則是如來我等皆似佛子如來
常說我等為子世尊我等以三苦故於生死
中受諸熱惱迷惑无知樂著小法今日世尊
令我等思惟蠲除諸法戲論之糞我等於中
勤加精進得至涅槃一日之價既得此已心
大歡喜自以為足便自謂於佛法中勤精進
故所得弘多然世尊先知我等心著弊欲樂
於小法便見縱捨不為分別汝等當有如來
知見寶藏之分世尊以方便力說如來智慧
我等從佛得涅槃一日之價以為大得於此
大乘无有志求我等又因如來智慧為諸菩
薩開示演說而自於此无有志願所以者何

知見寶藏之分世尊以方便力說如來智慧
我等從佛得涅槃一日之價以為大得於此
大乘无有志求我等又因如來智慧為諸菩
薩開示演說而自於此无有志願所以者何
佛知我等心樂小法以方便力隨我等說而
我等不知真是佛子今我等方知世尊於佛
智慧无所恡惜所以者何我等昔來真是
佛子而但樂小法若我等有樂大之心佛則為
我說大乘法此經中唯說一乘而昔於菩薩
前毀呰聲聞樂小法者然佛實以大乘教化
是故我等說本无心有所悕求今法王大寶
自然而至如佛子所應得者皆已得之尒時
摩訶迦葉欲重宣此義而說偈言
我等今日　聞佛音教　歡喜踊躍　得未曾有
佛說聲聞　當得作佛　无上寶聚　不求自得
譬如童子　幼稚无識　捨父逃逝　遠到他土
周流諸國　五十餘年　其父憂念　四方推求
求之既疲　頓止一城　造立舍宅　五欲自娛
其家巨富　多諸金銀　車𤦲馬瑙　真珠琉璃
象馬牛羊　輦輿車乘　田業僮僕　人民衆多
出入息利　乃遍他國　商估賈人　无處不有
千万億衆　圍繞恭敬　常為王者　之所愛念
群臣豪族　皆共宗重　以諸緣故　往來者衆
豪富如是　有大力勢　而年朽邁　益憂念子
夙夜惟念　死時將至　癡子捨我　五十餘年

出入息利　力遍他國　商估賈人　无處不有
千万億衆　圍繞恭敬　常為王者　之所愛念
群臣豪族　皆共宗重　以諸緣故　往来者衆
豪富如是　有大力勢　而年朽邁　益憂念子
夙夜惟念　死時將至　癡子捨我　五十餘年
庫藏諸物　當如之何　尒時窮子　求索衣食
従邑至邑　従國至國　或有所得　或无所得
飢餓羸瘦　體生瘡癬　漸次經歷　到父住城
傭賃展轉　遂至父舍　尒時長者　於其門内
施大寶帳　處師子座　眷屬圍繞　諸人侍衛
或有計筭　金銀寶物　出内財產　注記券疏
窮子見父　豪貴尊嚴　謂是國王　若是王等
驚怖自恠　何故至此　覆自念言　我若久住
或見逼迫　强驅使作　思惟是已　馳走而去
借問貧里　欲往傭作　長者是時　在師子座
遥見其子　嘿而識之　即勑使者　追捉將来
窮子驚喚　迷悶躃地　是人執我　必當見殺
何用衣食　使我至此　長者知子　愚癡狭劣
不信我言　不信是父　即以方便　更遣餘人
眇目矬陋　无威德者　汝可語之　云當相雇
除諸糞穢　倍與汝價　窮子聞之　歡喜隨来
為除糞穢　淨諸房舍　長者於牖　常見其子
念子愚劣　樂為鄙事　於是長者　着弊垢衣
執除糞器　往到子所　方便附近　語令勤作
既益汝價　并塗足油　飲食充足　薦席厚暖
如是苦言　汝當勤作　又以軟語　若如我子

BD14452號　妙法蓮華經卷二　（26–23）

念子愚劣　樂為鄙事　於是長者　着弊垢衣
執除糞器　往到子所　方便附近　語令勤作
既益汝價　并塗足油　飲食充足　薦席厚暖
如是苦言　汝當勤作　又以軟語　若如我子
長者有智　漸令入出　經二十年　執作家事
示其金銀　真珠頗梨　諸物出入　皆使令知
猶處門外　止宿草菴　自念貧事　我无此物
父知子心　漸已曠大　欲與財物　即聚親族
國王大臣　剎利居士　於此大衆　說是我子
捨我他行　經五十歲　自見子来　已二十年
昔於某城　而失是子　周行求索　遂来至此
凡我所有　舍宅人民　悉以付之　恣其所用
子念昔貧　志意下劣　今於父所　大獲珍寶
并及舍宅　一切財物　甚大歡喜　得未曾有
佛亦如是　知我樂小　未曾說言　汝等作佛
而說我等　得諸无漏　成就小乘　聲聞弟子
佛勑我等　說最上道　脩習此者　當得成佛
我承佛教　為大菩薩　以諸因緣　種種譬喻
若干言辞　說无上道　諸佛子等　従我聞法
日夜思惟　精勤脩習　是時諸佛　即授其記
汝於来世　當得作佛　一切諸佛　秘藏之法
但為菩薩　演其實事　而不為我　說斯真要
如彼窮子　得近其父　雖知諸物　心不悕取
我等雖說　佛法寶藏　自无志願　亦復如是
我等内滅　自謂為足　唯了此事　更无餘事
我等若聞　淨佛國土　教化衆生　都无欣樂

BD14452號　妙法蓮華經卷二　（26–24）

但為菩薩 演其實事 而不為我 說斯真要
如彼窮子 得近其父 雖知諸物 心不希取
我等雖說 佛法寶藏 自无志願 亦復如是
我等內滅 自謂為足 唯了此事 更无餘事
我等若聞 淨佛國土 教化眾生 都无欣樂
所以者何 一切諸法 皆悉空寂 无生无滅
无大无小 无漏无為 如是思惟 不生喜樂
我等長夜 於佛智慧 无貪无著 无復志願
而自於法 謂是究竟 我等長夜 脩習空法
得脫三界 苦惱之患 住最後身 有餘涅槃
佛所教化 得道不虛 則為已得 報佛之恩
我等雖為 諸佛子等 說菩薩法 以求佛道
而於是法 永无願樂 導師見捨 觀我心故
初不勸進 說有實利 如富長者 知子志劣
以方便力 柔伏其心 然後乃付 一切財物
佛亦如是 現希有事 知樂小者 以方便力
調伏其心 乃教大智 我等今日 得未曾有
非先所望 而今自得 如彼窮子 得无量寶
世尊我今 得道得果 於无漏法 得清淨眼
我等長夜 持佛淨戒 始於今日 得其果報
法王法中 久脩梵行 今得无漏 无上大果
我等今者 真是聲聞 以佛道聲 令一切聞
我等今者 真阿羅漢 於諸世間 天人魔梵
普於其中 應受供養 世尊大恩 以希有事
憐愍教化 利益我等 无量億劫 誰能報者
手足供給 頭頂礼敬 一切供養 皆不能報
若以頂戴 兩肩荷負 於恒沙劫 盡心恭敬

BD14452號　妙法蓮華經卷二　（26–25）

我等今者 真是聲聞 以佛道聲 令一切聞
我等今者 真阿羅漢 於諸世間 天人魔梵
普於其中 應受供養 世尊大恩 以希有事
憐愍教化 利益我等 无量億劫 誰能報者
手足供給 頭頂礼敬 一切供養 皆不能報
若以頂戴 兩肩荷負 於恒沙劫 盡心恭敬
又以美膳 无量寶衣 及諸卧具 種種湯藥
牛頭栴檀 及諸珎寶 以起塔廟 寶衣布地
如斯等事 以用供養 於恒沙劫 亦不能報
諸佛希有 无量无邊 不可思議 大神通力
无漏无為 諸法之王 能為下劣 忍于斯事
取相凡夫 隨宜為說 諸佛於法 得最自在
知諸眾生 種種欲樂 及其志力 隨所堪任
以无量喻 而為說法 隨諸眾生 宿世善根
又知成熟 未成熟者 種種籌量 分別知已
於一乘道 隨宜說三

妙法蓮華經卷第二

BD14452號　妙法蓮華經卷二　（26–26）

說身相即非身相佛告須菩提凡所有相皆
是虛妄若見諸相非相則見如來
須菩提白佛言世尊頗有衆生得聞如是言
說章句生實信不佛告須菩提莫作是說如
來滅後後五百歲有持戒脩福者於此章句
能生信心以此為實當知是人不於一佛二
佛三四五佛而種善根已於无量千万佛所
種諸善根聞是章句乃至一念生淨信者須
菩提如來悉知悉見是諸衆生得如是无量
福德何以故是諸衆生无復我相人相衆生
相壽者相无法相亦无非法相何以故是諸
衆生若心取相則為著我人衆生壽者若取
法相即著我人衆生壽者何以故若取非法
相即著我人衆生壽者是故不應取法不應
取非法以是義故如來常說汝等比丘知我
說法如筏喻者法尚應捨何況非法
須菩提於意云何如來得阿耨多羅三藐三
菩提耶如來有所說法耶須菩提言如我解
佛所說義无有定法名阿耨多羅三藐三菩

BD14453號　金剛般若波羅蜜經　（13–1）

取非法以是義故如來常說汝等比丘知我
說法如筏喻者法尚應捨何況非法
須菩提於意云何如來得阿耨多羅三藐三
菩提耶如來有所說法耶須菩提言如我解
佛所說義无有定法名阿耨多羅三藐三菩
提亦无有定法如來可說何以故如來所說
法皆不可取不可說非法非非法所以者何
一切賢聖皆以无為法而有差別
須菩提於意云何若人滿三千大千世界七
寶以用布施是人所得福德寧為多不須菩
提言甚多世尊何以故是福德即非福德性
是故如來說福德多若復有人於此經中受
持乃至四句偈等為他人說其福勝彼何以
故須菩提一切諸佛及諸佛阿耨多羅三藐
三菩提法皆從此經出須菩提所謂佛法者
即非佛法
須菩提於意云何須陁洹能作是念我得須
陁洹果不須菩提言不也世尊何以故須陁
洹名為入流而无所入不入色聲香味觸法
是名須陁洹須菩提於意云何斯陁含能作
是念我得斯陁含果不須菩提言不也世尊
何以故斯陁含名一往來而實无往來是名
斯陁含須菩提於意云何阿那含能作是念
我得阿那含果不須菩提言不也世尊何以
故阿那含名為不來而實无來是故名阿那
含須菩提於意云何阿羅漢能作是念我得
阿羅漢道不須菩提言不也世尊何以故實
无有法名阿羅漢世尊若阿羅漢作是念我
得阿羅漢道即為著我人衆生壽者世尊佛
說我得无諍三昧人中最為第一是第一離

BD14453號　金剛般若波羅蜜經　（13–2）

舍須菩提於意云何阿羅漢能作是念我得
阿羅漢道不須菩提言不世世尊何以故實
无有法名阿羅漢世尊若阿羅漢作是念我
得阿羅漢道即為著我人衆生壽者世尊佛
說我得无諍三昧人中最為第一是第一離
欲阿羅漢我不作是念我是離欲阿羅漢世
尊我若作是念我得阿羅漢道世尊則不說
須菩提是樂阿蘭那行者以須菩提實无所
行而名須菩提是樂阿蘭那行
佛告須菩提於意云何如来昔在然燈佛所
於法有所得不世尊如来在然燈佛所於法
實无所得
須菩提於意云何菩薩莊嚴佛土不不世世
尊何以故莊嚴佛土者則非莊嚴是名莊嚴
是故須菩提諸菩薩摩訶薩應如是生清淨
心不應住色生心不應住聲香味觸法生心
應无所住而生其心須菩提譬如有人身如
須弥山王於意云何是身為大不須菩提言
甚大世尊何以故佛說非身是名大身
須菩提如恒河中所有沙數如是沙等恒河
於意云何是諸恒河沙寧為多不須菩提言
甚多世尊但諸恒河尚多无數何況其沙須
菩提我今實言告汝若有善男子善女人以
七寶滿尒所恒河沙數三千大千世界以用
布施得福多不須菩提言甚多世尊佛告須
菩提若善男子善女人於此經中乃至受持
四句偈等為他人說而此福德勝前福德
復次須菩提隨說是經乃至四句偈等當知
此處一切世間天人阿脩羅皆應供養如佛
塔廟何況有人盡能受持讀誦須菩提當知

BD14453號　金剛般若波羅蜜經　（13–3）

菩提若善男子善女人於此經中乃至受持
四句偈等為他人說而此福德勝前福德
復次須菩提隨說是經乃至四句偈等當知
此處一切世間天人阿脩羅皆應供養如佛
塔廟何況有人盡能受持讀誦須菩提當知
是人成就最上第一希有之法若是經典所
在之處則為有佛若尊重弟子
尒時須菩提白佛言世尊當何名此經我等
云何奉持佛告須菩提是經名為金剛般若
波羅蜜以是名字汝當奉持所以者何須菩
提佛說般若波羅蜜則非般若波羅蜜須菩
提於意云何如来有所說法不須菩提白佛
言世尊如来无所說須菩提於意云何三千
大千世界所有微塵是為多不須菩提言甚
多世尊須菩提諸微塵如来說非微塵是名
微塵如来說世界非世界是名世界須菩提
於意云何可以三十二相見如来不不世世
尊不可以三十二相得見如来何以故如来
說三十二相即是非相是名三十二相
須菩提若有善男子善女人以恒河沙等身
命布施若復有人於此經中乃至受持四句
偈等為他人說其福甚多
尒時須菩提聞說是經深解義趣涕淚悲泣
而白佛言希有世尊佛說如是甚深經典我
從昔来所得慧眼未曾得聞如是之經世尊
若復有人得聞是經信心清淨則生實相當
知是人成就第一希有功德世尊是實相者
則是非相是故如来說名實相世尊我今得
聞如是經典信解受持不足為難若當来世
後五百歲其有衆生得聞是經信解受持是

BD14453號　金剛般若波羅蜜經　（13–4）

知是人成就苐一希有功德世尊是實相者
則是非相是故如来說名實相世尊我今得
聞如是經典信解受持不足為難若當来世
後五百歲其有衆生得聞是經信解受持是
人則為苐一希有何以故此人无我相人相
衆生相壽者相所以者何我相即是非相人
相衆生相壽者相即是非相何以故離一切
諸相則名諸佛
佛告須菩提如是如是若復有人得聞是經
不驚不怖不畏當知是人甚為希有何以故
須菩提如来說苐一波羅蜜非苐一波羅蜜
是名苐一波羅蜜
須菩提忍辱波羅蜜如来說非忍辱波羅蜜
何以故須菩提如我昔為歌利王割截身體
我於尒時无我相无人相无衆生相无壽者
相何以故我於往昔節節支解時若有我相
人相衆生相壽者相應生瞋恨須菩提又念
過去於五百世作忍辱仙人於尒所世无我
相无人相无衆生相无壽者相是故須菩提
菩薩應離一切相發阿耨多羅三藐三菩提
心不應住色生心不應住聲香味觸法生心
應生无所住心若心有住則為非住是故佛
說菩薩心不應住色布施須菩提菩薩為利
益一切衆生應如是布施如来說一切諸相
即是非相又說一切衆生則非衆生
須菩提如来是真語者實語者如語者不誑
語者不異語者須菩提如来所得法此法无
實无虛
須菩提若菩薩心住於法而行布施如人入

BD14453號　金剛般若波羅蜜經　（13–5）

即是非相又說一切衆生則非衆生
須菩提如来是真語者實語者如語者不誑
語者不異語者須菩提如来所得法此法无
實无虛
須菩提若菩薩心住於法而行布施如人入
闇則无所見若菩薩心不住法而行布施如
人有目日光明照見種種色
須菩提當来之世若善男子善女人能於此
經受持讀誦則為如来以佛智慧悉知是人
悉見是人皆得成就无量无邊功德
須菩提若有善男子善女人初日分以恒河
沙等身布施中日分復以恒河沙等身布施
後日分亦以恒河沙等身布施如是无量百
千万億劫以身布施若復有人聞此經典信
心不逆其福勝彼何況書寫受持讀誦為人
解說
須菩提以要言之是經有不可思議不可稱
量无邊功德如来為發大乘者說為發㝡上
乘者說若有人能受持讀誦廣為人說如来
悉知是人悉見是人皆得成就不可量不可
稱无有邊不可思議功德如是人等則為荷
擔如来阿耨多羅三藐三菩提何以故須菩
提若樂小法者著我見人見衆生見壽者見
則於此經不能聽受讀誦為人解說須菩提
在在處處若有此經一切世間天人阿脩羅
所應供養當知此處則為是塔皆應恭敬作
禮圍遶以諸華香而散其處
復次須菩提善男子善女人受持讀誦此經
若為人輕賤是人先世罪業應墮惡道以今
世人輕賤故先世罪業則為消滅當得阿耨

BD14453號　金剛般若波羅蜜經　（13–6）

所應供養當知此處則為是塔皆應恭敬作
礼圍遶以諸華香而散其處
復次須菩提善男子善女人受持讀誦此經
若為人輕賤是人先世罪業應墮惡道以今
世人輕賤故先世罪業則為消滅當得阿耨
多羅三藐三菩提須菩提我念過去无量阿
僧祇劫於然燈佛前得值八百四千万億那
由他諸佛悉皆供養承事无空過者若復有
人於後末世能受持讀誦此經所得功德於
我所供養諸佛功德百分不及一千万億分
乃至筭數譬喻所不能及須菩提若善男子
善女人於後末世有受持讀誦此經所得功
德我若具說者或有人聞心則狂亂狐疑不
信須菩提當知是經義不可思議果報亦不
可思議
尒時須菩提白佛言世尊善男子善女人發
阿耨多羅三藐三菩提心云何應住云何降
伏其心佛告須菩提善男子善女人發阿耨
多羅三藐三菩提者當生如是心我應滅度
一切衆生滅度一切衆生已而无有一衆生
實滅度者何以故若菩薩有我相人相衆生
相壽者相則非菩薩所以者何須菩提實无
有法發阿耨多羅三藐三菩提者
須菩提於意云何如來於然燈佛所有法得
阿耨多羅三藐三菩提不不也世尊如我解
佛所說義佛於然燈佛所无有法得阿耨多
羅三藐三菩提佛言如是如是須菩提實无
有法如來得阿耨多羅三藐三菩提須菩提
若有法如來得阿耨多羅三藐三菩提然燈
佛則不與我受記汝於來世當得作佛号釋

BD14453號　金剛般若波羅蜜經　（13–7）

佛所說義佛於然燈佛所无有法得阿耨多
羅三藐三菩提佛言如是如是須菩提實无
有法如來得阿耨多羅三藐三菩提須菩提
若有法如來得阿耨多羅三藐三菩提然燈
佛則不與我受記汝於來世當得作佛号釋
迦牟尼以實无有法得阿耨多羅三藐三菩
提是故然燈佛與我受記作是言汝於來世
當得作佛号釋迦牟尼何以故如來者即諸
法如義若有人言如來得阿耨多羅三藐三
菩提須菩提實无有法佛得阿耨多羅三藐
三菩提須菩提如來所得阿耨多羅三藐三
菩提於是中无實无虛是故如來說一切法
皆是佛法須菩提所言一切法者即非一切
法是故名一切法
須菩提譬如人身長大須菩提言世尊如來
說人身長大則為非大身是名大身
須菩提菩薩亦如是若作是言我當滅度无
量衆生則不名菩薩何以故須菩提實无有
法名為菩薩是故佛說一切法无我无人无
衆生无壽者須菩提若菩薩作是言我當莊
嚴佛土是不名菩薩何以故如來說莊嚴佛
土者即非莊嚴是名莊嚴須菩提若菩薩通
達无我法者如來說名真是菩薩
須菩提於意云何如來有肉眼不如是世尊
如來有肉眼須菩提於意云何如來有天眼
不如來世尊如來有天眼須菩提於意云何
如來有慧眼不如是世尊如來有慧眼須菩
提於意云何如來有法眼不如是世尊如來
有法眼須菩提於意云何如來有佛眼不如
是世尊如來有佛眼須菩提於意云何恒河

BD14453號　金剛般若波羅蜜經　（13–8）

不如来世尊如来有天眼須菩提於意云何
如来有慧眼不如是世尊如来有慧眼須菩
提於意云何如来有法眼不如是世尊如来
有法眼須菩提於意云何如来有佛眼不如
是世尊如来有佛眼須菩提於意云何恒河
中所有沙佛説是沙不如是世尊如来説是
沙須菩提於意云何如一恒河中所有沙有
如是等恒河是諸恒河所有沙數佛世界如
是寧為多不甚多世尊佛告須菩提尒所國
土中所有衆生若干種心如来悉知何以故
如来説諸心皆為非心是名為心所以者何
須菩提過去心不可得現在心不可得未来
心不可佛須菩提於意云何若有人滿三千
大千世界七寶以用布施是人以是因緣得
福多不如是世尊此人以是因緣得福甚多
須菩提若福德有實如来不説得福德多以
福德无故如来説得福德多
須菩提於意云何佛可以具足色身見不不
世世尊如来不應以具足色身見何以故如
来説具足色身即非具足色身是名具足色
身須菩提於意云何如来可以具足諸相見
不不世世尊如来不應以具足諸相見何以
故如来説諸相具足即非具足是名諸相具
足須菩提汝勿謂如来作是念我當有所説
法莫作是念何以故若人言如来有所説法
即為謗佛不能解我所説故須菩提説法者
无法可説是法説法
須菩提白佛言世尊佛得阿耨多羅三藐三
菩提為无所得邪如是如是須菩提我於阿
耨多羅三藐三菩提乃至无有少法可得是

无法可説是法説法
須菩提白佛言世尊佛得阿耨多羅三藐三
菩提為无所得邪如是如是須菩提我於阿
耨多羅三藐三菩提乃至无有少法可得是
名阿耨多羅三藐三菩提復次須菩提是法
平等无有高下是名阿耨多羅三藐三菩提
以无我无人无衆生无壽者脩一切善法則
得阿耨多羅三藐三菩提須菩提所言善法
者如来説非善法是名善法
須菩提若三千大千世界中所有諸須弥山
王如是等七寶聚有人持用布施若人以此
般若波羅蜜經乃至四句偈等受持讀誦為
他人説於前福德百分不及一百千万億分
乃至筭數譬喻所不能及
須菩提於意云何汝等勿謂如来作是念我
當度衆生須菩提莫作是念何以故實无有
衆生如来度者若有衆生如来度者如来則
有我人衆生壽者須菩提如来説有我者則
非有我而凡夫之人以為有我須菩提凡夫
者如来説則非凡夫
須菩提於意云何可以卅二相觀如来不須
菩提言如是如是以卅二相觀如来佛言須
菩提若以卅二相觀如来者轉輪聖王則是
如来須菩提白佛言世尊如我解佛所説義
不應以卅二相觀如来尒時世尊而説偈言
若以色見我　以音聲求我　是人行邪道　不能見如来
須菩提汝若作是念如来不以具足相故得
阿耨多羅三藐三菩提須菩提莫作是念如
来不以具足相故得阿耨多羅三藐三菩提

不應以卅二相觀如來尒時世尊而說偈言
若以色見我　以音聲求我　是人行邪道　不能見如來
須菩提汝若作是念如來不以具足相故得
阿耨多羅三藐三菩提須菩提莫作是念如
來不以具足相故得阿耨多羅三藐三菩提
須菩提汝若作是念發阿耨多羅三藐三菩
提者說諸法斷滅莫作是念何以故發阿耨
多羅三藐三菩提者於法不說斷滅相須菩
提若菩薩以滿恒河沙等世界七寶布施若
復有人知一切法无我得成於忍此菩薩勝
前菩薩所得功德須菩提以諸菩薩不受福
德故須菩提白佛言世尊云何菩薩不受福
德須菩提菩薩所作福德不應貪著是故說
不受福德
須菩提若有人言如來若來若去若坐若卧
是人不解我所說義何以故如來者无所從
來亦无所去故名如來
須菩提若善男子善女人以三千大千世界
碎為微塵於意云何是微塵衆寧為多不甚
多世尊何以故若是微塵衆實有者佛則不
說是微塵衆所以者何佛說微塵衆則非微
塵衆是名微塵衆世尊如來所說三千大千
世界則非世界是名世界何以故若世界實
有者則是一合相如來說一合相則非一合相
是名一合相須菩提一合相者則是不可說
但凡夫之人貪著其事須菩提若人言佛說
我見人見衆生見壽者見須菩提於意云何
是人解我所說義不世尊是人不解如來所
說義何以故世尊說我見人見衆生見壽者
見即非我見人見衆生見壽者見是名我見
人見衆生見壽者見須菩提發阿耨多羅三

是名一合相須菩提一合相者則是不可說
但凡夫之人貪著其事須菩提若人言佛說
我見人見衆生見壽者見須菩提於意云何
是人解我所說義不世尊是人不解如來所
說義何以故世尊說我見人見衆生見壽者
見即非我見人見衆生見壽者見是名我見
人見衆生見壽者見須菩提發阿耨多羅三
藐三菩提心者於一切法應如是知如是見
如是信解不生法相須菩提所言法相者如
來說即非法相是名法相須菩提若有人以
滿无量阿僧祇世界七寶持用布施若有善
男子善女人發菩薩心者持於此經乃至四
句偈等受持讀誦為人演說其福勝彼云何
為人演說不取於相如如不動何以故
一切有為法　如夢幻泡影　如露亦如電　應作如是觀
佛說是經已長老須菩提及諸比丘比丘尼
優婆塞優婆夷一切世間天人阿脩羅聞佛
所說皆大歡喜信受奉行

金剛般若波羅蜜經

咸亨三年四月五日門下省羣書手申待徵寫
用紙十二張
裝潢手解集
初校書手申徵
再校書手程賓
三校書手程賓
詳閱太原寺大德神符
詳閱太原寺大德嘉尚
詳閱太原寺主慧立
詳閱太原寺上座道成
判官司農寺上林署令李善德

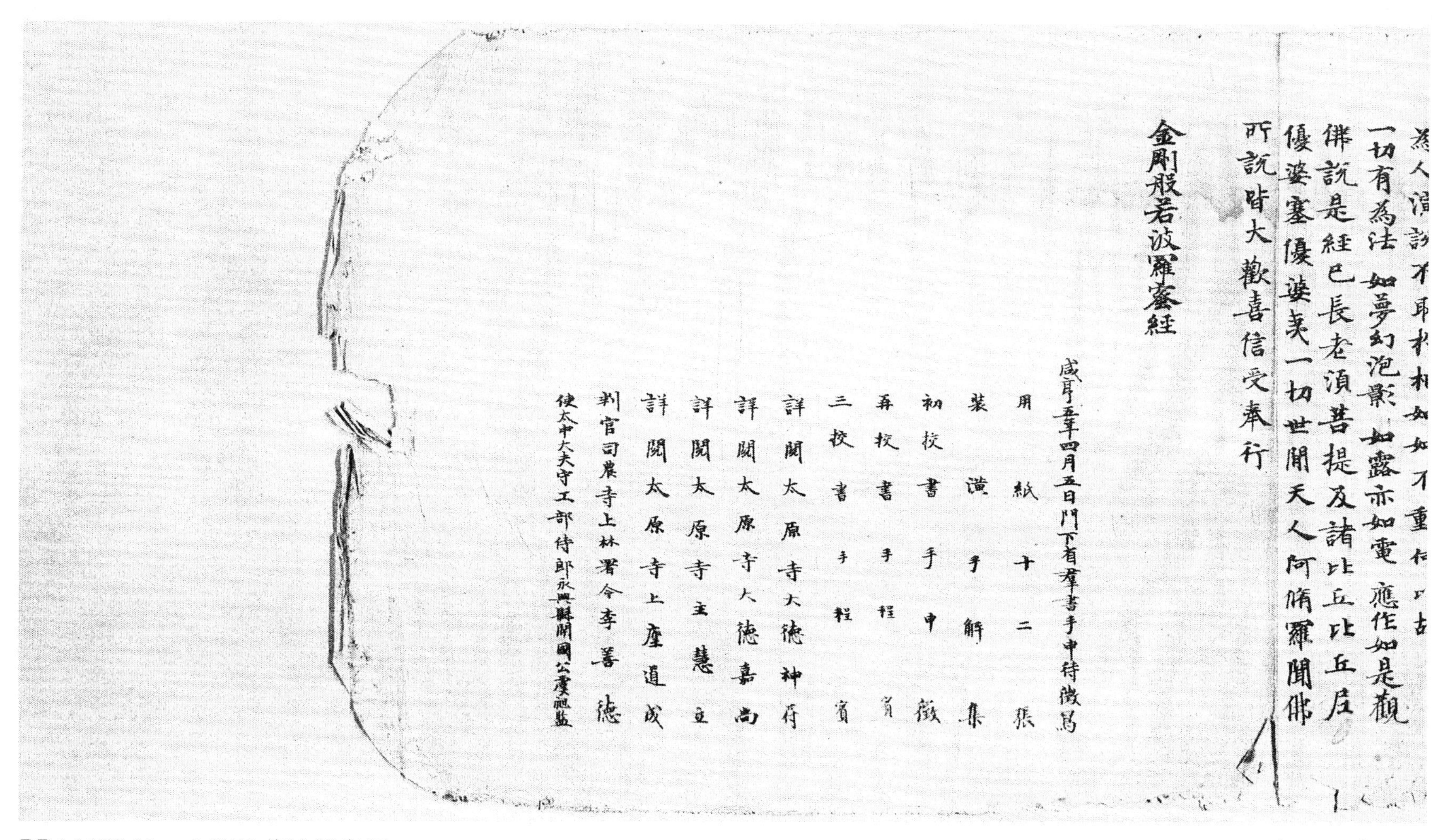

為人演說不取於相如如不動何以故
一切有為法 如夢幻泡影 如露亦如電 應作如是觀
佛說是經已長老須菩提及諸比丘比丘尼
優婆塞優婆夷一切世間天人阿脩羅聞佛
所說皆大歡喜信受奉行

金剛般若波羅蜜經

咸亨五年四月五日門下省群書手申待徵寫
用紙十二張
裝潢手解集
初校書手申待徵
再校書手程賓
三校書手程賓
詳閱太原寺大德神符
詳閱太原寺大德嘉尚
詳閱太原寺主慧立
詳閱太原寺上座道成
判官司農寺上林署令李善德
使太中大夫守工部侍郎永興縣開國公虞昶監

BD14453號　金剛般若波羅蜜經　（13–13）

菩提菩薩摩訶
服僧伽梨執持衣鉢飲食
攝出攝亦常一心如是須菩提菩薩摩訶薩行般
若波羅蜜內身中循身觀不可得故復次須菩提
菩薩摩訶薩內身中循身觀時一心念入息時知
入息出息時知出息入息長時知入息長出息長
時知出息長入息短時知入息短出息短時知出
息短譬如旋師若旋弟子繩長知長繩短知短菩
薩摩訶薩亦如是一心念入息時知入息出息時
知出息入息長時知入息長出息長時知出息長
入息短時知入息短出息短時知出息短如是須
菩提菩薩摩訶薩內身中循身觀懃攝
世間貪憂以不可得故復次須菩提菩薩摩訶薩
觀身四大作是念身中有地大水大火大風大譬
如屠牛師若屠牛弟子以刀殺牛分作四分若
已若立若坐觀此四分菩薩摩訶薩亦如是行般
若波羅蜜時觀身四大地大水大火大風大如是須菩
提菩薩摩訶薩內身中循身觀以不可得故復次
須菩提菩薩摩訶薩觀內身從足至頂周匝薄皮

BD14454號　大智度論卷四八　（22–1）

觀身四大作是念身中有地大水大火大風大譬
如屠牛師若屠牛弟子以刀殺牛分作四分
已若立若坐觀此四分菩薩摩訶薩亦如是行般
若波羅蜜時觀身四大地大水大火大風大如是須菩
提菩薩摩訶薩內身中循身觀以不可得故復次
須菩提菩薩摩訶薩觀內身從足至頂周匝薄皮
種種不淨充滿身中作是念身中有髮毛爪齒薄皮
厚皮筋肉骨髓脾腎心肝肺小腸大腸胃胞屎尿
垢汗淚涕涎唾膿血黃白痰飲肪𦙁腦膜譬如田夫
倉中隔盛雜穀種種充滿稻麻黍粟豆麥明眼之人
開倉即知是麻是黍是稻是粟是麥是豆分別悉
知菩薩摩訶薩亦如是觀是身從足至頂周匝薄
皮種種不淨充滿身中髮毛爪齒乃至腦膜如是須
菩提菩薩摩訶薩觀內身懃精進一心除世間貪
憂以不可得故復次須菩提菩薩摩訶薩若見棄
死人身一日二日至于五日膖脹青瘀膿汁流出
自念我身亦如是相如是法未脫此法如是須菩
提菩薩摩訶薩內身中循身觀懃精進一心除世
間貪憂以不可得故復次須菩提菩薩摩訶薩若
見棄死人身若六日若七日烏鵄鵰鷲豺狼狐狗
如是等種種禽獸攫裂食之自念我身如是相如是
法未脫此法如是須菩提菩薩摩訶薩內身中循
身觀懃精進一心除世間貪憂以不可得故復次
須菩提菩薩摩訶薩若見棄死人身禽獸食已不
淨爛臭自念我身如是相如是法未脫此法乃至
除世間貪憂復次須菩提菩薩摩訶薩若見棄死
人身骨璅血肉塗染筋骨相連自念我身如是相
如是法未脫此法乃至除世間貪憂復次須菩提

除世間貪憂復次須菩提菩薩摩訶薩若見棄死
人身骨璅血肉塗染筋骨相連自念我身如是相
如是法未脫此法乃至除世間貪憂復次須菩提
菩薩摩訶薩若見棄死人身骨璅血肉已離筋骨
相連自念我身如是相如是法未脫此法乃至除
世間貪憂復次須菩提菩薩摩訶薩若見棄死人
身骨璅已散在地自念我身如是相如是法未脫
此法如是須菩提菩薩摩訶薩觀內身乃至除世
間貪憂復次須菩提菩薩摩訶薩若見棄死人身
骨散在地腳骨異處膞骨髀骨脅骨脊骨手
骨頸骨髑髏各各異處自念我身如是相如是法未
脫此法如是須菩提菩薩摩訶薩觀內身乃至除
世間貪憂復次須菩提菩薩摩訶薩見是棄死人
骨在地歲久風吹日暴色白如貝自念我身如是
相如是法未脫此法如是須菩提菩薩摩訶薩觀
內身乃至除世間貪憂以不可得故問曰四念處
中有種種觀何以但說十二種觀所謂若內若外
若內外復次何等是內何等是外內外觀已何以
復別說內外復次四念處中一念處是內內法中
攝所謂心二念處是外外法中攝所謂受與法一念
處是內外內外法中攝所謂身何以說四法都是內
都是外都是內外何以但言觀身而言循身觀去
何觀身而不生身覺何以言懃精進一心卅七品
皆舊言一心何以但此中言一心此中若循行四
念處時一切五蓋舊除何以獨言除貪世間憂爲
能妨道何以但言除憂觀身法種種門无常苦空无
我等今何以但言不淨若但觀不淨何以復念身

念處時一切五蓋應除何以獨言除貪世間喜心
能妨道何以但言除憂觀衆法種種門无常苦空无
我等今何以但言不淨若但觀不淨何以復念衆
四威儀等此事易知何是問答曰是十二種觀行
者從此得定心无來三種麁行若內若外若內外
破三種麁行故有三種正行有人著內情名者外
情女如人為衆故能捨妻子親屬寶物有人著外
情名者內情女如人貪財色衆為欲沒命有人著
內外情名是故說三種正行復次自衆名內衆他
衆名外衆九受入名為內衆九不受入名為外衆
眼等五情名為內衆色等五塵名為外衆如是等
分別內外行者行无以不淨无常苦无我等智慧
觀內衆不得是衆好相若淨相若常若樂若我若
內實既不得復觀外衆求淨常我樂實亦不可得
若不得便生疑我觀內時於外或錯觀外時於內
或錯今內外一時俱觀亦不可得是時心得正定
知是衆不淨无常苦空无我如病如癰如創九孔
流穢是為行廁不久破壞離散盡滅无相常有飢
渴寒熱鞭杖繫閉罵詈毀呰老病諸苦常圍繞
不得自在內空无主亦无知者見者作者受者但
空諸法因緣和合而有自生自滅无所繫屬猶如
草木是故內外復觀餘內外衆如十八空中說偱
觀衆者尋隨觀察如其不淨飢病老死爛壞異處
骨節處敗壞歸土如我此衆震以薄皮令人狂
或憂畏万端以是故如衆相內外隨逐本末觀察
又如佛說偱衆觀法不生衆覺者不取衆一異相
而生戲論邪生於是衆中起種種覺有生淨覺有生
不淨覺有生瞋覺念他過罪有人觀此衆衆為何法

BD14454號　大智度論卷四八　（22–4）

骨節處敗壞歸土如我此衆震以薄皮令人狂
或憂畏万端以是故如衆相內外隨逐本末觀察
又如佛說偱衆觀法不生衆覺者不取衆一異相
而生戲論邪生於是衆中起種種覺有生淨覺有生
不淨覺有生瞋覺念他過罪有人觀此衆衆為何法
諸衆分邊為一為異不生如是種種覺所以者何无
所利益妨涅槃道故復次餘凡夫觀聞人取衆相
能觀衆善薩不取衆相而能觀衆勤精進一心者
餘世事行便從无始世界來常習常作如離別常
人易離別知識難別知識易離別父子難離別父
子易自離其衆難自離其衆易離其心者離自不
一心勤精進此不可得譬如鑽燧求火一心勤著
不休不息乃可得火是故說一心勤精進除世間
貪憂者貪除則五蓋盡去猶如破竹初節既破餘
節皆去復次行者遠離五欲出家學道既捨世樂
未得定樂或時心生愛念如魚樂水心相如是常
求樂事還念本所欲行者名生是心是故佛說當
除貪憂說憂即說世間喜以相應故初觀不淨者
人衆不淨薄皮覆故夫生淨相後生餘倒以是故
初說不淨觀復次衆生多著貪欲取淨相瞋恚麁
見不念故是以先治貪欲觀不淨念衆四威儀等
者先除破衆賊得一心人所為之事皆能成辦以
是故先尋繹其衆所為所行來去臥覺坐禪觀衆
所作常一心安詳不錯不亂作如是觀察以不淨
三昧易得衆雖安詳內有種種惡覺觀破亂其心以
是故說安那般那十六分以防覺觀安那般那義
如先說衆既安詳心无錯亂然後行不淨觀安隱
牢固若先行不淨觀狂心錯亂故不淨及作淨相
佛法中此二法名甘露初門不淨觀者所謂善薩

BD14454號　大智度論卷四八　（22–5）

三昧易得衆雖安祥内有種種惡覺觀破亂其心以
是故說安那般那十六分以防覺觀安那般那義
如先說衆既安詳心无錯亂然後行不淨觀安隱
牢固若先行不淨觀狂心錯亂故不淨及作淨相
佛法中此二法名甘露初門不淨觀者所謂菩薩
摩訶薩觀衆如草木瓦石无異是衆外四大變為
飲食充實内衆堅者是地濕者是水熱者是火動
者是風是四事入内即是衆是四分中各各无我我
所隨逐自相不隨人意皆空等亦如是若坐若立
者臥則懈怠衆不動故心亦不動行則心亂衆不
静故心亦不静欲以眼見事況所不見故說譬喻
牛即是行者衆屠兒即是行者刀是利智慧屠牛
命即是破衆一相四分即是四大屠者觀牛四分
更无别牛亦非是牛行者觀衆四大亦如是是四大
不名為衆所以者何此四衆一故又四大是總相
衆是别相若外四大不為衆入衆中假名為衆我
不在四大中四大不在我去我去四大遠但以顛
倒妄計為衆用是散空智慧分别四大乃造色然
後入三念處得入道又此衆從足至髮從髮至足
周匝薄皮及覆思惟无一淨處髮毛等乃至腦膜
略說則卅六廣說則衆名穀倉是衆屬夫是行者
田者種穀是行者衆業因緣結實入倉是行者因
緣熟得衆稻麻粟粟等是衆中種種不淨農夫倉開
即知麻黍麥豆種種别異是行者不淨觀以眼慧開
是衆倉知此衆中不淨充滿必當敗壞若他未聞
若當自死此衆中但有屎尿不淨種種惡露等已觀
内衆不淨今觀外衆敗壞是故說二種不淨一者
已壞二者未壞先觀已衆未壞有識若結使薄利
根人即生患厭鈍根結厚者觀死人已可畏可患

BD14454號　大智度論卷四八　（22–6）

是衆倉知此衆中不淨充滿必當敗壞若他未聞
若當自死此衆中但有屎尿不淨種種惡露等已觀
内衆不淨今觀外衆敗壞是故說二種不淨一者
已壞二者未壞先觀已衆未壞有識若結使薄利
根人即生患厭鈍根結厚者觀死人已可畏可患
若死一日至五日親里猶尚守護是時禽獸未食
青瘀膖脹膿血流出腹脹破裂五藏爛壞屎尿臭
處甚可惡厭行者心念此色先好行來言語妖蠱
姿則惑亂人情婬者愛著今者觀之好色安在如
佛所說真是妄法但誑无智之眼今此實事露現
行者即念我衆與彼等无有異未脫此法云何自
著著彼又亦何為自貴輕他如是觀已心則調伏可
以求道能除世間貪憂又復思惟此尸初死之時
鳥獸見之謂非死人不敢來近以是故說過六七
日親儀疏去烏鷲野干之屬競來食之皮肉既盡
日日變異以是故說但有骨人見其如此更生厭
心念言是心肝皮肉實无有我但因是衆合集罪
福因緣愛著无量即復自念我衆不久會當如是
未離此法或時行者見骨人在地雨水淺漬日暴
風吹但有白骨或見久骨節節離解分散異處其
色如鴿或腐朽爛壞與土同色初觀卅六物死尸
膖脹一日至五日是不淨觀鳥獸來食乃至與土
同色是无常觀是中求我前不可得如先說因緣
生不自在故是非我觀觀衆相如此无一可樂若有
著者則生憂苦是名苦觀以四聖行觀外衆自知
已衆亦復如是然後内外俱觀若心散亂當念老
病死三惡道苦衆命无常佛法欲滅如是等鞭心
令伏還繫不淨觀中是名勤精進一心勤精進故

BD14454號　大智度論卷四八　（22–7）

生不自在故是非我觀觀衆相如此无一可樂若有
著者則生憂苦是名苦觀以四聖行觀外身自知
已身亦復如是然後內外俱觀若心散亂當念老
病死三惡道苦身命无常佛法欲滅如是等鞭心
令伏還繫不淨觀中是名勤精進一心勤精進故
能除貪憂貪憂二賊劫我法寶行者作是念是身无常
不淨可穢如是此衆生何故貪著此身起種種罪因
緣如是思惟已知是身中有五情外有五欲和合
故生世間顛倒樂人心求樂初无住時當觀此樂
爲實爲虛身爲堅固猶常散滅何況此樂樂亦无住
處未來未來有過去已滅現在不住念念皆滅以遮苦
故名樂无有實樂譬如飲食除飢渴苦故暫以爲
樂過度則復生苦如是破樂中說則知世間樂皆
從苦因緣生亦能生苦果誑人須臾後苦无量譬
如美食雜毒飯雖香美毒則害人世間樂亦如是
婬欲煩惱等毒故奪智慧命心則狂惑捨利取衰
離受此樂唯有心識諦觀此心念念生滅相續有故
可得取相譬如水波燈炎受苦心非樂心受樂心
非苦心受不苦不樂心非苦樂心時相各異以是
故心无常无常故不自在不自在故无我想思惟憶念等亦如
是餘三念處內外相如先說行是四聖行破四顛
倒顛倒破故開實相實相門已愧本所習譬人醉食不淨地了
知非羞愧其事觀是四法不淨无常等是名苦諦
是苦因愛等諸煩惱是習諦愛等煩惱斷是滅諦
斷愛等諸煩惱方便道是道諦如是觀四諦信涅
槃道心住快樂似如无漏是名煖法如人攢火烟出
有煖氣火望得火信此法已心愛樂佛是法如佛
所說如服好藥差病知師爲妙諸服藥病差者人
中第一是則信僧如是信三寶漸去增進罪福亭

斷愛等諸煩惱方便道是道諦如是觀四諦信涅
槃道心住快樂似如无漏是名煖法如人攢火烟出
有煖氣火望得火信此法已心愛樂佛是法如佛
所說如服好藥差病知師爲妙諸服藥病差者人
中第一是則信僧如是信三寶煖法增進罪福亭
等故名爲頂法如人上山至頂兩邊道里俱遙
頂至忍乃至阿羅漢是一邊道從授至頂是一邊
道聲聞法中觀四念處所得果報如是菩薩法於
是觀中不忘本願不捨大悲先用不可得空調伏
心地住是地中雖有煩惱心常不隨如人雖未熱
賊繫閉一處菩薩頂法如先法位中說忍法世間
第一法則是菩薩柔順忍法須陀洹道乃至阿羅
漢辟支佛道是菩薩无生法忍如佛後自說須陀
洹若智若果皆是菩薩无生法忍四正勤四如意
足雖名名別位皆在四念處中慧名故名四念處精
進名故名四正勤定名故名四如意足問曰若爾
者何以不說智處而說念處答曰初習行時未得
有智念爲初門常念其事是智慧隨念故以念爲
名四念處實體是智慧所以者何觀外內身即是
智慧念時智慧在家中不令散亂故名念處亦九
十六種邪行求道相遠故名正勤諸外道等捨五
欲自苦身不能捨惡不善不能集諸善法佛有兩
種斷惡不善法已來者除却未來者方便不生善
法亦有二種未生善法令生已生善法令增長是
名正勤智慧火得正勤風无所不燒正勤若過心
則散亂智火微弱如火得風過者或滅或微不能
燒炷是故須定以制過精進風則可得定有四種
欲定精進定心定思惟定制四念處中過智慧是
時定慧道得精進故所欲如意[illegible]

名正懃智慧火得正懃風无所不燒正懃若過心
則散亂智火微弱如火得風過者或滅或微不能
燒炮是故須定以制過精進風則可得定有四種
欲定精進定心定思惟定制四念處中過智慧是
時定慧道得精進故所欲如意後得如意事辦故
名如意足足者名如意因緣亦名分是十二法鈍根
人中名為根如樹有根未有力若利根人中名為
力是事了了能疾有所辦如利刀截物故名有力事
未辦故名為道事辦思惟循行故名為覺卅七品
論議如先說問曰若菩薩循是卅七品亦何不取
涅槃答曰本願牢故大悲心深心入故了了知諸法
實相故十方諸佛讓念故如經說菩薩到七住地
亦觀諸法空內觀无我如人夢中縛栰度河中流
而覺作是念我空自疲苦无河无栰我何所度菩
薩尒時亦如是心則懈廢我何所度何所滅且欲
自滅倒心是時十方佛申手摩頭善哉佛子莫生
懈心念汝本願如此衆生未悟汝當以此空法教
化衆生汝所得者始是一門諸佛无量身无量音
聲无量法門一切智慧等汝皆未得汝觀諸法空
故著是涅槃諸法空中无有滅處无有著處若實
有滅汝先來已滅汝未具足六波羅蜜乃至十八
法汝當具足此法坐於道場如諸佛法三三昧十二
智三无漏根覺觀三昧十念四禪四无量心四无
色定八背捨九次第定如先說復次佛十力四无
所畏四无导智十八不共法如初品中說是諸法
後皆用无所得故以般若波羅蜜畢竟空和合故
除世間貪憂以不可得故復次須菩提菩薩摩訶
薩見棄死人骨在地其色如鴿腐朽爛壞与土共

BD14454號　大智度論卷四八　（22–10）

色定八背捨九次第定如先說復次佛十力四无
所畏四无导智十八不共法如初品中說是諸法
後皆用无所得故以般若波羅蜜畢竟空和合故
除世間貪憂以不可得故復次須菩提菩薩摩訶
薩見棄死人骨在地其色如鴿腐朽爛壞与土共
合自念我身如是法如是相未脫此法如是須菩
提菩薩內身中循身觀懃精進一心除世間貪憂
以不可得故外身內外身亦如是受念心念處法
念處亦應如是廣說須菩提名菩薩摩訶薩摩訶
衍復次須菩提菩薩摩訶薩摩訶衍所謂四正懃
何等四須菩提菩薩摩訶薩未生諸惡不善法為
不生故欲生懃精進攝心行道已生諸惡不善法
為斷故欲生懃精進攝心行道未生諸善法為生
故欲生懃精進攝心行道已生諸善法為住不失循
滿增廣故欲生懃精進攝心行道以不可得故須
菩提是名菩薩摩訶薩摩訶衍復次須菩提菩薩
摩訶薩摩訶衍所謂四如意分何等四欲定斷行
成就循如意分心定斷行成就循如意分精進定
斷行成就循如意分思惟慧定斷行成就循如意
分以不可得故須菩提是名菩薩摩訶薩摩訶衍
復次須菩提菩薩摩訶薩摩訶衍所謂五根何等
五信根精進根念根定根慧根是菩薩摩訶薩摩
訶衍以不可得故復次須菩提菩薩摩訶薩摩訶
衍所謂五力何等五信力精進力念力定力慧力
是名菩薩摩訶薩摩訶衍以不可得故復次須菩
提菩薩摩訶薩摩訶衍所謂七覺分何等七菩薩
摩訶薩循念覺分依離依无染向涅槃擇法覺分
精進覺分喜覺分除覺分定覺分是捨覺分依離
依无染向涅槃以不可得故是名菩薩摩訶薩摩

BD14454號　大智度論卷四八　（22–11）

是名善薩摩訶薩摩訶衍以不可得故復次須善
提善薩摩訶薩摩訶衍所謂七覺分何等七善薩
摩訶薩循念覺分依離依无染向涅槃擇法覺分
精進覺分喜覺分除覺分定覺分是捨覺分依離
依无染向涅槃以不可得故是名善薩摩訶薩摩
訶衍復次須善提善薩摩訶薩摩訶衍所謂八聖
道分何等八正見正思惟正語正業正命正精進
正念正定是名善薩摩訶薩摩訶衍以不可得故
復次須善提善薩摩訶薩摩訶衍所謂三〻昧何等
三空无相无作三昧空三昧名諸法自相空是為
空解脫門无相名壞諸法相不憶不念是為无相
解脫門无作名諸法中不作〻是為无作解脫門是
名善薩摩訶薩摩訶衍以不可得故復次須善提
善薩摩訶薩摩訶衍所謂苦智集智滅智道智盡
智无生智法智比智世智他心智如實智云何名
苦智知苦不生是名苦智云何名集智集應斷是
名集智云何名滅智知苦滅是名滅智云何名道
智知八聖道分是名道智云何名盡智知諸婬怒
癡盡是名盡智云何名无生智知諸有中无生是
名无生智云何名法智知五衆本事是名法智云
何名比智知眼无常乃至意識因緣生受无常是
名比智云何名世智知因緣名字是名世智云何
名他心智知他衆生心是名他心智云何名如
實智諸佛一切種智是名如實知須善提是名善
薩摩訶薩摩訶衍以不可得故復次須善提善薩
摩訶薩摩訶衍所謂三根未知欲知根知根知者
根云何名未知欲〻知根諸學人未得果信根精進
根念根定根慧根是名未知欲知根云何名知根

實智諸佛一切種智是名如實知須善提是名善
薩摩訶薩摩訶衍以不可得故復次須善提善薩
摩訶薩摩訶衍所謂三根未知欲知根知根知者
根云何名未知欲〻知根諸學人未得果信根精進
根念根定根慧根是名未知欲知根云何名知根
諸學人得果信根乃至慧根是名智根云何名智
者根諸无學人若阿羅漢若辟支佛諸佛信根乃
至慧根是名智者根須善提是名善薩摩訶薩摩
訶衍以不可得故復次須善提善薩摩訶薩摩訶
衍所謂三〻昧何等三有覺有觀三昧无覺有觀三
昧无覺无觀三昧云何名有覺有觀三昧離諸欲
惡不善法有覺有觀離生喜樂入初禪是名有覺
有觀三昧云何名无覺有觀三昧初禪二禪中間
是名无覺有觀三昧云何名无覺无觀三昧從二
禪乃至非有想非无想定是名无覺无觀三昧是
名善薩摩訶薩摩訶衍以不可得故復次須善提
善薩摩訶薩摩訶衍所謂十念何等十念佛念法
念僧念戒念捨念天念善念出入息念身念死以
不可得故須善提是名善薩摩訶薩摩訶衍復次
須善提善薩摩訶薩摩訶衍所謂四禪四无量心
四无色定八背捨九次第定須善提是名善薩摩
訶薩摩訶衍以不可得故復次須善提善薩摩訶
薩摩訶衍所謂佛十力何等十佛如實知一切法
是處不是處相一力也如實知他衆生過去未來
現在諸業諸受法知造業處知因緣知報二力也
如實知諸禪解脫三昧定垢淨分別相三力也如
實知他衆生諸根上下相四力也如實知他衆生
種〻欲解五力也如實知世間種〻无數性六力也如

現在諸業諸受法知造業處知因緣知報二力也
如實知諸禪解脫三昧定垢淨分別相三力也如
實知他衆生諸根上下相四力也如實知他衆生
種種欲解五力也如實知世間種種无數性六力也如
實知一切至處道七力也知種種宿命有相有因緣
一世二世乃至百千世劫初劫盡我在彼衆生中
生如是姓如是名如是飲食苦樂壽命長短彼中
死是間生是間死還生是間此間生姓名飲食苦
樂壽命長短亦如是八力也佛天眼淨過諸人眼
見衆生死時生時端政醜陋若大若小若墮惡道
若墮善道如是業因緣受報是諸衆生惡身業成
就惡口業成就惡意業成就謗毀聖人受邪見因
緣故身壞死時入惡道生地獄中是諸衆生善身
業成就善口業成就善意業成就不謗聖人受正
見因緣故身壞死時入善道生天上九力也佛如
實知諸漏盡故无漏心解脫无漏慧解脫現在法
中自證知入是法所謂我生已盡梵行已作從今
世不復見後世十力也須菩提是名菩薩摩訶薩
摩訶衍以不可得故復次須菩提菩薩摩訶薩摩
訶衍所謂四无所畏何等四佛作誠言我是一切
正智人若有沙門婆羅門若天若魔若梵若復餘
衆如實難言是法不知乃至不見是微畏相以
是故我得安住聖主處在大衆中師子吼能轉梵
輪諸沙門婆羅門若天若魔若梵若復餘衆實不
能轉一无畏也佛作誠言我一切漏盡若有沙門婆
羅門若天若魔若梵若復餘衆如實難言是漏不
盡乃至不見是微畏相以是故我得安隱得无所
畏安住聖住處在大衆中師子吼能轉梵輪諸沙

輪諸沙門婆羅門若天若魔若梵若復餘衆實不
能轉一无畏也佛作誠言我一切漏盡若有沙門婆
羅門若天若魔若梵若復餘衆如實難言是漏不
盡乃至不見是微畏相以是故我得安隱得无所
畏安住聖住處在大衆中師子吼能轉梵輪諸沙
門婆羅門若天若魔若梵若復餘衆實不能轉二
无畏也佛作誠言我說鄣法若有沙門婆羅門若天
若魔若梵若復餘衆如實難言受是法不鄣道乃
至不見是微畏相以是故我得安隱得无所畏安
住聖主處在大衆中師子吼能轉梵輪諸沙門婆
羅門若天若魔若梵若復餘衆實不能轉三无畏
也佛作誠言我所說聖道能出世間隨是行能盡
苦若有沙門婆羅門若天若魔若梵若復餘衆如
實難言行是道不能出世間不能盡苦乃至不見
是微畏相以是故我得安隱得无所畏安隱住聖
主處在大衆中師子吼能轉梵輪諸沙門婆羅門
若天若魔若梵若復餘衆實不能轉四无畏也須菩
提是名菩薩摩訶薩摩訶衍所謂四无㝵智何等
四義无㝵法无㝵辭无㝵樂說无㝵須菩提是名
菩薩摩訶薩摩訶衍以不可得故復次須菩提菩
薩摩訶薩摩訶衍所謂十八不共法何等十八一
諸佛身无失二口无失三念无失四无異想五无
不定心六无不知捨心七欲无減八精進无減九
念无減十慧无減十一解脫无減十二解脫知見
无減十三一切身業隨智慧行十四一切口業隨
智慧行十五一切意業隨智慧行十六智慧知見
過去世无㝵无鄣十七智慧知見未來世无㝵无
鄣十八智慧知見現在世无㝵无鄣須菩提是名
菩薩摩訶薩摩訶衍以不可得故

念无滅十慧无滅十一解脫无减十二解脫知見
无滅十三一切身業隨智慧行十四一切口業隨
智慧行十五一切意業隨智慧行十六智慧知見
過去世无导无鄣十七智慧知見未來世无导无
鄣十八智慧知見現在世无导无鄣須菩提是名
菩薩摩訶薩摩訶衍以不可得故四正懃乃至十
八不共法義如初中品說復次須菩提菩薩摩訶
薩摩訶薩衍所謂字等語等諸字入門何等為字
等語等諸字入門阿字門一切法初不生故羅字
門一切法離垢故波字門一切法第一義故遮字門
一切法終不可得故諸法不終不生故那字門諸
法離名姓相不得不失故邏字門諸法度世間故
亦受愛因滅故陀字門諸法善心生故亦施相故
婆字門字諸法婆字離故荼字門諸法荼字淨故
沙字門諸法六自在王清淨故和字門入諸法語
言道斷故多字門入諸法如相不動故夜字門入
諸法如實不生故吒字門入諸法制伏不可得故
迦字門入諸法作者不可得故娑字門入諸法時
不可得故諸法時來轉故摩字門入諸法我所不
可得故伽字門入諸法去者不可得故他字門入
諸此法處不可得故闍字門入諸法生不可得故
頗字門入諸法駄字不可得故駄字門入諸法性
不可得故賒字門入諸法定不可得故呿字門入
諸法盡空不可得故叉字門入諸法盡不可得故
哆字門入諸法有不可得故若字門入諸法知不
可得故拖字門入諸法拖字不可得故婆字門入
諸法破壞不可得故車字門入諸法欲不可得故
如影五衆亦不可得故魔字門入諸法魔字不可

BD14454號　大智度論卷四八　　（22–16）

諸法盡空不可得故叉字門入諸法盡不可得故
哆字門入諸法有不可得故若字門入諸法知不
可得故拖字門入諸法拖字不可得故婆字門入
諸法破壞不可得故車字門入諸法欲不可得故
如影五衆亦不可得故魔字門入諸法魔字不可
得故火字門入諸法喚不可得故嗟字門入諸法
嗟字不可得故伽字門入諸法厚不可得故他字
門入諸法處不可得故拏字門入諸法不來不去
不立不坐不臥故頗字門入諸法遍不可得故歌
字門入諸法聚不可得故醝字門入諸法醝字不
可得故盧字門入諸法行不可得故吒字門入諸
法驅不可得故荼字門入諸法邊竟處故不終不
生過荼无字可說何以故更无字故諸字无导无
名亦滅不可說不可示不可見不可書須菩提當
知一切諸法如虛空須菩提是名陀羅尼門所謂
阿字義若菩薩摩訶薩諸字門印阿印若聞若受
若誦若讀若持若為他說如是知當得廿功德何
等廿得強識念得慙愧得堅固心得經旨趣得
智慧得樂說无导易得諸餘陀羅尼門得无疑悔
心得聞善不善聞惡不瞋得不高不下住心无增
无減得善巧知衆生語得巧分別五衆十二入十
八界十二因緣四緣四諦得巧分別衆生諸根利
鈍得巧知他心得巧分別日月歲節得巧分別天
耳通得巧分別宿命通得巧分別生死通得能巧
說是處非處得巧知往來坐起等身威儀須菩提
是陀羅尼門字門阿字門等是名菩薩摩訶薩摩
訶衍論者言字等語等者是陀羅尼於諸字平等
无有愛憎又此諸字因緣未會時亦无終亦歸无
現在亦无所有但住吾我心中憶想分別覺觀心

BD14454號　大智度論卷四八　　（22–17）

說是處非處得以知往來生死等衆威儀須菩提
是陁羅尼門字門阿字門等是名菩薩摩訶薩摩
訶衍論者言字等語等者是陁羅尼於諸字平等
无有愛憎又此諸字因緣未會時亦无然亦歸无
現在亦无所有但住吾我心中憶想分別覺觀心
說是散乱心語不見實事如風動水則无所見等
者与畢竟空涅槃同等菩薩以此陁羅尼於一切
諸法通達无㝵是名字等語等問曰若略說則五
百陁羅尼門若廣說則无量陁羅尼門今何以說
是字等陁羅尼名為諸陁羅尼門荅曰先說一大
者則知餘者皆說此是諸陁羅尼初門說初餘亦
說復次諸陁羅尼法皆從分別字語生卌二字是
一切字根本因字有語因語有名因名有義菩薩
若聞字因字乃至能了其義是字初阿後荼中有
卌得是字陁羅尼菩薩若一切語中聞阿字即時
隨義所謂一切法從初來不生相阿提秦言初阿
耨波陁秦言不生若聞羅字即隨義知一切法離
垢相羅闍秦言垢若聞波字即時知一切法入第
一義中波羅末陁秦言第一義若聞遮字即時知
一切諸行皆非行遮梨夜秦言行若聞那字即知
一切法不得不失不來不去那秦言不若聞邏字
即知一切法離輕重相邏求秦言輕若聞陁字即
知一切法善相陁摩秦言善若聞婆字即知一切
法无縛无解婆陁秦言縛若聞荼字即知諸法不
熱相南天竺荼闍他秦言不熱若聞沙字即知人
身六種相沙秦言六若聞和字即知一切諸法離
語言相和亐波返也細波他秦言語言若聞多字
即知諸法在如中不動多他秦陁言如若聞夜字
即知諸法入實相中不生不滅夜他跋秦言實若

BD14454 號　大智度論卷四八

（22–18）

身六種相沙秦言六若聞和字即知一切諸法離
語言相和亐波返也細波他秦言語言若聞多字
即知諸法在如中不動多他秦陁言如若聞夜字
即知諸法入實相中不生不滅夜他跋秦言實若
聞吒字即知一切法无郭㝵相吒婆秦言郭㝵若
聞迦字即知諸法中无有作者迦羅迦秦言作者
若聞娑字即知一切法一切種不可得沙婆秦言
一切若聞摩字即知一切法離我所摩迦羅秦言
我所若聞伽字即知一切法底不可得迦陁秦言
底若聞他字即知四句如去不可得多陁阿伽陁
秦言如去若聞闍字即知諸法生老不可得
闍提羅秦言生老若聞濕波字即知一切法不可
得如濕波字不可得濕波字无義故不釋若聞䭾
字即知一切法中法性不可得䭾摩秦言法若聞
賒字即知諸法寂滅相賒多（都餓反）秦言寂滅若聞呿
字即知一切法虛空不可得呿秦言虛空若聞叉
字即知一切法盡不可得叉耶秦言盡若聞哆字
即知諸法邊得何利哆度求那秦言是事邊得
何利若聞若字即知一切法中无智相若那秦言
智相若聞他字即知一切法義不可得他秦言義
若聞婆字即知一切法不可破相婆伽秦言破若
聞車字即知一切法无所去伽車提秦言去若聞
濕摩字即知諸法牢堅如金剛石阿濕摩秦言
石若聞火字即知一切法无音聲相火夜秦言喚
來若聞嗟字即知一切法无慳无施相末嗟羅秦
言慳若聞伽字即知諸法不厚不薄伽那秦言厚
若聞他（丈秦反）字即知諸法无住處南天竺他那秦言
處若聞拏字即知一切法及衆生不來不去不坐

BD14454 號　大智度論卷四八

（22–19）

来若聞磋字即知一切法无慳无施相末磋羅秦
言慳若聞伽字即知諸法不厚不薄伽那秦言厚
若聞他（又秦）字即知諸法无住處南天竺他那秦言
處若聞拏字即知一切法及衆生不来不去不坐
不臥不立不起衆生空法空故南天竺拏秦言不
若聞頗字即知一切法因果空故頗羅秦言果若
聞歌字即知一切五衆不可得歌大秦言衆若聞
醝字即知醝字空諸法亦尒若聞遮字即知一切
法不動相遮羅地秦言動若聞多字即知一切法
此彼岸不可得多羅秦言岸若聞荼字即知一切
法必不可得婆荼秦言必荼外更无字若有者是
卌二字枝流是字常在世間相似相續故入一切
語故无导如國〻不同无一定名故言无名聞已便
盡故言滅諸法入法性皆不可得何況字可說諸
法无导想分別故不可示先意業分別故有口〻業〻
因緣故衆業作字〻是色法或眼見或耳聞衆生
强作名字无因緣以是故不可見不可書諸字
空如虛空相何況字說已便滅是名字陀羅尼是
諸陀羅尼門問曰知是陀羅尼門因緣者應得无
量无邊功德何以但說廿荅曰佛亦能說无量无
邊功德但以廣說般若波羅蜜故但略說廿得强
識念者善能得是陀羅尼常觀諸字相脩習憶念
故得强識念得慙愧者集諸善法厭諸惡法故生
大慙愧心得堅固者集諸福德智慧故心得堅固
如金剛乃至阿鼻地獄事尚不退阿耨多羅三藐
三菩提何況餘苦得經二日趣者知佛五種方便
說法故名為得經二日趣一者知作種〻門說法二
者知為何事故說三者知以方便故說四者知示

如金剛乃至阿鼻地獄事尚不退阿耨多羅三藐
三菩提何況餘苦得經二日趣者知佛五種方便
說法故名為得經二日趣一者知作種〻門說法二
者知為何事故說三者知以方便故說四者知示
理故趣說五者知以大悲心故說得智慧者菩薩
因是陀羅尼分別破散諸字言語亦空言語空故
名亦空名空故義亦空故得畢竟空即是般若波
羅蜜智慧樂說者既得是如畢竟清淨无导智慧
以本願大悲心度衆生故樂說易得陀羅尼者辟
如排休物節既破餘者皆易菩薩亦如是得是文
字陀羅尼諸陀羅尼自然而得无疑悔心者入諸
法相中雖得一切智慧於一切深法中无疑无悔
聞善不喜聞惡不瞋者各〻分別諸字无讚嘆无毀
呰故聞善不喜聞惡不瞋不高不下者憎愛盡故
善巧知衆生語者得解一切衆生言語三昧故巧
分別五衆十二入十八界十二因緣四緣四諦者
五衆等義如先說巧分別衆生諸根利鈍知他心
天耳宿命巧說是處非處者如十力中說巧知往
來坐起等者如阿毗曇中所說日月歲節者日
名從旦至旦初分中分後分夜分亦三分一日一
夜有卅時春秋分時十五時屬晝十五屬夜餘時
增減五月至晝十八時夜十二時十一月至夜十
八時晝十二時一月或卅日或卅日半或廿九日
或廿七日半有四種月一者日月二者世間月三
者月〻四者星宿月日月者卅日半世間月者卅
日月〻者廿九日如六十二分之卅星宿月者廿
七日如六十七分之廿〻閏月者從日月世間月二
事中出是名十三月或十二月或十三月名一歲是

分別五衆十二入十八界十二因緣四緣四諦者
五衆等義如先說巧分別衆生諸根利鈍知他心
天耳宿命巧說是處非處者如十力中說巧知往
來生起等者如阿毗曇中所說日月歲節者日
名從旦至旦初分中分後分夜亦三分一日一
夜有卅時春秋分時十五時屬晝十五屬夜餘時
增減五月至晝十八時夜十二時十一月至夜十
八時晝十二時一月或卅日或卅日半或廿九日
或廿七日半有四種月一者日月二者世間月三
者月月四者星宿月日月者卅日半世間月者卅
日月月者廿九日加六十二分之卅星宿月者廿
七日加六十七分之廿一閏月者從日月世間月二
事中出是名十三月或十二月或十三月名一歲是
歲三百六十六日周而復始菩薩知日中分時前
分已過後分未生中分无住處无相可取日分空
无所有到卅日時廿九日已滅云何和合成月月
无故云何和合而為歲以是故佛言世間法如幻
如夢但是誑心法菩薩能知世間日月歲和合能
知破散无所有是名巧分別如是等種種分別是
名菩薩摩訶薩摩訶衍

摩訶經卷第卌八

比丘曇慧所寫供養

BD14454 號　大智度論卷四八　（22–22）

摩訶般若波羅蜜經卷
佛在舍衛國祇樹給孤獨園與大比丘僧滿
薩摩訶薩十千人俱以大莊嚴而自莊嚴皆悉
轉地其名曰弥勒菩薩文殊師利菩薩无礙辯菩
菩薩與如是等大菩薩俱文殊師利童真菩薩摩
訶薩明相現時從其住處來詣佛所在外而立尒時尊者舍
利弗富樓那弥多羅尼子大目揵連摩訶迦葉摩訶迦旃延
摩訶拘絺羅如是等諸大聲聞各從住處俱詣佛所在外而
立佛知衆會皆悉集已尒時如來從住處出敷坐而坐告舍
利弗汝今何故於晨朝時在門外立舍利弗白佛言世尊文殊
師利童真菩薩先已至此住門外立我實於後晚來到耳尒時
世尊問文殊師利汝實先來到此住處欲見如來耶文殊師利
即白佛言如是世尊我實來此欲見如來何以故我樂正觀利
益衆生我觀如來如如相不異相不動相不作相无生相无滅
相不有相不无相不在方不離方非三世非不三世非二相非不
二相非垢相非淨相以如是等正觀如來利益衆生佛告文殊師
利若能如是見於如來心无所取亦无不取非積聚非不積聚
尒時舍利弗語文殊師利言若能如是如汝所說見如來者甚
為希有為一切衆生故見於如來而心不取衆生之相化一切衆
生向於涅槃而亦不取向涅槃相為一切衆生發大莊嚴而心不
見莊嚴之相尒時文殊師利童真菩薩摩訶薩語舍利弗言
如是如是如汝所說雖為一切衆生發大莊嚴心恒不見有衆生
相為一切衆生發大莊嚴而衆生界亦不增不減假使一佛住世
若一劫若過一劫如此一佛世界復有无量无邊恒河沙諸佛如

BD14455 號　文殊師利所說摩訶般若波羅蜜經（一卷本）　（14–1）

生向於涅槃而亦不取向涅槃相爲一切衆生發大莊嚴而心不
見莊嚴之相尒時文殊師利童真菩薩摩訶薩語舍利弗言
如是如是如汝所說雖爲一切衆生發大莊嚴心恒不見有衆生
相爲一切衆生發大莊嚴而衆生界亦不增不減假使一佛住世
若一劫若過一劫如此一佛世界復有无量无邊恒河沙諸佛如
是一一佛若一劫若過一劫晝夜說法心无暫息各各度於无量恒
河沙衆生皆入涅槃而衆生界亦不增不減乃至十方諸佛世
界亦復如是一一諸佛說法教化各度无量恒河沙衆生皆入
涅槃於衆生界亦不增不減何以故衆生定相不可得故是
故衆生界不增不減舍利弗復語文殊師利言若衆生界不
增不減何以故菩薩爲諸衆生求阿耨多羅三藐三菩提常
行說法文殊師利白佛言若諸衆生悉空相者亦无菩薩求
阿耨多羅三藐三菩提亦无衆生而爲說法何以故我說法中
无有一法當可得故尒時佛告文殊師利若无衆生云何說有
衆生及衆生界文殊師利言衆生界相如諸佛界又問衆生界
者是有量耶荅曰衆生界量如佛界量佛又問衆生界量有
處所不荅曰衆生界量不可思議又問衆生界相爲有住不荅
曰衆生无住猶如空住佛告文殊師利如是脩般若波羅蜜
時當云何住般若波羅蜜文殊師利言以不住法爲住般若波
羅蜜復問文殊師利云何不住法名住般若波羅蜜文殊師利
言以无住相即住般若波羅蜜佛復告文殊師利如是住般若
波羅蜜時是諸善根云何增長云何損減文殊師利言若能
如是住般若波羅蜜於諸善根无增无減於一切法亦无增无
減是般若波羅蜜性相亦无增无減世尊如是脩般若波羅
蜜則不捨凡夫法亦不取賢聖法何以故般若波羅蜜不見有
法可取可捨如是脩般若波羅蜜亦不見涅槃可樂生死可厭
何以故不見生死況復厭離不見涅槃何況樂著如是脩般若
波羅蜜不見垢穢可捨亦不見功德可取於一切法心无增減何以
故不見法界有增減故世尊若能如是是名脩般若波羅蜜世
尊不見諸法有生有滅是脩般若波羅蜜世尊不見諸法有增
有減是脩般若波羅蜜世尊心无悕取不見法相有可求者是
脩般若波羅蜜世尊不見好醜不生高下不作取捨何以故法
无取捨住實際故是脩般若波羅蜜佛告文殊師利是諸佛
法得不勝乎文殊師利言我不見諸法有勝如相如來自覺一切
法空是可證知佛告文殊師利如是如是如來正覺自證空法
文殊師利白佛言世尊是空法中當有勝如而可得耶佛言

有減是脩般若波羅蜜世尊心无悕取不見法相有可求者是
脩般若波羅蜜世尊不見好醜不生高下不作取捨何以故法
无取捨住實際故是脩般若波羅蜜佛告文殊師利是諸佛
法得不勝乎文殊師利言我不見諸法有勝如相如來自覺一切
法空是可證知佛告文殊師利如是如是如來正覺自證空法
文殊師利白佛言世尊是空法中當有勝如而可得耶佛言
善哉善哉文殊師利如汝所說是真法乎謂文殊師利言阿
耨多羅是名佛法文殊師利言如佛所說阿耨多羅是名佛法
何以故无法可得名阿耨多羅文殊師利言如是脩般若波羅
蜜不名法器非化凡夫法亦非佛法非增長法是脩般若波羅
蜜時不見有法可分別思惟佛告文殊師利汝於佛法不思
惟耶文殊師利言不也世尊如我思惟不見佛法亦不可分別
是凡夫法是聲聞法是辟支佛法如是名爲无上佛法復次脩
般若波羅蜜時不見凡夫相不見佛法相不見諸法有決定相
是爲脩般若波羅蜜復次脩般若波羅蜜時不見欲界不見
色界不見无色界不見寂滅界何以故不見有法是盡滅相
是脩般若波羅蜜復次脩般若波羅蜜時不見作恩者不見
報恩者思惟二相心无分別是脩般若波羅蜜復次脩般若波
羅蜜時不見般若波羅蜜復次脩般若波羅蜜時不見是佛
法可取不見是凡夫法可捨是脩般若波羅蜜復次脩般若
波羅蜜復次脩般若波羅蜜時不見凡夫法可滅亦不見佛法
而心證知是脩般若波羅蜜佛告文殊師利善哉善哉汝能
如是善說甚深般若波羅蜜相是諸菩薩摩訶薩所學法
印乃至聲聞緣覺學无學人亦當不離是印而脩道果佛
告文殊師利若人得聞是法不驚不畏者不從千佛所種諸善
根乃至百千万億佛所久殖德本乃能於是甚深般若波羅蜜
不驚不怖文殊師利白佛言世尊我今更說般若波羅蜜義
佛言便說世尊脩般若波羅蜜時不見法是應住是不應住
亦不見境界可取捨相何以故如諸如來不見一切法境界相故
乃至不見諸佛境界況取聲聞緣覺凡夫境界不取思議相
亦不取不思議相不見諸法有若干相自證空法不可思議如
是菩薩摩訶薩皆已供養无量百千万億諸佛種諸善根
乃能於是甚深般若波羅蜜不驚不怖復次脩般若波羅
蜜時不見縛不見解而於凡夫乃至三乘不見差別相是脩般
若波羅蜜佛告文殊師利汝已供養幾所諸佛文殊師利言
我及諸佛如幻化相不見供養及與受者佛告文殊師利汝今
可不住佛乘耶文殊師利言如我思惟不見一法云何當得住於

是菩薩摩訶薩皆已供養无量百千万億諸佛種諸善根
乃能於是甚深般若波羅蜜不驚不怖復次脩般若波羅
蜜時不見縛不見解而於凡夫乃至三乘不見差別相是脩般
若波羅蜜佛告文殊師利汝已供養幾所諸佛文殊師利言
我及諸佛如幻化相不見供養及與受者佛告文殊師利汝今
可不住佛乘耶文殊師利言如我思惟不見一法云何當得住於
佛乘佛言文殊師利汝不得乘乎文殊師利言如佛乘者但有名
字非可得亦不可見我云何得佛言文殊師利汝得无礙智乎文
殊師利言我即无礙云何以无礙而得无礙佛言汝坐道場乎文
殊師利言一切如來不坐道場我今云何獨坐道場何以故現見
諸法住實際故佛言云何名實際文殊師利言身見等是實
際佛言云何身見是實際文殊師利言身見如相非實非不實
不來不去亦身非身是名實際舍利弗白佛言世尊若於斯
義諦了決定是名菩薩摩訶薩何以故能聞如是甚深般若
波羅蜜相心不驚不怖不沒不悔弥勒菩薩白佛言世尊得
聞如是般若波羅蜜具足法相是即近於佛坐何以故如來現
覺此法相故文殊師利白佛言世尊得聞甚深般若波羅蜜
能不驚不怖不沒不悔當知此人即是見佛佛尒時復次有无相
優婆夷白佛言世尊凡夫法聲聞法辟支佛法佛法是諸法皆
无相是故於所從聞般若波羅蜜皆不驚不怖不沒不悔何以
故一切諸法本无相故佛告舍利弗善男子善女人若聞如是甚
深般若波羅蜜心得決定不驚不怖不沒不悔當知是人即住
不退轉地若人聞是甚深般若波羅蜜不驚不怖信樂聽受歡
喜不厭是即具足檀波羅蜜尸波羅蜜羼提波羅蜜毗梨耶
波羅蜜禪波羅蜜般若波羅蜜亦能為他顯示分別如說脩
行佛告文殊師利汝觀何義為得阿耨多羅三藐三菩提住阿
耨多羅三藐三菩提文殊師利言我无得阿耨多羅三藐三菩
提我不住佛乘云何當得阿耨多羅三藐三菩提如我所說即
菩提相佛讚文殊師利言善哉善哉汝能於是甚深法中巧說
斯義汝於先佛久種善根以无相法淨脩梵行文殊師利言若見
有相則言无相我今不見有相亦不見无相云何而言以无相法
淨脩梵行佛告文殊師利汝見聲聞戒耶答曰見佛言汝云
何見文殊師利言我不作凡夫見不作聖人見不作學見不作
大見不作小見不作調伏見不作不調伏見非見非不見舍利
弗語文殊師利言汝今如是觀聲聞乘若觀佛乘當復云何
文殊師利言不見菩薩法不見脩行菩提及證菩提者舍利弗

BD14455 號　文殊師利所說摩訶般若波羅蜜經（一卷本）　（14–4）

斯義汝於先佛久種善根以无相法淨脩梵行文殊師利言若見
有相則言无相我今不見有相亦不見无相云何而言以无相法
淨脩梵行佛告文殊師利汝見聲聞戒耶答曰見佛言汝云
何見文殊師利言我不作凡夫見不作聖人見不作學見不作
大見不作小見不作調伏見不作不調伏見非見非不見舍利
弗語文殊師利言汝今如是觀聲聞乘若觀佛乘當復云何
文殊師利言不見菩薩法不見脩行菩提及證菩提者舍利弗
語文殊師利言云何名佛云何觀佛文殊師利言云何為我舍
利弗言我者但有名字名字相空文殊師利言如是如我但
有名字佛亦但有名字名字相空即是菩提不以名字而求
菩提菩提之相无言无說何以故言說菩提二俱空故復次舍利
弗汝問云何名佛云何觀佛者不生不滅不來不去非名非相是
名為佛如自觀身實相觀佛亦然唯有智者乃能知耳是名
觀佛尒時舍利弗白佛言世尊如文殊師利所說般若波羅
蜜非初學菩薩所能了知文殊師利言非但初學菩薩所不能
知及諸二乘所作已辦者亦未能了如是說法无能知者何以故
菩提之相實无有法而可知故无見无聞无得无念无生无滅无說
无聽如是菩提性相空寂无證无知无形无相云何當有得菩提
者舍利弗語文殊師利言佛於法界不證阿耨多羅三藐三菩
提耶文殊師利言不也舍利弗何以故世尊即是法界若以法界
者即是諍論舍利弗法界之相即是菩提何以故是法界中无
衆生相一切法空一切法空即是菩提无二无分別故舍利弗无
分別中則无智者若无知者即无言說无言說相即非有非无
非知非不知一切諸法亦復如是何以故一切諸法不見處所決定
性故如逆罪相不可思議何以故諸法實相不可壞故如是逆
罪亦无本性不生天上不墮地獄亦不入涅槃何以故一切業緣
皆住實際不來不去非因非果何以故法界无邊无前无後
故是故舍利弗若見犯重比丘不墮地獄清淨行者不入涅
槃如是比丘非應供非不應供非盡漏非不盡漏何以故於諸
法中住平等故舍利弗言云何名不退法忍文殊師利言不見
少法有生滅相名不退法忍舍利弗言云何復名不調比丘文殊
師利言漏盡阿羅漢是名不調何以故諸結已盡更无所調故名
不調若過心行名為凡夫何以故凡夫衆生不順法界是故名
過舍利弗言善哉善哉汝今為我善解漏盡阿羅漢義文
殊師利言如是如是我即漏盡真阿羅漢何以故斷求聲聞欲及
辟支佛欲以是因緣故名漏盡得阿羅漢佛告文殊師利諸菩薩

BD14455 號　文殊師利所說摩訶般若波羅蜜經（一卷本）　（14–5）

師利言漏盡阿羅漢是名不調何以故諸結已盡更无所調故名
不調若過心行名為凡夫何以故凡夫衆生不慎法界是故名
過舍利弗言善哉善哉汝今為我善解漏盡阿羅漢義文
殊師利言如是如是我即漏盡真阿羅漢何以故斷求聲聞欲及
辟支佛欲以是因緣故名漏盡得阿羅漢佛告文殊師利諸菩薩
等坐道場時覺悟阿耨多羅三藐三菩提不文殊師利言菩薩
坐於道場无有覺悟阿耨多羅三藐三菩提何以故如菩提相
无有少法而可得者名阿耨多羅三藐三菩提誰能坐者亦无
起者以是因緣不見菩薩坐於道場亦不覺證阿耨多羅三藐
三菩提文殊師利白佛言世尊菩提即五逆五逆即菩提何以故
菩提五逆无二相故无覺无覺者无見无見者无知无知者无
分別无分別者如是之相名為菩提見五逆相亦復如是若言見
有菩提而取證者當知此輩即是增上慢人
尒時世尊告文殊師利汝言我是如來亦謂我為如來乎文殊師
利言不也世尊我不謂如來乎文殊師利言不也世尊我不謂如
來為如來耶无有如相可名為如亦无如來智能知於如何以故如
來及智无二相故空為如來但有名字我當云何謂是如來佛告
文殊師利汝疑如來耶文殊師利言不也世尊我觀如來无決定
性无生无滅故无所疑佛告文殊師利汝今不謂如來出現於世耶
文殊師利言若有如來出現世者一切法界亦應出現佛告文殊師
利汝謂恒沙諸佛入涅槃耶文殊師利言諸佛一相不可思議佛
語文殊師利如是如是佛是一相不思議相文殊師利白佛言世尊
佛住世耶佛語文殊師利如是如是文殊師利言若佛住世恒沙
諸佛亦應住世何以故一切諸佛皆同一相不思議相不思議相无
生无滅若未來諸佛出興於世一切諸佛亦皆出世何以故不思議
中无過去未來現在相但衆生取著謂有出世謂佛滅度佛語
文殊師利此是如來阿羅漢阿鞞跋致菩薩所解何以故是三種
人聞甚深法能不誹謗亦不讚文殊師利白佛言世尊如是不思
議誰當誹謗誰當讚歎佛告文殊師利如來不思議凡夫亦不
思議文殊師利白佛言世尊凡夫亦不思議耶佛言亦不思議何
以故一切心相皆不思議文殊師利言若如是說如來不思議凡夫
亦不思議令无數諸佛求於涅槃徒自疲勞何以故不思議法即
是涅槃等无異故文殊師利言如是凡夫不思議諸佛不思議若善
男子善女人久習善根近善知識乃能了知佛告文殊師利汝
欲使如來於衆生中為最勝耶文殊師利言我欲使如來於諸衆
生為最第一但衆生相亦不可得佛言汝欲使如來得不思議法

BD14455號　文殊師利所說摩訶般若波羅蜜經（一卷本）　（14–6）

亦不思議令无數諸佛求於涅槃徒自疲勞何以故不思議法即
是涅槃等无異故文殊師利言如是凡夫不思議諸佛不思議若善
男子善女人久習善根近善知識乃能了知佛告文殊師利汝
欲使如來於衆生中為最勝耶文殊師利言我欲使如來於諸衆
生為最第一但衆生相亦不可得佛言汝欲使如來得不思議法
耶文殊師利言欲使如來得不思議法而於諸法无成就者佛告
文殊師利欲使如來說法教化耶文殊師利白佛言欲使如來說法
教化而是說及聽者皆不可得何以故住法界故法界衆生无差別
相佛告文殊師利汝欲使如來為无上福田耶文殊師利言如來是
无盡福田是无盡相无盡相即无上福田非福田非不福田是名福田
无有明闇生滅等相是名福田若能如是解福田相深殖善種亦无增
无減佛告文殊師利云何殖種不增不減文殊師利言福田之相不可思
議若人於中如法脩善亦不可思議如是殖種名无增无減亦是无
上最勝福田尒時大地以佛神力六種震動現无常相一万六千人
皆得无生法忍七百比丘三千優婆塞四万優婆夷六十億那由他六欲
諸天遠塵離垢於諸法中得法眼淨
尒時阿難從坐而起偏袒右肩右膝著地白佛言世尊何因緣故如是
大地六種震動佛告阿難我說福田无差別相故現斯瑞往昔諸佛
亦於此處作如是說福田之相利益衆生一切世界六種震動舍利
弗白佛言世尊文殊師利是不可思議何以故所說法相不可思議
佛告文殊師利如是如是如舍利弗言汝之所說實不思議文殊師
利白佛言世尊不思議不可說思議亦不可說如是思議不思議
性俱不可說一切聲相非思議亦非不可思議佛言汝入不思議三
昧耶文殊師利言不也世尊我即不思議不見有心能思議者云
何而言入不思議三昧我初發心欲入是定而今思惟實无心相而入
三昧如人學射久習則巧後雖无心以久習故箭發皆中我亦如是初學
不思議三昧繫心一緣若久習成就更无心相恒與定俱舍利弗語文殊
師利言更有勝妙寂滅定不文殊師利言若有不思議定者汝可
問言更有寂滅定不如我意解不可思議定尚不可得云何問有
寂滅定乎舍利弗言不思議定不可得耶文殊師利言思議定者
是可得相不思議定者不可得相一切衆生實成就不思議定何以
故一切心相即非心故是名不思議定是故一切衆生相及不思議三昧
相等无分別佛讚文殊師利言善哉汝於諸佛久殖善根淨脩梵行
乃能演說甚深三昧汝今安住如是般若波羅蜜中文殊師利言若
我住般若波羅蜜中能作是說即是有想便住我想若住有想
我想中者般若波羅蜜便有處所般若波羅蜜若住於无亦是

BD14455號　文殊師利所說摩訶般若波羅蜜經（一卷本）　（14–7）

[illegible]
故一切心相即非心故是名不思議定是故一切衆生相及不思議三昧
相等无分別佛讚文殊師利言善哉汝於諸佛久殖善根淨脩梵行
乃能演說甚深三昧汝今安住如是般若波羅蜜中文殊師利言若
我住般若波羅蜜中能作是說即是有想便住我想若住有想
我想中者般若波羅蜜便有處所般若波羅蜜若住於无亦是
我想亦名處所離此二處住无所住如諸佛住安處寂滅非思議
境界如是不思議名般若波羅蜜住處般若波羅蜜處一切法
无相一切法无作般若波羅蜜即不思議不思議即法界法界即
无相无相即不思議不思議即般若波羅蜜般若波羅蜜法界
无二无別无二无別即法界法界即无相无相即般若波羅蜜界
般若波羅蜜界即不思議界不思議界即无生无滅界无生
无滅界无生无滅界即不思議界文殊師利言如来界及我界即
不二相如是脩般若波羅蜜者則不求菩提何以故菩提相離即
是般若波羅蜜故世尊若知我相而不可著无知无著是佛
所知不可思議无知无著即佛所知何以故知體本性无所有相
云何能轉法界若知本性无體无著者即名无物着无有物是
无處所无依无住无依无住即无生无滅无生无滅即是有為无
為功德若如是知則无心想无心想者云何當知有為无為功德无知
即不思議不思議者是佛所知亦无取无不取不見三世去来等相
不取生滅及諸起作亦不斷不常如是知者是名正智不思議智如
虛空无此无彼不可比類无好无惡无等等无相无貌佛告文殊師
利若如是知名不退智文殊師利言无作智名不退智猶如金鋌
先加鎚打方知好惡若不治打无能知者不退智相亦復如是要
行境界不念不著无起无作具足不動不生不滅尒乃顯現尒時
佛告文殊師利言如諸如来自說已知誰當能信文殊師利言如
是智者非涅槃法非生死法是寂滅行是无動行不斷貪欲瞋
恚愚癡亦非不斷何以故无盡无滅不離生死亦非不離不脩道非
不脩道作是解者名為正信佛告文殊師利言善哉善哉如
汝所說深解斯義尒時摩訶迦葉白佛言世尊於當來世若
說如是甚深正法誰能信解如聞受行佛告迦葉今此會中
比丘比丘尼優婆塞優婆夷得聞此經者如是人等於未来
世若聞是法必能信解於甚深般若波羅蜜乃能讀誦信解
受持亦為他人分別演說譬如長者失摩尼寶憂愁苦惱後
若還得心甚歡喜如是迦葉比丘比丘尼優婆塞優婆夷等
亦復如是有信樂心若不聞法則生苦惱若得聞時信解受持常
樂讀誦甚大歡喜當知此人即是見佛亦即親近供養諸佛佛

BD14455 號　文殊師利所說摩訶般若波羅蜜經（一卷本）　（14–8）

[illegible]
比丘比丘尼優婆塞優婆夷得聞此經者如是人等於未来
世若聞是法必能信解於甚深般若波羅蜜乃能讀誦信解
受持亦為他人分別演說譬如長者失摩尼寶憂愁苦惱後
若還得心甚歡喜如是迦葉比丘比丘尼優婆塞優婆夷等
亦復如是有信樂心若不聞法則生苦惱若得聞時信解受持常
樂讀誦甚大歡喜當知此人即是見佛亦即親近供養諸佛佛
告迦葉譬如忉利天上波利質多羅樹胞初出時是中諸天見是
樹已皆大歡喜此樹不久必當開敷若比丘比丘尼優婆塞優婆夷
得聞般若波羅蜜能生信解亦復如是此人不久亦當開敷一切佛
法於當来世有比丘比丘尼優婆塞優婆夷聞般若波羅蜜信受
讀誦心不悔沒當知是人已從此會聽受是經亦能為人聚落城
邑廣說流布當知是人佛所護念如是甚深般若波羅蜜中有
能信樂无疑惑者是善男子善女人於過去諸佛久已脩學殖
衆善根譬如有人以手穿珠忽遇无上真摩尼寶心大歡喜當
知是人必已曾見如是迦葉若善男子善女人脩學餘法忽然
得聞甚深般若波羅蜜能生歡喜亦復如是當知此人已曾聞故
若有衆生得聞甚深般若波羅蜜心能信受生大歡喜如是人等
亦曾親近无數諸佛從聞般若波羅蜜已脩學故譬如有人先所
逕見城邑聚落後若聞人讚歎彼城所有園苑種種池泉華菓
林樹男女人民皆可愛樂是人聞已即大歡喜更勸令說是城園
苑衆好嚴餝雜華池泉多諸甘菓種種珎妙一切愛樂是人得聞重
甚歡喜如是之人皆曾見故若善男子善女人有聞般若波羅蜜
信心聽受能生歡喜樂聞不厭而更勸說當知此輩已從文殊師利
曾聞如是般若波羅蜜故迦葉白佛言世尊若將来世善男子善
女人得聞是甚深般若波羅蜜信樂聽受以是相故當知此人亦於過
去佛所曾聞脩學文殊師利白佛言世尊佛說諸法无作无相第一寂
滅若善男子善女人有能如是諦了斯義如聞如說為諸如来之所
讚歎不違法相是即佛說亦是熾燃般若波羅蜜相亦名熾燃具足
佛法通達實相不可思議佛告文殊師利我本行菩薩道時脩諸
善根欲住阿鞞跋致地當學般若波羅蜜欲成阿耨多羅三藐三菩提
當學般若波羅蜜若善男子善女人欲解一切法相欲知一切衆生心界
皆悉同等當學般若波羅蜜文殊師利欲學一切佛法具足无礙當
學般若波羅蜜欲學一切佛成阿耨多羅三藐三菩提時相好威儀无
量法式當學般若波羅蜜欲知一切佛不成阿耨多羅三藐三菩提一切法
式及諸威儀當學般若波羅蜜何以故是空法中不見諸佛菩提等故
若善男子善女人欲知如是等相无疑惑者當學般若波羅蜜何以故
[illegible]

BD14455 號　文殊師利所說摩訶般若波羅蜜經（一卷本）　（14–9）

皆悉同等當學般若波羅蜜文殊師利欲學一切佛法具足无礙當
學般若波羅蜜欲學一切佛成阿耨多羅三藐三菩提時相好威儀无
量法式當學般若波羅蜜欲知一切佛不成阿耨多羅三藐三菩提一切法
式及諸威儀當學般若波羅蜜何以故是空法中不見諸佛菩提等故
若善男子善女人欲知如是等相无疑惑者當學般若波羅蜜何以故
般若波羅蜜不見諸法若生若滅若垢若淨是故善男子善女人應
作如是學般若波羅蜜欲知一切法无過去未來現在等相當學般若
波羅蜜何以故法界性相无三世故欲知一切法同入法界心无罣礙當學般
若波羅蜜欲得三轉十二行法輪亦自證知而不取著當學般若波羅蜜
欲得慈心遍覆一切衆生而无限齊亦不作念有衆生相當學般若波羅
蜜欲得於一切衆生不起諍論亦復不取无諍論相當學般若波羅蜜
欲知是處非處十力无畏住佛智慧得无礙辯當學般若波羅蜜
爾時文殊師利白佛言世尊我觀正法无為无相无得无利无生无滅
无來无去无知者无見者无作者不見般若波羅蜜亦不見般若波
羅蜜境界非證非不證不作戲論无有分別一切法无盡離盡无凡
夫法无聲聞法无辟支佛法佛法非得非不得不捨生死不證涅槃非
思議非不思議非作非不作法相如是不知云何當學般若波羅蜜
爾時佛告文殊師利若能如是知諸法相是名當學般若波羅蜜菩
薩摩訶薩若欲學菩提自在三昧得是三昧已照明一切甚深佛法
及知一切諸佛名字亦悉了達諸佛世界无有郭礙當如文殊
師利所說般若波羅蜜中學文殊師利白佛言世尊何故名般
若波羅蜜佛言般若波羅蜜无邊无際无名无相非思量无歸
依无洲渚无犯无福无晦无明如法界无有分齊亦无限數是名般
若波羅蜜亦名菩薩摩訶薩行處非行非不行處悉入一乘名非
行處何以故无念无作故文殊師利白佛言世尊當云何能速得
阿耨多羅三藐三菩提佛言文殊師利如般若波羅蜜所說行能
速得阿耨多羅三藐三菩提復有一行三昧若善男子善女人脩
是三昧者亦速得阿耨多羅三藐三菩提文殊師利言世尊云何
名一行三昧佛言法界一相繫緣法界是名一行三昧若善男子善女
人欲入一行三昧當先聞般若波羅蜜如說脩學然後能入一行三
昧如法界緣不退不壞不思議无礙无相善男子善女人欲入一行
三昧應處空閑捨諸乱意不取相貌繫心一佛專稱名字隨佛方
所端身正向能於一佛念念相續即是念中能見過去未來現在
諸佛何以故念一佛功德无量无邊亦與无量諸佛功德无二不思議
佛法等无分別皆乘一如成最正覺悉具无量功德无量辯才如是入
一行三昧者盡知恒沙諸佛法界无差別相阿難所聞佛法得念總持辯

三昧應處空閑捨諸乱意不取相貌繫心一佛專稱名字隨佛方
所端身正向能於一佛念念相續即是念中能見過去未來現在
諸佛何以故念一佛功德无量无邊亦與无量諸佛功德无二不思議
佛法等无分別皆乘一如成最正覺悉具无量功德无量辯才如是入
一行三昧者盡知恒沙諸佛法界无差別相阿難所聞佛法得念總持辯
才智慧於聲聞中雖為最勝猶住量數則有限礙若得一行三昧諸
經法門一一分別皆悉了知決定无礙晝夜常說智慧辯才終不斷
絶若比阿難多聞辯才百千等分不及其一菩薩摩訶薩應作是
念我當云何逮得一行三昧不可思議功德无量名稱佛言菩薩摩
訶薩當念一行三昧常懃精進而不懈怠如是次第漸漸脩學則
能得入一行三昧不可思議功德作證除謗正法不信惡業重罪鄣者
所不能入復次文殊師利譬如有人得摩尼珠示其珠師珠師荅言此是无
價真摩尼寶即求師言為我治摩勿失光色珠師治已隨其磨
時珠色光明映徹表裏文殊師利若有善男子善女人脩學一行三
昧不可思議功德无量名稱隨脩學時知諸法相明達无礙功德增
長亦復如是文殊師利譬如日輪光明遍滿无有減相若得一行三昧
悉能具足一切功德无有缺少亦復如是照明佛法如日輪光文殊師
利我所說法皆是一味離味解脫味寂滅味若善男子善女人得是
一行三昧者其所演說亦是一味離味解脫味寂滅味隨順正法无錯
謬相文殊師利若菩薩摩訶薩得是一行三昧皆悉滿足助道之
法速得阿耨多羅三藐三菩提復次文殊師利菩薩摩訶薩不
見法界有分別相及以一相速得阿耨多羅三藐三菩提相不可
思議是菩提中亦无得佛如是知者速得阿耨多羅三藐三菩提
若信一切法悉是佛法不生驚怖亦不疑惑如是忍者速得阿耨多羅
三藐三菩提文殊師利白佛言世尊以如是因速得阿耨多羅三藐
三菩提耶佛言得阿耨多羅三藐三菩提不以因得不以非因得何以
故不思議界不以因得不以非因得若善男子善女人聞如是說不生懈
怠當知是人以於先佛種諸善根是故比丘比丘尼聞說是甚深般若
波羅蜜不生驚怖即是從佛出家若優婆塞優婆夷得聞如是甚
深般若波羅蜜心不驚怖即是成就真歸依處文殊師利言若善男
子善女人不習甚深般若波羅蜜即是不脩佛乘譬如大地一切藥木
皆依地生長文殊師利菩薩摩訶薩亦復如是一切善根皆依般若
波羅蜜而得增長於阿耨多羅三藐三菩提不相違背爾時文殊師利
白佛言世尊此閻浮提城邑聚落當於何處演說如是甚深般若波羅
蜜佛告文殊師利今此會中若有人聞般若波羅蜜皆發誓言於未
來世常得與般若波羅蜜相應從是信解未來世中能聽是

深般若波羅蜜[illegible]
子善女人不習甚深般若波羅蜜即是不循佛乘辟如大地一切藥木
皆依地生長文殊師利菩薩摩訶薩亦復如是一切善根皆依般若
波羅蜜而得增長於阿耨多羅三藐三菩提不相違背尒時文殊師利
白佛言世尊此閻浮提城邑聚落當於何處演說如是甚深般若波羅
蜜佛告文殊師利今此會中若有人聞般若波羅蜜皆發誓言於未
來世常得與般若波羅蜜相應從是信解未來世中能聽是
經當知此人不從餘小善根中來所能堪受聞已歡喜文殊師利若
復有人從汝聽是般若波羅蜜應作是言此般若波羅蜜中无聲
聞辟支佛法佛法亦无凡夫生滅等法文殊師利白佛言世尊若比
丘比丘尼優婆塞優婆夷來問我言云何如來說般若波羅蜜
我當答言一切諸法无諍論相云何如來當說般若波羅蜜何以故
不見有法可與諍論亦无衆生心識能知復次世尊我當更說究竟
實際何以故一切法相同入實際阿羅漢无別勝法何以故阿羅漢法
凡夫法不一不異故復次世尊如是說法无有衆生已得涅槃今得當得
何以故无有決定衆生相故文殊師利言若人欲聞般若波羅蜜我當
作如是說其有聽者不念不著无聞无得當如幻人无所分別如是
說者是真說法是故聽者莫作二相不捨諸見而循佛法不取佛
法不捨凡夫法何以故佛及凡夫二法相空无取捨故若人聞我當作
是說如是安慰如是建立善男子善女人應如是問作如是住心不
退沒當如法相隨順般若波羅蜜說尒時世尊歎文殊師利善哉
善哉如汝所說若善男子善女人欲見諸佛應學如是般若波羅
蜜欲親近諸佛如法供養應學如是般若波羅蜜若欲言如來是我
世尊應學如是般若波羅蜜若言如來非我世尊亦應學如是般
若波羅蜜若欲成阿耨多羅三藐三菩提應學如是般若波羅蜜若
欲不成阿耨多羅三藐三菩提亦應學如是般若波羅蜜若欲成就一
切三昧應學如是般若波羅蜜若欲不成就一切三昧亦應學如是般若
波羅蜜何以故无作三昧无異相故一切法无生无出故若欲知一切法
假名應學如是般若波羅蜜若欲知一切衆生循菩提道不求菩提
相心不退沒應學如是般若波羅蜜何以故一切法皆菩提相故若欲
知一切衆生行非行相非行即菩提菩提即法界法界即實際心不退
沒應學如是般若波羅蜜若欲知一切如來神通變化无相无礙亦无
方所應學如是般若波羅蜜佛告文殊師利若比丘比丘尼優婆塞
優婆夷欲得不墮惡趣當般若波羅蜜一四句偈受持讀誦爲他解
說隨順實相如是善男子善女人當知決定得阿耨多羅三藐三菩提
則住佛國若聞如是般若波羅蜜不驚不畏心生信解當知此輩佛
所印可是佛所行大乘法印若善男子善女人學此法印超過惡趣

沒應學如是般若波羅蜜若欲知一切如來神通變化无相无礙亦无
方所應學如是般若波羅蜜佛告文殊師利若比丘比丘尼優婆塞
優婆夷欲得不墮惡趣當般若波羅蜜一四句偈受持讀誦爲他解
說隨順實相如是善男子善女人當知決定得阿耨多羅三藐三菩提
則住佛國若聞如是般若波羅蜜不驚不畏心生信解當知此輩佛
所印可是佛所行大乘法印若善男子善女人學此法印超過惡趣
不入聲聞辟支佛道以超過故尒時帝釋卅三天以天妙花優鉢羅花
拘物頭花分陁利花天曼陁羅花等天栴檀香及餘末香種種
金寶作天伎樂爲供養般若波羅蜜并諸如來及文殊師利以散
其上作是供養已循我常聞般若波羅蜜法印釋提桓因復作是
願願閻浮提善男子善女人常使得聞是經決定佛法皆令信解受
持讀誦爲人演說一切諸天爲作擁護尒時佛告釋提桓因言憍
尸迦如是如是善男子善女人當得決定諸佛菩提文殊師利白佛言世
尊如是受持善男子善女人得大利益功德无量尒時以佛神力一切
大地六反震動佛時微咲放大光明遍照三千大千世界文殊師利白
佛言世尊即是如來印般若波羅蜜相佛言文殊師利如是如是說
般若波羅蜜已皆現此瑞爲印般若波羅蜜故使人受持令无讚
毀何以故无相法印不可讚毀我今以是法印令諸天魔不能得便
佛說是已尒時諸大菩薩及四部衆聞說般若波羅蜜歡喜奉行

文殊師利所說般若波羅蜜經卷

般若波羅蜜已皆現此瑞爲印般若波羅蜜故使人受持令无讃
毀何以故无相法印不可讃毀我今以是法印令諸天魔不能得便
佛說是已尒時諸大菩薩及四部衆聞說般若波羅蜜歡喜奉行

文殊師利所說般若波羅蜜經卷

BD14455 號　文殊師利所說摩訶般若波羅蜜經（一卷本）　（14–14）

南无天燈佛　南无信聖佛
南无天蓋佛　南无龍光佛
南无勝步佛　南无法威德佛
南无見有佛　南无慙愧面佛
南无勝色佛　南无普眼佛
南无功德光佛　南无勝積佛
南无定寶佛　南无功德幢佛
南无世自在劫佛　南无畏親佛
南无攝智佛　南无降怨佛
南无去光明佛　南无勝積佛
南无一念光佛　南无力士奮迅佛
南无師子足佛　南无戒愛佛
南无信世間佛　南无勝威德光明佛
南无師子奮迅頭佛　南无无垢去佛
南无決定智佛　南无離无明佛

BD14456 號　佛名經（十六卷本）卷六　（33–1）

南无師子乏佛　南无貳愛佛
南无信世間佛　南无勝威德光明佛
南无師子奮迅頭佛　南无无垢去佛
南无決定智佛　南无離无明佛
南无功德聚佛　南无攝惠佛
南无大智味佛　南无寶步佛
南无心日佛　南无觀方佛
南无信說佛　南无思惟忍佛
南无法蓋佛　南无不可降伏月佛
南无天華佛　南无天波頭摩佛
南无普威德佛　南无月明佛
南无功德莊嚴佛　南无相王佛
南无稱思惟佛　南无樹幢佛
南无淨行佛　南无威德步佛
南无信受佛　南无蓋香佛
南无智者讚歎佛　南无智慧光明佛
南无智鎧佛　南无威德力佛
南无勝威德佛　南无佛歡喜佛
南无勝信佛　南无一切愛佛

BD14456 號　佛名經（十六卷本）卷六　（33–2）

南无智鎧佛　南无威德力佛
南无勝威德佛　南无佛歡喜佛
南无勝信佛　南无一切愛佛
南无離諸佛　南无思義佛
南无大高佛　南无聖人面佛
南无黠惠信佛　南无攝菩提佛
南无妙聲佛　南无大威德佛
南无樂師子佛　南无善寶佛
南无一切世愛佛　南无合金剛佛
南无師子聲佛　南无過火佛
南无道師佛　南无人月佛
南无大莊嚴佛　南无日光佛
南无快佛　南无普摩尼香佛
南无稱行佛　南无攝稱佛
南无梵供養佛　南无大吼佛
南无應供佛　南无黠慧信佛
南无量頂佛　南无世光佛
南无見忍佛　南无大華佛
南无有我佛　南无如意佛

BD14456 號　佛名經（十六卷本）卷六　（33–3）

南无量願佛　南无世光佛
南无見忍佛　南无大華佛
南无有我佛　南无如意佛
南无善菩提根佛　南无地得佛
南无天德佛　南无不怯弱聲佛
南无普現佛　南无月光明佛
南无勝信佛　南无決定色佛
從此以上四千八百佛十二部經一切賢聖
南无方便心佛　南无智味佛
南无功德信佛　南无難降伏佛
南无普見佛　南无月光明佛
南无月蓋佛　南无世福佛
南无信供養佛　南无樂勝佛
南无善蓋佛　南无慙愧賢佛
南无能觀佛　南无師子聲佛
南无丈行佛　南无普信佛
南无器聲佛　南无勝愛佛
南无普行佛　南无普智佛
南无大奮迅佛　南无月幢佛
南无堅行佛　南无天供養佛

BD14456號　佛名經（十六卷本）卷六　（33–4）

南无器聲佛　南无勝愛佛
南无普行佛　南无普智佛
南无大奮迅佛　南无月幢佛
南无堅行佛　南无天供養佛
南无能驚怖佛　南无勝稱佛
南无威德一切功德佛　南无堅固佛
南无甘露光佛　南无大聲佛
南无高聲佛　南无大力佛
南无大盡佛　南无信甘露佛
南无行菩提佛　南无勝聲思惟佛
南无高光佛　南无怖勝佛
南无樂種種聲佛　南无愛義佛
南无脩行信佛　南无離憂佛
南无善生佛　南无威德力佛
南无信功德佛　南无聲稱佛
南无放光明德佛　南无疑奮迅佛
南无勝王佛　南无林華佛
南无功德華佛　南无捨諍佛
南无大廣佛　南无大稱佛
南无虛空愛佛　南无甘露奮迅佛

BD14456號　佛名經（十六卷本）卷六　（33–5）

南无功德華佛　南无捨諍佛
南无大廣佛　南无大稱佛
南无虛空愛佛　南无甘露奮迅佛
南无日聚佛　南无月聲佛
南无天幢佛　南无与清淨佛
南无能日佛　南无快可見佛
南无堅意勝聲佛　南无雨甘露佛
南无无畏聲佛　南无善根聲佛
南无勝聲佛　南无勝愛佛
南无甘露稱佛　南无法華佛
南无大莊嚴佛　南无世間尊重佛
南无勝意佛　南无弥留光佛
南无清淨思惟佛　南无高光明佛
南无破怨佛　南无甘露戒佛
南无華佛　南无大稱佛
次礼十二部尊经大藏法輪
南无弥勒上下经　南无陁羅尼经
南无小泥洹经　南无摩登伽经
南无十論经　南无五戒经
南无不退輪经　南无入大乘輪经

BD14456號　佛名經（十六卷本）卷六　（33–6）

南无弥勒上下经　南无陁羅尼经
南无小泥洹经　南无摩登伽经
南无十論经　南无五戒经
南无不退輪经　南无入大乘輪经
南无付法藏经　南无楞伽经
南无楞伽阿跋多羅经　南无大夫经
南无善擗菩薩经　南无弥勒發問经
南无法自在王经　南无勝鬘经
南无文殊師利经　南无佛説明度经
南无佛説安般经　南无十緣经
從此以上四千九百佛十二部经一切賢聖
南无佛説般泥洹经　南无佛説決定毗尼经
南无佛説觀弥勒菩薩生兜率天经
南无佛説危脆经　南无相经解脱经
南无寶車经　南无千佛名百千佛名经
南无僧忍经　次礼十方諸大菩薩
南无日藏菩薩　南无不缺意菩薩
南无觀世音菩薩　南无濡尸利菩薩
南无執寶印菩薩　南无常舉手菩薩
南无弥勒菩薩　南无敬首菩薩

BD14456號　佛名經（十六卷本）卷六　（33–7）

南无日藏菩薩　南无不缺意菩薩
南无觀世音菩薩　南无滿尸利菩薩
南无執寶印菩薩　南无常舉手菩薩
南无弥勒菩薩　南无敬首菩薩
南无覺首菩薩　南无寶首菩薩
南无惠首菩薩　南无德首菩薩
南无目首菩薩　南无明首菩薩
南无法首菩薩　南无智首菩薩
南无賢首菩薩　南无法慧菩薩
南无一切德林菩薩　南无金剛幢菩薩
南无金剛藏菩薩　南无善財童子菩薩
南无轉不退法輪菩薩　南无發心即轉法輪菩薩
南无離垢淨菩薩　南无除諸蓋菩薩
南无威儀見皆愛喜菩薩　南无妙相嚴淨王意菩薩
南无不誑一切衆生菩薩　南无无量功德海意菩薩
南无諸根常定不亂菩薩　南无寶意菩薩
次礼聲聞緣覺一切賢聖
南无阿利多辟支佛　南无婆利多辟支佛
南无多伽樓辟支佛　南无稱辟支佛
南无見辟支佛　南无愛見辟支佛

BD14456號　佛名經（十六卷本）卷六　（33–8）

次礼聲聞緣覺一切賢聖
南无阿利多辟支佛　南无婆利多辟支佛
南无多伽樓辟支佛　南无稱辟支佛
南无見辟支佛　南无愛見辟支佛
南无覺辟支佛　南无乾陁羅辟支佛
南无妻辟支佛　南无利沙婆辟支佛
礼三寶已次復懺悔
已懺悔煩惱障已懺悔業障所餘報障今當次第
披陳懺悔經中說言業報至時非空非海中非入山
石間无有地方所脫之不受報唯有懺悔力乃能得
除滅何以知然釋提桓因五衰相見恐懼切心歸誠三
寶五相即滅得延天年如是等比經教所明其事非一
故知懺悔實能滅禍但凡夫之人若不值善友等
導則靡惡不造致使大命將盡臨窮之際地獄惡
相皆現在前當尒之時悔懼交至不預修善臨窮
方悔後將何及乎殃禍異處宿預嚴持當獨趣入
遠到地獄所前行入於火鑊身心摧碎精神痛苦[illegible]
之時欲求一礼一懺豈復可得衆生等莫自恃盛年
財寶勢力懶惰懈怠放逸自恣死苦一至无問
老少貧富貴賤皆悉磨滅奄忽而至不令人

BD14456號　佛名經（十六卷本）卷六　（33–9）

之時欲求一礼一懴豈復可得衆生等莫自恃盛年
財寶勢力懶惰懈怠放逸自恣死苦一至无問
老少貧富貴賤皆悉磨滅奄忽而至不令人
知夫人命无常喻如朝露出息雖存入息難保云何
以此而不懴悔但五天使者既来无常煞鬼卒至盛
年壮色无得免者當尒之時華堂邃宇何關人
事高車大馬豈得自隨妻子眷屬非復我親七
珎寶飾迺為他玩以此而言世間果報皆為幻化
上天雖樂會歸敗壞壽盡魂逝墮落三塗是故佛
語須跋陀言法師鬱頭籃弗利根聡明能伏煩惱
至於非非想處命終還作畜生道中飛狸之身況
復餘者故知未登聖果已還皆應流轉備經惡趣如
不謹慎忽尒一朝飄嬰斯事将不悔或如今被罪
行詣公門已是小苦情地慞惶眷屬恐懼求救百端地
獄衆苦比於此者百千万倍不得為喻衆等相与歷
劫以来罪若須弥云何聞此晏然不畏不驚不恐今
此精神復嬰斯苦實為可痛是故弟子運此單
誠歸依佛
南无東方調御佛　南无南方金剛藏佛
南无西方登法界佛　南无上方无邊眼佛

誠歸依佛
南无東方調御佛　南无南方金剛藏佛
南无西方登法界佛　南无北方无邊眼佛
南无東南方无憂德佛　南无西南方壞諸怖畏佛
南无西北方勇猛伏佛　南无東北方大力光明佛
南无下方歡喜路佛　南无上方香上王佛
弟子等從无始以来至於今日所有報障然其重
者第一唯有阿鼻地獄如經所明今當略說其相此獄
周匝有七重鐵城復有七重鐵網羅覆其上下有
七重刀林无量猛火縱廣八万四千由旬罪人之身
遍滿其中罪業因緣不相妨㝵上火徹下下火徹上
東西南北通徹交過如魚在鏊脂膏皆盡此中罪苦
亦復如是其城四門有四大銅苟其身縱廣四千
由旬牙爪鋒鋩眼如掣電復有无量鐵嘴諸鳥奮
翼飛騰噉罪人肉牛頭獄卒形如羅剎而有九尾
尾如鐵叉復有八頭頭上有十八角有六十四眼一一眼中皆
悉迸出諸鐵丸燒罪人肉然其一瞋一怒哮吼之時聲
如霹靂復有无量自然刀輪空中而下從罪人頂入
從足而出於是罪人痛徹骨髓苦切肝心經无量歲

恚逆出諸鐵丸燒罪人肉然其一瞋一怒哮吼之時聲
如礔礰復有无量自然刀輪空中而下從罪人頂入
從足而出於是罪人痛徹骨髓苦切肝心經无量歲
求生不得求死不得如是等報今日皆悉稽顙慚愧
懺悔其餘地獄山刀刀劍樹身首脫落罪報懺悔鑊湯
爐炭地獄燒煑罪報懺悔鐵床銅柱地獄燋然罪
報懺悔刀輪火車地獄礔轢罪報懺悔拔舌耕犁地
獄楚痛罪報懺悔吞噉鐵丸烊銅灌口地獄五內消爛
罪報懺悔鐵碓鐵磨地獄骨肉灰粉罪報懺悔黑
繩鐵網地獄支節分離罪報懺悔灰河沸屎地獄惱悶
罪報懺悔灰河沸屎地獄惱悶罪報懺悔醎水寒氷
地獄皮膚析裂裸凍罪報懺悔虎狼鷹犬地獄更相
殘害罪報懺悔刀兵距地獄更相摶撮斫刺罪報懺悔
火坑地獄炮炙罪報懺悔雨石相磕地獄形骸破碎
罪報懺悔衆合黑耳地獄解剔罪報懺悔闇冥肉山
地獄斬剉罪報懺悔鋸解釘身地獄斷截罪報懺
悔鐵棒倒懸地獄屠割罪報懺悔燋熱叫喚地獄煩惋
罪報懺悔大小鐵圍山間長夜冥冥不識三光罪報
懺悔阿波波地獄阿婆婆地獄阿吒吒地獄阿羅羅地獄

地獄斬剉罪報懺悔鋸解釘身地獄斷截罪報懺
悔鐵棒倒懸地獄屠割罪報懺悔燋熱叫喚地獄煩惋
罪報懺悔大小鐵圍山間長夜冥冥不識三光罪報
懺悔阿波波地獄阿婆婆地獄阿吒吒地獄阿羅羅地獄
如是八寒八熱一切諸地獄一一獄中復有八万四千鬲
子地獄以爲眷屬此中罪苦炮煑楚痛剥皮剔肉削
打髓抽腸拔肺无量諸苦不可聞不可説　南无　佛
今日在此中者或是我等无始以來經生父母一切眷
屬我等相與命終之後或當復墮如此獄中今日洗心
至到叩頭稽顙向十方諸佛大地菩薩求哀懺悔令
此一切報障畢竟消滅
願弟子等承是懺悔地獄等報所生功德即時破
壞阿鼻鐵城悉與淨土无惡道名其餘地獄一切苦
具轉爲樂緣刀山劍樹變成寶林鑊湯爐炭蓮
花化生牛頭獄卒除捨暴虐皆起慈悲无有惡
念地獄衆生得離苦果更不造因等受安樂如
第三禪一時俱發无上道心　礼拜
南无隱恩佛　南无道威德佛
南无清淨心佛　南无天供養佛

念地獄衆生得離苦果更不造[illegible]受安[illegible]如
第三禪一時俱發无上道心 礼拜
南无隱恩佛　南无道威德佛
南无清淨心佛　南无天供養佛
南无度沮佛　南无離有佛
南无法華佛　南无大勝佛
南无可樂光明佛　南无火光佛
南无見愛佛　南无光明愛佛
南无喜聲佛　南无大施德佛
南无寶步佛　南无无滞导知佛
南无得威德佛　南无月藏佛
南无淨光明佛　南无大莊嚴佛
南无得樂自在佛　南无妙光明佛
南无彌光佛　南无離疑佛
南无无過智慧佛　南无成就行佛
南无清淨身佛　南无无畏愛佛
南无稱吼佛　南无大吼佛
南无善思佛　南无大思佛
南无清淨色佛　南无大驚迅佛
南无樂眼佛　南无命清淨佛

BD14456號　佛名經（十六卷本）卷六　（33–14）

南无稱吼佛　南无大吼佛
南无善思佛　南无大思佛
南无清淨色佛　南无大驚迅佛
南无樂眼佛　南无命清淨佛
南无行清淨佛　南无離熱智佛
從此以上五千佛十二部經一切賢聖
南无應橋佛　南无善集智佛
南无普信佛　南无設尸威德佛
南无不死成佛　南无不護聲佛
南无化日佛　南无善住思惟佛
南无高信佛　南无須摩那光明佛
南无光明力佛　南无功德布佛
南无法俱蘊摩佛　南无淨威德佛
南无淨行佛　南无天色心佛
南无力佛　南无普觀佛
南无梵供養佛　南无聖華佛
南无靈空佛　南无降伏欝弥佛
南无无辟智佛　南无降伏刹佛
南无降伏城佛　南无應愛佛
南无武功德佛　南无平等勿思佛

BD14456號　佛名經（十六卷本）卷六　（33–15）

南无靈空佛　南无降伏贊殄佛
南无无辟智佛　南无降伏刺佛
南无降伏城佛　南无應愛佛
南无一切德佛　南无平等勿思佛
南无不怯弱心佛　南无精進信佛
南无高光明佛　南无聞智佛
南无无尋心聲佛　南无无畏光佛
南无甘露聲佛　南无種種日佛
南无勝點慧佛　南无可循敬佛
南无德王佛　南无護根佛
南无禪解脫佛　南无大威德佛
南无旃檀香佛　南无見信佛
南无妙橋梁佛　南无可觀佛
南无不可量智佛　南无千日威德佛
南无捨重擔佛　南无稱信佛
南无諸方聞佛　南无自在佛
南无无邊智佛　南无无垢光佛
南无甘露信佛　南无妙眼佛
南无解脫行佛　南无可樂見佛
南无高光明佛　南无大聲佛

南无甘露信佛　南无妙眼佛
南无解脫行佛　南无可樂見佛
南无高光明佛　南无大聲佛
南无大威德聚佛　南无光明幢佛
南无應供養佛　南无福德威德積佛
南无信相佛　南无大奕佛
南无應信佛　南无善住思惟佛
南无須提他佛　南无智作佛
南无善寶佛　南无日光佛
南无訴提他佛　南无厭眼佛
南无師子身佛　南无稱親光佛
南无清淨聲佛　南无怖樂佛
南无寂靜增上佛　南无寶威德佛
南无善威德供養佛　南无乇光佛
南无世間尊佛　南无善行淨佛
南无菩提他威德佛　南无應眼佛
南无大步佛　南无威義佛
南无安隱愛佛　南无天摩杻多佛
南无捨濁流佛　南无捨寶佛
南无智第佛　南无高佛

南无大步佛　南无[illegible]義佛
南无安隱愛佛　南无天摩杜多佛
南无捨濁流佛　南无捨寶佛
南无智滿佛　南无橋佛
南无解脫賢佛　南无衆步佛
南无光明威德佛　南无慈力佛
南无月勝佛　南无獅光佛

從此以上五千一百佛十二部經一切賢聖

南无愛眼佛　南无睺尸羅聲佛
南无不死色佛　南无樂法佛
南无大月佛　南无无障导聲佛
南无一切德奮迅佛　南无不死華佛
南无平等見佛　南无大月佛
南无一切德味佛　南无十光佛
南无種種華佛　南无龍德佛
南无雲聲佛　南无一切德步佛
南无思一切德佛　南无大聲佛
南无了聲佛　南无遠離惡處佛
南无天華佛　南无快眼佛
南无大然燈佛　南无離癡行佛

南无思[illegible]佛　南无大[illegible]
南无了聲佛　南无遠離惡處佛
南无天華佛　南无快眼佛
南无大然燈佛　南无離癡行佛
南无堅固希佛　南无捨那佛
南无相華佛　南无不可思議光明佛
南无普賢佛　南无月妙佛
南无樂德佛　南无清淨聲佛
南无勝慧佛　南无賢光佛
南无堅固華佛　南无光明意佛
南无福德佛　南无意成就佛
南无樂解脫佛　南无離濁河佛
南无調怨佛　南无不去捨佛
南无甘露光明佛　南无普光佛
南无樂聲佛　南无不可量眼佛
南无決脩行佛　南无妙高光佛
南无集一切德佛　南无可樂佛
南无大心佛　南无天信佛
南无思惟甘露佛　南无黠慧佛
南无勝燈佛　南无堅意佛
[illegible]

南无大心佛
南无天信佛
南无思惟甘露佛
南无點慧佛
南无勝燈佛
南无堅意佛
南无力步佛
南无蓮華葉眼佛
南无菩提光明佛
南无妙吼聲佛
南无六通聲佛
南无戍德力佛
南无人稱佛
南无勝華集佛
南无大髻佛
南无不隨他佛
南无畏行佛
南无不怯弱佛
南无離憂闇佛
南无過潮佛
南无月光佛
南无心勇猛佛
南无解脫慧佛
南无不取捨佛
南无薝蔔燈佛
南无勝火佛
南无善思意佛
南无勝威德色佛
南无信世間佛
南无妙慧佛
南无善信喜佛
南无華光佛
南无人華佛
南无善香佛
南无勝功德佛
南无種種華佛
南无高勝佛
南无虛空劫佛

BD14456號　佛名經（十六卷本）卷六　（33–20）

南无人華佛
南无善香佛
南无勝功德佛
南无種種華佛
南无高勝佛
南无虛空劫佛
南无天信佛
南无可敬橋佛
南无月光佛
南无大衆佛
南无寂力佛
南无智地佛
南无高意佛
南无山王智佛
南无快昇佛
南无妙身佛
南无勝親佛
南无離疑佛
從此以上五千二百佛十二部經一切賢聖
南无應行佛
南无勝香佛
南无无諍行佛
南无脩行功德佛
南无大精進心佛
南无然光明佛
南无攝步佛
南无脩行深心佛
南无香柔佛
南无香手佛
南无寂靜智佛
南无妙心佛
南无功德莊嚴佛
南无增上行佛
南无智意佛
南无功德山清淨聲佛
南无攝集佛
南无妙信佛
南无月見佛
南无功德王光明佛

BD14456號　佛名經（十六卷本）卷六　（33–21）

南无智意佛　南无功德山清淨聲佛
南无攝集佛　南无妙信佛
南无月見佛　南无功德王光明佛
南无不可力佛　南无離諸疑奮迅佛
南无稱王佛　南无攝諸根佛
南无上去佛　南无甘露光佛
南无甘露心佛　南无諸衆上佛
南无髻佛　南无不可降伏色佛
南无善信佛　南无莊嚴王佛
南无甘露日佛　南无勝燈佛
南无波頭上佛　南无寶藏佛
南无普光佛　南无家勝王佛
南无普光明上勝積佛　南无普現佛
南无善賢佛　南无還華勝佛
南无自在轉法王佛　南无千世自在聲佛
南无千善无垢自在王佛　南无離千无畏聲自在王佛
南无千无垢威德自在王佛　南无五百聲自在王佛
南无五百集自在聲佛　南无日龍歡喜佛
南无離畏稱王佛　南无妙光幢佛

BD14456號　佛名經（十六卷本）卷六　（33–22）

南无千无垢威德自在王佛　南无五百聲自在王佛
南无五百集自在聲佛　南无日龍歡喜佛
南无離畏稱王佛　南无妙光幢佛
南无離光聲佛　南无稱自在聲佛
南无妙法稱聲佛　南无勝藏稱王佛
南无不可思議意王佛　南无寶幢佛
南无火自在佛　南无聖智自在幢勇猛王佛
南无不可思慧佛　南无智藏佛
南无智高幢佛　南无智海王佛
南无大精進自在王佛　南无弥留勝劫佛
南无智顯循自在種子善无垢吼自在王佛
南无降伏功德海王佛　南无智成就力王佛
南无勝道自在王佛　南无勝闇積自在佛
南无華勝積智佛　南无金剛師子佛
南无戒勝佛　南无賢勝佛
南无无邊光佛　南无師子喜佛
南无无盡智積佛　南无寶行佛
南无智波羅婆佛　南无師子稱佛
南无智功德王佛　南无法華雨佛

BD14456號　佛名經（十六卷本）卷六　（33–23）

南无智波羅婆佛　南无師子稱佛
南无智功德王佛　南无法華雨佛
南无能作光佛　南无高山佛
南无法妙王无垢佛　南无香自在无垢眼佛
南无集大导佛　南无无障导力王佛
南无自福德力佛　南无智衣佛
南无自在佛　南无无量安樂佛
南无智集佛　南无大弥留佛
南无日藏佛　南无作功德莊嚴佛
南无華幢佛　南无功德光明佛
南无離功德闇王佛
從此以上五千三百佛十二部經一切賢聖
南无功德王佛　南无法幢佛
南无聲自在王佛　南无自護佛
南无金剛密迹佛　南无寶自在佛
南无寶自在佛　南无妙幢佛
南无山劫佛　南无樂雲佛
南无法作佛　南无莎羅王佛
南无普功德堅固王佛　南无栴檀佛

BD14456號　佛名經（十六卷本）卷六　（33–24）

南无法作佛　南无莎羅王佛
南无普功德堅固王佛　南无栴檀佛
南无善徑佛　南无善至佛
南无幢勝燈佛　南无智步佛
南无堅幢佛　南无散法稱佛
南无降伏憍慢佛　南无功德炎佛
南无智光明佛　南无智然燈佛
南无无畏王佛　南无智聲幢幡佛
南无金剛燈佛　南无莊嚴王佛
南无勝數佛　南无善任意佛
南无月王佛　南无次第降伏王佛
南无堅固自在王佛　南无師子步佛
南无那羅延勝藏佛　南无集寶藏佛
南无樹提藏佛　南无星宿差别稱佛
南无功德力堅固王佛　南无妙聲佛
南无梵聲佛　南无勝梵佛
南无堅固王佛　南无千香佛
南无波頭摩勝王佛　南无光輪光佛
南无大光明王佛　南无香波頭摩王佛

BD14456號　佛名經（十六卷本）卷六　（33–25）

南无堅固王佛　南无千香佛
南无波頭摩勝王佛　南无光輪光佛
南无大光明王佛　南无香波頭摩王佛
南无疾无邊功德海智上佛　南无閻浮影佛
南无功德山幢佛　南无師子幢佛
南无龍吼佛　南无華威德王佛
南无善香種子佛　南无无我甘露功德威德王劫佛
南无復有八千同名无我甘露功德威德王劫佛
南无法智佛　南无龍自在解脫佛
南无金華佛　南无龍吼自在聲佛
南无寶積佛　南无華照佛
南无大香佛　南无須摩那華佛
南无山王佛　南无世眼佛
南无淨主佛　南无閻浮影佛
南无根本上佛　南无寶山佛
南无海藏佛　南无堅力佛
南无上聖佛　南无自在聖佛
南无拘隣佛　南无師子步佛
南无智幢佛　南无佛聞聲佛

南无上聖佛　南无自在聖佛
南无拘隣佛　南无師子步佛
南无智幢佛　南无佛聞聲佛
南无廣勝佛　南无安佛
南无智光佛　南无大自在佛
南无弥世佛　南无手喜佛
南无尼拘律王佛　南无金銀佛
南无供養佛　南无日喜佛
南无寶奕佛　南无善眼佛
南无高淨佛　南无淨聖佛
南无吼聲佛　南无見義佛
南无稱喜佛　南无稱勝佛

次礼十二部尊經大藏法輪

南无八龍王天神呪經　南无和休經
南无羅什辟經　南无稱羊經

從此以上五千四百佛十二部經一切賢聖

南无觀發諸王要偈經　南无鸚鵡王經
南无佛說隨隣尼經　南无方便心論經
南无佛說王邪經　南无鉢記經

南无觀發諸王要偈經　南无鸚鵡王經
南无佛説陁隣尼經　南无方便心論經
南无佛説王邪經　南无鉢記經
南无佛説四願經　南无佛説六字咒王經
南无佛説迦葉經　南无佛説中心經
南无照明三昧經　南无五夢經
南无賢者威儀經　南无法鏡經
南无老母人經　南无未曾有經
南无未生怨經　南无弥勒慧經
南无大泥洹經　南无薩和菩王經
南无人本欲生經　南无十二因緣經
南无野雞經　南无我所經
次礼十方諸大菩薩
南无陁羅尼自在王菩薩　南无辯才莊嚴菩薩
南无須弥頂王菩薩　南无海德寶嚴淨意菩薩
南无大嚴淨菩薩　南无大相菩薩
南无光相菩薩　南无光德菩薩
南无淨意菩薩　南无喜王菩薩
南无堅勢菩薩　南无堅意菩薩

南无光相菩薩　南无光德菩薩
南无淨意菩薩　南无喜王菩薩
南无堅勢菩薩　南无堅意菩薩
南无慈王法王子菩薩　南无大目法王子菩薩
南无梵音法王子菩薩　南无妙色法王子菩薩
南无旃檀林法王子菩薩　南无師子吼音法王子菩薩
南无妙聲法王子菩薩　南无妙色形相法王子菩薩
南无種種莊嚴法王子菩薩　南无釋幢法王子菩薩
南无頂生法王子菩薩　次礼聲聞緣覺一切賢聖
南无聞辟支佛　南无智身辟支佛
南无毗離辟支佛　南无俱薩羅辟支佛
南无波蘇陁羅辟支佛　南无无毒淨心辟支佛
南无寶无垢辟支佛　南无福德辟支佛
南无黑辟支佛　南无唯黑辟支佛
礼三寶已次復懺悔
已懺地獄報竟今當復次懺悔三惡道報經中
佛説多欲之人多求利故苦惱亦多知足之人雖
卧地上猶以爲樂不知足者雖處天堂猶不稱
意但世間人忽有急難便能捨助不計多少而
不知此身臨於三塗深坑之上一息不還便應墮落

伴訪多欲之人多求利故苦惱亦多知足之人雖
卧地上猶以為樂不知足者雖處天堂猶不稱
意但世間人忽有急難便能捨財不計多少而
不知此身臨於三塗深坑之上一息不還便應墮落
忽有知識營功德福令備未來善法資粮
執此堅心无肯作理夫如此者撫為愚惑何以故
余經中佛說生時不賷一文而來死亦不持一文
而去苦身積聚為之憂惱於己无益徒為他
有无善可恃无德可怙致使命終墮諸惡道是
故弟子等今日稽顙𡚒到歸依佛
南无東方大光　曜佛　南无南方虛　空　住佛
南无西方金剛步佛　南无北方无邊　力佛
南无東南方无邊王佛　南无西南方壞諸怨賊佛
南无西北方離垢光佛　南无東北方金色光音佛
南无下方師子遊戲佛　南无上方月　幢王　佛
如是十方盡虛空界一切三寶
弟子今日次復懺悔畜生道中无有識知罪報
懺悔畜生道中負重牽犁償他宿債罪報
懺悔畜生道中不得自在為他所刲屠割罪報
懺悔畜生道中无足二足四足多足罪報懺悔畜

BD14456號　佛名經（十六卷本）卷六　（33-30）

弟子今日次復懺悔畜生道中无有識知罪報
懺悔畜生道中負重牽犁償他宿債罪報
懺悔畜生道中不得自在為他所刲屠割罪報
懺悔畜生道中无足二足四足多足罪報懺悔畜
生道中身諸毛羽鱗甲之内為諸小虫之所唼食
罪報如是畜生道中有无量罪報今日至誠皆悉
懺悔次復懺悔餓鬼道中長飢罪報懺悔餓鬼
百千万歲初不曾聞漿水之名罪報懺悔餓鬼食噉
膿血糞穢罪報懺悔餓鬼動身之時一切支節火
然罪報懺悔餓鬼腹大咽小罪報　如是餓鬼道中
无量苦報今日稽顙皆悉懺悔
復次一切鬼神修羅道中諂誑罪報懺悔鬼
神道中擔沙負石塡河塞海罪報懺悔鬼神羅
剎鳩槃荼諸惡鬼神生噉血肉受此醜陋罪報
如是鬼神道中无量无邊一切罪報今日稽顙向十
方佛大地菩薩求哀懺悔悉令消滅
願弟子等承是懺悔畜生等報所生功德生生
世世滅愚癡垢自識業緣智慧明照斷惡業緣
願以懺悔餓鬼等報所生功德生生世世永離慳
貪飢渴之苦常飡甘露解脫之味願以懺悔鬼

BD14456號　佛名經（十六卷本）卷六　（33-31）

願[illegible]慚愧畜生等報所生功德生生
世世滅愚癡垢自識業緣智慧明照斷惡業緣
願以懺悔餓鬼等報所生功德生生世世永離慳
貪飢渴之苦常飡甘露解脫之味願以懺悔鬼
神脩羅等報所生功德生生世世質直無諂離邪
命因除醜陋果福利人天願弟子等從今以去乃
至道場決定不受四惡道報唯除大悲為衆生
故以誓願力處之無厭 礼一拜

佛說佛名經卷第六

BD14456號　佛名經（十六卷本）卷六　（33–32）

故以誓願力處之無厭 礼一拜

佛說佛名經卷第六

靈應寫

BD14456號　佛名經（十六卷本）卷六　（33–33）

婢僕

生餓鬼中或傍生
藥師瑠璃光如來名故雖在惡
念彼如來名即於彼沒生在人中
念畏惡趣苦不樂欲樂好行惠施讚
歎施者所有財物無慳恪心漸次尚能以頭
目手足血肉身分施來求者況餘財物
復次曼殊室利若復有人歸依世尊受諸學
處而破戒破威儀及壞正見設有持戒
不求多聞於佛所說契經深義不能解了雖
有多聞而懷憍慢由慢心故自是非他嫌謗
正法為魔伴黨如是愚人自行邪見復令無
量百千俱胝有情墮大險坑此諸有情墮於
地獄傍生鬼趣若曾聞此藥師瑠璃光如來
名号由彼如來本願威力於地獄中憶佛名
号從彼命盡還生人間正見精進意樂調善
捨俗出家於佛法中受持學處無有毀犯正
見多聞解甚深義離於憍慢不謗正法不為
魔伴漸次脩行諸菩薩行乃至菩提
復次曼殊室利若諸有情慳貪嫉妒造諸惡
業自讚毀他命終當墮三惡趣中無量千歲
受諸劇苦從彼沒已[illegible]

BD14457號　藥師琉璃光七佛本願功德經卷下　（17–1）

号從彼命盡還生人間正見精進意樂調善
捨俗出家於佛法中受持學處無有毀犯正
見多聞解甚深義離於憍慢不謗正法不為
魔伴漸次脩行諸菩薩行乃至菩提
復次曼殊室利若諸有情慳貪嫉妒造諸惡
業自讚毀他命終當墮三惡趣中無量千歲
受諸劇苦從彼沒已來生人間或作牛馬駝
驢之屬恒被鞭撻飢渴纏心身常負重困苦
疲極若得為人生居下賤奴婢僕使被他駈
役恒不自在由昔人中曾聞藥師瑠璃光如來
名号彼善根力令復憶念至心歸依以佛神力
衆苦解脫諸根聰利智慧多聞恒求勝法常遇
善友永斷魔羂破無明殼竭煩惱河解脫一切
生老病死憂悲苦惱乃至菩提
復次曼殊室利若諸有情好喜乖離更相鬪訟
惱亂自他以身語意造諸惡業展轉常為不
饒益事手相謀害告召山林樹塚等神煞諸衆
生取其血肉祭祀藥叉羅刹神等書怨人名或
作形像以惡呪術而呪詛之厭媚蠱道呪起死
屍令斷彼命及壞其身是諸有情若得聞此
藥師瑠璃光如來名号彼諸惡緣悉不能害
一切展轉皆起慈悲利益安樂無損惱意及
嫌恨心於自所有常生喜足
復次曼殊室利若有四衆苾蒭苾蒭尼近事男
近事女及餘淨信男子女人若能受持八支齋
戒或經一年或復三月受持學處以此善根願
生西方極樂世界見無量壽佛若聞藥師瑠璃
光如來名号臨命終時有八菩薩乘神通來示
其去處即於彼界種種雜色衆寶華中自然化

BD14457號　藥師琉璃光七佛本願功德經卷下　（17–2）

近事女及餘淨信男子女人若能受持八支齋
戒或經一年或復三月受持學處以此善根願
生西方極樂世界見無量壽佛若聞藥師瑠璃
光如來名号臨命終時有八菩薩乘神通來示
其去處即於彼界種種雜色衆寶華中自然化
生或有因此生於天上雖生天中而昔善根亦
不窮盡不復更生諸餘惡趣天上壽盡還生人
間或爲輪王統攝四洲威德自在勸化無量百
千有情於十善道令其脩習或生刹帝利婆羅
門居士貴族多饒財寶倉庫盈溢形相端嚴
眷屬隆盛聰明智慧勇健威猛有大身力若是
女人得聞藥師瑠璃光如來名号至心受持於
後不復更受女身
復次曼殊室利彼藥師瑠璃光如來得菩提時
由本願力觀諸有情遇衆病苦瘦瘧乾消黃
熱等病或被厭魅蠱道所中或復短命或時横
死欲令是等病苦消除所求願滿時彼世尊入
三摩地名曰滅除一切衆生苦惱既入定已於
肉髻中出大光明光中演說大陁羅尼呪曰
南謨薄伽伐帝 鞞殺社窶嚕
薜瑠璃鉢喇婆 曷囉闍也
呾他揭多也 阿囉喝帝
三藐三勃陁也 呾姪他 唵
鞞殺逝鞞殺逝 鞞殺社三沒揭帝
莎訶
尒時光中說此呪已大地震動放大光明一
切衆生病苦皆除受安隱樂曼殊室利若見
男子女人有病苦者應當一心爲彼病人清
淨澡漱或食或藥或無蟲水呪一百八遍與

尒時光中說此呪已大地震動放大光明一
切衆生病苦皆除受安隱樂曼殊室利若見
男子女人有病苦者應當一心爲彼病人清
淨澡漱或食或藥或無蟲水呪一百八遍與
彼服食所有病苦悉皆消滅若有所求至心
念誦皆得如意無病延年命終之後生彼世
界得不退轉乃至菩提是故曼殊室利若有
男子女人於彼藥師瑠璃光如來至心殷重
恭敬供養者常持此呪勿令廢忘
復次曼殊室利若有淨信男子女人得聞如是
上七佛如來應正等覺所有名号聞已誦持晨
嚼齒木澡漱清淨以諸香花末香燒香塗香作
衆伎樂供養形像於此經典若自書若教人
書一心受持聽聞其義於彼法師應脩供養
一切所有資身之具悉皆施與勿令乏少如
是便蒙諸佛護念所求願滿乃至菩提
尒時曼殊室利童子白佛言世尊我於末法
之時誓以種種方便令諸淨信男子女人得
聞七佛如來名号乃至睡中亦以佛名令其
覺悟世尊若於此經受持讀誦或復爲他演
說開示若自書若教人書恭敬尊重以種種
華香塗香末香燒香花鬘瓔珞幡蓋伎樂而
爲供養以五色綵而裹裹之灑掃淨處置
高座上
是時四大天王與其眷屬及餘無量百千天
衆皆詣其所供養守護世尊若此經寶流行
之處及受持者以彼七佛如來本願功德及
聞名号威神之力當知是處無復横死亦復

高座上
是時四大天王與其眷屬及餘無量百千天
衆皆詣其所供養守護世尊若此經寶流行
之處及受持者以彼七佛如來本願功德及
聞名号威神之力當知是處無復横死亦復
不為諸惡鬼神奪其精氣設已奪者還得如
故身心安樂
佛告曼殊室利如是如是如汝所說曼殊室
利若有淨信男子女人欲供養彼七如來者
應先敬造七佛形像安在清淨上妙之座散
花燒香以諸幢幡莊嚴其處七日七夜受八
戒齋食清淨食澡浴身體著新淨衣心無垢
濁亦無恚害於諸有情常起利樂慈悲喜捨
平等之心鼓樂絃歌稱讚功德右繞佛像念
彼如來所有本願讀誦此經思惟其義演說
開示隨其所願求長壽得長壽求富饒得富
饒求官位得官位求男女得男女一切皆遂
若復有人忽得惡夢見諸惡相或恠鳥來集
或於其家百恠出現此人若以衆妙資具恭
敬供養彼諸佛者惡夢惡相諸不吉祥悉皆
隱沒不能為患或有水火刀毒懸崖險道惡
為師子虎狼熊羆蛇蠍蜈蚣如是等怖若能
至心憶念彼佛恭敬供養一切怖畏皆得解
脫若他國侵擾盜賊反亂憶念恭敬彼如來
者所有怨敵悉皆退散
復次曼殊室利若有淨信男子女人等乃至盡
形不事餘天唯當一心歸佛法僧受持禁戒
若五戒十戒菩薩四百戒苾芻二百五十戒
苾芻尼五百戒於諸戒中或有毀犯怖墮惡

BD14457號　藥師琉璃光七佛本願功德經卷下　　（17–5）

復次曼殊室利若有淨信男子女人等乃至盡
形不事餘天唯當一心歸佛法僧受持禁戒
若五戒十戒菩薩四百戒苾芻二百五十戒
苾芻尼五百戒於諸戒中或有毀犯怖墮惡
趣若能專念彼佛名号恭敬供養者必定不
生三惡趣中或有女人臨當産時受於極苦
若能至心稱名禮讚恭敬供養七佛如來衆
苦皆除所生之子顏貌端正見者歡喜利根
聰明少病安樂無有非人奪其精氣
尒時世尊告阿難言如我稱揚彼七如來名
号功德此是諸佛甚深境界難可了知汝勿
生疑阿難白佛言世尊我於如來所說契經
深義不生疑惑所以者何一切如來身語意
業皆無虛妄世尊此日月輪可令墮落妙高
山王可使傾動諸佛所言終無有異世尊然
有衆生信根不具聞說諸佛甚深境界作是
思惟云何但念七佛名号便獲尒所功德勝
利由此不信便生誹謗彼於長夜失大利樂
墮諸惡趣佛告阿難彼諸有情若得耳聞諸
佛名号墮惡趣者無有是處唯除定業不可
轉者阿難此是諸佛甚深境界難可信解汝
能信受當知皆是如來威力阿難一切聲聞
及獨覺等皆不能知唯除一生補處菩薩阿
難人身難得於三寶中信敬尊重亦難可得
得聞七佛如來名号復難於是阿難彼諸如
來無量菩薩行無量巧方便無量廣大願如
是行願善巧方便我若一劫若過一劫說不
能盡
尒時衆中有一菩薩摩訶薩名曰救脫即從座

BD14457號　藥師琉璃光七佛本願功德經卷下　　（17–6）

……是阿難彼諸如
来無量菩薩行無量巧方便無量廣大願如
是行願善巧方便我若一劫若過一劫說不
能盡
尒時衆中有一菩薩摩訶薩名曰救脫即從座
起偏袒右肩右膝著地合掌向佛白言世尊於
後末世像法起時若有衆生為諸病苦之所逼
惱身形羸瘦不能飲食唯脣乾燥目視皆暗死
相現前父母親屬朋友知識啼泣圍繞身卧本
處見彼琰魔法王之使引其神識將至王所然
諸有情有俱生神隨其所作善惡之業悉皆記
録授與彼王王即依法問其所作隨彼罪福
而處斷之是時病人親屬知識若能為彼歸
依諸佛種種莊嚴如法供養而彼神識或經
七日或二七日乃至七七日如從夢中覺復
本精神皆自憶知善不善業所得果報由自
證見業報不虛乃至命難亦不造惡是故淨
信男子女人皆應受持七佛名号隨力所能
恭敬供養
尒時具壽阿難問救脫菩薩曰善男子恭敬供
養彼七如来其法云何救脫菩薩言大德若有
病人及餘灾厄欲令脫者當為其人七日七夜
持八戒齋應以飲食及餘資具隨其所有供
佛及僧晝夜六時恭敬礼拜七佛如來讀誦
此經四十九遍然四十九燈造彼如來形像
七軀一一像前各置七燈其七燈狀圓若車
輪乃至四十九夜光明不絕造雜綵幡四十
九首并一長幡四十九尺放四十九生如是
即能離諸厄難不為諸橫惡鬼所持大德阿

BD14457 號　藥師琉璃光七佛本願功德經卷下　（17–7）

此經四十九遍然四十九燈造彼如来形像
七軀一一像前各置七燈其七燈狀圓若車
輪乃至四十九夜光明不絕造雜綵幡四十
九首并一長幡四十九尺放四十九生如是
即能離諸厄難不為諸橫惡鬼所持大德阿
難是為供養如来法式若於七佛之中隨其
一佛稱名供養者皆得如是無量功德所求
願滿何況盡能具足供養
復次大德阿難若刹帝利灌頂王等灾難起時
所謂人衆疾疫難他國侵逼難自界叛逆難
星宿變恠難日月薄蝕難非時風雨難過時
不雨難彼刹帝利灌頂王等尒時當於一切
有情起慈悲心放大恩赦脫諸幽厄苦惱衆
生如前法式供養諸佛由此善根及彼如来
本願力故令其國界即得安隱風雨順時穀
稼成熟國內衆生無病安樂又無暴惡藥叉
等神共相惱亂一切惡相悉皆隱沒而刹帝
利灌頂王等皆得增益壽命色力無病自在
大德阿難若帝后妃主儲君王子大臣輔相
宮中婇女百官黎庶為病所苦及餘厄難亦
應敬造七佛形像讀誦此經然燈造幡放諸
生命至誠供養燒香散花即得病苦銷除解
脫衆難
尒時具壽阿難問救脫菩薩言善男子云何
已盡之命而可增益救脫菩薩言大德仁豈
不聞如來說有九橫死耶由是世尊為說呪
藥隨事救療然燈造幡脩諸福業以脩福故
得延壽命阿難問言九橫云何救脫菩薩言
一者若諸有情得病雖輕然無醫藥及看病者

BD14457 號　藥師琉璃光七佛本願功德經卷下　（17–8）

不聞如來說有九橫死耶由是世尊為說呪
藥隨事救療然燈造幡脩諸福業以脩福故
得延壽命阿難問言九橫云何救脫菩薩言
一者若諸有情得病雖輕然無醫藥及看病者
設復遇醫不授其藥實不應死而便橫死又信
世間耶魔外道妖孽之師妄說禍福便生恐動
心不自正卜問吉凶殺諸衆生求神解奏呼召
魍魎請福祈恩欲冀延年終不能得愚迷倒見
遂令橫死入於地獄無有出期二者橫為王法
之所誅戮三者畋獵嬉戲耽婬嗜酒放逸無度
橫為非人奪其精氣四者橫為火焚五者橫
為水溺六者橫為種種惡獸所噉七者橫墮
山崖八者橫為毒藥猒禱呪詛起屍鬼等
之所中害九者飢渴所困不得飲食而便
橫死是為如來略說橫死有此九種其餘
復有無量諸橫難可具說
復次阿難彼餤魔王薄錄世間所有名籍若
諸有情不孝五逆毀辱三寶壞君臣法破於
禁戒餤魔法王隨罪輕重考而罰之是故我
今勸諸有情然燈造幡放生脩福令度苦厄
不遭衆難爾時衆中有十二藥叉大將俱在
會坐其名曰
宮毗羅大將　跋折羅大將　迷企羅大將　頞你羅大將
末你羅大將　娑你羅大將　因陁羅大將　波夷羅大將
薄呼羅大將　真達羅大將　朱杜羅大將　毗羯羅大將
此十二藥叉大將一一各有七千藥叉以為眷
屬同時舉聲白佛言世尊我等今者蒙佛威力
得聞七佛如來名号於諸惡趣無復怖畏我等

BD14457號　藥師琉璃光七佛本願功德經卷下　（17–9）

末你羅大將　娑你羅大將　因陁羅大將　波夷羅大將
薄呼羅大將　真達羅大將　朱杜羅大將　毗羯羅大將
此十二藥叉大將一一各有七千藥叉以為眷
屬同時舉聲白佛言世尊我等今者蒙佛威力
得聞七佛如來名号於諸惡趣無復怖畏我等
相率皆同一心乃至盡形歸佛法僧擔當荷負
一切有情為作義利饒益安樂隨於何處城邑
聚落空閑林中若有此經流布讀誦或復受持
七佛名号恭敬供養者我等眷屬衛護是人
令脫衆難所有願求悉令滿足或有疾厄求
度脫者亦應讀誦此經以五色縷結我名字
得如願已然後解結爾時世尊讚諸藥叉大將
言善哉善哉大藥叉將汝等念報七佛如來恩
德者常應如是利益安樂一切有情
爾時會中有多天衆智慧鮮少作如是念云何
過是殑伽河沙諸佛世界現在如來纔聞名者
便獲無邊殊勝功德爾時釋迦牟尼如來知諸
天衆心之所念即入警召一切如來甚深妙定
纔入定已一切三千大千世界六種震動雨天
妙花及天香末彼七如來見是相已各從其國
來至索訶世界與釋迦如來共相問訊時佛世
尊由其先世本願力故各各自於天寶莊嚴師
子座上隨處安坐諸菩薩衆天龍八部人非人
等國王王子中宮妃主并諸大臣婆羅門長者
居士前後圍繞而為說法時諸天衆見彼如來
皆已雲集生大希有疑惑便除時諸大衆歎未
曾有同聲讚言善哉釋迦如來饒益我等為除
疑惑令彼如來皆至於此時諸大衆各隨自力
以妙香花及衆瓔珞諸天伎樂供養如來右繞

BD14457號　藥師琉璃光七佛本願功德經卷下　（17–10）

居士前後圍繞而為說法時諸天衆見彼如来
皆已雲集生大希有疑惑便除時諸大衆歎未
曾有同聲讚言善哉釋迦如来饒益我等為除
疑惑令彼如来皆至於此時諸大衆各随自力
以妙香花及衆瓔珞諸天伎樂供養如来右繞
七迊合掌礼敬讚言希有希有諸佛如来甚深
境界不可思議由先願力善巧方便共現如是
奇異之相尒時大衆各各發願願諸衆生皆得
如是如来勝定
尒時曼殊室利即從座起合掌恭敬繞佛七迊
礼雙足已白言世尊善哉善哉如来定力不可
思議由本願力方便善巧成就衆生唯願為說
大力神呪能令来世薄福衆生病惱纏日月星
辰所有厄難疫疾殃惡及行險道遭諸恐怖為
作歸依令得安隱彼諸衆生於此神呪若自書
教人書受持讀誦廣為他說常蒙諸佛之所護
念佛自現身令願滿足不墮惡趣亦無横死時
諸如来讚曼殊室利言善哉善哉此我等威神
之力令汝勸請哀愍衆生離諸苦難為說神呪
汝應諦聽善思念之我當為說曼殊室利有大
神呪名曰如来定力瑠璃光若有男子女人書
寫讀誦恭敬供養於諸含識起大悲心所有願
求皆得滿足諸佛現身而為護念離衆障惱當
生佛國時七如来以一音聲即說呪曰
怛 姪 他 具謎 具謎 謦尼謎膩 四上
末底 末 底 馺頞 怛他 揭多三 摩地
頞提瑟 恥帝 頞帝末帝 波 例
波跛輸 但你 薩婆波跛 鄉世也
勃勝 勃畓 嗢荅謎 隝謎 矩謎

生佛國時七如来以一音聲即說呪曰
怛 姪 他 具謎 具謎 謦尼謎膩 四上
末底 末 底 馺頞 怛他 揭多三 摩地
頞提瑟 恥帝 頞帝末帝 波 例
波跛輸 但你 薩婆波跛 鄉世也
勃勝 勃畓 嗢荅謎 隝謎 矩謎
佛鐸器 怛羅 鉢里輸但你 曇謎 眫曇謎
謎嚕 謎 嚕 謎嚧尸揭孋 薩婆哥羅
蜜栗 覩 庚了 尼婆 喇 你 勃提 蘇勃勝
佛 陁 頞提瑟侘泥娜 曷喀又覩謎 如和及
薩婆提 婆 三謎頞 三謎 三曼 棲
漢 嘬 覩 謎 薩婆佛陁 菩提 薩 埵
菩謎 菩 謎 鉢喇菩曼 覩 謎
薩婆伊 底 隝波達 婆 薩婆毗阿大也
薩婆薩埵難者 晡嘬 泥晡嘬泥去 晡嘬也謎
薩婆阿舍 薜瑠璃也 鉢喇底婆細
薩婆波跛 惓揚羯孋 莎訶
尒時七佛說此呪時光明普照大地震動種
種神變一時俱現時諸大衆見此事已各各
随力以天香花塗香末香奉上彼佛咸唱善
哉右繞七迊彼佛世尊同聲唱言汝等一切
人天大衆應如是知若有善男子善女人若
王王子妃后大臣寮庶之類若於此呪受持
讀誦聽聞演說以妙香花供養經卷著新淨
衣在清淨處持八戒齋於諸含識常生慈愍
如是供養得無量福若復有人有所祈願應
當造此七佛形像可於静處以諸香花懸繒
幡蓋上妙飲食及諸伎樂而為供養并復供
養菩薩諸天在佛像前端坐誦呪於七日中

衣在清淨處持八戒齋於諸含識常生慈愍
如是供養得無量福若復有人有所祈願應
當造此七佛形像可於靜處以諸香花懸繒
幡蓋上妙飲食及諸伎樂而為供養并復供
養菩薩諸天在佛像前端坐誦呪於七日中
持八戒齋誦滿一千八十遍彼諸如來及諸
菩薩悉皆護念執金剛菩薩并諸釋梵四天
王等亦來擁衛此人所有五無間罪一切業
障悉皆消滅無病延年亦無橫死及諸疾疫
他方賊盜欲來侵境鬪諍戰陣言訟讎隙飢
儉旱澇如是等怖一切皆除共起慈心猶如
父母有所願求無不遂意
尒時執金剛菩薩釋梵四天從座而起合掌
恭敬礼釋迦牟尼佛足白言世尊我等大衆
皆已得聞諸佛本願殊勝功德及見諸佛慈
悲至此令我衆生親承供養世尊若於其處
有此經典及七佛名陁羅尼法流通供養乃
至書寫我等悉皆承佛威力即往其處擁護
於彼國王大臣城邑聚落男子女人勿令衆
苦及諸疾病之所惱亂常得安隱財食豐足
我等即是報諸佛恩世尊我等親於佛前自
立要誓若有淨信男子女人憶念我者應誦
此呪即說呪曰

怛姪他 惡窶莫窶 怛囉窶
麼麼窶 具灑 訶呼去 醞去
末囉末囉末囉 竪樹灑布灑 莎訶

若有淨信男子女人國王王子大臣輔相中宮
婇女誦七佛名及此神呪讀誦書寫恭敬供
養現世皆得無病長壽離衆苦惱不墮三塗

BD14457號　藥師琉璃光七佛本願功德經卷下

（17–13）

怛姪他 惡窶莫窶 怛囉窶
麼麼窶 具灑 訶呼去 醞去
末囉末囉末囉 竪樹灑布灑 莎訶

若有淨信男子女人國王王子大臣輔相中宮
婇女誦七佛名及此神呪讀誦書寫恭敬供
養現世皆得無病長壽離衆苦惱不墮三塗
得不退轉乃至菩提彼諸佛土隨意受生常
見諸佛得宿命智念定揔持無不具足若患
鬼瘧等病當書此呪繫之肘後病若差已置
清淨處
尒時執金剛菩薩詣七佛所右繞三迊各申
礼敬白言世尊唯願慈悲護念於我我今為
欲饒益未來男子女人持是經者我更為說
陁羅尼呪時彼七佛讚執金剛言善哉善哉
執金剛我加護汝可說神呪為護未來持經
之人令無衆惱所求滿足時執金剛菩薩即
說呪曰

南麼颯多喃 三藐三佛陁喃 南麼薩婆
跋折囉達囉喃 怛姪他 唵 跋折囉跋折囉
莫訶跋折囉 跋折囉波捨 陁喇 你
三麼三麼 三曼須 阿鉢喇底嘅多
跋折 囉 苫麼苫麼 鉢囉苫曼覩謎
薩婆毗何大也 矩嚕矩嚕 薩婆羯麼
阿代喇拏你又也 三麼也末奴三末囉 薄伽畔跋折囉
波你 薩婆舍謎鉢哩 脯喇也莎訶

世尊若復有人持七佛名憶念彼佛本願功
德并持此呪讀誦演說我令彼人所願滿足
無所乏少若欲見我問善惡者應當書寫此
經造七佛像并執金剛菩薩像皆於像身安

BD14457號　藥師琉璃光七佛本願功德經卷下

（17–14）

世尊若復有人持七佛名憶念彼佛本願功
德并持此呪讀誦演說我令彼人所願滿足
無所乏少若欲見我問善惡者應當書寫此
經造七佛像并執金剛菩薩像皆於像身安
舍利於此像前如上所說種種供養礼拜旋
繞於衆生處起慈悲心受八戒齋日別三時
澡浴清淨三時衣別從日月八日至十五日
每日誦呪一百八遍心無散亂我於夢中即
自現身共為言說隨所求者皆令滿足時大
會中有諸菩薩皆悉唱言善哉善哉執金剛
此陁羅尼不可思議實為善說時七如來作
如是言我等護汝所說神呪為饒益一切衆
生皆得安樂所求願滿不令此呪隱沒於世
尒時七佛告諸菩薩釋梵四天王曰我今以
此神呪付囑汝等并此經卷於未來世後五
百歲法欲滅時汝等皆應護持是經此經威
力利益甚多能除衆罪善願皆遂勿於薄福
衆生誹謗正法毀賢聖者授與斯經令法速
滅尒時東方七佛世尊見此大衆所作已辦
機緣滿足無復疑心各還本土於其座上忽然
不現尒時具壽阿難陁即從座起礼佛雙足右
膝著地合掌恭敬而白佛言世尊當何名此經
我等云何受持佛告阿難陁此經名為七佛如
來應正等覺本願功德殊勝莊嚴亦名曼殊室
利所問亦名藥師瑠璃光如來本願功德亦名
執金剛菩薩發願要期亦名淨除一切業障亦
名所有願求皆得圓滿亦名十二大將發願護
持如是名字汝當奉持時薄伽梵說是經已
諸大菩薩及聲聞衆天龍藥叉乹

BD14457 號　藥師琉璃光七佛本願功德經卷下　（17–15）

我等云何受持佛告阿難陁此經名為七佛如
來應正等覺本願功德殊勝莊嚴亦名曼殊室
利所問亦名藥師瑠璃光如來本願功德亦名
執金剛菩薩發願要期亦名淨除一切業障亦
名所有願求皆得圓滿亦名十二大將發願護
持如是名字汝當奉持時薄伽梵說是經已
諸大菩薩及聲聞衆天龍藥叉乹闥婆阿蘇
羅揭路荼緊那羅莫呼洛伽人非人等一
切大衆聞佛所說皆大歡喜信受奉行

新譯藥師瑠璃光七佛本願功德經卷下

大唐景龍元年歲次丁未乙甲申朔旨
辛丑翻經三藏沙門義淨奉
制在內道場譯并綴文
翻經沙門婆羅門大德槃度讀梵文
翻經沙門荊州大唐龍興寺大德景 證義
翻經沙門大總持寺上座大宜 證文
翻經沙門大薦福寺上座道岸 證義
翻經沙門大福先寺大德勝庄 證義
翻經沙門相州禪河寺大德玄傘筆受
翻經沙門大唐龍興寺大德利明 證義
中大夫檢校兵部侍郎臣崔湜 潤文
太中大夫行給事中上柱國臣盧粲潤文正字
太中大夫宗正寺少卿臣沈務本 潤文
中大夫前吉州長史上柱國臣李元毅正字
秘書省楷書令史臣杜元禮寫
典秘書省楷書令史臣楊軌 僧
判官朝議郎著作佐郎臣劉令植

BD14457 號　藥師琉璃光七佛本願功德經卷下　（17–16）

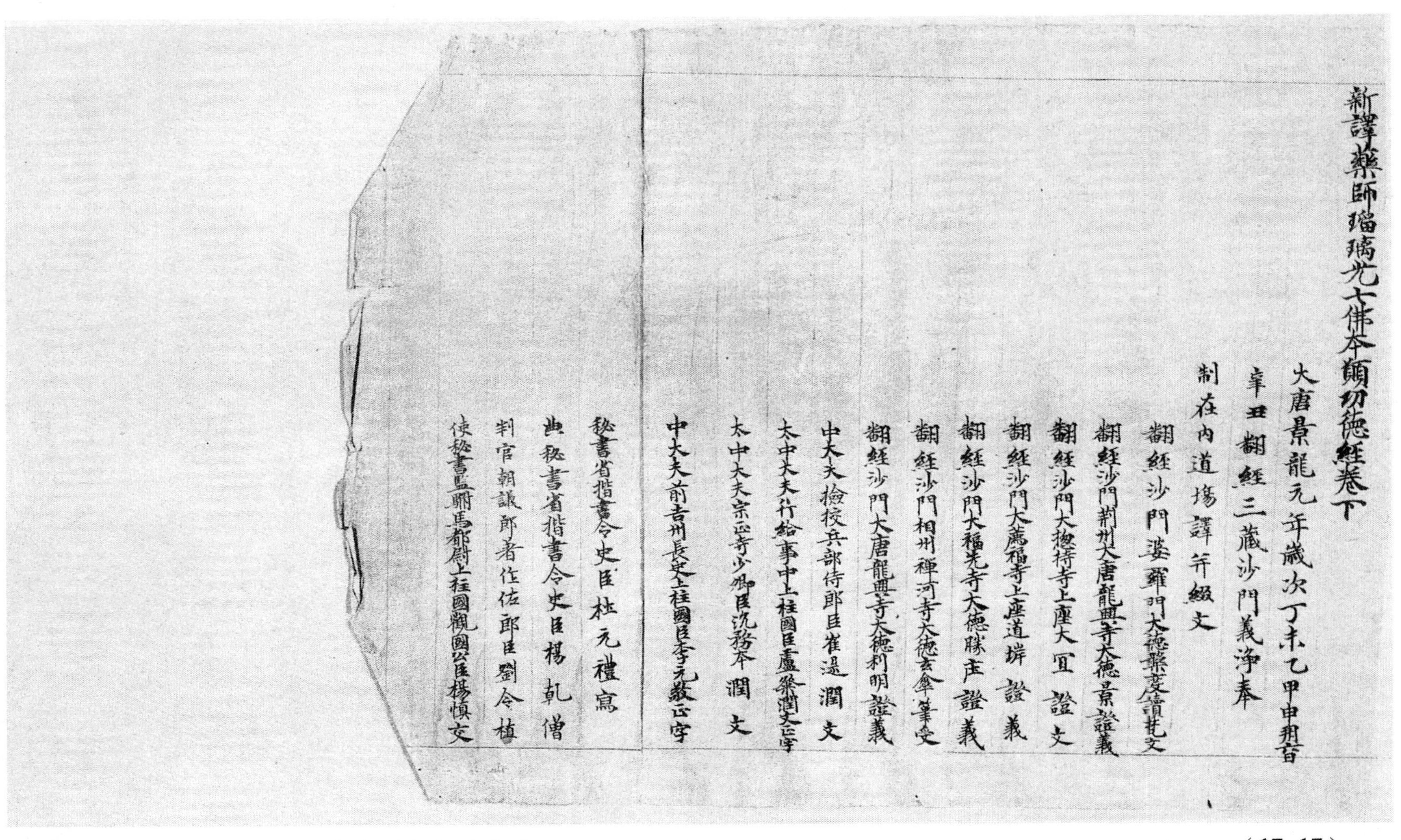

新譯藥師瑠璃光七佛本願功德經卷下
大唐景龍元年歲次丁未乙甲申朔旨
辛丑翻經三藏沙門義淨奉
制在内道場譯并綴文
翻經沙門婆羅門大德𣝕度讀梵文
翻經沙門荊州大唐龍興寺大德景證義
翻經沙門大總持寺上座大亘證文
翻經沙門大薦福寺上座道㟆證義
翻經沙門大福先寺大德勝庄證義
翻經沙門相州禪河寺大德玄傘筆受
翻經沙門大唐龍興寺大德利明證義
中大夫檢校兵部侍郎臣崔湜潤文
太中大夫行給事中上柱國臣盧粲潤文正字
太中大夫宗正寺少卿臣沈務本潤文
中大夫前吉州長史上柱國臣李元恭正字
秘書省楷書令史臣杜元禮寫
典秘書省楷書令史臣楊乹僧
判官朝議郎著作佐郎臣劉令植
使秘書監駙馬都尉上柱國觀國公臣楊愼交

BD14457號　藥師琉璃光七佛本願功德經卷下　（17–17）

方舉衆皆見其去到衆香界礼彼佛足又聞
其言維摩詰稽首世尊足下致敬无量問訊
起居少病少惱氣力安不願得世尊所食之
餘欲於娑婆世界施作佛事使此樂小法者
得弘大道亦使如來名聲普聞彼諸大士見
化菩薩歎未曾有今此上人從何所來娑婆
世界爲在何許云何名爲樂小法者即以問
佛佛告之曰下方度如四十二恒河沙佛土有
世界名娑婆佛号釋迦牟尼今現在於五濁世
爲樂小法衆生敷演道教彼有菩薩名維摩
詰住不可思議解脱爲諸菩薩說法故遣化來
稱揚我名并讃此土令彼菩薩增益功德彼
菩薩言其人何如乃作是化德力无畏神足
若斯佛言甚大一切十方皆遣化往施作佛
事饒益衆生於是香積如來以衆香鉢盛滿
香飯與化菩薩時彼九百万菩薩俱發聲言
我欲詣娑婆世界供養釋迦牟尼佛并欲見
維摩詰等諸菩薩衆佛言可往攝汝身香无

BD14458號　維摩詰所說經卷下　（22–1）

菩薩言其人何如乃作是化德力无畏神足
若斯佛言甚大一切十方皆遣化往施作佛
事饒益衆生於是香積如來以衆香鉢盛滿
香飯與化菩薩時彼九百万菩薩俱發聲言
我欲詣娑婆世界供養釋迦牟尼佛并欲見
維摩詰等諸菩薩衆佛言可往攝汝身香无
令彼諸衆生起惑著心又當捨汝本形勿使
彼國求菩薩者而自鄙耻又汝於彼莫懷輕
賤而作㝵想所以者何十方國土皆如虛空
又諸佛為欲化諸樂小法者不盡現其清淨
土耳時化菩薩既受鉢飯與彼九百万菩薩
俱承佛威神及維摩詰力於彼世界忽然不
現須申之間至維摩詰舍維摩詰即化作九
百万師子之座嚴好如前諸菩薩皆坐其上
化菩薩以滿鉢香飯與維摩詰飯香普薰毗
耶離城及三千大千世界時毗耶離婆羅門
居士等聞是香氣身意快然歎未曾有於是
長者主月蓋從八万四千人來入維摩詰舍
見其室中菩薩甚多諸師子座高廣嚴好皆
大歡喜禮衆菩薩及大弟子却住一面諸地
神虛空神及欲色界諸天聞此香氣亦皆來
入維摩詰舍時維摩詰語舍利弗等諸大聲
聞仁者可食如來甘露味飯大悲所薰无以
限意食之使不消也有異聲聞念是飯少如
此大衆人人當食化菩薩日勿以聲聞小德
小智稱量如來无量福慧四海有竭此飯无

入維摩詰舍時維摩詰語舍利弗等諸大聲
聞仁者可食如來甘露味飯大悲所薰无以
限意食之使不消也有異聲聞念是飯少如
此大衆人人當食化菩薩日勿以聲聞小德
小智稱量如來无量福慧四海有竭此飯无
盡使一切人食揣若須弥乃至一劫猶不能
盡所以者何无盡戒定智慧解脫解脫知見
功德具足者所食之餘終不可盡於是鉢飯
悉飽衆會猶故不盡其諸菩薩聲聞天人食
此飯者身安快樂譬如一切樂莊嚴國諸菩
薩世又諸毛孔皆出妙香亦如衆香國土諸
樹之香
尒時維摩詰問衆香菩薩香積如來以何說
法彼菩薩日我土如來无文字說但以衆香
令諸天人得入律行菩薩各各坐香樹下聞
斯妙香即獲一切德藏三昧得是三昧者菩
薩所有功德皆悉具足彼諸菩薩問維摩詰
今世尊釋迦牟尼以何說法維摩詰言此土
衆生剛強難化故佛為說剛強之語以調伏
之言是地獄是畜生是餓鬼是諸難處是愚
人生處是身耶行是身耶行報是口耶行是
口耶行報是意耶行是意耶行報是煞生是
煞生報是不與取是不與取報是耶婬是耶
婬報是妄語是妄語報是兩舌是兩舌報是
惡口是惡口報是无義語是无義語報是貪
嫉是貪嫉報是瞋惱是瞋惱報是耶見是耶

煞生報是不與取是不與取報是耶婬是耶
婬報是妄語是妄語報是兩舌是兩舌報是
惡口是惡口報是无義語是无義語報是貪
嫉是貪嫉報是瞋惱是瞋惱報是耶見是耶
見報是慳悋是慳悋報是毀戒是毀戒報是
瞋恚是瞋恚報是懈怠是懈怠報是亂意是
亂意報是愚癡是愚癡報是結戒是持戒是
犯戒是應作是不應作是鄣㝵是不鄣㝵是
得罪是離罪是淨是垢是有漏是无漏是耶
道是正道是有為是无為是世間是涅槃以
難化之人心如猨猴故以若干種法制御其
心乃可調伏譬如象馬𢤱悷不調加諸楚毒
乃至徹骨然後調伏如是剛強難化衆生故
以一切苦切之言乃可入律彼諸菩薩聞說
是已皆曰未曾有也如世尊釋迦牟尼佛隱
其无量自在之力乃以貧所樂法度脫衆生
斯諸菩薩亦能勞謙以无量大悲生是佛土
維摩詰言此土菩薩於諸衆生大悲堅固誠
如所言然其一世饒益衆生多於彼國百千
劫行所以者何此娑婆世界有十事善法諸
餘淨土之所无有何等為十以布施攝貧窮
以淨戒攝毀禁以忍辱攝瞋恚以精進攝懈
怠以禪定攝亂意以智慧攝愚癡說除難法
度八難者以大乘法度樂小乘者以諸善根
濟无德者常以四攝成就衆生是為十彼菩
薩曰菩薩成就幾法於此世界行无創疣生

怠以禪定攝亂意以智慧攝愚癡說除難法
度八難者以大乘法度樂小乘者以諸善根
濟无德者常以四攝成就衆生是為十彼菩
薩曰菩薩成就幾法於此世界行无創疣生
于淨土維摩詰言菩薩成就八法於此世界
行无創疣生于淨土何等為八饒益衆生而
不望報代一切衆生受諸苦惱所作功德盡
以施之等心衆生謙下无㝵於諸菩薩視之
如佛所未聞經聞之不疑不與聲聞而相違
背不嫉彼供不高己利而於其中調伏其心
常省己過不訟彼短恒以一心求諸功德是
為八維摩詰文殊師利於大衆中說是法時
百千天人皆發阿耨多羅三藐三菩提心十
千菩薩得无生法忍

菩薩行品第十一

是時佛說法於菴羅樹園其地忽然廣博嚴
事一切衆會皆作金色阿難白佛言世尊以
何因緣有此瑞應是處忽然廣博嚴事一切
衆會皆作金色佛告阿難是維摩詰文殊師
利與諸大衆恭敬圍遶發意欲來故先為此
瑞應於是維摩詰語文殊師利可共見佛與
諸菩薩礼事供養文殊師利言善哉行矣今
正是時維摩詰即以神力持諸大衆并師子
座置於右掌往詣佛所到已著地稽首佛足
右遶七帀一心合掌在一面立其諸菩薩即
皆避座稽首佛足亦遶七帀於一面立諸大

諸菩薩礼事供養文殊師利言善哉行矣今
正是時維摩詰即以神力持諸大衆并師子
座置於右掌往詣佛所到已著地稽首佛足
右遶七帀一心合掌在一面立其諸菩薩即
皆避坐稽首佛足亦遶七帀於一面立諸大
弟子釋梵四天王等亦皆避坐稽首佛足在
一面立於是世尊如法慰問諸菩薩已各令
復坐即皆受教衆坐已定佛語舍利弗汝見
菩薩大士自在神力之所為乎唯然已見於
汝意云何世尊我覩其為不可思議非意所
啚非度所測尒時阿難白佛言世尊今所聞
香自昔未有是為何香佛告阿難是彼菩薩
毛孔之香於是舍利弗語阿難言我等毛孔
亦出是香阿難言此所從來曰是長者維摩
詰從衆香國取佛餘飯於舍食者一切毛孔
皆香若此阿難問維摩詰是香氣住當久如
維摩詰言至此飯消曰此飯久如當消曰此
飯勢力至于七日然後乃消又阿難若聲聞
人未入正位食此飯者得入正位然後乃消
已入正位食此飯者得心解脫然後乃消若
未發大乘意食此飯者至發意乃消已發意
食此飯者得无生忍然後乃消已得无生忍
食此飯者至一生補處然後乃消譬如有藥
名曰上味其有服者身諸毒滅然後乃消此
飯如是滅除一切諸煩惱毒然後乃消阿難
白佛言未曾有也唯然世尊如此香飯能作

BD14458號　維摩詰所說經卷下　（22–6）

食此飯者至一生補處然後乃消譬如有藥
名曰上味其有服者身諸毒滅然後乃消此
飯如是滅除一切諸煩惱毒然後乃消阿難
白佛言未曾有也唯然世尊如此香飯能作
佛事佛言如是如是阿難或有佛土以佛光
明而作佛事有以諸菩薩而作佛事有以佛
所化人而作佛事有以菩提樹而作佛事有
以佛衣服卧具而作佛事有以飯食而作佛
事有以園林臺觀而作佛事有以三十二相八
十隨形好而作佛事有以佛身而作佛事有
以虛空而作佛事衆生應以此緣得入律行
有以夢幻影響鏡中像水中月熱時炎如是
等喻而作佛事有以音聲語言文字而作佛
事或有清淨佛土寂漠无言无說无示无識
无作无為而作佛事如是阿難諸佛威儀進
止諸所施為无非佛事阿難有此四魔八万四
千諸煩惱門而諸衆生為之疲勞諸佛即以此
法而作佛事是名入一切諸佛法門菩薩入
此門者若見一切淨妙佛土不以為喜不貪
不高若見一切不淨佛土不以為憂不㝵不沒
但於諸佛生清淨心歡喜恭敬未曾有也諸
佛如來功德平等為教化衆生故而現佛土
不同阿難汝見諸佛國土地有若干而虛空
无若干也如是見諸佛色身有若干耳其无
㝵慧无若干也阿難諸佛色身威相種姓戒

BD14458號　維摩詰所說經卷下　（22–7）

佛如来功德平等為教化衆生故而現佛土
不同阿難汝見諸佛國土地有若干而虚空
无若干也如是見諸佛色身有若干耳其无
㝵慧无若干也阿難諸佛色身威相種姓戒
定智慧解脱解脱知見力无所畏不共之法
大慈大悲威儀所行及其壽命説法教化成
就衆生淨佛國土具諸佛法悉皆同等是故
名為三藐三佛陁名為多陁阿伽度名為佛
陁阿難若我廣説此三句義汝以劫壽不能
盡受正使三千大千世界滿中衆生皆如阿
難多聞第一得念揔持此諸人等以劫之壽
亦不能受如是阿難諸佛阿耨多羅三藐三
菩提无有限量智慧辯才不可思議阿難白
佛言我從今已往不敢自謂以為多聞佛告
阿難勿起退意所以者何我説汝於聲聞中
為最多聞非謂菩薩且止阿難其有智者不
應限度諸菩薩也一切海渕尚可測量菩薩
禪定智慧揔持辯才一切功德不可量也阿難
汝等捨置菩薩所行是維摩詰一時所現神
通之力一切聲聞辟支佛於百千劫盡力變
化所不能作
尒時衆香世界菩薩來者合掌白佛言世尊
我等初見此土生下劣想今自悔責捨離是
心所以者何諸佛方便不可思議為度衆生
故隨其所應現佛國異唯然世尊願賜少法
還於彼土當念如来佛告諸菩薩有盡无盡

BD14458號　維摩詰所説經卷下　（22–8）

尒時衆香世界菩薩來者合掌白佛言世尊
我等初見此土生下劣想今自悔責捨離是
心所以者何諸佛方便不可思議為度衆生
故隨其所應現佛國異唯然世尊願賜少法
還於彼土當念如来佛告諸菩薩有盡无盡
解脱法門汝等當學何謂為盡謂有為法何
謂无盡謂无為法如菩薩者不盡有為不住
无為何謂不盡有為謂不離大慈不捨大悲
深發一切智心而不忽忘教化衆生終不厭
惓於四攝法常念順行護持正法不惜軀命
種諸善根无有疲厭志常安住方便迴向求
法不懈説法无悋勤供諸佛故入生死而无
所畏於諸榮辱心无憂喜不輕未學敬學如
佛墮煩惱者令發正念於遠離樂不以為貴
不著己樂慶於彼樂在諸禪定如地獄想於
生死中如園觀想見來求者為善師想捨諸
所有具一切智想見毀戒人起救護想諸波
羅蜜為父母想道品之法為眷屬想發行善
根无有齊限以諸淨國嚴飾之事成己佛土
開門大施具足相好除一切惡淨身口意淨
故生死无數劫意而有勇聞佛无量德志而
不惓以智慧劒破煩惱賊出陰界入荷負衆
生永使解脱以大精進摧伏魔軍常求无念實
相智慧於世間法少欲知足於出世間法不懐厭
儀而能隨俗起神通慧引導衆生得念揔持
所聞不忘善別諸根斷衆生疑以樂説辯演

BD14458號　維摩詰所説經卷下　（22–9）

不惓以智慧劒破煩惱賊出陰界入荷負衆
生永使解脫以大精進摧伏魔軍常求无念實
相智慧於世間法少欲知足於出世間法不懷厭
儀而能隨俗起神通慧引導衆生得念揔持
所聞不忘善別諸根斷衆生疑以樂說辯演
法无㝵淨十善道受天人福脩四无量開梵天
道勸請說法隨喜讚善得佛音聲身口意善
得佛威儀深脩善法所行轉勝以大乘教成
菩薩僧心无放逸不失衆善行如此法是名
菩薩不盡有為何謂菩薩不住无為謂脩學
空不以空為證脩學无相无作不以无相无
作為證脩學无起不以无起為證觀於无常
而不猒善本觀世間苦而不惡生死觀於无
我而誨人不惓觀於寂滅而不永寂滅觀於
遠離而身心脩善觀无所歸而歸趣善法觀
於无生而以生法荷負一切觀於无漏而不
斷諸漏觀无所行而以行法教化衆生觀於
空无而不捨大悲觀正法位而不隨小乘觀
諸法虛妄无牢无人无主无相本願未滿而
不虛福德禪定智慧脩如此法是名菩薩不
住无為又具福德故不住无為具智慧故不
盡有為大慈悲故不住无為滿本願故不盡
有為集法藥故不住无為隨授藥故不盡有
為知衆生病故不住无為滅衆生病故不盡
有為諸正士菩薩已脩此法不盡有為不住
无為是名盡无盡解脫法門汝等當學尒時

盡有為大慈悲故不住无為滿本願故不盡
有為集法藥故不住无為隨授藥故不盡有
為知衆生病故不住无為滅衆生病故不盡
有為諸正士菩薩已脩此法不盡有為不住
无為是名盡无盡解脫法門汝等當學尒時
彼諸菩薩聞說是法皆大歡喜以衆妙華若
干種色若干種香散遍三千大千世界供養
於佛及此經法并諸菩薩已稽首佛足歎未
曾有言釋迦牟尼佛乃能於此善行方便言
已忽然不現還到彼國

見阿閦佛品第十二

尒時世尊問維摩詰汝欲見如來為以何等
觀如來乎維摩詰言如自觀身實相觀佛亦
然我觀如來前際不來後際不去今則不住
不觀色不觀色如不觀色性不觀受想行識
不觀識如不觀識性非四大起同於虛空六
入无積眼耳鼻舌身心已過不在三界三垢
已離順三脫門三明與无明等不一相不異
相不自相不他相非无相非取相不此岸不
彼岸不中流而化衆生觀於寂滅亦不永滅
不此不彼不以此不以彼不可以智知不可
以識識无晦无明无名无相无強无弱非淨
非穢不在方不離方非有為非无為无示无
說不施不慳不戒不犯不忍不恚不進不怠
不定不亂不智不愚不誠不欺不來不去不
出不入一切言語道斷非福田非不福田非

以識識无晦无明无名无相无強无弱非淨
非穢不在方不離方非有為非无為无示无
說不施不慳不戒不犯不忍不恚不進不怠
不定不亂不智不愚不誠不欺不來不去不
出不入一切言語道斷非福田非不福田非
應供養非不應供養非取非捨非有相非无
相不增不減同真際等法性不可稱不可量
過諸稱量非大非小非見非聞非覺非知離衆
結縛等諸智同衆生於諸法无分別一切无失
无濁无惱无作无起无生无滅无畏无憂无
喜无厭无著无已有无當有无今有不可以一切
言說分別顯示世尊如來身為若此作如是觀
以斯觀者名為正觀若他觀者名為耶觀 尒
時舍利弗問維摩詰汝於何沒而來生此維
摩詰言汝所得法有沒生乎舍利弗言无沒
生也若諸法无沒生相云何問言汝於何沒
而來生此於意云何譬如幻師幻作男女寧
有沒生耶舍利弗言无沒生也汝豈不聞佛
說諸法如幻相乎荅曰如是若一切法如幻
相者云何問言汝於何沒而來生此舍利弗
沒者為虛誑法壞敗之相生者為虛誑法相
續之相菩薩雖沒不盡善本雖生不長諸惡
是時佛告舍利弗有國名妙喜佛号无動是
維摩詰於彼國沒而來生此舍利弗言未曾
有也世尊是人乃能捨清淨土而來樂此多
怒害處維摩詰語舍利弗於意云何日光出

BD14458號　維摩詰所說經卷下　（22–12）

是時佛告舍利弗有國名妙喜佛号无動是
維摩詰於彼國沒而來生此舍利弗言未曾
有也世尊是人乃能捨清淨土而來樂此多
怒害處維摩詰語舍利弗於意云何日光出
時與冥合乎荅曰不也日光出時則无衆冥
維摩詰言夫日何故行閻浮提荅曰欲以明
照為之除冥維摩詰言菩薩如是雖生不淨
佛土為化衆生不與愚闇而共合也但滅衆
生煩惱闇耳
是時大衆渴仰欲見妙喜世界不動如來及
其菩薩聲聞之衆佛知一切衆會所念告維
摩詰言善男子為此衆會現妙喜國不動如
來及諸菩薩聲聞之衆衆皆欲見於是維摩
詰心念吾當不起于座接妙喜國鐵圍山川
溪谷江河大海泉源須弥諸山及日月星宿
天龍鬼神梵天等宮并諸菩薩聲聞之衆城
邑聚落男女大小乃至无動如來及菩提樹
諸妙蓮華能於十方作佛事者三道寶階從
閻浮提至忉利天以此寶階諸天來下悉為
礼敬无動如來聽受經法閻浮提人亦登其
階上昇忉利見彼諸天妙喜世界成就如是
无量功德上至阿迦貳吒天下至水際以右
手斷取如陶家輪入此世界猶持華鬘示一
切衆作是念已入於三昧現神通力以其右
手斷取妙喜世界置於此土彼得神通菩薩

BD14458號　維摩詰所說經卷下　（22–13）

无量功德上至阿迦貳吒天下至水際以右
手斷取如陶家輪入此世界猶持華鬘示一
切衆作是念已入於三昧現神通力以其右
手斷取妙喜世界置於此土彼得神通菩薩
及聲聞衆并餘天人俱發聲言唯然世尊誰
取我去願見救護无動佛言非我所為是維
摩詰神力所作其餘未得神通者不覺不知
己之所往妙喜世界雖入此土而不增減於
是世界亦不迫隘如本无異
尒時釋迦牟尼佛告諸大衆汝等且觀妙喜
世界无動如來其國嚴飾菩薩行淨弟子清
白皆曰唯然已見佛言若菩薩欲得如是清
淨佛土當學无動如來所行之道現此妙喜
國時娑婆世界十四那由他人發阿耨多羅
三藐三菩提心皆願生於妙喜佛土釋迦牟
尼佛即記之曰當生彼國時妙喜世界於此
國土所應饒益其事訖已還復本處舉衆皆
見佛告舍利弗汝見此妙喜世界及无動佛
不唯然已見世尊願使一切衆生得清淨土
如无動佛獲神通力如維摩詰世尊我等快
得善利得見是人親近供養其諸衆生若今
現在若佛滅後聞此經者亦得善利況復聞
已信解受持讀誦解說如法脩行若有手得
是經典者便為已得法寶之藏若有讀誦解
釋其義如說脩行則為諸佛之所護念其有
供養如是人者當知則為供養於佛其有書

現在若佛滅後聞此經者亦得善利況復聞
已信解受持讀誦解說如法脩行若有手得
是經典者便為已得法寶之藏若有讀誦解
釋其義如說脩行則為諸佛之所護念其有
供養如是人者當知則為供養於佛其有書
持此經卷者當知其室則有如來若聞是經
能隨喜者斯人則為取一切智若能信解此
經乃至一四句偈為他說者當知此人即是
受阿耨多羅三藐三菩提記

法供養品第十三

尒時釋提桓因於大衆中白佛言世尊我雖
從佛及文殊師利聞百千經未曾聞此不可
思議自在神通决定實相經典如我解佛所
說義趣若有衆生聞是經法信解受持讀誦
之者必得是法不疑何況如說脩行斯人則
為閉衆惡趣開諸善門常為諸佛之所護念
降伏外學摧滅魔怨脩治菩提安處道場履
踐如來所行之跡世尊若有受持讀誦如說
脩行者我當與諸眷屬供養給事所在聚落
城邑山林曠野有是經處我亦與諸眷屬聽
受法故共到其所其未信者當令生信其已
信者當為作護佛言善哉善哉天帝如汝所
說吾助尒喜此經廣說過去未來現在諸佛
不可思議阿耨多羅三藐三菩提是故天帝
若善男子善女人受持讀誦供養是經者則

信者當為作護佛言善哉善哉天帝如汝所
說吾助尒喜此經廣說過去未來現在諸佛
不可思議阿耨多羅三藐三菩提是故天帝
若善男子善女人受持讀誦供養是經者則
為供養去來今佛天帝正使三千大千世界
如來滿中譬如甘蔗竹葦稻麻叢林若有善
男子善女人或一劫或減一劫恭敬尊重讚
歎供養奉諸所安至諸佛滅後以一一全身
舍利起七寶塔縱廣一四天下高至梵天表
刹莊嚴以一切華香瓔珞幢幡伎樂微妙第
一若一劫若減一劫而供養之於天帝意云
何其人殖福寧為多不釋提桓因言多矣世
尊彼之福德若以百千億劫說不能盡佛告
天帝當知是善男子善女人聞是不可思議
解脫經典信解受持讀誦脩行福多於彼所
以者何諸佛菩提皆從是生菩提之相不可
限量以是因緣福不可量
佛告天帝過去无量阿僧祇劫時世有佛号
曰藥王如來應供正遍知明行足善逝世間
解无上士調御丈夫天人師佛世尊世界曰
大莊嚴劫曰莊嚴佛壽二十小劫其聲聞僧卅
六億那由他菩薩僧有十二億天帝是時有
轉輪聖王名曰寶蓋七寶具足主四天下王
有千子端正勇健能伏怨敵尒時寶蓋與其
眷屬供養藥王如來施諸所安至滿五劫過

轉輪聖王名曰寶蓋七寶具足主四天下王
有千子端正勇健能伏怨敵尒時寶蓋與其
眷屬供養藥王如來施諸所安至滿五劫過
五劫已告其千子汝等亦當如我皆以深心
供養於佛於是千子受父王命供養藥王如
來復滿五劫一切施安其王一子名曰月蓋
獨坐思惟寧有供養殊過此者以佛神力空
中有天曰善男子法之供養勝諸供養即問
何謂法之供養天曰汝可往問藥王如來當
廣為汝說法之供養即時月蓋王子行詣藥
王如來稽首佛足却住一面白佛言世尊諸
供養中法供養勝云何名為法之供養佛言
善男子法供養者諸佛所說深經一切世間
難信難受微妙難見清淨无染非但分別思
惟之所能得菩薩法藏所攝陀羅尼印印之
至不退轉成就六度善分別義順菩提法衆
經之上入大慈悲離衆魔事及諸邪見順因
緣法无我无人无衆生无壽命空无相无作
无起能令衆生坐於道場而轉法輪諸天龍
神乾闥婆等所共歎譽能令衆生入佛法藏
攝諸賢聖一切智慧說衆菩薩所行之道依
於諸法實相之義明宣无常苦空无我寂滅
之法能救一切毀禁衆生諸魔外道及貪著
者能使怖畏諸佛賢聖所共稱歎背生死苦
示涅槃樂十方三世諸佛所說若聞如是等

於諸法實相之義明宣无常苦空无我寂滅
之法能救一切毀禁衆生諸魔外道及貪著
者能使怖畏諸佛賢聖所共稱歎背生死苦
示涅槃樂十方三世諸佛所說若聞如是等
經信解受持讀誦以方便力為諸衆生分別
解說顯示分明守護法故是名法之供養又
於諸法如說修行隨順十二因緣離諸邪見
得无生忍決定无我无有衆生而於因緣果
報无違无諍離諸我所依於義不依語依於
智不依識依了義經不依不了義經依於法
不依人隨順法相无所入无所歸无明畢竟
滅故諸行亦畢竟滅乃至生畢竟滅故老死亦
畢竟滅作如是觀十二因緣无有盡相不復
起見是名最上法之供養佛告天帝王子月
蓋從藥王佛聞如是法得柔順忍即解寶衣
嚴身之具以供養佛白佛言世尊如來滅後
我當行法供養守護正法願以威神加哀建
立令我得降魔怨脩菩薩行佛知其深心所
念而記之曰汝於末後守護法城天帝時王
子月蓋見法清淨聞佛受記以信出家脩集
善法精進不久得五神通通菩薩道得陁羅
尼无斷辯才於佛滅後以其所得神通總持
辯才之力滿十小劫藥王如來所轉法輪隨
而分布月蓋比丘以守護法懃行精進即於
此身化百万億人於阿耨多羅三藐三菩提

尼无斷辯才於佛滅後以其所得神通總持
辯才之力滿十小劫藥王如來所轉法輪隨
而分布月蓋比丘以守護法懃行精進即於
此身化百万億人於阿耨多羅三藐三菩提
立不退轉十四那由他人深發聲聞辟支佛
心无量衆生得生天上天帝時王寶蓋豈異
人乎今現得佛号寶炎如來其王千子即賢
劫中千佛是也從迦羅鳩孫大為始得佛最
後如來号曰樓至月蓋比丘則我身是如是
天帝當知此要以法供養於諸供養為上為
最第一无比是故天帝當以法之供養供養
於佛

囑累品第十四

於是佛告弥勒菩薩言弥勒我今以是无量
億阿僧祇劫所集阿耨多羅三藐三菩提付
囑於汝如是輩經於佛滅後末世之中汝等
當以神力廣宣流布於閻浮提无令斷絶所
以者何未來世中當有善男子善女人及天
龍鬼神乾闥婆羅刹等發阿耨多羅三藐三
菩提心樂于大法若使不聞如是等經則失
善利如此輩人聞是等經必多信樂發希有
心當以頂受隨諸衆生所應得利而為廣說
弥勒當知菩薩有二相何謂為二一者好於
雜句文飾之事二者不畏深義如實能入若
好雜句文飾事者當知是為新學菩薩若於

心當以頂受隨諸衆生所應得利而為廣說
弥勒當知菩薩有二相何謂為二一者好於
雜句文飾之事二者不畏深義如實能入若
好雜句文飾事者當知是為新學菩薩若於
如是无染无著甚深經典无有恐畏能入其
中聞已心淨受持讀誦如說脩行當知是為
久脩道行弥勒復有二法名新學者不能決
定於甚深法何等為二一者所未聞深經聞
之驚怖生疑不能隨順毀謗不信而作是言
我初不聞從何所來二者若有護持解說如
是深經者不肯親近供養恭敬或時於中說
其過惡有此二法當知是新學菩薩為自毀
傷不能於深法中調伏其心弥勒復有二法
菩薩雖信解深法猶自毀傷而不能得无生
法忍何等為二一者輕慢新學菩薩而不教
誨二者雖解深法而取相分別是為二法
弥勒菩薩聞說是已白佛言世尊未曾有世
如佛所說我當遠離如斯之惡奉持如來无
數阿僧祇劫所集阿耨多羅三藐三菩提法
若未來世善男子善女人求大乘者當令手
得如是等經與其念力使受持讀誦為他廣
說世尊若後末世有能受持讀誦為他人說
者當知是弥勒神力之所建立佛言善哉善
哉弥勒如汝所說佛助尒喜於是一切菩薩
合掌白佛我等亦於如來滅後十方國土廣
宣流布阿耨多羅三藐三菩提復當開導諸

BD14458號　維摩詰所說經卷下　（22–20）

說世尊若後末世有能受持讀誦為他人說
者當知是弥勒神力之所建立佛言善哉善
哉弥勒如汝所說佛助尒喜於是一切菩薩
合掌白佛我等亦於如來滅後十方國土廣
宣流布阿耨多羅三藐三菩提復當開導諸
說法者令得是經
尒時四天王白佛言世尊在在處處城邑聚
落山林曠野有是經卷讀誦解說者我當率
諸官屬為聽法故往詣其所擁護其人面百
由旬令无伺求得其便者是時佛告阿難受
持是經廣宣流布阿難言唯然我已受持要
者世尊當何名斯經佛言阿難是經名為維
摩詰所說亦名不可思議解脫法門如是受
持佛說是經已長者維摩詰文殊師利舍利
弗阿難等及諸天人阿脩羅一切大衆聞佛
所說皆大歡喜

維摩詰經卷下

BD14458號　維摩詰所說經卷下　（22–21）

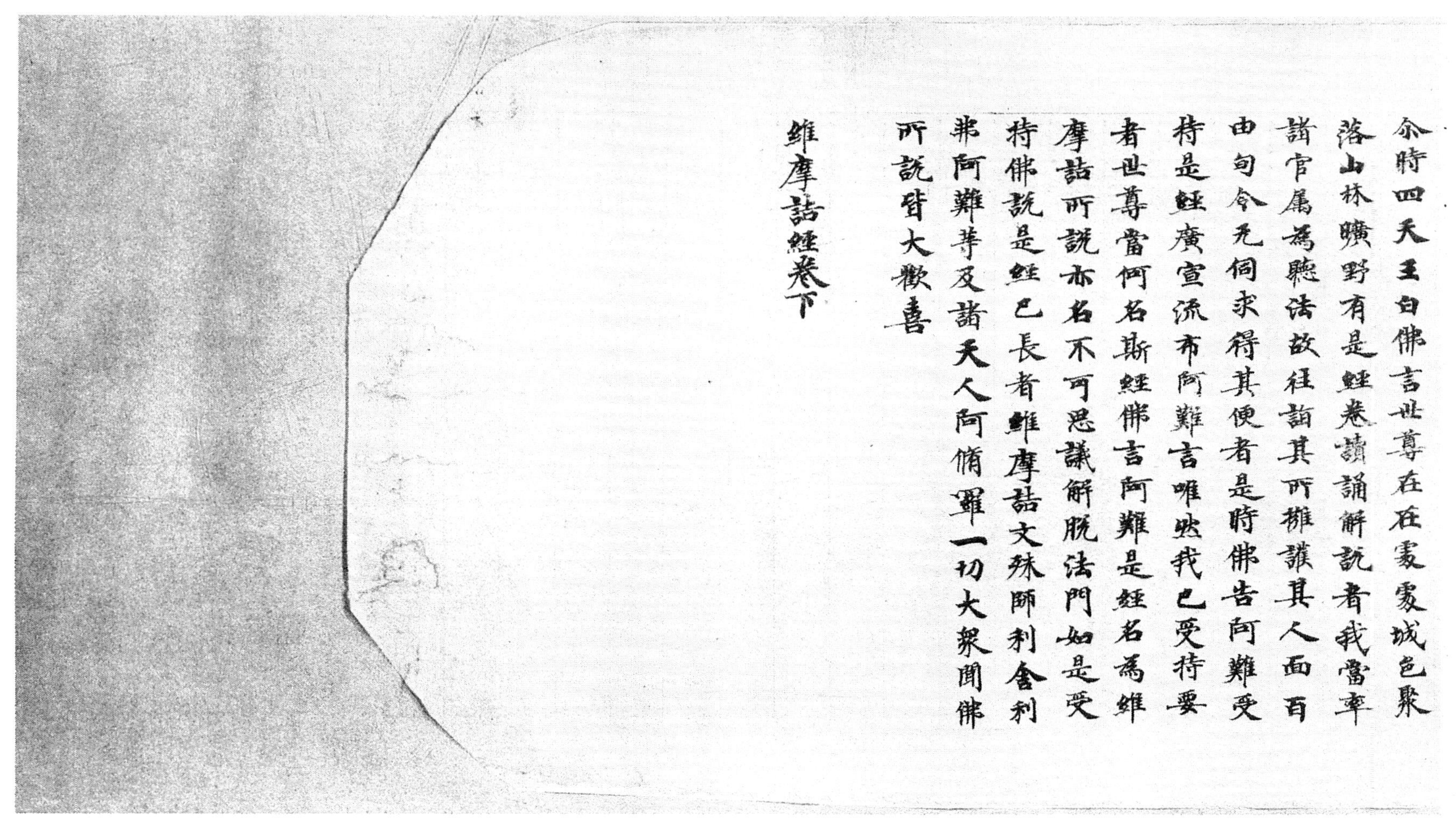

尒時四天王白佛言世尊在在處處城邑聚落山林曠野有是經卷讀誦解說者我當率諸官屬為聽法故往詣其所擁護其人面百由旬令无伺求得其便者是時佛告阿難受持是經廣宣流布阿難言唯然我已受持要者世尊當何名斯經佛言阿難是經名為維摩詰所說亦名不可思議解脫法門如是受持佛說是經已長者維摩詰文殊師利舍利弗阿難等及諸天人阿脩羅一切大衆聞佛所說皆大歡喜

維摩詰經卷下

BD14458號　維摩詰所說經卷下　（22–22）

我今慈汝

學一切諸法

達汝等比丘莫謂如來唯

空寂復告比丘若於戒律有所

致問時諸比丘即白佛言世尊我

等无有智慧能問如來應供正遍知所以者

如來境界不可思議所有諸定不可思議所

演教誨不可思議是故我等无有智慧能問

如來世尊譬如老人年百二十五身嬰長病

寢卧牀席不能起居氣力虛劣餘命无幾有

一富人緣事欲行當至他方以百斤金寄是

老人而作是言我今他行以是寶物持用相

寄或十年還二十年還汝當還我是時老人

便受之而此老人復无繼嗣其後不久病篤

命終所寄之物悉皆散失時主行還債索无

BD14459號　大般涅槃經（北本）卷三　（25–1）

[illegible]
一留人緣事欲行當至他方以百斤金寄是
老人而作是言我今他行以是寶物持用相
寄或十年還二十年還汝當還我是時老人以
便受之而此老人復无繼嗣其後不久病篤
命終所寄之物悉皆散失財主行還債索无
處如是癡人不知籌量可寄不可寄是故行
還債索无處以是因緣喪失財寶世尊我等
聲聞亦復如是雖聞如來慇懃教戒不能受
持令法久住如彼老人受他寄付我今无智
於諸戒律當何所問佛告諸比丘汝等今者
若問於我則能利益一切衆生是故告汝聽
隨所疑意而問尒時諸比丘白佛言世尊
譬如有人年二十五盛壯端正多有財寶金
銀琉璃父母妻子眷屬宗親悉皆存在亦有
人來寄其寶物語其人言我有緣事欲至他
處事訖當還汝當還我是時壯人守護是物
如自己有其人遇病即命家屬如是金寶某
他所寄彼若來索悉皆還之智者如是善知
籌量行還索物皆悉得之无所亡失世尊亦
尒若以法寶付囑阿難及諸比丘不得久住
何以故一切聲聞及大迦葉悉當无常如彼
老人受他寄物是故應以无上佛法付諸菩
薩以諸菩薩善能問荅如是法寶則得久住
无量千世增益熾盛利安衆生如彼壯人受
他寄物以是義故諸大菩薩乃能問耳我等
智慧猶如蚊虻何能諮請如來深法時諸聲

BD14459號　大般涅槃經（北本）卷三　（25-2）

老人受他寄物是故應以无上佛法付諸菩
薩以諸菩薩善能問荅如是法寶則得久住
无量千世增益熾盛利安衆生如彼壯人受
他寄物以是義故諸大菩薩乃能問耳我等
智慧猶如蚊虻何能諮請如來深法時諸聲
聞默然而住尒時佛讚諸比丘言善哉善哉
汝等善得无漏之心阿羅漢心我亦曾念以
此二緣應以大乘付諸菩薩令是妙法久住
於世尒時佛告一切大衆善男子善女人我
之壽命不可稱量樂說之辯亦不可盡汝等
宜可隨意諮問若戒若歸第二第三亦復如
是尒時衆中有一菩薩摩訶薩本是多羅聚
落人也姓大迦葉婆羅門種年在幼稚以佛
神力即從坐起偏袒右肩遶百千匝右膝著
地合掌向佛而白佛言世尊我於今者欲少
諮問若佛聽者乃敢發言佛告迦葉如來應
正遍知悉汝所問當為汝說斷汝所疑令汝
歡喜尒時迦葉菩薩摩訶薩白佛言世尊如
來哀愍已垂聽許今當問之然我所有智慧
微少猶如蚊虻如來世尊道德巍巍純以旃
檀師子難伏不可壞衆而為眷屬如來之身
猶真金剛色如琉璃真寶難壞復為如是大
智慧海之所圍遶是衆會中諸大菩薩摩訶
薩等皆悉成就无量无邊深妙功德猶如香
象於如是等大衆之前豈敢發問為當承佛
神通之力及因大衆善根威德少發問耳即

BD14459號　大般涅槃經（北本）卷三　（25-3）

猶真金剛色如瑠璃真寶難壞復為如是大
智慧海之所圍遶是衆會中諸大菩薩摩訶
薩等皆悉成就无量无邊深妙功德猶如香
象於如是等大衆之前豈敢發問爲當承佛
神通之力及因大衆善根威德少發問耳即
於佛前說偈問曰
云何得長壽　金剛不壞身　復以何因緣　得大堅固力
云何於此經　究竟到彼岸　願佛開微密　廣為衆生說
云何得廣大　為衆作依止　實非阿羅漢　而與羅漢等
云何知天魔　為衆作留難　佛說波旬說　云何分別知
云何諸調御　心喜說真諦　正善具成就　演說四顛倒
云何作善業　大仙今當說
云何諸菩薩　能見難見性　云何解滿字　及與半字義
云何共聖行　如娑羅娑鳥　迦隣提日月　太白與歲星
云何未發心　而名為菩薩　云何於大衆　而得无所畏
猶如閻浮金　无能說其過
云何處濁世　不汙如蓮華　云何處煩惱　煩惱不能染
如醫療衆病　不為病所汙　生死大海中　而作大船師
云何捨生死　如蛇脫故皮
云何觀三寶　猶如天意樹　三乘若无性　云何而得說
猶如樂未生　云何名受樂
云何諸菩薩　而得不壞衆　云何為生盲　而作眼目道
云何示多頭　唯願大仙說
云何說法者　增長如初月　云何復示現　究竟於涅槃
云何勇進者　示人天魔道　云何知法性　而受於法樂
云何諸菩薩　遠離一切病　云何為衆生　演說於秘密

猶如樂未生　云何名受樂
云何諸菩薩　而得不壞衆　云何為生盲　而作眼目道
云何示多頭　唯願大仙說
云何說法者　增長如初月　云何復示現　究竟於涅槃
云何勇進者　示人天魔道　云何知法性　而受於法樂
云何諸菩薩　遠離一切病　云何為衆生　演說於秘密
云何說畢竟　及與不畢竟　如其斷疑网　云何不定說
云何而得近　最勝无上道　我今請如來　為諸菩薩故
願為說甚深　微妙諸行等
一切諸法中　悉有安樂性　唯願大仙尊　為我分別說
衆生大依止　兩足尊妙藥　今欲問諸陰　而我无智慧
精進諸菩薩　亦復不能知　如是等甚深　諸佛之境界
尒時佛讚迦葉菩薩善哉善哉善男子汝今
未得一切種智我已得之然汝所問甚深密
藏如一切智之所諮問等无有異善男子我
坐道場菩提樹下初成正覺尒時无量阿僧
祇恒河沙等諸佛世界有諸菩薩亦曾問我
是甚深義然其所問句義功德亦皆如是等
无有異如是問者則能利益无量衆生尒時
迦葉菩薩復白佛言世尊我无智力能問如
來如是深義世尊譬如蚊䖟不能飛過大海
彼岸周遍虛空我亦如是不能諮問如來如
是智慧大海法性虛空甚深之義世尊譬如
國王髻中明珠付典藏臣藏臣得已頂戴恭
敬增加守護我亦如是頂戴恭敬增加守護
如來所說方等深義何以故令我廣得深智

是智慧大海法性虛空甚深之義世尊譬如
國王庫中明珠付典藏臣藏臣得已頂戴恭
敬增加守護我亦如是頂戴恭敬增加守護
如來所說方等深義何以故令我廣得深智
慧故尒時佛告迦葉菩薩善男子諦聽諦聽
當為汝說如來所得長壽之業菩薩以是業
因緣故得壽命長是故應當至心聽受若業
能為菩提因者應當誠心聽受是義既聽受
已轉為人說善男子我已脩習如是業故疾
得阿耨多羅三藐三菩提令復為人廣說是
義善男子譬如王子犯罪繫獄王甚憐愍
念子故躬自迴駕至其繫所菩薩亦尒欲得
長壽應當護念一切衆生同於子想生大慈
大悲大喜大捨授不煞戒教脩善法亦當安
止一切衆生於五戒十善復入地獄餓鬼畜
生阿脩羅等一切諸趣拔濟是中苦惱衆生
脫未脫者度未度者未得涅槃者令得涅槃安
慰一切諸恐怖者以如是等業因緣故菩薩
則得壽命長遠於諸智慧而得自在隨所壽
終生於天上尒時迦葉菩薩復白佛言世尊
菩薩摩訶薩等視衆生同於子想是義深隱
我未能解世尊如來不應說言菩薩於諸衆
生脩平等心同於子想所以者何於佛法中
有破戒者作逆罪者毀正法者云何當於如
是等人同子想耶佛告迦葉如是如是我於
衆生實作子想如羅睺羅迦葉菩薩復白佛

生脩平等心同於子想所以者何於佛法中
有破戒者作逆罪者毀正法者云何當於如
是等人同子想耶佛告迦葉如是如是我於
衆生實作子想如羅睺羅迦葉菩薩復白佛
言世尊昔十五日僧布薩時曾於受具清淨
衆中有一童子不善脩習身口意業在屏處
覆藏聽說戒密迹力士承佛神力以金剛杵
碎之如塵世尊是金剛神極成暴惡乃能斷
是童子命根云何如來視諸衆生同於子想
如羅睺羅佛告迦葉汝今不應作如是言是
童子者即是化人非真實也為欲驅遣破戒
毀法令出衆故金剛密迹示是化耳迦葉毀
謗正法及一闡提或有煞生乃至邪見及故
犯禁我於是等悉生悲心同於子想如羅睺
羅善男子譬如國王諸羣臣等有犯王法隨
罪誅戮而不捨置如來世尊不如是也於毀
法者與驅遣羯磨呵責羯磨置羯磨舉罪羯
磨不可見羯磨滅羯磨未捨惡見羯磨善男
子如來所以与謗法者作如是等降伏羯磨
為欲示諸行惡之人有果報故善男子汝今
當知如來即是施惡衆生无畏者若放一
光若二若五或有遇者悉令遠離一切諸惡
如來今者具有如是无量勢力善男子未可
見法汝欲見者今當為汝說其相貌我涅槃
後隨其方面有持戒比丘威儀具足護持正
法見壞法者即能驅遣呵責徵治當知是人

光若二若五或有遇者悉令遠離一切諸惡
如来今者具有如是无量勢力善男子未可
見法汝欲見者今當為汝說其相貌我涅槃
後隨其方面有持戒比丘威儀具足護持正
法見壞法者即能駈遣呵責徵治當知是人
得福无量不可稱計善男子譬如有王專行
暴惡會遇重病有隣國王聞其名聲興兵而
來規欲殄滅是時病王无力勢故方乃恐怖
改心脩善而是隣王得无量福持法比丘亦
復如是駈遣呵責壞法之人令行善法得福
无量善男子譬如長者所居之處田宅屋舍
生諸毒樹長者知已即便斫伐永令滅盡又
如壯人首生白髮愧而剪拔不令生長持法
比丘亦復如是見有破戒壞正法者即應駈
遣呵責舉處若善比丘見壞法者置不呵責
駈遣舉處當知是人佛法中怨若能駈遣呵
責舉處是我弟子真聲聞也迦葉菩薩復白
佛言世尊如佛所言則不等視一切衆生同
於子想如羅睺羅世尊若有一人以刀害佛
復有一人持栴檀塗佛佛於此二若生等心
云何復言當治毀禁若治毀禁是言則失佛
告迦葉菩薩善男子譬如國王大臣宰相産
育諸子顔貌端正聰明黠慧若二三四將付
嚴師而作是言君可為我教詔諸子威儀礼
節伎藝書疏校計筭數悉令成就我今四子
就君受學假使三子痛杖而死餘有一子必

BD14459號　大般涅槃經（北本）卷三　（25–8）

告迦葉菩薩善男子譬如國王大臣宰相産
育諸子顔貌端正聰明黠慧若二三四將付
嚴師而作是言君可為我教詔諸子威儀礼
節伎藝書疏校計筭數悉令成就我今四子
就君受學假使三子痛杖而死餘有一子必
當苦治要令成就雖喪三子我終不恨迦葉
是父及師得煞罪不不也世尊何以故以愛
念故為欲成就无有惡心如是教誨得福无
量善男子如来亦尒視壞法者等如一子如
来今以无上正法付囑諸王大臣宰相比丘
比丘尼優婆塞優婆夷是諸國王及四部衆
應當勸屬諸學人等令得增上戒定智慧若
有不學是三品法懈怠破戒毀正法者王者
大臣四部之衆應當苦治善男子是諸國王
及四部衆當有罪不不也世尊善男子是諸
國王及四部衆尚无有罪何況如来善男子
如来善脩如是平等於諸衆生同一子想如
是脩者是名菩薩脩平等心於諸衆生同一
子想善男子菩薩如是脩習此業得壽命長
亦能善知宿世之事迦葉菩薩復白佛言世
尊如佛所說菩薩若有脩平等心視諸衆生
同於子想得壽命長如来不應作如是說何
以故如知法人能說種種孝順之法還至家
中以諸瓦石打擲父母而是父母是良福田
多所利益難遭難遇應好供養反生惱害是
知法人言行相違如来所言亦復如是菩薩

BD14459號　大般涅槃經（北本）卷三　（25–9）

同於子想得壽命長如來不應作如是說何
以故如知法人能說種種孝順之法還至家
中以諸瓦石打擲父母而是父母是良福田
多所利益難遭難遇應好供養久生惱害是
知法人言行相違如來所言亦復如是菩薩
脩習等心衆生同子想者應得長壽善知宿
命常住於世无有變易今者世尊以何因緣
壽命極短同人間耶如來將无於諸衆生生
怨憎想世尊昔日作何惡業斷幾命根得是
短壽不滿百年佛告迦葉善男子汝今何緣
於如來前發是麁言如來長壽於諸壽中最
上最勝所得常法於諸常中最為第一迦葉
菩薩復白佛言世尊云何如來得壽命長佛
告迦葉善男子如八大河一名恒河二名閻
摩羅三名薩羅四名阿梨羅拔提五名摩訶六
名辛頭七名博叉八名悉陁是八大河及諸
小河悉入大海迦葉如是一切人中天上地
及虛空壽命大河悉入如來壽命海中是故
如來壽命无量復次迦葉譬如阿那婆蹋多
池出四大河如來亦尒出一切命迦葉譬如
一切諸常法中虛空第一如來亦尒於諸常
中最為第一迦葉譬如諸藥醍醐第一如來
亦尒於衆生中壽命第一迦葉菩薩復白佛
言世尊如來壽命若如是者應住一劫若減
一劫常宣妙法如澍大雨迦葉汝今不應於
如來所生滅盡想迦葉若有比丘比丘尼優

中最為第一迦葉譬如諸藥醍醐第一如來
亦尒於衆生中壽命第一迦葉菩薩復白佛
言世尊如來壽命若如是者應住一劫若減
一劫常宣妙法如澍大雨迦葉汝今不應於
如來所生滅盡想迦葉若有比丘比丘尼優
婆塞優婆夷乃至外道五通神仙得自在者
若住一劫若減一劫經行空中坐卧自在左
脅出火右脅出水身出烟炎猶如火聚若欲
住壽能得如意於壽命中脩短自任如是五
通尚得如是隨意神力豈況如來於一切法
得自在力而當不能住壽半劫若一劫若百
劫若百千劫若无量劫以是義故當知如來
是常住法不變易法如來此身是變化身非
雜食身為度衆生示同毒樹是故現捨入於
涅槃迦葉當知佛是常法不變易法汝等於
是第一義中應勤精進一心脩習既脩習已
廣為人說尒時迦葉菩薩白佛言世尊出世
之法與世間法有何差別如佛言曰佛是常
法不變易法世間亦說梵天是常自在天常
无有變易我常性常微塵亦常若言如來是
常法者如來何故不常現耶若不常現有何
差別何以故梵天乃至微塵世性亦不現故
佛告迦葉譬如長者多有諸牛色雖種種同
共一羣付放牧人令逐水草但為醍醐不求
酪乳放牧牛者搆已自食長者命終所有諸
牛悉為羣賊之所抄掠賊得牛已无有婦女
即自搆得已而食尒時羣賊各相謂言彼

佛告迦葉譬如長者多有諸牛色雖種種同
共一羣付牧牛人令逐水草但為提湖不求
酪乳彼牧牛者搆已自食長者命終所有諸
牛悉為羣賊之所抄掠賊得牛已无有婦女
即自搆捋得已而食尒時羣賊各相謂言彼
大長者畜養此牛不期乳酪但為提湖我等
今者當設何方而得之耶夫提湖者名為世
間第一上味我等无器設使得乳无安置處
復共相謂唯有皮囊可以盛之雖有盛處不
知攢搖漿猶難得况復生蘇尒時諸賊以提
湖故加之以水以水多故乳酪提湖一切俱
失凡夫亦尒雖有善法皆是如來正法之餘
何以故如來世尊入涅槃後盜竊如來遺餘
善法若戒定慧如彼諸賊劫掠羣牛諸凡夫
人雖復得是戒定智慧无有方便不能解說
以是義故不能獲得常戒常定常慧解脫如
彼羣賊不知方便喪失提湖如彼羣賊為提
湖故加之以水凡夫亦尒為解脫故說我眾
生壽命士夫梵天自在天微塵世性戒定智
慧及與解脫非想非非想天即是涅槃實亦
不得解脫涅槃如彼羣賊不得醍醐是諸凡
夫有少梵行供養父母以是因緣得生天上
受少安樂如彼羣賊加水之乳而是凡夫實
不知因脩少梵行供養父母得生天上又不
能知戒定智慧歸依三寶以不知故說常樂

夫有少梵行供養父母以是因緣得生天上
受少安樂如彼羣賊加水之乳而是凡夫實
不知因脩少梵行供養父母得生天上又不
能知戒定智慧歸依三寶以不知故說常樂
我淨雖復說之而實不知是故如來出世之
後乃為演說常樂我淨如轉輪大王出現於
世福德力故羣賊退散牛无損命時轉輪王即
以諸牛付一牧人多巧便者是人方便即得
提湖以提湖故一切眾生无有患苦法輪聖
王出現世時諸凡夫人不能演說戒定慧者
即便退散如賊退散尒時如來善說世法及
出世法為眾生故令諸菩薩隨而演說菩薩
摩訶薩既得醍醐復令无量无邊眾生獲得
无上甘露法味所謂如來常樂我淨以是義
故善男子如來是常不變易法非如世間凡
夫愚人謂梵天等是常法也此常法稱要
是如來非是餘法迦葉應當如是知如來身迦
葉諸善男子善女人常當繫心脩此二字佛
是常住迦葉若有善男子善女人脩此二字
當知是人隨我所行至我至處善男子若有
脩習如是二字為滅相者當知如來則於其
人為般涅槃善男子涅槃義者即是諸佛之
法性也迦葉菩薩白佛言世尊佛法性者其
義云何世尊我今欲知法性之義唯願如來
哀愍廣說夫法性者即是捨身捨身者名无
所有若无所有身云何存身若存者云何而

法性世迦葉菩薩白佛言世尊佛法性者其
義云何世尊我今欲知法性之義唯願如來
哀愍廣說夫法性者即是捨身捨身者名无
所有若无所有身云何存身若存者云何而
言身有法性身有法性云何得存我今云何
當知是義佛告迦葉菩薩善男子汝今不應
作如是說滅是法性夫法性者无有滅也善
男子譬如无想天成就色陰而无色想不應
問言是諸天等云何而住歡娛受樂云何行
想云何見聞善男子如來境界非諸聲聞緣
覺所知善男子不應說言如來身者是滅法
也善男子如是滅法是佛境界非諸聲聞緣
覺所及善男子汝今不應思量如來何處住
何處行何處見何處樂善男子如是之義亦
非汝等之所知及諸佛法身種種方便不可
思議復次善男子應當修習佛法及僧而作
常想是三法者无有異想无无常想无變異
想若於三法修異想者當知是輩清淨三歸
則无依處所有禁戒皆不具足終不能證聲
聞緣覺菩提之果若能於是不可思議修常
想者則有歸處善男子譬如因樹則有樹影
如來亦尒有常法故則有歸依非是无常若
言如來是无常者如來則非諸天世人所歸
依處迦葉菩薩白佛言世尊譬如闇中有樹
无影迦葉汝不應言有樹无影但非肉眼之
所見耳善男子如來亦尒其性常住是不變

BD14459號　大般涅槃經（北本）卷三　（25－14）

言如來是无常者如來則非諸天世人所歸
依處迦葉菩薩白佛言世尊譬如闇中有樹
无影迦葉汝不應言有樹无影但非肉眼之
所見耳善男子如來亦尒其性常住是不變
異无智慧眼不能得見如彼闇中不見樹影
凡夫之人於佛滅後說言如來是无常法亦
復如是若言如來異法僧者則不能成三歸
依處如汝父母各各異故故使无常迦葉菩
薩復白佛言世尊我從今始當以佛法衆僧
三事常住啓悟父母乃至七世皆令奉持甚
奇世尊我今當學如來法僧不可思議既自
學已亦當為人廣說是義若有諸人不能信
受當知是輩久修无常如是之人我當為其
而作霜雹尒時佛讚迦葉菩薩善哉善哉汝
今善能護持正法如是護法不欺於人以不
欺人善業緣故而得長壽善知宿命

大般涅槃經金剛身品第二

尒時世尊復告迦葉善男子如來身者是常
住身不可壞身金剛之身非雜食身即是法
身迦葉菩薩白佛言世尊如佛所說如是等
身我悉不見唯見无常破壞微塵雜食等身
何以故如來當入於涅槃故佛言迦葉汝今莫
謂如來之身不堅可壞如凡夫身善男子汝
今當知如來之身无量億劫堅牢難壞非
人天身非恐怖身非雜食身如來之身非身
是身不生不滅不集不脩无量无邊无有足

BD14459號　大般涅槃經（北本）卷三　（25－15）

何以故如來當入於涅槃故作言迦葉汝今莫
謂如來之身不堅可壞如凡人身善男子汝
今當知如來之身无量億劫堅牢難壞非
人天身非恐怖身非雜食身如來之身非身
是身不生不滅不集不脩无量无邊无有足
迹无知无形畢竟清淨无有動搖无受无行
不住不作无味无雜非是有為非業非果非
行非滅非心非數不可思議當不可議无識
離心亦不離心其心平等无有亦有无有去
來而亦去來不破壞不斷不絕不出不滅
非主亦主非有非无非覺非觀非字非不字
非定非不定不可見了了見无處亦處无宅
亦宅无闇无明无有寂靜而亦寂靜是无所
有不受不施清淨无垢无諍斷諍住无住處
不取不墮非法非非法非福田非不福田无
盡不盡離一切盡是空離空雖非常住非念
念滅无有垢濁无字離字非聲非說亦非脩
習非稱非量非一非異非像非相諸相莊嚴
非勇非畏无寂亦寂无熱不熱不可覩見无
有相貌如來度脫一切衆生无度脫故能解
衆生无有解故覺了衆生无覺了故如實說法
无有二故不可量无等等平如虛空无有形
貌同无生性不斷不常常行一乘衆生見三
不退不轉斷一切結不戰不觸非性住性非合
非散非長非短非圓非方非陰入界亦陰入
界非增非損非勝非負如來之身成就如是

貌同无生性不斷不常常行一乘衆生見三
不退不轉斷一切結不戰不觸非性住性非合
非散非長非短非圓非方非陰入界亦陰入
界非增非損非勝非負如來之身成就如是
无量功德无有知者无不知者无有見者无
不見者非有為非无為非世非不世非作非
不作非依非不依非四大非不四大非因非
不因非衆生非不衆生非沙門非婆羅門是
師子大師子非身非不身不可宣說除一法
相不可筭數般涅槃時不般涅槃如來法身
皆悉成就如是无量微妙功德迦葉唯有如
來乃知是相非諸聲聞緣覺所知迦葉如是
功德成如來身非是雜食所長養身迦葉如
來真身功德如是云何復得諸疾患苦危脆
不堅如坏器乎迦葉如來所以示病苦者為
欲調伏諸衆生故善男子汝今當知如來之
身即金剛身汝從今日常當專心思惟此義
莫念食身亦當為人說如來身即是法身迦
葉菩薩白佛言世尊如來成就如是功德其
身云何當有病苦无常破壞我從今日常當
思惟如來之身是常法身安樂之身亦當為
他如是廣說唯然世尊如來法身金剛不壞
而未能知所因云何佛言迦葉以能護持正
法因緣故得成就是金剛身迦葉我於往昔
護法因緣今得成就是金剛身常住不壞善
男子護持正法者不受五戒不脩威儀應持

他如是廣說唯然世尊如來法身金剛不壞
而未能知所因云何佛言迦葉以能護持正
法因緣故得成就是金剛身迦葉我於往昔
護法因緣今得成就是金剛身常住不壞善
男子護持正法者不受五戒不脩威儀應持
刀劍弓箭矛矟守護持戒清淨比丘迦葉菩
薩白佛言世尊若有比丘離於守護獨處空
閑冢間樹下當說是人為真比丘若有隨逐
守護行者當知是輩是禿居士佛告迦葉莫
作是語言禿居士若有比丘隨所至處供身
趣足讀誦經典思惟坐禪有來問法即為宣
說所謂布施持戒福德少欲知足雖能如是種
種說法然故不能作師子吼不為師子之
所圍遶不能降伏非法惡人如是比丘不能
自利及利衆生當知是輩懈怠懶惰雖能持
戒守護淨行當知是人无所能為若有比丘
供身之具亦常豐足復能護持所受禁戒能
師子吼廣說妙法謂脩多羅祇夜受記伽陀
優陀那伊帝日多伽闍陀伽毗佛略阿浮陀
達磨以如是等九部經典為他廣說利益安
樂諸衆生故唱如是言涅槃經中制諸比丘
不應畜養奴婢牛羊非法之物若有比丘畜
如是等不淨之物應當治之如來先於異部經
中說有比丘畜如是等非法之物某甲國王
如法治之驅令還俗若有比丘能作如是師
子吼時有破戒者聞是語已咸共瞋恚害是

BD14459號　大般涅槃經（北本）卷三　（25–18）

不應畜養奴婢牛羊非法之物若有比丘畜
如是等不淨之物應當治之如來先於異部經
中說有比丘畜如是等非法之物某甲國王
如法治之驅令還俗若有比丘能作如是師
子吼時有破戒者聞是語已咸共瞋恚害是
法師是說法者設復命終故名持戒自利利
他以是緣故我聽國主群臣宰相諸優婆塞
護說法人若有欲得護正法者當如是學迦
葉如是破戒不護法者名禿居士非持戒者
得如是名善男子過去之世无量无邊阿僧
祇劫於此拘尸那城有佛出世号歡喜增益
如來應正遍知明行足善逝世間解无上士
調御丈夫天人師佛世尊爾時世界廣博嚴
淨豐樂安隱人民熾盛无有飢渴如安樂國
諸菩薩等彼佛世尊住世无量化衆生已然
後乃於娑羅雙樹入般涅槃佛涅槃後正法
住世无量億歲餘卌年佛法未滅爾時有一
持戒比丘名曰覺德多有徒衆眷屬圍遶能
師子吼班宣廣說九部經典制諸比丘不得
畜養奴婢牛羊非法之物爾時多有破戒比
丘聞作是說皆生惡心執持刀杖逼是法師
是時國王名曰有德聞是事已為護法故即
便往至說法者所與是破戒諸惡比丘極共
戰鬪令說法者得免危害王於爾時身被刀
劍箭矟之瘡體无完處如芥子許爾時覺德
尋讚王言善哉善哉王今真是護正法者當

BD14459號　大般涅槃經（北本）卷三　（25–19）

是時國王名曰有德聞是事已為護法故即
便往至說法者所與是破戒諸惡比丘極共
戰鬪令說法者得免危害王於尒時身被刀
劒箭矟之瘡體无完處如芥子許尒時覺德
尋讚王言善哉善哉王今真是護正法者當
來之世此身當為无量法器王於是時得聞
法已心大歡喜尋即命終生阿閦佛國而為
彼佛作第一弟子其王將從人民眷屬有戰
鬪者有隨喜者一切不退菩提之心命終悉
生阿閦佛國覺德比丘卻後壽終亦得往生
阿閦佛國而為彼佛作聲聞衆中第二弟子
若有正法欲滅盡時應當如是受持擁護迦
葉尒時王者則我身是說法比丘迦葉佛是
迦葉護正法者得如是等无量果報以是因
緣我於今日得種種相以自莊嚴成就法身
不可壞身迦葉菩薩復白佛言世尊如來常身
猶如畫石佛告迦葉菩薩善男子以是因緣故
比丘比丘尼優婆塞優婆夷應當勤加護持正
法護法果報廣大无量善男子是故護法優
婆塞等應執刀杖擁護如是持法比丘若有
受持五戒之者不得名為大乘人也不受五戒
為護正法乃名大乘護正法者應當執持
刀劒器杖侍說法者迦葉白佛言世尊若諸
比丘與如是等諸優婆塞持刀杖者共為伴
侶為有師耶為无師乎為是持戒為是破戒
佛告迦葉莫謂是等為破戒人善男子我涅

BD14459 號　大般涅槃經（北本）卷三　（25–20）

刀劒器杖侍說法者迦葉白佛言世尊若諸
比丘與如是等諸優婆塞持刀杖者共為伴
侶為有師耶為无師乎為是持戒為是破戒
佛告迦葉莫謂是等為破戒人善男子我涅
槃後濁惡之世國土荒亂互相抄掠人民飢
餓尒時多有為飢餓故發心出家如是之人
名為禿人是禿人輩見有持戒威儀具足清
淨比丘護持正法驅逐令出若殺若害迦葉
菩薩復白佛言世尊是持戒人護正法者云
何當得遊行村落城邑教化善男子是故我
今聽持戒人依諸白衣持刀杖者以為伴侶
若諸國王大臣長者優婆塞等為護法故雖
持刀杖我說是等名為持戒雖持刀杖不應
斷命若能如是即得名為第一持戒迦葉言
護法者謂具正見能廣宣說大乘經典終不
捉持王者寶蓋油瓶穀米種種菓蓏不為利
養親近國王大臣長者於諸檀越心无諂曲
具足威儀摧伏破戒諸惡人等是名持戒護
法之師能為衆生真善知識其心弘廣譬如
大海迦葉若有比丘以利養故為他說法是
人所有徒衆眷屬亦効是師貪求利養是人
如是便自壞衆迦葉衆有三種一者犯戒雜
僧二者愚癡僧三者清淨僧破戒雜僧則易
可壞持戒淨僧利養因緣所不能壞云何破
戒雜僧若有比丘雖持禁戒為利養故與破
戒者坐起行來共相親附同其事業是名破
戒亦名雜僧云何愚癡僧若有比丘在阿蘭

BD14459 號　大般涅槃經（北本）卷三　（25–21）

僧二者愚癡僧三者清淨僧破戒雜僧則易
可壞持戒淨僧利養因緣所不能壞云何破
戒雜僧若有比丘雖持禁戒為利養故與破
戒者坐起行來共相親附同其事業是名破
戒亦名雜僧云何愚癡僧若有比丘在阿蘭
若處諸根不利闇鈍矇瞢少欲乞食於說戒
日及自恣時教諸弟子清淨懺悔見非弟子
多犯禁戒不能教令清淨懺悔而便與共說
戒自恣是名愚癡僧云何名清淨僧有比丘
僧不為百千億魔之所沮壞是菩薩眾
本性清淨能調如上二部之眾悉令安住清
淨眾中是名護法无上大師善持律者為欲
調伏利眾生故知諸戒相若輕若重非是律
者則不證知若是律者則便證知云何調眾生
故若諸菩薩為化眾生常入聚落不擇時節
或至寡婦婬女舍宅與同住止經歷多年若
是聲聞所不應為是名調伏利益眾生云何
知重若見如來因事制戒汝從今日慎更莫
犯如四重禁出家之人所不應作而便故作
非是沙門非釋種子是名為重云何為輕若
犯輕事如是三諫若能捨者是名為輕非律
不證者若有讚說不清淨物應受用者不共
同止是律應證者善學戒律不近破戒見有
所行隨順戒律心生歡喜如是能知佛法所
作善能解說是名律師善解一字善持契經
亦復如是如是善男子佛法无量不可思議

不證者若有讚說不清淨物應受用者不共
同止是律應證者善學戒律不近破戒見有
所行隨順戒律心生歡喜如是能知佛法所
作善能解說是名律師善解一字善持契經
亦復如是如是善男子佛法无量不可思議
如來亦尒不可思議迦葉菩薩白佛言世尊
如是如是誠如聖教佛法无量不可思議如
來亦尒不可思議故知如來常住不壞无有
變異我今善學亦當為人廣宣是義尒時佛
讚迦葉菩薩善哉善哉如來身者即是金剛
不可壞身菩薩應當如是善學正見正知若
能如是了了知見即是見佛金剛之身不可
壞身如於鏡中見諸色像

大般涅槃經名字功德品第三

尒時如來復告迦葉善男子汝今應當善持
是經文字章句所有功德若有善男子善女
人聞是經名生四趣者无有是處何以故如
是經典乃是无量无邊諸佛之所脩習所得
功德我今當說迦葉菩薩白佛言世尊當何
名此經菩薩摩訶薩云何奉持佛告迦葉是
經名為大般涅槃上語亦善中語亦善下語
亦善義味深邃其文亦善純備具足清淨梵
行金剛寶藏滿足无缺汝今善聽我今當說
善男子所言大者名之為常如八大河悉歸
大海此經如是降伏一切諸結煩惱及諸魔
性然後要於大般涅槃放捨身命是故名曰

行金剛寶藏說是无垂法令善聽我今當說
善男子所言大者名之為常如八大河悉歸
大海此經如是降伏一切諸結煩惱及諸魔
性然後要於大般涅槃放捨身命是故名曰
大般涅槃善男子又如醫師有一秘方悉攝
一切所有醫方善男子如來亦尒所說種種
妙法祕密深奧藏門悉皆入於大般涅槃是
故名為大般涅槃善男子譬如農夫春月下
種常有希望既收果實衆望都息善男子一
切衆生亦復如是脩學餘經常希滋味若得
聞是大般涅槃希望諸經所有滋味悉皆永
斷是大般涅槃能令衆生度諸有流善男子
如諸跡中象跡為最此經如是於諸經三昧
最為第一善男子譬如耕田秋耕為勝此經
如是諸經中勝善男子如諸藥中醍醐第一
善治衆生熱惱亂心是大涅槃為最第一善
男子譬如甛蘇八味具足大般涅槃亦復如
是八味具足云何為八一者常二者恒三者安
四者清涼五者不老六者不死七者无垢八
者快樂是為八味具足八味是故名為大
般涅槃若諸菩薩摩訶薩等安住是中復能處
處示現涅槃是故名為大般涅槃迦葉善男
子善女人若欲於此大般涅槃而涅槃者當
如是學如來常住法僧亦然迦葉菩薩復
白佛言甚奇世尊如來功德不可思議法僧
亦尒不可思議是大涅槃亦不可思議若有
脩學是經典者得正法門能為良醫若未

BD14459號　大般涅槃經（北本）卷三　（25–24）

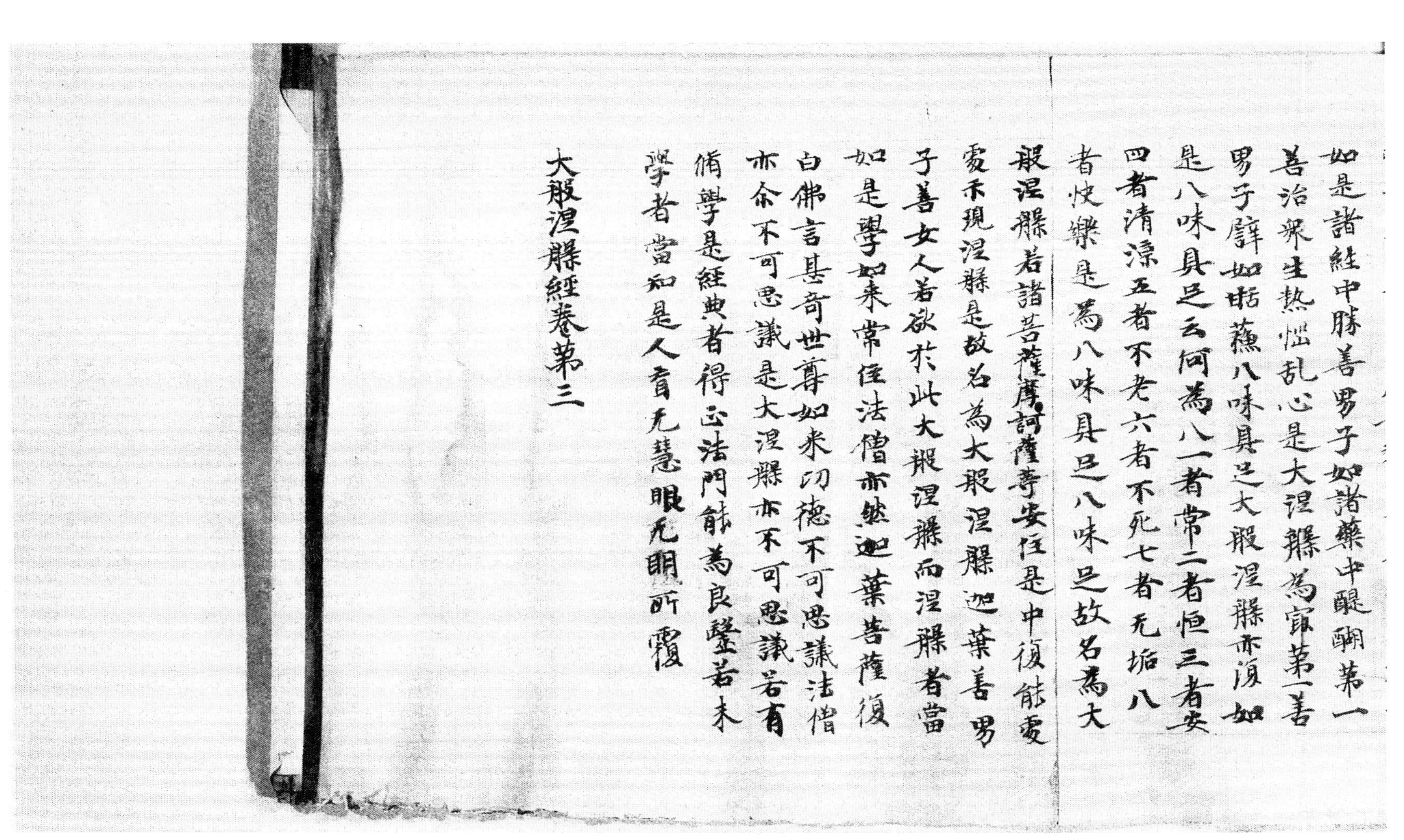
如是諸經中勝善男子如諸藥中醍醐第一
善治衆生熱惱亂心是大涅槃為最第一善
男子譬如甛蘇八味具足大般涅槃亦復如
是八味具足云何為八一者常二者恒三者安
四者清涼五者不老六者不死七者无垢八
者快樂是為八味具足八味是故名為大
般涅槃若諸菩薩摩訶薩等安住是中復能處
處示現涅槃是故名為大般涅槃迦葉善男
子善女人若欲於此大般涅槃而涅槃者當
如是學如來常住法僧亦然迦葉菩薩復
白佛言甚奇世尊如來功德不可思議法僧
亦尒不可思議是大涅槃亦不可思議若有
脩學是經典者得正法門能為良醫若未
學者當知是人盲无慧眼无明所覆

大般涅槃經卷第三

BD14459號　大般涅槃經（北本）卷三　（25–25）

……心如
□淨心不應住色……聲香味
觸法生心應无所住而生其心須菩提譬如
有人身如須弥山王於意云何是身為大不
須菩提言甚大世尊何以故佛說非身是名
大身
須菩提如恒河中所有沙數如□□□恒河
於意云何是諸恒河沙寧為多□□□言
甚多世尊但諸恒河尚多无數何況其沙須
菩提我今實言告汝若有善男子善女人以
七寶滿尒所恒河沙數三千大千世界以用
布施得福多不須菩提言甚多世尊佛告須
菩提若善男子善女人於此經中乃至受持
四句偈等為他人說而此福德勝□福德復
次須菩提隨說是經乃至四句□□□知此
處一切世間天人阿脩羅皆應供養如佛塔
廟何況有人盡能受持讀誦須菩提當知是
人成就最上第一希有之法若是經典所在
之處……

BD14460號　金剛般若波羅蜜經　（11–1）

四句偈等為他人說而此福德勝□福德復
次須菩提隨說是經乃至四句□□□知此
處一切世間天人阿脩羅皆應供養如佛塔
廟何況有人盡能受持讀誦須菩提當知是
人成就最上第一希有之法若是經典所在
之處則為有佛若尊重弟子
尒時須菩提白佛言世尊當何名此經我等
云何奉持佛告須菩提是經名為金剛般若
波羅蜜以是名字汝當奉持所□□□須菩
提佛說般若波羅蜜則非般若波羅蜜須菩
提於意云何如來有所說法不須菩提白佛
言世尊如來无所說須菩提於意云何三千
大千世界所有微塵是為多不須菩提言甚
多世尊須菩提諸微塵如來說非微塵是名
微塵如來說世界非世界是名世界須菩提
於意云何可以卅二相見如來不不也□□以卅
二相得見如來何以故如來說卅二相即是非相
是名卅二相須菩提若有善男子善女人以恒
河沙等身命布施若復有人於此經中乃至
受持四句偈等為他人說其福甚多
尒時須菩提聞說是經深解義趣涕淚悲泣
而白佛言希有世尊佛說如是甚□□典我
從昔來所得慧眼未曾得聞如□□□尊
若復有人得聞是經信心清淨則生實相當
知是人成就第一希有功德世尊是實相者
則是非相是故如來說名實相世尊我今得
聞如是經典信解受持不足為難若當來世
後五百歲其有衆生得聞是經信解受持是

BD14460號　金剛般若波羅蜜經　（11–2）

知是人成就第一希有功德世尊是實相者
則是非相是故如来說名實相世尊我今得
聞如是經典信解受持不足為難若當来世
後五百歲其有衆生得聞是經信解受持是
人則為第一希有何以故此人□□□人相
衆生相壽者相所以者何我相即是非相人
相衆生相壽者相即是非相何以故離一切
諸相則名諸佛
佛告須菩提如是如是若復有人得聞是經
不驚不怖不畏當知是人甚為希有何以故
須菩提如来說第一波羅蜜非第□□羅蜜
是名第一波羅蜜須菩提忍辱波羅蜜如来
說非忍辱波羅蜜何以故須菩提如我昔為
歌利王割截身體我於尒時无我相无人相
无衆生相无壽者相何以故我於往昔節節
支解時若有我相人相衆生相壽者相應生
瞋恨須菩提又念過去於五百世□忍辱仙
人於尒所世无我相无人相无衆生相无壽
者相是故須菩提菩薩應離一切相發阿耨
多羅三藐三菩提心不應住色生心不應住
聲香味觸法生心應生无所住心若心有住
則為非住是故佛說菩薩心不應住色布施
須菩提菩薩為利益一切衆生應如是布施
如来說一切諸相即是非相又說一切衆生
則非衆生須菩提如来是真語者實語者如
語者不誑語者不異語者須菩提如来所得
法此法无實无虛須菩提若菩薩心住於法
而行布施如人入暗則无所見若菩薩心不

如来說一切諸相即是非相又說一切衆生
則非衆生須菩提如来是真語者實語者如
語者不誑語者不異語者須菩提如来所得
法此法无實无虛須菩提若菩薩心住於法
而行布施如人入暗則无所見若菩薩心不
住法而行布施如人有目日光明□見種種
色須菩提當来之世若有善男子善女人能
於此經受持讀誦則為如来以佛智慧悉知
是人悉見是人皆得成就无量无邊功德
須菩提若有善男子善女人初日分以恒河
沙等身布施中日分復以恒河沙等身布施
後日分亦以恒河沙等身布施□□无量百
千万億劫以身布施若復有人聞此經典信
心不逆其福勝彼何況書寫受持讀誦為人
解說須菩提以要言之是經有不可思議不
可稱量无邊功德如来為發大乘者說為發
冣上乘者說若有人能受持讀誦廣為人說
如来悉知是人悉見是人皆成就不可量不
可稱无有邊不可思議功德如是人等則為
荷擔如来阿耨多羅三藐三菩提何以故須
菩提若樂小法者著我見人見衆生見壽者
見則於此經不能聽受讀誦為人解說須菩
提在在處處若有此經一切世間□人阿脩
羅所應供養當知此處則為是塔皆應恭敬
作礼圍遶以諸華香而散其處
復次須菩提善男子善女人受持讀誦此經
若為人輕賤是人先世罪業應墮惡道以今
世人輕賤故先世罪業則為消滅當得阿耨

羅所應供養當知此處則為是塔皆應恭敬
作礼圍遶以諸華香而散其處
復次須菩提善男子善女人受持讀誦此經
若為人輕賤是人先世罪業應墮惡道以今
世人輕賤故先世罪業則為消滅當得阿耨
多羅三藐三菩提須菩提我念過去无量阿
僧祇劫於然燈佛前得值八百四千万億那
由他諸佛悉皆供養承事无空過者若復有
人於後末世能受持讀誦此經所得功德於
我所供養諸佛功德百分不及一千万億分
乃至筭數譬喻所不能及須菩提若善男子
善女人於後末世有受持讀誦此經所得功
德我若具說者或有人聞心則狂亂狐疑不
信須菩提當知是經義不可思議果報亦不
可思議
尒時須菩提白佛言世尊善男子善女人發
阿耨多羅三藐三菩提心云何應住云何降
伏其心佛告須菩提善男子善女人發阿耨
多羅三藐三菩提者當生如是心我應滅度
一切衆生滅度一切衆生已而无有一衆生
實滅度者何以故若菩薩有我相人相衆生
相壽者相則非菩薩所以者何須菩提實无
有法發阿耨多羅三藐三菩提者須菩提於
意云何如來於然燈佛所有法得阿耨多羅
三藐三菩提不不也世尊如我解佛所說義
佛於然燈佛所无有法得阿耨多羅三藐三
菩提佛言如是如是須菩提實无有法如來
得阿耨多羅三藐三菩提須菩提若有法如

意云何如來於然燈佛所有法得阿耨多羅
三藐三菩提不不也世尊如我解佛所說義
佛於然燈佛所无有法得阿耨多羅三藐三
菩提佛言如是如是須菩提實无有法如來
得阿耨多羅三藐三菩提須菩提若有法如
來得阿耨多羅三藐三菩提者然燈佛則不與
我受記汝於來世當得作佛号釋迦牟尼以
實无有法得阿耨多羅三藐三菩提是故然
燈佛與我受記作是言汝於來世當得作佛
号釋迦牟尼何以故如來者即諸法如義若
有人言如來得阿耨多羅三藐三菩提須菩
提實无有法佛得阿耨多羅三藐三菩提須菩
提如來所得阿耨多羅三藐三菩提於是中
无實无虛是故如來說一切法皆是佛法須
菩提所言一切法者即非一切法是故名一
切法須菩提譬如人身長大須菩提言世尊
如來說人身長大則為非大身是名大身須
菩提菩薩亦如是若作是言我當滅度无量
衆生則不名菩薩何以故須菩提无有法名
為菩薩是故佛說一切法无我无人无衆生
无壽者須菩提若菩薩作是言我當莊嚴佛
土是不名菩薩何以故如來說莊嚴佛土者
即非莊嚴是名莊嚴須菩提若菩薩通達无
我法者如來說名真是菩薩須菩提於意云
何如來有肉眼不如是世尊如來有肉眼須
菩提於意云何如來有天眼不如是世尊如
來有天眼須菩提於意云何如來有慧眼不
如是世尊如來有慧眼須菩提於意云何如

我法者如来説名真是菩薩須菩提於意云
何如来有肉眼不如是世尊如来有肉眼須
菩提於意云何如来有天眼不如是世尊如
来有天眼須菩提於意云何如来有慧眼不
如是世尊如来有慧眼須菩提於意云何如
来有法眼不如是世尊如来有法眼須菩提
於意云何如来有佛眼不如是世尊如来有
佛眼須菩提於意云何恒河中所有沙佛説
是沙不如是世尊如来説是沙須菩提於意
云何如一恒河中所有沙有如是等恒河是
諸恒河所有沙數佛世界如是寧為多不甚
多世尊佛告須菩提尒所國土中所有衆生
若干種心如来悉知何以故如来説諸心皆
為非心是名為心所以者何須菩提過去心
不可得現在心不可得未来心不可得須菩
提於意云何若有人滿三千大千世界七寶
以用布施是人以是因緣得福多不如是世
尊此人以是因緣得福甚多須菩提若福德
有實如来不説得福德多以福德无故如来
説得福德多
須菩提於意云何佛可以具足色身見不不
也世尊如来不應以具足色身見何以故如
来説具足色身即非具足色身是名具足色
身須菩提於意云何如来可以具足諸相見
不不也世尊如来不應以具足諸相見何以
故如来説諸相具足即非具足是名諸相具
足須菩提汝等勿謂如来作是念我當有所
説法莫作是念何以故若人言如来有所説
法即為謗佛不能解我所説故須菩提説法

BD14460號　金剛般若波羅蜜經　（11–7）

不不也世尊如来不應以具足諸相見何以
故如来説諸相具足即非具足是名諸相具
足須菩提汝等勿謂如来作是念我當有所
説法莫作是念何以故若人言如来有所説
法即為謗佛不能解我所説故須菩提説法
者无法可説是名説法須菩提白佛言世尊
佛得阿耨多羅三藐三菩提為无所得耶如
是如是須菩提我於阿耨多羅三藐三菩提
乃至无有少法可得是名阿耨多羅三藐三
菩提復次須菩提是法平等无有高下是名
阿耨多羅三藐三菩提以无我无人无衆生
无壽者脩一切善法則得阿耨多羅三藐三
菩提須菩提所言善法者如来説非善法是
名善法
須菩提若三千大千世界中所有諸須弥山
王如是等七寶聚有人持用布施若人以此
般若波羅蜜經乃至四句偈等受持為他人
説於前福德百分不及一百千万億分乃至
筭數譬喩所不能及
須菩提於意云何汝等勿謂如来作是念我
當度衆生須菩提莫作是念何以故實无有
衆生如来度者若有衆生如来度者如来則
有我人衆生壽者須菩提如来説有我者則
非有我而凡夫之人以為有我須菩提凡夫
者如来説則非凡夫須菩提於意云何可以三
十二相觀如来不須菩提言如是如是以三十
二相觀如来佛言須菩提若以三十二相觀
如来者轉輪聖王則是如来須菩提白佛言

BD14460號　金剛般若波羅蜜經　（11–8）

非有我而凡夫之人以為有我須菩提凡夫
者如来說則非凡夫須菩提於意云何可以三
十二相觀如来不須菩提言如是如是以三十
二相觀如来佛言須菩提若以三十二相觀
如来者轉輪聖王則是如来須菩提白佛言
世尊如我解佛所說義不應以三十二相觀
如来尒時世尊而說偈言
若以色見我　以音聲求我　是人行邪道　不能見如来
須菩提汝若作是念如来不以具足相故得
阿耨多羅三藐三菩提須菩提莫作是念如
来不以具足相故得阿耨多羅三藐三菩提
須菩提汝若作是念發阿耨多羅三藐三菩
提者說諸法斷滅相莫作是念何以故發阿
耨多羅三藐三菩提者於法不說斷滅相
須菩提若菩薩以滿恒河沙等世界七寶布
施若復有人知一切法无我得成於忍此菩
薩勝前菩薩所得功德須菩提以諸菩薩不
受福德故須菩提白佛言世尊云何菩薩不
受福德須菩提菩薩所作福德不應貪著是
故說不受福德須菩提若有人言如来若来
若去若坐若卧是人不解我所說義何以故
如来者无所從来亦无所去故名如来須菩
提若善男子善女人以三千大千世界碎為
微塵於意云何是微塵衆寧為多不甚多世
尊何以故若是微塵衆實有者佛則不說是
微塵衆所以者何佛說微塵衆則非微塵衆
是名微塵衆世尊如来所說三千大千世界
則非世界是名世界何以故若世界實有者則

BD14460號　金剛般若波羅蜜經　（11–9）

微塵於意云何是微塵衆寧為多不甚多世
尊何以故若是微塵衆實有者佛則不說是
微塵衆所以者何佛說微塵衆則非微塵衆
是名微塵衆世尊如来所說三千大千世界
則非世界是名世界何以故若世界實有者則
是一合相如来說一合相則非一合相是名
一合相須菩提一合相者則是不可說但凡
夫之人貪著其事須菩提若人言佛說我見
人見衆生見壽者見須菩提於意云何是人
解我所說義不世尊是人不解如来所說義
何以故世尊說我見人見衆生見壽者見即
非我見人見衆生見壽者見是名我見人見
衆生見壽者見須菩提發阿耨多羅三藐三
菩提心者於一切法應如是知如是見如是
信解不生法相須菩提所言法相者如来說即
非法相是名法相
須菩提若有人以滿无量阿僧祇世界七寶
持用布施若有善男子善女人發菩薩心者
於此經中乃至四句偈等受持讀誦為人演
說其福勝彼云何為人演說不取於相如如
不動何以故
一切有為法　如夢幻泡影　如露亦如電　應作如是觀
佛說是經已長老須菩提及諸比丘比丘尼
優婆塞優婆夷一切世間天人阿脩羅聞佛
所說皆大歡喜信受奉行
金剛般若經

BD14460號　金剛般若波羅蜜經　（11–10）

衆生見壽者見須菩提發阿耨多羅三藐三
菩提心者於一切法應如是知如是見如是
信解不生法相須菩提所言法相者如来說即
非法相是名法相
須菩提若有人以滿无量阿僧祇世界七寶
持用布施若有善男子善女人發菩薩心者
於此經中乃至四句偈等受持讀誦為人演
說其福勝彼云何為人演說不取於相如如
不動何以故
一切有為法　如夢幻泡影　如露亦如電　應作如是觀
佛說是經已長老須菩提及諸比丘比丘尼
優婆塞優婆夷一切世間天人阿脩羅聞佛
所說皆大歡喜信受奉行
金剛般若經

BD14460號　金剛般若波羅蜜經　（11–11）

生一
當知如来亦復如是出現於世如大雲起以大
音聲普遍世界天人阿脩羅等如彼大雲
遍覆三千大千國土於大衆中而唱是言我
是如来應供正遍知明行足善逝世間解无
上士調御丈夫天人師佛世尊未度者令度
未解者令解未安者令安未涅槃者令得涅
槃今世後世如實知之我是一切智者一切見
者知道者開道者汝等天人阿脩羅衆皆應
到此為聽法故
尒時无數千億万種衆生来至佛所而聽法
如来于時觀是衆生諸根利鈍精進懈怠隨
其所堪而為說法種種无量皆令歡喜快得
善利是諸衆生聞是法已現世安隱後生善
處以道受樂亦得聞法既聞法已離諸障閡
於諸法中任力所能漸得入道如彼大雲雨
於一切卉木叢林及諸藥草如其種性具足
蒙潤各得生長如来說法一相一味所謂解

BD14461號　妙法蓮華經卷三　（25–1）

如来于時觀是衆生諸根利鈍精進懈怠隨
其所堪而為說法種種无量皆令歡喜快得
善利是諸衆生聞是法已現世安隱後生善
處以道受樂亦得聞法既聞法已離諸障閡
於諸法中任力所能漸得入道如彼大雲雨
於一切卉木叢林及諸藥草如其種性具足
蒙潤各得生長如来說法一相一味所謂解
脫相離相滅相究竟至於一切種智其有衆
生聞如来法若持讀誦如說脩行所得功德
不自覺知所以者何唯有如来知此衆生種
相體性念何事思何事脩何事云何念云何
思云何脩以何法念以何法思以何法脩以
何法得何法衆生住於種種之地唯有如来
如實見之明了无閡如彼卉木叢林諸藥草
等而不自知上中下性如来知是一相一味
之法所謂解脫相離相滅相究竟涅槃常寂
滅相終歸於空佛知是已觀衆生心欲而將
護之是故不即為說一切種智汝等迦葉甚
為希有能知如来隨宜說法能信能受所以
者何諸佛世尊隨宜說法難解難知尒時世
尊欲重宣此義而說偈言
破有法王　出現世間　隨衆生欲　種種說法
如来尊重　智慧深遠　久嘿斯要　不務速說
有智若聞　則能信解　无智疑悔　則為永失
是故迦葉　隨力為說　以種種緣　令得正見
迦葉當知　譬如大雲　起於世間　遍覆一切
惠雲含潤　電光晃耀　雷聲遠震　令衆悅豫
日光掩蔽　地上清涼　靉靆垂布　如可承攬

BD14461 號　妙法蓮華經卷三　（25–2）

有智若聞　則能信解　无智疑悔　則為永失
是故迦葉　隨力為說　以種種緣　令得正見
迦葉當知　譬如大雲　起於世間　遍覆一切
惠雲含潤　電光晃耀　雷聲遠震　令衆悅豫
日光掩蔽　地上清涼　靉靆垂布　如可承攬
其雨普等　四方俱下　流澍无量　率土充洽
山川嶮谷　幽邃所生　卉木藥草　大小諸樹
百穀苗稼　甘蔗蒲桃　雨之所潤　无不豐足
乾地普洽　藥木並茂　其雲所出　一味之水
草木叢林　隨分受潤　一切諸樹　上中下等
稱其大小　各得生長　根莖枝葉　華菓光色
一雨所及　皆得鮮澤　如其體相　性分大小
所潤是一　而各滋茂　佛亦如是　出現於世
譬如大雲　普覆一切　既出于世　為諸衆生
分別演說　諸法之實　大聖世尊　於諸天人
一切衆中　而宣是言　我為如来　兩足之尊
出于世間　猶如大雲　充潤一切　枯槁衆生
皆令離苦　得安隱樂　世間之樂　及涅槃樂
諸天人衆　一心善聽　皆應到此　勤无上尊
我為上尊　无能及者　安隱衆生　故現於世
為大衆說　甘露淨法　其法一味　解脫涅槃
以一妙音　演暢斯義　常為大乘　而作因緣
我觀一切　普皆平等　无有彼此　愛憎之心
我無貪著　亦無限閡　恒為一切　平等說法
如為一人　衆生亦然　常演說法　曾无他事
去来坐立　終不疲猒　充足世間　如雨普潤
貴賤上下　持戒毀戒　威儀具足　及不具足

BD14461 號　妙法蓮華經卷三　（25–3）

我觀一切　普皆平等　无有彼此　愛增之心
我無貪著　亦無限閡　恒為一切　平等說法
如為一人　衆生亦然　常演說法　曾无他事
去來坐立　終不疲猒　充足世間　如雨普潤
貴賤上下　持戒毀戒　威儀具足　及不具足
正見耶見　利根鈍根　等雨法雨　而无懈惓
一切衆生　聞我法者　隨力所受　住於諸地
或處人天　轉輪聖王　釋梵諸王　是小藥草
知無漏法　能得涅槃　起六神通　及得三明
獨處山林　常行禪定　得緣覺證　是中藥草
求世尊處　我當作佛　行精進定　是上藥草
又諸佛子　專心佛道　常行慈悲　自知作佛
決定无疑　是名小樹　安住神通　轉不退輪
度无量億　百千衆生　如是菩薩　名為大樹
佛平等說　如一味雨　隨衆生性　所受不同
如彼草木　所稟各異　佛以此喻　方便開示
種種言辞　演說一法　於佛智慧　如海一渧
我雨法雨　充滿世間　一味之法　隨力脩行
如彼叢林　藥草諸樹　隨其大小　漸增茂好
諸佛之法　常以一味　令諸世間　普得具足
漸次脩行　皆得道果　聲聞緣覺　處於山林
住㝡後身　聞法得果　是名藥草　各得增長
若諸菩薩　智慧堅固　了達三界　求㝡上乘
是名小樹　而得增長　復有住禪　得神通力
聞諸法空　心大歡喜　放无數光　度衆生
是名大樹　而得增長　如是迦葉　佛所說法
辟如大雲　以一味雨　潤於人華　各得成實

BD14461 號　妙法蓮華經卷三　（25–4）

是名小樹　而得增長　復有住禪　得神通力
聞諸法空　心大歡喜　放无數光　度衆生
是名大樹　而得增長　如是迦葉　佛所說法
辟如大雲　以一味雨　潤於人華　各得成實
迦葉當知　以諸因緣　種種辟喻　開示佛道
是我方便　諸佛亦然　今為汝等　說㝡實事
諸聲聞衆　皆非滅度　汝等所行　是菩薩道
漸漸脩學　悉當成佛

妙法蓮華經授記品第六

尒時世尊說是偈已告諸大衆唱如是言我
此弟子摩訶迦葉於未來世當得奉覲三
百億万諸佛世尊供養恭敬尊重讚嘆廣
宣諸佛无量大法於㝡後身得成為佛名曰
光明如來應供正遍知明行足善逝世間解
无上士調御丈夫天人師佛世尊國名光德
劫名大莊嚴佛壽十二小劫正法住世二十小劫像
法亦住二十小劫國界嚴飾无諸穢惡瓦礫
荊棘便利不淨其土平正无有高下坑坎堆
阜琉璃為地寶樹行列黃金為繩以界道側
散諸寶華周遍清淨其國菩薩无量千億諸
聲聞衆亦復无數无有魔事雖有魔及魔民
皆護佛法尒時世尊欲重宣此義而說偈言
告諸比丘　我以佛眼　見是迦葉　於未來世
過无數劫　當得作佛　而於來世　供養奉覲
三百万億　諸佛世尊　為佛智慧　淨脩梵行
供養㝡上　兩足尊已　脩集一切　无上之慧
於㝡後身　得成為佛　其土清淨　瑠璃為地

BD14461 號　妙法蓮華經卷三　（25–5）

告諸比丘　我以佛眼　見是迦葉　於未來世
過无數劫　當得作佛　而於來世　供養奉覲
三百万億　諸佛世尊　為佛智慧　淨脩梵行
供養冣上　兩足尊已　脩集一切　无上之慧
於冣後身　得成為佛　其土清淨　瑠璃為地
多諸寶樹　行列道側　金繩界道　見者歡喜
常出好香　散衆名華　種種奇妙　以為莊嚴
其地平正　无有丘坑　諸菩薩衆　不可稱計
其心調柔　逮大神通　奉持諸佛　大乘經典
諸聲聞衆　无漏後身　法王之子　亦不可計
乃以天眼　不能數知　其佛當壽　十二小劫
正法住世　二十小劫　像法亦住　二十小劫
光明世尊　其事如是
尒時大目犍連須菩薩摩訶迦旃延等
皆悉悚慄一心合掌仰瞻世尊目不蹔捨即
共同聲而說偈言
大雄猛世尊　諸釋之法王　哀愍我等故　而賜佛音聲
若知我深心　見為授記者　如以甘露灑　除熱得清涼
如從飢國來　忽遇大王饍　心猶懷疑懼　未敢即便食
若復得王教　然後乃敢食　我等亦如是　每惟小乘過
不知當云何　得佛无上慧　雖聞佛音聲　言我等作佛
心當懷憂懼　如未敢便食　若蒙佛授記　尒乃快安樂
大雄猛世尊　常欲安世間　願賜我等記　如飢須教食
尒時世尊知諸大弟子心之所念告諸比丘
是須菩提於當來世奉覲三百万億那由他
佛供養恭敬尊重讚嘆常脩梵行具菩薩道
於冣後身得成為佛号曰名相如來應供正

大雄猛世尊　常欲安世間　願賜我等記　如飢須教食
尒時世尊知諸大弟子心之所念告諸比丘
是須菩提於當來世奉覲三百万億那由他
佛供養恭敬尊重讚嘆常脩梵行具菩薩道
於冣後身得成為佛号曰名相如來應供正
遍知明行足善逝世間解无上士調御丈夫
天人師佛世尊劫名有寶國名寶生其土平
正頗梨為地寶樹莊嚴无諸丘坑沙礫荊棘
便利之穢寶華覆地周遍清淨其土人民皆
處寶臺珎妙樓閣聲聞弟子无量无邊筭數
譬喻所不能知諸菩薩衆无數千万億那由
他佛壽十二小劫正法住世二十小劫像法亦
住二十小劫其佛常處虛空為衆說法度
脫无量菩薩及聲聞衆尒時世尊欲重宣此
義而說偈言
諸比丘衆　今告汝等　皆當一心　聽我說法
我大弟子　須菩提者　當得作佛　号曰名相
當供无數　万億諸佛　隨佛所行　漸具大道
冣後身得　三十二相　端政殊妙　猶如寶山
其佛國土　嚴淨第一　衆生見者　无不愛樂
佛於其中　度无量衆　其佛法中　多諸菩薩
皆悉利根　轉不退輪　彼國常以　菩薩莊嚴
諸聲聞衆　不可稱數　皆得三明　具六神通
住八解脫　有大威德　其佛說法　現於无量
神通變化　不可思議　諸天人民　數如恒沙
皆共合掌　聽受佛語　其佛當壽　十二小劫
正法住世　二十小劫　像法亦住　二十小劫

住八解脫 有大威德 其佛說法 現於无量
神通變化 不可思議 諸天人民 數如恒沙
皆共合掌 聽受佛語 其佛當壽 十二小劫
正法住世 二十小劫 像法亦住 二十小劫
尒時世尊復告諸比丘衆我今語汝是大迦
旃延於當来世以諸供具供養奉事八千億
佛恭敬尊重諸佛滅後各起塔廟高千由旬
縱廣正等五百由旬皆以金銀琉璃車𤦲馬瑙
真珠玫瑰七寶合成衆華瓔珞塗香末香燒
香繒蓋幢幡供養塔廟過是已後當復供養
二万億佛亦復如是供養是諸佛已具菩薩
道當得作佛号曰閻浮那提金光如来應供
正遍知明行足善逝世間解无上士調御丈
夫天人師佛世尊其土平正頗梨為地寶樹
莊嚴黃金為繩以界道側妙華覆地周遍清
淨見者歡喜無四道惡地獄餓鬼畜生阿脩
羅道多有天人諸聲聞衆及諸菩薩无量万
億莊嚴其國佛壽十二小劫正法住世二十小劫
像法亦住二十小劫尒時世尊欲重宣此義而
說偈言
諸比丘衆 皆一心聽 如我所說 真實无異
是迦旃延 當以種種 妙好供具 供養諸佛
諸佛滅後 起七寶塔 亦以華香 供養舍利
其冣後身 得佛智惠 成等正覺 國土清淨
度脫无量 万億衆生 皆為十方 之所供養
佛之光明 无能勝者 其佛号曰 閻浮金光
菩薩聲聞 斷一切有 无量无數 莊嚴其國

其冣後身 得佛智惠 成等正覺 國土清淨
度脫无量 万億衆生 皆為十方 之所供養
佛之光明 无能勝者 其佛号曰 閻浮金光
菩薩聲聞 斷一切有 无量无數 莊嚴其國
尒時世尊復告大衆我今語汝是大目揵連
當以種種供具供養八千諸佛恭敬尊重諸
佛滅後各起塔廟高千由旬縱廣正等五百
由旬以金銀瑠璃車𤦲馬瑙真珠玫瑰七寶
合成衆華瓔珞塗香末香燒香繒蓋幢幡以
用供養過是已後當復供養二百万億諸佛
亦復如是當得成佛号曰多摩羅跋旃檀香
如来應供正遍知明行足善逝世間解无上
士調御丈夫天人師佛世尊劫名喜滿國名意
樂其土平正頗梨為地寶樹莊嚴散真珠
華周遍清淨見者歡喜多諸天人菩薩聲聞
其數无量佛壽二十四小劫正法住世四十小
劫像法亦住四十小劫尒時世尊欲重宣此義
而說偈言
我此弟子 大目揵連 捨是身已 得見八千
二百万億 諸佛世尊 為佛道故 供養恭敬
於諸佛所 常脩梵行 於无量劫 奉持佛法
諸佛滅後 起七寶塔 長表金刹 華香伎樂
而以供養 諸佛塔廟 漸漸具足 菩薩道已
於意樂國 而得作佛 号多摩羅 旃檀之香
其佛壽命 二十四劫 常為天人 演說佛道
聲聞无量 如恒河沙 三明六通 有大威德
菩薩无數 志固精進 於佛智慧 皆不退轉

而以供養　諸佛塔廟　漸漸具足　菩薩道已
於意樂國　而得作佛　號多摩羅　栴檀之香
其佛壽命　二十四劫　常為天人　演說佛道
聲聞无量　如恒河沙　三明六通　有大威德
菩薩无數　志固精進　於佛智慧　皆不退轉
佛滅度後　正法當住　四十小劫　像法亦尒
我諸弟子　威德具足　其數五百　皆當授記
於未來世　咸得成佛　我及汝等　宿世因緣
吾今當說　汝等善聽

妙法蓮華經化城喻品第七

佛告諸比丘乃往過去无量无邊不可思議
阿僧祇劫尒時有佛名大通智勝如來應供
正遍知明行足善逝世間解无上士調御丈
夫天人師佛世尊其國名好成劫名大相諸
比丘彼佛滅度已來甚大久遠譬如三千大
千世界所有地種假使有人磨以為墨過於
東方千國土乃下一點大如微塵又過千國
土復下一點如是展轉盡地種墨於汝等意
云何是諸國土若筭師若筭師弟子能得邊
際知其數不不也世尊諸比丘是人所經國
土若點不點盡末為塵一塵一劫彼佛滅度
已來復過是數无量无邊百千万億阿僧祇
劫我以如來知見力故觀彼久遠猶若今日
尒時世尊欲重宣此義而說偈言
我念過去世　无量无邊劫　有佛兩足尊　名大通智勝
如人以力磨　三千大千土　盡此諸地種　皆悉以為墨
過於千國土　乃下一塵點　如其展轉點　盡此諸塵墨
如是諸國土　點與不點等　復盡末為塵　一塵為一劫

劫我以如來知見力故觀彼久遠猶若今日
尒時世尊欲重宣此義而說偈言
我念過去世　无量无邊劫　有佛兩足尊　名大通智勝
如人以力磨　三千大千土　盡此諸地種　皆悉以為墨
過於千國土　乃下一塵點　如其展轉點　盡此諸塵墨
如是諸國土　點與不點等　復盡末為塵　一塵為一劫
此諸微塵數　其劫復過是　彼佛滅度來　如是无量劫
如來无㝵智　知彼佛滅度　及聲聞菩薩　如見今滅度
諸比丘如來　佛智淨微妙　无漏无所閡　通達无量劫
佛告諸比丘大通智勝佛壽五百四十万億那
由他劫其佛本坐道場破魔軍已垂得阿耨
多羅三藐三菩提而諸佛法不現在前如是
一小劫乃至十小劫結跏趺坐身心不動而諸
佛法猶不在前尒時忉利諸天先為彼佛於
菩提樹下敷師子座高一由旬佛於此坐當得
阿耨多羅三藐三菩提適坐此座時諸梵天
王雨衆天華面百由旬香風時來吹去萎華更
雨新者如是不絕滿十小劫供養於佛乃至滅
度常雨此華四王諸天為供養佛常擊天鼓
其餘諸天作天伎樂滿十小劫至于滅度亦復
如是諸比丘大通智勝佛過十小劫諸佛之法
乃現在前成阿耨多羅三藐三菩提其佛未出
家時有十六子其第一者名曰智積諸子各有
種種珎異玩好之具聞父得成阿耨多羅三
藐三菩提皆捨所珎往詣佛所諸母涕泣而
隨送之其祖轉輪聖王與一百大臣及餘百千万
億人民皆共圍遶隨至道場咸欲親近大通
智勝如來供養恭敬尊重讚歎到已頭面礼

[illegible]
種種珎異玩好之具聞父得成阿耨多羅三
藐三菩提皆捨所珎往詣佛所諸母涕泣而
随送之其祖轉輪聖王與一百大臣及餘百千万
億人民皆共圍遶随至道場咸欲親近大通
智勝如来供養恭敬尊重讃嘆到已頭面礼
足遶佛畢已一心合掌瞻仰世尊以偈頌曰
大威德世尊　為度衆生故　於无量億歳　尒乃得成佛
諸願已具足　善哉吉无上　世尊甚希有　一坐十小劫
身體及手足　静然不動　其心常惔怕　未曾有散乱
究竟永寂滅　安住无漏法　今者見世尊　安隠成佛道
我等得善利　稱慶大歡喜　衆生常苦惱　盲瞑无導師
不識苦盡道　不知求解脱　長夜增悪趣　减損諸天衆
從瞑入於瞑　永不聞佛名　今佛得最上　安隠无漏道
我等及天人　為得最大利　是故咸稽首　歸命无上尊
尒時十六王子偈讃佛已勸請世尊轉於法輪
咸作是言世尊説法多所安隠憐愍饒益諸
天人民重説偈言
世雄无等倫　百福自莊嚴　得无上智慧　願為世間説
度脱於我等　及諸衆生類　為分別顯示　令得是智慧
若我等得佛　衆生亦復然　世尊知衆生　深心之所念
亦知所行道　又知智慧力　欲樂及脩福　宿命所行業
世尊悉知已　當轉无上輪
佛告諸比丘大通智勝佛得阿耨多羅三藐
三菩提時十方各五百万億諸佛世界六種震
動其國中間幽瞑之處日月威光所不能照
而皆大明其中衆生各得相見咸作是言此
中云何忽生衆生又其國界諸天宮殿乃至

BD14461號　妙法蓮華經卷三　（25–12）

佛告諸比丘大通智勝佛得阿耨多羅三藐
三菩提時十方各五百万億諸佛世界六種震
動其國中間幽瞑之處日月威光所不能照
而皆大明其中衆生各得相見咸作是言此
中云何忽生衆生又其國界諸天宮殿乃至
梵宮六種震動大光普照遍滿世界勝諸
天光尒時東方五百万億諸國土中梵天宮
殿光明照曜倍於常明諸梵天王各作是念
今者宮殿光明昔所未有以何因緣而現此相
是時諸梵天王即各相詣共議此事時彼衆
中有一大梵天王名救一切為諸梵衆而説
偈言
我等諸宮殿　光明昔未有　此是何因緣　宜各共求之
為大德天生　為佛出世間　而此大光明　遍照於十方
尒時五百万億國土諸梵天王與宮殿俱各以
衣裓盛諸天華共詣西方推尋是相見大
通智勝如来處于道場菩提樹下坐師子座
諸天龍王乾闥婆緊那羅摩睺羅伽人非人
等恭敬圍遶及見十六王子請佛轉法輪即
時諸梵天王頭面礼佛遶百千帀即以天華
而散佛上其所散華如須弥山并以供養佛
菩提樹其菩提樹高十由旬華供養以各以
宮殿奉上彼佛而作是言唯見哀愍饒益我
等所獻宮殿願垂納處尒時諸梵天王即於
佛前一心同聲以偈頌曰
世尊甚希有　難可得值遇　具无量功德　能救護一切
天人之大師　哀愍於世間　十方諸衆生　普皆蒙饒益

BD14461號　妙法蓮華經卷三　（25–13）

宮殿奉上彼佛而作是言唯見哀愍饒益我
等所獻宮殿願垂納處尒時諸梵天王即於
佛前一心同聲以偈頌曰
世尊甚希有　難可得值遇　具无量功德　能救護一切
天人之大師　哀愍於世間　十方諸衆生　普皆蒙饒益
我等所從來　五百万億國　捨深禪定樂　為供養佛故
我等先世福　宮殿甚嚴飾　今以奉世尊　唯願哀納受
尒時諸梵天王偈讚佛已各作是言唯願世
尊轉於法輪度脫衆生開涅槃道時諸梵天
王一心同聲而說偈言
世雄兩足尊　唯願演說法　以大慈悲力　度苦惱衆生
尒時大通智勝如來嘿然許之又諸比丘東
南方五百万億國土諸大梵王各自見宮殿
光明照曜昔所未有歡喜踊躍生希有
心即各相詣共議此事時彼衆中有一大梵天
王名曰大悲為諸梵衆而說偈言
是事何因緣　而現如此相　我等諸宮殿　光明昔未有
為大德天生　為佛出世間　未曾見此相　當共一心求
過千万億土　尋光共推　多是佛出世　度脫苦衆生
尒時五百万億諸梵天王與宮殿俱各以衣裓
盛諸天華共詣西北方推尋是相見大通智
勝如來處于道場菩提樹下坐師子座
諸天龍王乾闥婆緊那羅摩睺羅伽人非人
等恭敬圍遶及見十六王子請佛轉法輪時
諸梵天王頭面礼佛遶百千帀即以天華而
散佛上所散之華如須弥山并以供養佛菩
提樹華供養已各以宮殿奉上彼佛而作是

等恭敬圍遶及見十六王子請佛轉法輪時
諸梵天王頭面礼佛遶百千帀即以天華而
散佛上所散之華如須弥山并以供養佛菩
提樹華供養已各以宮殿奉上彼佛而作是
言唯見哀愍饒益我等所獻宮殿願垂納
處尒時諸梵天王即於佛前一心同聲以偈
頌曰
聖主天中天　迦陵頻伽聲　哀愍衆生者　我等今敬礼
世尊甚希有　久遠乃一現　一百八十劫　空過无有佛
三惡道充滿　諸天衆減少　今佛出於世　為衆生作眼
世間所歸趣　救護於一切　為衆生之父　哀愍饒益者
我等宿福慶　今得值世尊
尒時諸梵天王偈讚佛已各作是言唯願世
尊哀愍一切轉於法輪度脫衆生時諸梵天
王一心同聲而說偈言
大聖轉法輪　顯示諸法相　度苦惱衆生　令得大歡喜
衆生聞是法　得道若生天　諸惡道減少　忍善者增益
尒時大通智勝如來嘿然許之又諸比丘南
方五百億國土諸大梵王各自見宮殿光明
照曜昔所未有歡喜踊躍生希有心即各相
詣共議此事以何因緣我等宮殿有此光曜時
彼衆中有一大梵天王名曰妙法為諸梵衆而
說偈言
我等諸宮殿　光明甚威曜　此非无因緣　是相宜求之
過於百千劫　未曾見是相　為大德天生　為佛出世間
尒時五百万億諸梵天王與宮殿俱各以衣
裓盛諸天華共詣北方推尋是相見大通

彼衆中有一大梵天王名曰妙法為諸梵衆而
說偈言
我等諸宮殿　光明甚威曜　此非无因緣　是相宜求之
過於百千劫　未曾見是相　為大德天生　為佛出世間
尒時五百万億諸梵天王與宮殿俱各以衣
裓盛諸天華共詣北方推尋是相見大通
智勝如来處于道場菩提樹下坐師子諸
天龍王乾闥婆緊那羅摩睺羅伽人非人等
恭敬圍遶及見十六王子請佛轉法輪時諸
梵天王頭面礼佛遶百千帀即以天華而散
佛上所散之華如須弥山并以供養佛菩
提樹華供養已各以宮殿奉上彼佛而作是
言唯見哀愍饒益我等所獻宮殿願垂納處
尒時諸梵天王即於佛前一心同聲以偈頌曰
世尊甚難見　破諸煩惱者　過百三十劫　今乃得一見
諸飢渴衆生　以法雨充滿　昔所未曾覩　无量智慧者
如優曇鉢羅　今日乃值遇　我等諸宮殿　蒙光故嚴飾
世尊大慈愍　唯願垂納受
尒時諸梵天王偈讚佛已各作是言唯願世
尊轉於法輪令一切世間諸天魔梵沙門婆
羅門皆獲安隱而得度脫諸梵天王一心同聲
以偈頌曰
唯願天人尊　轉无上法輪　擊于大法鼓　而吹大法螺
普雨大法雨　度无量衆生　我等咸歸請　當演深遠音
尒時大通智勝如来嘿然許之西南方乃至
下方亦復如是尒時上方五百万億國土諸大
梵王皆悉自覩所止宮殿光明威曜昔所未

BD14461號　妙法蓮華經卷三　（25–16）

唯願天人尊　轉无上法輪　擊于大法鼓　而吹大法螺
普雨大法雨　度无量衆生　我等咸歸請　當演深遠音
尒時大通智勝如来嘿然許之西南方乃至
下方亦復如是尒時上方五百万億國土諸大
梵王皆悉自覩所止宮殿光明威曜昔所未
有歡喜踊躍生希有心即各相詣共議此事
以何因緣我等宮殿有斯光明時彼衆中有
一大梵天王名曰尸棄為諸梵衆而說偈言
今以何因緣　我等諸宮殿　威德光明曜　嚴飾未曾有
如是之妙相　昔所不聞見　為大德天生　為佛出世間
尒時五百万億諸梵天王與宮殿俱各以衣裓
盛諸天華共詣下方推尋此相見大通智勝
如来處于道場菩提樹下坐師子座諸天
龍王乾闥婆緊那羅摩睺羅伽人非人等恭
敬圍遶及見十六王子請佛轉法輪時諸梵
天王頭面礼佛遶百千帀即以天華而散佛
上所散之華如須弥山并以供養佛菩提樹
華供養已各以宮殿奉上彼佛而作是言唯
見哀愍饒益我等所獻宮殿願垂納處尒
時諸梵天王即於佛前一心同聲以偈頌曰
善哉見諸佛　救世之聖尊　能拔三界獄　勉出諸衆生
普智天人尊　愍哀群萌類　能開甘露門　廣度於一切
於昔无量劫　空過无有佛　世尊未出時　十方常闇冥
三惡道增長　阿修羅亦盛　諸天衆轉減　死多墮惡道
不從佛聞法　常行不善事　色力及智慧　斯等皆減少
罪業因緣故　失樂及樂想　住於邪見法　不識善儀則
不蒙佛所化　常墮於惡道　佛為世間眼　久遠時乃出

BD14461號　妙法蓮華經卷三　（25–17）

於昔无量劫　空過无有佛　世尊未出時　十方常闇冥
三惡道增長　阿脩羅亦盛　諸天衆轉減　死多墮惡道
不從佛聞法　常行不善事　色力及智慧　斯等皆減少
罪業因緣故　失樂及樂想　住於耶見法　不識善儀則
不家佛所化　常墮於惡道　佛為世間眼　久遠時乃出
哀愍諸衆生　故現於世間　超出成正覺　我等甚欣慶
及餘一切衆　喜歎未曾有　我等諸宮殿　蒙光故嚴飾
今以奉世尊　唯垂哀納受　願以此功德、並及於一切
我等與衆生　皆共成佛道
尒時五百万億諸梵天王偈讚佛已各白佛
言唯願世尊轉於法輪多所安隱多所度
脫時諸梵天王而說偈言
世尊轉法輪　擊甘露法鼓　度苦惱衆生　開示涅槃道
唯願受我請　以大微妙音　哀愍而敷演　无量劫集法
尒時大通智勝如來受十方諸梵天王及十六
王子請即時三轉十二行法輪若沙門婆羅
門若天魔梵及餘世間所不能轉謂是苦是
苦集是苦滅是苦滅道及廣說十二因緣法无
明緣行行緣識識緣名色名色緣六入六入緣
觸觸緣受受緣愛愛緣取取緣有有緣生生
緣老死憂悲苦惱无明滅則行滅行滅則識
滅識滅則名色滅名色滅則六入滅六入滅則
觸滅觸滅則受滅受滅則愛滅愛滅則取
滅取滅則有滅有滅則生滅生滅則老死憂
悲苦惱滅佛於天人大衆之中說是法時六百
万億那由他人以不受一切法故而於諸漏心
得解脫皆得深妙禪定三明六通具八解脫

BD14461號　妙法蓮華經卷三　（25-18）

觸滅觸滅則受滅受滅則愛滅愛滅則取
滅取滅則有滅有滅則生滅生滅則老死憂
悲苦惱滅佛於天人大衆之中說是法時六百
万億那由他人以不受一切法故而於諸漏心
得解脫皆得深妙禪定三明六通具八解脫
第二第三第四說法時千万億恒河沙那由
他等衆生亦以不受一切法故而於諸漏心
得解脫從是已後諸聲聞衆生量无邊不
可稱數尒時十六王子皆以童子出家而為沙
弥諸根通利智慧明了已曾供養百千万億
諸佛淨脩梵行求阿耨多羅三藐三菩提俱
白佛言世尊是諸无量千万億大德聲聞皆已
成就世尊亦當為我等說阿耨多羅三藐三
菩提法我等聞已皆共脩學世尊我等志願
如來知見深心所念佛自證知尒時轉輪聖王
所將衆中八万億人見十六王子出家亦求出家
王即聽許尒時彼佛受沙弥請過二万劫已乃
於四衆之中說是大乘經名妙法蓮華教菩薩
法佛所護念說是經已十六沙弥為阿耨多羅
三藐三菩提故皆共受持諷誦通利說是
經時十六菩薩沙弥皆悉信受聲聞衆中亦
有信解其餘衆生千万億種皆生疑惑佛說
是經於八千劫未曾休廢說此經已即入靜室
住於禪定八万四千劫是時十六菩薩沙弥知
佛入室寂然禪定各昇法座亦於八万四千劫
為四部衆廣說分別妙法華經一一皆度六
百万億那由他恒河沙等衆生示教利喜

BD14461號　妙法蓮華經卷三　（25-19）

是經於八千劫未曾休癈說此經已即入靜室
住於禪定八万四千劫是時十六菩薩沙弥知
佛入室寂然禪定各昇法座亦於八万四千劫
為四部衆廣說分別妙法華經一一皆度六
百万億那由他恒河沙等衆生示教利喜
令發阿耨多羅三藐三菩薩心大通智勝
佛過八万四千劫已從三昧起往詣法座安
詳而坐普告大衆是十六菩薩沙弥甚為希
有諸根通利智慧明了已曾供養无量千
万億數諸佛於諸佛所常脩梵行受持佛
智開示衆生令入其中汝等皆當數數親近
而供養之所以者何若聲聞辟支佛及諸菩
薩能信是十六菩薩所說經法受持不毀者
是人皆當得阿耨多羅三藐三菩提如来之
慧佛告諸比丘是十六菩薩常樂說是妙法
菩華經一一菩薩所化六百万億那由他恒河
沙等衆生世世所生與菩薩俱從其聞法悉皆
信解以此因緣得值四万億諸佛世尊于今不
盡諸比丘我今語汝彼佛弟子十六沙弥今
皆得阿耨多羅三藐三菩提於十方國土現
在說法有无量百千万億菩薩聲聞以為
眷屬其二沙弥東方作佛一名阿閦在歡喜
國二名須弥頂東南方二佛一名師子音二名
師子相南方二佛一名虛空住二名常滅西南
方二佛一名帝相二名梵相西方二佛一名阿弥
陁二名度一切世間苦惱西北方二佛一名多摩

BD14461號　妙法蓮華經卷三　（25–20）

國二名須弥頂東南方二佛一名師子音二名
師子相南方二佛一名虛空住二名常滅西南
方二佛一名帝相二名梵相西方二佛一名阿弥
陁二名度一切世間苦惱西北方二佛一名多摩
羅跋栴檀香神通二名須弥相北方二佛一
名雲自在二名雲自在王東北方佛名壞一
切世間怖畏第十六我釋迦牟尼佛於娑婆
國土成阿耨多羅三藐三菩提諸比丘我
等為沙弥時各各教化无量百千万億恒河
沙等衆生從我聞法為阿耨多羅三藐三
菩提此諸衆生于今有住聲聞地者我常
教化阿耨多羅三藐三菩提是諸人等應
以是法漸入佛道所以者何如来智慧難
信難解尒時所化无量恒河沙等衆生者
汝等諸比丘及我滅度後未来世中聲聞弟
子是也我滅度後復有弟子不聞是經不知
不覺菩薩所行自於所得功德生滅度想
當入涅槃我於餘國作佛更有異名是人雖
生滅度之想入於涅槃而於彼土求佛智慧
得聞是經唯以佛乘而得滅度更无餘乘除
諸如来方便說法諸比丘若如来自知涅槃
時到衆又清淨信解堅固了達空法深入禪
定便集諸菩薩及聲聞衆為說是經世間无
有二乘而得滅度唯一佛乘得滅度耳比丘當
知如来方便深入衆生之性知其志樂小法深
着五欲為是等故說於涅槃是人若聞則便

BD14461號　妙法蓮華經卷三　（25–21）

時到衆又清淨信解堅固了達空法深入禪
定便集諸菩薩及聲聞衆為說是經世間无
有二乘而得滅度唯一佛乘得滅度耳比丘當
知如来方便深入衆生之性知其志樂小法深
著五欲為是等故說於涅槃是人若聞則便
信受辟如五百由旬險難惡道曠絶无人怖
畏之處若有多衆欲過此道至珎寶處有
一導師聰慧明達善知險道通塞之相將
導衆人欲過此難所將人衆中路懈退白導
師言我等疲極而復怖畏不能復進前路猶
遠今欲退還導師多諸方便而作是念此
等可愍云何捨大珎寶而欲退還作是念
已以方便力於險道中過三百由旬化作一城
告衆人言汝等勿怖莫得退還今是大城
可於中止隨意所作若入是城快得安隱若
能前至寶所亦可得去是時疲極之衆心大
歡喜嘆未曾有我等今者免斯惡道快
得安隱於是衆人前入化城生已度想尒時
導師知此人衆既得止息无復疲惓即滅
化城語衆人言汝等去来寶處在近向者
大城我所化作為止息耳諸比丘如来亦復
如是今為汝等作大導師知諸死生煩惱
惡道險難長遠應去應度若衆生但聞
一佛乘者則不欲見佛不欲親近便作是念
佛道長遠久受勤苦乃可得成佛知是心怯
弱下劣以方便力而於中道為止息故說二涅

BD14461號　妙法蓮華經卷三　　（25–22）

如是今為汝等作大導師知諸死生煩惱
惡道險難長遠應去應度若衆生但聞
一佛乘者則不欲見佛不欲親近便作是念
佛道長遠久受勤苦乃可得成佛知是心怯
弱下劣以方便力而於中道為止息故說二涅
槃若衆生住於二地如来尒時即便為說
汝等所作未辦汝所住地近於佛慧當觀
察籌量所得涅槃非真實也但是如来方
便之力於一佛乘分別說三如彼導師為止
息故化作大城既知息已而告之言寶處在
近此城非實我化作耳尒時世尊欲重宣
此義而說偈言

大通智勝佛　十劫坐道場　佛法不現前　不得成佛道
諸天神龍王　阿脩羅衆等　常雨於天華　以供養彼佛
諸天擊天鼓　并作衆伎樂　香風吹萎華　更雨新好者
過十小劫已　乃得成佛道　諸天及世人　心皆懷踊躍
彼佛十六子　皆與其眷屬　千万億圍遶　俱行至佛所
頭面礼佛足　而請轉法輪　聖師子法雨　充我及一切
世尊甚難值　久遠時一現　為覺悟群生　震動於一切
方東諸世界　五百万億國　梵宮殿光曜　昔所未曾有
諸梵見此相　尋来至佛所　散華以供養　并奉上宮殿
請佛轉法輪　以偈而讃嘆　佛知時未至　受請嘿然坐
三方及四維　上下亦復尒　散華奉宮殿　請佛轉法輪
世尊甚難值　願以大慈悲　廣開甘露門　轉无上法輪
无量慧世尊　受彼衆人請　為宣種種法　四諦十二緣
无明至老死　皆從生緣有　如是衆過患　汝等應當知

BD14461號　妙法蓮華經卷三　　（25–23）

請佛轉法輪　以偈而讚嘆　佛知時未至　受請嘿然坐
三方及四維　上下亦復尒　散華奉宮殿　請佛轉法輪
世尊甚難值　願以大慈悲　廣開甘露門　轉无上法輪
无量慧世尊　受彼衆人請　為宣種種法　四諦十二緣
无明至老死　皆從生緣有　如是衆過患　汝等應當知
宣暢是法時　六百万億姟　得盡諸苦際　皆成阿羅漢
第二說法時　千万恒沙衆　於諸法不受　亦得阿羅漢
從是後得道　其數无有量　万億劫筭數　不能得其邊
時十六王子　出家作沙弥　皆共請彼佛　演說大乘法
我等及營從　皆得成佛道　願得如世尊　慧眼第一淨
佛知童子心　宿世之所行　以无量因緣　種種諸譬喻
說六波羅蜜　及諸神通事　分別真實法　菩薩所行道
說是法華經　如恒河沙偈　彼佛說經已　靜室入禪定
一心一處坐　八万四千劫　是諸沙弥等　知佛禪未出
為无量億衆　說佛无上慧　各各坐法座　說是大乘經
於佛宴寂後　宣揚助法化　一一沙弥等　所度諸衆生
有六百万億　恒河沙等衆　彼佛滅度後　是諸聞法者
在在諸佛土　常與師俱生　是十六沙弥　具足行佛道
今現在十方　各得成正覺　尒時聞法者　各在諸佛所
其有住聲聞　漸教以佛道　我在十六數　曾亦為汝說
是故以方便　引汝趣佛慧　以是本因緣　今說法華經
令汝入佛道　慎勿懷驚懼　譬如險惡道　迥絕多毒獸
又復无水草　人所畏怖處　无所千万衆　欲過此險道
其路甚曠遠　逕五百由旬　時有一導師　強識有智慧
明了心決定　在險濟衆難　衆人皆疲惓　而白導師言
我等今頓乏　於此欲退還　導師作是念　此輩甚可愍
如何欲退還　而失大珍寶　尋時思方便　當設神通力

BD14461號　妙法蓮華經卷三　（25–24）

令汝入佛道　慎勿懷驚懼　譬如險惡道　迥絕多毒獸
又復无水草　人所畏怖處　无所千万衆　欲過此險道
其路甚曠遠　逕五百由旬　時有一導師　強識有智慧
明了心決定　在險濟衆難　衆人皆疲惓　而白導師言
我等今頓乏　於此欲退還　導師作是念　此輩甚可愍
如何欲退還　而失大珍寶　尋時思方便　當設神通力
化作大城郭　莊嚴諸舍宅　周帀有園林　渠流及浴池
重門高樓閣　男女皆充滿　即作是化已　慰衆言勿懼
汝等入此城　各可隨所樂　諸人既入城　心皆大歡喜
皆生安隱想　自謂已得度　導師知息已　集衆而告言
汝等當前進　此是化城耳　我見汝疲極　中道欲退還
故以方便力　權化作此城　汝今勤精進　當共至寶所
我亦復如是　為一切導師　見諸求道者　中路而懈廢
不能度生死　煩惱諸險道　故以方便力　為息說涅槃
言汝等苦滅　所作皆已辦　既知到涅槃　皆得阿羅漢
尒乃集大衆　為說真實法　諸佛方便力　分別說三乘
唯有一佛乘　息處故說二　今為汝說實　汝所得非滅
為佛一切智　當發大精進　汝證一切智　十力等佛法
具三十二相　乃是真實滅　諸佛之導師　為息說涅槃
既知是息已　引入於佛慧

妙法蓮華經卷第三

BD14461號　妙法蓮華經卷三　（25–25）

以无所畏
亦八百　功德殊勝眼
父母所生眼　悉見三千界
并諸餘山林　大海江河水
其中諸衆生　一切皆悉見
復次常精進若善男子
讀若誦若解說若書寫
是清淨耳聞三千大千世界下至阿鼻地獄
上至有頂其中內外種種語言音聲象聲馬
聲牛聲車聲啼哭聲愁歎聲螺聲鼓聲鍾聲
鈴聲咲聲語聲男聲女聲童子聲童女聲法
聲非法聲苦聲樂聲凡夫聲聖人聲喜聲不
喜聲天聲龍聲夜叉聲乾闥婆聲阿脩羅聲
迦樓羅聲緊那羅聲摩睺羅伽聲火聲水聲
風聲地獄聲畜生聲餓鬼聲比丘聲比丘尼
聲聲聞聲辟支佛聲菩薩聲佛聲以要言之
三千大千世界中一切內外所有諸聲雖未
得天耳以父母所生清淨常耳皆悉聞知如
是分別種種音聲而不壞耳根尒時世尊欲
重宣此義而說偈言
父母所生耳　清淨无濁穢　以此常耳聞　三千世界聲

BD14462號　妙法蓮華經卷六

(22–1)

聲聲聞聲辟支佛聲菩薩聲佛聲以要言之
三千大千世界中一切內外所有諸聲雖未
得天耳以父母所生清淨常耳皆悉聞知如
是分別種種音聲而不壞耳根尒時世尊欲
重宣此義而說偈言
父母所生耳　清淨无濁穢　以此常耳聞　三千世界聲
象馬車牛聲　鍾鈴螺鼓聲　琴瑟箜篌聲　簫笛之音聲
清淨好歌聲　聽之而不著　无數種人聲　聞悉能解了
又聞諸天聲　微妙之歌音　及聞男女聲　童男童女聲
山川嶮谷中　迦陵頻伽聲　命命等諸鳥　悉聞其音聲
地獄衆苦痛　種種楚毒聲　餓鬼飢渴逼　求索飲食聲
諸阿脩羅等　居在大海邊　自共語言時　出于大音聲
如是說法者　安住於此間　遙聞是衆聲　而不壞耳根
十方世界中　禽獸鳴相呼　其說法之人　於此悉聞之
其諸梵天上　光音及遍淨　乃至有頂天　言語之音聲
法師住於此　悉皆得聞之　一切比丘衆　及諸比丘尼
若讀誦經典　若為他人說　法師住於此　悉皆得聞之
復有諸菩薩　讀誦於經法　若為他人說　撰集解其義
如是諸音聲　悉皆得聞之　諸佛大聖尊　教化衆生者
於諸大衆中　演說微妙法　持此法華者　悉皆得聞之
三千大千界　內外諸音聲　下至阿鼻獄　上至有頂天
皆聞其音聲　而不壞耳根　其耳聰利故　悉能分別知
持是法華者　雖未得天耳　但用所生耳　功德已如是
復次常精進若善男子善女人受持是經若
讀若誦若解說若書寫成就八百鼻功德以
是清淨鼻根聞於三千大千世界上下內外
種種諸香須曼那華香闍提華香末利華香

BD14462號　妙法蓮華經卷六

(22–2)

皆聞其音聲　而不壞耳根　其耳聰利故　悉能分別知
持是法華者　雖未得天耳　但用所生耳　功德已如是
復次常精進若善男子善女人受持是經若
讀若誦若解說若書寫成就八百鼻功德以
是清淨鼻根聞於三千大千世界上下內外
種種諸香須曼那華香闍提華香末利華香
瞻蔔華香波羅羅華香赤蓮華香青蓮華香
白蓮華香華樹香菓樹香栴檀香沉水香多
摩羅跋香多伽羅香及千万種和香若末若
丸若塗香持是經者於此閒住悉能分別又
復別知衆生之香象香馬香牛羊等香男香
女香童子香童女香及草木叢林香若近若
遠所有諸香悉皆得聞分別不錯持是經者
雖住於此亦聞天上諸天之香波利質多羅
拘鞞陀羅樹香及曼陀羅華香摩訶曼陀羅
華香曼殊沙華香摩訶曼殊沙華香栴檀沉
水種種末香諸雜華香如是等天香和合所
出之香无不聞知又聞諸天身香釋提桓因
在勝殿上五欲娛樂嬉戲時香若在妙法堂
上為忉利諸天說法時香若於諸園遊戲時
香及餘天等男女身香皆悉遙聞如是展轉
乃至梵世上至有頂諸天身香亦皆聞之并
聞諸天所燒之香及聲聞香辟支佛香菩薩
香諸佛身香亦皆遙聞知其所在雖聞此香
然於鼻根不壞不錯若欲分別為他人說憶
念不謬尒時世尊欲重宣此義而說偈言
是人鼻清淨　於此世界中　若香若臭物　種種悉聞知

聞諸天所燒之香及聲聞香辟支佛香菩薩
香諸佛身香亦皆遙聞知其所在雖聞此香
然於鼻根不壞不錯若欲分別為他人說憶
念不謬尒時世尊欲重宣此義而說偈言
是人鼻清淨　於此世界中　若香若臭物　種種悉聞知
須曼那闍提　多摩羅栴檀　沉水及桂香　種種華菓香
及知衆生香　男子女人香　說法者遠住　聞香知所在
大勢轉輪王　小轉輪及子　群臣諸宮人　聞香知所在
身所著珎寶　及地中寶藏　轉輪王寶女　聞香知所在
諸人嚴身具　衣服及瓔珞　種種所塗香　聞則知其身
諸天若行坐　遊戲及神變　持是法華者　聞香悉能知
諸樹華菓實　及蘇油香氣　持經者住此　悉知其所在
諸山深險處　栴檀樹華敷　衆生在中者　聞香皆能知
鐵圍山大海　地中諸衆生　持經者聞香　悉知其所在
阿脩羅男女　及其諸眷屬　鬪諍遊戲時　聞香皆能知
曠野險隘處　師子象虎狼　野牛水牛等　聞香知所在
若有懷任者　未辯其男女　无根及非人　聞香悉能知
以聞香力故　知其初懷任　成就不成就　安樂產福子
以聞香力故　知男女所念　染欲癡恚心　亦知脩善者
地中衆伏藏　金銀諸珎寶　銅器之所盛　聞香悉能知
種種諸瓔珞　无能識其價　聞香知貴賤　出處及所在
天上諸華等　曼陀曼殊沙　波利質多樹　聞香悉能知
天上諸宮殿　上中下差別　衆寶華莊嚴　聞香悉能知
天園林勝殿　諸觀妙法堂　在中而娛樂　聞香悉能知
諸天若聽法　或受五欲時　來往行坐臥　聞香悉能知
天女所著衣　好華香莊嚴　周旋遊戲時　聞香悉能知
如是展轉上　乃至於梵世　入禪出禪者　聞香悉能知

天園林勝殿　諸觀妙法堂　在中而娛樂　聞香悉能知
諸天若聽法　或受五欲時　来往行坐臥　聞香悉能知
天女所著衣　好華香莊嚴　周旋遊戲時　聞香悉能知
如是展轉上　乃至於梵世　入禪出禪者　聞香悉能知
光音遍淨天　乃至于有頂　初生及退沒　聞香悉能知
諸比丘眾等　於法常精進　若坐若經行　及讀誦經法
或在林樹下　專精而坐禪　持經者聞香　悉知其所在
菩薩志堅固　坐禪若讀誦　或為人說法　聞香悉能知
在在方世尊　一切所恭敬　愍眾而說法　聞香悉能知
眾生在佛前　聞經皆歡喜　如法而脩行　聞香悉能知
雖未得菩薩　无漏法生鼻　而是持經者　先得此鼻相
復次常精進若善男子善女人受持是經若
讀若誦若解說若書寫得千二百舌功德若
好若醜若美不美及諸苦澀物在其舌根皆
變成上味如天甘露无不美者若以舌根於
大眾中有所演說出深妙聲能入其心皆令
歡喜快樂又諸天子天女釋梵諸天聞是深
妙音聲有所演說言論次苐皆悉来聽及諸
龍龍女夜叉夜叉女乾闥婆乾闥婆女阿脩
羅阿脩羅女迦樓羅迦樓羅女緊那羅緊那
羅女摩睺羅伽摩睺羅伽女為聽法故皆来
親近恭敬供養及比丘比丘尼優婆塞優婆
夷國王王子羣臣眷屬小轉輪王大轉輪王
七寶千子內外眷屬乘其宮殿俱来聽法以
是菩薩善說法故婆羅門居士國內人民盡
其形壽隨侍供養又諸聲聞辟支佛菩薩諸
佛常樂見之是人所在方面諸佛皆向其處

七寶千子內外眷屬乘其宮殿俱来聽法以
是菩薩善說法故婆羅門居士國內人民盡
其形壽隨侍供養又諸聲聞辟支佛菩薩諸
佛常樂見之是人所在方面諸佛皆向其處
說法悉能受持一切佛法又能出於深妙法
音尒時世尊欲重宣此義而說偈言
是人舌根淨　終不受惡味　其有所食噉　悉皆成甘露
以深淨妙音　於大眾說法　以諸因緣喻　引導眾生心
聞者皆歡喜　設諸上供養　諸天龍夜叉　及阿脩羅等
皆以恭敬心　而共来聽法　是說法之人　若欲以妙音
遍滿三千界　隨意即能至　大小轉輪王　及千子眷屬
合掌恭敬心　常来聽受法　諸天龍夜叉　羅剎毗舍闍
亦以歡喜心　常樂来供養　梵天王魔王　自在大自在
如是諸天眾　常来至其所　諸佛及弟子　聞其說法音
常念而守護　或時為現身
復次常精進若善男子善女人受持是經若
讀若誦若解說若書寫得八百身功德得清
淨身如淨琉璃眾生憙見其身淨故三千大
千世界眾生生時死時上下好醜生善處惡
處悉於中現及鐵圍山大鐵圍山弥樓山摩
訶弥樓山等諸山及其中眾生悉於中現下
至阿鼻地獄上至有頂所有及眾生悉於中
現若聲聞辟支佛菩薩諸佛說法皆於身中
現其色像尒時世尊欲重宣此義而說偈言
若持法華者　其身甚清淨　如彼淨琉璃　眾生皆憙見
又如淨明鏡　悉見諸色像　菩薩於淨身　皆見世所有
唯獨自明了　餘人所不見　三千世界中　一切諸羣萌

現若聲聞辟支佛菩薩諸佛說法皆於身中
現其色像尒時世尊欲重宣此義而說偈言
若持法華者　其身甚清淨　如彼淨琉璃　衆生皆憙見
又如淨明鏡　悉見諸色像　菩薩於淨身　皆見世所有
唯獨自明了　餘人所不見　三千世界中　一切諸羣萌
天人阿脩羅　地獄鬼畜生　如是諸色像　皆於身中現
諸天等宮殿　乃至於有頂　鐵圍及弥樓　摩訶弥樓山
諸大海水等　皆於身中現　諸佛及聲聞　佛子菩薩等
若獨若在衆　說法悉皆現　雖未得无漏　法性之妙身
以清淨常體　一切於中現
復次常精進若善男子善女人如来滅後受
持是經若讀若誦若解說若書寫得千二百
意功德以是清淨意根乃至聞一偈一句通
達无量无邊之義解是義已能演說一句一
偈至於一月四月乃至一歲諸所說法隨其
義趣皆與實相不相違背若說俗間經書治
世語言資生業等皆順正法三千大千世界
六趣衆生心之所行心所動作心所戲論皆
悉知之雖未得无漏智慧而其意根清淨如
此是人有所思惟籌量言說皆是佛法无不
真實亦是先佛經中所說尒時世尊欲重宣
此義而說偈言
是人意清淨　明利无穢濁　以此妙意根　知上中下法
乃至聞一偈　通達无量義　次第如法說　月四月至歲
是世界内外　一切諸衆生　若天龍及人　夜叉鬼神等
其在六趣中　所念若干種　持法華之報　一時皆悉知
十方无數佛　百福莊嚴相　為衆生說法　悉聞能受持

是人意清淨　明利无穢濁　以此妙意根　知上中下法
乃至聞一偈　通達无量義　次第如法說　月四月至歲
是世界内外　一切諸衆生　若天龍及人　夜叉鬼神等
其在六趣中　所念若干種　持法華之報　一時皆悉知
十方无數佛　百福莊嚴相　為衆生說法　悉聞能受持
思惟无量義　說法亦无量　終始不忘錯　以持法華故
悉知諸法相　隨義識次第　達名字語言　如所知演說
此人有所說　皆是先佛法　以演此法故　於衆无所畏
持法華經者　意根淨若斯　雖未得无漏　先有如是相
是人持此經　安住希有地　為一切衆生　歡喜而愛敬
能以千万種　善巧之語言　分別而說法　持法華經故
妙法蓮華經常不輕菩薩品第二十
尒時佛告得大勢菩薩摩訶薩汝今當知若
比丘比丘尼優婆塞優婆夷持法華經者若
有惡口罵詈誹謗獲大罪報如前所說其所
得功德如向所說眼耳鼻舌身意清淨得大
勢乃往古昔過无量无邊不可思議阿僧祇
劫有佛名威音王如来應供正遍知明行足
善逝世間解无上士調御丈夫天人師佛世
尊劫名離衰國名大成其威音王佛於彼世
中為天人阿脩羅說法為求聲聞者說應四
諦法度生老病死究竟涅槃為求辟支佛者
說應十二因緣法為諸菩薩因阿耨多羅三
藐三菩提說應六波羅蜜法究竟佛慧得大
勢是威音王佛壽四十万億那由他恒河沙
劫正法住世劫數如一閻浮提像法住
世劫數如四天下微塵其佛饒益衆生已然

說應十二因緣法為諸菩薩因阿耨多羅三
藐三菩提說應六波羅蜜法究竟佛慧得大
勢是威音王佛壽四十万億那由他恒河沙
劫正法住世劫數如一閻浮提微塵像法住
世劫數如四天下微塵其佛饒益衆生已然
後滅度正法像法滅盡之後於此國土復有
佛出亦号威音王如來應供正遍知明行足
善逝世間解无上士調御丈夫天人師佛世
尊如是次第有二万億佛皆同一号最初威
音王如來既已滅度正法滅後於像法中增
上慢比丘有大勢力尒時有一菩薩比丘名
常不輕得大勢以何因緣名常不輕是比丘
凡有所見若比丘比丘尼優婆塞優婆夷皆
悉礼拜讚嘆而作是言我深敬汝等不敢輕
慢所以者何汝等皆行菩薩道當得作佛而
是比丘不專讀誦經典但行礼拜乃至遠見
四衆亦復故往礼拜讚嘆而作是言我不敢
輕於汝等汝等皆當作佛故四衆之中有生
瞋恚心不淨者惡口罵詈言是无智比丘從
何所来自言我不輕汝而與我等受記當得
作佛我等不用如是虗妄受記如此經歷多
年常被罵詈不生瞋恚常作是言汝當作佛
說是語時衆人或以杖木瓦石而打擲之避
走遠住猶高聲唱言我不敢輕於汝等汝等
皆當作佛以其常作是語故增上慢比丘比
丘尼優婆塞優婆夷号之為常不輕是比丘
臨欲終時於虗空中具聞威音王佛先所說

說是語時衆人或以杖木瓦石而打擲之避
走遠住猶高聲唱言我不敢輕於汝等汝等
皆當作佛以其常作是語故增上慢比丘比
丘尼優婆塞優婆夷号之為常不輕是比丘
臨欲終時於虗空中具聞威音王佛先所說
法華經二十千万億偈悉能受持即得如上
眼根清淨耳鼻舌身意根清淨得是六根清
淨已更增壽命二百万億那由他歲廣為人
說是法華經於時增上慢四衆比丘比丘尼
優婆塞優婆夷輕賤是人為作不輕名者見
其得大神通力樂說辯力大善寂力聞其所
說皆信伏隨從是菩薩復化千万億衆令住
阿耨多羅三藐三菩提命終之後得值二千
億佛皆号日月燈明於其法中說是法華經
以是因緣復值二千億佛同号雲自在燈王
於此諸佛法中受持讀誦為諸四衆說此經
典故得是常眼清淨耳鼻舌身意諸根清淨
於四衆中說法心无所畏得大勢是常不輕
菩薩摩訶薩供養如是若干諸佛恭敬尊重
讚嘆種諸善根於後復值千万億佛亦於諸
佛法中說是經典功德成就當得作佛得大
勢於意云何尒時常不輕菩薩豈異人乎則
我身是若我於宿世不受持讀誦此經為他
人說者不能疾得阿耨多羅三藐三菩提我
於先佛所受持讀誦此經為人說故疾得阿
耨多羅三藐三菩提得大勢彼時四衆比丘
比丘尼優婆塞優婆夷以瞋恚意輕賤我故

我身是若我於宿世不受持讀誦此經為他
人說者不能疾得阿耨多羅三藐三菩提我
於先佛所受持讀誦此經為人說故疾得阿
耨多羅三藐三菩提得大勢彼時四衆比丘
比丘尼優婆塞優婆夷以瞋恚意輕賤我故
二百億劫常不值佛不聞法不見僧千劫於
阿鼻地獄受大苦惱畢是罪已復遇常不輕
菩薩教化阿耨多羅三藐三菩提得大勢於
汝意云何尒時四衆常輕是菩薩者豈異人
乎今此會中跋陀婆羅等五百菩薩師子月
等五百比丘尼思佛等五百優婆塞皆於阿
耨多羅三藐三菩提不退轉者是得大勢當
知是法華經大饒益諸菩薩摩訶薩能令至
於阿耨多羅三藐三菩提是故諸菩薩摩訶
薩於如來滅後常應受持讀誦解說書寫是
經尒時世尊欲重宣此義而說偈言
過去有佛　号威音王　神智无量　將道一切
天人龍神　所共供養　是佛滅後　法欲盡時
有一菩薩　名常不輕　時諸四衆　計着於法
不輕菩薩　往到其所　而語之言　我不輕汝
汝等行道　皆當作佛　諸人聞已　輕毀罵詈
不輕菩薩　能忍受之　其罪畢已　臨命終時
得聞此經　六根清淨　神通力故　增益壽命
復為諸人　廣說是經　諸著法衆　皆蒙菩薩
教化成就　令住佛道　不輕命終　值无數佛
說是經故　得无量福　漸具功德　疾成佛道
彼時不輕　則我身是　時四部衆　著法之者

BD14462 號　妙法蓮華經卷六　(22–11)

得聞此經　六根清淨　神通力故　增益壽命
復為諸人　廣說是經　諸著法衆　皆蒙菩薩
教化成就　令住佛道　不輕命終　值无數佛
說是經故　得无量福　漸具功德　疾成佛道
彼時不輕　則我身是　時四部衆　著法之者
聞不輕言　汝當作佛　以是因緣　值无數佛
此會菩薩　五百之衆　并及四部　清信士女
今於我前　聽法者是　我於前世　勸是諸人
聽受斯經　第一之法　開示教人　令住涅槃
世世受持　如是經典　億億万劫　至不可議
時乃得聞　是法華經　億億万劫　至不可議
諸佛世尊　時說是經　是故行者　於佛滅後
聞如是經　勿生疑惑　應當一心　廣說此經
世世值佛　疾成佛道

妙法蓮華經如来神力品第二十一

尒時千世界微塵等菩薩摩訶薩從地踊出
者皆於佛前一心合掌瞻仰尊顏而白佛言
世尊我等於佛滅後世尊分身所在國土滅
度之處當廣說此經所以者何我等亦自欲
得是真淨大法受持讀誦解說書寫而供養
之尒時世尊於文殊師利等无量百千万億
舊住娑婆世界菩薩摩訶薩及諸比丘比丘
尼優婆塞優婆夷天龍夜叉乾闥婆阿脩羅
迦樓羅緊那羅摩睺羅伽人非人等一切衆
前現大神力出廣長舌上至梵世一切毛孔
放於无量无數色光皆悉遍照十方世界衆
寶樹下師子座上諸佛亦復如是出廣長舌

BD14462 號　妙法蓮華經卷六　(22–12)

迦樓羅緊那羅摩睺羅伽人非人等一切衆
前現大神力出廣長舌上至梵世一切毛孔
放於无量无數色光皆悉遍照十方世界衆
寶樹下師子座上諸佛亦復如是出廣長舌
放无量光釋迦牟尼佛及寶樹下諸佛現神
力時滿百千歲然後還攝舌相一時謦欬俱
共彈指是二音聲遍至十方諸佛世界地皆
六種震動其中衆生天龍夜叉乾闥婆阿脩
羅迦樓羅緊那羅摩睺羅伽人非人等以佛
神力故皆見此娑婆世界无量无邊百千万
億衆寶樹下師子座上諸佛及見釋迦牟尼
佛共多寶如來在寶塔中坐師子座又見无
量无邊百千万億菩薩摩訶薩及諸四衆恭
敬圍繞釋迦牟尼佛既見是已皆大歡喜得
未曾有即時諸天於虛空中高聲唱言過此
无量无邊百千万億阿僧祇世界有國名娑
婆是中有佛名釋迦牟尼今為諸菩薩摩訶
薩說大乘經名妙法蓮華教菩薩法佛所護
念汝等當深心隨喜亦當礼拜供養釋迦牟
尼佛彼諸衆生聞虛空中聲已合掌向娑婆
世界作如是言南无釋迦牟尼佛南无釋迦
牟尼佛以種種華香瓔珞幡蓋及諸嚴身之
具珎寶妙物皆共遙散娑婆世界所散諸物
從十方來譬如雲集變成寶帳遍覆此間諸
佛之上于時十方世界通達无礙如一佛土
尒時佛告上行等菩薩大衆諸佛神力如是
无量无邊不可思議若我以是神力於无量

BD14462號　妙法蓮華經卷六　(22–13)

從十方來譬如雲集變成寶帳遍覆此間諸
佛之上于時十方世界通達无礙如一佛土
尒時佛告上行等菩薩大衆諸佛神力如是
无量无邊不可思議若我以是神力於无量
无邊百千万億阿僧祇劫為囑累故說此經
功德猶不能盡以要言之如來一切所有之
法如來一切自在神力如來一切秘要之藏
如來一切甚深之事皆於此經宣示顯說是
故汝等於如來滅後應一心受持讀誦解說
書寫如說脩行所在國土若有受持讀誦解
說書寫如說脩行若經卷所住之處若於園
中若於林中若於樹下若於僧坊若白衣舍
若在殿堂若山谷曠野是中皆應起塔供養
所以者何當知是處即是道場諸佛於此得
阿耨多羅三藐三菩提諸佛於此轉于法輪
諸佛於此而般涅槃尒時世尊欲重宣此義
而說偈言
諸佛救世者　住於大神通　為悅衆生故　現无量神力
舌相至梵天　身放无數光　為求佛道者　現此希有事
諸佛謦欬聲　及彈指之聲　周聞十方國　地皆六種動
以佛滅度後　能持是經故　諸佛皆歡喜　現无量神力
囑累是經故　讚美受持者　於无量劫中　猶故不能盡
是人之功德　无邊无有窮　如十方虛空　不可得邊際
能持是經者　則為已見我　亦見多寶佛　及諸分身者
又見我今日　教化諸菩薩　能持是經者　令我及分身
滅度多寶佛　一切皆歡喜　十方現在佛　并過去未來
亦見亦供養　亦令得歡喜　諸佛坐道場　所得秘要法

BD14462號　妙法蓮華經卷六　(22–14)

是人之功德　无邊无有窮　如十方虚空　不可得邊際
能持是經者　則為已見我　亦見多寶佛　及諸分身者
又見我今日　教化諸菩薩　能持是經者　令我及分身
滅度多寶佛　一切皆歡喜　十方現在佛　并過去未来
亦見亦供養　亦令得歡喜　諸佛坐道場　所得秘要法
能持是經者　不久亦當得　能持是經者　於諸法之義
名字及言辞　樂說无窮盡　如風於空中　一切无障礙
於如来滅後　知佛所說經　因緣及次第　随義如實說
如日月光明　能除諸幽暝　斯人行世間　能滅衆生闇
教无量菩薩　畢竟住一乘　是故有智者　聞此功德利
於我滅度後　應受持斯經　是人於佛道　决定无有疑

妙法蓮華經嘱累品第二十二

尒時釋迦牟尼佛從法座起現大神力以右
手摩无量菩薩摩訶薩頂而作是言我於无
量百千万億阿僧祇劫脩習是難得阿耨多
羅三藐三菩提法今以付嘱汝等汝等應當
一心流布此法廣令增益如是三摩諸菩薩
摩訶薩頂而作是言我於无量百千万億阿
僧祇劫脩習是難得阿耨多羅三藐三菩提
法今以付嘱汝等汝等當受持讀誦廣宣此
法令一切衆生普得聞知所以者何如来有
大慈悲无諸慳悋亦无所畏能與衆生佛之
智慧如来智慧自然智慧如来是一切衆生
之大施主汝等亦應随學如来之法勿生慳
悋於未来世若有善男子善女人信如来智
慧者當為演說此法華經使得聞知為令其
人得佛慧故若有衆生不信受者當於如来

BD14462號　妙法蓮華經卷六　（22–15）

之大施主汝等亦應随學如来之法勿生慳
悋於未来世若有善男子善女人信如来智
慧者當為演說此法華經使得聞知為令其
人得佛慧故若有衆生不信受者當於如来
餘深法中示教利喜汝等若能如是則為已
報諸佛之恩時諸菩薩摩訶薩聞佛作是說
已皆大歡喜遍滿其身益加恭敬曲躬低頭
合掌向佛俱發聲言如世尊勅當具奉行唯
然世尊願不有慮諸菩薩摩訶薩衆如是三
反俱發聲言如世尊勅當具奉行唯然世尊
願不有慮尒時釋迦牟尼佛令十方来諸分
身佛各還本土而作是言諸佛各随所安多
寶佛塔還可如故說是語時十方无量分身
諸佛坐寶樹下師子座上者及多寶佛并上
行等无邊阿僧祇菩薩大衆舍利弗等聲聞
四衆及一切世間天人阿脩羅等聞佛所說
皆大歡喜

妙法蓮華經藥王菩薩本事品第二十三

尒時宿王華菩薩白佛言世尊藥王菩薩云
何遊於娑婆世界世尊是藥王菩薩有若干
百千万億那由他難行苦行善哉世尊願少
解說諸天龍神夜叉乾闥婆阿脩羅迦樓羅
緊那羅摩睺羅伽人非人等又他國土諸来
菩薩及此聲聞衆聞皆歡喜尒時佛告宿王
華菩薩乃往過去无量恒河沙劫有佛号日
月淨明德如来應供正遍知明行足善逝世
間解无上士調御丈夫天人師佛世尊其佛

BD14462號　妙法蓮華經卷六　（22–16）

菩薩及此聲聞衆聞皆歡喜尒時佛告宿王
華菩薩乃往過去无量恒河沙劫有佛号曰
月淨明德如来應供正遍知明行足善逝世
間解无上士調御丈夫天人師佛世尊其佛
有八十億大菩薩摩訶薩七十二恒河沙大
聲聞衆佛壽四万二千劫菩薩壽命亦等彼
國无有女人地獄餓鬼畜生阿脩羅等及以
諸難地平如掌琉璃所成寶樹莊嚴寶帳覆
上垂寶華幡寶瓶香爐周遍國界七寶為臺
一樹一臺其樹去臺盡一箭道此諸寶樹皆
有菩薩聲聞而坐其下諸寶臺上各有百億
諸天作天伎樂歌歎於佛以為供養尒時彼
佛為一切衆生憙見菩薩及衆菩薩諸聲聞
衆說法華經是一切衆生憙見菩薩樂習苦
行於日月淨明德佛法中精進經行一心求
佛滿万二千歲已得現一切色身三昧得此
三昧已心大歡喜即作念言我得現一切色
身三昧皆是得聞法華經力我今當供養日
月淨明德佛及法華經即時入是三昧於虛
空中雨曼陁羅華摩訶曼陁羅華細末堅黑
栴檀滿虛空中如雲而下又雨海此岸栴檀
之香此香六銖價直娑婆世界以供養佛作
是供養已從三昧起而自念言我雖以神力
供養於佛不如以身供養即服諸香栴檀薰
陸兜樓婆畢力迦沉水膠香又飲瞻蔔諸華
香油滿千二百歲已香油塗身於日月淨明
德佛前以天寶衣而自纏身灌諸香油以神

BD14462號　妙法蓮華經卷六　（22–17）

供養於佛不如以身供養即服諸香栴檀薰
陸兜樓婆畢力迦沉水膠香又飲瞻蔔諸華
香油滿千二百歲已香油塗身於日月淨明
德佛前以天寶衣而自纏身灌諸香油以神
通力願而自然身光明遍照八十億恒河沙
世界其中諸佛同時讚言善哉善哉善男子
是真精進是名真法供養如来若以華香瓔
珞燒香末香塗香天繒幡蓋及海此岸栴檀
之香如是等種種諸物供養所不能及假使
國城妻子布施亦所不及善男子是名第一
之施於諸施中冣尊冣上以法供養諸如来
故作是語已而各嘿然其身火然千二百歲
過是已後其身乃盡一切衆生憙見菩薩作
如是法供養已命終之後復生日月淨明德
佛國中於淨德王家結跏趺坐忽然化生即
為其父而說偈言
大王今當知　我經行彼處　即時得一切　現諸身三昧
勤行大精進　捨所愛之身
說是偈已而白父言日月淨明德佛今故現
在我先供養佛已得解一切衆生語言陁羅
尼復聞是法華經八百千万億那由他甄迦
羅頻婆羅阿閦婆等偈大王我今當還供養
此佛白已即坐七寶之臺上升虛空高七多
羅樹往到佛所頭面礼足合十指爪以偈讚
佛
容顏甚奇妙　光明照十方　我適曾供養　今復還親近
尒時一切衆生憙見菩薩說是偈已而白佛

BD14462號　妙法蓮華經卷六　（22–18）

山佛白已即坐七寶之臺上升虛空高七多
羅樹往到佛所頭面礼足合十指爪以偈讚
佛
容顏甚奇妙　光明照十方　我適曾供養　今復還親近
尒時一切衆生憙見菩薩說是偈已而白佛
言世尊世尊猶故在世尒時日月淨明德佛
告一切衆生憙見菩薩善男子我涅槃時到
㓕盡時至汝可安施床座我於今夜當般涅
槃又勅一切衆生憙見菩薩善男子我以佛
法屬累於汝及諸菩薩大弟子并阿耨多羅
三藐三菩提法亦以三千大千七寶世界諸
寶樹寶臺及給侍諸天悉付於汝我㓕度後
所有舍利亦付囑汝當令流布廣設供養應
起若千千塔如是日月淨明德佛勅一切衆
生憙見菩薩已於夜後分入於涅槃尒時一
切衆生憙見菩薩見佛㓕度悲感懊惱戀慕
於佛即以海此岸栴檀為𧂐供養佛身而以
燒之火㓕已後收取舍利作八万四千寶瓶
以起八万四千塔高三世界表刹莊嚴垂諸
幡蓋懸衆寶鈴尒時一切衆生憙見菩薩復
自念言我雖作是供養心猶未足我今當更
供養舍利便語諸菩薩大弟子及天龍夜叉
等一切大衆汝等當一心念我今供養日月
淨明德佛舍利作是語已即於八万四千塔
前燃百福莊嚴臂七万二千歲而以供養令
无數求聲聞衆无量阿僧祇人發阿耨多羅
三藐三菩提心皆使得住現一切色身三昧
[illegible]

淨明德佛舍利作是語已即於八万四千塔
前燃百福莊嚴臂七万二千歲而以供養令
无數求聲聞衆无量阿僧祇人發阿耨多羅
三藐三菩提心皆使得住現一切色身三昧
尒時諸菩薩天人阿脩羅等見其无臂憂惱
悲哀而作是言此一切衆生憙見菩薩是我
等師教化我者而今燒臂身不具足于時一
切衆生憙見菩薩於大衆中立此誓言我捨
兩臂必當得佛金色之身若實不虛令我兩
臂還復如故作是誓已自然還復由斯菩薩
福德智慧淳厚所致當尒之時三千大千世
界六種震動天雨寶華一切人天得未曾有
佛告宿王華菩薩於汝意云何一切衆生憙
見菩薩豈異人乎今藥王菩薩是也其所捨
身布施如是无量百千万億那由他數宿王
華若有發心欲得阿耨多羅三藐三菩提者
能燃手指乃至足一指供養佛塔勝以國城
妻子及三千大千國土山林河池諸珎寶物
而供養者若復有人以七寶滿三千大千世
界供養於佛及大菩薩辟支佛阿羅漢是人
所得功德不如受持此法華經乃至一四句
偈其福㝡多宿王華譬如一切川流江河諸
水之中海為第一此法華經亦復如是於諸
如来所說經中㝡為深大又如土山黑山小
鐵圍山大鐵圍山及十寶山衆山之中須弥
山為第一此法華經亦復如是於諸經中㝡
為其上又如衆星之中月天子㝡為第一此

如来所説經中冣為深大又如土山黒山小
鐵圍山大鐵圍山及十寶山衆山之中須弥
山為第一此法華經亦復如是於諸經中冣
為其上又如衆星之中月天子冣為第一此
法華經亦復如是於千万億種諸經法中冣
為照明又如日天子能除諸闇此經亦復如
是能破一切不善之闇又如諸小王中轉輪
聖王冣為第一此經亦復如是於衆經中冣
為其尊又如帝釋於三十三天中王此經亦
復如是諸經中王又如大梵天王一切衆生
之父此經亦復如是一切賢聖學无學及發
菩薩心者之父又如一切凡夫人中須陁洹
斯陁含阿那含阿羅漢辟支佛為第一此經
亦復如是一切如来所説若菩薩所説若聲
聞所説諸經法中冣為第一有能受持是經
典者亦復如是於一切衆生中亦為第一一
切聲聞辟支佛中菩薩為第一此經亦復如
是於一切諸經法中冣為第一如佛為諸法
王此經亦復如是諸經中王宿王華此經能
救一切衆生者此經能令一切衆生離諸苦
惱此經能大饒益一切衆生充滿其願如清
涼池能滿一切諸渇之者如寒者得火如裸
者得衣如商人得主如子得母如渡得舩如
病得醫如暗得燈如貧得寶如民得王如賈
客得海如炬除暗此法華經亦復如是能令
衆生離一切苦一切病痛能解一切生死之
縛若人得聞此法華經若自書若使人書所
得功德以佛智慧籌量多少不得

BD14462號　妙法蓮華經卷六

（22–21）

者得衣如商人得主如子得母如渡得舩如
病得醫如暗得燈如貧得寶如民得王如賈
客得海如炬除暗此法華經亦復如是能令
衆生離一切苦一切病痛能解一切生死之
縛若人得聞此法華經若自書若使人書所
得功德以佛智慧籌量多少不得其邊若書
是經巻華香瓔珞燒香末香塗香幡蓋衣服
種種之燈蘇燈油燈諸香油燈瞻蔔油燈須
曼油燈波羅羅油燈婆利師迦油燈那婆摩
利油燈供養所得功德亦復无量宿王華若
有人聞是藥王菩薩本事品者亦得无量无
邊功德若有女人聞是藥王菩薩本事品能
受持者盡是女身後不復受若如来滅後後
五百歳中若有女人聞是經典如説脩行於
此命終即往安樂世界阿弥陁佛大菩薩衆
圍繞住處生蓮華中寶座之上不復為貪欲
所惱亦復不為瞋恚愚癡所惱亦復不為憍
慢嫉妬諸垢所惱得菩薩神通无生法忍得
是忍已眼根清淨以是清淨眼根見七百万
二千億　　恒河沙等諸佛如来是時諸
佛　　善男子汝能於釋迦
　　王為他人説

BD14462號　妙法蓮華經卷六

（22–22）

生從不放逸生從
小身諸仁者欲得佛
發阿耨多羅三藐三菩
是長者維摩詰為諸問疾者如應說法令无
數千人皆發阿耨多羅三藐三菩提心
弟子品第三
尒時長者維摩詰自念寢疾于牀世尊大慈
寧不垂愍
佛知其意即告舍利弗汝行詣維摩詰問疾
舍利弗白佛言世尊我不堪任詣彼問疾所
以者何憶念我昔曾於林中宴坐樹下時維
摩詰來謂我言唯舍利弗不必是坐為宴坐
也夫宴坐者不於三界現身口意是為宴坐不
起滅定而現諸威儀是為宴坐不捨道法而
現凡夫事是為宴坐心不住內亦不在外是
為宴坐於諸見不動而脩行三十七品是為

BD14463號　維摩詰所說經卷上　（19–1）

摩詰來謂我言唯舍利弗不必是坐為宴坐
也夫宴坐者不於三界現身口意是為宴坐不
起滅定而現諸威儀是為宴坐不捨道法而
現凡夫事是為宴坐心不住內亦不在外是
為宴坐於諸見不動而脩行三十七品是為
宴坐不斷煩惱而入涅槃是為宴坐若能如
是坐者佛所印可時我世尊聞是語已嘿然
而止不能加報故我不任詣彼問疾
佛告大目揵連汝行詣維摩詰問疾目連白
佛言世尊我不堪任詣彼問疾所以者何憶
念我昔入毗耶離大城於里巷中為諸居士
說法時維摩詰來謂我言唯大目連為白衣
居士說法不當如仁者所說夫說法者當如
法說法无衆生離衆生垢故法无有我離我
垢故法无壽命離生死故法无有人前後際
斷故法常寂然滅諸相故法離於相无所緣
故法无名字言語斷故法无有說離覺觀故
法无形相如虛空故法无戲論畢竟空故法
无我所離我所故法无分別離諸識故法无
有比无相待故法不屬因不在緣故法同法
性入諸法故法隨於如无所隨故法住實際
諸邊不動故法无動搖不依六塵故法无去
來常不住故法順空隨无相應无作法離好
醜法无增損法无生滅法无所歸法過眼
耳鼻舌身心法无高下法常住不動法離一

BD14463號　維摩詰所說經卷上　（19–2）

諸邊不動故法无動揺不依六塵故法无去
來常不住故法順空隨无相應无作法離好
醜法无增損法无生滅法无所歸法過眼
耳鼻舌身心法无高下法常住不動法離一
切觀行唯大目連法相如是豈可說乎夫說
法者无說无示其聽法者无聞无得譬如幻
士為幻人說法當建是意而為說法當了衆
生根有利鈍善於知見无所罣礙以大悲心
讚于大乘念報佛恩不斷三寶然後說法維
摩詰說是法時八百居士發阿耨多羅三藐
三菩提心我无此辯是故不任詣彼問疾
佛告大迦葉汝行詣維摩詰問疾迦葉白佛
言世尊我不堪任詣彼問疾所以者何憶念
我昔於貧里而行乞食時維摩詰來謂我言
唯大迦葉有慈悲心而不能普捨豪富從貧
乞迦葉住平等法應次行乞食為不食故應
行乞食為壞和合相故應取揣食為不受
故應受彼食以空聚想入於聚落所見色與
盲等所聞聲與響等所嗅香與風等所食味
不分別受諸觸如智證知諸法如幻相无自
性无他性本自不然今則不滅迦葉若能不
捨八耶入八解脫以耶相入正法以一食施
一切供養諸佛及衆賢聖然後可食如是食
者非有煩惱非離煩惱非入定意非起定意
非住世間非住涅槃其有施者无大福无小

BD14463號　維摩詰所說經卷上　（19–3）

性无他性本自不然今則不滅迦葉若能不
捨八耶入八解脫以耶相入正法以一食施
一切供養諸佛及衆賢聖然後可食如是食
者非有煩惱非離煩惱非入定意非起定意
非住世間非住涅槃其有施者无大福无小
福不為益不為損是為正入佛道不依聲聞
迦葉若如是食為不空食人之施也時我世
尊聞說是語得未曾有即於一切菩薩深起
敬心復作是念斯有家名辯才智慧乃能如
是其誰不發阿耨多羅三藐三菩提心我從
是來不復勸人以聲聞辟支佛行是故不任
詣彼問疾
佛告須菩提汝行詣維摩詰問疾須菩提白
佛言世尊我不堪任詣彼問疾所以者何憶
念我昔入其舍從乞食時維摩詰取我鉢盛
滿飯謂我言唯須菩提若能於食等者諸
法亦等諸法等者於食亦等如是行乞乃可
取食若須菩提不斷婬怒癡亦不與俱不壞
於身而隨一相不滅癡愛起於明脫以五逆
相而得解脫亦不解不縛不見四諦非不見
諦非得果非凡夫非離凡夫法非聖人非不
聖人雖成就一切法而離諸法相乃可取食若
須菩提不見佛不聞法彼外道六師富蘭那
迦葉末伽梨拘賒梨子删闍夜毗羅胝子阿
耆多翅舍欽婆羅迦羅鳩馱迦旃延尼揵陀

BD14463號　維摩詰所說經卷上　（19–4）

聖人雖成就一切法而離諸法相乃可取食若
須菩提不見佛不聞法彼外道六師富蘭那
迦葉末伽梨拘賒梨子删闍夜毗羅胝子阿
耆多翅舍欽婆羅迦羅鳩馱迦旃延尼揵陁
若提子等是汝之師因其出家彼師所墮汝
亦隨墮乃可取食若須菩提入諸耶見不到
彼岸住於八難不得无難同於煩惱離清淨
法汝得无諍三昧一切衆生亦得是定其施
法者不名福田供養汝者墮三惡道為與衆
魔共一手作諸勞侣汝與衆魔及諸塵勞等
无有異於一切衆生而有怨心謗諸佛毀於
法不入衆數終不得滅度汝若如是乃可取
食時我世尊聞此茫然不識是何言不知以
何荅便置鉢欲出其舍維摩詰言唯須菩提
取鉢勿懼於意云何如來所作化人若以是
事詰寧有懼不我言不也維摩詰言一切諸
法如幻化相汝今不應有所懼也所以者何
一切言說不離是相至於智者不著文字故
无所懼何以故文字性離无有文字是則解
脫解脫相者則諸法也維摩詰說是法時二
百天子得法眼淨故我不任詣彼問疾
佛告富樓那弥多羅尼子汝行詣維摩詰問
疾富樓那白佛言世尊我不堪任詣彼問疾
所以者何憶念我昔於大林中在一樹下為

脫解脫相者則諸法也維摩詰說是法時二
百天子得法眼淨故我不任詣彼問疾
佛告富樓那弥多羅尼子汝行詣維摩詰問
疾富樓那白佛言世尊我不堪任詣彼問疾
所以者何憶念我昔於大林中在一樹下為
諸新學比丘說法時維摩詰來謂我言唯富
樓那先當入定觀此人心然後說法无以穢
食置於寶器當知是比丘心之所念无以瑠
璃同彼水精汝不能知衆生根源无得發起
以小乘法彼自无創勿傷之也欲行大道莫
示小徑无以大海内於牛跡无以日光等彼
熒火富樓那此比丘久發大乘心中忘此
意如何以小乘法而教導之我觀小乘智慧
微淺猶如盲人不能分别一切衆生根之利鈍
時維摩詰即入三昧令此比丘自識宿命曾
於五百佛所殖衆德本迴向阿耨多羅三藐
三菩提即時豁然還得本心於是諸比丘稽
首礼維摩詰足時維摩詰因為說法於阿耨
多羅三藐三菩提不復退轉我念聲聞不觀
人根不應說法是故不任詣彼問疾
佛告摩訶迦旃延汝行詣維摩詰問疾迦旃
延白佛言世尊我不堪任詣彼問疾所以者
何憶念昔者佛為諸比丘略說法要我即於
後敷演其義謂无常義苦義空義无我義寂

佛告摩訶迦旃延汝行詣維摩詰問疾迦旃
延白佛言世尊我不堪任詣彼問疾所以者
何憶念昔者佛為諸比丘略說法要我即於
後敷演其義謂无常義苦義空義无我義寂
滅義時維摩詰來謂我言唯迦旃延无以生
滅心行說實相法迦旃延諸法畢竟不生不
滅是无常義五受陰通達空无所起是苦義
諸法究竟无所有是空義於我无我而不二
是无我義法本不然今則无滅是寂滅義說
是法時彼諸比丘心得解脫故我不任詣彼
問疾
佛告阿那律汝行詣維摩詰問疾阿那律白
佛言世尊我不堪任詣彼問疾所以者何憶
念我昔於一處經行時有梵王名曰嚴淨與
万梵俱放淨光明來詣我所稽首作礼問我
言幾何阿那律天眼所見我即荅言仁者吾
見此釋迦牟尼佛土三千大千世界如觀掌
中菴摩勒菓時維摩詰來謂我言唯阿那
律天眼為作相耶无作相耶假使作相則
與外道五通等若无作相即是无為不應有
見世尊我時嘿然彼諸梵聞其言得未曾有
即為作礼而問曰世孰有真天眼者維摩詰
言有佛世尊得真天眼常在三昧悉見諸佛
國不以二相於是嚴淨梵王及其眷屬五百
梵天皆發阿耨多羅三藐三菩提心礼維摩

見世尊我時嘿然彼諸梵聞其言得未曾有
即為作礼而問曰世孰有真天眼者維摩詰
言有佛世尊得真天眼常在三昧悉見諸佛
國不以二相於是嚴淨梵王及其眷屬五百
梵天皆發阿耨多羅三藐三菩提心礼維摩
詰足已忽然不現故我不任詣彼問疾
佛告優波離汝行詣維摩詰問疾優波離白
佛言世尊我不堪任詣彼問疾所以者何憶
念昔者有二比丘犯律行以為恥不敢問佛
來問我言唯優波離我等犯律誠以為恥不
敢問佛願解疑悔得免斯咎我即為其如法
解說時維摩詰來謂我言唯優波離无重增
此二比丘罪當直除滅勿擾其心所以者何彼
罪性不在內不在外不在中間如佛所說
心垢故衆生垢心淨故衆生淨心亦不在內
不在外不在中間如其心然罪垢亦然諸法
亦然不出於如如優波離以心相得解脫時
寧有垢不我言不也維摩詰言一切衆生心
相无垢亦復如是唯優波離妄想是垢无妄
想是淨顛倒是垢无顛倒是淨取我是垢不
取我是淨優波離一切法生滅不住如幻如
電諸法不相待乃至一念不住諸法皆妄見
如夢如焰如水中月如鏡中像以妄想生其
知此者是名奉律其知此者是名善解於是
二比丘言上智哉是優波離所不及持律之

電諸法不相待乃至一念不住諸法皆妄見
如夢如焰如水中月如鏡中像以妄想生其
知此者是名奉律其知此者是名善解於是
二比丘言上智哉是優波離所不及持律之
上而不能說我荅言自捨如來未有聲聞及
菩薩能制其樂說之辯其智慧明達為若此
也時二比丘疑悔即除發阿耨多羅三藐三
菩提心作是願言令一切衆生皆得是辯故
我不任詣彼問疾
佛告羅睺羅汝行詣維摩詰問疾羅睺羅白
佛言世尊我不堪任詣彼問疾所以者何憶念
昔時毗耶離諸長者子來詣我所稽首作礼
問我言唯羅睺羅汝佛之子捨轉輪王
位出家為道其出家者有何等利我即如法
為說出家功德之利時維摩詰來謂我言唯
羅睺羅不應說出家功德之利所以者何无
利无功德是為出家有為法者可說有利有
功德夫出家者為无為法无為法中无利无
功德羅睺羅出家者无彼无此亦无中間離
六十二見處於涅槃智者所受聖所行處降
伏衆魔度五道淨五眼得五力立五根不惱
於彼離衆雜惡摧諸外道超越假名出淤泥
无繫着无我所无所受无擾乱內懷喜護
彼意隨禪定離衆過若能如是是真出家

BD14463號　維摩詰所說經卷上　（19–9）

伏衆魔度五道淨五眼得五力立五根不惱
於彼離衆雜惡摧諸外道超越假名出淤泥
无繫着无我所无所受无擾乱內懷喜護
彼意隨禪定離衆過若能如是是真出家
於是維摩詰語諸長者子汝等於正法中宜
共出家所以者何佛世難值諸長者子言居
士我聞佛言父母不聽不得出家維摩詰言
然汝等便發阿耨多羅三藐三菩提心是即
出家是即具足尒時三十二長者子皆發阿
耨多羅三藐三菩提心故我不任詣彼問疾
佛告阿難汝行詣維摩詰問疾阿難白佛言
世尊我不堪任詣彼問疾所以者何憶念昔
時世尊身小有疾當用牛乳我即持鉢詣大
婆羅門家門下立時維摩詰來謂我言唯
阿難何為晨朝持鉢住此我言居士世尊身
小有疾當用牛乳故來至此維摩詰言止止
阿難莫作是語如來身者金剛之體諸惡已
斷衆善普會當有何疾當有何惱嘿往阿難
勿謗如來莫使異人聞此麤言无令大威德
諸天及他方淨土諸來菩薩得聞斯語阿
難轉輪聖王以少福故尚得无病豈況如來
无量福會普勝者哉行矣阿難勿使我等受
斯恥也外道梵志若聞此語當作是念何名
為師自疾不能救而能救諸疾人可密速

BD14463號　維摩詰所說經卷上　（19–10）

无量福會普勝者哉行矣阿難勿使我等受
斯耻也外道梵志若聞此語當作是意何名
為師自疾不能救而能救諸疾人可密速
去勿使人聞當知阿難諸如来身即是法身
非思欲身佛為世尊過於三界佛身无漏諸
漏已盡佛身无為不墮諸數如此之身當有
何疾時我世尊實懷慙愧得无近佛而謬聽
耶即聞空中聲曰阿難如居士言但為佛出
五濁惡世現行斯法度脫衆生行矣阿難取
乳勿慙世尊維摩詰智慧辯才為若此也是
故不任詣彼問疾
如是五百大弟子各各向佛説其本緣稱述
維摩詰所言皆曰不任詣彼問疾
菩薩品第四
於是佛告弥勒菩薩汝行詣維摩詰問疾弥
勒白佛言世尊我不堪任詣彼問疾所以者
何憶念我昔為兜率天王及其眷屬説不退
轉地之行時維摩詰来謂我言弥勒世尊授
仁者記一生當得阿耨多羅三藐三菩提為
用何生得授記乎過去耶未来耶現在耶若
過去生過去生已滅若未来生未来生未至
若現在生現在生无住如佛所説比丘汝今
即時亦生亦老亦滅若以无生得授記者无
生即是正位於正位中亦无授記亦无得阿

BD14463號　維摩詰所説經卷上　（19–11）

用何生得授記乎過去耶未来耶現在耶若
過去生過去生已滅若未来生未来生未至
若現在生現在生无住如佛所説比丘汝今
即時亦生亦老亦滅若以无生得授記者无
生即是正位於正位中亦无授記亦无得阿
耨多羅三藐三菩提云何弥勒授一生記乎
為從如生得受記耶為從如滅得受記耶若
以如生得受記者如无有生若以如滅得受
記者如无有滅一切衆生皆如也一切法亦如
也衆聖賢亦如也至於弥勒亦如也若弥勒得
受記者一切衆生亦應受記所以者何夫
如者不仁不異若弥勒得阿耨多羅三藐三
菩提者一切衆生皆亦應得所以者何一切衆
生即菩提相若弥勒滅度者一切衆生亦當
滅度所以者何諸佛知一切衆生畢竟寂滅
即涅槃相不復更滅是故弥勒无以此法誘
諸天子實无發阿耨多羅三藐三菩提心者
亦无退者弥勒當令此諸天子捨於分別菩
提之見所以者何菩提者不可以身得不可
以心得寂滅是菩提滅諸相故不觀是菩提
離諸緣故不行是菩提无憶念故斷是菩
提捨諸見故離是菩提離諸妄想故鄣是菩
提鄣諸願故不入是菩提无貪著故順是菩
提順於如故住是菩提住法性故至是菩提
至實際故不二是菩提離意法故等是菩提

BD14463號　維摩詰所説經卷上　（19–12）

離諸緣故不行是菩提无憶念故斷是菩
提捨諸見故離是菩提離諸妄想故鄣是菩
提鄣諸願故不入是菩提无貪著故順是菩
提順於如故住是菩提住法性故至是菩提
至實際故不二是菩提離意法故等是菩提
等虛空故无為是菩提无生住滅故知是菩
提了衆生心行故不會是菩提諸入不會故
不合是菩提離煩惱習故无處是菩提无形
色故假名是菩提名字空故如化是菩提无
取捨故无亂是菩提常自靜故善寂是菩
提性清淨故无取是菩提離攀緣故无異是
菩提諸法等故无比是菩提无可喻故微妙
是菩提諸法難知故世尊維摩詰說是法時
二百天子得无生法忍故我不任詣彼問疾
佛告光嚴童子汝行詣維摩詰問疾光嚴白
佛言世尊我不堪任詣彼問疾所以者何憶
念我昔出毗耶離大城時維摩詰方入城我
即為作禮而問言居士從何所來荅我言吾
從道場來我問道場者何所是荅曰直心是
道場无虛假故發行是道場能辯事故深心
是道場增益功德故菩提心是道場无錯謬
故布施是道場不望報故持戒是道場得願
具故忍辱是道場於諸衆生心无礙故精進
是道場不懈退故禪定是道場心調柔故智
慧是道場現見諸法故慈是道場等衆生故

BD14463號　維摩詰所說經卷上　（19–13）

故布施是道場不望報故持戒是道場得願
具故忍辱是道場於諸衆生心无礙故精進
是道場不懈退故禪定是道場心調柔故智
慧是道場現見諸法故慈是道場等衆生故
悲是道場忍疲苦故喜是道場悅樂法故捨是
道場增愛斷故神通是道場成就六通故解
脫是道場能背捨故方便是道場教化衆生
故四攝是道場攝衆生故多聞是道場如聞
行故伏心是道場正觀諸法故卅七品是道
場捨有為法故諦是道場不誑世間故緣起
是道場无明乃至老死皆无盡故諸煩惱是
道場知如實故衆生是道場知无我故一切
法是道場知諸法空故降魔是道場不傾動
故三界是道場无所趣故師子吼是道場无
所畏故力无畏不共法是道場无諸過故三明
是道場无餘礙故一念知一切法是道場
成就一切智故如是善男子菩薩若應諸波
羅蜜教化衆生諸有所作舉足下足當知皆
從道場來住於佛法矣說是法時五百天人
皆發阿耨多羅三藐三菩提心故我不堪任
詣彼問疾
佛告持世菩薩汝行詣維摩詰問疾持世白
佛言世尊我不堪任詣彼問疾所以者何憶念
我昔住於靜室時魔波旬從万二千天女
狀如帝釋鼓樂絃歌來詣我所與其眷屬稽
首我足合掌恭敬於一面立我意謂是帝釋

BD14463號　維摩詰所說經卷上　（19–14）

佛告持世菩薩汝行詣維摩詰問疾持世白
佛言世尊我不堪任詣彼問疾所以者何憶念
我昔住於靜室時魔波旬從万二千天女
狀如帝釋鼓樂弦歌來詣我所與其眷屬稽
首我足合掌恭敬於一面立我意謂是帝釋
而語之言善來憍尸迦雖福應祐不當自恣當
觀五欲无常以求善本於身命財而脩堅
法即語我言正士受是万二千天女可備
掃灑我言憍尸迦无以此非法之物要我沙
門釋子此非我宜所言未訖時維摩詰來謂
我言非帝釋也是為魔來嬈固汝耳即語魔
言是諸女等可以與我如我應受魔即驚
懼念維摩詰將无惱我欲隱形去而不能隱
盡其神力亦不得去即聞空中聲曰波旬以
女與之乃可得去魔以畏故俛仰而與尒時維
摩詰語諸女言魔以汝等與我今汝皆當發
阿耨多羅三藐三菩提心即隨所應而為說
法令發道意復言汝等以發道意有法樂可
以自娛不應復樂五欲樂也天女即問何謂法
樂荅言樂常信佛樂欲聽法樂供養衆樂
離五欲樂觀五陰如怨賊樂觀四大如毒虵
樂觀內入如空聚樂隨護道意樂饒益衆生
樂敬養師樂廣行施樂堅持戒樂忍辱柔和
樂勤集善根樂禪定不亂樂離垢明慧樂廣
菩提心樂降伏衆魔樂斷諸煩惱樂淨佛國
土樂成就相好故脩諸功德樂嚴道場樂聞

BD14463 號　維摩詰所說經卷上　（19–15）

樂觀內入如空聚樂隨護道意樂饒益衆生
樂敬養師樂廣行施樂堅持戒樂忍辱柔和
樂勤集善根樂禪定不亂樂離垢明慧樂廣
菩提心樂降伏衆魔樂斷諸煩惱樂淨佛國
土樂成就相好故脩諸功德樂嚴道場樂聞
深法不畏樂三脫門不樂非時樂近同學樂
於非同學中心无恚礙樂將護惡知識樂近
善知識樂心喜清淨樂脩无量道品之法是
為菩薩法樂於是波旬告諸女言我欲與
汝俱還天宮諸女言以我等與此居士有法
樂我等甚樂不復樂於五欲樂也魔言居士
可捨此女一切所有施於彼者是為菩薩維
摩詰言我已捨矣汝便將去令一切衆生得法
願具足於是諸女問維摩詰我等云何止於
魔宮維摩詰言諸姊有法門名无盡燈汝等
當學无盡燈者譬如一燈然百千燈冥者皆
明明終不盡如是諸姊夫一菩薩開導百千
衆生令發阿耨多羅三藐三菩提心於其道
意亦不滅盡隨所說法而自增益一切善法
是名无盡燈也汝等雖住魔宮以是无盡燈
令无數天子天女發阿耨多羅三藐三菩提
心者為報佛恩亦大饒益一切衆生尒時天
女頭面礼維摩詰足隨魔還宮忽然不現世
尊維摩詰有如是自在神力智慧辯才故我
不任詣彼問疾
佛告長者子善德汝行詣維摩詰問疾善德

BD14463 號　維摩詰所說經卷上　（19–16）

心者為報佛恩亦大饒益一切衆生尒時天
女頭面礼維摩詰足隨魔還宫忽然不現世
尊維摩詰有如是自在神力智慧辯才故我
不任詣彼問疾
佛告長者子善德汝行詣維摩詰問疾善德
白佛言世尊我不堪任詣彼問疾所以者何憶
念我昔自於父舍設大施會供養一切沙門
婆羅門及衆外道貧窮下賤孤獨乞人期
滿七日時維摩詰来入會中謂我言長者子
夫大施會不當如汝所設當為法施之會何
用是財施會為我言居士何謂法施之會法
施會者无前无後一時供養一切衆生是名
法施之會曰何謂也謂以菩提起於慈心以
救衆生起大悲心以持正法起於喜心以攝智
慧行於捨心以攝慳貪起檀波羅蜜以化
犯戒起尸波羅蜜以无我法起羼提波羅蜜
以離身心相起毗梨耶波羅蜜以菩提相起禪
波羅蜜以一切智起般若波羅蜜教化衆
生而起於空不捨有為法而起无相亦現有
生而起无作護持正法起方便力以度衆生
起四攝法以敬事一切起除慢法於身命財
起三堅法於六念中起思念法於六和敬起
質直心正行善法起於淨命心淨歡喜起近
賢聖不憎惡人起調伏心以出家法起於深
心以如說行起於多聞以无諍法起空閑處
趣向佛慧起於宴坐解衆生縛起脩行地以

BD14463號　維摩詰所說經卷上　（19–17）

起三堅法於六念中起思念法於六和敬起
質直心正行善法起於淨命心淨歡喜起近
賢聖不憎惡人起調伏心以出家法起於深
心以如說行起於多聞以无諍法起空閑處
趣向佛慧起於宴坐解衆生縛起脩行地以
具相好及淨佛土起福德業知一切衆生心
念如應說法起於智業知一切法不取不捨
入一相門起於慧業斷一切煩惱一切鄣礙
一切不善法起一切善業以得一切智慧一
切善法起於一切助佛道法如是善男子是
為法施之會若菩薩住是法施會者為大施
主亦為一切世間福田世尊維摩詰說是法
時婆羅門衆中二百人皆發阿耨多羅三藐
三菩提心我時心得清淨歎未曾有稽首礼
維摩詰足即解瓔珞價直百千以上之不肯
取我言居士願必納受隨意所與維摩詰乃
受瓔珞分作二分持一分施此會中一冣
下乞人持一分奉彼難勝如来一切衆會皆
見光明國土難勝如来又見珠瓔在彼佛上
變成四柱寶臺四面嚴餝不相鄣蔽時維摩
詰現神變已作是言若施主等心施一冣下
乞人猶如如来福田之相无所分別等于大
悲不求果報是則名曰具足法施城中一冣
下乞人見是神力聞其所說即發阿耨多羅
三藐三菩提心故我不任詣彼問疾
如是諸菩薩各各向佛說其本緣稱述維摩

BD14463號　維摩詰所說經卷上　（19–18）

維摩詰之即解瓔珞價直百千以上之不肯
取我言居士願必納受隨意所與維摩詰乃
受瓔珞分作二分持一分施此會中一㝡
下乞人持一分奉彼難勝如來一切衆會皆
見光明國土難勝如來又見珠瓔在彼佛上
變成四柱寶臺四面嚴餝不相鄣蔽時維摩
詰現神變已作是言若施主等心施一㝡下
乞人猶如如來福田之相无所分別等于大
悲不求果報是則名曰具足法施城中一㝡
下乞人見是神力聞其所說即發阿耨多羅
三藐三菩提心故我不任詣彼問疾
如是諸菩薩各各向佛說其本緣稱述維摩
詰所言皆曰不任詣彼問疾

維摩詰經卷上

BD14463號　維摩詰所說經卷上　（19–19）

緣血脉轉變而得成
乳則甜若食苦草乳則苦味
名曰肥膩牛若食者乃得醍醐无
青黃赤白黑色穀草因緣其乳則有色味
之異是諸衆生以明无明業因緣故生於二
相若无明轉則變爲明一切諸法善不善等
亦復如是无有二相迦葉菩薩白佛言世尊
如佛所說乳中有酪是義云何世尊若言乳
中定有酪相以微細故不可見者云何說言
從乳因緣而生於酪法若本无則名爲生如
其已有云何言生若言乳中定有酪相百草
之中亦應有乳如是乳中亦應有草若言乳
中定无有酪云何因乳而得生酪若法本无
而後生者何故乳中不生於草善男子不可
定言乳中有酪乳中无酪亦不可說從他而
生若言乳中定有酪者云何而得體味各異
是故不可說言乳中定有酪性若言乳中定
无酪者乳中何故不生兔角置毒乳中酪則
殺人是故不可說言乳中定有酪性若言是

BD14464號　大般涅槃經（北本　異卷）卷八　（24–1）

而後生者何故乳中不生於草善男子不可
定言乳中有酪乳中无酪亦不可說從他而
生若言乳中定有酪者云何而得躰味各異
是故不可說言乳中定有酪性若言乳中定
无酪者乳中何故不生菟角置毒乳中酪則
煞人是故不可說言乳中定无酪性若言是
酪從他生者何故水中不生於酪是故不可
說言酪從他生善男子是牛食噉草因緣故
血則變白草血滅已衆生福力變而成乳是
乳雖從草血而生不得言二唯得名為從因
緣生酪至醍醐亦復如是以是義故得名牛味
是乳滅已因緣成酪何等因緣若酪若燸是
故得名從因緣有乃至醍醐亦復如是是故
不得定言乳中无有酪相從他生者離乳而
有无有是處善男子明与无明亦復如是若
与煩惱諸結俱者名為无明若与一切善法
俱者名之為明是故我言无有二相以是因
緣我先說言雪山有草名曰肥膩牛若食者
即成醍醐佛性亦尒善男子衆生薄福不見
是草佛性亦尒煩惱覆故衆生不見辟如大
海雖同一醎其中亦有上妙之水味同於乳
喻如雪山雖復成就種種功德多生諸藥亦
有毒草諸衆生身亦復如是雖有四大毒虵
之種其中亦有妙藥大王所謂佛性非是作
法但為煩惱客塵所覆若剎利婆羅門毗舍
首陁能斷除者即見佛性成无上道辟如虛
空震雷起雲一切象牙上皆生華若无雷震

有毒草諸衆生身亦復如是雖有四大毒虵
之種其中亦有妙藥大王所謂佛性非是作
法但為煩惱客塵所覆若剎利婆羅門毗舍
首陁能斷除者即見佛性成无上道辟如虛
空震雷起雲一切象牙上皆生華若无雷震
華則不生亦无名字衆生佛性亦復如是常
為一切煩惱所覆不可得見是故我說衆生无
我若得聞是大般涅槃微妙經典則見佛性如
象牙華雖聞契經一切三昧不聞是經不知
如來微妙之相如无雷時象牙上華不可得
見聞是經已即知一切如來所說秘藏佛性
喻如天雷見象牙華聞是經已即知一切无
量衆生皆有佛性以是義故說大涅槃名為
如來秘密之藏增長法身猶如雷時象牙上
華以能長養如是大義故得稱為大般涅槃
若有善男子善女人有能習學是大涅槃微
妙經典當知是人能報佛恩真佛弟子迦葉
菩薩復白佛言世尊甚奇世尊所言佛性甚
深難見難入聲聞緣覺所不能服佛言善男
子如是如是如汝所歎不遠我說迦葉菩薩
白佛言世尊佛性者云何甚深難見難入佛
言善男子如百盲人為治目故造詣良醫是
時良醫即以金錍決其眼膜以一指示問言
見不盲人荅言我猶未見復以二指三指示
之乃言少見善男子是大涅槃微妙經典如
來未說亦復如是无量菩薩雖具足行諸波
羅蜜乃至十住猶未能見所有佛性如來既
[illegible]

眼良醫即以金錍決其眼膜以一指示問言
見不答言我猶未見復以二指三指示
之乃言少見善男子是大涅槃微妙經典如
來未說亦復如是无量菩薩雖具足行諸波
羅蜜乃至十住猶未能見所有佛性如來既
說即便少見是菩薩摩訶薩既得見已咸作
是言甚奇世尊我等流轉无量生死常為无
我之所惑乱善男子如是菩薩位階十住尚
不了了知見佛性何況聲聞緣覺之人能得
見耶復次善男子譬如仰觀虛空鵝鴈為是
虛空為是鵝鴈諦觀不已髣髴見之十住菩
薩於如來性知見少分亦復如是況復聲聞
緣覺之人能得知見善男子譬如醉人欲涉
遠路曚朧見道十住菩薩於如來性知見少
分亦復如是善男子譬如渴人行於曠野是
人渴逼遍行求水見有藂樹樹有白鵠是人
迷悶不能分別是樹是水諦觀不已乃見白
鵠及以藂樹善男子十住菩薩於如來性知
見少分亦復如是善男子譬如有人在大海
中乃至无量百千由旬遠望大舶樓櫓臺閣
即作是念彼是樓櫓為是虛空久視乃生必
定之心知是樓櫓十住菩薩於自身中見如
來性亦復如是善男子譬如王子身極濡弱
通夜遊戲至明清旦目視一切悉不明了十
住菩薩雖於已身見如來性亦復如是不大
明了復次善男子譬如臣吏王事所拘通夜
還家電明暫發因見牛聚即作是念為是牛
耶聚雲屋舍是人久視雖生牛想猶不審定

BD14464號　大般涅槃經（北本　異卷）卷八　（24–4）

通夜遊戲至明清旦目視一切悉不明了十
住菩薩雖於已身見如來性亦復如是不大
明了復次善男子譬如臣吏王事所拘通夜
還家電明暫發因見牛聚即作是念為是牛
耶聚雲屋舍是人久視雖生牛想猶不審定
十住菩薩雖於已身見如來性未能審定亦
復如是復次善男子如持戒比丘觀无蟲水
而作蟲相即作是念此中動者為是蟲耶是
塵土耶久視不已雖知是塵亦不明了十住
菩薩於已身中見如來性亦復如是不大明
了復次善男子譬如有人於陰闇中遠見小
兒即作是念彼為是牛鷲鳥人耶久視不已
雖見小兒猶不明了十住菩薩於已身分見如
來性亦復如是不大明了復次善男子譬如
有人於夜闇中見畫菩薩像即作是念是菩
薩像自在天像大梵天像成染衣耶是人久
觀雖復意謂是菩薩像亦不明了十住菩薩
於已身分見如來性亦復如是不大明了善
男子所有佛性如是甚深難得知見唯佛能
知非諸聲聞緣覺所及善男子智者應作如
是分別知如來性迦葉菩薩白佛言世尊佛
性如是微細難見云何肉眼而能得見佛告
迦葉善男子如彼非想非非想天亦非二乘
所能得知隨順契經以信故知善男子聲聞
緣覺信順如是大涅槃經自知已身有如來
性亦復如是善男子是故應當精勤脩集大
涅槃經善男子如是佛性唯佛能知非諸聲
聞緣覺所及

BD14464號　大般涅槃經（北本　異卷）卷八　（24–5）

緣覺信順如是大涅槃經自知己身有如來
性亦復如是善男子是故應當精勤修集大
涅槃經善男子如是佛性唯佛能知非諸聲
聞緣覺所及
迦葉菩薩復白佛言世尊非聖凡夫有衆生
性皆說有我佛言譬如二人共為親友一是
王子一是貧賤如是二人手相往返是時貧
人見是王子有一好刀淨妙第一心中貪着
王子後時捉持是刀逃至他國於是貧人後
於他家寄卧止宿即於眠中讝語刀刀傍人
聞之收至王所時王問言汝言刀者何處得
耶是人具以上事荅王王今設使屠割臣身
分張手足欲得刀者實不可得臣与王子素
為親厚先与一處雖曾眼見乃至不敢以手
業觸況當故取王復問言卿見刀時相貌何
類荅言大王臣所見者如羖羊角王聞是已
欣然而咲語言汝今隨意所至莫生憂怖我
庫藏中都无是刀況汝乃於王子邊見時王
即問諸羣臣言汝等曾見如是刀不言已崩
背尋立餘子紹繼王位復問輔臣卿等曾於
宮藏之中見是刀不諸臣荅言臣等曾見處
復問言其狀何似荅言大王如羖羊角王言
我宮藏中何處當有如是相刀次第四王皆
悉撿挍求索不得却後數時先逃王子從他
國還來至本土復得為王既登王位復問諸
臣汝見刀不荅言大王臣等皆見處復問言
其狀何似荅言天子其色清淨如優鉢羅華

BD14464號　大般涅槃經（北本　異卷）卷八　（24–6）

我宮藏中何處當有如是相刀次第四王皆
悉撿挍求索不得却後數時先逃王子從他
國還來至本土復得為王既登王位復問諸
臣汝見刀不荅言大王臣等皆見處復問言
其狀何似荅言天子其色清淨如優鉢羅華
復有荅言形如羊角復有說言其色紅赤猶
如火聚復有荅言猶如黑蛇時王大咲卿等
皆悉不見我刀真實之相善男子菩薩摩訶
薩亦復如是出現於世說我真相說已捨去
喻如王子持淨妙刀逃至他國凡愚之人說
言一切有我有我如彼貧人止宿他舍讝語
刀刀聲聞緣覺問諸衆生我有何相荅言我
見我相大如拇指或言如米或如稗子有言
我相住在心中熾燃如日如是衆生不知我
相喻如諸臣不知刀相菩薩如是說於我法
凡夫不知種種分別妄作我相如問刀相荅
似羊角是諸凡夫次第相續而起耶見為斷
如是諸耶見故如來示現說於无我喻如王
子語諸臣言我庫藏中无如是刀善男子今
日如來所說真我名曰佛性如是佛性我佛
法中喻如淨刀善男子若有凡夫能善說者
即是隨順无上佛法若有善能分別隨順宣
說是者當知即是菩薩相貌
善男子所有種種異論呪術言語文字皆是
佛說非外道說迦葉菩薩白佛言世尊云何
如來說字根本佛言善男子初說半字以為
根本持諸記論呪術文章諸陰實法凡夫之

BD14464號　大般涅槃經（北本　異卷）卷八　（24–7）

善男子所有種種異論呪術言語文字皆是
佛說非外道說迦葉菩薩白佛言世尊云何
如來說字根本佛言善男子初說半字以為
根本持諸記論呪術文章諸陰實法凡夫之
人學是字本然後能知是法非法迦葉菩薩
復白佛言世尊所言字者其義云何善男子
有十四音名為字義所言字者名為涅槃常
故不流若不流者則為无盡夫无盡者即是
如來金剛之身是十四音名為字本惡者不
破壞故不破壞者名曰三寶喻如金剛又復
惡者不流故不流者即是如來如來九孔无
所流故是故不流又无九孔是故不流不流
即常常即如來如來无作是故不流又復惡
者名為功德功德者即是三寶是故名惡阿
者名阿闍利阿闍利者義何謂也於世間中
得名聖者何謂為聖聖名无著少欲知足亦
名清淨能度衆生於三有流生死大海是名
為聖又復阿者名曰制度脩持淨戒隨順威
儀又復阿者名依聖人應學威儀進止舉動
供養恭敬礼拜三尊孝養父母及學大乘善
男子汝等具持禁戒及諸菩薩摩訶薩等是名
聖人又復阿者名曰教誨汝言如來如是應
作如是莫作若有能遮非威儀法是名聖人
是故名阿億者即是佛法梵行廣大清淨无
垢喻如滿月汝等如是應作不作是義非義
此是佛說此是魔說是故名億伊者佛法微
妙甚深難得如自在天大梵天王法名自在
若能持者則名護法又自在者名四護世是

作如是莫作若有能遮非威儀法是名聖人
是故名阿億者即是佛法梵行廣大清淨无
垢喻如滿月汝等如是應作不作是義非義
此是佛說此是魔說是故名億伊者佛法微
妙甚深難得如自在天大梵天王法名自在
若能持者則名護法又自在者名四護世是
四自在則能攝護大涅槃經亦能自在敷揚
宣說又復伊者能為衆生自在說法復次伊
者為自在故說何等是也所謂脩集方等經
典復次伊者為斷嫉妬如除稗穢皆悉能令
變成吉祥是故名伊郁者於諸經中最上最
勝增長上上謂大涅槃復次郁者如來之性
聲聞緣覺所未曾聞如一切處北欝單曰最
為殊勝菩薩若能聽受是經於一切衆最為
殊勝以是義故是經得名最上最勝是故名
郁優者喻如牛乳諸味中上如來之性亦復
如是於諸經中最尊最上若有誹謗當知是
人与牛无別復次優者是人名為无慧正念
誹謗如來微密秘藏當知是人甚可憐愍遠
離如來秘密之藏說无我法是故名優哩者
即是諸佛法性涅槃是故名哩黳者謂如來
義復次黳者如來進止屈申舉動无不利益
一切衆生是故名黳烏者名煩惱義煩惱者
名曰諸漏如來永斷一切煩惱是故名烏炮
者謂大乘義於十四音是究竟義大乘經典
亦復如是於諸經論最為究竟是故名炮菴
者能遮一切諸不淨物於佛法中能捨一切

名曰諸漏如來永斷一切煩惱是故名烏炮
者謂大乘義於十四音是究竟義大乘經典
亦復如是於諸經論冣爲究竟是故名炮菴
者能遮一切諸不淨物於佛法中能捨一切
金銀寶物是故名菴阿者名勝乘義何以故
此大乘典大涅槃經於諸經中冣爲殊勝是
故名阿迦者於諸衆生起大慈悲生於子想
如羅睺羅作妙善義是故名迦佉者名非善
友非善友者名曰雜穢不信如來秘密之藏是
故名佉伽者名藏藏者即是如來秘藏一切
衆生皆有佛性是故名伽恒者如來常音何
等名爲如來常音所謂如來常住不變是故
名恒俄者一切諸行破壞之相是故名俄遮
者即是脩義調伏一切諸衆生故名爲脩義
是故名遮車者如來覆蔭一切衆生喻如大
蓋是故名車闍者是正解脫无有老相是故
名闍饍者煩惱繁茂喻如稠林是故名饍若
者是智慧義知真法性是故名若吒者於閻
浮提示現半身而演說法喻如半月是故名
吒咃者法身具足喻如滿月是故名咃荼者
是愚癡僧不知常与无常喻如小兒是故名
荼袒者不知師恩喻如羝羊是故名袒拏者
是非聖義喻如外道是故名拏多者如來於
彼告諸比丘宜離驚畏當爲汝等說微妙法
是故名多他者名愚癡義衆生流轉生死纏
裹如蚕蜣蜋是故名他陁者名曰大施所謂
大乘是故名陁彈者稱讚功德所謂三寶如

是非聖義喻如外道是故名拏多者如來於
彼告諸比丘宜離驚畏當爲汝等說微妙法
是故名多他者名愚癡義衆生流轉生死纏
裹如蚕蜣蜋是故名他陁者名曰大施所謂
大乘是故名陁彈者稱讚功德所謂三寶如
須弥山高峻廣大无有傾倒是故名彈那者
三寶安住无有傾動喻如門閫是故名那波
者名顛到義若言三寶悉皆滅盡當知是人
爲自疑惑是故名波頗者是世間灾若言世
間灾起之時三寶亦盡當知是人愚癡无智
遠失聖旨是故名頗婆者名佛十力是故名
婆梵者名爲重擔堪任荷負无上正法當知
是人是大菩薩是故名梵摩者是諸菩薩嚴峻
制度所謂大乘大般涅槃是故名摩爬者是
諸菩薩在在處處爲諸衆生說大乘法是故
名爬囉者能壞貪欲瞋恚愚癡說真實法是
故名囉羅者名聲聞乘動轉不住大乘安固
无有傾動捨聲聞乘精懃脩集无上大乘是
故名羅和者如來世尊爲諸衆生雨大法雨
所謂世間呪術經書是故名和奢者遠離三
箭是故名奢沙者名具足義若能聽是大涅
槃經則爲已得聞持一切大乘經典是故名
沙娑者爲諸衆生演說正法令心歡喜是故
名娑呵者名心歡喜奇哉世尊離一切行怪
哉如來入般涅槃是故名呵荼者名曰魔義
无量諸魔不能毀壞如來秘藏是故名荼復
次茶者乃至示現隨順世間有父母妻子是

名娑呵者名心歡喜奇哉世尊離一切行恠
哉如来入般涅槃是故名呵荼者名曰魔義
无量諸魔不能毀壞如来秘藏是故名荼復
次荼者乃至示現随順世間有父母妻子是
故名荼魯流盧樓如是四字說有四義謂佛
法僧及以對治言對治者随順世間如提婆
達多示現壞僧化作種種形貌色像爲制戒
故智者了達不應於此而生怖畏是名随順
世間之行以是故名爲魯流盧樓吸氣舌根随
鼻之聲長短超聲随音解義皆因舌齒而有
差別如是字義能令衆生口業清淨衆生佛
性則不如是假於文字然後清淨何以故性
本淨故雖復處在陰入界中則不同於陰入
界也是故衆生悉應歸依諸菩薩等以佛性
故等視衆生无有差別是故半字於諸經書
記論文章而爲根本又半字義皆是煩惱言
說之本故名半字滿字者乃是一切善法言
說之根本也譬如世間爲惡之者名爲半人
脩善之者名爲滿人如是一切經書記論皆
因半字而爲根本若言如来及正解脫入於
半字是事不然何以故離文字故是故如来於
一切法无㝵无著真得解脫何等名爲解了
字義有知如来出現於世能滅半字是故名
爲解了字義若有随逐半字義者是人不知
如来之性何等名爲无字義也親近脩集不
善法者是名无字又无字者雖能親近脩集
善法不知如来常与无常恒与非恒及法僧

爲解了字義若有随逐半字義者是人不知
如来之性何等名爲无字義也親近脩集不
善法者是名无字又无字者雖能親近脩集
善法不知如来常与无常恒与非恒及法僧
二寶律与非律經与非經魔說佛說若有不
能如是分別是名随逐无字義也我今已說
如是随逐无字之義善男子是故汝今應離
半字善解滿字迦葉菩薩白佛言世尊我等
應當善學字數今我值遇无上之師已受如
来慇懃誨勅佛讚迦葉善哉善哉樂正法者
應如是學
尒時佛告迦葉菩薩善男子鳥有二種一名
迦陵提二名鴛鴦遊止共俱不相捨離是苦
无常无我等法亦復如是不得相離迦葉菩
薩白佛言世尊云何是苦无常无我如彼鴛
鴦迦陵提鳥佛言善男子異法是苦異法是
樂異法是常異法无常異法是我異法无我
譬如稻米異於麻麦麻麦復異豆粟甘蔗如
是諸種從其萌牙乃至華葉皆是无常菓實
成熟人受用時乃名爲常何以故性真實故
迦葉菩薩白佛言世尊如是等物若是常者
同如来耶佛言善男子汝今不應作如是說
何以故若言如来如須弥山劫壞之時須弥
崩倒如来尒時豈同壞耶善男子汝今不應
受持是義善男子一切諸法唯除涅槃更无
一法而是常者直以世諦言菓實常迦葉菩
薩白佛言世尊善哉善哉如佛所說佛告迦

崩倒如来尒時豈同壞耶善男子汝今不應
受持是義善男子一切諸法唯除涅槃更无
一法而是常者直以世諦言菓實常迦葉菩
薩白佛言世尊善哉善哉如佛所說佛告迦
葉如是如是善男子雖循一切契經諸定乃
至未聞大般涅槃皆言一切悉是无常聞是
經已雖有煩惱如无煩惱即能利益一切人
天何以故曉了已身有佛性故是名為常復
次善男子譬如菴羅樹其華始敷名无常相
若成菓實多所利益乃名為常如是善男子
雖循一切契經諸定未聞如是大涅槃時咸
言一切悉是无常聞是經已雖有煩惱如无
煩惱即能利益一切人天何以故曉了已身
有佛性故是名為常復次善男子譬如金鉼
消融之時是无常相融已成金多所利益乃
名為常如是善男子雖循一切契經諸定未
聞如是大涅槃時咸言一切悉是无常聞是
經已雖有煩惱如无煩惱即能利益一切人
天何以故曉了自身有佛性故是名為常復
次善男子譬如胡麻未被押時名曰无常既
押成油多所利益乃名為常善男子雖循一
切契經諸定未聞如是大涅槃時咸言一切
悉是无常聞是經已雖有煩惱如无煩惱即
能利益一切人天何以故曉了已身有佛性
故是名為常復次善男子譬如衆流皆歸于
海一切契經諸定三昧皆歸大乘大涅槃經
何以故究竟善說有佛性故善男子是故我

BD14464號　大般涅槃經（北本　異卷）卷八　（24-14）

悲是无常聞是經已雖有煩惱如无煩惱即
能利益一切人天何以故曉了已身有佛性
故是名為常復次善男子譬如衆流皆歸于
海一切契經諸定三昧皆歸大乘大涅槃經
何以故究竟善說有佛性故善男子是故我
言異法是常異法无常乃至无我亦復如是
迦葉菩薩白佛言世尊如来已離憂悲毒箭
憂悲者名之為天如来非天憂悲者名為人
如来非人憂悲者名廿五有如来非廿五有
是故如来无有憂悲何故稱言如来憂悲善
男子无想无者名為无想若无想者則无壽
命若无壽命云何而有陰界諸入以是義故
无想天壽不可說言有所住處善男子譬如
樹神依樹而住不得定言依枝依節依莖依
葉雖无定所不得言无无想天壽亦復如是
善男子佛法亦尒甚深難解如来實无憂悲
苦惱而於衆生起大慈悲現有憂悲視諸衆
生如羅睺羅復次善男子无想天中所有壽
命唯佛能知非餘所及乃至非想非非想
處亦復如是迦葉如来之性清淨无染猶如
化身何處當有憂悲苦惱若言如来无憂悲
者云何能利一切衆生弘廣佛法若言无者
云何而言等視衆生如羅睺羅若不等視如
羅睺羅如是之言則為虛忘以是義故善男
子佛不可思議法不可思議衆生性不可思
議无想天壽不可思議如来有憂及以无憂
是佛境界非諸聲聞緣覺所知善男子譬如
空中舍宅微塵不得住立若言舍宅不因空

BD14464號　大般涅槃經（北本　異卷）卷八　（24-15）

羅睺羅如是之言則為盡忘以是義故善男
子佛不可思議法不可思議衆生性不可思
議无想天壽不可思議如来有憂及以无憂
是佛境界非諸聲聞緣覺所知善男子譬如
空中舍宅微塵不得住立若言舍宅不因空
住无有是處以是義故不可說舍住於虛空
不住虛空凡夫之人雖復說言舍住虛空而
是虛空實无所住何以故性无住故善男子
心亦如是不可說言住陰界入及以不住无
想天壽亦復如是如来憂悲亦復如是若无
憂悲云何說言等視衆生如羅睺羅若言有
者復云何言性同虛空善男子譬如幻師雖
復化作種種宮殿煞生長養繫縛放捨及作
金銀流離寶物叢林樹木都无實性如来亦
尒隨順世間示現憂悲无有真實善男子如
来已入於般涅槃云何當有憂悲苦惱若謂
如来入於涅槃是无常者當知是人則有憂
悲若謂如来不入涅槃常住不變當知是人
无有憂悲如来有憂及以无憂无能知者復次
善男子譬如下人能知下法不知中上中者
知中不知於上上者知上及知中下聲聞緣
覺亦復如是齊知自地如来不尒悉知自地
及以他地是故如来名无㝵智示現幻化隨
順世間凡夫肉眼謂是真實而欲盡知如来
无㝵无上智者无有是處有憂无憂唯佛能
知以是因緣異法有我異法无我是名鴛鴦
迦隣提鳥性復次善男子佛法猶如鴛鴦共

順世間凡夫肉眼謂是真實而欲盡知如来
无㝵无上智者无有是處有憂无憂唯佛能
知以是因緣異法有我異法无我是名鴛鴦
迦隣提鳥性復次善男子佛法猶如鴛鴦共
行是迦隣提及鴛鴦鳥盛夏水長撰擇高源
安處其子為長養故然後隨本安隱而遊如
来出世亦復如是化无量衆令住正法如彼
鴛鴦迦隣提鳥選擇高原安置其子如来亦
尒令諸衆生所作辦已即便入於大般涅槃
善男子是名異法是苦異法是樂諸行是苦
涅槃是樂苐一微妙壞諸行故
迦葉菩薩白佛言世尊云何衆生得涅槃者
名苐一樂佛言善男子如我所說諸行和合
名為老死
謹慎不放逸　是處為甘露　放逸不謹慎　是名為死句
若不放逸者　則得不死處　如其放逸者　常趣於死路
若放逸者名有為法是有為法為苐一苦不
放逸者則名涅槃彼涅槃者名為甘露苐一
㝡樂若趣諸行是名死處受苐一苦若至涅
槃則名不死受㝡妙樂若不放逸雖集諸行
是亦名為常樂不死不破壞身云何放逸云
何不放逸非聖凡夫是名放逸常死之法出
世聖人是不放逸无有老死何以故入於苐
一常樂涅槃以是義故異法是苦異法是樂
異法是我異法无我如人在地仰觀虛空不
見鳥跡善男子衆生亦尒无有天眼在煩惱
中而不自見有如来性是故我說无我密教

異法是我異法无我如人在地仰觀虛空不
見鳥跡善男子衆生亦尒无有天眼在煩惱
中而不自見有如來性是故我説无我密教
所以者何无天眼者不知真我横計我故曰
諸煩惱所造有為即是无常是故我説異法
是常異法无常
精懃勇健者　若處於山頂　平地及曠野　常見諸凡夫
是大智慧殿　无上微妙臺　既自除憂患　亦見衆生憂
如來悉斷无量煩惱住智慧山見諸衆生常
在无量億煩惱中迦葉菩薩白佛言世尊如
偈所説是義不然何以故入涅槃者无憂无
喜云何得昇智慧臺殿復當云何住在山頂
而見衆生佛言善男子智慧殿者即是涅槃
无憂愁者謂如來也有憂愁者名凡夫人以
凡夫憂故如來无憂須弥山頂者謂正解脫
懃精進者喻須弥山无有動轉地謂有為行
也是諸凡夫安住是地造作諸行其智慧者
則名正覺離有常住故名如來如來悲念无
量衆生常為諸有毒箭所中是故名為如來
有憂迦葉菩薩白佛言世尊若使如來有憂
感者則不得稱為等正覺佛言迦葉皆有因
緣隨有衆生應受化處如來於中示現受生
雖現受生而實无生是故如來名常住法如
迦隣提鴛鴦等鳥
復次善男子譬如有人見月不現皆言月沒
而作沒想而此月性實无沒也轉現他方彼
處衆生復謂月出而此月性實无出也何以

BD14464號　大般涅槃經（北本　異卷）卷八　（24–18）

雖現受生而實无生是故如來名常住法如
迦隣提鴛鴦等鳥
復次善男子譬如有人見月不現皆言月沒
而作沒想而此月性實无沒也轉現他方彼
處衆生復謂月出而此月性實无出也何以
故以須弥山鄣故不見其月常生性无出沒
如來應正遍知亦復如是出於三千大千世
界或閻浮提示有父母衆生皆謂如來生於
閻浮提內或閻浮提示現涅槃而如來性實
无涅槃而諸衆生皆謂如來實般涅槃喻如
月沒善男子如來之性實无生滅為化衆生
故示生滅善男子如此滿月餘方現半此方
現半餘方現滿閻浮提人若見月初皆謂一
日起初月想見月盛滿謂十五日生盛滿想
而此月性實无虧盈因須弥山而有增減善
男子如來亦尒於閻浮提或現初生或示涅
槃現始生時猶如月初一切皆謂童子初生
行於七步如二日月或復示現入於書堂如
三日月示現出家如八日月放大智慧微妙
光明能破无量衆生魔衆如十五日盛滿之
月或復示現三十二相八十種好以自莊嚴
而現涅槃喻如月蝕如是衆生所見不同或
見半月或見滿月或見月蝕而此月性實无
增減蝕噉之者常是滿月如來之身亦復如
是是故名為常住不變復次善男子喻如滿
月一切悉現在在處處城邑聚落山澤水中
若井若池若瓮若鑊一切皆現有諸衆生行
百由旬百千由旬見月常隨凡夫愚人妄生

BD14464號　大般涅槃經（北本　異卷）卷八　（24–19）

增減蝕噉之者常是滿月如來之身亦復如
是是故名為常住不變復次善男子喻如滿
月一切悉現在在處處城邑聚落山澤水中
若井若池若瓮若鑊一切皆現有諸衆生行
百由旬百千由旬見月常隨凡夫愚人妄生
憶想言我本於城邑屋舍見如是月今復於
此空澤而見為是本月為異於本各作是念
月形大小或如鑊口或復有言大如車輪或
言猶如四十九由旬一切皆見月之光明或
見團圓喻如金槃是月性一種種衆生各見
異相善男子如來亦尒出現於世或有人天
而作是念如來今者在我前住復有畜生亦
生是念如來今者在我前住或有聾瘂亦見
如來有聾瘂相衆生雜類言音各異皆謂如
來悲同已語亦各生念在我舍宅受我供養
或有衆生見如來身廣大无量有見微小或
有見佛是聲聞像或復有見為緣覺像有諸
外道復各念言如來今者在我法中出家學
道或有衆生復作是念如來今者獨為我故
出現於世如來實性喻如彼月即是法身是
无生身方便之身隨順於世示現无量本業
因緣在在處處示現有生猶如彼月以是義
故如來常住无有變異復次善男子如羅睺
羅阿脩羅王以手遮月世間諸人咸謂月蝕
阿脩羅王實不能蝕以阿脩羅鄣其明故是
月團圓无有虧損但以手鄣故使不現若攝
手時世間咸謂月已還生皆言是月多受苦
惱假使百千阿脩羅王不能惱之如來亦尒

羅阿脩羅王以手遮月世間諸人咸謂月蝕
阿脩羅王實不能蝕以阿脩羅鄣其明故是
月團圓无有虧損但以手鄣故使不現若攝
手時世間咸謂月已還生皆言是月多受苦
惱假使百千阿脩羅王不能惱之如來亦尒
示有衆生於如來所生麁惡心出佛身血起
五逆罪至一闡提為未來世諸衆生故如是
示現壞僧斷法而作留難假使百千无量諸
魔不能侵出如來身血所以者何如來之身
无有肉血筋脉骨髓如來真實无惱壞衆
生皆謂法僧毀壞如來滅盡而如來性真實
无變无有破壞隨順世間如是示現復次善
男子如二人闘若以刀杖傷出身血雖至於
死不起煞想如是業相輕而不重於如來所
本无煞心雖出身血是業亦尒輕而不重如
來如是於未來世為化衆生示現業報復次
善男子猶如良醫勤教其子醫方根本此是
根藥此是味藥此是色藥種種相貌汝當善
知其子敬奉父之所勑精勤習學善解諸藥
是醫後時壽盡命終其子啼哭而作是言父
本教我根藥如是莖藥如是華藥如是色相
如是如來亦尒為化衆生示現制戒應當如
是受持莫犯作五逆罪誹謗正法及一闡提
為未來世起是事者是故示現欲令比丘於
佛滅後作如是知此是契經甚深之義此是
戒律輕重之相此是阿毗曇分別法句如彼
醫子復次善男子如人知月六月一蝕而上
諸天須臾之間已見月蝕何以故彼天日長

如是如来亦尒為化衆生示現制戒應當如
是受持莫犯作五逆罪誹謗正法及一闡提
為未来世起是事者是故示現欲令比丘於
佛滅後作如是知此是契經甚深之義此是
戒律輕重之相此是阿毗曇分別法句如彼
瞽子復次善男子如人知月六月一蝕而上
諸天須臾之間已見月蝕何以故彼天日長
人間短故善男子如来亦尒天人咸謂如来
壽短如彼天人須臾之間頻見月蝕如来又
於須臾之間示現百千万億涅槃斷煩惱魔
陰魔死魔是故百千万億天魔悉知如来入
般涅槃又復示現无量百千先業因縁隨順
世間種種性相示現如是无量无邊不可思
議是故如来常住无變復次善男子譬如明
月衆生樂見是故稱月号為樂見衆生若有
貪恚愚癡則不得稱為樂見也如来如是其
性純善清淨无垢是寔可稱為樂見也樂法
衆生視之无猒惡心之人不喜瞻覩以是義
故故言如来喻如明月復次善男子譬如日
出有三時異謂春夏冬冬日則短春日處中
夏日極長如来亦尒於此三千大千世界為
短壽者及諸聲聞示現短壽斯等見已咸謂
如来壽命短促喻如冬日為諸菩薩示現中
壽若至一劫若減一劫喻如春日唯佛覩佛
具壽无量喻如夏日善男子如来所說方等
大乘微密之教示現世間雨大法雨於未来
世若有人能護持是典開示分別利益衆生

BD14464 號　大般涅槃經（北本　異卷）卷八　（24–22）

如来壽命短促喻如冬日為諸菩薩示現中
壽若至一劫若減一劫喻如春日唯佛覩佛
具壽无量喻如夏日善男子如来所說方等
大乘微密之教示現世間雨大法雨於未来
世若有人能護持是典開示分別利益衆生
當知是輩真是菩薩喻如盛夏天降甘雨若
有聲聞縁覺之人聞佛如来微密之教喻如
冬日多遇冷患菩薩之人若聞如是微密教
誨如来常住性无變易喻如春日萌牙開敷
而如来性實无長短為世間故示現如是即
是諸佛真實法性復次善男子譬如衆星晝
則不現而人皆謂晝星滅沒其實不沒所以
不現日光暎故如来亦尒聲聞縁覺不能得
見喻如世人不見晝星復次善男子譬如陰
闇日月不現愚夫謂言日月失沒而是日月
實不失沒如来正法滅盡之時三寶現沒亦
復如是非為永滅是故當知如来常住无有
變易何以故三寶真性不為諸垢之所染故
復次善男子譬如黒月彗星夜現其明炎熾
暫出還沒衆生見已生不祥想諸辟支佛亦
復如是出无佛世衆生見已皆謂如来真實
滅度生憂悲想而如来身實不滅沒如彼日
月无有滅沒復次善男子譬如日出衆霧悉
除此大涅槃微妙經典亦復如是出興於世
若有衆生一經耳者悉能滅除一切諸惡无
間罪業是大涅槃甚深境界不可思議善說
如来微密之性以是義故諸善男子善女人

BD14464 號　大般涅槃經（北本　異卷）卷八　（24–23）

復如是出无佛世衆生見已皆謂如來真實
滅度生憂悲想而如來身實不滅沒如彼日
月无有滅沒復次善男子譬如日出衆霧悉
除此大涅槃微妙經典亦復如是出興於世
若有衆生一經耳者悉能滅除一切諸惡无
間罪業是大涅槃甚深境界不可思議善說
如來微密之性以是義故諸善男子善女人
等應於如來生常住心无有變易正法不斷
僧寶不滅是故應當多循方便懃學是典是
人不久當得成於阿耨多羅三藐三菩提是
故此經名爲无量功德所成亦名菩提不可
窮盡以不盡故得稱爲大般涅槃有善光故
猶如夏日身无邊故名大涅槃復次善男子
如日月光諸明中最一切諸明所不能及大
涅槃光亦復如是於諸契經三昧光明最爲
殊勝諸經三昧所有光明所不能及何以故
大涅槃光能入衆生諸毛孔故衆生雖无菩
提之心而能爲作菩提因緣是故復名大般
涅槃

大般涅槃經卷第八

BD14464號　大般涅槃經（北本　異卷）卷八　（24–24）

佛名曰藥師瑠璃光如來无
覺明行具足善逝世間解无
天人師佛世尊度脫生
瑠璃光本所脩行菩薩
二上願令一切衆生所
第一願者使我來世得仏
照十方三十二相八十種好而
切衆生如我无異
第二願者使我來世自身猶如瑠
淨无瑕穢妙色廣大功德巍巍安住十方如日
照世幽冥衆生悉蒙開曉
第三願者使我來世智慧廣大如海无窮潤
澤枯涸无量衆生普使蒙益悉令飽滿无飢
渴想甘食美膳悉持施与
第四願者使我來世佛道成就巍巍堂堂如
星中之月消除生死之雲令无有翳明照世
間行者見道熱得清涼解除垢穢
第五願者使我來世發大精進淨持戒地令

BD14465號　灌頂章句拔除過罪生死得度經　（16–1）

渴想甘食美膳悉持施与
第四願者使我来世佛道成就巍巍堂堂如
星中之月消除生死之雲令无有翳明照世
間行者見道熱得清涼解除垢穢
第五願者使我来世發大精進淨持戒地令
无濁穢慎護所受令无缺犯亡令一切戒行
具足堅持不犯至无為道
第六願者使我来世若有衆生諸根毀敗盲
者使視聾者得聽瘂者能語僂者得申跛者
能行如是不完具者悉令具足
第七願者使我来世十方世界若有苦惱无
救護者我為此等設大法藥令諸疾病皆得
除愈无復苦患至得佛道
第八願者使我来世以善業因緣為諸愚冥
无量衆生講宣妙法令得度脫入智慧門普
使明了无諸疑惑
第九願者使我来世以善因緣摧伏悪魔及
諸外道顯楊清淨无上道法使入正真无諸
耶僻迴向菩提八正覺路
第十願者使我来世若有衆生王法所加臨
當刑勠无量怖畏愁憂苦惱若復鞭撻枷鏁
其體種種恐懼逼切其身如是无量无邊諸
苦惱等悉令解脫无有衆難
第十一願者使我来世若有衆生飢火所惱
令得種種甘美飲食天諸餚饍種種无數悉
以施与令身充足
第十二願者使我来世若有貧凍躶露衆生

BD14465 號　灌頂章句拔除過罪生死得度經　（16–2）

苦惱等悉令解脫无有衆難
第十一願者使我来世若有衆生飢火所惱
令得種種甘美飲食天諸餚饍種種无數悉
以施与令身充足
第十二願者使我来世若有貧凍躶露衆生
即得衣服窮乏之者施以珍寶倉庫盈溢无
所乏少一切皆受无量快樂乃至无有一人
受苦使諸衆生和顏悅色形貌端嚴人所喜
見琴瑟鼓吹如是无量最上音聲　施与一
切无量衆生是為十二微妙上願
佛告文殊師利此藥師瑠璃光本願功德如
是我今為汝略說其國土莊嚴之事此藥師
瑠璃光如来國土清淨无五濁无愛欲无意
垢以白銀瑠璃為地宮殿樓閣悉用七寶亦
如西方无量壽國无有異也有二菩薩一名
日曜二名月淨是二菩薩次補佛處諸善男
子及善女人亦當願生彼佛國土
文殊師利白佛言世尊唯願演說藥師瑠璃
光如来无量功德饒益衆生令得佛道佛言
若有善男子善女人新破衆魔来入正道得
聞我說藥師瑠璃光如来名字者魔家眷屬
退散馳走如是无量拔衆生苦我今說之
佛告文殊師利世間有人不解罪福慳貪不
知布施今世後世當得其福世人愚癡但知
貪惜寧自割身宍而噉食之不肯持錢財布
施求後世之福世又有人身不能衣食此大
慳貪命終以後當墮地獄餓鬼及在畜生中

BD14465 號　灌頂章句拔除過罪生死得度經　（16–3）

佛告文殊師利世間有人不解罪福慳貪不
知布施今世後世當得其福世人愚癡但知
貪惜寧自割身肉而噉食之不肯持錢財布
施求後世之福世又有人身不能衣食此大
慳貪命終以後當墮地獄餓鬼及在畜生中
聞我說是藥師瑠璃光如來名字之時无不
解脫憂苦者也皆作信心貪福畏罪人從索
頭与頭索眼与眼乞妻与妻乞子与子求金
銀珎寶皆大布施一時歡喜即發无上正真
道意

佛言若復有人受佛淨戒遵奉明法不解罪
福雖知明經不及中義不能分別曉了中事
以自貢高恒常瞻情乃与世間衆魔從事更
作縛著不解行之戀著婦女恩愛之情口為
說空行在有中不能發覺復不自知但能論
說他人是非如此人輩皆當墮三惡道中聞
我說是藥師瑠璃光佛本願功德无不歡喜
念欲捨家行作沙門者也

佛言世間有人好自稱譽皆自貢高當墮三
惡道中後還為人牛馬奴婢生下賤中人當
乘其力負重而行困苦疲極亡去人身聞我
說是藥師瑠璃光如來本願功德者皆當一
心歡喜踊躍更作謙敬即得解脫衆苦之患
長得歡樂聰明智慧遠離惡道得生善處与
善知識共相值遇无復憂惱離諸魔縛佛言
世間愚癡人輩兩舌鬪諍惡口罵詈更
相嫌恨或就山神樹下鬼神日月之神南斗

BD14465 號　灌頂章句拔除過罪生死得度經　（16–4）

長得歡樂聰明智慧遠離惡道得生善處与
善知識共相值遇无復憂惱離諸魔縛佛言
世間愚癡人輩兩舌鬪諍惡口罵詈更
相嫌恨或就山神樹下鬼神日月之神南斗
北辰諸鬼神等所作諸呪譖或作人名字或
作人形像或作符書以相厭禱呪咀言說聞
我說是藥師瑠璃光本願功德无不兩作和
解俱生慈心惡意悉滅各各歡喜无復惡念
至得佛道

佛言若四輩弟子比丘比丘尼清信士清信
女常脩月六齋年三長齋或晝夜精進一心
苦行願欲往生西方阿弥陁佛國者憶念晝
夜若一日若二日三日四日五日六日七日或
復中悔聞我說是藥師瑠璃光佛本願功德
盡其壽命欲終之時有八菩薩文殊師利菩
薩觀世音菩薩德大勢至菩薩无盡意菩薩
寶檀華菩薩藥王菩薩藥上菩薩弥勒菩薩
是八菩薩皆當飛往迎其精神不經八難生
蓮華中自然音樂而相娛樂

佛言假使壽命自欲盡時臨終之日得聞我
說是藥師瑠璃光佛本願功德者命終皆得
上生天上不復經歷三惡道中天上福盡若
下生人間當為帝王家作子或生豪姓長者
居士富貴家生皆當端正聰明智慧高才勇
猛若是女人化成男子无復憂苦患難者也
佛語文殊師利我稱譽顯說藥師瑠璃光佛

BD14465 號　灌頂章句拔除過罪生死得度經　（16–5）

上生天上不復經歷三惡道中天上福盡若
下生人間當為帝王家作子或生豪姓長者
居士富貴家生皆當端正聦明智慧高才勇
猛若是女人化成男子无復憂苦患難者也
佛語文殊師利我稱譽顯說藥師瑠璃光佛
至真等正覺本所脩集无量行願功德如是
文殊師利從坐而起長跪叉手白佛言世尊
佛去世後當以此法開化十方一切衆生使
其受持是經典者
若有善男子善女人愛樂是經受持讀誦宣
通之者復能專念若一日二日三日四日五日
乃至七日憶念不忘能以好素帛書取是經
五色雜綵作囊成之者是時當有天諸善神
四天大王龍神八部常來營衛愛敬此經者
日日作礼持是經者不墮横死所在安隱惡
氣消滅諸魔鬼神亦不中害佛言如是如是
如汝所說文殊師利言世尊所說言无不善
佛言文殊師利若有善男子善女人等發心
欲造立藥師瑠璃光如來形像供養礼拜懸
雜色幡蓋燒香散華歌詠讚歎圍遶百匝
還坐本處端坐思惟念藥師瑠璃光佛无量
功德若有善男子善女人七日七夜菜食長
齋供養礼拜藥師瑠璃光佛求心中所願者
无不獲得求長壽得長壽求富饒得富饒求
安隱得安隱求男女得男女求官位得官位
若命過已後欲生妙樂天上者亦當礼敬藥
師瑠璃光佛至真等正覺若欲上生卌三天

齋供養礼拜藥師瑠璃光佛求心中所願者
无不獲得求長壽得長壽求富饒得富饒求
安隱得安隱求男女得男女求官位得官位
若命過已後欲生妙樂天上者亦當礼敬藥
師瑠璃光佛至真等正覺若欲上生卌三天
者亦當礼拜藥師瑠璃光佛必得往生若欲
与明師世世相值者亦當礼拜藥師瑠璃光
佛佛告文殊師利若欲生十方妙樂國土者
亦應礼敬藥師瑠璃光佛若欲得生兜率天
上見弥勒者亦應礼敬藥師瑠璃光佛若欲
遠諸耶道亦當礼　敬藥師瑠璃光佛若夜
惡夢鳥鳴百恠蜚尸耶忤魍魎鬼神之所嬈者
亦當礼敬藥師瑠璃光佛若為水火之所焚
漂者亦當礼敬藥師瑠璃光佛若入山谷為
虎狼熊羆蒺蔾諸狩鵄龍蚖虵蝮蝎種種雜
類若有惡心來相向者心當存念藥師瑠璃
光佛山中諸難不能為害若他方怨賊偷竊
惡人怨家債主欲來侵陵心當存念藥師瑠
璃光佛則不為害以善男子善女人礼敬藥
師瑠璃光如來功德所致華報如是況菓報也
是故吾今勸諸四輩礼敬藥師瑠璃光佛至
真等正覺
佛告文殊師利我但為汝略說藥師瑠璃光
佛礼敬功德若使我廣說是藥師瑠璃光佛
无量功德為一切人求心中所願者從一劫
至一劫故不周遍其世間人若有者疾瘦黄
困篤惡病連年累月不差者聞我說是藥師瑠

佛告文殊師利我但為汝略說藥師瑠璃光
佛礼敬功德若使我廣說是藥師瑠璃光佛
无量功德為一切人求心中所願者從一劫
至一劫故不周遍其世間人若有著疥瘙黃
困篤惡病連年累月不差者聞我說是藥師瑠
璃光佛名字之時橫病之厄无不除愈唯除
宿殃不請耳
佛告文殊師利若善男子善女人受三自歸
若五戒若十戒若善信菩薩廿四戒若沙門
二百五十戒若比丘尼五百戒若菩薩戒若
破是諸戒等若能至心一懺悔者復聞我說
是藥師瑠璃光佛終不墮三惡道中必得解
脫若人愚癡不受父母師友教誨不信佛不
信經戒不信聖僧應墮三惡道中者亡失人
種受畜生身聞我說是藥師瑠璃光佛善願
功德者即得解脫
佛告文殊師利世有惡人雖受佛禁戒尊事
違犯或煞无道偷竊他人財寶欺詐妄語婬
他婦女飲酒鬬亂兩舌惡口罵詈毀人犯戒
為惡更復祠祀鬼神有如是過罪當墮地獄
中若當屠割若抱銅柱若鐵鉤出舌若鎔銅
灌口者聞我說是藥師瑠璃光佛无不即得
解脫者也
佛告文殊師利其世間人豪貴下賤不信佛
不信經道不信有沙門不信有須陀洹不信
有斯陀含不信有阿那含不信有阿羅漢不
信有辟支佛不信有十住菩薩不信有三世

BD14465號　灌頂章句拔除過罪生死得度經　（16-8）

解脫者也
佛告文殊師利其世間人豪貴下賤不信佛
不信經道不信有沙門不信有須陀洹不信
有斯陀含不信有阿那含不信有阿羅漢不
信有辟支佛不信有十住菩薩不信有三世
之事不信有十方諸佛不信有本師釋迦文
佛不信人死神明更生善者受福惡者受殃
有如是之罪應墮三惡道中聞我說是藥師
瑠璃光佛名字之者一切罪過自然消滅
佛告文殊師利若有善男子善女人聞我說
是藥師瑠璃光佛至真等正覺其誰不蒙无
上正真道意後皆當得作佛人居世間仕官
不遷治生不得飢寒困厄亡失財產无復方計
聞我說是藥師瑠璃光佛各各皆得心中所願
仕官皆得高遷財物自然長益飲食充饒皆
得富貴若為縣官之所拘錄惡人侵枉若為
怨家所得使者心當存念藥師瑠璃光佛若
他婦女生產難者皆當存念藥師瑠璃光佛
兒即易生身體端正无諸疾痛六情具聦
明智慧壽命得長不遭枉橫善神擁護不為
惡鬼舐其頭也
佛說是語時阿難在右邊佛顧語阿難言汝
信我為文殊師利說往昔東方過此十恒河
沙有佛名曰藥師瑠璃光本願功德者不
難白佛言唯唯天中天佛之所言何敢不信
耶佛復語阿難言如世間人雖有眼耳鼻舌
[illegible]

BD14465號　灌頂章句拔除過罪生死得度經　（16-9）

信我爲文殊師利說往昔東方過此十恒河
沙有佛名曰藥師瑠璃光本願功德者不阿
難白佛言唯唯天中天佛之所言何敢不信
耶佛復語阿難言如世間人雖有眼耳鼻舌
身意人常用是六事以自迷惑但信世俗魔
耶之言不信至真至誠度世苦切之語如是
人輩難可開化阿難白佛言世尊世人多有惡
逆下賤之者若聞佛說是經開人耳目破治
衆病除人陰冥使覩光明解人疑結去人重
罪千劫万劫无復憂患皆曰佛說是藥師
瑠璃光本願功德悉令安隱得其福也
佛言阿難汝口爲言善而汝內心狐疑我言
阿難汝莫作是念以自毀敗佛語阿難我見
汝心我知汝意汝知之不阿難即以頭面著
地長跪白佛言審如天中天所說我造次聞
佛說是藥師瑠璃光極大尊貴智慧巍巍
難可度量我心有小疑耳敢不首伏佛言汝
智慧狹劣少見少聞汝聞我說深妙之法无
上空義應生信敬貴重之心必當得至无上
正真道也
文殊師利問佛言世尊佛說是藥師瑠璃光
如來无量功德如是不審誰有信此言者佛
荅文殊師利言唯有百億諸菩薩摩訶薩當
信是言耳唯有十方三世諸佛當信是言
佛言我說是藥師瑠璃光如來本願功德難
可得見何況得聞之難得說之難得書寫之
難得讀文殊師利若有善男子善女人能信

荅文殊師利言唯有百億諸菩薩摩訶薩當
信是言耳唯有十方三世諸佛當信是言
佛言我說是藥師瑠璃光如來本願功德難
可得見何況得聞之難得說之難得書寫之
難得讀文殊師利若有善男子善女人能信
是經受持讀誦書著竹帛復能爲他人解說
中義此皆先世以發道意令復得聞微妙之
法開化十方无量衆生當知此人必當得至
无上正真道也
佛告阿難我作佛已來從生死復至生死懃
苦累劫无所不經无所不歷无所不作无所
不爲如是不可思議況復藥師瑠璃光佛本
願功德者乎汝所以有疑者亦復如是阿難
汝聞佛所說諦信之莫作疑或佛語至誠无
有虛僞亦无二言佛言爲信者施不爲疑者
說也阿難汝莫作小疑以毀大乘之業汝却
後亦當發摩訶衍心莫以小道毀汝功德也阿
難言唯唯天中天我從今日以去无復尔心
唯佛自當知我心耳
佛語阿難此經能照諸天宮殿若三灾起時
中有天人發心念此藥師瑠璃光佛本願功
德經者皆得離於彼處之難是經能除水涸
不調是經能除他方逆賊悉令斷滅四方夷
狄各還正治不相燒惱國土交通人民歡喜
是經能除穀貴飢涷是經能滅惡星變怪是
經能除疫毒之病是經能救三惡道苦地獄
餓鬼畜生等苦若人得聞此經典者无不解

狄各還正治不相燒惱國土交通人民歡喜
是經能除穀貴飢涷是經能滅惡星變恠是
經能除疫毒之病是經能救三惡道苦地獄
餓鬼畜生等苦若人得聞此經典者无不解
脫厄難者也
尒時衆中有一菩薩名曰救脫從坐而起整
衣服叉手合掌而白佛言我等今日聞佛世
尊演說過此東方十恒河沙世界有佛号藥
師瑠璃光一切衆會靡不歡喜救脫菩薩叉
手白佛言若族姓男女其有阨羸著床痛惱
无救護者我今當勸請諸衆僧七日七夜
齋戒一心受持八禁六時行道卌九遍讀是
經典勸燃七層之燈亦勸懸五色續命神幡
阿難問救脫菩薩言續命幡燈法則云何救
脫菩薩語阿難言神幡五色卌九尺燈亦復
尒七層之燈一層七燈燈如車輪若遭厄難
閉在牢獄枷鏁著身亦應造立五色神幡燃
卌九燈應放雜類衆生至卌九可得過度危
厄之難不為諸横惡鬼所持
救脫菩薩語阿難言若天王大臣及諸輔相
王子妃主中宮婇女若為病苦所惱亦應造
立五色續幡燃燈續明救諸生命散雜色華
燒衆名香王當放赦屈厄之人徒鏁解脫 王
得其福天下泰平雨澤以時人民歡樂惡龍
攝毒无病苦者四方夷狄不生逆害國土通
洞慈心相向无諸惡愚四海歌詠稱王之德
乘此福祿在意所生見佛聞法信受教誨

燒衆名香王當放赦屈厄之人徒鏁解脫 王
得其福天下泰平雨澤以時人民歡樂惡龍
攝毒无病苦者四方夷狄不生逆害國土通
洞慈心相向无諸惡愚四海歌詠稱王之德
乘此福祿在意所生見佛聞法信受教誨
從是福報至无上道阿難又問救脫菩薩言
命可續也救脫菩薩答阿難言我聞世尊說
有諸横勸造幡蓋令其脩福又言阿難昔沙
弥救蟻以脩福故盡其壽命不更苦患身體
安寧福德力強使之然也
阿難因復問救脫菩薩言横有幾種世尊
說言横乃无數略而說之大横有九一者横
病二者横有口舌三者横遭縣官四者身羸
无福又持戒不完横為鬼神之所得便五者
横為劫賊之所剝脫六者横為水火焚漂七
者横為雜類禽獸所噉八者横為怨讎符書
厭禱耶神牽引未得其福但受其殃先亡牽
引亦名横死九者有病不治又不脩福湯藥
順針灸失度不值良醫為病所困於是滅亡
又信世間妖孽之師為作恐動寒熱言語妄
說禍福所犯者多心不自正不能自定卜問
覓福煞豬狗牛羊種種衆生解奏神明 呼
諸耶妖魍魎鬼神請乞福祚欲望長生終不
能得愚癡迷惑信耶倒見死入地獄展轉其
中无解脫時是名九横也
救脫菩薩語阿難言其世間人痿黄之病困
篤著床求生不得求死不得考楚万端此

能得愚癡迷或信耶到見死入地獄展轉其
中无解脱時是名九横也
救脱菩薩語阿難言其世間人瘦黄之病困
篤著床求生不得求死不得考楚万端此
病人者或其前世造作悪業罪過所招殃咎
所引故使然也
救脱菩薩語阿難言閻羅王者主領世間名
籍之記若人為悪作諸非法无孝順心造作
五逆破滅三寶无君臣法又有衆生不持五
戒不信正法設有受者多所毁犯於是地下
鬼神及伺候者奏上五官五官料蕳除死定
生或駈録精神未判是非若以定者奏上閻
羅閻羅鑒察隨罪輕重考而治之世間瘦黄
之病困篤不死一絶一生猶其罪福未得料
蕳録其精神在彼王所或一七日二七日乃
至三七日乃復至七七日名籍定者放其精
神還其身中如從夢中見其善悪其人若明
了者信驗罪福是故我今勸諸四輩造續
命神幡燃卌九燈放諸生命以此幡燈放生
功徳拔彼精神令得度脱今世後世不遭厄
難也
救脱菩薩語阿難言如来世尊説是經典咸
神功徳利益不少坐中諸鬼神有十二王從
坐而起往到佛所胡跪合掌白佛言我等十
二諸鬼神在所作護若城邑聚落空閑林中
若四輩弟子誦持此經令所結願无求不得
阿難問言其名云何為我説之救脱菩薩言

BD14465 號　灌頂章句拔除過罪生死得度經　（16–14）

救脱菩薩語阿難言如来世尊説是經典咸
神功徳利益不少坐中諸鬼神有十二王從
坐而起往到佛所胡跪合掌白佛言我等十
二諸鬼神在所作護若城邑聚落空閑林中
若四輩弟子誦持此經令所結願无求不得
阿難問言其名云何為我説之救脱菩薩言
灌頂章句其名如是
神名金毗羅　神名和耆羅　神名弥佉羅　神名安陀羅
神名摩尼羅　神名宋林羅　神名因持羅　神名波耶羅
神名摩休羅　神名真陀羅　神名照頭羅　神名毗伽羅
救脱菩薩語阿難言此諸鬼神別有七千以
為眷屬皆悉叉手低頭聽佛世尊説是藥師
瑠璃光如来本願功徳莫不一時捨鬼神形
得受人身長得度脱无衆惱患若人急疾厄
難之日當以五色縷結其名字得如願已然
後得解令人得福灌頂章句法應如是
佛説是經時有比丘僧八千人諸菩薩三万
六千人俱諸天龍八部大王无不歡喜阿難
從坐而起前白佛言世尊演説此經當何名
之佛言此經凡有三名一名藥師瑠璃光
本願功徳二名灌頂章句十二神王結願
神呪三名拔除過罪生死得度佛説經竟
大衆人民作礼奉行

藥師經一卷

BD14465 號　灌頂章句拔除過罪生死得度經　（16–15）

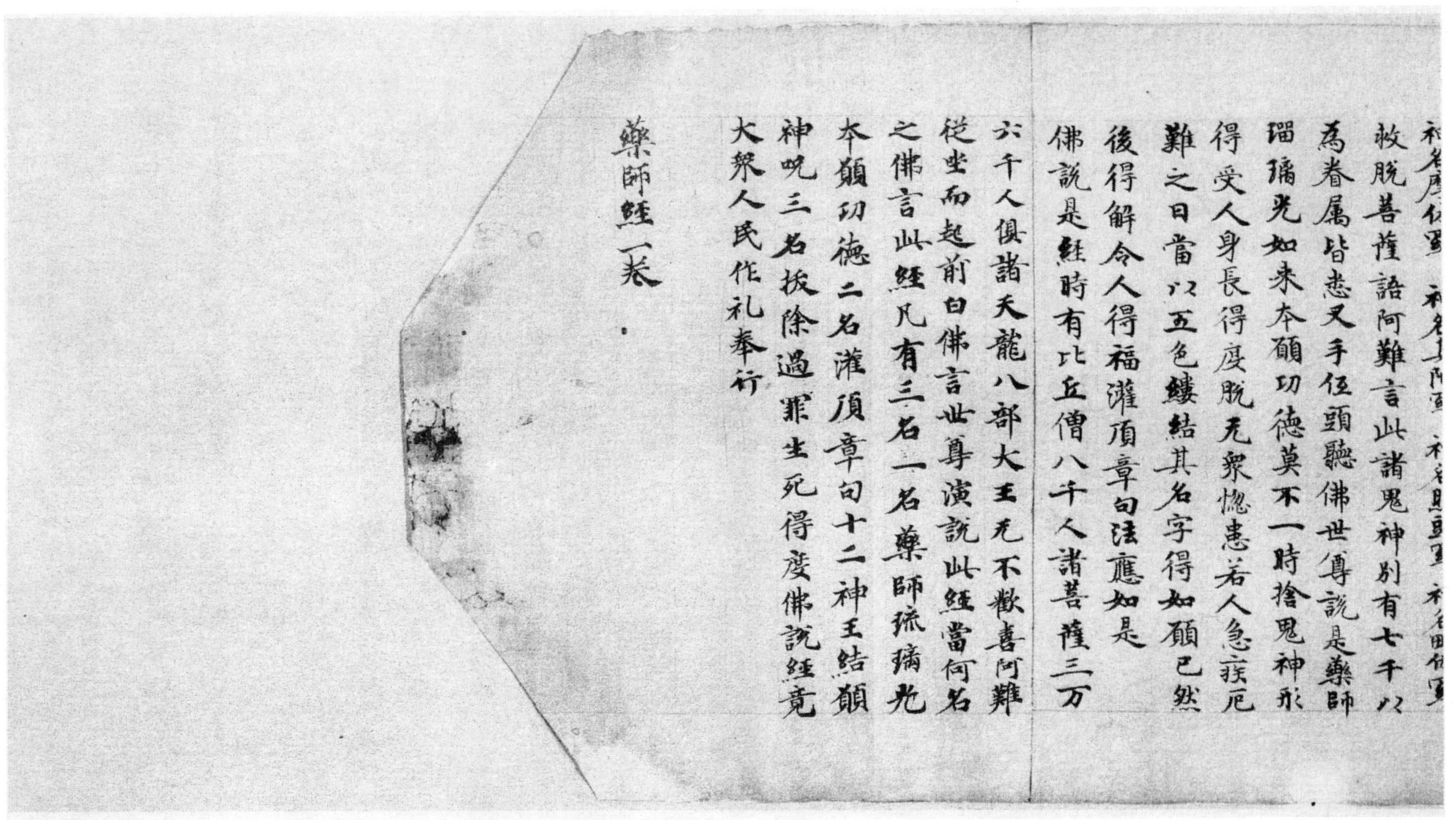

救脫菩薩語阿難言此諸鬼神別有七千以
為眷屬皆悉叉手低頭聽佛世尊說是藥師
瑠璃光如來本願功德莫不一時捨鬼神形
得受人身長得度脫无衆惱患若人急疾厄
難之日當以五色縷結其名字得如願已然
後得解令人得福灌頂章句法應如是
佛說是經時有比丘僧八千人諸菩薩三万
六千人俱諸天龍八部大王无不歡喜阿難
從坐而起前白佛言世尊演說此經當何名
之佛言此經凡有三名一名藥師琉璃光
本願功德二名灌頂章句十二神王結願
神呪三名拔除過罪生死得度佛說經竟
大衆人民作礼奉行

藥師經一卷

BD14465號　灌頂章句拔除過罪生死得度經　　（16–16）

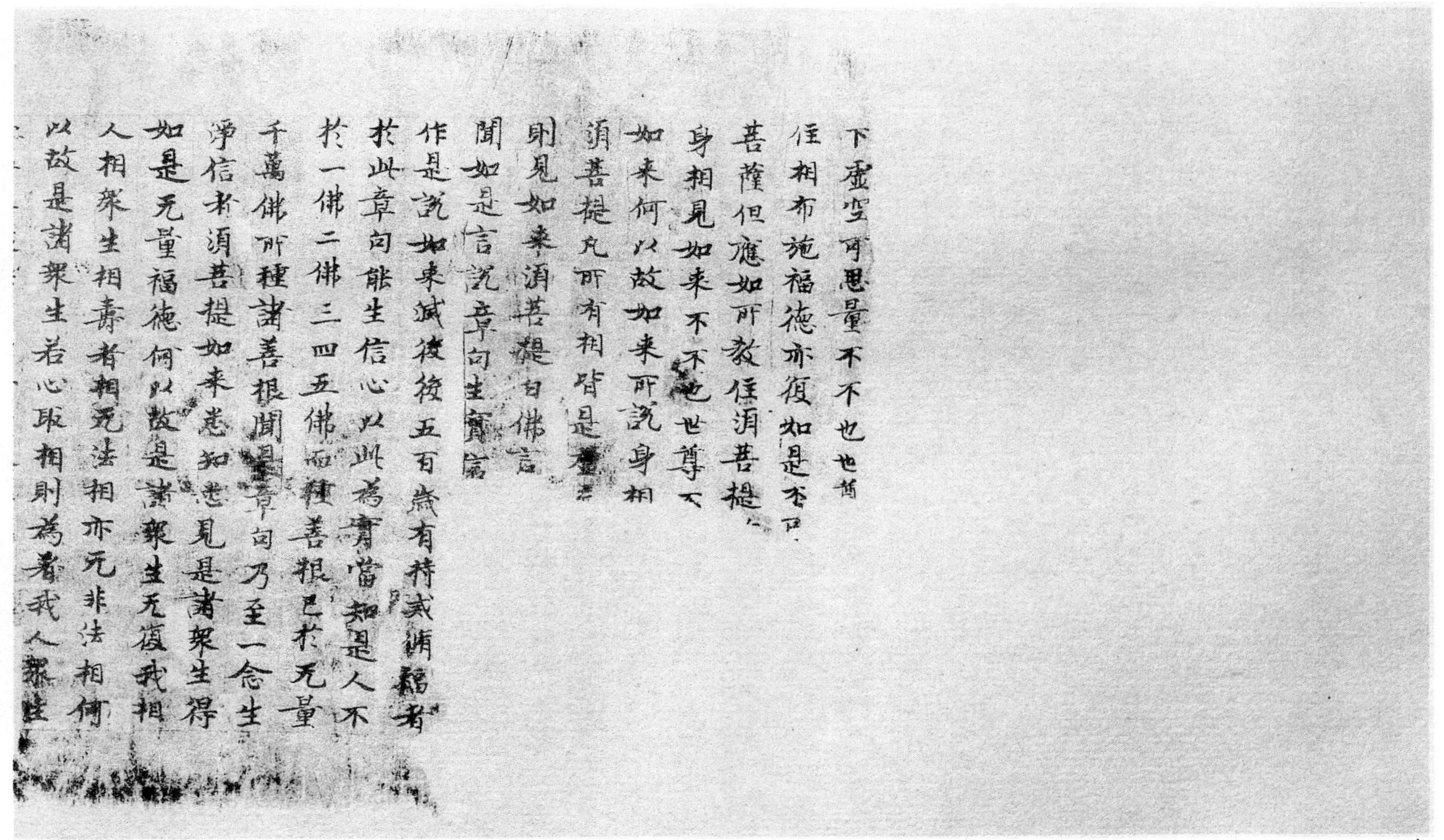

下虛空可思量不不也世尊
住相布施福德亦復如是不可
菩薩但應如所教住須菩提
身相見如來不不也世尊不
如來何以故如來所說身相
須菩提凡所有相皆是虛
則見如來須菩提白佛言
聞如是言說章句生實信
作是說如來滅後後五百歲有持戒修福者
於此章句能生信心以此為實當知是人不
於一佛二佛三四五佛而種善根已於无量
千萬佛所種諸善根聞是章句乃至一念生
淨信者須菩提如來悉知悉見是諸衆生得
如是无量福德何以故是諸衆生无復我相
人相衆生相壽者相无法相亦无非法相何
以故是諸衆生若心取相則為著我人衆生

BD14466號　金剛般若波羅蜜經　　（14–1）

千萬佛所種諸善根聞是章句乃至一念生
淨信者須菩提如來悉知悉見是諸衆生得
如是无量福德何以故是諸衆生无復我相
人相衆生相壽者相无法相亦无非法相何
以故是諸衆生若心取相則為著我人衆生
壽者若取法相即著我人衆生壽者何以故
若取非法相即著我人衆生壽者是故不應
取法不應取非法以是義故如來常說汝等
比丘知我說法如栰喻者法尚應捨何況非
法須菩提於意云何如來得阿耨多羅三藐
三菩提耶如來有所說法耶須菩提言如我
解佛所說義无有定法名阿耨多羅三藐三
菩提亦无有定法如來可說何以故如來所
說法皆不可取不可說非法非非法所以者
何一切賢聖皆以无為法而有差別須菩提
於意云何若人滿三千大千世界七寶以用
布施是人所得福德寧為多不須菩提言甚
多世尊何以故是福德即非福德性是故如
來說福德多若復有人於此經中受持乃至
四句偈等為他人說其福勝彼何以故須菩
提一切諸佛及諸佛阿耨多羅三藐三菩提
法皆從此經出須菩提所謂佛法者即非佛
法須菩提於意云何須陁洹能作是念我得
須陁洹果不須菩提言不也世尊何以故須
陁洹名為入流而无所入不入色聲香味觸
法是名須陁洹須菩提於意云何斯陁含能
作是念我得斯陁含果不須菩提言不也世

BD14466 號　金剛般若波羅蜜經　（14–2）

法須菩提於意云何須陁洹能作是念我得
須陁洹果不須菩提言不也世尊何以故須
陁洹名為入流而无所入不入色聲香味觸
法是名須陁洹須菩提於意云何斯陁含能
作是念我得斯陁含果不須菩提言不也世
尊何以故斯陁含名一往來而實无往來是
名斯陁含須菩提於意云何阿那含能作是
念我得阿那含果不須菩提言不也世尊何
以故阿那含名為不來而實无來是故名阿
那含須菩提於意云何阿羅漢能作是念我
得阿羅漢道不須菩提言不也世尊何以故
實无有法名阿羅漢世尊若阿羅漢作是念
我得阿羅漢道即為著我人衆生壽者世尊
佛說我得无諍三昧人中最為第一是第一
離欲阿羅漢我不作是念我是離欲阿羅漢
世尊我若作是念我得阿羅漢道世尊則不
說須菩提是樂阿蘭那行者以須菩提實无
所行而名須菩提是樂阿蘭那行佛告須菩
提於意云何如來昔在然燈佛所於法有所
得不世尊如來在然燈佛所於法實无所得
須菩提於意云何菩薩莊嚴佛土不不也世
尊何以故莊嚴佛土者則非莊嚴是名莊嚴
是故須菩提諸菩薩摩訶薩應如是生清淨
心不應住色生心不應住聲香味觸法生心
應无所住而生其心須菩提譬如有人身如
須弥山王於意云何是身為大不須菩提言
甚大世尊何以故佛說非身是名大身須菩

BD14466 號　金剛般若波羅蜜經　（14–3）

是故須菩提諸菩薩摩訶薩應如是生清淨
心不應住色生心不應住聲香味觸法生心
應无所住而生其心須菩提譬如有人身如
須弥山王於意云何是身為大不須菩提言
甚大世尊何以故佛說非身是名大身須菩
提如恒河中所有沙數如是沙等恒河於意
云何是諸恒河沙寧為多不須菩提言甚多
世尊但諸恒河尚多无數何況其沙須菩提
我今實言告汝若有善男子善女人以七寶
滿尒所恒河沙數三千大千世界以用布施
得福多不須菩提言甚多世尊佛告須菩提
若善男子善女人於此經中乃至受持四句
偈等為他人說而此福德勝前福德復次須
菩提隨說是經乃至四句偈等當知此處一
切世間天人阿脩羅皆應供養如佛塔廟何
況有人盡能受持讀誦須菩提當知是人成
就最上第一希有之法若是經典所在之處
則為有佛若尊重弟子
尒時須菩提白佛言世尊當何名此經我等
云何奉持佛告須菩提是經名為金剛般若
波羅蜜以是名字汝當奉持所以者何須菩
提佛說般若波羅蜜則非般若波羅蜜須菩
提於意云何如來有所說法不須菩提白佛
言世尊如來无所說須菩提於意云何三千
大千世界所有微塵是為多不須菩提言甚
多世尊須菩提諸微塵如來說非微塵是名
微塵如來說世界非世界是名世界須菩提

BD14466 號　金剛般若波羅蜜經　（14–4）

提於意云何如來有所說法不須菩提白佛
言世尊如來无所說須菩提於意云何三千
大千世界所有微塵是為多不須菩提言甚
多世尊須菩提諸微塵如來說非微塵是名
微塵如來說世界非世界是名世界須菩提
於意云何可以三十二相見如來不不也世
尊何以故如來說三十二相即是非相是名
三十二相須菩提若有善男子善女人以恒
河沙等身命布施若復有人於此經中乃至
受持四句偈等為他人說其福甚多尒時須
菩提聞說是經深解義趣涕淚悲泣而白佛
言希有世尊佛說如是甚深經典我從昔来
所得慧眼未曾得聞如是之經世尊若復有
人得聞是經信心清淨則生實相當知是人
成就第一希有功德世尊是實相者則是非
相是故如來說名實相世尊我今得聞如是經
典信解受持不足為難若當来世後五百歲
其有衆生得聞是經信解受持是人則為第
一希有何以故此人无我相人相衆生相壽
者相所以者何我相即是非相人相衆生相
壽者相即是非相何以故離一切諸相則名
諸佛佛告須菩提如是如是若復有人得聞
是經不驚不怖不畏當知是人甚為希有何
以故須菩提如來說第一波羅蜜非第一波
羅蜜是名第一波羅蜜須菩提忍辱波羅蜜
如來說非忍辱波羅蜜何以故須菩提如我
昔為歌利王割截身體我於尒時无我相无

BD14466 號　金剛般若波羅蜜經　（14–5）

是經不驚不怖不畏當知是人甚為希有何
以故須菩提如来說第一波羅蜜非第一波
羅蜜是名第一波羅蜜須菩提忍辱波羅蜜
如来說非忍辱波羅蜜何以故須菩提如我
昔為歌利王割截身體我於尒時无我相无
人相无衆生相无壽者相何以故我於往昔
節節支解時若有我相人相衆生相壽者相
應生瞋恨須菩提又念過去於五百世作忍
辱仙人於尒所世无我相无人相无衆生相
无壽者相是故須菩提菩薩應離一切相發
阿耨多羅三藐三菩提心不應住色生心不
應住聲香味觸法生心應生无所住心若心
有住則為非住是故佛說菩薩心不應住色
布施須菩提菩薩為利益一切衆生應如是
布施如来說一切諸相即是非相又說一切
衆生則非衆生須菩提如来是真語者實語
者如語者不誑語者不異語者須菩提如来
所得法此法无實无虛須菩提若菩薩心住
於法而行布施如人入闇則无所見若菩薩
心不住法而行布施如人有目日光明照見
種種色須菩提當来之世若有善男子善女
人能於此經受持讀誦則為如来以佛智慧
悉知是人悉見是人皆得成就无量无邊功
德須菩提若有善男子善女人初日分以恒
河沙等身布施中日分復以恒河沙等身布
施後日分復以恒河沙等身布施如是无量
百千萬億劫以身布施若復有人聞此經典

悉知是人悉見是人皆得成就无量无邊功
德須菩提若有善男子善女人初日分以恒
河沙等身布施中日分復以恒河沙等身布
施後日分復以恒河沙等身布施如是无量
百千萬億劫以身布施若復有人聞此經典
信心不逆其福勝彼何況書寫受持讀誦為
人解說須菩提以要言之是經有不可思議
不可稱量无邊功德如来為發大乘者說為
發冣上乘者說若有人能受持讀誦廣為人
說如来悉知是人悉見是人皆成就不可量
不可稱无有邊不可思議功德如是人等則
為荷擔如来阿耨多羅三藐三菩提何以故
須菩提若樂小法者著我見人見衆生見壽
者見則於此經不能聽受讀誦為人解說須
菩提在在處處若有此經一切世間天人阿
脩羅所應供養當知此處則為是塔皆應恭
敬作礼圍繞以諸花香而散其處復次須菩
提善男子善女人受持讀誦此經若為人輕
賤是人先世罪業應墮惡道以今世人輕賤
故先世罪業則為消滅當得阿耨多羅三藐
三菩提須菩提我念過去无量阿僧祇劫於
然燈佛前得值八百四千萬億那由他諸佛
悉皆供養承事无空過者若復有人於後末
世能受持讀誦此經所得功德於我所供養
諸佛功德百分不及一千萬億分乃至筭數
譬喻所不能及須菩提若善男子善女人於
後末世有受持讀誦此經所得功德我若具

悉皆供養承事无空過者若復有人於後末
世能受持讀誦此經所得功德於我所供養
諸佛功德百分不及一千萬億分乃至筭數
譬喻所不能及須菩提若善男子善女人於
後末世有受持讀誦此經所得功德我若具
說者或有人聞心則狂亂狐疑不信須菩提
當知是經義不可思議果報亦不可思議
尒時須菩提白佛言世尊善男子善女人發
阿耨多羅三藐三菩提心云何應住云何降
伏其心佛告須菩提善男子善女人發阿耨
多羅三藐三菩提者當生如是心我應滅度
一切衆生滅度一切衆生已而无有一衆生
實滅度者何以故若菩薩有我相人相衆生
相壽者相則非菩薩所以者何須菩提實无
有法發阿耨多羅三藐三菩提者須菩提於
意云何如來於然燈佛所有法得阿耨多羅
三藐三菩提不不也世尊如我解佛所說義
佛於然燈佛所无有法得阿耨多羅三藐三
菩提佛言如是如是須菩提實无有法如來
得阿耨多羅三藐三菩提須菩提若有法如
來得阿耨多羅三藐三菩提者然燈佛則不
與我受記汝於來世當得作佛号釋迦牟尼
以實无有法得阿耨多羅三藐三菩提是故
然燈佛與我受記作是言汝於來世當得作
佛号釋迦牟尼何以故如來者即諸法如義
若有人言如來得阿耨多羅三藐三菩提須
菩提實无有法佛得阿耨多羅三藐三菩提

BD14466號　金剛般若波羅蜜經　（14–8）

以實无有法得阿耨多羅三藐三菩提是故
然燈佛與我受記作是言汝於來世當得作
佛号釋迦牟尼何以故如來者即諸法如義
若有人言如來得阿耨多羅三藐三菩提須
菩提實无有法佛得阿耨多羅三藐三菩提
須菩提如來所得阿耨多羅三藐三菩提於
是中无實无虛是故如來說一切法皆是佛
法須菩提所言一切法者即非一切法是故
名一切法須菩提譬如人身長大須菩提言
世尊如來說人身長大則為非大身是名大
身須菩提菩薩亦如是若作是言我當滅度
无量衆生則不名菩薩何以故須菩提實无
有法名為菩薩是故佛說一切法无我无人
无衆生无壽者須菩提若菩薩作是言我當
莊嚴佛土是不名菩薩何以故如來說莊嚴
佛土者即非莊嚴是名莊嚴須菩提若菩薩
通達无我法者如來說名真是菩薩須菩提
於意云何如來有肉眼不如是世尊如來有
肉眼須菩提於意云何如來有天眼不如是
世尊如來有天眼須菩提於意云何如來有
慧眼不如是世尊如來有慧眼須菩提於意
云何如來有法眼不如是世尊如來有法眼
須菩提於意云何如來有佛眼不如是世尊
如來有佛眼須菩提於意云何恒河中所有
沙佛說是沙不如是世尊如來說是沙須菩
提於意云何如一恒河中所有沙有如是等
恒河是諸恒河所有沙數佛世界如是寧為

BD14466號　金剛般若波羅蜜經　（14–9）

須菩提於意云何如來有佛眼不如是世尊
如來有佛眼須菩提於意云何恒河中所有
沙佛說是沙不如是世尊如來說是沙須菩
提於意云何如一恒河中所有沙有如是等
恒河是諸恒河所有沙數佛世界如是寧為
多不甚多世尊佛告須菩提尒所國土中所
有衆生若干種心如來悉知何以故如來說
諸心皆為非心是名為心所以者何須菩提
過去心不可得現在心不可得未來心不可
得須菩提於意云何若有人滿三千大千世
界七寶以用布施是人以是因緣得福多不
如是世尊此人以是因緣得福甚多須菩提
若福德有實如來不說得福德多以福德无
故如來說得福德多須菩提於意云何佛可
以具足色身見不不也世尊如來不應以色
身見何以故如來說具足色身即非具足色
身是名具足色身須菩提於意云何如來可
以具足諸相見不不也世尊如來不應以具
足諸相見何以故如來說諸相具足即非具
足是名諸相具足須菩提汝勿謂如來作是
念我當有所說法莫作是念何以故若人言
如來有所說法即為謗佛不能解我所說故
須菩提說法者无法可說是名說法須菩提
白佛言世尊佛得阿耨多羅三藐三菩提為
无所得耶如是如是須菩提我於阿耨多羅
三藐三菩提乃至无有少法可得是名阿耨
多羅三藐三菩提復次須菩提是法平等无

須菩提說法者无法可說是名說法須菩提
白佛言世尊佛得阿耨多羅三藐三菩提為
无所得耶如是如是須菩提我於阿耨多羅
三藐三菩提乃至无有少法可得是名阿耨
多羅三藐三菩提復次須菩提是法平等无
有高下是名阿耨多羅三藐三菩提以无我
无人无衆生无壽者脩一切善法則得阿耨
多羅三藐三菩提須菩提所言善法者如來
說非善法是名善法須菩提若三千大千世
界中所有諸須弥山王如是等七寶聚有人
持用布施若人以此般若波羅蜜經乃至四
句偈等受持為他人說於前福德百分不及
一百千萬億分乃至筭數譬喻所不能及須
菩提於意云何汝等勿謂如來作是念我當
度衆生須菩提莫作是念何以故實无有衆
生如來度者若有衆生如來度者如來則有
我人衆生壽者須菩提如來說有我者則非
有我而凡夫之人以為有我須菩提凡夫者
如來說則非凡夫須菩提於意云何可以三
十二相觀如來不須菩提言如是如是以三
十二相觀如來佛言須菩提若以三十二相
觀如來者轉輪聖王則是如來須菩提白佛
言世尊如我解佛所說義不應以三十二相
觀如來尒時世尊而說偈言
若以色見我　以音聲求我　是人行邪道　不能見如來
須菩提汝若作是念如來不以具足相故得
阿耨多羅三藐三菩提須菩提莫作是念如

言世尊如我解佛所說義不應以三十二相
觀如来。尒時世尊而說偈言
若以色見我　以音聲求我　是人行耶道　不能見如来
須菩提汝若作是念如来不以具足相故得
阿耨多羅三藐三菩提須菩提莫作是念如
来不以具足相故得阿耨多羅三藐三菩提
須菩提汝若作是念發阿耨多羅三藐三菩
提者說諸法斷滅莫作是念何以故發阿耨
多羅三藐三菩提者於法不說斷滅相須菩
提若菩薩以滿恒河沙等世界七寶布施若
復有人知一切法无我得成於忍此菩薩勝
前菩薩所得功德須菩提以諸菩薩不受福
德故須菩提白佛言世尊云何菩薩不受福
德須菩提菩薩所作福德不應貪著是故說
不受福德須菩提若有人言如来若来若去
若坐若卧是人不解我所說義何以故如来
者无所從来亦无所去故名如来須菩提若
善男子善女人以三千大千世界碎為微塵
於意云何是微塵衆寧為多不甚多世尊何
以故若是微塵衆實有者佛則不說是微塵
衆所以者何佛說微塵衆則非微塵衆是名
微塵衆世尊如来所說三千大千世界則非
世界是名世界何以故若世界實有則是一
合相如来說一合相則非一合相是名一合
相須菩提一合相者則是不可說但凡夫之
人貪著其事須菩提若人言佛說我見人見

BD14466號　金剛般若波羅蜜經　（14–12）

微塵衆世尊如来所說三千大千世界則非
世界是名世界何以故若世界實有則是一
合相如来說一合相則非一合相是名一合
相須菩提一合相者則是不可說但凡夫之
人貪著其事須菩提若人言佛說我見人見
衆生見壽者見須菩提於意云何是人解我
所說義不世尊是人不解如来所說義何以
故世尊說我見人見衆生見壽者見即非我
見人見衆生見壽者見是名我見人見衆生
見壽者見須菩提發阿耨多羅三藐三菩提
心者於一切法應如是知如是見如是信解
不生法相須菩提所言法相者如来說即非
法相是名法相須菩提若有人以滿无量阿
僧祇世界七寶持用布施若有善男子善女
人發菩薩心者持於此經乃至四句偈等受
持讀誦為人演說其福勝彼云何為人演說
不取於相如如不動何以故
一切有為法　如夢幻泡影　如露亦如電　應作如是觀
佛說是經已長老須菩提及諸比丘比丘尼
優婆塞優婆夷一切世間天人阿脩羅聞佛
所說皆大歡喜信受奉行

金剛般若波羅蜜經

BD14466號　金剛般若波羅蜜經　（14–13）

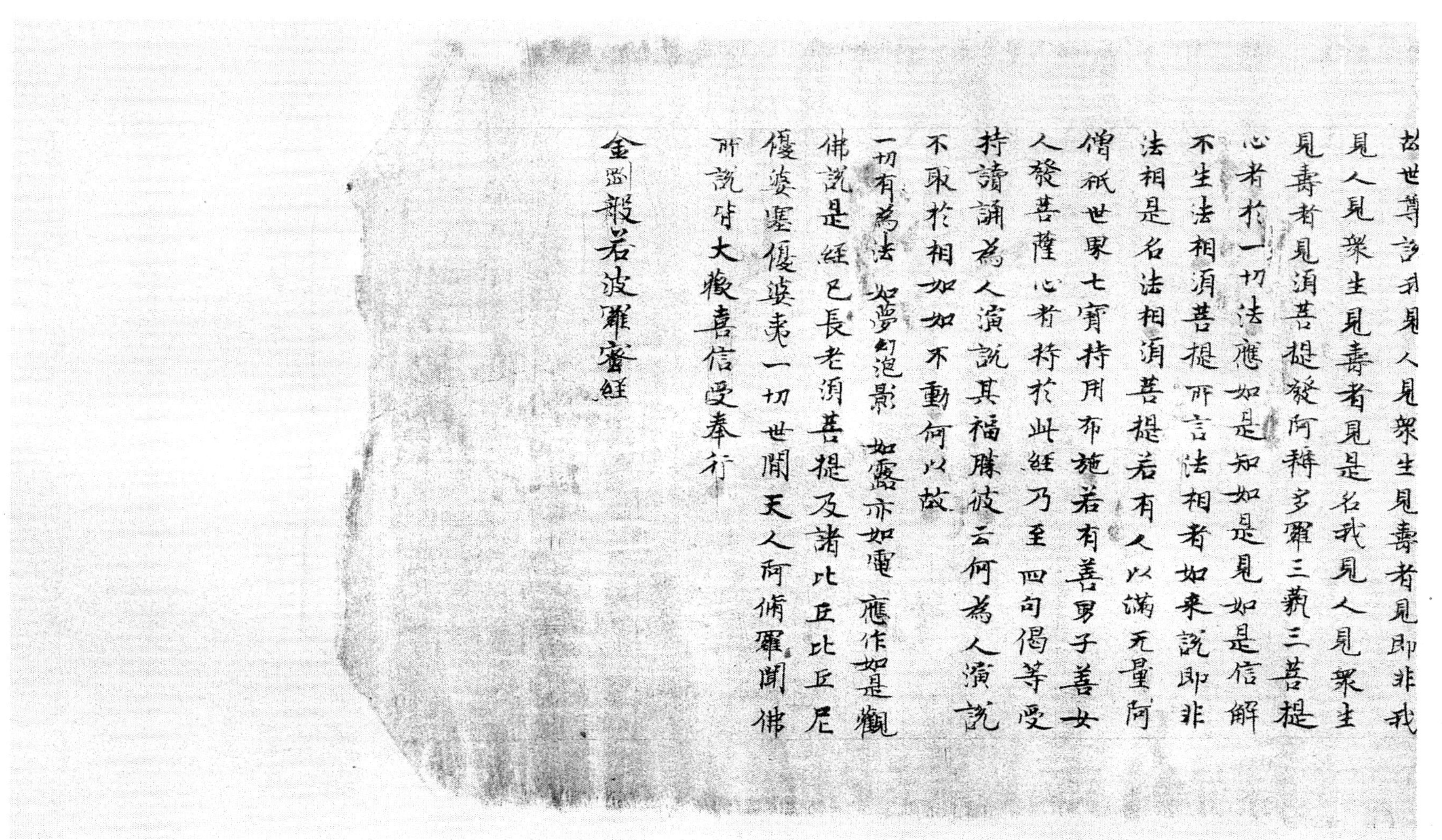

故世尊說我見人見衆生見壽者見即非我
見人見衆生見壽者見是名我見人見衆生
見壽者見須菩提發阿耨多羅三藐三菩提
心者於一切法應如是知如是見如是信解
不生法相須菩提所言法相者如來說即非
法相是名法相須菩提若有人以滿无量阿
僧祇世界七寶持用布施若有善男子善女
人發菩薩心者持於此經乃至四句偈等受
持讀誦為人演說其福勝彼云何為人演說
不取於相如如不動何以故
一切有為法　如夢幻泡影　如露亦如電　應作如是觀
佛說是經已長老須菩提及諸比丘比丘尼
優婆塞優婆夷一切世間天人阿脩羅聞佛
所說皆大歡喜信受奉行
金剛般若波羅蜜經

BD14466 號　金剛般若波羅蜜經　（14–14）

BD14466 號背　某寺經濟文書（擬）　（3–1）

BD14466 號背　某寺經濟文書（擬）　　（3–2）

BD14466 號背　某寺經濟文書（擬）　　（3–3）

黄金為繩以界其側其傍各有七寶行樹
常有華菓華光如来亦以三乘教化衆生舍利
弗彼佛出時雖非悪世以本願故説三乘法
其劫名大寶莊嚴何故名曰大寶莊嚴其國
中以菩薩為大寶故彼諸菩薩无量无邊不
可思議筭數譬喻所不能及非佛智力无能
知者若欲行時寶華承足此諸菩薩非初發
意皆久殖德本於无量百千万億佛所淨脩
梵行恒為諸佛之所稱歎常脩佛慧具大神
通善知一切諸法之門質直无偽志念堅固
如是菩薩充滿其國舍利弗華光佛壽十二
小劫除為王子未作佛時其國人民壽八小
劫華光如来過十二小劫授堅滿菩薩阿耨
多羅三藐三菩提記告諸比丘是堅滿菩薩
次當作佛号曰華足安行多陁阿伽度阿羅
訶三藐三佛陁其佛國土亦復如是舍利弗
是華光佛滅度之後正法住世三十二小劫像
法住世亦三十二小劫尒時世尊欲重宣此

劫華光如来過十二小劫授堅滿菩薩阿耨
多羅三藐三菩提記告諸比丘是堅滿菩薩
次當作佛号曰華足安行多陁阿伽度阿羅
訶三藐三佛陁其佛國土亦復如是舍利弗
是華光佛滅度之後正法住世三十二小劫像
法住世亦三十二小劫尒時世尊欲重宣此
義而説偈言
舍利弗来世　成佛普智尊　号名曰華光　當度无量衆
供養无數佛　具足菩薩行　十力等功德　證於无上道
過无量劫已　劫名大寶嚴　世界名離垢　清淨无瑕穢
以瑠璃為地　金繩界其道　七寶雜色樹　常有華菓實
彼國諸菩薩　志念常堅固　神通波羅蜜　皆已悉具足
於无數佛所　善學菩薩道　如是等大士　華光佛所化
佛為王子時　棄國捨世榮　於冣末後身　出家成佛道
華光佛住世　壽十二小劫　其國人民衆　壽命八小劫
佛滅度之後　正法住於世　三十二小劫　廣度諸衆生
正法滅已盡　像法三十二　舍利廣流布　天人普供養
華光佛所為　其事皆如是　其兩足聖尊　冣勝无倫匹
彼即是汝身　冝應自欣慶
尒時四部衆比丘比丘尼優婆塞優婆夷天龍
夜叉乾闥婆阿脩羅迦樓羅緊那羅摩睺羅
伽等大衆見舍利弗於佛前受阿耨多羅三
藐三菩提記心大歡喜踊躍无量各各脱身
所著上衣以供養佛釋提桓因梵天王等與
无數天子亦以天妙衣天曼陁羅華摩訶曼

夜叉乾闥婆阿脩羅迦樓羅緊那羅摩睺羅
伽等大衆見舍利弗於佛前受阿耨多羅三
藐三菩提記心大歡喜踊躍无量各各脫身
所著上衣以供養佛釋提桓因梵天王等與
无數天子亦以天妙衣天曼陁羅華摩訶曼
陁羅華等供養於佛所散天衣住虛空中而
自迴轉諸天伎樂百千万種於虛空中一時俱
時俱作雨衆華而作是言佛昔於波羅柰初
轉法輪今乃復轉无上最大法輪尒時諸天
子欲重宣此義而說偈言
昔於波羅柰　轉四諦法輪　分別說諸法　五衆之生滅
今復轉最妙　无上大法輪　是法甚深奧　少有能信者
我等從昔來　數聞世尊說　未曾聞如是　深妙之上法
世尊說是法　我等皆隨喜　大智舍利弗　今得受尊記
我等亦如是　必當得作佛　於一切世間　最尊无有上
佛道叵思議　方便隨宜說　我所有福業　今世若過世
及見佛功德　盡迴向佛道
尒時舍利弗白佛言世尊我今无復疑悔親
於佛前得受阿耨多羅三藐三菩提記是諸
千二百心自在者昔住學地佛常教化言我
法能離生老病死究竟涅槃是學无學人亦
各自以離我見及有无見等謂得涅槃而今
於世尊前聞所未聞皆墮疑惑善哉世尊願
為四衆說其因緣令離疑悔尒時佛告舍利
弗我先不言諸佛世尊以種種因緣譬喻言

法能離生老病死究竟涅槃是學无學人亦
各自以離我見及有无見等謂得涅槃而今
於世尊前聞所未聞皆墮疑惑善哉世尊願
為四衆說其因緣令離疑悔尒時佛告舍利
弗我先不言諸佛世尊以種種因緣譬喻言
辭方便說法皆為阿耨多羅三藐三菩提耶
是諸所說皆為化菩薩故然舍利弗今當復
以譬喻更明此義諸有智者以譬喻得解舍
利弗若國邑聚落有大長者其年衰邁財
富无量多有田宅及諸僮僕其家廣大唯有一
門多諸人衆一百二百乃至五百人止住其
中堂閣朽故墻壁隤落柱根腐敗梁棟傾
危周帀俱時欻然火起焚燒舍宅長者諸子
若十二十或至三十在此宅中長者見是大火
從四面起即大驚怖而作是念我雖能於此
所燒之門安隱得出而諸子等於火宅內樂
著嬉戲不覺不知不驚不怖火來逼身苦痛
切己心不猒患无求出意舍利弗是長者作
是思惟我身手有力當以衣裓若以几案從
舍出之復更思惟是舍唯有一門而復狹小諸
子幼稚未有所識戀著戲處或當墮落為
火所燒我當為說怖畏之事此舍已燒宜時
疾出无令為火之所燒害作是念已如所思
惟具告諸子汝等速出父雖憐愍善言誘喻
而諸子等樂著嬉戲不肯信受不驚不畏了

從四面起即大驚怖而作是念我雖能於此
所燒之門安隱得出而諸子等於火宅內樂
著嬉戲不覺不知不驚不怖火來逼身苦痛
切己心不猒患无求出意舍利弗是長者作
是思惟我身手有力當以衣裓若以几案從
舍出之復更惟是舍唯有一門而復狹小諸
子幼稚未有所識戀著戲處或當墮落為
火所燒我當為說怖畏之事此舍已燒宜時
疾出无令為火之所燒害作是念已如所思
惟具告諸子汝等速出父雖憐愍善言誘喻
而諸子等樂著嬉戲不肯信受不驚不畏了
无出心亦復不知何者是火何者為舍云何
為失但東西走戲視父而已尒時長者即作
是念此舍已為大火所燒我及諸子若不時
出必為所焚我今當設方便令諸子等得免斯
害父知諸子先心各有所好種種珍玩奇異
之物情必樂著而告之言汝等所可玩好希
有難得汝若不取後必憂悔如此種種羊

BD14467號　妙法蓮華經卷二　（5–5）

往生安樂國
至心命礼西方阿陀佛六道衆生不可
救見佛光明不出彌陀親嘆不肯去
牛頭獄卒覓來擒業正佛救之不免鑊
湯鑪炭轉加深佛語前身造何罪飲酒
食宍及耶淫善勸遂墳諸衆等難捨闍
浮叢血身難共諸衆生往生安樂國
至心歸命礼西方阿彌陀佛令觀此身實可
厭種種不靜假名人三百碎骨相支拄遍
躰何憎有片真香數塗身無厭是終
歸地下成灰塵煩惱熾盛燭還是三
塗流浪人善勸道場諸衆等專心念
[illegible]

BD14468號　西方阿彌陀佛禮懺文（擬）　（4–1）

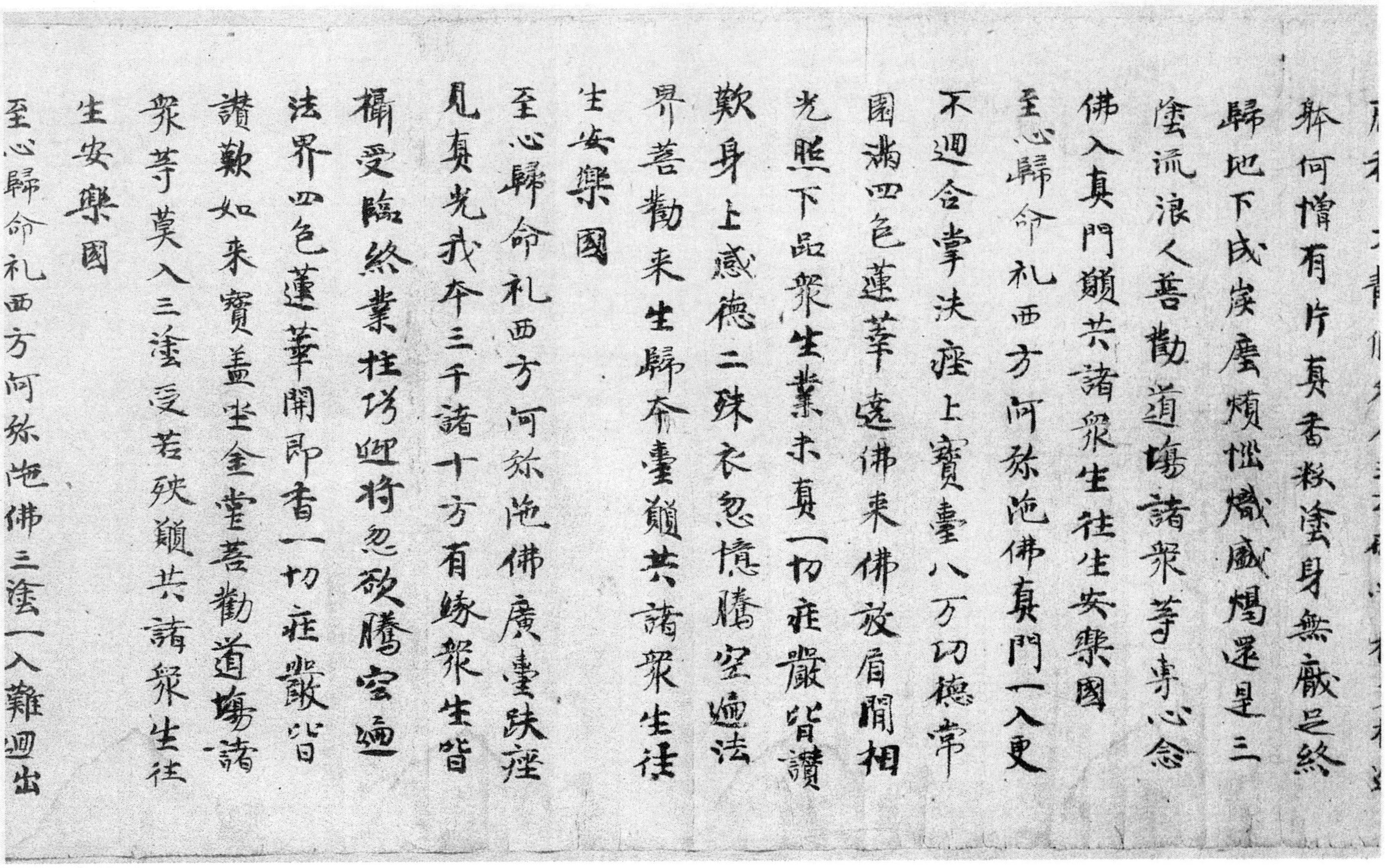

躰何憎有片真香粉塗身無厭足終
歸地下氐㞂塵熕惱熾盛燭還是三
塗流浪人善勸道場諸衆等專心念
佛入真門願共諸衆生往生安樂國
至心歸命礼西方阿弥陁佛真門一入更
不迴合掌法座上寶臺八万功德常
圍遶四色蓮華遶佛来佛放眉間相
光照下品衆生業未真一切莊嚴皆讚
歎身上感德二珠衣忽憶騰空遍法
界善勸来生歸本臺願共諸衆生往
生安樂國
至心歸命礼西方阿弥陁佛廣臺趺座
見真光我本三千諸十方有緣衆生皆
稱受臨終業枉㑹迎將忽欲騰空遍
法界四色蓮華開即香一切莊嚴皆
讚歎如来寶蓋坐金堂善勸道場諸
衆等莫入三塗受苦殃願共諸衆生往
生安樂國
至心歸命礼西方阿弥陁佛三塗一入難迴出

讚歎如来寶蓋坐金堂善勸道場諸
衆等莫入三塗受苦殃願共諸衆生往
生安樂國
至心歸命礼西方阿弥陁佛三塗一入難迴出
歷劫受苦自身當命終之時無善業心
頭忙怕自迴惶一切罪業皆来湊鑊湯爐
炭眼前行阿鼻恥識受諸苦四大滐埋
地底藏令德人身不脩道未来邊界作
睹手願共諸衆生往生安樂國
至心歸命礼西方阿弥陁佛被毛載角畜
生身為我前身無善因煞生偷盜無休
息輕慢師僧誑二親飲酒食宍無慚愧
今日受苦向誰諫口中橫骨諸不得種々
從他鞭朾身苦楚痛眼中淚下善
願來生早發心願共諸衆生往生安樂國
至心歸命礼西方阿弥陁佛仰啓十方諸
衆等今欲菾心願抛聽被毛載角受
諸苦六道輪迴處々經刀山劍樹无邊滐
四面銅牆鐵圍城閻羅前身造何罪
為向閻浮覓我名今欲菾心歸諸佛早

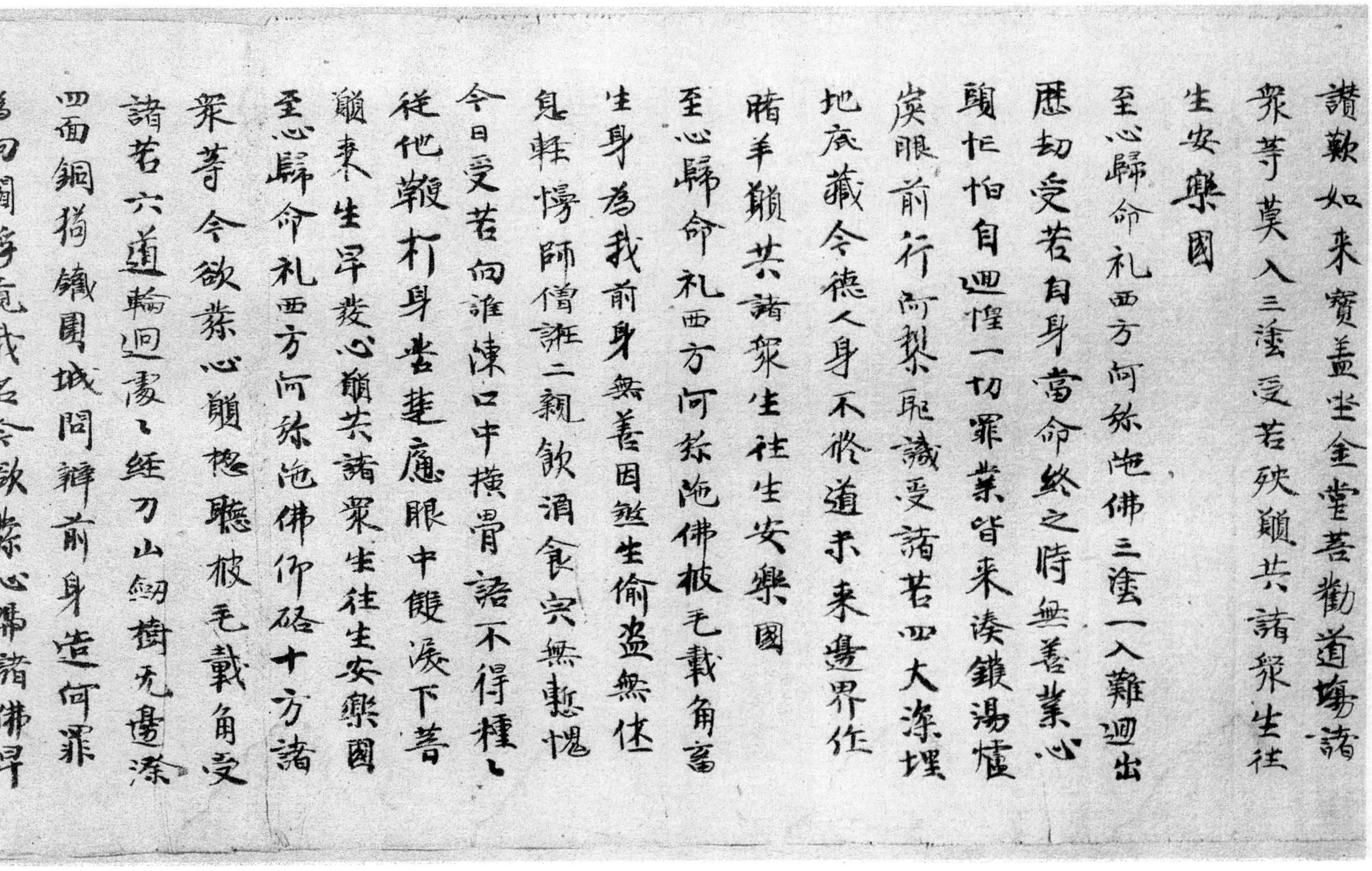

皂輕慢師僧誑二親飲酒食肉無慙愧
今日受苦向誰陳口中橫骨語不得種種
從他鞭打身苦楚痛眼中雙淚下善
願來生早發心願共諸衆生往生安樂國
至心歸命礼西方阿弥陀佛仰啓十方諸
衆等今欲發心願聽聽被毛戴角受
諸苦六道輪迴處處經刀山劍樹无邊際
四面銅牆鐵圍城問辯前身造何罪
為向閻浮覓我名今欲發心禮諸佛早
晚得捨此毛形願共諸衆生往生安樂國
開元五年五月八日佛弟子雲武校尉上柱國令狐君儀敬寫

BD14468號　西方阿彌陀佛禮懺文（擬）　（4–4）

BD14468號背　雜寫　（1–1）

瑠璃為地

彼國諸菩薩　志念常堅固　神通波羅蜜　皆已悉具足
於无數佛所　善學菩薩道　如是等大士　華光佛所化
王子時　棄國捨世榮　於最末後身　出家成佛道
華光佛住世　壽十二小劫　其國人民衆　壽命八小劫
佛滅度之後　正法住於世　三十二小劫　廣度諸衆生
正法滅盡已　像法三十二　舍利廣流布　天人普供養
華光佛所為　其事皆如是　其兩足聖尊　最勝无倫匹
彼即是汝身　宜應自欣慶
尒時四部衆比丘比丘尼優婆塞優婆夷天
龍夜叉乹闥婆阿脩羅迦樓羅緊那羅摩睺
羅伽等大衆見舍利弗於佛前受阿耨多羅
三藐三菩提記心大歡喜踊躍无量各各脫
身所著上衣以供養佛釋提桓因梵天王等

BD14469號　妙法蓮華經卷二　（28–1）

彼即是汝身　宜應自欣慶
尒時四部衆比丘比丘尼優婆塞優婆夷天
龍夜叉乹闥婆阿脩羅迦樓羅緊那羅摩睺
羅伽等大衆見舍利弗於佛前受阿耨多羅
三藐三菩提記心大歡喜踊躍无量各各脫
身所著上衣以供養佛釋提桓因梵天王等
與无數天子亦以天妙衣天曼陀羅華摩訶
曼陀羅華等供養於佛所散天衣住虛空中
而自迴轉諸天伎樂百千万種於虛空中一
時俱作雨衆天華而作是言佛昔於波羅㮈
初轉法輪今乃復轉无上最大法輪尒時諸天
子欲重宣此義而說偈言
昔於波羅㮈　轉四諦法輪　分別說諸法　五衆之生滅
今復轉最妙　无上大法輪　是法甚深奧　少有能信者
我等從昔來　數聞世尊說　未曾聞如是　深妙之上法
世尊說是法　我等皆隨喜　大智舍利弗　今得受尊記
我等亦如是　必當得作佛　於一切世間　最尊无有上
佛道叵思議　方便隨宜說　我所有福業　今世若過世
及見佛功德　盡迴向佛道
尒時舍利弗白佛言世尊我今无復疑悔親
於佛前得受阿耨多羅三藐三菩提記是諸
千二百心自在者昔住學地佛常教化言我
法能離生老病死究竟涅槃是學无學人亦
各自以離我見及有无見等謂得涅槃而今

BD14469號　妙法蓮華經卷二　（28–2）

千二百心自在者昔住學地佛常教化言我
法能離生老病死究竟涅槃是學无學人亦
各自以離我見及有无見等謂得涅槃而今
於世尊前聞所未聞皆墮疑惑善哉世尊願
為四衆說其因緣令離疑悔尒時佛告舍利弗
我先不言諸佛世尊以種種因緣譬喻言辞
方便說法皆為阿耨多羅三藐三菩提耶是
諸所說皆為化菩薩故然舍利弗今當復以
譬喻更明此義諸有智者以譬喻得解舍利
弗若國邑聚落有大長者其年衰邁財富无
量多有田宅及諸僮僕其家廣大唯有一門
多諸人衆一百二百乃至五百人止住其中
堂閣朽故墻壁隤落柱根腐敗梁棟傾危周
帀俱時欻然火起焚燒舍宅長者諸子若十
二十或至三十在此宅中長者見是大火從
四面起即大驚怖而作是念我雖能於此所
燒之門安隱得出而諸子等於火宅內樂著
嬉戲不覺不知不驚不怖火來逼身苦痛切
已心不猒患无求出意舍利弗是長者作是
思惟我身手有力當以衣裓若以几案從舍
出之復更思惟是舍唯有一門而復狹小諸
子幼稚未有所識戀著戲處或當墮落為火
所燒我當為說怖畏之事此舍已燒宜時疾
[illegible]令為火之所燒害作是念已如所思惟

[illegible]
出之復更思惟是舍唯有一門而復狹小諸
子幼稚未有所識戀著戲處或當墮落為火
所燒我當為說怖畏之事此舍已燒宜時疾
出无令為火之所燒害作是念已如所思惟
具告諸子汝等速出父雖憐愍善言誘諭而
諸子等樂著嬉戲不肯信受不驚不畏了无
出心亦復不知何者是火何者為舍云何為
失但東西走戲視父而已尒時長者即作是
念此舍已為大火所燒我及諸子若不時出
必為所焚我今當設方便令諸子等得免斯
害父知諸子先心各有所好種種珍玩奇異
之物情必樂著而告之言汝等所可玩好希
有難得汝若不取後必憂悔如此種種羊車
鹿車牛車今在門外可以遊戲汝等於此火
宅宜速出來隨汝所欲皆當與汝尒時諸子
聞父所說珍玩之物適其願故心各勇鋭互
相推排競共馳走爭出火宅是時長者見諸
子等安隱得出皆於四衢道中露地而坐无
復障礙其心泰然歡喜踊躍時諸子等各白
父言父先所許玩好之具羊車鹿車牛車願
時賜與舍利弗尒時長者各賜諸子等一大
車其車高廣衆寶莊挍周帀欄楯四面懸鈴
又於其上張設幰蓋亦以珍奇雜寶而嚴飾
[illegible]綖安置丹枕

父言父先所許玩好之具羊車鹿車牛車願
時賜與舍利弗尒時長者各賜諸子等一大
車其車高廣衆寶莊挍周帀欄楯四面懸鈴
又於其上張設幰蓋亦以珎奇雜寶而嚴飾
之寶繩交絡垂諸華瓔重敷綩綖安置丹枕
駕以白牛膚色充潔形體姝好有大筋力行
步平正其疾如風又多僕從而侍衛之所以
者何是大長者財富无量種種諸藏悉皆充
溢而作是念我財物无極不應以下劣小車
與諸子等今此幼童皆是吾子愛无偏黨我
有如是七寶大車其數无量應當等心各各
與之不宜差別所以者何以我此物周給一
國猶尚不匱何況諸子是時諸子各乘大車
得未曾有非本所望舍利弗於汝意云何是
長者等與諸子珎寶大車寧有虛妄不舍利
弗言不也世尊是長者但令諸子得免火難
全其軀命非為虛妄何以故若全身命便為
已得玩好之具況復方便於彼火宅而拔濟
之世尊若是長者乃至不與最小一車猶不
虛妄何以故是長者先作是意我以方便令
子得出以是因緣无虛妄也何況長者自知
財富无量欲饒益諸子等與大車佛告舍利
弗善哉善哉如汝所言舍利弗如來亦復如
是則為一切世間之父於諸怖畏衰惱憂患

BD14469號　妙法蓮華經卷二　（28–5）

子得出以是因緣无虛妄也何況長者自知
財富无量欲饒益諸子等與大車佛告舍利
弗善哉善哉如汝所言舍利弗如來亦復如
是則為一切世間之父於諸怖畏衰惱憂患
无明闇蔽永盡无餘而悉成就无量知見力
无所畏有大神力及智慧力具足方便智慧
波羅蜜大慈大悲常无懈惓恒求善事利益
一切而生三界朽故火宅為度衆生生老病
死憂悲苦惱愚癡闇蔽三毒之火教化令得
阿耨多羅三藐三菩提見諸衆生為生老病
死憂悲苦惱之所燒煑亦以五欲財利故受
種種苦又以貪著追求故現受衆苦後受地
獄畜生餓鬼之苦若生天上及在人間貧窮
困苦愛別離苦怨憎會苦如是等種種諸苦
衆生沒在其中歡喜遊戲不覺不知不驚不
怖亦不生猒不求解脫於此三界火宅東西
馳走雖遭大苦不以為患舍利弗佛見此已
便作是念我為衆生之父應拔其苦難與无
量无邊佛智慧樂令其遊戲舍利弗如來復
作是念若我但以神力及智慧力捨於方便
為諸衆生讚如來知見力无所畏者衆生不
能以是得度所以者何是諸衆生未免生老
病死憂悲苦惱而為三界火宅所燒何由能
解佛之智慧舍利弗如彼長者雖復身手

BD14469號　妙法蓮華經卷二　（28–6）

為諸衆生讚如來知見力无所畏者衆生不
能以是得度所以者何是諸衆生未免生老
病死憂悲苦惱而為三界火宅所燒何由能
解佛之智慧舍利弗如彼長者雖復身手
有力而不用之但以殷勤方便免濟諸子火
宅之難然後各與珎寶大車如來亦復如是
雖有力无所畏而不用之但以智慧方便於
三界火宅拔濟衆生為說三乘聲聞辟支佛
佛乘而作是言汝等莫得樂住三界火宅勿
貪麁弊色聲香味觸也若貪著生愛則為
所燒汝速出三界當得三乘聲聞辟支佛佛乘我
今為汝保任此事終不虛也汝等但當勤
脩精進如來以是方便誘進衆生復作是言
汝等當知此三乘法皆是聖所稱歎自在無
繫无所依求乘是三乘以无漏根力覺道禪
定解脫三昧等而自娛樂便得无量安隱快
樂舍利弗若有衆生內有智性從佛世尊聞
法信受殷勤精進欲速出三界自求涅槃是
名聲聞乘如彼諸子為求羊車出於火宅若
有衆生從佛世尊聞法信受殷勤精進求自
然慧樂獨善寂深知諸法因緣是名辟支佛
乘如彼諸子為求鹿車出於火宅若有衆生
從佛世尊聞法信受勤脩精進求一切智佛
智自然智无師智如來知見力无所畏愍念

BD14469號　妙法蓮華經卷二　（28–7）

有衆生從佛世尊聞法信受殷勤精進求自
然慧樂獨善寂深知諸法因緣是名辟支佛
乘如彼諸子為求鹿車出於火宅若有衆生
從佛世尊聞法信受勤脩精進求一切智佛
智自然智无師智如來知見力无所畏愍念
安樂无量衆生利益天人度脫一切是名大
乘菩薩求此乘故名為摩訶薩如彼諸子為
求牛車出於火宅舍利弗如彼長者見諸子
等安隱得出火宅到无畏處自惟財富无量
等以大車而賜諸子如來亦復如是為一切
衆生之父若見无量億千衆生以佛教門出
三界苦怖畏險道得涅槃樂如來尒時便作
是念我有无量无邊智慧力无畏等諸佛法
藏是諸衆生皆是我子等與大乘不令有人
獨得滅度皆以如來滅度而滅度之是諸衆
生脫三界者悉與諸佛禪定解脫等娛樂之
具皆是一相一種聖所稱歎能生淨妙第一
之樂舍利弗如彼長者初以三車誘引諸子
然後但與大車寶物莊嚴安隱第一然彼長
者无虛妄之咎如來亦復如是无有虛妄初
說三乘引導衆生然後但以大乘而度脫之
何以故如來有无量智慧力无所畏諸法之
藏能與一切衆生大乘之法但不盡能受舍
利弗以是因緣當知諸佛方便力故於一佛

BD14469號　妙法蓮華經卷二　（28–8）

者无虛妄之咎如來亦復如是无有虛妄初
說三乘引導衆生然後但以大乘而度脫之
何以故如來有无量智慧力无所畏諸法之
藏能與一切衆生大乘之法但不盡能受舍
利弗以是因緣當知諸佛方便力故於一佛
乘分別說三佛欲重宣此義而說偈言
譬如長者 有一大宅 其宅久故 而復頓弊
堂舍高危 柱根摧朽 梁棟傾斜 基陛頹毀
墻壁圮坼 泥塗褫落 覆苫亂墜 椽梠差脫
周障屈曲 雜穢充遍 有五百人 止住其中
鵄梟鵰鷲 烏鵲鳩鴿 蚖蛇蝮蝎 蜈蚣蚰蜒
守宮百足 狖狸鼷鼠 諸惡虫輩 交橫馳走
屎尿臭處 不淨流溢 蜣蜋諸虫 而集其上
狐狼野干 咀嚼踐蹋 嚌齧死屍 骨肉狼藉
由是群狗 競來搏撮 飢羸慞惶 處處求食
鬪諍䶥掣 啀喍嘷吠 其舍恐怖 變狀如是
處處皆有 魑魅魍魎 夜叉惡鬼 食噉人肉
毒虫之屬 諸惡禽獸 孚乳產生 各自藏護
夜叉競來 爭取食之 食之既飽 惡心轉熾
鬪諍之聲 甚可怖畏 鳩槃荼鬼 蹲踞土埵
或時離地 一尺二尺 往返遊行 縱逸嬉戲
捉狗兩足 撲令失聲 以腳加頸 怖狗自樂
復有諸鬼 其身長大 裸形黑瘦 常住其中
發大惡聲 叫呼求食 復有諸鬼 其咽如針

BD14469號 妙法蓮華經卷二 （28–9）

或時離地 一尺二尺 往返遊行 縱逸嬉戲
捉狗兩足 撲令失聲 以腳加頸 怖狗自樂
復有諸鬼 其身長大 裸形黑瘦 常住其中
發大惡聲 叫呼求食 復有諸鬼 其咽如針
復有諸鬼 首如牛頭 或食人肉 或復噉狗
頭髮蓬亂 殘害凶險 飢渴所逼 叫喚馳走
夜叉餓鬼 諸惡鳥獸 飢急四向 窺看窗牖
如是諸難 恐畏无量 是朽故宅 屬于一人
其人近出 未久之間 於後舍宅 欻然火起
四面一時 其焰俱熾 棟梁椽柱 爆聲震裂
摧折墮落 墻壁崩倒 諸鬼神等 揚聲大叫
鵰鷲諸鳥 鳩槃荼等 周慞惶怖 不能自出
惡獸毒虫 藏竄孔穴 毗舍闍鬼 亦住其中
薄福德故 為火所逼 共相殘害 飲血噉肉
野干之屬 並已前死 諸大惡獸 競來食噉
臭烟熢㶿 四面充塞 蜈蚣蚰蜒 毒蛇之類
為火所燒 爭走出穴 鳩槃荼鬼 隨取而食
又諸餓鬼 頭上火然 飢渴熱惱 周慞悶走
其宅如是 甚可怖畏 毒害火災 衆難非一
是時宅主 在門外立 聞有人言 汝諸子等
先因遊戲 來入此宅 稚小无知 歡娛樂著
長者聞已 驚入火宅 方宜救濟 令无燒害
告喻諸子 說衆患難 惡鬼毒虫 災火蔓莚
衆苦次第 相續不絕 毒蛇蚖蝮 及諸夜叉

BD14469號 妙法蓮華經卷二 （28–10）

長者是時　在門外立　聞有人言　汝諸子等
先因遊戲　來入此宅　稚小无知　歡娛樂著
長者聞已　驚入火宅　方宜救濟　令无燒害
告喻諸子　說眾患難　惡鬼毒虫　灾火蔓莚
眾苦次第　相續不絕　毒虵蚖蝮　及諸夜叉
鳩槃荼鬼　野干狐狗　鵰鷲鵄梟　百足之屬
飢渴惱急　甚可怖畏　此苦難處　況復大火
諸子无知　雖聞父誨　猶故樂著　嬉戲不已
是時長者　而作是念　諸子如此　益我愁惱
今此舍宅　无一可樂　而諸子等　耽湎嬉戲
不受我教　將為火害　即便思惟　設諸方便
告諸子等　我有種種　珍玩之具　妙寶好車
羊車鹿車　大牛之車　今在門外　汝等出來
吾為汝等　造作此車　隨意所樂　可以遊戲
諸子聞說　如此諸車　即時奔競　馳走而出
到於空地　離諸苦難　長者見子　得出火宅
住於四衢　坐師子座　而自慶言　我今快樂
此諸子等　生育甚難　愚小无知　而入險宅
多諸毒虫　魑魅可畏　大火猛焰　四面俱起
而此諸子　貪樂嬉戲　我已救之　令得脫難
是故諸人　我今快樂　尒時諸子　知父安坐
皆詣父所　而白父言　願賜我等　三種寶車
如前所許　諸子出來　當以三車　隨汝所欲
今正是時　唯垂給與　長者大富　庫藏眾多
金銀琉璃　車磲馬瑙　以眾寶物　造諸大車

BD14469號　妙法蓮華經卷二　（28–11）

而此諸子　貪樂嬉戲　我已救之　令得脫難
是故諸人　我今快樂　尒時諸子　知父安坐
皆詣父所　而白父言　願賜我等　三種寶車
如前所許　諸子出來　當以三車　隨汝所欲
今正是時　唯垂給與　長者大富　庫藏眾多
金銀琉璃　車磲馬瑙　以眾寶物　造諸大車
莊校嚴飾　周帀欄楯　四面懸鈴　金繩交絡
真珠羅網　張施其上　金華諸瓔　處處垂下
眾綵雜飾　周帀圍繞　柔軟繒纊　以為茵褥
上妙細㲲　價直千億　鮮白淨潔　以覆其上
有大白牛　肥壯多力　形體姝好　以駕寶車
多諸儐從　而侍衛之　以是妙車　等賜諸子
諸子是時　歡喜踊躍　乘是寶車　遊於四方
嬉戲快樂　自在无礙　告舍利弗　我亦如是
眾聖中尊　世間之父　一切眾生　皆是吾子
深著世樂　无有慧心　三界无安　猶如火宅
眾苦充滿　甚可怖畏　常有生老　病死憂患
如是等火　熾然不息　如來已離　三界火宅
寂然閑居　安處林野　今此三界　皆是我有
其中眾生　悉是吾子　而今此處　多諸患難
唯我一人　能為救護　雖復教詔　而不信受
於諸欲染　貪著深故　是以方便　為說三乘
令諸眾生　知三界苦　開示演說　出世間道
是諸子等　若心決定　具足三明　及六神通

BD14469號　妙法蓮華經卷二　（28–12）

唯我一人　能為救護　雖復教詔　而不信受
於諸欲染　貪著深故　是以方便　為說三乘
令諸眾生　知三界苦　開示演說　出世間道
是諸子等　若心決定　具足三明　及六神通
有得緣覺　不退菩薩　汝舍利弗　我為眾生
以此譬喻　說一佛乘　汝等若能　信受是語
一切皆當　得成佛道　是乘微妙　清淨第一
於諸世間　為无有上　佛所悅可　一切眾生
所應稱讚　供養禮拜　无量億千　諸力解脫
禪定智慧　及佛餘法　得如是乘　令諸子等
日夜劫數　常得遊戲　與諸菩薩　及聲聞眾
乘此寶乘　直至道場　以是因緣　十方諦求
更无餘乘　除佛方便　告舍利弗　汝諸人等
皆是吾子　我則是父　汝等累劫　眾苦所燒
我皆濟拔　令出三界　我雖先說　汝等滅度
但盡生死　而實不滅　今所應作　唯佛智慧
若有菩薩　於是眾中　能一心聽　諸佛實法
諸佛世尊　雖以方便　所化眾生　皆是菩薩
若人小智　深著愛欲　為此等故　說於苦諦
眾生心喜　得未曾有　佛說苦諦　真實无異
若有眾生　不知苦本　深著苦因　不能暫捨
為是等故　方便說道　諸苦所因　貪欲為本
若滅貪欲　无所依止　滅盡諸苦　名第三諦

BD14469號　妙法蓮華經卷二　（28–13）

眾生心喜　得未曾有　佛說苦諦　真實无異
若有眾生　不知苦本　深著苦因　不能暫捨
為是等故　方便說道　諸苦所因　貪欲為本
若滅貪欲　无所依止　滅盡諸苦　名第三諦
為滅諦故　修行於道　離諸苦縛　名得解脫
是人於何　而得解脫　但離虛妄　名為解脫
其實未得　一切解脫　佛說是人　未實滅度
斯人未得　无上道故　我意不欲　令至滅度
我為法王　於法自在　安隱眾生　故現於世
汝舍利弗　我此法印　為欲利益　世間故說
在所遊方　勿妄宣傳　若有聞者　隨喜頂受
當知是人　阿鞞跋致　若有信受　此經法者
是人已曾　見過去佛　恭敬供養　亦聞是法
若人有能　信汝所說　則為見我　亦見於汝
及比丘僧　并諸菩薩　斯法華經　為深智說
淺識聞之　迷惑不解　一切聲聞　及辟支佛
於此經中　力所不及　汝舍利弗　尚於此經
以信得入　況餘聲聞　其餘聲聞　信佛語故
隨順此經　非己智分　又舍利弗　憍慢懈怠
計我見者　莫說此經　凡夫淺識　深著五欲
聞不能解　亦勿為說　若人不信　毀謗此經
則斷一切　世間佛種　或復嚬蹙　而懷疑惑
汝當聽說　此人罪報　若佛在世　若滅度後

BD14469號　妙法蓮華經卷二　（28–14）

計我見者　莫說此經　凡夫淺識　深著五欲
聞不能解　亦勿為說　若人不信　毀謗此經
則斷一切　世間佛種　或復嚬蹙　而懷疑惑
汝當聽說　此人罪報　若佛在世　若滅度後
其有誹謗　如斯經典　見有讀誦　書持經者
輕賤憎嫉　而懷結恨　此人罪報　汝今復聽
其人命終　入阿鼻獄　具足一劫　劫盡更生
如是展轉　至无數劫　從地獄出　當墮畜生
若狗野干　其形頟瘦　黧黮疥癩　人所觸嬈
又復為人　之所惡賤　常困飢渴　骨肉枯竭
生受楚毒　死被瓦石　斷佛種故　受斯罪報
若作駱駝　或生驢中　身常負重　加諸杖捶
但念水草　餘无所知　謗斯經故　獲罪如是
有作野干　來入聚落　身體疥癩　又无一目
為諸童子　之所打擲　受諸苦痛　或時致死
於此死已　更受蟒身　其形長大　五百由旬
聾騃无足　蜿轉腹行　為諸小虫　之所唼食
晝夜受苦　无有休息　謗斯經故　獲罪如是
若得為人　諸根闇鈍　矬陋攣躄　盲聾背傴
有所言說　人不信受　口氣常臭　鬼魅所著
貧窮下賤　為人所使　多病痟瘦　无所依怙
雖親附人　人不在意　若有所得　尋復忘失
若脩醫道　順方治病　更增他疾　或復致死
若自有病　无人救療　設服良藥　而復增劇

有所言說　人不信受　口氣常臭　鬼魅所著
貧窮下賤　為人所使　多病痟瘦　无所依怙
雖親附人　人不在意　若有所得　尋復忘失
若脩醫道　順方治病　更增他疾　或復致死
若自有病　无人救療　設服良藥　而復增劇
若他反逆　抄劫竊盜　如是等罪　橫羅其殃
如斯罪人　永不見佛　眾聖之王　說法教化
如斯罪人　常生難處　狂聾心亂　永不聞法
於无數劫　如恒河沙　生輒聾瘂　諸根不具
常處地獄　如遊園觀　在餘惡道　如己舍宅
駝驢豬狗　是其行處　謗斯經故　獲罪如是
若得為人　聾盲瘖瘂　貧窮諸衰　以自莊嚴
水腫乾痟　疥癩癰疽　如是等病　以為衣服
身常臭處　垢穢不淨　深著我見　增益瞋恚
婬欲熾盛　不擇禽獸　謗斯經故　獲罪如是
告舍利弗　謗斯經者　若說其罪　窮劫不盡
以是因緣　我故語汝　无智人中　莫說此經
若有利根　智慧明了　多聞強識　求佛道者
如是之人　乃可為說　若人曾見　億百千佛
植諸善本　深心堅固　如是之人　乃可為說
若人精進　常脩慈心　不惜身命　乃可為說
若人恭敬　无有異心　離諸凡愚　獨處山澤
如是之人　乃可為說　又舍利弗　若見有人
捨惡知識　親近善友　如是之人　乃可為說

如是之人　乃可為說　若人曾見　億百千佛
植諸善本　深心堅固　如是之人　乃可為說
若人精進　常脩慈心　不惜身命　乃可為說
若人恭敬　无有異心　離諸凡愚　獨處山澤
如是之人　乃可為說　又舍利弗　若見有人
捨惡知識　親近善友　如是之人　乃可為說
若見佛子　持戒清潔　如淨明珠　求大乘經
如是之人　乃可為說　若人无瞋　質直柔軟
常愍一切　恭敬諸佛　如是之人　乃可為說
復有佛子　於大衆中　以清淨心　種種因緣
譬喻言辭　說法无礙　如是之人　乃可為說
若有比丘　為一切智　四方求法　合掌頂受
但樂受持　大乘經典　乃至不受　餘經一偈
如是之人　乃可為說　如人至心　求佛舍利
如是求經　得已頂受　其人不復　志求餘經
亦未曾念　外道典籍　如是之人　乃可為說
告舍利弗　我說是相　求佛道者　窮劫不盡
如是等人　則能信解　汝當為說　妙法華經

妙法蓮華經信解品第四

尒時慧命須菩提摩訶迦旃延摩訶迦葉摩
訶目揵連從佛所聞未曾有法世尊授舍利
弗阿耨多羅三藐三菩提記發希有心歡喜
踊躍即從座起整衣服偏袒右肩右膝著
地一心合掌曲躬恭敬瞻仰尊顏而白佛言我

BD14469號　妙法蓮華經卷二　（28–17）

訶目揵連從佛所聞未曾有法世尊授舍利
弗阿耨多羅三藐三菩提記發希有心歡喜
踊躍即從座起整衣服偏袒右肩右膝著
地一心合掌曲躬恭敬瞻仰尊顏而白佛言我
等居僧之首年並朽邁自謂已得涅槃无所
堪任不復進求阿耨多羅三藐三菩提世尊
往昔說法既久我時在座身體疲懈但念空
无相无作於菩薩法遊戲神通淨佛國土成
就衆生心不喜樂所以者何世尊令我等出
於三界得涅槃證又今我等年已朽邁於佛
教化菩薩阿耨多羅三藐三菩提不生一念
好樂之心我等今於佛前聞授聲聞阿耨
多羅三藐三菩提記心甚歡喜得未曾有不
謂於今忽然得聞希有之法深自慶幸獲大
善利无量珍寶不求自得世尊我等今者樂
說譬喻以明斯義譬若有人年既幼稚捨父
逃逝久住他國或十二十至五十歲年既長
大加復窮困馳騁四方以求衣食漸漸遊行
遇向本國其父先來求子不得中止一城其
家大富財寶无量金銀琉璃珊瑚虎珀頗梨
珠等其諸倉庫悉皆盈溢多有僮僕臣佐吏
民象馬車乘牛羊无數出入息利乃遍他國
商估賈客亦甚衆多時貧窮子遊諸聚落
經歷國邑遂到其父所止之城父每念子與

BD14469號　妙法蓮華經卷二　（28–18）

家大富財寶无量金銀琉璃珊瑚虎珀頗梨
珠等其諸倉庫悉皆盈溢多有僮僕臣佐吏
民象馬車乘牛羊无數出入息利乃遍他國
商估賈客亦甚衆多時貧窮子遊諸聚落
經歷國邑遂到其父所止之城父每念子與
子離別五十餘年而未曾向人說如此事但
自思惟心懷悔恨自念老朽多有財物金銀
珍寶倉庫盈溢无有子息一旦終沒財物散失
无所委付是以慇懃每憶其子復作是念我
若得子委付財物坦然快樂无復憂慮世尊
尒時窮子傭賃展轉遇到父舍住立門側遥
見其父踞師子床寶几承足諸婆羅門剎利
居士皆恭敬圍繞以真珠瓔珞價直千万莊
嚴其身吏民僮僕手執白拂侍立左右覆以
寶帳垂諸華幡香水灑地散衆名華羅列寶
物出內取與有如是等種種嚴飾威德特尊
窮子見父有大力勢即懷恐怖悔來至此竊
作是念此或是王或是王等非我傭力得
物之處不如往至貧里肆力有地衣食易得
若久住此或見逼迫強使我作作是念已疾
走而去時富長者於師子座見子便識心大歡喜
即作是念我財物庫藏今有所付我常思念
此子无由見之而忽自來甚適我願我雖年
朽猶故貪惜即遣傍人急追將還尒時使者

BD14469號　妙法蓮華經卷二　（28–19）

若久住此或見逼迫強使我作作是念已疾
走而去時富長者於師子座見子便識心大歡喜
即作是念我財物庫藏今有所付我常思念
此子无由見之而忽自來甚適我願我雖年
朽猶故貪惜即遣傍人急追將還尒時使者
疾走往捉窮子驚愕稱怨大喚我不相犯何
為見捉使者執之愈急強牽將還于時窮子
自念无罪而被囚執此必定死轉更惶怖悶
絕躃地父遥見之而語使言不須此人勿強
將來以冷水灑面令得醒悟莫復與語所以
者何父知其子志意下劣自知豪貴為子所
難審知是子而以方便不語他人云是我子
使者語之我今放汝隨意所趣窮子歡喜得
未曾有從地而起往至貧里以求衣食尒時
長者將欲誘引其子而設方便密遣二人形
色憔悴无威德者汝可詣彼徐語窮子此有
作處倍與汝直窮子若許將來使作若言欲
何所作便可語之雇汝除糞我等二人亦共
汝作時二使人即求窮子既已得之具陳上
事尒時窮子先取其價尋與除糞其父見子
愍而怪之又以他日於窻牖中遥見子身羸
瘦憔悴糞土塵坌汙穢不淨即脫瓔珞細軟
上服嚴飾之具更著麁弊垢膩之衣塵土坌
身右手執持除糞之器狀有所畏語諸作人

BD14469號　妙法蓮華經卷二　（28–20）

懸而怯之又以他日於窻牖中遥見子身羸
瘦憔悴糞土塵坌汙穢不淨即脫瓔珞細軟
上服嚴飾之具更著麤弊垢膩之衣塵土坌
身右手執持除糞之器狀有所畏語諸作人
汝等勤作勿得懈息以方便故得近其子後
復告言咄男子汝常此作勿復餘去當加汝
價諸有所須瓫器米麪塩酢之屬莫自疑難
亦有老弊使人須者相給好自安意我如汝
父勿復憂慮所以者何我年老大而汝少壯
汝常作時无有欺怠瞋恨怨言都不見汝有
此諸惡如餘作人自今已後如所生子即時
長者更與作字名之為兒尒時窮子雖欣此
遇猶故自謂客作賤人由是之故於二十年
中常令除糞過是已後心相體信入出无難
然其所止猶在本處世尊尒時長者有疾自
知將死不久語窮子言我今多有金銀珎寶
倉庫盈溢其中多少所應取與汝悉知之我
心如是當體此意所以者何今我與汝便為
不異宜加用心无令漏失尒時窮子即受教
勅領知衆物金銀珎寶及諸庫藏而无悕取
一飡之意然其所止故在本處下劣之心亦
未能捨復經少時父知子意漸已通泰成就
大志自鄙先心臨欲終時而命其子并會親
族國王大臣剎利居士皆悉已集即自宣言

BD14469號　妙法蓮華經卷二　（28–21）

勅領知衆物金銀珎寶及諸庫藏而无悕取
一飡之意然其所止故在本處下劣之心亦
未能捨復經少時父知子意漸已通泰成就
大志自鄙先心臨欲終時而命其子并會親
族國王大臣剎利居士皆悉已集即自宣言
諸君當知此是我子我之所生於某城中捨
吾逃走跉跰辛苦五十餘年其本字某我名
某甲昔在本城懷憂推覓忽於此間遇會得
之此實我子我實其父今我所有一切財物
皆是子有先所出內是子所知世尊是時窮
子聞父此言即大歡喜得未曾有而作是念
我本无心有所悕求今此寶藏自然而至世
尊大富長者則是如來我等皆似佛子如來
常說我等為子世尊我等以三苦故於生死
中受諸熱惱迷惑无知樂著小法今日世尊
令我等思惟蠲除諸法戲論之糞我等於中
勤加精進得至涅槃一日之價既得此已心
大歡喜自以為足便自謂於佛法中勤精進
故所得弘多然世尊先知我等心著弊欲樂
於小法便見縱捨不為分別汝等當有如來
知見寶藏之分世尊以方便力說如來智慧
我等從佛得涅槃一日之價以為大得於此
大乘无有志求我等又因如來智慧為諸菩
薩開示演說而自於此无有志願所以者何

BD14469號　妙法蓮華經卷二　（28–22）

於小法便見縱捨不為分別汝等當有如來
知見寶藏之分世尊以方便力說如來智慧
我等從佛得涅槃一日之價以為大得於此
大乘无有志求我等又因如來智慧為諸菩
薩開示演說而自於此无有志願所以者何
佛知我等心樂小法以方便力隨我等說而
我等不知真是佛子今我等方知世尊於佛
智慧无所悋惜所以者何我等昔來真是佛
子而但樂小法若我等有樂大之心佛則為
我說大乘法此經中唯說一乘而昔於菩薩
前毀呰聲聞樂小法者然佛實以大乘教化
是故我等說本无心有所悕求今法王大寶
自然而至如佛子所應得者皆已得之尒時

摩訶迦葉欲重宣此義而說偈言
我等今日　聞佛音教　歡喜踊躍　得未曾有
佛說聲聞　當得作佛　无上寶聚　不求自得
譬如童子　幼稚无識　捨父逃逝　遠到他土
周流諸國　五十餘年　其父憂念　四方推求
求之既疲　頓止一城　造立舍宅　五欲自娛
其家巨富　多諸金銀　車璖馬瑙　真珠琉璃
象馬牛羊　輦輿車乘　田業僮僕　人民衆多
出入息利　乃遍他國　商估賈人　无處不有
千万億衆　圍繞恭敬　常為王者　之所愛念
羣臣豪族　皆共宗重　以諸緣故　往來者衆

BD14469號　妙法蓮華經卷二　（28–23）

象馬牛羊　輦輿車乘　田業僮僕　人民衆多
出入息利　乃遍他國　商估賈人　无處不有
千万億衆　圍繞恭敬　常為王者　之所愛念
羣臣豪族　皆共宗重　以諸緣故　往來者衆
豪富如是　有大力勢　而年朽邁　益憂念子
夙夜惟念　死時將至　癡子捨我　五十餘年
庫藏諸物　當如之何　尒時窮子　求索衣食
從邑至邑　從國至國　或有所得　或无所得
飢餓羸瘦　體生瘡癬　漸次經歷　到父住城
傭賃展轉　遂至父舍　尒時長者　於其門內
施大寶帳　處師子座　眷屬圍繞　諸人侍衛
或有計筭　金銀寶物　出內財產　注記券疏
窮子見父　豪貴尊嚴　謂是國王　若是王等
驚怖自怪　何故至此　覆自念言　我若久住
或見逼迫　強驅使作　思惟是已　馳走而去
借問貧里　欲往傭作　長者是時　在師子座
遙見其子　嘿而識之　即勅使者　追捉將來
窮子驚喚　迷悶躃地　是人執我　必當見殺
何用衣食　使我至此　長者知子　愚癡狹劣
不信我言　不信是父　即以方便　更遣餘人
眇目矬陋　无威德者　汝可語之　云當相雇
除諸糞穢　倍與汝價　窮子聞之　歡喜隨來
為除糞穢　淨諸房舍　長者於牖　常見其子
念子愚劣　樂為鄙事　於是長者　著弊垢衣

BD14469號　妙法蓮華經卷二　（28–24）

眇目痤陋 无威德者 汝可語之 云當相僱
除諸糞穢 倍與汝價 窮子聞之 歡喜隨來
為除糞穢 淨諸房舍 長者於牖 常見其子
念子愚劣 樂為鄙事 於是長者 著弊垢衣
執除糞器 往到子所 方便附近 語令勤作
既益汝價 并塗足油 飲食充足 薦席厚暖
如是苦言 汝當勤作 又以軟語 若如我子
長者有智 漸令入出 經二十年 執作家事
示其金銀 真珠頗梨 諸物出入 皆使令知
猶處門外 止宿草菴 自念貧事 我无此物
父知子心 漸已曠大 欲與財物 即聚親族
國王大臣 剎利居士 於此大眾 說是我子
捨我他行 經五十歲 自見子來 已二十年
昔於某城 而失是子 周行求索 遂來至此
凡我所有 舍宅人民 悉以付之 恣其所用
子念昔貧 志意下劣 今於父所 大獲珍寶
并及舍宅 一切財物 甚大歡喜 得未曾有
佛亦如是 知我樂小 未曾說言 汝等作佛
而說我等 得諸无漏 成就小乘 聲聞弟子
佛勑我等 說最上道 脩習此者 當得成佛
我承佛教 為大菩薩 以諸因緣 種種譬喻
若干言辭 說无上道 諸佛子等 從我聞法
日夜思惟 精勤脩習 是時諸佛 即授其記
汝於來世 當得作佛 一切諸佛 秘藏之法
但為菩薩 演其實事 而不為我 說斯真要

BD14469號 妙法蓮華經卷二 (28–25)

若干言辭 說无上道 諸佛子等 從我聞法
日夜思惟 精勤脩習 是時諸佛 即授其記
汝於來世 當得作佛 一切諸佛 秘藏之法
但為菩薩 演其實事 而不為我 說斯真要
如彼窮子 得近其父 雖知諸物 心不悕取
我等雖說 佛法寶藏 自无志願 亦復如是
我等內滅 自謂為足 唯了此事 更无餘事
我等若聞 淨佛國土 教化眾生 都无欣樂
所以者何 一切諸法 皆悉空寂 无生无滅
无大无小 无漏无為 如是思惟 不生喜樂
我等長夜 於佛智慧 无貪无著 无復志願
而自於法 謂是究竟 我等長夜 脩習空法
得脫三界 苦惱之患 住最後身 有餘涅槃
佛所教化 得道不虛 則為已得 報佛之恩
我等雖為 諸佛子等 說菩薩法 以求佛道
而於是法 永无願樂 導師見捨 觀我心故
初不勸進 說有實利 如富長者 知子志劣
以方便力 柔伏其心 然後乃付 一切財物
佛亦如是 現希有事 知樂小者 以方便力
調伏其心 乃教大智 我等今日 得未曾有
非先所望 而今自得 如彼窮子 得无量寶
世尊我今 得道得果 於无漏法 得清淨眼
我等長夜 持佛淨戒 始於今日 得其果報
法王法中 久脩梵行 今得无漏 无上大果

BD14469號 妙法蓮華經卷二 (28–26)

調伏其心　乃教大智　我等今日　得未曾有
非先所望　而今自得　如彼窮子　得无量寶
世尊我今　得道得果　於无漏法　得清淨眼
我等長夜　持佛淨戒　始於今日　得其果報
法王法中　久脩梵行　今得无漏　无上大果
我等今者　真是聲聞　以佛道聲　令一切聞
我等今者　真阿羅漢　於諸世間　天人魔梵
普於其中　應受供養　世尊大恩　以希有事
憐愍教化　利益我等　无量億劫　誰能報者
手足供給　頭頂礼敬　一切供養　皆不能報
若以頂戴　兩肩荷負　於恒沙劫　盡心恭敬
又以美饍　无量寶衣　及諸臥具　種種湯藥
牛頭栴檀　及諸珍寶　以起塔廟　寶衣布地
如斯等事　以用供養　於恒沙劫　亦不能報
諸佛希有　无量无邊　不可思議　大神通力
无漏无為　諸法之王　能為下劣　忍于斯事
取相凡夫　隨宜為說　諸佛於法　得最自在
知諸眾生　種種欲樂　及其志力　隨所堪任
以无量喻　而為說法　隨諸眾生　宿世善根
又知成熟　未成熟者　種種籌量　分別知已
於一乘道　隨宜說三

BD14469號　妙法蓮華經卷二　（28–27）

无漏无為　諸法之王　能為下劣　忍于斯事
取相凡夫　隨宜為說　諸佛於法　得最自在
知諸眾生　種種欲樂　及其志力　隨所堪任
以无量喻　而為說法　隨諸眾生　宿世善根
又知成熟　未成熟者　種種籌量　分別知已
於一乘道　隨宜說三

BD14469號　妙法蓮華經卷二　（28–28）

著　録　凡　例

本目錄採用條目式著錄法。諸條目意義如下：

1.1　著錄編號。用漢語拼音首字“BD”表示，意為“北京圖書館藏敦煌遺書”，簡稱“北敦號”。文獻寫在背面者，標註為“背”。一件遺書上抄有多個文獻者，用數字1、2、3等標示小號。一號中包括幾件遺書，且遺書形態各自獨立者，用字母A、B、C等區別。

1.2　著錄分類號。本條記目錄暫不分類，該項空缺。

1.3　著錄文獻的名稱、卷本、卷次。

1.4　著錄千字文編號。

1.5　著錄縮微膠卷號。

2.1　著錄遺書的總體數據。包括長度、寬度、紙數、正面抄寫總行數與每行字數、背面抄寫總行數與每行字數。如該遺書首尾有殘破，則對殘破部分單獨度量，用加號加在總長度上。凡屬這種情況，長度用括弧標註。

2.2　著錄每紙數據。包括每紙長度及抄寫行數或界欄數。

2.3　著錄遺書的外觀。包括：（1）裝幀形式。（2）首尾存況。（3）護首、軸、軸頭、天竿、縹帶，經名是書寫還是貼簽，有無經名號，扉頁、扉畫。（4）卷面殘破情況及其位置。（5）尾部情況。（6）有無附加物（蟲繭、油污、線繩及其他）。（7）有無裱補及其年代。（8）界欄。（9）修整。（10）其他需要交待的問題。

2.4　著錄一件遺書抄寫多個文獻的情況。

3.1　著錄文獻首部文字與對照本核對的結果。

3.2　著錄文獻尾部文字與對照本核對的結果。

3.3　著錄錄文。

3.4　著錄對文獻的說明。

4.1　著錄文獻首題。

4.2　著錄文獻尾題。

5　著錄本文獻與對照本的不同之處。

6.1　著錄本遺書首部可與另一遺書綴接的編號。

6.2　著錄本遺書尾部可與另一遺書綴接的編號。

7.1　著錄題記、題名、勘記等。

7.2　著錄印章。

7.3　著錄雜寫。

7.4　著錄護首及扉頁的內容。

8　著錄年代。

9.1　著錄字體。如有武周新字、合體字、避諱字等，予以說明。

9.2　著錄卷面二次加工的情況。包括句讀、點標、科分、間隔號、行間加行、行間加字、硃筆、墨塗、倒乙、刪除、兑廢等。

10　著錄敦煌遺書發現後，近現代人所加內容，裝裱、題記、印章等。

11　備註。著錄揭裱互見、圖版本出處及其他需要說明的問題。

上述諸條，有則著錄，無則空缺。

為避文繁，上述著錄中出現的各種參考、對照文獻，暫且不列版本說明。全目結束時，將統一編制本條記目錄出現的各種參考書目。

本條記目錄為農曆年份標註其公曆紀年時，未進行歲頭年末之換算，請讀者使用時注意自行換算。

條　記　目　錄

BD14427—14469

1.1　BD14427 號
1.3　天公經（異本一）
1.4　新 0627
2.1　56.6×28.3 厘米；2 紙；20 行，行 18～20 字。
2.2　01：15.3，護首；　02：41.3，20。
2.3　卷軸裝。首尾均全。有護首。有折疊欄。
3.1　首全→《藏外佛教文獻》，01/0370A11。
3.2　尾全→《藏外佛教文獻》，01/0371A08。
4.1　佛說天公經一卷（首）
4.2　佛說天公經一卷（尾）
8　7～8 世紀。唐寫本。
9.1　楷書。
9.2　有刮改。
10　包裹紙上寫“十”。

1.1　BD14428 號
1.3　妙法蓮華經卷一
1.4　新 0628
2.1　（3+737）×24.5 厘米；16 紙；420 行，行 17 字。
2.2　01：3+31，20；　02：48.5，28；　03：48.5，28；
04：48.5，28；　05：48.5，28；　06：48.5，28；
07：48.5，28；　08：48.5，28；　09：48.5，28；
10：48.5，28；　11：48.5，28；　12：48.5，28；
13：48.5，28；　14：48.5，28；　15：48.5，28；
16：27.0，08。
2.3　卷軸裝。首殘尾全。經黃紙。卷面有墨污，首紙上下邊殘損，卷尾有蟲繭。有燕尾。有烏絲欄。
3.1　首 2 行下殘→大正 0262，09/0003A08～11。
3.2　尾全→大正 0262，09/0010B21。
4.2　妙法蓮華經卷第一（尾）。
8　7～8 世紀。唐寫本。
9.1　楷書。
9.2　有刮改。
10　卷背貼有紙簽，上寫“《妙法蓮華經·方便品》，長二丈一尺”。“二十三”。

1.1　BD14429 號
1.3　妙法蓮華經卷二
1.4　新 0629
2.1　（28.5+915.5）×24.5 厘米；20 紙；529 行，行 17 字。
2.2　01：28.5，17；　02：46.5，28；　03：47.0，28；
04：47.0，28；　05：47.0，28；　06：47.0，28；
07：49.7，28；　08：50.3，28；　09：50.5，28；
10：50.5，28；　11：50.5，28；　12：50.5，28；
13：50.5，28；　14：50.5，28；　15：50.5，28；
16：50.5，28；　17：50.5，28；　18：50.5，28；
19：50.5，28；　20：25.5，08。
2.3　卷軸裝。首殘尾全。經黃紙。卷面有水漬及殘破，接縫處有開裂，卷尾有黴斑。有燕尾。尾有原軸，兩端塗硃漆，頂端點黑漆。背有近代裱補。有烏絲欄。
3.1　首 17 行上下殘→大正 0262，09/0011C04～28。
3.2　尾全→大正 0262，09/0019A12。
4.2　妙法蓮華經卷第二（尾）。
8　7～8 世紀。唐寫本。
9.1　楷書。
10　卷背貼有白紙簽條，上寫：“《妙法蓮華經》卷第二，長二丈六尺二寸半，高七寸二。”“二十一”。

1.1　BD14430 號
1.3　大般涅槃經（北本）卷三
1.4　新 0630
2.1　（7+330+1.5）×26 厘米；9 紙；205 行，行 17 字。
2.2　01：7+26，20；　02：43.0，26；　03：43.0，26；
04：43.0，26；　05：43.0，26；　06：43.0，26；
07：43.0，26；　08：43.0，26；　09：3+1.5，03。
2.3　卷軸裝。首尾均殘。第 5、6 紙接縫上部開裂。已修整。有

烏絲欄。
3.1　首4行上下殘→大正0374，12/0380A25～B02。
3.2　尾行上殘→大正0374，12/0382C07～08。
8　5～6世紀。南北朝寫本。
9.1　隸書。
10　卷背粘有白紙簽條，上寫“六朝人寫經，長九尺7寸”。“五”。

1.1　BD14431號
1.3　救疾經
1.4　新0631
2.1　161×26.5厘米；4紙；100行，行17字。
2.2　01：42.5，26；　02：43.0，27；　03：43.0，26；
04：42.5，21。
2.3　卷軸装。首脱尾全。首紙上下邊有破裂。有上下邊欄，無竪欄。
3.1　首殘→大正2878，85/1361B26。
3.2　尾全→大正2878，85/1362C10。
4.2　佛說救疾病經一卷，卌五（尾）。
5　與《大正藏》本對照，文字略有參差，《大正藏》本首殘，故第一字無對照。
8　5～6世紀。南北朝寫本。
9.1　楷書。
10　包裹纸上寫“一”。

1.1　BD14432號
1.3　妙法蓮華經（八卷本）卷六
1.4　新0632
2.1　(30.5+785.7)×26厘米；19紙；495行，行17字。
2.2　01：15.5，09；　02：15+31，28；　03：46.2，28；
04：46.2，28；　05：46.2，28；　06：46.2，28；
07：46.5，28；　08：46.5，28；　09：46.5，28；
10：46.5，28；　11：46.2，28；　12：46.5，28；
13：46.5，28；　14：46.5，28；　15：46.5，28；
16：46.5，28；　17：46.5，28；　18：46.2，28；
19：12.5，10。
2.3　卷軸装。首殘尾全。打紙，研光上蠟。接縫處有開裂。尾有原軸，兩端塗紫紅色漆。有烏絲欄。
3.1　首17行下殘→大正0262，09/0042B17～C06。
3.2　尾全→大正0262，09/0050B22。
5　與《大正藏》本對照，分卷不同。經文相當於《大正藏》本卷五之第十六、十七品，卷六之第十八、十九品。屬於八卷本。
8　7～8世紀。唐寫本。
9.1　楷書。
10　卷背貼有白紙簽條，上寫：“《妙法蓮華經・分別功德品》第十七，長二丈四尺”。“十八”。

1.1　BD14433號
1.3　妙法蓮華經卷三
1.4　新0633
2.1　(21+814.5)×25.7厘米；18紙；505行，行17字。
2.2　01：21+26，27；　02：46.5，27；　03：46.5，27；
04：46.5，27；　05：45.5，26；　06：47.0，29；
07：47.0，29；　08：47.0，30；　09：47.0，29；
10：47.0，29；　11：47.0，30；　12：47.0，30；
13：47.0，29；　14：47.5，29；　15：47.0，29；
16：47.0，29；　17：47.0，29；　18：39.0，20。
2.3　卷軸装。首殘尾全。打紙，研光上蠟。卷面有破裂及殘洞。有燕尾。尾有原軸，兩端被卷面包裹部分塗紅色顔料漆，外端塗硃漆。有烏絲欄。已修整。
3.1　首12行中下殘→大正0262，09/0019C16～0020A02。
3.2　尾全→大正0262，09/0027B09。
4.2　妙法蓮華經卷第三（尾）。
8　7～8世紀。唐寫本。
9.1　楷書。
10　第2紙背貼有白紙簽條，上寫：“《妙法蓮花經・授記品》第六”。“十九”。

1.1　BD14434號
1.3　妙法蓮華經卷三
1.4　新0634
2.1　(16.5+898.9)×25.5厘米；20紙；524行，行17字。
2.2　01：16.5+17；　02：48.0，28；　03：48.0，28；
04：48.0，28；　05：48.0，28；　06：48.0，28；
07：48.3，28；　08：48.3，28；　09：48.3，28；
10：48.0，28；　11：48.0，27；　12：48.0，28；
13：48.0，28；　14：48.0，28；　15：48.0，28；
16：48.0，28；　17：48.0，28；　18：48.0，28；
19：48.0，28；　20：14.0，01。
2.3　卷軸装。首殘尾全。打紙，研光上蠟。卷面多水漬，有破裂。有燕尾。有烏絲欄。已修整。
3.1　首10行下殘→大正0262，09/0019B24～C05。
3.2　尾全→大正0262，09/0027B09。
4.2　妙法蓮華經卷第三（尾）
8　7～8世紀。唐寫本。
9.1　楷書。
10　包裹纸上寫“二五”。

1.1　BD14435號
1.3　妙法蓮華經卷二
1.4　新0635
2.1　(9+963.8)×24.5厘米；22紙；579行，行17字。
2.2　01：09.0，05；　02：50.7，28；　03：43.7，28；
04：45.7，28；　05：46.0，28；　06：46.0，28；

07：46.0，28；　08：45.7，28；　09：45.7，28；
10：45.7，28；　11：45.7，28；　12：45.7，28；
13：45.8，28；　14：46.0，28；　15：45.7，28；
16：45.7，28；　17：45.5，28；　18：45.7，28；
19：45.7，28；　20：45.7，28；　21：45.7，28；
22：45.7，15。

2.3　卷軸裝。首殘尾全。經黄打紙。卷首殘破，多水漬，有紅色污穢，卷上部有油污，接縫處多有開裂。有燕尾。有烏絲欄。

3.1　首5行中下殘→大正0262，09/0010C28～0011A08。

3.2　尾全→大正0262，09/0019A12。

4.2　妙法蓮華經卷第二（尾）

8　7～8世紀。唐寫本。

9.1　楷書。

10　卷尾背貼有白紙簽條："《妙法蓮華經》卷第二，長二丈八尺"。另有紙簽，上寫號碼"053"。

1.1　BD14436號

1.3　大般涅槃經（北本　宮本）卷三二

1.4　新0636

2.1　(3.8+255.3)×24.8厘米；6紙，125行，行17字。

2.2　01：3.8+33，19；　02：50.6，26；　03：50.5，26；
04：50.8，26；　05：50.6，26；　06：19.8，02。

2.3　卷軸裝。首殘尾全。經黄打紙。卷面有油污和水漬，第3、4紙接縫處脱開。有燕尾。有烏絲欄。

3.1　首2行上殘→大正0374，12/0555B10～11。

3.2　尾全→大正0374，12/0557B12。

4.2　大般涅槃經卷第三十二（尾）。

5　與《大正藏》本對照，分卷不同，與宮内省圖書寮本同。此卷經文相當於《大正藏》本卷第32前半部。

8　7～8世紀。唐寫本。

9.1　楷書。

10　卷背紙簽上寫有"十五"。

1.1　BD14437號

1.3　妙法蓮華經卷五

1.4　新0637

2.1　(3+681)×26厘米；15紙；446行，行17字。

2.2　01：3+37，26；　02：47.5，31；　03：47.5，31；
04：47.5，31；　05：46.5，31；　06：46.5，31；
07：46.5，31；　08：46.5，31；　09：46.5，31；
10：46.5，31；　11：46.5，31；　12：46.5，31；
13：46.5，31；　14：46.5，31；　15：36.5，17。

2.3　卷軸裝。首殘尾全。打紙，研光上蠟。首紙上邊有殘缺，上邊多有破裂。卷尾上部有2個蟲繭。有燕尾。有烏絲欄。已修整。

3.1　首2行上下殘→大正0262，09/0039C05～07。

3.2　尾全→大正0262，09/0046B14。

4.2　妙法蓮華經卷第五（尾）。

7.1　卷尾有題記12行："上元三年（676）十月十日群書手王舉寫/用紙二十一張/裝潢手解善集/初校群書手趙彦伯/再校群書手趙彦伯/三校群書手趙彦伯/詳閲太原寺大德神苻/詳閲太原寺大德嘉尚/詳閲太原寺主慧立/詳閲太原寺上座道成/判官司農寺上林署令李德/使朝散大夫守尚舍奉御閻玄道監。"

8　676年。唐寫本。

9.1　楷書。

10　卷背紙簽上寫有"023"。

1.1　BD14438號

1.3　大方廣佛華嚴經（晉譯五十卷本　異本）卷三六

1.4　新0638

2.1　893.5×26.5厘米；19紙；512行，行17字。

2.2　01：45.0，26；　02：45.5，26；　03：46.0，26；
04：46.0，26；　05：46.0，26；　06：46.0，26；
07：46.0，26；　08：46.0，26；　09：46.0，26；
10：46.0，26；　11：45.5，26；　12：34.5，20；
13：51.5，31；　14：51.5，30；　15：52.0，31；
16：52.0，31；　17：52.0，30；　18：52.0，31；
19：44.0，22。

2.3　卷軸裝。首脱尾全。卷首尾下邊有破裂，卷首接縫處下部開裂。有燕尾。有烏絲欄。有劃界欄針孔。已修整。

3.1　首殘→大正0278，09/0663A01。

3.2　尾全→大正0278，09/0669A26。

4.2　大方廣佛華嚴經卷第卅六（尾）。

5　與《大正藏》本對照，卷品開合不同。經文相當於《大正藏》本《大方廣佛華嚴經》卷第四十二"離心世問品"第三十三之七，卷第四十三"離心世間品"第三十三之八。與歷代大藏經分卷均不相同。

7.1　卷尾有題記："比丘道祥供養"。

8　5～6世紀。南北朝寫本。

9.1　楷書。

9.2　有行間校加字及倒乙。

10　卷首尾背各粘有白紙簽條，上寫"大方廣佛華嚴經，六朝比丘道祥供養"卷首背紙簽上還有"長二丈五尺，高七寸半"等字。另有紙簽，上寫號碼"003"。

1.1　BD14439號

1.3　悲華經卷二

1.4　新0639

2.1　(13+662+11)×26.8厘米；18紙；420行，行17字。

2.2　01：13+20，20；　02：39.0，24；　03：39.0，24；
04：39.0，24；　05：39.3，24；　06：39.0，24；
07：39.2，24；　08：39.0，24；　09：39.0，24；
10：39.0，24；　11：39.2，24；　12：39.3，24；
13：39.0，24；　14：39.0，24；　15：39.0，24；

16：39.0，24；　17：32.5，20；　18：23.5 +11，16。
2.3　卷軸裝。首尾均殘。有烏絲欄。已修整。
3.1　首 8 行上中殘→大正 0157，03/0176A13 ~ 20。
3.2　尾 3 行上中殘→大正 0157，03/0181A13 ~ 16。
8　5 ~ 6 世紀。南北朝寫本。
9.1　隸楷。
9.2　有行間校加字，有重文、倒乙及刪除符號。
10　第 2 紙背粘有白紙簽條，上寫“六朝人寫經，長十九尺，高七寸七分”。另有紙簽，上寫號碼“二”。
12　從本號背面揭下古代裱補紙 2 塊，今編為 BD16385 號。

1.1　BD14440 號
1.3　金剛般若波羅蜜經
1.4　新 0640
2.1　（5.5 +388 +27）×25.6 厘米；10 紙；249 行，行 17 字。
2.2　01：05.5，04；　02：47.5，28；　03：47.5，28；
04：47.5，28；　05：47.5，28；　06：47.5，28；
07：47.5，28；　08：47.5，28；　09：47.5，28；
10：8 +27，21。
2.3　卷軸裝。首尾均殘。經黄紙。卷面糟朽破損嚴重，有 2 排等距離圓洞。有烏絲欄。已修整。
3.1　首 4 行上殘→大正 0235，08/0749B13 ~ 16。
3.2　尾 15 行上下殘→大正 0235，08/0752B08 ~ 23。
5　與《大正藏》本對照，本號經文無冥司偈，參見《大正藏》，8/751C16 ~ 19。
8　7 ~ 8 世紀。唐寫本。
9.1　楷書。
10　第 9 紙背粘有白紙簽條，上寫“金剛經，長一丈二尺四寸”。另有紙簽，上寫號碼“082”。

1.1　BD14441 號
1.3　金剛般若波羅蜜經
1.4　新 0641
2.1　（11 +508）×26 厘米；11 紙；303 行，行 17 字。
2.2　01：11 +31，24；　02：51.0，29；　03：51.0，29；
04：51.0，29；　05：51.0，29；　06：51.0，29；
07：51.0，29；　08：51.0，29；　09：51.0，29；
10：51.0，29；　11：40.0，18。
2.3　卷軸裝。首殘尾全。經黄打紙。卷面有水漬，前 3 紙有等距離破損。尾有原軸，軸頭被切斷。有燕尾。背有古代裱補。有烏絲欄。
3.1　首 6 行上中殘→大正 0235，08/0748C22 ~ 27。
3.2　尾全→大正 0235，08/0752C03。
4.2　金剛般若波羅蜜經（尾）。
5　與《大正藏》本對照，本號經文無冥司偈，參見《大正藏》，8/751C16 ~ 19。
8　7 ~ 8 世紀。唐寫本。
9.1　楷書。
10　首紙背裱補紙上粘有白紙簽條，上寫“《金剛般若波羅蜜經》，長一丈五尺五寸”。有白紙簽條，上寫號碼“三六”。

1.1　BD14442 號
1.3　妙法蓮華經卷六
1.4　新 0642
2.1　（2 +935.7）×26.2 厘米；19 紙；521 行，行 17 字。
2.2　01：2 +46.5，28；　02：49.3，28；　03：49.3，28；
04：49.3，28；　05：49.3，28；　06：49.3，28；
07：49.3，28；　08：49.3，28；　09：49.3，28；
10：49.3，28；　11：49.3，28；　12：49.5，28；
13：49.5，28；　14：49.5，28；　15：49.5，28；
16：49.5，28；　17：49.5，28；　18：49.7，28；
19：49.5，17。
2.3　卷軸裝。首殘尾全。打紙，砑光上蠟。卷面多油污，首紙上下邊殘缺，中間有破裂，第 2、3 紙下邊有殘缺，第 10 紙至卷尾下邊有等距離殘缺。有燕尾。有烏絲欄。已修整。
3.1　首行上殘→大正 0262，09/0047C08。
3.2　尾全→大正 0262，09/0055A09。
4.2　妙法蓮華經卷第六（尾）。
8　7 ~ 8 世紀。唐寫本。
9.1　楷書。
10　卷背紙簽上寫有“二二”。

1.1　BD14443 號
1.3　大般涅槃經（北本）卷二〇
1.4　新 0643
2.1　（4.9 +709.2）×25.2 厘米；15 紙；391 行，行 17 字。
2.2　01：4.9 +27，18；　02：50.5，28；　03：50.1，28；
04：50.6，28；　05：50.7，28；　06：50.4，28；
07：50.4，28；　08：50.1，28；　09：50.1，28；
10：50.0，28；　11：50.1，28；　12：50.0，28；
13：50.0，28；　14：50.6，28；　15：28.6，09。
2.3　卷軸裝。首殘尾全。首紙上方有破損，第 2、3 紙上邊有等距離殘缺及殘洞。尾有原軸，兩端塗黑漆，頂端點硃漆。有劃界欄針孔。有烏絲欄。
3.1　首 3 行上下殘→大正 0374，12/0481B06 ~ 09。
3.2　尾全→大正 0374，12/0486A13。
4.2　大般涅槃經卷第廿（尾）。
8　5 ~ 6 世紀。南北朝寫本。
9.1　楷書。
10　首紙背粘有白紙簽條，上寫“《大般涅槃經》卷第二十，長二丈八寸”。有白紙簽條，上寫號碼“十六”。

1.1　BD14444 號
1.3　灌頂隨願往生十方淨土經

1.4　新0644
2.1　(14+420.5)×26.7厘米；10紙；245行，行17字。
2.2　01：14+14，15；　02：48.0，28；　03：48.0，28；
04：48.0，28；　05：48.0，28；　06：48.0，28；
07：48.0，28；　08：48.0，28；　09：48.0，28；
10：22.5，06。
2.3　卷軸裝。首殘尾全。首紙有破裂。卷背多鳥糞。有燕尾。有烏絲欄。已修整。
3.1　首6行中上殘→大正1331，21/0529B06～12。
3.2　尾全→大正1331，21/0532B03。
4.2　隨願往生經一卷（尾）。
8　7～8世紀。唐寫本。
9.1　楷書。
10　第2紙背粘有白紙簽條，上寫“佛說隨願往生經一卷，長一丈二尺一寸”。有白紙簽條，上寫號碼“三一”。

1.1　BD14445號
1.3　淨度三昧經卷二
1.4　新0645
2.1　(6.7+375.7+8)×25.5厘米；12紙；256行，行19字。
2.2　01：05.0，03；　02：1.7+33.5，23；　03：35.0，23；
04：35.0，23；　05：35.2，23；　06：35.0，23；
07：35.0，23；　08：35.0，23；　09：35.0，23；
10：35.0，23；　11：35.0，23；　12：27+8，23。
2.3　卷軸裝。首尾均殘。卷上下有殘缺。有烏絲欄。已修整。
3.1　首4行上中殘→《藏外佛教文獻》，07/0272A04～07。
3.2　尾5行上中殘→《藏外佛教文獻》，07/0286A07～13。
6.2　尾→斯07444號。
8　5～6世紀。南北朝寫本。
9.1　隸楷。
9.2　有校改。
10　卷背有紙簽上寫有“六朝人寫經，長一丈〇七寸，高七寸三”、另有紙簽，上寫“三”。

1.1　BD14446號
1.3　觀無量壽佛經卷一
1.4　新0646
2.1　(7.5+728.5)厘米；17紙；425行，行17字。
2.2　01：7.5+8，10；　02：41.0，05；　03：08.5，05；
04：48.0，28；　05：48.0，28；　06：48.0，28；
07：48.0，28；　08：48.0，28；　09：48.0，28；
10：48.0，28；　11：48.0，28；　12：48.0，28；
13：48.0，28；　14：48.5，28；　15：48.5，28；
16：48.0，28；　17：46.0，20。
2.3　卷軸裝。首殘尾全。卷面多有破裂殘缺。有燕尾。前2紙係後補。有烏絲欄。
3.1　首5行中下殘→大正0365，12/0341A13～18。
3.2　尾全→大正0365，12/0346B21。
4.2　佛說無量壽觀經一卷（尾）。
8　7～8世紀。唐寫本。
9.1　楷書。
9.2　有行間校加字。
10　卷首背貼有白紙簽條，上寫：“佛說無量壽觀經，長二丈一尺八寸。”另有白紙簽條，上寫號碼“三四”。

1.1　BD14447號
1.3　妙法蓮華經卷一
1.4　新0647
2.1　(2.5+879.2)×25.2厘米；19紙；512行，行17字。
2.2　01：2.5+42.5，26；　02：47.5，28；　03：47.5，28；
04：47.8，28；　05：47.8，28；　06：47.8，28；
07：48.0，28；　08：48.0，28；　09：48.0，28；
10：48.0，28；　11：48.0，28；　12：48.3，28；
13：48.2，28；　14：48.2，28；　15：48.2，28；
16：48.0，28；　17：48.2，28；　18：48.2，28；
19：21.0，10。
2.3　卷軸裝。首尾均全。經黄打紙，砑光上蠟。首紙至第4紙有等距離殘洞。有烏絲欄。
3.1　首行中殘→大正0262，09/0001C14～18。
3.2　尾全→大正0262，09/0010B21。
4.1　妙法蓮［華經序］品第一（首）。
4.2　妙法蓮華經卷第一（尾）。
8　7～8世紀。唐寫本。
9.1　楷書。
10　卷首背貼有白紙簽條：上寫“《妙法蓮華經・序品》第一，長二丈七尺，高七寸五。”另有紙簽，上寫號碼“二八”。

1.1　BD14448號
1.3　觀無量壽佛經
1.4　新0648
2.1　(12.5+715)×27.3厘米；16紙；415行，行17字。
2.2　01：08.5，05；　02：4+43，28；　03：48.0，28；
04：48.0，28；　05：48.0，28；　06：48.0，28；
07：48.0，28；　08：48.0，28；　09：48.0，28；
10：48.0，28；　11：48.0，28；　12：48.0，28；
13：48.0，28；　14：48.0，28；　15：48.0，28；
16：48.0，18。
2.3　卷軸裝。首殘尾全。卷面多水漬，有黴斑，有破裂殘缺。有烏絲欄。已修整。
3.1　首5行上下殘→大正0365，14/0341A22～27。
3.2　尾全→大正0365，12/0346B21。
4.2　佛說無量壽觀經一卷（尾）。
8　7～8世紀。唐寫本。
9.1　楷書。

9.2 有錯字，被刮去，未補字。
10 卷尾背貼有白紙簽條："佛說無量壽觀經，長二丈。"另有紙簽，上寫號碼"三三"。

1.1 BD14449號
1.3 妙法蓮華經（八卷本）卷七
1.4 新0649
2.1 （10+784.5）×26.3厘米；17紙；450行，行17字。
2.2 01：10+39，28； 02：48.8，28； 03：48.8，28；
04：48.8，28； 05：48.8，28； 06：48.8，28；
07：48.8，28； 08：48.8，28； 09：48.8，28；
10：48.8，28； 11：48.8，28； 12：48.8，28；
13：48.8，28； 14：48.8，28； 15：48.8，28；
16：48.8，28； 17：15.0，02。
2.3 卷軸裝。首殘尾全。經黄打紙，砑光上蠟。卷面有破裂。尾有原軸，兩端塗黑漆，頂端點硃漆。有烏絲欄。
3.1 首5行下殘→大正0262，09/0050C20～25。
3.2 尾全→大正0262，09/0056C01。
4.2 妙法蓮華經卷第七（尾）。
5 與《大正藏》本對照，分卷不同。經文相當於《大正藏》卷六之第二十品至卷七之第二十四品。屬於八卷本。
8 7～8世紀。唐寫本。
9.1 楷書。
10 卷首背貼有白紙簽條，寫有："妙法蓮花經卷□□，長廿二尺三"。另有紙簽，上寫號碼"073"。

1.1 BD14450號A
1.3 大般涅槃經（北本 思溪本）卷一六
1.4 新0650
2.1 （552.1+1.9）×24.8厘米；11紙；318行，行17字。
2.2 01：38.0，22； 02：52.3，30； 03：52.6，30；
04：52.3，30； 05：52.6，30； 06：52.3，30；
07：52.7，30； 08：51.9，30； 09：52.2，30；
10：52.2，30； 11：43+1.9，26。
2.3 卷軸裝。首尾均殘。卷面多處殘缺破損。有烏絲欄。已修整。
3.1 首殘→大正0374，12/0459A29。
3.2 尾行上殘→大正0374，12/0463A13～14。
5 與《大正藏》本對照，分卷不同。此卷經文相當於《大正藏》本卷第十六後半部與卷第十七起始部分。與《思溪藏》、《普寧藏》、《嘉興藏》本分卷相同。
8 5～6世紀。南北朝寫本。
9.1 楷書。
10 有紙簽，上寫號碼"六"。

1.1 BD14450號B
1.3 大般涅槃經（北本）卷一一
1.4 新0650
2.1 （3.3+232.6）×24.8厘米；5紙；131行，行17字。
2.2 01：3.3+49.2，32； 02：53.0，32； 03：52.6，32；
04：53.2，32； 05：24.6，03。
2.3 卷軸裝。首殘尾全。第3、4紙接縫處下開裂，尾紙邊角有殘損。卷尾有蟲繭。有燕尾。有烏絲欄。
3.1 首2行上下殘→大正0374，12/0432B01～03。
3.2 尾全→大正0374，12/0433C19。
4.2 大般涅槃經第十一（尾）。
8 5～6世紀。南北朝寫本。
9.1 楷書。
10 卷尾背粘有白紙簽條，上寫："（北魏）《大般涅槃經》卷十一，長二丈二尺四寸。"

1.1 BD14451號
1.3 妙法蓮華經卷二
1.4 新0651
2.1 （23.5+350.8+2）×25.5厘米；8紙；222行，行17字。
2.2 01：23.5+22，26； 02：47.3，28； 03：47.3，28；
04：47.3，28； 05：47.3，28； 06：47.3，28；
07：47.3，28； 08：45+2，28。
2.3 卷軸裝。首全尾殘。經黄打紙。卷首右下殘缺，卷面多水漬，有破裂及殘洞，第1、2紙接縫處下部開裂。卷尾有鳥糞。有烏絲欄。
3.1 首13行下殘→大正0262，09/0010B24～C12。
3.2 尾行中殘→大正0262，09/0013C07～08。
4.1 妙法蓮華經譬喻品第三，二（首）。
8 7～8世紀。唐寫本。
9.1 楷書。
10 卷背另有紙簽，上寫號碼"二四"。

1.1 BD14452號
1.3 妙法蓮華經卷二
1.4 新0652
2.1 （7.5+959.2）×26.3厘米；21紙；541行，行17字。
2.2 01：02.0，01； 02：5.5+44，28； 03：49.5，28；
04：49.5，28； 05：49.0，28； 06：49.3，28；
07：49.3，28； 08：49.3，28； 09：49.3，28；
10：49.3，28； 11：49.3，28； 12：49.3，28；
13：49.3，28； 14：49.3，28； 15：49.3，28；
16：49.3，28； 17：49.3，28； 18：49.3，28；
19：49.3，28； 20：49.0，28； 21：28.0，08。
2.3 卷軸裝。首殘尾全。經黄打紙，砑光上蠟。首紙下邊有殘缺，卷面多有破裂，第6、7紙接縫處下部開裂。有燕尾。尾有原軸，兩端鑲蓮蓬形軸頭，上邊有紅、白玉石嵌花。背有古代裱補。有烏絲欄。
3.1 首4行中下殘→大正0262，09/0011B20～24。

3.2　尾全→大正 0262，09/0019A12。
4.2　妙法蓮華經卷第二（尾）。
8　7～8 世紀。唐寫本。
9.1　楷書。
10　卷首背貼有白紙簽條："《妙法蓮花經・信解品》長二丈六尺。"另有紙簽，上寫號碼"057"。

1.1　BD14453 號
1.3　金剛般若波羅蜜經
1.4　新 0653
2.1　449.6×26 厘米；10 紙；282 行，行 17 字。
2.2　01：46.8，31；　02：46.5，31；　03：46.5，31；
04：46.5，31；　05：46.5，31；　06：46.5，31；
07：46.3，31；　08：46.5，31；　09：46.5，32；
10：31.0，02。
2.3　卷軸裝。首脫尾全。上下方多有破裂。背有古代裱補。有烏絲欄。
3.1　首殘→大正 0235，08/0749A23。
3.2　尾全→大正 0235，08/0752C03。
4.2　金剛般若波羅蜜經（尾）。
5　與《大正藏》本對照，本號經文無冥司偈，參見《大正藏》，8/751C16～19。
7.1　尾有題記 12 行："咸亨五年（674）四月五日門下省群書手申待徵寫/用紙十二張/裝潢手，解集/初校書手，申徵/再校書手，程賓/三校書手，程賓/詳閱太原寺大德神苻/詳閱太原寺大德嘉尚/詳閱太原寺主慧立/詳閱太原寺座道成/判官司農寺上林署令李善德/使太中大夫守工部侍郎永興縣開國公虞昶監。/"
8　674 年。唐寫本。
9.1　楷書。
10　卷背另有紙簽，上寫號碼"022"。

1.1　BD14454 號
1.3　大智度論卷四八
1.4　新 0654
2.1　（4＋801.6＋3.9）×27.2 厘米；20 紙；500 行，行 19 字。
2.2　01：4＋16.4，12；　02：41.4，26；　03：42.1，26；
04：42.0，26；　05：42.0，26；　06：42.0，26；
07：42.1，26；　08：41.9，26；　09：42.0，26；
10：42.1，26；　11：42.0，26；　12：42.0，26；
13：41.9，26；　14：42.0，26；　15：42.0，26；
16：41.9，26；　17：41.8，26；　18：42.0，26；
19：41.8，26；　20：30.2＋3.9，20。
2.3　卷軸裝。首尾均殘。前 2 紙有破裂殘損；第 6 紙前方下有 1 處破裂。有烏絲欄。
3.1　首 2 行下殘→大正 1509，25/0402C24～0403A03。
3.2　尾行中殘→大正 1509，25/0409C15。
4.2　摩訶衍經卷第卌八□□□（尾）。
7.1　卷尾名題下有題記："□…□［比丘］善慧所寫供養。"
8　5 世紀。南北朝寫本。
9.1　隸楷。
9.2　有重文號。
10　第 2 紙背粘有白紙簽條，上寫："《摩訶衍經》卷第四十八，比丘善慧所寫，長二十二尺六寸半，高七寸八分。"另有紙簽，上寫號碼"七"。

1.1　BD14455 號
1.3　文殊師利所說摩訶般若波羅蜜經（一卷本）
1.4　新 0655
2.1　（7.5＋489.5）×27.8 厘米；10 紙；374 行，行 26 字。
2.2　01：7.5＋42，39；　02：50.0，40；　03：50.0，40；
04：50.0，40；　05：50.0，40；　06：50.0，40；
07：50.0，40；　08：47.5，38；　09：50.0，40；
10：50.0，17。
2.3　卷軸裝。首尾均全。前 2 紙上下邊殘損，中間有破裂，第 1、2 紙接縫處脫開。有烏絲欄。已修整。
3.1　首 5 行上殘→大正 0232，08/0726A25～B04。
3.2　尾全→大正 0232，08/0732C09。
4.1　□□□□□□摩訶般若波羅蜜經卷（首）。
4.2　文殊師利所說般若波羅蜜經卷（尾）。
5　與《大正藏》本對照，本件經文不分卷。與日本宮內寮本及《思溪藏》、《普寧藏》、《嘉興藏》本相同。
8　8～9 世紀。吐蕃統治時期寫本。
9.1　楷書。
10　卷尾背粘有白紙簽條，上寫"《文殊師利所說般若波羅蜜經》，小字，長一丈四尺二寸。"另有紙簽，上寫號碼"086"。

1.1　BD14456 號
1.3　佛名經（十六卷本）卷六
1.4　新 0656
2.1　1149×31.7 厘米；25 紙；486 行，行 21 字。
2.2　01：46.0，20；　02：46.0，20；　03：46.0，20；
04：46.0，20；　05：46.0，20；　06：46.0，20；
07：46.0，20；　08：46.0，20；　09：46.0，20；
10：46.0，20；　11：46.0，20；　12：46.0，20；
13：46.0，20；　14：46.0，20；　15：46.0，20；
16：46.0，20；　17：46.0，20；　18：46.0，20；
19：46.0，20；　20：46.0，20；　21：46.0，20；
22：46.0，20；　23：46.0，20；　24：46.0，20；
25：45.0，06。
2.3　卷軸裝。首脫尾全。卷上下邊多有殘破，第 22、23 紙接縫上部開裂。有烏絲欄。
3.1　首殘→《七寺古逸經典研究叢書》，03/0279A01。
3.2　尾全→《七寺古逸經典研究叢書》，03/0319A14。
4.2　佛說佛名經卷第六（尾）。

7.1　卷尾有題記："靈應寫"。
8　9~10世紀。歸義軍時期寫本。
9.1　楷書。
10　首紙背粘有白紙簽條，上寫"大字，《佛説佛名經》卷六，長三丈四尺一寸"。另有紙簽，上寫號碼"018"。

1.1　BD14457號
1.3　藥師琉璃光七佛本願功德經卷下
1.4　新0657
2.1　(8.5+610.6)×26.1厘米；15紙；377行，行17字。
2.2　01：8.5+7.6，10；　02：43.8，28；　03：43.8，28；
04：43.9，28；　05：43.9，28；　06：43.7，28；
07：44.0，28；　08：43.9，28；　09：43.8，28；
10：44.0，28；　11：44.3，28；　12：43.8，28；
13：44.0，28；　14：44.2，28；　15：31.9，04。
2.3　卷軸裝。首殘尾全。打紙，砑光上蠟。卷面多處破損。背有古代裱補。已修整。
3.1　首5行上下殘→大正0451，14/0413C23~27。
3.2　尾全→大正0451，14/0418A29。
4.2　新譯藥師瑠璃光七佛本願功德經卷下（尾）。
7.1　卷尾有題記18行：
"大唐景龍元年（707）歲次丁未乙甲申朔六日/
辛丑翻經三藏沙門義淨奉/
制在内道場譯並綴文/
翻經沙門婆羅門大德槃度讀梵文/
翻經沙門荊州大唐龍興寺大德景證義/
翻經沙門大總持寺上座大宜證文/
翻經沙門大薦福寺上座道岸證義/
翻經沙門大福先寺大德勝莊證義/
翻經沙門相州禪河寺大德玄傘筆受/
翻經沙門大唐龍興寺大德利明證義/
中大夫檢校兵部侍郎臣崔湜潤文/
太中大夫行給事中上柱國臣盧粲潤文正字/
太中大夫宗正寺少卿臣沈務本潤文/
中大夫前吉州長史上柱國臣李元敬正字/
秘書省楷書令史臣杜元禮寫/
典秘書省楷書令史臣楊乾僧/
判官朝議郎著作佐郎臣劉令植/
使秘書監駙馬都尉上柱國觀國公臣楊慎交。/"
8　8世紀。唐寫本。
9.1　楷書。
10　卷尾背粘有白紙簽條，上寫"《新譯藥師琉璃光七佛本願功德經》卷下，唐景龍元年杜元禮寫，長十六尺八寸半，高七寸四分。"另有紙簽，上寫號碼"028"。

1.1　BD14458號
1.3　維摩詰所說經卷下
1.4　新0658
2.1　789.4×25.5厘米；16紙；433行，行17字。
2.2　01：49.5，28；　02：49.5，28；　03：49.4，28；
04：49.3，28；　05：49.5，28；　06：50.5，28；
07：50.5，28；　08：50.5，28；　09：50.5，28；
10：50.5，28；　11：50.5，28；　12：50.3，28；
13：50.5，28；　14：50.4，28；　15：50.5，28；
16：37.5，13。
2.3　卷軸裝。首脱尾全。麻紙，未入潢。接縫處多有脱開。有燕尾。有烏絲欄。已修整。
3.1　首殘→大正0475，14/0552B03。
3.2　尾全→大正0475，14/0557B26。
4.2　維摩詰經卷下（尾）。
8　7~8世紀。唐寫本。
9.1　楷書。
9.2　有刮改。
10　尾紙背有紙簽，上寫"《維摩詰經》卷下，長二丈一尺八寸"，包布上有題簽"唐人寫《維摩經》卷下，長二丈一尺八寸高七寸五分，040"。繫帶上有一紙簽，上寫"接，3916"。另有紙簽，上寫號碼"040"。

1.1　BD14459號
1.3　大般涅槃經（北本）卷三
1.4　新0659
2.1　(13.5+893)×25.7厘米；19紙；509行，行17字。
2.2　01：13.5+23.5，25；　02：49.5，28；　03：49.5，28；
04：49.5，28；　05：49.5，28；　06：49.5，28；
07：49.5，28；　08：49.5，28；　09：49.5，27；
10：49.5，28；　11：49.5，28；　12：49.5，28；
13：49.5，28；　14：49.5，28；　15：49.5，28；
16：49.5，28；　17：49.5，28；　18：49.5，28；
19：28.0，09。
2.3　卷軸裝。首殘尾全。經黄打紙。第1~4紙下邊有等距離殘洞。尾有原軸，兩端鑲蓮蓬形軸頭，下軸頭脱落。有烏絲欄。
3.1　首5行中上殘→大正0374，12/0379A13~17。
3.2　尾全→大正0374，12/0385B06。
4.2　大般涅槃經卷第三（尾）。
8　7~8世紀。唐寫本。
9.1　楷書。
10　首紙背粘有白紙，殘存"涅槃經"3字。另有紙簽，上寫號碼"042"。

1.1　BD14460號
1.3　金剛般若波羅蜜經
1.4　新0660
2.1　(4.5+371.2+3.5)×25.5厘米；9紙；225行，行17字。
2.2　01：4.5+11.1，10；　02：44.9，28；　03：45.3，28；

04：45.5，28；　05：45.3，28；　06：45.4，28；
07：45.6，28；　08：45.6，28；　09：42.5+3.5，19。
2.3　卷軸裝。首尾均殘。經黄打紙。第1至4紙有等距離鼠嚙殘洞，第5、6紙接縫處脱開，尾紙左下被剪缺。已修整。
3.1　首3行上殘→大正0235，08/0749C21～23。
3.2　尾全→大正0235，08/0752C03。
4.2　金剛般若經（尾）。
5　與《大正藏》本對照，本號經文無冥司偈，參見《大正藏》，8/751C16～19。
8　7～8世紀。唐寫本。
9.1　楷書。
10　卷尾背粘有白紙簽條，上寫"《金剛經》，長一丈一尺"。無包布。

1.1　BD14461號
1.3　妙法蓮華經卷三
1.4　新0661
2.1　(9+950.2)×26厘米；21紙；539行，行17字。
2.2　01：9+10，11；　02：46.5，28；　03：46.8，28；
04：46.8，28；　05：46.8，28；　06：46.8，28；
07：46.8，28；　08：46.8，28；　09：46.8，28；
10：46.8，28；　11：25.5，15；　12：47.8，28；
13：48.0，28；　14：48.0，28；　15：48.0，28；
16：48.0，28；　17：48.0，28；　18：48.0，28；
19：48.0，28；　20：48.0，28；　21：22.0，09。
2.3　卷軸裝。首殘尾全。經黄紙。卷面多水漬，前2紙下邊有殘缺。有燕尾。有烏絲欄。已修整。
3.1　首2行上下殘→大正0262，09/0019B05～07。
3.2　尾全→大正0262，09/0027B09。
4.2　妙法蓮華經卷第三（尾）。
8　7～8世紀。唐寫本。
9.1　楷書。
9.2　有行間校加字。
10　卷尾背貼有白紙簽條："《妙法蓮華經》卷三，長二丈六尺，高七寸五。"

1.1　BD14462號
1.3　妙法蓮華經卷六
1.4　新0662
2.1　(11.5+795.7+5.5)×26厘米；18紙；485行，行17字。
2.2　01：11.5+27，23；　02：47.0，28；　03：47.0，28；
04：47.0，28；　05：47.0，28；　06：47.0，28；
07：47.0，28；　08：47.0，28；　09：47.0，28；
10：46.8，28；　11：47.0，28；　12：46.8，28；
13：47.0，28；　14：47.0，28；　15：47.0，28；
16：46.8，28；　17：46.8，28；　18：17.5+5.5，14。
2.3　卷軸裝。首尾均殘。打紙，研光上蠟。卷面多有水漬及破裂，接縫處多有開裂。有烏絲欄。已修整。
3.1　首7行上下殘→大正0262，09/0047C13～25。
3.2　尾3行中殘→大正0262，09/0054C07～10。
8　7～8世紀。唐寫本。
9.1　楷書。
10　卷尾背貼有白紙簽條："《妙法蓮花經・囑累品》，長二丈三尺三寸"。另有紙簽，上寫號碼"068"。

1.1　BD14463號
1.3　維摩詰所説經卷上
1.4　新0663
2.1　(5+665.3)×25.5厘米；17紙；366行，行17字。
2.2　01：5+6.5，7；　02：43.0，24；　03：44.0，24；
04：44.5，24；　05：44.7，24；　06：43.7，24；
07：41.7，23；　08：42.0，23；　09：43.0，23；
10：42.0，23；　11：37.5，20；　12：44.0，25；
13：44.0，25；　14：44.2，25；　15：44.0，25；
16：42.0，24；　17：14.5，03。
2.3　卷軸裝。首殘尾全。經黄打紙，研光上蠟。有烏絲欄。已修整。本件尾紙與前紙的紙色不同。
3.1　首3行上下殘→大正0475，14/0539C08～11。
3.2　尾全→大正0475，14/0544A19。
4.2　維摩詰經卷上（尾）。
8　7～8世紀。唐寫本。
9.1　楷書。
10　本件第2紙背有一近代人貼白紙簽條，上寫："《維摩詰經》卷上，長一丈八尺二寸。"包布上有題簽："唐人寫《維摩經》卷上，長一丈八尺二寸五分，038。"繫帶上有一小白紙簽條，上寫"接，3921"。

1.1　BD14464號
1.3　大般涅槃經（北本　異卷）卷八
1.4　新0664
2.1　(8+875.1)×27.2厘米；20紙；529行，行17字。
2.2　01：8+18.4，16；　02：46.6，28；　03：46.8，28；
04：46.9，28；　05：46.8，28；　06：46.8，28；
07：46.8，28；　08：46.8，28；　09：46.8，28；
10：46.8，28；　11：46.9，28；　12：46.6，28；
13：46.8，28；　14：46.3，28；　15：46.5，28；
16：46.4，28；　17：46.4，28；　18：46.5，28；
19：46.5，28；　20：16.7，09。
2.3　卷軸裝。首殘尾全。卷面多水漬，首紙有殘裂、殘破。有烏絲欄。
3.1　首5行上下殘→大正0374，12/0411A17～21。
3.2　尾全→大正0374，12/0417C01。
4.2　大般涅槃經卷第八（尾）。
5　與《大正藏》本對照，卷品開合不同。經文相當於《大正

藏》本卷八大部與卷九前部。與歷代藏經分卷均不相同，為異卷。
8　7～8世紀。唐寫本。
9.1　楷書。
10　首紙背粘貼有白紙簽條，上寫：“《大般涅槃經》卷第八，長廿四尺八寸半，高七寸八分。”另有紙簽，上寫號碼“044”。

1.1　BD14465號
1.3　灌頂章句拔除過罪生死得度經
1.4　新0665
2.1　（15.5＋551.6）×24.9厘米；13紙；324行，行17字。
2.2　01：15.5，09；　02：47.0，28；　03：47.1，28；
04：47.0，28；　05：47.0，28；　06：47.1，28；
07：47.1，28；　08：47.0，28；　09：46.8，28；
10：47.0，28；　11：47.0，28；　12：47.0，28；
13：19.0，07。
2.3　卷軸裝。首殘尾全。經黄打紙。卷面有等距離蟲蛀殘洞，第3、4紙接縫處上開裂。有燕尾。有烏絲欄。已修整。
3.1　首9行下殘→大正1331，21/0532B27～C07。
3.2　尾全→大正1331，21/0536B05。
4.2　藥師經一卷（尾）。
8　7～8世紀。唐寫本。
9.1　楷書。
10　第2紙背粘有白紙簽條，上寫：“《藥師經》，長一丈六尺。”另有紙簽，上寫號碼“035”。

1.1　BD14466號
1.3　金剛般若波羅蜜經
1.4　新0666
2.1　（19＋457.5）×25厘米；10紙；正面274行，行17字；背面10行。
2.2　01：19＋27，28；　02：48.0，28；　03：48.0，28；
04：48.0，28；　05：48.0，28；　06：48.0，28；
07：48.0，28；　08：48.0，28；　09：48.0，28；
10：46.5，22。
2.3　卷軸裝。首殘尾全。打紙，砑光上蠟。首紙上部有殘片脱落，卷上下多有破裂。背有古代裱補。有烏絲欄。已修整。
2.4　本遺書包括2個文獻：（一）《金剛般若波羅蜜經》，274行，抄寫在正面，今編為BD14466號。（二）《某寺經濟文書》（擬），10行，抄寫在背面裱補紙上，今編為BD14466號背。
3.1　首8行下殘→大正0235，08/0749A17～27。
3.2　尾全→大正0235，08/0752C03。
4.2　金剛般若波羅蜜經（尾）。
5　與《大正藏》本對照，本號經文無冥司偈，參見《大正藏》，8/751C16～19。
8　7～8世紀。唐寫本。
9.1　楷書。
9.2　有硃筆斷句。
10　首紙背粘有白紙簽條，上寫：“《金剛經》，長一丈三尺。”另有紙簽，上寫號碼“081”。

1.1　BD14466號背
1.3　某寺經濟文書（擬）
1.4　新0666
2.4　本遺書由2個文獻組成，本文獻為第2個，10行，抄寫在背面裱補紙上。餘參見BD14466號1之第2項。
3.4　説明：
本遺書包括4個殘片，大小不一，總計10行。錄文如下：
殘片一，1行：
（錄文）
□…□十一月十五日諸磑戶/
（錄文完）
殘片二，4行：
（錄文）
□…□油/
□…□疋/
□…□麵柴粟疋/
□…□油（納?）/
（錄文完）
殘片三，4行：
（錄文）
□…□柴/
□…□粟/
□…□粟柴/
□…□粟柴/
（錄文完）
殘片四，1行：
（錄文）
□…□納煙大德具數如□…□/
（錄文完）
8　9～10世紀。歸義軍時期寫本。
9.1　楷書。

1.1　BD14467號
1.3　妙法蓮華經卷二
1.4　新0667
2.1　152.5×26.5厘米；3紙；84行，行17字。
2.2　01：51.0，28；　02：51.0，28；　03：50.5，28。
2.3　卷軸裝。首尾均脱。經黄打紙。卷面多水漬，有殘破。已修整。有烏絲欄。
3.1　首殘→大正0262，09/0011B22。
3.2　尾殘→大正0262，09/0012C09。
8　7～8世紀。唐寫本。
9.1　楷書。

10　卷背貼有紙簽，上寫："唐寫經，長四尺二寸，高七寸五分。"另有紙簽，上寫號碼"三五"。

1.1　BD14468 號
1.3　西方阿彌陀佛禮懺文（擬）
1.4　新 0668
2.1　（6.8 +112.5）×28.5 厘米；4 紙；46 行，行 14 ~16 字。
2.2　01：6.5 +4，5；　02：41.0，17；　03：41.5，18；
04：26.0，06。
2.3　卷軸裝。首殘尾全。前 2 紙有殘洞和破裂。已修整。有折疊欄。
3.4　説明：

本遺書首 3 行中上殘，尾全。所抄文獻為禮懺文，禮懺西方阿彌陀佛，故擬此名。

本文獻未為歷代大藏經所收。《大正藏》第八十五卷第 2829 號據斯 2143 號錄文，擬名作"持齋念佛懺悔禮文"，其實該號為《某僧手本》，其中包括好幾個文獻，最後一個文獻與本文獻相同，但段落前後有異，文字亦有異同，故互為異本。參見《大正藏》，85/1267C14 ~1268B22。

7.1　尾有題記 1 行："開元五年（717）五月八日佛弟子昭武校尉上柱國令狐若弼敬轉寫。"
7.3　卷背有雜寫"南無"。
8　717 年。唐寫本。
9.1　楷書。
10　黃布包皮有題簽："唐開元五年昭武校尉上柱國令狐若弼寫禮佛懺，長三尺六寸高八寸，029。"繫帶上有一小紙簽，上寫"接，3926"。

1.1　BD14469 號
1.3　妙法蓮華經卷二
1.4　新 0669
2.1　（6.5 +995.5）×26 厘米；25 紙；516 行，行 17 字。
2.2　01：6.5 +11.5，10；　02：41.5，22；　03：41.5，22；
04：41.8，22；　05：42.0，22；　06：42.0，22；
07：41.8，22；　08：42.0，22；　09：42.3，22；
10：42.0，22；　11：42.0，22；　12：42.0，22；
13：42.0，22；　14：42.0，22；　15：41.5，22；
16：42.0，22；　17：42.0，22；　18：42.0，22；
19：42.0，22；　20：42.3，22；　21：41.2，22；
22：41.2，22；　23：41.2，22；　24：41.2，22；
25：22.5，拖尾。
2.3　卷軸裝。首殘尾全。卷首殘爛嚴重，卷面多水漬、污穢及破裂。有燕尾。有烏絲欄。已修整。
3.1　首 4 行上下殘→大正 262 9/11C19 ~25。
3.2　尾全→9/19A11。
7.1　卷尾有勘記"二十四"，係本卷所用紙數。
8　7 ~8 世紀。唐寫本。
9.1　楷書。
10　卷背貼有紙簽，上寫"《妙法蓮華經·信解品第四》"、"三十"。

新舊編號對照表

新字頭號與北敦號對照表

新字頭號	北敦號
新 0627	BD14427 號
新 0628	BD14428 號
新 0629	BD14429 號
新 0630	BD14430 號
新 0631	BD14431 號
新 0632	BD14432 號
新 0633	BD14433 號
新 0634	BD14434 號
新 0635	BD14435 號
新 0636	BD14436 號
新 0637	BD14437 號
新 0638	BD14438 號
新 0639	BD14439 號
新 0640	BD14440 號
新 0641	BD14441 號
新 0642	BD14442 號
新 0643	BD14443 號
新 0644	BD14444 號
新 0645	BD14445 號
新 0646	BD14446 號
新 0647	BD14447 號
新 0648	BD14448 號
新 0649	BD14449 號
新 0650	BD14450 號 A
新 0650	BD14450 號 B
新 0651	BD14451 號
新 0652	BD14452 號
新 0653	BD14453 號
新 0654	BD14454 號
新 0655	BD14455 號
新 0656	BD14456 號
新 0657	BD14457 號
新 0658	BD14458 號
新 0659	BD14459 號
新 0660	BD14460 號
新 0661	BD14461 號
新 0662	BD14462 號
新 0663	BD14463 號
新 0664	BD14464 號
新 0665	BD14465 號
新 0666	BD14466 號
新 0666	BD14466 號背
新 0667	BD14467 號
新 0668	BD14468 號
新 0669	BD14469 號